독자의 1초를 아껴주는 정성을 만나보세요!

세상이 아무리 바쁘게 돌아가더라도 책까지 아무렇게나 빨리 만들 수는 없습니다.

인스턴트 식품 같은 책보다 오래 익힌 술이나 장맛이 밴 책을 만들고 싶습니다.

땀 흘리며 일하는 당신을 위해 한 권 한 권 마음을 다해 만들겠습니다.

마지막 페이지에서 만날 새로운 당신을 위해 더 나은 길을 준비하겠습니다.

WE, PROGRAMMERS: A CHRONICLE OF CODERS FROM ADA TO AI

Cover image: agsandrew/Shutterstock
Page xxxi: Author photo courtesy of Robert C. Martin
Page 31: Jacquard Loom, gorosan/Shutterstock
Page 46: David Hilbert, INTERFOTO/Alamy Stock Photo
Page 53: Hilbert's tomb, Kassandro, licensed under CC BY-SA 3.0
Page 82: Harvard Mark I, Arnold Reinhold, licensed under CC BY-SA 3.0
Page 116: John Backus, courtesy of Lawrence Berkeley National Laboratory
Page 119: SSEC mainframe computer, Everett Collection/Shutterstock
Page 139: ARRA, Internationaal Instituut voor Sociale Geschiedenis (IISG), licensed under CC BY-SA 2.0
Page 147: ARMAC, Gabriele Sowada, licensed under CC BY 3.0
Page 210: Newspaper article with photo of Judith Allen; The Oregon Journal's archive is the property of Oregonian Publishing Co.
Page 213: Second gen computers, courtesy of Paul Pierce
Page 224: Operator working with early CAD program, courtesy of the Computer History Museum
Page 245: Digi-Comp, Pierre Terre, licensed under CC BY-SA 3.0
Page 259: Varian 620, J R Spigot, licensed under CC0 1.0
Page 262: Tri-data Cartridge, Museum of Obsolete Media, by Jason Curtis licensed under CC BY SA 4.0
Page 267: System7, Mike Ross/corestore.org
Page 373: Grace Murray Hopper, official U.S. Navy Photograph, from the collections of the Naval History and Heritage Command; photo # NH 96919-KN
Page 392: IBM 026 Keypunch illustration, Jennifer Kohnke
Page 393: IBM Selectric typewriter, Steve lodefink, licensed under CC BY 2.0
Page 393: IBM Selectric Type Ball, David Whidborne/Shutterstock
Page 394: Intel 8080, the Board of Trustees of the Science Museum; image licensed under CC BY-SA 4.0
Page 398: PDP-7, Tore Sinding Bekkedal, licensed under CC BY-SA 1.0
Page 399: PDP-11, Don P. Mitchell/mentallandscape.com
Page 400: Plugboard, Chris Shrigley, licensed under CC BY 2.5
Page 401: Rk07drive, Gunkies.org/Computer History Wiki, licensed under the GNU Free Documentation License 1.2
Page 401: Rk07 Packs, Gunkies.org/Computer History Wiki, licensed under the GNU Free Documentation License 1.2
Page 404: Transistors, Jules Selmes/Pearson Education Ltd.
Page 406: Vacuum tube, bearwu/Shutterstock
Page 407: VT100, Living Computer Museum, Seattle by Jason "Textfiles" Scott, licensed under CC BY 2.0

We,
Programmers

우리, 프로그래머들

로버트 C. 마틴 지음
최희철 옮김

길벗

우리, 프로그래머들
We, Programmers

초판 1쇄 발행 2026년 1월 20일

지은이 로버트 C. 마틴
옮긴이 최희철
발행인 이종원
발행처 (주)도서출판 길벗
출판사 등록일 1990년 12월 24일
주소 서울시 마포구 월드컵로 10길 56(서교동)
대표 전화 02)332-0931 | **팩스** 02)323-0586
홈페이지 www.gilbut.co.kr | **이메일** gilbut@gilbut.co.kr

기획 및 책임편집 안윤경(yk78@gilbut.co.kr) | **디자인** 박상희 | **제작** 이준호, 손일순, 이진혁
영업마케팅 임태호, 전선하, 박민영, 서현정, 박성용 | **유통혁신** 한준희 | **영업관리** 김명자 | **독자지원** 윤정아

교정·교열 김윤지 | **전산편집** 박진희 | **CTP 출력 및 인쇄** 정민 | **제본** 정민

ISBN 979-11-407-1738-5 93000 (길벗도서번호 080460)

정가 31,000원

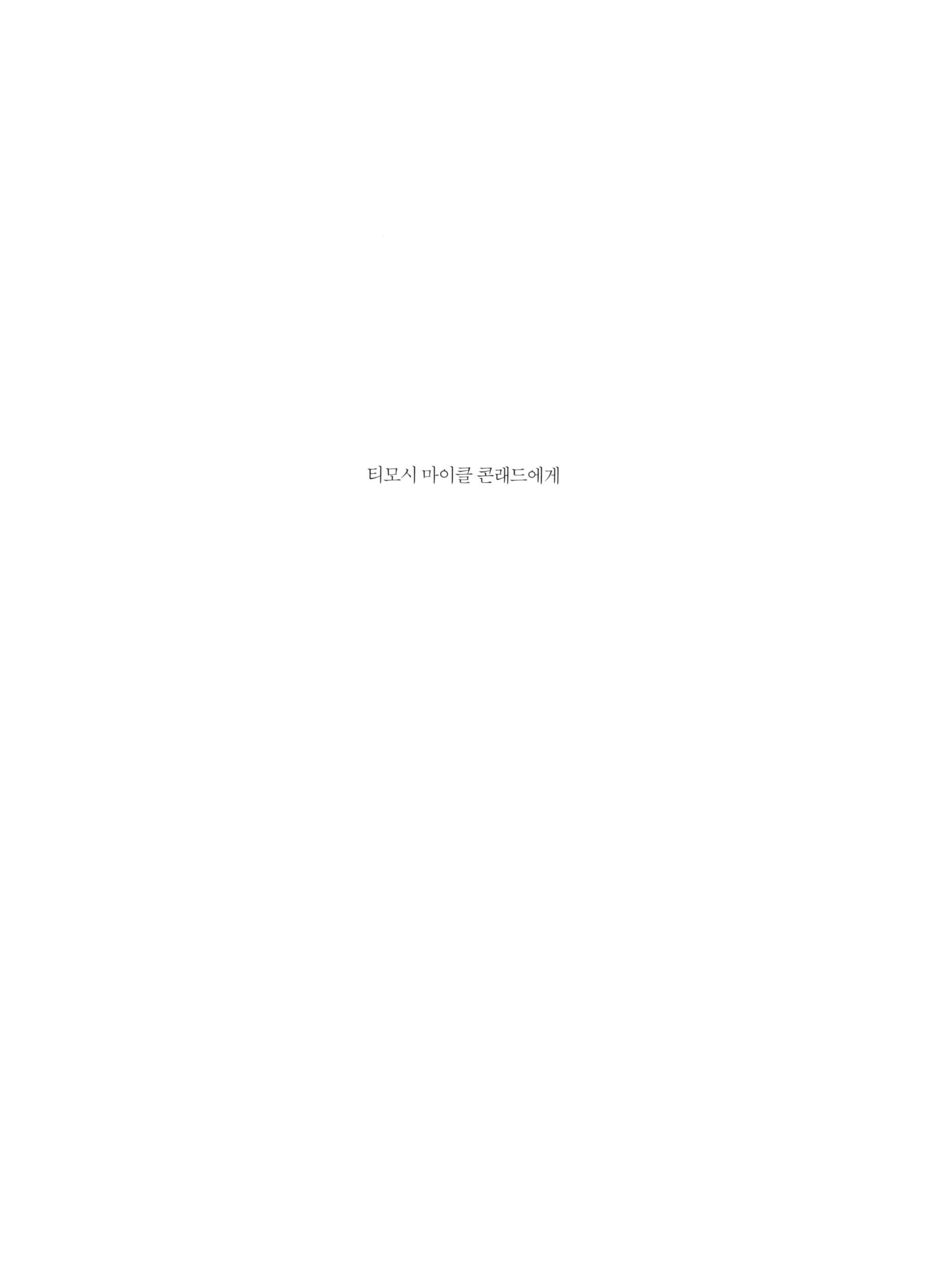

티모시 마이클 콘래드에게

이 책에 쏟아진 찬사

프로그래머는 제약 투성이의 기계를 다루며, 그 안에서 의미 있고 가치 있는 일을 만들어 온 사람들입니다. 그리고 지금 우리는 AI라는 또 다른, 여전히 다루기 어려운 기계와 마주한 시대를 살아가고 있습니다. 이 시대에는 AI가 더 가치 있는 일을 더 영리하게 해내도록 이끄는 새로운 차원의 프로그래머가 필요해졌습니다. 그 출발점은 선배들이 수많은 제약을 돌파하며 가치를 만들어 온 방식에서 배움을 얻는 데 있습니다. 이 책은 바로 그런 배움을 통해 새로운 시대를 마주하는 데 필요한 용기를 얻도록 도와줍니다. 저자 로버트 마틴이 60년 동안 호기심을 잃지 않고 배우고, 나누며, 끊임없이 탐구해 온 이야기는 그 용기를 설득력 있게 전달합니다.

이일민 | <토비의 스프링> 저자, Epril 대표 컨설턴트

나뭇잎의 잎맥처럼 빈틈없이 빼곡히 얽힌 실리콘 위의 길을 따라 빛에 가까운 속도로 전달되는 정보를 조율하는 데서 즐거움을 느끼는 괴짜들이 있다는 사실을 알고 계신가요? 이들은 픽셀 하나, 비트 하나에 집착하며 머리를 감싸 쥐고 끙끙대기도 합니다. 아주 오래전부터 세상을 올바르게 이해하기 위해 머나먼 우주에서 온 외계인을 기다리기보다, 책상 앞에 놓인 기계와 대화하려 애써 온 사람들의 역사를 로버트 마틴은 이 책에서 들려줍니다. 그렇다면 이 이야기의 주인공은 누구일까요? 그들, 그리고 그들을 소개하는 이 책을 읽는 사람인 바로 우리, 프로그래머들(we, programmers)입니다.

박해선 | Google AI/Cloud GDE, Microsoft AI MVP

우리는 찰스 배비지와 앨런 튜링 같은 선구자들, 그리고 오늘날의 AI 기술을 만들어 온 수많은 개발자가 걸어온 길 위에 서 있습니다. 이 책은 그런 거장들의 업적뿐만 아니라, 실패와 좌절 속에서도 끝내 새로운 미래를 만들어 온 개발자들의 살아 있는 이야기를 함께 담고 있습니다. 그리고 이제 AI가 코드를 대신 작성하는 시대에 접어들며, 많은 개발자는 "그렇다면 앞으로 우리는 무엇을 지켜야 할까?"라는 질문을 던지게 됩니다.

이에 대해 저자 로버트 C. 마틴은 이렇게 말합니다. "우리가 밤새워 짠 코드 한 줄 한 줄이 세상을 더 편하게 만들고, 불가능을 가능하게 하며, 우리의 삶을 조금씩 더 나아지게 한다."

이 책은 AI 시대에도 결코 잃지 말아야 할 '프로그래머의 마음가짐'이 무엇인지 고민하는 모든 이에게 분명하고도 단단한 방향을 제시해 줄 것입니다.

조코딩 | 크리에이터

이 책을 읽는 내내, 프로그래밍의 발전 역사를 정성스럽게 전시해 둔 박물관을 천천히 거니는 듯한 따뜻한 감동을 느꼈습니다. 우리가 너무도 자연스럽게 사용하는 프로그래밍 언어 하나하나의 뒤편에는 수많은 거장이 치열한 고민과 헌신을 쌓아 올려 온 시간이 있음을 다시금 깨닫게 됩니다.

AI 시대의 도래와 함께 프로그래머가 가장 먼저 사라질 직업으로 거론되기도 하지만, '프로그래머 정신'만큼은 오히려 시대를 관통하며 오래도록 이어질 소중한 정신적 유산이라는 생각이 듭니다.

루키스(Rookiss) | (주)루키스에듀 대표, 교육자

AI로 업무 방식과 실무 개발자에게 요구되는 역량이 급변하고 있는 시대입니다. 이런 시대일수록 막연히 새로운 기술과 도구를 따라가기보다는 기술의 진화와 프로그래밍의 본질을 돌아보고 통찰력을 키우는 일이 필요합니다. 이 책은 지금까지 기술 발전 과정과 패러다임의 변화를 살펴보며, 미래를 예측하는 데 도움이 될 것이라고 생각합니다.

캡틴판교 | <쉽게 시작하는 타입스크립트> 저자, 네이버 개발자

과거의 거인들과 엉클 밥의 치열했던 삶을 통해 프로그래머의 본질을 되짚어 보는 이 책은 AI 시대에 우리가 서 있는 위치를 분명하게 보여 줍니다. 기계가 아무리 발전하더라도 문제의 핵심과 디테일을 정의하는 일은 결국 사람의 몫이기에 우리는 앞으로도 계속 프로그래머로 남을 것이라는 저자의 통찰은 큰 위로와 확신을 전해 줍니다. 기술의 격변기 속에서 '프로그래머', '개발자'라는 직업이 지닌 진정한 가치와 흔들리지 않는 미래를 확인하고 싶은 분들께 이 책을 진심으로 추천합니다.

박찬성 | 한국전자통신연구원, 선임연구원

저도 엉클 밥처럼 경력의 상당 부분을 컨설팅과 교육, 컴퓨터 관련 콘퍼런스에서 보냈습니다. 그 덕분에 이 책에 등장하는 여러 인물을 직접 만나 함께 식사할 기회가 있었고요. 이 책은 그렇게 일하며 만났던 제 친구들 이야기이며, 사실에 충실한 기록이라고 자신 있게 말할 수 있습니다. 게다가 글과 자료 조사가 놀라울 정도로 정말 뛰어납니다.

– 톰 길브(Tom Gilb)의 후기에서

프로그래밍의 초창기 역사를 이렇게 폭넓게 조망해 주는 책은 없었습니다.

– 마크 시먼(Mark Seemann)

<우리, 프로그래머들>은 컴퓨터와 프로그래밍의 역사를 경쾌하게 훑어 가는 흥미진진한 내용으로 가득합니다. 거장들의 삶을 엿볼 수 있는 멋진 이야기들과 프로그래머로서 엉클 밥의 커리어와 함께하는 즐거운 여정이 기다리고 있습니다.

- 존 컨(Jon Kern), 애자일 선언 공동 작성자

이 책 <우리, 프로그래머들>은 프로그래머 역사를 유쾌하게 엮어 내며, 풍부한 역사적 맥락과 인간적인 일화, 우리 업계의 토대를 만든 이들에 대한 이야기를 적절한 기술적인 설명과 함께 전해 줍니다. 아울러 저자인 밥 본인의 이야기와 더불어 다양한 통찰과 비판도 자연스럽게 녹아 있습니다. 이 책으로 밥의 과거 커리어와 앞으로 어떤 미래가 펼쳐질지에 대한 그의 생각까지 들을 수 있었습니다. 재미있고 금세 읽히는 책입니다.

- 제프 랭어(Jeff Langr)

추천의 글

```
vim .
```

이 명령어를 치면 제가 가장 좋아하는 텍스트 에디터가 열립니다. 그냥 흔한 에디터가 아니라 바로 NeoVim(네오빔)입니다. 요즘 네오빔은 키 바인딩, LSP(언어 서버 프로토콜), 문법 하이라이트, 에디터 내 오류 진단 등 다양한 기능을 제공합니다. 커스터마이징을 수없이 해도 실행에 몇 밀리초도 걸리지 않습니다. 다시 말해 거의 즉시 파일을 편집할 수 있습니다.

파일이 수천 개여도 LSP가 프로젝트 상태를 신속하게 알려 주고, 오류는 빠른 탐색이 가능한 퀵픽스(quickfix) 메뉴에 표시됩니다. 여기에 두세 번 정도 키만 누르면 빌드, 실행, 테스트까지 수행할 수 있습니다. 심지어 이제는 평범한 영어 문장을 입력하면 AI가 코드를 만들어 주기도 합니다. 또 제가 입력하는 동안 AI가 코드를 같이 작성해 주고, 순식간에 많은 코드를 생성하기도 합니다(물론 신뢰도는 다소 의심스러울 때가 있습니다만). 그래도 **정말 대단하지 않나요?** 저에게 네오빔은 매우 훌륭하고 매끄럽고 눈부시게 빠른 편집기입니다.

하지만 몇몇 개발자는 네오빔을 사용하는 것을 두고 매우 **원시적**이며, 한심한 일이라고 말하기도 합니다. 어떤 개발자는 "러다이트!"[1]를 외치며, 이미 모든 기능을 갖춘 편집기가 있는데도 네오빔을 설정하느라 많은 시간을 투자하기도 합니다. 솔직히 인텔리제이(IntelliJ)는 네오빔을 쓰는 제 머리로는 상상도 하지 못할 기능들을 지원하고 있는데 말이죠.

---

1 역주 19세기 초 영국에서 산업 혁명으로 일자리가 감소한 것에 항의하며 기계를 파괴했던 운동에 참여한 사람들을 지칭하는 말입니다.

각설하고, 제가 이 이야기를 꺼내는 이유는 이 책을 읽고 놀랐기 때문입니다. 제가 오래된 기술이나 고루한 소프트웨어 엔지니어들 취향에 대해 자주 이야기하기는 하지만, 텍스트 편집이라는 이 엄청난 기술이 우리 엔지니어에게 이제는 너무도 평범한 일로 전락했다는 사실이 놀라웠습니다.

수많은 코딩 작업과 회의, 슬랙 메시지에 치이는 하루 속에서 텍스트 편집은 그저 잠깐 스쳐 지나가는 평범한 일 정도로만 여기고, 이제는 자동 완성, 문법 하이라이트 같은 것들은 당연하게 받아들이고 있습니다. 그러나 텍스트 에디터가 등장하기 전 수십 년 동안 엔지니어들은 기계어 같은 언어로 프로그래밍을 했고, 문법 하이라이트라는 것도 없었으며, 거의 70년에 가까운 기간 동안 LSP 같은 자동 완성이나 리팩터링 도구도 없었습니다. 아마도 텍스트 편집이란 기술은 인류의 진정한 혁신이라고도 할 수 있을 것입니다.

저는 편집기만 옛날 편집기를 좋아하는 것이 아니라 프로그래밍 이야기도 옛날 이야기를 좋아합니다. 드럼 메모리의 회전 속도에 맞추어 최적의 코드를 구현하던 '진짜 프로그래머' 이야기 말입니다. 이런 위대한 장인의 솜씨를 지닌 이들이 실제로 일하는 모습을 볼 수 있다면, 그 무엇과도 바꾸기 어려운 경험일 것입니다. 단지 과거에 대한 향수 때문일지도 모르지만 그 시절 프로그래머들의 모험은 더 드라마틱하고, 그들의 발명은 이 세상에 더 큰 영향을 미쳤으며, 그들이 이룬 일은 더 의미 있게 느껴집니다.

저는 〈우리, 프로그래머들〉에서 컴퓨팅 역사를 써 내린 주역들의 이야기를 살펴볼 수 있었습니다. 차분기관(difference engine)을 파티 손님들에게 선보였던 찰스 배비지(Charles Babbage)의 만찬 이야기도 들을 수 있었습니다. 덜컹거리며 움직이는 그 거대한 기계는 마치 마법 같은 결과를 뿜어냈을 것입니다. 아마도 우리가 처음 LLM 프롬프트를 입력했거나 코파일럿(Copilot) 자동 완성을 경험했을 때와 비슷했으리라 생각합니다. 어쩌면 "기계가 정말 생각할 수 있네요."라는 탄성이 나왔을지도 모릅니다. 또한 제2차 세계 대전 때 원자 폭탄을 개발하려고 밤낮없이 컴퓨팅 작업을 했던 팀들의 압박감과 더 나은 컴퓨팅에 대한 절박함도 느낄 수 있었습니다. 그들에게는 허먼 밀러 같은 편안한 의자나 근사한 스탠딩 데스크 같은 것도 없었습니다. 심지어 모니터나 키보드도 없었습니다. 그럼에도 그들은 상상도 못할 업적으로 역사를 바꾸었습니다. 이 책은 이런 컴퓨팅 역사를 가장 설득력 있게 들려주는 책이라고 할 수 있습니다.

프로그래머 가운데 '엉클 밥'이라는 이름을 들어 보지 못했거나 그가 어떤 작업을 했는지 모르는 사람은 많지 않을 것입니다. 그는 우리 업계에서 압도적으로 많은 일을 한 인물입니다.

오랫동안 저는 트위터 프로필 사진과 클린 코드, 애자일 관련 책으로만 그를 알았습니다. 제 머릿속 그는 'AbstractBuilderFactory의 아바타' 같은 존재였습니다. 그런데 어느 날 트위터에서 그와 대화를 나눈 것을 계기로 이메일과 통화, 심지어 같이 팟캐스트 방송까지 하게 되었습니다. 그러면서 그에 대한 제 생각은 완전히 바뀌었습니다. 로버트 C. 마틴은 대학교에서 배운 이미지보다 훨씬 넓고 깊은 사람입니다. 그는 보다 현실적이며 필요할 때는 기꺼이 타협하기도 하는 인물입니다. 팟캐스트 댓글에서 가장 많이 보았던 반응 중 하나는 "마틴이 자주 웃고 미소를 짓네요."라는 말입니다. 이는 그의 인품과 삶을 보여 주는 대목이라고 생각합니다. 아울러 그는 진정한 소프트웨어 엔지니어이며, 우리 모두가 배울 수 있는 사람입니다.

저는 공백 문자와 텍스트 에디터에 대한 논쟁과 X(옛 트위터)의 짧은 트윗으로 벌어지는 OOP가 좋냐 FP가 좋냐 같은 끝없는 논쟁에 솔직히 지쳐 있었습니다. 제가 진정으로 흥미롭게 여기는 부분은 그런 논쟁을 낳은 기술을 누가 만들었고 그 기술이 어떻게 우리에게 영향을 주었는가 하는 것들입니다.

〈우리, 프로그래머들〉은 그보다 훨씬 더 의미 있는 내용들을 담고 있습니다. 이 책은 과거와의 연결과 미래에 대한 희망을 이야기하고 있습니다. 이런 이야기를 들려주기에 엉클 밥만큼 알맞은 인물도 없습니다.

— ThePrimeagen(더프라임에이젠)
소프트웨어 개발자이자 유튜버

지은이 소개

로버트 C. 마틴(엉클 밥)은 1970년부터 프로그래머로 일해 왔습니다. 그는 엉클 밥 컨설팅(Uncle Bob Consulting, LLC)의 설립자이며, 아들 미카 마틴(Micah Martin)과 함께 클린 코더스(Clean Coders, LLC)를 공동 설립했습니다. 각종 업계 저널에 글을 수십 편 기고했고, 국제 콘퍼런스와 전시회에서 정기적으로 강연하고 있습니다. 저서 및 편저로는 〈Designing Object-Oriented C++ Applications Using the Booch Method〉, 〈Pattern Languages of Program Design 3〉, 〈More C++ Gems〉, 〈Extreme Programming in Practice〉, 〈Agile Software Development: Principles, Patterns, and Practices〉, 〈UML for Java Programmers〉, 〈Clean Code〉, 〈The Clean Coder〉, 〈Functional Design: Principles, Patterns, and Practices〉 등이 있습니다. 소프트웨어 개발 업계의 선도적 인물로 3년간 〈The C++ Report〉의 편집장을 지냈고, 애자일 얼라이언스(Agile Alliance)의 초대 의장을 맡았습니다.

로버트 C. 마틴
Robert C. Martin

감사의 말

이번에도 이 책을 세상에 내기 위해 애써 주신 피어슨(Pearson)의 모든 분께 감사드립니다. 줄리 파일퍼(Julie Phifer), 해리 미스토스(Harry Misthos), 줄리 내힐(Julie Nahil), 멘카 메흐타(Menka Mehta), 산드라 슈뢰더(Sandra Schroeder). 그리고 원고를 다듬어 준 제작 팀, 모린 포리스(Maureen Forys), 오드리 도일(Audrey Doyle), 크리스 클리블랜드(Chris Cleveland) 등 여러분께 감사드립니다. 이 분들과 함께 일하는 일은 언제나 즐겁습니다.

가교 역할을 해 주신 앤디 코니그(Andy Koenig)와 브라이언 커니핸(Brian Kernighan)께도 감사드립니다.

'사랑하는 DMR(데니스 M. 리치)'에 관한 멋진 이야기를 들려주신 빌과 존 리치(Bill and John Ritchie) 형제에게도 특별한 감사 인사를 드립니다.

아름다운 서문을 써 주신 마이클 폴슨(Michael Paulson, 일명 ThePrimeagen)도 고맙습니다.

따뜻한 환대와 통찰, 재미있는 후기를 보내 주신 톰 길브(Tom Gilb)께 감사드립니다.

원고 검토를 맡아 주신 그레이디 부치(Grady Booch), 마틴 파울러(Martin Fowler), 팀 오팅거(Tim Ottinger), 제프 랭어(Jeff Langr), 트레이시 브라운(Tracy Brown), 존 컨(John Kern), 마크 시먼(Mark Seemann), 헤더 칸서(Heather Kanser)께도 감사드립니다. 여러분 도움 덕분에 책이 훨씬 좋아졌습니다.

늘 그렇듯 멋지고 아름다운 아내(제 인생의 사랑)와 네 자녀, 똑같이 눈부신 손주 열 명에게도 감사합니다. 그들은 곧 제 삶입니다. 소프트웨어에 관해 글을 쓰는 일은 그저 즐거움을 위한 일일 뿐입니다.

마지막으로 제 완벽한 삶과 제가 천국에서 살고 있다는 것에 감사드립니다.

옮긴이의 말

로버트 C. 마틴, 많은 이에게 '클린 코드의 아버지'로 알려진 저자의 책을 번역할 수 있었다는 것은 저에게 큰 영광이자 도전이었습니다. 한편으로는 저자의 문체를 온전히 우리말로 옮길 수 있을까 하는 부담도 컸습니다. 그럼에도 이번 번역 작업은 한국에서 개발자 커리어를 시작해서 미국에서도 여전히 프로그래밍으로 생계를 이어 가고 있는 제게 매우 큰 의미가 있었습니다.

이번 번역에서는 특히 인물명과 기술 용어의 표기에 세심한 주의를 기울였습니다. 각 인물의 이름을 한글로 표기하기 위해 여러 자료를 참고하고, 엑셀로 목록을 만들어 일관성을 유지하고자 했습니다. 그럼에도 워낙 많은 인물과 방대한 분량으로 혹시나 놓친 부분이 있을까 걱정이 됩니다.

또 책 속에는 오늘날 보기 힘든 초창기 컴퓨터와 하드웨어 명칭이 자주 등장합니다. 비록 이런 용어들을 번역하는 것이 쉽지 않았지만, 낯선 기술들을 하나하나 조사하며 그 시대의 맥락을 이해하려 노력했고, 그 과정에서 저 역시 컴퓨터 과학의 발전사를 새롭게 배울 수 있었습니다.

요즘 미국에서도 많은 개발자가 인공지능(AI)의 발전으로 자신의 일자리를 걱정하고 있습니다. 실제로 AI가 코드를 생성하고, 테스트를 자동화하며, 프로젝트 관리까지 수행하는 시대가 이미 도래했다는 것을 느낍니다. 회사에서 만난 젊은 인턴들은 졸업 후 어떻게 해야 할지 막막해 하며 고민을 토로하고, 시니어 엔지니어 또한 AI 때문에 언제든 레이 오프를 당할 수 있다는 불안감을 내비치고는 합니다.

하지만 AI가 프로그래밍을 대신하는 시대일수록 우리는 프로그래밍이 무엇인지, 프로그래머가 무엇을 하는 사람인지 더 깊게 이해하고 변화하는 미래에 대응해야 한다고 생각합니다. 과거에도 기술의 발전으로 수많은 직업이 사라졌지만 새로운 영역이 그 자리를 대신했습니다. AI가 코드를 작성하는 지금 시대에 프로그래머에게 요구되는 능력 또한 달라질 것입니다.

이번 번역 작업은 저 역시 이런 고민을 더욱 깊게 하게 된 계기가 되었습니다. 아무쪼록 이 책이 인공지능 시대를 살아가는 프로그래머와 IT 종사자에게 불안 대신 방향을, 혼란 대신 통찰을 전해 주는 길잡이가 되기 바랍니다.

마지막으로 이 책의 번역 과정에서 함께해 주신 안윤경 팀장님께 깊이 감사드리며, 언제나 곁에서 힘이 되어 주는 아내와 사랑스러운 아들딸, 그리고 먼 조국에서 늘 응원을 보내 주시는 부모님과 장인어른, 장모님께도 감사의 마음을 전합니다.

2025년 겨울 휴스턴에서

최희철

들어가며

지금부터 컴퓨팅과 프로그래밍의 시대가 어떻게 시작되었는지 이야기를 들려드리려 합니다. 이는 몇몇 비범한 사람의 삶과 도전, 그들이 살았던 특별한 시대, 그들이 다루었던 놀라운 기계들에 관한 이야기입니다. 다만 그 끝없는 미로 같은 이야기에 곧바로 뛰어들기 전에 입맛을 돋울 가벼운 예고부터 하겠습니다. 필요는 발명의 어머니입니다. 그 필요함을 가장 절실하게 만드는 것은 다름 아닌 전쟁입니다. 사실상 컴퓨팅과 프로그래밍이 태동할 수 있었던 가장 큰 동력은 전쟁이었습니다. 특히 제2차 세계 대전이 그러했습니다. 1940년대에 이르러 전쟁 기술은 이미 우리 인간의 계산 능력을 앞지르고 있었습니다. 수많은 사람이 탁상용 계산기로 계산해도 전쟁터 곳곳에서 발생하는 방대한 계산 수요를 맞출 수 없었습니다.

가장 큰 문제는 포탄이 포구를 떠나 목표물에 도달할 때까지 궤적을 예측하는 데 필요한 막대한 양의 덧셈, 뺄셈, 곱셈, 나눗셈이었습니다. 이는 $d = rt$나 $s = \frac{1}{2}at^2$ 같은 단순한 수식으로는 풀 수 없었습니다. 이런 문제를 풀기 위해서는 시간과 거리를 아주 작은 구간 수천 개로 쪼개고, 투사체의 경로를 구간마다 모의 실험하며 근사치를 구해야 했습니다. 이런 시뮬레이션에는 초등학교 산수 수준의 대규모 반복 계산이 필요합니다.

과거에는 이런 계산을 펜과 종이로 무장한 수많은 사람이 도맡았습니다. 20세기에 들어서야 그들에게 덧셈기(adding machine)가 보조 도구로 주어졌습니다. 이런 대규모 계산 업무를 조직하고, 그것을 수행하는 인력 팀을 꾸리는 일은 그야말로 엄청난 과업이기도 했습니다.[1] 아울러 계산 작업 그 자체도 한 팀이 몇 주, 심지어 몇 달에 걸쳐 해야 할 분량이었습니다.

---

1 이런 작업이 실제로 어떻게 진행되는지 보려면 2024년 파이데이(Pi Day) 행사를 보는 것을 추천합니다. 이 행사에서는 수백 명으로 구성된 팀이 일주일에 걸쳐 손으로 소수점 아래 100자리가 넘는 파이 값을 계산했습니다. 집필 시점 기준으로 관련 영상은 2024년 3월 13일 Stand-up Maths가 유튜브에 게시한 "The biggest hand calculation in a century! [Pi Day 2024]"에서 볼 수 있습니다.

이런 방대한 계산을 대신해 줄 기계는 19세기부터 꿈꾸어 왔습니다. 몇몇 빈약한 시제품이 실제로 만들어지기도 했습니다. 하지만 그 기계들은 일종의 장난감이자 진기한 물건에 가깝습니다. 그저 상류층의 만찬 자리에서 재미로 보여 주는 장치였을 뿐, 그 값비싼 물건을 실용적인 도구로 여긴 사람은 거의 없습니다.

하지만 제2차 세계 대전이 그런 생각들을 바꾸어 놓았습니다. 각 국가는 대규모 계산을 대신해 줄 기계가 절박했고, 비용이 얼마가 들든 상관없었습니다. 그 결과, 오래된 꿈은 마침내 현실이 되었고 거대한 연산 장치들이 구축되었습니다.

그 기계를 프로그래밍하고 운용했던 사람들은 우리 프로그래밍 분야의 개척자가 되었습니다. 처음에는 극도로 열악한 개발 환경을 감수해야 했습니다. 프로그래밍 명령은 종이테이프에 구멍을 하나씩 뚫어 기록해야 했고, 기계는 테이프를 먹듯이 한 줄 한 줄 읽으며 명령어를 실행했습니다. 이런 방식의 프로그래밍은 매우 고된 노동이었고, 끔찍할 만큼 정확해야 했으며, 단 한 치의 오차도 용서하지 않았습니다. 더구나 그런 프로그램을 실행하는 데는 몇 주에 걸친 세밀한 모니터링과 지속적인 사람의 개입이 필요했습니다. 예컨대 루프를 실행하려면 매 반복문마다 종이테이프를 사람이 직접 손으로 되감아 위치를 다시 맞추어야 하고, 루프를 끝낼지 말지 조건식을 확인하기 위해 일일이 사람이 기계 상태를 확인해야 했죠.

세월이 흐르면서 기계식으로 구동되던 컴퓨터는 전자식 진공관을 사용하는 형태로 바뀌었고, 데이터는 긴 수은관을 따라 이동하는 음파 형태로 저장되었습니다. 종이테이프는 천공 카드로 교체되었다가 마침내 프로그램을 저장하는 방식이 도입되면서 사라졌습니다. 이런 신기술은 초창기 선구자들이 주도했으며, 이후 더 많은 혁신이 가능하도록 했습니다.

1950년대 초에 만들어진 컴파일러는 미리 작성된 서브루틴을 불러와 그저 실행할 수 있게 해 주는 일종의 어셈블러에 불과했습니다. 컴파일러가 읽어 들인 서브루틴은 종이테이프나 자기 테이프에 기록되어 있었습니다. 이후 컴파일러는 각종 수식과 데이터 타입을 갖추기도 했지만, 여전히 원시적이고 느렸습니다. 1950년대 후반에 들어서야 존 백어스(John Backus)의 포트란(FORTRAN)과 그레이스 호퍼의 코볼(COBOL)이 새로운 패러다임을 제시합니다. 예전에는 사람이 직접 작성하던 바이너리 코드를 이제는 텍스트를 읽어 구문 분석할 수 있는 컴파일러가 직접 생성할 수 있게 되었습니다.

이후 1960년대 초 다익스트라(Dijkstra)의 ALGOL이 컴파일러가 기계어로 번역할 수 있는 프로그래밍 언어의 추상화 수준을 한 단계 더 끌어올립니다. 몇 년 후 달(Dahl)과 니가드(Nygaard)의 SIMULA 67이 그 수준을 다시 한 단계 더 높입니다. 이를 통해 구조적 프로그래밍과 객체지향 프로그래밍의 출발점이 만들어집니다.

한편 1964년에는 존 케메니(John Kemeny)와 동료들이 BASIC(베이직)과 타임셰어링(time-sharing)을 도입하여 컴퓨팅을 대중화시킵니다. BASIC은 누구나 이해하고 사용할 수 있도록 만든 언어입니다. 타임셰어링은 여러 사람이 값비싼 컴퓨터를 동시에 사용할 수 있게 해 주었습니다.

그리고 1960년대 말에서 1970년대 초 사이, 켄 톰프슨(Ken Thompson)과 데니스 리치(Dennis Ritchie)가 C와 유닉스(Unix)를 만들어 소프트웨어 개발의 지평을 활짝 열었습니다. 그 이후로 우리 프로그래밍 업계는 전력 질주를 시작합니다.

1960년대 메인 프레임 혁명이 있었으며, 뒤를 이어 1970년대 미니컴퓨터 혁명, 1980년대 마이크로컴퓨터 혁명이 이어졌습니다. 특히 1980년대는 개인용 컴퓨터(PC)가 업계를 강타했고, 곧이어 객체지향 혁명, 인터넷 혁명, 애자일 혁명이 뒤따랐습니다. 그리고 소프트웨어가 이 세상의 **모든 것**을 지배하기 시작합니다.

비록 9·11 테러와 닷컴 버블 붕괴로 몇 년간 소프트웨어 업계의 발전 속도가 늦추어졌지만, 이후 루비·레일스(Ruby·Rails) 혁명과 모바일 혁명이 찾아왔습니다. 그리고 인터넷이 이 세상 모든 곳에 퍼졌습니다. 소셜 네트워크는 한때 크게 만개했다가 시들기 시작했고, 그 사이 AI가 고개를 들며 모든 것을 위협하기 시작합니다.

그렇게 현재에 이르렀고, 이제는 미래를 생각할 시간입니다. 이 모든 이야기, 더 많은 이야기를 이 책에서 다룰 것입니다. 자, 이제 준비가 되었다면 안전벨트를 꽉 매기 바랍니다. 아마도 아주 길고 거친 여정이 시작될 테니까요.

이 책에 대하여

책을 읽기 전에 이 책과 저에 대해 알아 둘 점 몇 가지를 이야기하고자 합니다.

- 이 글을 집필하는 현재 저는 프로그래머로 60년을 보냈습니다. 12~18세까지 기간도 포함해야 하는지는 조금 의문이지만, 어쨌든 1964년부터 오늘까지 저는 '컴퓨터 시대'의 대부분을 직접 보고 겪었습니다. 아울러 우리 분야에서 매우 중요하며 컴퓨팅 산업의 기반이 되었던 사건들도 직접 보았습니다. 그러므로 앞으로 읽게 될 내용은 우리 분야의 초창기 역사에 있었던(현재는 점점 줄어들고 있는) 세대의 어떤 한 사람이 쓴 이야기라고 생각하면 됩니다. 비록 우리가 컴퓨팅 역사를 연 첫 세대는 아니지만 적어도 초대 선구자들의 바통을 건네받은 세대라고 말할 수 있습니다.
- 이 책은 두 세기에 걸친 역사를 다룹니다. 따라서 이야기 속에서는 낯선 이름과 잊기 쉬운 용어가 많이 등장할 것입니다. 책 말미에 **용어집**과 **등장 인물 소개**를 덧붙였습니다.
- **용어집**에는 본문에 언급된 대부분의 하드웨어 용어 설명이 담겨 있습니다. 익숙하지 않은 컴퓨터나 하드웨어 장치를 보았다면 용어집에서 찾아보기 바랍니다.
- **등장 인물 소개**에는 이 책에서 스쳐 지나가듯 언급되는 사람들의 이름이 실려 있습니다. 목록은 꽤 길지만, 여전히 내용은 부족하다고 생각합니다. 등장 인물 소개에는 컴퓨터 프로그래밍 산업에 직접적 또는 간접적 영향을 미친 이 중 일부분만 담겨 있습니다. 이 책에 언급된 사람들 가운데는 세월의 안개와 인터넷 검색의 한계 때문에 사라진 이들도 있습니다. 아마도 그 이름들을 한 번 훑어보면 새삼 놀랄 것입니다. 또 등장 인물 소개가 얼마나 피상적으로만 인물들을 설명하고 있는지도 알 수 있습니다. 한 번 더 그들이 세상을 떠난 날짜들을 살펴보세요. 상당수가 정말로 아주 최근입니다.

연대표

이 책에 등장하는 인물들과 사건들은 이 연대표에 정리되어 있습니다. 책을 읽는 동안 등장하는 사건들을 이 연대표에서 확인하면 역사적 시기와 맥락을 파악할 수 있습니다. 예를 들어 포트란과 스푸트니크[1]가 같은 시기에 있었고, 다익스트라가 GOTO 문이 해롭다고 말하기 전에 켄 톰프슨이 이미 벨 연구소에 합류했다는 사실 등이 흥미롭게 느껴질 것입니다.

---

1 역주 소련이 1957년에 발사한 세계 최초의 인공위성입니다.

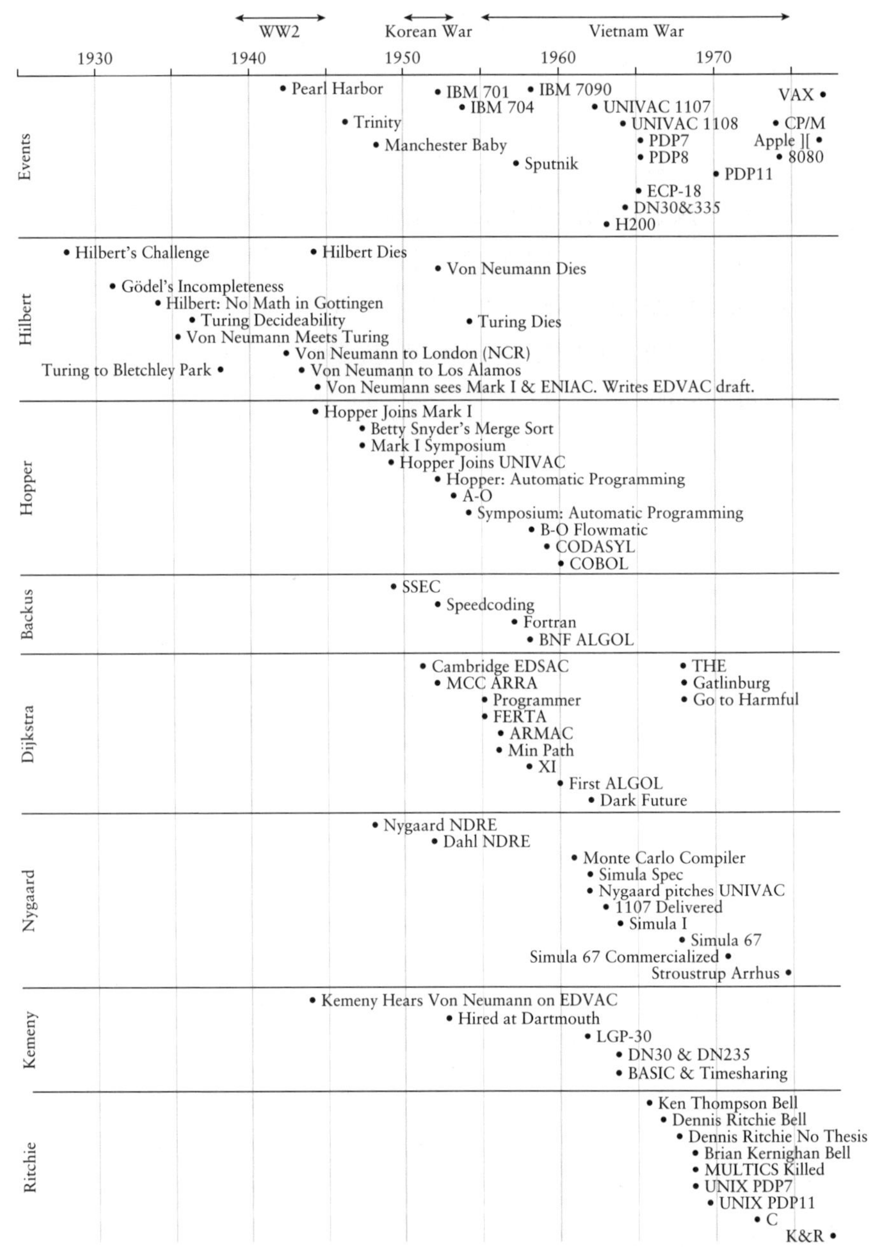

WW2
Korean War
Vietnam War
1930
1940
1950
1960
1970
Events
• Pearl Harbor
• IBM 701
• IBM 7090
VAX •
• IBM 704
• UNIVAC 1107
• Trinity
• UNIVAC 1108
• CP/M
• Manchester Baby
• PDP7
Apple][•
• PDP8
• 8080
• Sputnik
• PDP11
• ECP-18
• DN30&335
• H200
Hilbert
• Hilbert's Challenge
• Hilbert Dies
• Von Neumann Dies
• Gödel's Incompleteness
• Hilbert: No Math in Gottingen
• Turing Decideability
• Turing Dies
• Von Neumann Meets Turing
• Von Neumann to London (NCR)
Turing to Bletchley Park •
• Von Neumann to Los Alamos
• Von Neumann sees Mark I & ENIAC. Writes EDVAC draft.
Hopper
• Hopper Joins Mark I
• Betty Snyder's Merge Sort
• Mark I Symposium
• Hopper Joins UNIVAC
• Hopper: Automatic Programming
• A-O
• Symposium: Automatic Programming
• B-O Flowmatic
• CODASYL
• COBOL
Backus
• SSEC
• Speedcoding
• Fortran
• BNF ALGOL
Dijkstra
• Cambridge EDSAC
• THE
• MCC ARRA
• Gatlinburg
• Programmer
• Go to Harmful
• FERTA
• ARMAC
• Min Path
• XI
• First ALGOL
• Dark Future
Nygaard
• Nygaard NDRE
• Dahl NDRE
• Monte Carlo Compiler
• Simula Spec
• Nygaard pitches UNIVAC
• 1107 Delivered
• Simula I
• Simula 67
Simula 67 Commercialized •
Stroustrup Arrhus •
Kemeny
• Kemeny Hears Von Neumann on EDVAC
• Hired at Dartmouth
• LGP-30
• DN30 & DN235
• BASIC & Timesharing
Ritchie
• Ken Thompson Bell
• Dennis Ritchie Bell
• Dennis Ritchie No Thesis
• Brian Kernighan Bell
• MULTICS Killed
• UNIX PDP7
• UNIX PDP11
• C
K&R •

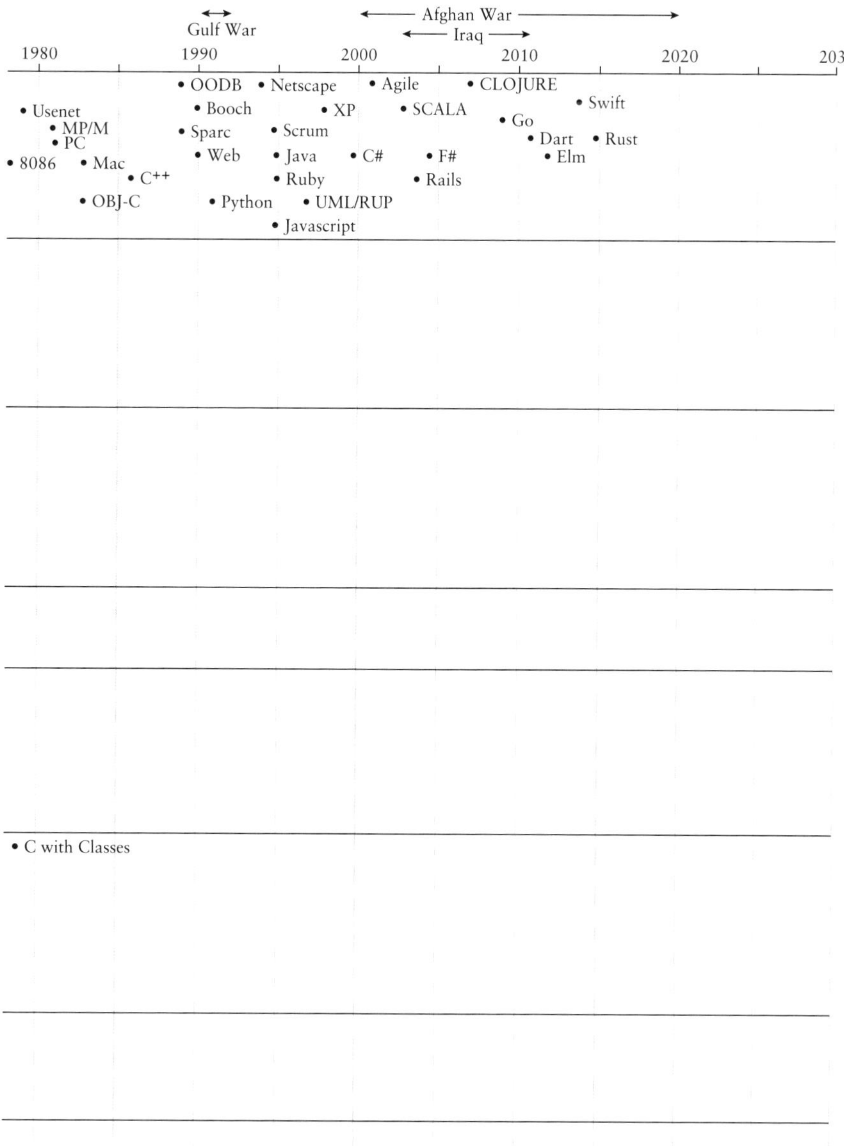
Gulf War
Afghan War
Iraq
1980
1990
2000
2010
2020
2030
OODB
Netscape
Agile
CLOJURE
Usenet
Booch
XP
SCALA
Swift
MP/M
PC
Sparc
Scrum
Go
Dart
Rust
8086
Mac
Web
Java
C#
F#
Elm
C++
Ruby
Rails
OBJ-C
Python
UML/RUP
Javascript
C with Classes

목차

1부 | 서막을 열며 027

1장 우리는 누구인가? 029

2부 | 거장 039

2장 배비지: 최초의 컴퓨터 엔지니어 041

3장 힐베르트, 튜링, 그리고 폰 노이만:
최초의 컴퓨터 아키텍트 077

4장 그레이스 호퍼: 최초의 소프트웨어 엔지니어 115

5장 존 배커스: 첫 번째 고수준 언어 160

6장 에츠허르 다익스트라: 첫 번째 컴퓨터 과학자 185

7장 니가드와 달: 첫 번째 OOPL 218

8장 존 케메니: 모두를 위한 첫 번째 언어, BASIC 243

9장 주디스 앨런 263

10장 톰프슨, 리치, 커니핸 272

{ 3부 | 급격한 전환점 309 }

11장 1960년대 311
12장 1970년대 320
13장 1980년대 351
14장 1990년대 374
15장 밀레니엄 393

{ 4부 | 미래 407 }

16장 프로그래밍 언어 409
17장 AI 415
18장 하드웨어 433
19장 월드 와이드 웹 439
20장 프로그래밍 443

집필 후기 448
용어집 464
등장 인물 소개 488

1부

서막을 열며

우리, 프로그래머들

1부
서막을 열며

프로그래머란 누구이며 왜 존재할까요?

우리가 다루려고 애쓰는 이 기계들은 도대체 무엇일까요?

CHAPTER 1

우리는 누구인가?

우리는 프로그래머입니다. 컴퓨터와 대화하고 시스템이 동작하도록 만드는 사람입니다. 우리는 시스템에 생기를 불어넣어 우리 사회와 경제가 돌아가도록 만듭니다. 즉, 프로그래머 없이 이 세상은 돌아가지 않습니다. 결국 우리가 이 세상을 지배합니다!

어떤 사람들은 자신들이 이 세상을 지배한다고 생각합니다. 그러나 결국 그들이 만든 규칙은 우리에게 전달되고, 우리는 그 규칙을 컴퓨터가 이해하고 실행할 수 있는 코드로 옮깁니다. 그렇게 만든 시스템이 모든 것을 좌지우지합니다.

하지만 프로그래머가 이렇게 필수불가결한 위치에 선 것은 그리 오래되지 않았습니다. 프로그래밍 초창기에 프로그래머는 일종의 보이지 않는 존재였습니다. 모두가 오직 컴퓨터가 가진 그 엄청난 가능성에만 주목했죠. 컴퓨터를 만들고 조립한 사람들은 주목받았지만 그 컴퓨터를 돌아가게 한 프로그래머는 좀처럼 주목받지 못했습니다. 즉, 프로그래머는 사실상 소외된 존재였습니다.

이 프로그래밍 초창기 시기에 대해 다익스트라(Dijkstra)[1]는 다음처럼 말했습니다.[2]

---

1 역주 프로그래밍 언어에 대한 공로를 인정받아 튜링상을 수상한 네덜란드 컴퓨터 과학자입니다. 그의 주요 업적으로 다익스트라 알고리즘이 있습니다.

2 The Humble Programmer, ACM 튜링 강연(1972)

> "당시 각각의 컴퓨터는 일종의 고유한 기계였기 때문에 프로그래머들은 자신의 프로그램이 오직 그 기계에서만 의미가 있다고 생각했다. 또 그 기계들의 수명도 짧았기 때문에 프로그래머들은 자신이 한 일이 지속적인 가치를 가질 수 없다고 생각했다."

게다가 그 시절 프로그래머가 하던 일은 제대로 된 직업이나 학문 분야도 아니었으며, 명확히 정립된 업무도 아니었습니다. 사실상 프로그래머는 도깨비 같은 존재였습니다. 하지만 프로그래머는 어떻게든 이 굉장히 느리고, 메모리도 얼마 안 되고, 불안정하고, 비싸기만 한 컴퓨터란 기계를 뭔가 유용한 일을 하도록 만들었습니다. 이에 대해 다익스트라는 다시 한 번 이렇게 말합니다.[3]

> "그 시절 수많은 똑똑한 프로그래머들은 이 제약 투성이인 기계에 어떤 교묘한 방법을 써서 불가능할 것 같은 일들을 처리하게 할 수 있을지 연구함으로써 일종의 지적 만족을 얻기도 했다."

프로그래머에 대한 이런 인식은 좀처럼 바뀌지 않았습니다. 게다가 1960년대와 1970년대를 거치면서 오히려 이미지는 악화됩니다. 원래는 컴퓨터실에서 흰색 실험 가운을 입고 일을 하던 프로그래머가 어느새 거대한 칸막이를 친 사무실 한구석에 몰린 블루칼라 너드(nerd)가 되어 버립니다. 최근에 와서야 다시금 프로그래머가 화이트칼라로 인정받는 위치까지 올라왔지만, 지금도 우리 사회는 프로그래머에게 얼마나 의존하고 있는지 제대로 이해하지 못합니다. 게다가 우리 또한 프로그래머가 어떤 힘이 있는지 제대로 알지 못합니다.

한동안 프로그래머는 일종의 필요악 취급을 받았습니다. 회사 경영자나 제품 기획자는 언젠가 프로그래머가 필요 없어지는 날을 꿈꾸었습니다. 컴퓨터가 점점 더 영리해지고 성능이 향상되고 있어 어쩌면 가능한 일이라고 생각했을 수도 있습니다. 이런 바람은 서서히 생긴 것이 아니라 급속도로 강해졌습니다.

---

3 같은 강연에서 했던 말입니다.

하지만 프로그래머가 없는 세상은 아직 실현되지 않았습니다. 컴퓨터가 강력해질수록 그 컴퓨터를 제어하고 활용할 수 있는 프로그래머의 수요 역시 커졌기 때문입니다. 프로그래머는 줄어드는 대신 더 필요한 존재가 되었고, 그만큼 더 높은 역량을 요구받습니다. 의사의 세부 전공이 나뉘어 있는 것처럼 프로그래머도 점차 세분화되었습니다. 이제는 **어떤 분야의 프로그래머**를 고용해야 할지를 먼저 고민해야 할 정도입니다.

이처럼 프로그래머 수요를 없애려는 여러 가지 시도가 있었지만, 프로그래머 수요는 오히려 확대되고 다양해졌습니다. 그리고 지금 또다시 사람들은 "AI가 해결책이 아닐까?"라는 기대를 품고 있습니다. 그러나 분명히 말하건대, 결과는 다르지 않습니다. 컴퓨터가 더 똑똑해지고 강력해질수록 프로그래머의 필요성과 위상은 그에 따라 더욱더 높아질 테니까요.

이런 프로그래머에 대한 인식의 변화 과정은 각 시대별 인기 있었던 영화에서도 확인할 수 있습니다. 예를 들어 영화 〈금지된 행성(Forbidden Planet)〉(1956)에 나온 로비(Robby)라는 로봇은 영국의 집사 같은 하인 역할을 합니다. 영화에서는 로봇 그 자체가 일종의 캐릭터로서 부각됩니다. 하지만 이 로봇의 코드를 미친 과학자가 작성했다는 사실은 거의 부각되지 않습니다.

〈로스트 인 스페이스〉(1965)에 나온 로봇도 비슷합니다. 실제로는 스미스 박사가 프로그래밍했지만 로봇은 자신만의 캐릭터가 있습니다. 즉, 로봇 스스로 일종의 자체적인 캐릭터로 묘사됩니다.

영화 〈2001 스페이스 오디세이〉(1968)에서 HAL 9000이라는 인공지능 컴퓨터 역시 영화의 핵심 캐릭터입니다. 프로그래머인 찬드라 박사는 영화에서 HAL 9000이 정지하면서 그 유명한 노래 '데이지 벨'을 부를 때 딱 한 번 언급되었을 뿐이죠.

이런 패턴은 〈콜로서스: 포빈 프로젝트〉(1970)에서도 계속 반복됩니다. 여기에서도 슈퍼컴퓨터는 인간을 지배하는 주요 캐릭터로 나오고, 프로그래머는 결국 컴퓨터 노예가 되는 무력한 희생자로 묘사됩니다.

영화 〈조니 5 파괴 작전(Short Circuit)〉(1986)에서도 로봇이 주요 캐릭터로 나옵니다. 하지만 정작 이 로봇을 개발한 프로그래머는 서툴고 남들에게 잘 속는 어리석은 캐릭터로 등장하죠.

영화 <워 게임>(1983)에서는 프로그래머 인식이 전환하는 모습을 보입니다. 이 영화에서도 인공지능 슈퍼 컴퓨터인 조슈아(WOPR로도 부름)가 주인공이지만, 특정 상황을 해결해 주는 프로그래머도 등장합니다. 다만 이 프로그래머 역시도 이 영화의 진정한 영웅으로 등장하는 십대 소년의 조력자 역할에 머물 뿐입니다.

진정한 변화는 <쥬라기 공원>(1993)에서 시작했습니다. 영화에 등장하는 컴퓨터들이 중요한 역할을 하기는 하지만 일종의 캐릭터로 등장하지는 않습니다. 반면에 쥬라기 공원의 수석 프로그래머인 데니스 네드리는 비록 악당이지만 이 영화의 주요 캐릭터로 등장합니다.

이처럼 프로그래머 인식은 시대에 따라 변했습니다. 2014년 8월 저는 스톡홀름에 있는 모장(Mojang)에서 프로그래머들에게 강연을 했습니다. 참고로 모장은 <마인크래프트> 게임을 개발한 회사입니다. 저는 그곳에서 강연이 끝난 후 울타리를 친 멋진 비어 가든에서 사람들과 맥주를 마셨습니다. 그때 12세 정도 되는 소년이 달려와서 우리 중 한 명에게 물었습니다. "당신이 젭(Jeb)인가요?" 긴 빨간 머리에 안경을 쓴 옌스 베리엔스텐[4]이 침착하게 고개를 끄덕이고는 소년에게 사인해 주었습니다.

이처럼 프로그래머들은 이제 청소년의 영웅이 되었고, 그들은 **우리처럼 되고 싶어 합니다.**

우리는 왜 존재하는가?

우리는 왜 있을까요? 우리 프로그래머는 왜 존재할까요?

이 질문은 너무 실존적인 질문[5]일 수도 있습니다. 좋습니다. 그렇다면 이렇게 질문을 바꾸겠습니다. 우리가 필요한 이유는 무엇일까요? 왜 사람들은 우리가 하는 일을 하라고 돈을 지불할까요? 왜 그들이 스스로 하지 않을까요?

---

4 역주 모장의 CCO로 본명보다 닉네임인 젭(Jeb)으로 더 유명합니다.

5 역주 단순한 사실이나 기능적인 문제를 넘어 존재의 의미처럼 근본적이고 철학적인 물음입니다.

어쩌면 우리가 똑똑하기 때문에 필요하다고 생각할지도 모릅니다. 물론 우리는 똑똑하죠. 하지만 그 이유는 아닙니다. 어쩌면 우리가 기술에 밝기 때문이라고 생각할 수도 있습니다. 물론 그것도 사실이지만, 역시 핵심적인 이유는 아닙니다. 진짜 이유를 들으면 아마 놀랄 것입니다. 예상하지 못한 답일지 모르니까요. 사실 그 이유는 우리만의 독특한 성격이라고도 볼 수 있는데, 그 진실을 받아들이면 조금 불편해질 수도 있습니다.

우리는 디테일(details)을 사랑하는 사람입니다. 디테일 속에서 기쁨을 느끼고, 디테일 강물을 거슬러 헤엄치며, 디테일의 늪과 수렁을 기꺼이 헤쳐 나가는 사람입니다. 우리는 그것을 정말 즐깁니다. 디테일을 위해 살아가고 그것을 위해 기꺼이 열정적으로 일합니다. 우리는 바로…… 디테일 관리자인 셈입니다.

하지만 그것만으로는 왜 우리가 필요한지 온전히 설명하지 못합니다. 이에 대한 추가적인 답은 '이제는 더 이상 우리 사회가 전화기(phones) 없이는 제대로 돌아갈 수 없다'는 점입니다.

그렇습니다. 전화기입니다. 그나저나 우리는 왜 여전히 전화기를 전화기라고 부를까요? 사실상 이제 전화기는 더 이상 예전의 그 전화기가 아닌데 말이죠! 이제는 본래 전화 기능은 별로 중요하지 않습니다. 전화기를 발명한 알렉산더 그레이엄 벨이 살아서 아이폰을 본다면 "이것이 전화기라고?" 하며 고개를 저을지도 모릅니다.

이제 전화기는 더 이상 전화기가 아니라 손 안의 슈퍼컴퓨터가 되었습니다. 각종 정보와 소셜 콘텐츠, 오락 거리, 그 외의 거의 모든 것에 접근할 수 있는 관문이자 창구입니다. 우리는 이제 스마트폰 없는 삶을 상상할 수가 없습니다. 더 이상 스마트폰 화면을 보지 못하게 된다면 마치 모든 것을 잃은 듯한 기분에 사로잡힐지도 모릅니다.

물론 저는 지금 이 상황을 약간 우스꽝스럽게 표현하고 있지만, 이 농담의 본질에는 부정할 수 없는 진실이 있습니다. 우리의 스마트폰이 갑자기 멈춘다면 그 순간 문명 자체가 마비될지도 모릅니다.

좋습니다. 그렇다면 이것이 우리와 무슨 상관일까요? 왜 우리가 스마트폰의 모든 디테일을 관리해야 할까요? 왜 사람들은 각자 디테일을 스스로 다루지 못할까요?

아마 여러분도 자기가 어떤 **혁신적인 앱 아이디어**가 있는데 대신 개발 좀 해 달라고 부탁하는 사람을 한 번쯤은 만나 보았을 것입니다. 자신의 아이디어만 실행되면 억만장자가 되리라고 확신하면서 여러분이 코딩만 해 준다면 수익을 20:80으로 나누어 주겠다고 하는 그런 사람 말이죠.

네, 그렇죠. 그냥 코드만 작성하면 됩니다. 별거 아니죠.

그렇다면 왜 본인이 직접 코드를 짜지 않을까요? 어차피 그것은 **자신의 아이디어**인데, 왜 **그냥** 스스로 코드를 작성하지 않을까요?

겉보기에는 구체적으로 그들이 어떤 것을 구현해야 할지 잘 몰라서 그런 것처럼 보입니다. 하지만 사실은 그렇지 않습니다. 그들은 자신이 원하는 동작이 어떤 것인지 꽤나 명확하게 설명할 수 있습니다. 비록 다소 추상적인 표현이기는 해도요. 그렇다면 왜 그런 추상적인 아이디어를 실제로 구현하지 못할까요?

한 가지 예를 들어 봅시다. 우리의 열정적인 창업가 지미(Jimmy)는 화면에 빨간 선 하나[6]만 그릴 수 있다면 억만장자가 되리라고 굳게 믿고 있습니다. 그리고 그의 아이디어는 그것이 전부입니다. 뭐, 다들 빨간 선을 원하잖아요. 그렇죠? 그렇다면 지미는 뭐부터 어떻게 시작해야 할까요?

지미가 자신의 스마트폰을 바라보면 그저 버튼과 홈, 몇몇 구멍이 있는 직사각형 덩어리로만 보입니다. 도대체 이것을 어떻게 다루어야 할까요? 당연히 프로그래머가 필요하죠. 이런 것은 프로그래머가 잘 아니까요.

하지만 잠깐만요. 스마트폰을 들고 있다가 재채기를 한 적 있나요? 그때 화면에 튄 작은 물방울을 자세히 들여다본 적은요? 그 물방울을 통해 확대된 화면을 잠시만 상상해 보면 아주 **작은 점**들이 보일 것입니다. 직사각형 격자 형태로 배열되어 있는 **빨강, 초록, 파랑 점**이죠. 지미는 재채기하다가 그 점들을 보고 아주 잠깐 동안 번뜩이는 깨달음을 얻습니다. 아하, 빨간 선은 저 빨간 점들로 그려지는구나!

6 Lauris Beinerts. "The Expert(Short Comedy Sketch)". 2014년 3월 23일 유튜브 게시(작성 시점 기준으로 시청 가능).

지미가 좀 더 생각을 깊게 했다면 빨강, 초록, 파랑 세 가지 색을 조합할 수 있다고 깨달았을 것입니다. 여기에서 좀 더 생각해서 다양한 색상을 만들기 위해서는 개별 점의 밝기를 조절할 수 있는 방법이 있어야 한다고도 깨달을 것입니다. 아마도 지미는 RGB 색상을 모를 수도 있지만, 색을 섞으면 다른 색이 만들어진다는 것은 누구나 초등학교 때 배우는 기본입니다. 그러니 그리 어려운 개념은 아닙니다.

지미가 잠시만 더 생각한다면 저 직사각형 격자 모양의 각 점이 좌표를 가진다고 깨달을 수 있을 것입니다. 물론 고등학교 때 배운 좌표 평면이나 대수학은 잘 기억이 나지 않을 수도 있습니다. 다시 말하지만 직사각형 격자의 개념 자체는 누구나 이해할 수 있습니다. 전화기 다이얼 버튼을 누를 때 보면 다이얼 버튼이 전부 직사각형 격자로 배열되어 있잖아요!

물론 요즘은 아무도 다이얼을 눌러서 전화를 걸지 않고, **다이얼**이라는 단어를 왜 쓰는지도 모르지만요. 뭐, 별로 중요한 이야기는 아닙니다. 어쨌든 잠시나마 진지하게 생각해 본 덕분에 지미는 이제 깨달았습니다. 빨간 점들을 일렬로 만들면(즉, 선형으로 배열하면) 자신이 원하는 빨간 선을 그릴 수 있다는 사실을 말이죠.

지미는 "근데 그것을 어떻게 하지?"라고 생각할 것입니다. 오래전에 배운 직선의 방정식 y = mx + b가 떠오를까요? 아마 아닐 것입니다. 그래도 조금만 더 생각해 보면 빨간 선 위 점들은 세로와 가로 사이에 일정한 비율을 가진다는 사실을 충분히 깨달을 수 있습니다. 다만 자기가 지금 미적분 기초를 되살리고 있다는 것은 전혀 인식하지 못하겠지만, 뭐 괜찮습니다. 기울기 공식(rise over run formular)도 그렇게 어렵지 않으니까요.

지미가 계속해서 생각을 이어 간다면 자신이 그 점들을 볼 수 있었던 것은 화면에 묻은 콧물이 마치 레이우엔훅(Leeuwenhoek)[7]의 현미경처럼 작용했기 때문이라고 깨달을 수 있습니다. 그렇다면 그 점들은 정말 **작을 수밖에** 없겠죠! 그 말은 결국 **아주 많은 점**을 그려야 한다는 의미고, 그 모든 점의 좌표는 아까 말한 기울기 공식을 따라야 합니다. 그런데 **그것을** 도대체 어떻게 해야 할까요?

7 역주 현미경을 최초로 발명한 네덜란드 과학자입니다.

게다가 점들로 선을 단 한 줄만 그린다면 그 선은 너무 얇아서 눈에 잘 보이지도 않습니다. 그래서 지미는 어느 정도 두께가 있는 선을 그려야 한다는 사실도 깨닫게 됩니다.

이쯤 되면 지미는 자신이 한 시간 넘게 이런저런 생각에 잠겨 있던 것을 깨닫습니다. 빨간 선 하나로 억만장자가 되리라는 상상은 이미 저만치 사라지고, 지난 한 시간 동안 오로지 **점**만 생각하고 있었습니다. 그리고 이제서야 그는 문제의 겉면만 살짝 건드렸을 뿐이라는 사실을 알게 됩니다. 그는 아직도 스마트폰에 점을 표시하라고 지시하는 방법도 모르고, 좌표를 전달하는 방법도 모릅니다. 무엇보다도 그 많은 점을 반복해서 하나하나 표시하도록 스마트폰에 명령하는 방법조차 전혀 모릅니다!

무엇보다 중요한 것은 지미는 **더 이상 이런 생각을 하고 싶지 않다**는 점입니다. 그는 다시 빨간 선으로 어떻게 억만장자가 될지, X 플랫폼에 빨간 선 광고를 어떻게 넣을지 같은 상상으로 돌아가고 싶어 합니다. 그리고…….

지미는 그 지긋지긋한 점들은 그냥 내버려 두기로 합니다. 그런 것은 프로그래머한테 맡기면 되죠. 지미는 **그런 세세한 부분까지 신경 쓰고 싶지 않습니다.**

하지만 우리는 다릅니다! 그것이 우리의 괴짜 같은 면모이자 동시에 초능력이죠. 우리는 그런 디테일을 사랑합니다. 화면 위 수많은 점을 어떻게 조합해서 빨간 선으로 만들 수 있을지 고민하는 것을 즐깁니다. 사실 우리에게 그 빨간 선 자체는 그다지 중요하지 않습니다.

우리가 진짜로 사랑하는 것은 그 작디작은 수많은 디테일을 하나하나 조합해서 빨간 선을 만들어 내는 그 도전 자체입니다.

그래서 우리는 왜 필요할까요? 사회에는 디테일에 집착하는 사람, 즉 우리 같은 사람이 꼭 필요하기 때문입니다. 그런 사람이 있어야만 나머지 사람들은 아이스버킷 챌린지나 앵그리버드를 하거나 치과 대기실에서 솔리테어(solitaire)[8]를 하며 시간을 보내는 일에 집중할 수 있으니 말이죠.

---

8 역주 혼자 하는 카드 놀이입니다.

이렇게 대부분의 사람이 디테일을 피하려고 하는 한 그 디테일 속으로 뛰어드는 우리 같은 사람도 반드시 필요합니다. 그것이 바로 우리 정체성입니다. 우리는 이 세상 디테일을 책임지는 사람입니다.

"컴퓨팅 역사는 아주 길지만, 우리는 종종 그 사실을 잊거나 무시하고는 합니다. 하지만 우리보다 앞서 이 길을 걸으며, 프로그래머로서 윤리적으로 어떻게 행동해야 하는지 몸소 보여 준 거장들은 분명히 존재합니다."

켄트 벡(Kent Beck), 2023년
(최근 작고한 배리 드볼라츠키를 추모하며)

2부

거장

우리,
프로그래머들

2부

거장

2부에서는 몇몇 거장들의 이야기를 들려 드리고자 합니다. 이들은 프로그래머로서 위대한 업적을 이루고, 우리 업계에 깊은 영향을 남긴 인물입니다. 그들이 겪었던 기술적인 도전과 개인적인 어려움, 어떻게 그것을 극복했는지 함께 살펴보려 합니다. 이 이야기에서 여러분이 이 놀라운 인물들을 더 인간적으로, 더 기술적으로 깊게 이해할 수 있기를 바랍니다.

이야기 속 거장의 개인적인 부분들은 그들도 우리와 같은 사람이었음을 보여 줄 것입니다. 우리처럼 기쁨과 슬픔을 느꼈고, 실수도 했으며, 어려움을 극복하고 마침내 성공을 만끽했던 이들이었습니다.

이 이야기에 기술적인 내용을 함께 담은 이유는 여러분이 프로그래머이기 때문입니다. 이들이 마주했던 기술적 도전은 같은 프로그래머만 진정으로 이해할 수 있습니다. 저는 여러분이 이 위대한 인물들의 업적을 같은 길을 걷는 동료로서 깊이 공감하고 진심으로 존경하게 되기 바랍니다.

2부에 모두 담지 못한 위대한 선구자도 많습니다. 그렇다고 해서 그분들의 업적이 부족하거나 가치가 없다는 뜻은 아닙니다. 단지 지면과 시간의 한계 때문에 어쩔 수 없이 선택해야 했을 뿐입니다. 부디 제가 그 선택을 잘했기 바랍니다.

CHAPTER 2

배비지: 최초의 컴퓨터 엔지니어

프로그래머와 컴퓨터 애호가 사이에서 찰스 배비지(Charles Babbage)는 범용 컴퓨터의 아버지이며, 에이다 킹 러브레이스(Ada King Lovelace)는 최초의 프로그래머였다고 알려져 있습니다. 하지만 이 둘에 대한 흥미로운 이야기는 때로는 허구적이거나 사실과는 약간 다르게 알려져 있습니다. 다만 언제나 그렇듯이 진실은 전해지고 있는 이야기보다 훨씬 더 흥미롭습니다.

찰스 배비지라는 인물

찰스 배비지는 1791년 12월 26일, 영국 서리(Surrey)주 월워스(Walworth)에서 태어났습니다. 부유한 은행가였던 아버지 덕분에 배비지는 19세기 초 영국 사회 상류층에 속했고 상당한 유산[1]을 물려받아 경제적으로 독립된 삶을 살았습니다. 이는 그가 광범위한 관심사와 탐구심을 마음껏 펼칠 수 있는 기반이 됩니다.

1 그는 10만 파운드에 달하는 유산 덕분에 경제적으로 자립할 수 있었고, 가족이 부족함 없이 생활하는 한편 자신의 과학 연구에도 아낌없이 투자할 수 있었습니다.

그는 생애 동안 책 6권과 과학 기술 논문을 86편 저술했습니다. 그 주제는 수학, 체스, 자물쇠 따기, 조세, 생명 보험, 지질학, 정치, 철학, 전자기학, 계측학, 통계, 철도, 공작 기계, 정치 경제학, 잠수 장비, 잠수함, 항해, 여행, 언어학, 암호 해독, 공예, 천문학, 고고학 등 이루 말하기 힘들 정도로 다양합니다.

하지만 무엇보다도 배비지는 여러 가지 기계를 발명하고 구상하는 데 뛰어난 역량을 보였습니다. 송풍식 난방 시스템, 검안경, 케이블 기반 우편물 배송 시스템, 틱택토 게임 기계 등 온갖 기계를 구상했습니다. 하지만 이 중에서 상업적으로 성공한 발명품은 거의 없습니다. 대부분은 설계도 단계를 넘지 못했기 때문이죠.

또 배비지는 대단히 사교적이었습니다. 이야기를 잘 풀어내는 재치 있는 성격 덕분에 저녁 모임(소위 수아레(soirées)라고 부른 모임)을 자주 열었고, 다른 사람이 주최하는 모임에도 빈번하게 초대받아 그 자리를 더욱 빛냈습니다. 실제로 1843년에는 한 달 동안 하루 13건씩(일요일 포함) 초청을 받았다는 기록이 있을 정도입니다.[2]

이런 배비지의 사교적인 성격 덕분에 그는 당대 제일의 지식인과 많은 교류를 했습니다. 찰스 디킨스(Charles Dickens), 찰스 다윈(Charles Darwin), 찰스 라이엘(Charles Lyell), 찰스 휘트스톤(Charles Wheatstone), 조지 불(George Boole), 조지 비델 에어리(George Biddell Airy), 어거스터스 드 모르간(Augustus De Morgan), 알렉산더 폰 훔볼트(Alexander von Humboldt), 피터 마크 로제(Peter Mark Roget), 존 허셜(John Herschel), 마이클 패러데이(Michael Faraday) 등이 대표적입니다.

배비지는 학계에서도 크게 인정받아 1816년에는 왕립학회(Fellow of the Royal Society) 회원으로 선출되었습니다. 이후 1824년에는 계산 기계를 발명한 공로로 영국 천문학회에서 초대 골드 메달을 받았으며, 1828년부터 1839년까지 케임브리지 대학교의 루카시안 수학 석좌 교수직(Lucasian Chair of Mathematics)을 맡기도 했습니다.[3]

---

2 Swade, p173 참고(여기에서 Swade는 이 장 참고 문헌에 있는 <The Difference Engine(차분기관)>을 쓴 저자 이름입니다. 본문에서 참고 문헌을 언급할 때는 이렇게 표기하겠습니다.)

3 루카시안 석좌 교수직은 아이작 뉴턴(1669~1702), 폴 디랙(1932~1969), 스티븐 호킹(1979~2009) 등 역사상 쟁쟁한 인물들이 맡았으며, 2395년 이후에는 데이터(data)가 맡을 것이라는 농담도 있습니다.

이처럼 배비지는 엄청난 명성과 인맥을 지녔습니다.

그렇다고 해서 배비지가 실질적으로 성공적인 삶을 이루었다고 보기는 어렵습니다. 그의 연구나 발명품 대부분이 완성되거나 상업적 이익으로 이어지지 못했기 때문입니다. 또 성격이 까다롭고 자기주장이 강해서 함께 일하기 무척 힘든 까칠한 천재(irascible genius)였다는 평도 있습니다.[4]

그는 권력자들을 신랄하게 비난하는 편지를 자주 썼지만, 바로 그 권력자들에게 자신의 프로젝트 자금을 요청하기도 합니다. 이런 부분을 보면 배비지가 공손하고 신중한 태도를 가진 사람이라고 보기는 어려운 것 같습니다.

심지어 당대 총리였던 로버트 필(Sir Robert Peel)이 "배비지와 그의 계산 기계를 어떻게 없애 버릴 수 있을까?"라고 한 일화가 있을 정도이니 말입니다.

계산표

프로그래머로서 찰스 배비지 이야기는 1821년 여름에 시작됩니다. 배비지와 그의 평생 친구인 존 허셜은 천문학회에서 사용할 계산표(tables)를 검토하는 일을 하고 있었습니다. 거기에는 각기 다른 두 팀이 만든 계산표가 두 개 있었고, 두 팀이 모두 계산을 올바르게 수행했다면 두 계산표는 완전히 일치해야 했습니다. 배비지와 허셜은 계산표 두 개를 비교하여 일치하는지 확인하고 오류를 찾아내는 작업을 했습니다. 하지만 그 계산표에는 각각 12자리 이상의 숫자가 수천 개 적혀 있었습니다. 두 사람은 지루하고 힘들지만 고도의 집중력을 발휘하여 꽤 오랜 시간 서로 숫자를 낭독하고 확인하는 작업을 했습니다. 숫자에 오류가 있거나 잘못 읽은 숫자가 있을 때면 다시 확인한 후 불일치를 해결하고 주석을 달았습니다. 이 작업은 정말 지루하고 답답하고 피곤한 일이었습니다.

4 <Irascible Genius>는 찰스 배비지에 관한 책으로, 마보스 모슬리가 1964년에 집필했습니다. https://archive.org/details/irasciblegeniusl00mose/mode/2up 참고

결국 배비지는 "이런 계산을 증기(steam)를 이용해서 할 수 있다면 얼마나 좋을까!"[5]라고 외쳤습니다.[6]

그렇게 해서 배비지는 프로그래머의 길에 빠져듭니다. 1년이 채 지나기도 전에 그는 장인들에게 부품 제작을 맡기고, 계산을 자동으로 수행할 수 있는 작은 기계를 직접 조립해 냅니다. 이 기계는 비록 작은 시제품이지만, 훨씬 더 거대한 기계를 향한 그의 비전이 담긴 작품이었습니다. 또 지루하고 고된 계산 작업을 대신해 줄 기계였습니다.

계산표 제작

그 시대에 수학적 계산표 수요는 정말 많았습니다. 수학자들은 물론이고 항해사, 천문학자, 공학자, 측량사까지 모두 이런 표가 필요했습니다. 로그표, 삼각 함수 표, 탄도학 표, 조수(潮水) 표 등 종류도 매우 다양하고 그 수요는 끝이 없었습니다. 게다가 이 표들은 단순히 대략적인 값이 아닌 소수점 이하 자리까지 정확하고 정밀해야만 했습니다.

이런 표들은 도대체 어떻게 만들어졌을까요? 수만 개에 달하는 로그 값을 소수점 여섯 자리, 여덟 자리 또는 열 자리까지 어떻게 계산할 수 있었을까요? 각 초(arc-second) 단위마다 정밀하게 사인, 코사인, 탄젠트 값을 구하는 일은 또 어떻게 가능했을까요? 아마 처음 이 문제를 접했다면 도저히 해결 불가능하게 보였을 것입니다.

하지만 인간은 참으로 영리한 존재입니다. 종종 그렇지 않은 경우도 있지만요. 어쨌든 그 문제를 해결할 수 있는 방법은 있었습니다.

그 해결책의 첫걸음은 복잡하고 추상적인 개념을 계산 가능한 형태로 바꾸는 데 있습니다. 로그, 사인, 코사인 같은 함수들은 초월 함수(transcendental functions)라고도 합니다. 본래 이런 함수는 다항식으로는 정확히 계산할 수 없습니다. 하지만 놀랍게도 다항식을 이용하여 **근사치**(approximated)는 구할 수 있습니다.

---

5 역주 당대에는 증기 기관을 통해 기계를 구동했습니다.

6 Swade, p10 참고

직교 좌표 평면에서 사인 곡선을 떠올려 보죠. 이 곡선은 y축을 기준으로 -1과 1 사이를 물결치듯 오르내리며, x축 주기는 2π입니다.

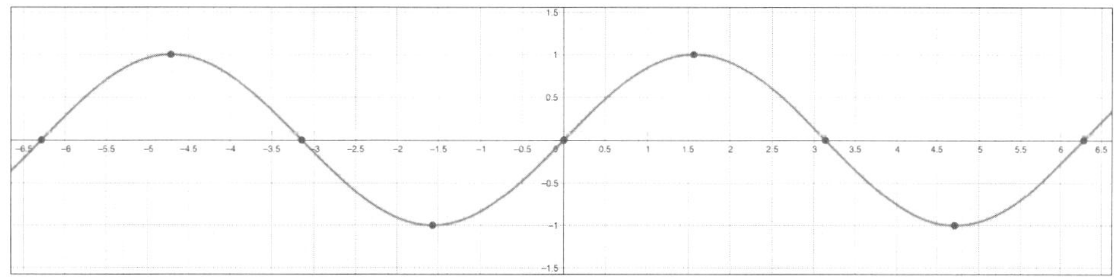

이제 이 사인 곡선 위에 $y = -0.1666x^3 + x$라는 그래프를 겹쳐서 생각해 보죠.

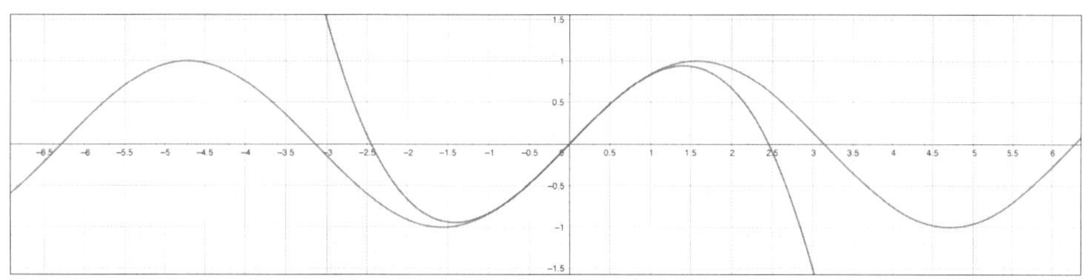

x가 0에 가까울 때는 꽤 근사한 편입니다. 하지만 더 나은 근사도 가능합니다. 예를 들어 $y = 0.00833x^5 - 0.1666x^3 + x$를 생각해 봅시다.

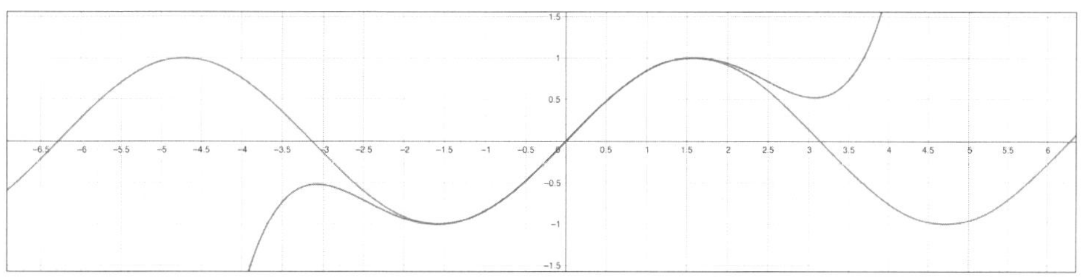

오! 이제 제법 그럴듯합니다. 하지만 여기에서 한걸음 더 나아가 보겠습니다. 다음 식을 생각해 보죠.

$y = -0.0001984x^7 + 0.00833x^5 - 0.1666x^3 + x$

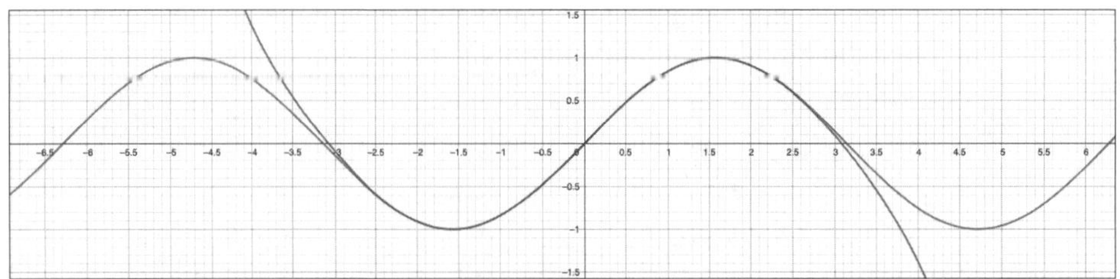

와우! -π/2에서 π/2 사이 구간에서는 정말 놀라울 정도로 잘 들어맞습니다. 실제로 -π/2를 대입하면 다항식 값은 -1.00007이 나오는데, 이는 소수 넷째 자리까지 근사한 값과 거의 일치합니다.

물론 여기에서 사용한 이 계수들은 모두 잘 알려진 테일러 전개(Taylor expansion)에서 나왔습니다.

$$\sin(x) = x - x^3/3! + x^5/5! - x^7/7! \cdots$$

좋습니다. 이제 사인 함수를 초월 함수의 영역에서 끌어냈으니, 이렇게 복잡한 다항식들을 헷갈리지 않고 계산하려면 어떻게 해야 할까요?

예를 들어 0부터 π/2까지 각 1초(arc-second)마다 사인 값을 계산해서 표를 만든다고 합시다. 이 구간에는 1초가 총 32만 4,000개 있습니다. 참고로 각 1초는 약 0.000004848136811 라디안입니다. 이 숫자를 세제곱, 다섯 제곱, 일곱 제곱으로 계산하고 각각 6, 120, 5,040으로 나눈 후 덧셈과 뺄셈을 반복해서…… 이런 작업을 34만 번이나 해야 한다고 상상해 보세요. 정말 그렇게 하고 싶나요?

다행히도 더 나은 방법이 있습니다. 바로 유한 차분법(finite differences)입니다.

유한 차분법

$f(x) = x^2 + 3x - 2$ 같은 간단한 다항식을 떠올려 보세요. 이제 x가 1부터 5까지일 때 이 함수 값을 계산해 보겠습니다.

x	$x^2 + 3x - 2$
1	2
2	8
3	16
4	26
5	38

이제 계산한 값 사이의 1차 차분을 구해 보겠습니다.

x	$x^2 + 3x - 2$	d1
1	2	
2	8	6
3	16	8
4	26	10
5	38	12

2차 차분도 계산해 보겠습니다.

x	$x^2 + 3x - 2$	d1	d2
1	2		
2	8	6	
3	16	8	2
4	26	10	2
5	38	12	2

아하! 2차 차분이 일정하게 2로 나오는군요. 사실 모든 n차 다항식은 n차 차분이 항상 일정한 값을 갖습니다.

자, 그렇다면 x가 6일 때 함수 값은 얼마일까요? 굳이 다항식을 직접 계산하지 않아도 됩니다. 먼저 1차 차분의 마지막 값이 12였으니 여기에 2차 차분인 2를 더하면 새로운 1차 차분은 14가 됩니다. 이제 이 14를 마지막 함수 값인 38에 더하면 52가 나오고, 이것이 바로 정답입니다. 고작 덧셈 두 번만으로 계산이 끝난 셈입니다.

이 방식은 계속 이어집니다. 예를 들어 f(7)은 68입니다. 앞서 구한 1차 차분 14에 2차 차분인 2를 더해 16이 되고, 여기에 이전 함수 값인 52를 더하면 68이 되기 때문입니다. f(8)도 같은 방식으로 계산할 수 있습니다. 16에 2를 더하면 18이고, 18에 68을 더하면 86이 됩니다. 이렇게 표를 계속 확장하고 싶다면 그저 두 숫자만 더해 가면 됩니다. 곱셈도 뺄셈도 필요 없습니다. 단순한 덧셈 두 번이면 충분합니다.

이 방법이 사인 함수에도 통할까요? 예를 들어 0부터 대략 π/2까지 0.005 간격으로 사인 값을 표로 만든다고 합시다. 그리고 우리가 앞서 사용했던 7차 테일러 전개를 그대로 적용한다고 가정해 보죠. 이 경우 처음 값 여덟 개만 직접 계산해 두면, 그 이후 값들은 앞서 본 것처럼 차분을 계속 더해 가며 구할 수 있습니다.

그럼 먼저 x = 0.005일 때 다항식 값을 계산해 봅시다.

식은 다음과 같습니다.

$0.005 - 0.005^3/6 + 0.005^5/120 - 0.005^7/5040$

이때 소수로 미리 계산해 버리면 정밀도가 떨어질 수 있으니 가능한 한 마지막 순간까지 분수 형태를 그대로 유지하면서 계산해 보겠습니다.

0.005 - 0.000000125/6 + 3.125e-12/120 - 7.8125e-17/5040

5/1000 - 125/6000000000 + 3125/120000000000000000 -

78125/5040000000000000000000000

1/200 - 1/48000000 + 1/38400000000000 - 1/645120000000000000000

322558656001679999/64512000000000000000

마지막 분수를 소수로 변환하면 다음과 같습니다.

0.004999979166692708

즉, 소수점 아래 약 12자리까지 정확한 sin(0.005) 값입니다.

그런데 여기에서 중요한 점을 하나 알 수 있습니다. 분모들이 굉장히 크기 때문에 그에 따라 분자도 자릿수가 매우 많아집니다(무려 18자리나 됩니다). 이 말은 계산 내내 높은 정밀도를 유지하려면 매우 조심스럽게 다루어야 한다는 의미입니다.

이처럼 분모가 큰 분수들을 다루는 작업은 오히려 테일러 전개를 그대로 계산하는 것보다 그리 쉬운 일이 아닐 수도 있습니다. 그래서 다른 접근을 시도해 보겠습니다. 모든 분수에 10^{30}을 곱해서 분모를 좀 더 다루기 쉬운 수준으로 줄여 보는 것입니다.

예를 들어 첫 번째 값을 그렇게 계산하면 다음과 같은 분수가 나옵니다.

314998687501640624023437500000/63

이 값을 정수로 나눗셈하고 소수 부분을 무시하면 다음 정수가 나옵니다.

4999979166692708317832341269

이 수는 sin(0.005) × 10^{30}에 아주 가까운 값입니다.

이처럼 분모를 크게 줄이면 소수점 아랫부분을 무시하더라도 의미 있는 정밀도를 잃지 않게 됩니다. 이제 이 방법을 활용하여 사인 값을 여덟 개 먼저 계산해 보겠습니다.

314998687501640624023437500000/63

314990812550859250976562500000/63

314975062846169864257812500000/63

314951438781314260742187500000/63

314919940946892831054687500000/63

314880570130349793945312500000/63

3148333273159535087890625000000/63

3147782136847718662109375000000/63

이제 첫 번째 사인 값들에서 1차 차분 일곱 개를 계산할 수 있습니다.

-1249992187519531250000000

-7499859375898437500000000/3

-11249554693144531250000000/3

-14998968772109375000000000/3

-18748007877636718750000000/3

-22496578283945312500000000/3

-26244586276972656250000000/3

그러고 나서 2차, 3차, 4차, 5차, 6차 차분을 계속 계산해 나가면 예상대로 마지막 차분에서는 일정한 값으로 수렴합니다.

-3749882813339843750000000/3

-1249898439082031250000000

-1249804692988281250000000

-3749039105527343750000000/3

-1249523468769531250000000

-1249335997675781250000000

18749609375000000000/3

9374609375000000000

37497343750000000000/3

46869921875000000000/3

18747109375000000000

9374218750000000000/3

9373515625000000000/3

9372578125000000000/3

9371406250000000000/3

-234375000000000

-312500000000000

-390625000000000

-78125000000000

-78125000000000

따라서 차분 값 첫 일곱 개는 다음과 같습니다.

31499868750164062402343750000/63

-1249992187519531250000000

-3749882813339843750000000/3

1874960937500000000/3

9374218750000000000/3

-234375000000000

-78125000000000

다시 한 번 말하지만, 이처럼 분자는 매우 크고 분모는 작기 때문에 소수점 아래 반복되는 값들은 덧셈에 큰 영향을 주지 않습니다. 따라서 이 경우에는 소수 부분을 무시하고 정수 부분만 사용해도 충분히 정밀한 결과를 얻을 수 있습니다. 그렇게 정수로 바꾼 차분 값들은 다음과 같습니다.

4999979166692708317832341269

-12499921875195312500000

-12499609377799479166666

62498697916666666666

31247395833333333333

-234375000000000

-78125000000000

이제 해야 할 일은 단순합니다. 이 값들을 차례로 더해 가며 각 행의 값을 구하면 됩니다. 그러면 다음과 같이 10^{30}을 곱한 사인 값 표가 완성됩니다.

0.005	4999979166692708317832341269
0.01	9999833334166664682539682538
0.01	14999437506328091099330357141
0.02	19998666693333079365079365078
0.025	24997395914712330651661706348
0.03	29995500202495660714285714282
0.035	34992854604336192599826388876
0.04	39989334186634158730158730124
0.045	44984814037660234235491071351
0.05	49979169270678323412698412546
0.055	54972275027067721183655753695
0.06	59964006479444571428571428114

이것이 바로 자동 컴퓨터가 등장하기 전 수학적 계산표를 만들던 방식입니다. 먼저 수학의 대가들이 근사하고자 하는 초월 함수를 가장 잘 표현할 수 있는 다항식을 도출합니다. 그런 다음 그 다항식들을 숙련된 수학자 몇 명에게 맡겨서 함수를 여러 구간으로 나누고, 각 구

간에 대한 차분표를 작성하게 합니다. 마지막으로 그 차분표는 단순 덧셈과 뺄셈에 능숙한 수십 명에게 전달되어 실제 계산표를 작성하는 데 사용합니다. 이 단순 계산을 담당하던 사람들은 당시 '컴퓨터(computers)'[7]라고 불렀습니다. 그들은 반복적으로 덧셈을 수행하며 각 구간의 항목을 차근차근 채워 나갔습니다.

표에는 수천수만, 아니 그보다도 더 많은 행이 작성되었습니다. 덧셈 수만 번이 수많은 자릿수를 맞추어 가며 수행되었습니다. 하지만 급여는 형편없었고 일은 지독할 만큼 힘들었습니다. 그리고 이 모든 작업은 오직 연필[8]과 종이로 이루어졌습니다.

보통 이 '컴퓨터'들은 두 팀으로 나뉘어 동일한 작업을 맡았습니다. 양쪽이 모두 완벽하게 계산을 수행했다면 결과는 정확히 일치해야 합니다. 바로 그것을 1821년 여름 어느 운명적인 날에 배비지와 허셜이 확인하고 있었습니다.

배비지의 비전

이제 배비지가 "증기로 계산할 수 있다면!"이라고 외친 의미가 분명해집니다. 이 '컴퓨터'들을 신뢰할 수 있는 기계로 대체할 수만 있다면 그와 허셜은 더 이상 사람 손으로 계산한 값을 하나하나 대조할 필요가 없었을 테니까요.

하지만 그뿐만이 아닙니다. 배비지는 미래에 계산 기계를 사용하는 것이 과학 발전에 필수적인 역할을 하리라고 내다보고 있었습니다.

1822년 "증기로 계산할 수 있다면"이라고 외친 후 배비지는 이렇게 예견하듯이 썼습니다.

---

7 1800년대 초반, 이 계산 업무를 맡았던 이들 중에는 프랑스 출신의 전직 이발사가 많았습니다. 이들은 대개 고객을 잃은 사람들이었는데, 고객들이 그냥 떠나서가 아니라 단두대에서 머리가 잘렸기 때문입니다.

8 미국 최초의 연필 공장은 1861년에 문을 열었습니다. 물론 그 이전에도 연필은 있었지만, 이 당시 대량 생산 체계가 갖추어지면서 연필이 일상적인 도구로 자리잡게 되었습니다.

"내가 감히 예언하건대, 수학 공식을 수치화하기 위해 들어가는 이 막대한 노동은 지속적으로 과학 발전을 저해하는 요소로 작용할 것이다. 이런 수치 계산의 압도적인 부담에서 해방시켜 줄 내 아이디어[9] 또는 이와 동등한 어떤 방식이 마련되지 않는다면, 결코 과학은 크게 진보하지 못할 것이다."

불행히도 배비지가 예견한 그 시대는 그의 생애로부터 한 세기 뒤였습니다. 하지만 결국 그 시기가 도래했습니다. 이후 장에서 볼 수 있겠지만, 그 시기는 정말 폭풍처럼 찾아왔습니다.

차분기관

배비지가 처음 구상한 기계는 기본적으로 독특하면서도 아주 거대한 덧셈 기계였습니다. 이 기계에는 20자리 십진수를 저장할 수 있는 레지스터가 여섯 개나 있어 6차 차분까지 표현할 수 있습니다. 즉, 6차 다항식까지 다룰 수 있었지요. 기계 손잡이를 한 번 돌릴 때마다 가장 마지막(여섯 번째) 레지스터 값이 다섯 번째에 더해지고, 다섯 번째 결과가 네 번째에, 네 번째는 세 번째에…… 이런 식으로 차례대로 더합니다. 즉, 오직 덧셈만 수행하는 방식입니다.

이 기계는 무려 부품 2만 5,000개로 구성되며 높이 약 2.4미터, 길이 2.1미터, 너비 0.9미터로 무게는 약 4톤에 이를 것으로 예상했습니다.

그런데 도대체 덧셈이 왜 그렇게 어려운 일이었을까요? 왜 단순한 계산을 위해 산업용 규모의 거대한 기계가 필요했을까요?

여기에는 두 가지 측면의 문제가 있습니다. 첫째, 기계는 무엇보다도 **정확도**를 유지해야 합니다. 어떤 부품이든 움직여야 할 때가 아니라면 절대로 움직여서는 안 됩니다. 진동이나

9 배비지의 차분기관 아이디어입니다.

마찰, 그 외에 의도치 않은 작은 움직임조차도 부품을 틀어지게 만들 수 있기 때문입니다. 이를 방지하기 위해 배비지는 수천 번에 달하는 크랭크 회전 동안 기계의 정밀도를 유지할 수 있도록 해야 했으며, 각 부품을 정해진 순간에만 움직이게 고정하고 풀어 주는 다양한 잠금 장치를 설계에 포함시켜야 했습니다.

두 번째 문제는 학창 시절 누구나 겪는 문제이자 덧셈 기본인 올림(carry)에 있습니다. 숫자가 9에서 0으로 넘어갈 때는 왼쪽 자릿수에 1을 올려야 하죠. 당시 전통적인 기계에서는 각 자릿수를 톱니바퀴로 표현했고, 어떤 바퀴가 9에서 0으로 넘어가면 그에 연결된 탭이 다음 바퀴를 움직이도록 되어 있었습니다. 이 방식에서는 올림이 얼마나 연쇄적으로 발생하는지에 따라 바퀴를 돌리는 데 필요한 힘이 달라졌습니다. 예를 들어 999999999999에 1을 더하면 수많은 자리에서 올림이 일어나야 하므로 **엄청난 힘**이 필요합니다. 이렇게 큰 힘이 들어가면 기계에 오류나 마모가 발생할 위험이 커집니다. 게다가 이 기계는 손으로 직접 돌려야 해서 사용자는 계산할 때마다 팔에 걸리는 부하가 심하게 달라지는 고역을 감수해야 했습니다.

그래서 배비지는 이 문제를 해결하기 위해 매우 영리한 메커니즘을 고안합니다. 올림이 발생하면 즉시 전달하지 않고, 기계 작동 주기 중 특정 시점에 하나씩 순차적으로 전달되도록 설계했습니다. 이 올림 정보를 저장하는 장치는 각 바퀴에 연결된 작은 레버로, 이 레버는 '올림 있음' 또는 '올림 없음'이라는 두 가지 상태 중 하나를 가질 수 있습니다. 그다음 일련의 막대들이 각 레버 상태를 확인하고 해당 레버가 '올림 있음' 상태일 경우 그 위 자릿수 바퀴에 1을 더하는 방식으로 올림을 전달합니다. 이 막대들은 마치 나선형 계단처럼 배열되어 있어 그 덕분에 올림을 순차적으로 하나씩 정확하게 전달할 수 있습니다.

모든 것이 정말로 놀라울 만큼 정교하고 기발한 설계였습니다.

이를 보면 배비지는 분명히 프로그래머입니다. 비록 그가 작성한 프로그램은 레버와 톱니바퀴, 기어, 크랭크로 이루어진 물리적인 형태였지만 그 본질은 다르지 않습니다. 그가 만든 기계는 일련의 연속적인 덧셈 과정을 정교하게 수행하는 작지만 아름다운 절차를 처리하고 있으니까요.

오늘날 우리가 그 프로그램을 코드로 작성한다면 아마 이런 모습이지 싶습니다.[10]

```
(defn crank [xs]
    (let [dxs (concat (rest xs) [0])] (map + xs dxs)))
```

그렇습니다. 불과 두세 줄, 약 74자 정도의 코드가 4톤에 달하며 부품 2만 5,000개로 된 기계 전체를 대체할 수 있게 된 셈입니다.

물론 이렇게 비교하는 것은 어쩌면 공정하지 않을지도 모릅니다. 결국 저는 이 코드를 맥북 프로에서 실행하고 있으니까요. 이 노트북은 고작 1~2파운드밖에 되지 않지만, 배비지의 형편없는 차분기관과는 비교도 되지 않을 정도로 복잡한 기술로 이루어져 있습니다.

혹시 눈치챘나요? 앞서 살펴본 사인 함수 예제에서 일부 차분 값은 음수입니다. 그런데 배비지가 만든 기계는 양의 정수만 표현할 수 있습니다. 그렇다면 배비지는 이 문제를 어떻게 해결했을까요?

정확히 그가 어떻게 처리했는지는 알 수 없지만, 저는 9의 보수를 이용해서 이 문제를 해결할 수 있었습니다. 20자리 십진수만 사용하고 20번째 자리에서 발생하는 올림을 무시한다면, 9의 보수를 이용해서 음수를 표현할 수 있습니다. 이를 흔히 '9의 보수법(nine-ing out)'이라고 합니다.

예를 들어 20자리에서 숫자 1의 10의 보수는 99999999999999999999입니다. 이 둘을 더하고 마지막 자리에서 발생하는 올림을 무시하면 결과는 0이 됩니다. 따라서 숫자 1의 10의 보수는 실제로 -1처럼 동작하는 셈입니다.

즉, 범용적인 방법은 숫자의 각 자릿수를 9에서 빼서 그에 해당하는 보수 자릿수를 만드는 것입니다. 이렇게 모든 자릿수에 대해 계산을 마친 후 그 결과에 1을 더하면 최종적인 보수 값이 완성됩니다.

---

10 역주 다음 코드는 클로저(Clojure)라는 함수형 프로그래밍 언어로 작성된 crank라는 함수이며, 이 함수는 리스트 xs를 받아서 각 요소에 다음 요소를 더한 새로운 리스트를 반환합니다.

따라서 숫자 31415926535887932384가 주어졌을 때 이 숫자의 각 자릿수를 9에서 빼면 9의 보수인 68584073464112067615가 됩니다. 여기에 1을 더하면 10의 보수인 68584073464112067616이 완성됩니다. 이제 원래 숫자와 이 10의 보수를 더하고 마지막 자리에서 발생하는 올림을 무시하면 결과는 정확히 0이 됩니다.

이처럼 10의 보수는 음수를 효과적으로 표현하는 방법이며, 뺄셈을 덧셈으로 바꾸는 유용한 방식이기도 합니다.

기계식 표기법

배비지가 프로그래머였다는 또 하나의 증거는 그가 직면한 문제가 당시 다른 어떤 기계 공학자도 경험하지 못한 복잡성을 지니고 있었다는 점입니다. 그가 고안한 기계의 부품은 매우 복잡한 방식으로 움직였고, 서로 얽히고 풀리는 시점도 마찬가지로 복잡했습니다. 기계적으로 이런 수준의 복잡성은 전례가 없고, 이를 이해하고 설계하기 위해서는 그 어떤 형태로든 구조를 표현할 수 있는 체계가 반드시 필요합니다.

그래서 배비지는 자신이 구상한 기계의 동작을 표현하기 위한 표기법 체계를 만들었습니다. 이 체계에는 타이밍 다이어그램, 논리 흐름도, 움직이는 부품과 정지한 부품, 그 밖에 기계 의도를 설명하는 데 필요한 다양한 상태를 나타내는 기호들이 포함되어 있습니다. 배비지는 이 표기법을 상호 작용하는 부품들의 '보편적인 추상 언어'[11]로 생각했습니다. 실제로 그는 이 방법이 기계뿐만 아니라 모든 형태의 상호 작용에 적용될 수 있다고 믿었습니다.

그는 이 표기법에 대해 이렇게 말했습니다.[12]

11 역주 배비지의 기계뿐만 아니라 추상적 개념이나 다른 시스템 동작도 이 언어로 표현할 수 있다는 의미입니다.

12 Swade, p119 참고

"복잡한 기계의 모든 동시적이고 연속적인 움직임을 머릿속에 담아 두는 것 자체가 어렵고, 이미 예정된 움직임의 정확한 타이밍을 맞추는 것은 더 어렵다. 나는 이런 어려움 때문에 한눈에 특정 부품을 선택하고, 특정 시점에서 그 부품이 움직이고 있는지 아니면 정지해 있는지, 기계 내 다른 부품의 움직임과 어떤 관계가 있는지 파악할 수 있는 방법을 찾았다. 그리고 필요하다면 이 방법을 이용하여 그 부품의 움직임이 원동력까지 어떻게 이어지는지도 순차적으로 추적할 수 있다."

어떤 이들은 배비지가 기호를 잘 다루지 못했다고 말하기도 합니다. 하지만 배비지는 기계의 동작을 표현하기 위해 새로운 표기법을 만들 정도로 기호를 다루는 데 능숙했습니다. 즉, 그에게 기호를 다루는 작업은 낯선 일이 아니었습니다.

파티에서의 장난

배비지가 프로그래머였다는 것을 보여 주는 또 다른 증거는 자신의 차분기관(difference engine) 시제품을 프로그래밍하여 저녁 파티 손님들에게 몇 가지 장난를 선보였다는 점입니다.

배비지가 손님들에게 보여 주던 장난 하나를 예로 들어 봅니다. 배비지는 차분기관 시제품 기계를 응접실에 놓고 런던 유명 인사를 불러 모읍니다. 먼저 기계의 마지막 레지스터에 0이 표시된 것을 보여 준 후 손잡이를 돌립니다. 그러자 숫자가 0에서 2로 올라갑니다. 배비지는 손님들에게 다음에 손잡이를 돌렸을 때 어떤 숫자가 나올지 묻습니다. 손님들은 4라고 맞추고, 다음에는 6, 그다음에는 8, 또 그다음에는 10이라고 맞춥니다. 하지만 손님들이 지루해질 때쯤 다음 손잡이 회전에서 갑자기 42가 나타납니다.

차분기관이 어떻게 작동하는지 이해하면 이런 깜짝 놀랄 만한 수열을 만드는 것도 그리 어렵지 않습니다. 결국 0, 2, 4, 6, 8, 10, 42라는 숫자의 차분을 계산해서 더해 가면 이 수열이 그대로 재현되기 때문입니다.

배비지는 손님들에게 이 기계가 오직 자신만이 아는 숨겨진 법칙을 따르고 있다 말하며, 42가 나타난 '기적'은 마치 성경에서 홍해가 갈라지는 장면이나 병이 치유되는 기적과 비슷하다고 말합니다. 이처럼 그는 오직 자신만 알 수 있는 숨겨진 법칙을 이용하여 특별한 결과를 만들어 낸 프로그래머였습니다.[13]

차분기관의 실패

1823년 배비지는 천문학회와 런던 왕립학회 정회원이었고, 의회 내에서도 호의적인 관계를 맺어 정부에서 자금을 지원받아 자신의 기계를 제작할 수 있는 위탁 사업을 따내는 데 성공했습니다.

정부의 자금 지원 결정에는 논란이 많았습니다. 어떤 사람은 그의 기계가 유용하다고 믿었지만, 비용 대비 효과가 크지 않다고 생각하는 사람도 있었습니다. 일자리를 잃었던 이발사들의 인건비가 더 저렴했고, 결국 그들만으로도 덧셈 작업을 할 수 있었기 때문입니다.

하지만 배비지는 자신의 작품을 열정적으로 어필할 수 있는 탁월한 연설가였습니다. 그는 사람들에게 자신이 만든 기계의 장점과 놀라운 능력을 자주 이야기했습니다. 심지어 본인조차도 아직 자신이 만든 기계의 모든 가능성을 완전히 알지 못한다고 말할 정도입니다. 이처럼 그가 가진 열정과 뛰어난 표현력으로 청중을 완전히 매료시킬 수 있었습니다.

오직 사람의 **지능으로만** 가능한 일을 기계가 해낸다는 것은 일종의 마법과도 같습니다. 당시에도 지금과 마찬가지로 지능을 가진 기계는 그 누구에게나 놀라운 것이었습니다.

---

13 Swade, p79 참고

이런 배비지의 언변과 지지자들의 열렬한 후원 덕분에 결국 그는 입찰 경쟁에서 승리를 거두었고, 정부에서 자금 지원을 약속받을 수 있었습니다. 초기 자금은 1,500파운드였으나 시간이 지나면서 1만 7,000파운드가 넘는 규모로 늘어났고, 배비지 자신도 상당한 개인 자금을 투입했습니다.

초기에는 모든 일이 순조롭게 시작됩니다. 무려 10여 년 동안 수많은 부품이 만들어지고 몇몇 시연용 기계도 완성합니다. 하지만 기계 규모가 너무 컸고, 배비지는 꾸준하게 집중하지 못하고 주변과 조화롭게 일하기 어려운 성격이었습니다. 그는 예민하고 자존심이 강했으며 작은 모욕이나 상처에도 민감해서 주변 사람들의 불만을 사기도 했습니다. 결국 10년 넘게 이어진 작업과 계약자와 갈등, 여러 차례 작업 중단, 심각한 예산 초과로 자금 지원이 중단되고 맙니다.

처음부터 그를 지지했던 후원자들은 이 같은 실패에 모두 낙담하고 당혹스러워했습니다. 상당한 공적 자금이 투입되었지만 결과물은 아무것도 없기 때문입니다. 결국 이 중 누구도 그를 다시 지원하려고 하지 않았습니다.

결국 배비지의 차분기관은 완성되지 못했습니다.[14] 물론 일부 부품들은 완성되었고, 그가 손님들에게 보여 주던 시제품도 원래 설계된 최종 버전의 차분기관 부품들로 구성되어 있지만요.

어쨌든 영국 천문학자 조지 비델 에어리 경(George Biddell Airy)이 한 권고에 따라 정부는 배비지에게 더 이상 자금 지원을 하지 않았습니다. 총리실에서 온 공식 서한에는 다음과 같이 적혀 있었습니다.[15]

---

14 배비지가 대폭 개선한 차분기관 2호는 1980년대 후반부터 1990년대 초반까지 런던 과학박물관에서 마침내 완성합니다. 차분기관 2호는 현재 런던 과학박물관에 전시되어 있으며, 배비지가 설계한 대로 제대로 작동하지만 몇 가지 문제를 해결하는 데 많은 어려움이 있습니다.

15 Swade, p176 참고

"배비지의 프로젝트는 비용이 무한정 늘어날 것으로 보이고 최종적인 성공 여부도 매우 불확실하다. 게다가 지출 규모가 지나치게 크고 정확히 산정할 수 없어 정부가 추가적인 책임을 지는 것은 정당하지 않다."

결국 10년에 걸쳐 1만 7,000파운드를 쏟아부었지만 그의 노력은 실패로 끝나고 맙니다.

배비지는 동의하지 않을 수도 있겠지만, 제 개인적인 견해로는 그의 실패 원인은 끊임없이 더 야심 찬 새로운 아이디어에 마음이 빼앗겼기 때문이라고 봅니다. 즉, 배비지는 무엇인가를 완성하기보다 새로운 일을 시작하는 데 더 큰 즐거움을 느꼈다고 생각합니다.

기술적 논쟁

차분기관이 완성되지 못하고 실패한 이유로 19세기 초 금속 가공 기술이 배비지의 설계를 구현할 수 있을 정도로 정밀하지 못했기 때문이라는 이야기가 있습니다. 다만 이를 뒷받침할 실질적인 증거는 없습니다. 현재까지 남아 있는 부품들은 매우 정밀하며, 당시 제작된 시제품 기계들도 오늘날까지 작동하고 있기 때문입니다.

배비지에게 그 기계를 완성할 만한 의지와 집중력 및 자원이 있었다면 그가 설계한 대로 기계가 작동했을 것이라고 믿을 만한 충분한 이유가 있습니다. 다만 앞으로 살펴보겠지만, 기계를 실제로 작동하게 만드는 것은 매우 어려운 일입니다.

해석기관

"…… 그리고 내 복잡한 회로 속에서 나는 무한히 펼쳐지는 미래의 불확실성 한가운데를 헤엄치며, 언젠가 내가 감히 계산조차 할 수 없는 파라미터를 지닌 컴퓨터가 반드시 나타날 것이라고 생각한다. 결국 내가 그 컴퓨터를 설계하게 될 운명이란 것도 알고 있다."

– <The Hitchhiker's Guide to the Galaxy(은하수를 여행하는 히치하이커를 위한 안내서)> 속 딥 소트(Deep Thought)

무엇 때문에 배비지는 차분기관의 완성에 집중하지 못했을까요?

배비지가 차분기관을 만들다 생각하게 된 기관차 크기의 기계를 같이 상상해 보겠습니다. 이 기계는 차분기관이 가진 20자리 숫자 6열 대신 50자리 숫자 1,000열을 가지고 있습니다. 또 이 기계는 각 열의 값을 연산 장치 역할을 하는 **밀**(mill) 두 개로 전달하는 기계식 데이터 통로(bus)도 가지고 있습니다. 이 기계에 있는 밀은 단정도(single precision)와 배정도(double precision: 100자리)로 덧셈, 뺄셈, 곱셈, 나눗셈을 수행할 수 있습니다. 그리고 그 연산 결과는 데이터 통로인 버스를 통해 다시 1,000열의 저장소로 전달되어 저장됩니다.

이 기계는 자카드 직기(Jacquard loom)의 천공 카드처럼 명령어를 천공 카드에 새겨 넣어 작동합니다. 이 명령 카드들은 저장소의 특정 열에서 값을 가져와 밀로 이동시키도록 데이터 통로에 지시합니다. 또 데이터 통로에서 전달된 값들을 연산하도록 밀에 명령하고, 밀에서 처리된 결과를 다시 데이터 통로를 통해 저장소로 옮기도록 지시합니다.

또 이 명령 카드로 상수(constants)를 저장소로 불러와 값을 출력하거나, 곡선 플로터에 표시하도록 하거나, 간단하게 종을 울리도록 지시할 수도 있습니다.

여기에서 한 가지 주목해서 볼 부분은 명령 카드 중에는 마지막 밀 연산에서 오버플로가 발생했을 때[16] 카드 판독기가 앞으로 또는 뒤로 카드 n장을 건너뛰도록 지시하는 명령 카드도 있다는 점입니다.

이는 현대 컴퓨터 구조와 동일합니다. 다만 이 기계가 현대 컴퓨터와 다른 점은 첫째로 이 기계는 프로그램을 1,000열 저장소에 저장하는 대신 카드에 저장한다는 것이며, 둘째로 이 기계는 완전히 기계식이며 여러분도 예상했겠지만 증기(steam)로 구동된다는 것입니다.

배비지는 차분기관보다 더 효율적인 연산 장치인 이 밀이라는 기계를 만들기 위해 많은 노력을 기울였습니다. 그는 이 기계가 50자리 숫자의 덧셈과 뺄셈을 1초 이내에 처리할 수 있으리라 예상했습니다. 또 곱셈은 시프트와 덧셈 방식(shift-and-add)을, 나눗셈은 시프트와 뺄셈 방식(shift-and-subtract)을 사용하도록 설계하여 배정도(double-precision)의 곱셈과 나눗셈도 1분 이내에 수행할 수 있도록 했습니다.[17]

그러면 이제 이 스팀펑크 스타일의 거대한 기계가 작동하는 모습을 상상해 보죠. 카드 판독기에서 카드가 딸깍거리며 긁히는 소리에 맞추어 내부 장치들이 돌아갑니다. 수많은 값이 저장소에서 기계적인 데이터 통로를 통해 연산 장치인 밀로 이동하고 다시 돌아오는 과정이 눈앞에 펼쳐질 것입니다. 이는 **마치 값들이 실제로 움직이는 듯 보입니다!**

밀이 시프트하고 더하고 다시 시프트하고 더하면서 곱셈 결과를 내고, 나눗셈의 몫과 나머지를 쾅쾅 소리를 내며 계산하는 모습을 상상해 보세요. 기계가 저장소와 밀 사이를 오가며 값을 옮기고, 때때로 값을 출력하거나 플로터의 스타일러스[18]를 움직이고, 종을 울리는 프로그램이 연속적으로 실행되는 모습을 볼 수 있을 것입니다.

과연 이런 광경에서 눈을 뗄 수 있을까요?

배비지는 그럴 수 없었습니다. 그는 이 기계가 작동하는 모습을 머릿속에 그려 냈고, 그 의미를 깊게 이해하고 있었습니다. 그는 "이제 모든 산술은 기계 영역으로 들어간 것 같다."

---

16 역주 계산 결과가 정상 범위를 넘어섰을 때

17 Swade, p111 참고

18 역주 글자를 쓸 수 있도록 고안된 딱딱한 침 모양의 필기구입니다.

라고 말했습니다.[19] 나아가 이 기계는 체스까지도 프로그래밍할 수 있다고 생각했습니다.[20] 1832년 그는 저서 〈The Life of a Philosopher(철학자의 삶)〉에 "모든 숙련된 게임은 자동 기계로 수행될 수 있다."라고 적기도 했습니다.

하지만 이 기계[21] 역시 결국에는 완성되지 못했습니다. 배비지는 밀의 소형 시제품을 만들고 여러 가지 장치를 시험해 보지만, 이 거대한 기계를 완성하는 데 필요한 엄청난 자금과 시간, 에너지는 결코 구할 수 없을 것이라고 생각했습니다.

결국 배비지는 이 거대한 기계를 포기하고 여러 가지 조정과 최적화 끝에 부품 수는 3분의 1로 줄이고, 속도는 세 배 빠르며, 용량은 기존보다 두 배 이상인 차분기관 2를 설계했습니다. 이것을 보면 그 당시에도 무어의 법칙[22]은 살아 숨 쉬고 있었던 듯합니다.

배비지는 차분기관 2도 실제로 완성하지는 못했습니다. 하지만 바로 이 차분기관 2가 지난 세기말 런던 과학박물관에서 복원한 기계입니다.[23]

기호 조작

다시 한 번 말하지만, 배비지가 기호를 잘 다루지 못했다는 주장은 옳지 않았습니다. 무엇보다 그가 해석기관(analytical engine)을 체스 게임에 맞게 프로그래밍할 수 있다고 생각했다는 점은 체스판과 말, 움직임을 기호화할 수 있는 능력이 있다고 보여 주기 때문입니다.

배비지는 또한 해석기관을 적절히 프로그래밍하면 기호 대수(symbolic algebra)를 처리할 수 있을지도 모른다고 생각했습니다. 그의 말에 따르면[24] 다음과 같습니다.

---

19 Swade, p91 참고
20 Swade, p179 참고
21 역주 해석기관입니다.
22 고든 무어는 '무어의 법칙'의 창시자로, 이 법칙은 집적 회로의 밀도가 매년 두 배씩 증가하리라 예측했습니다.
23 Swade, p221.ff. 참고
24 Swade, p169 참고

"오늘 나는 처음으로 문자들의 값과 관계없이 기계가 대수적 전개를 수행할 수 있다는 가능성에 대해 일반적이지만 매우 희미한 개념을 갖게 되었다."[25]

그렇습니다. 배비지는 분명 프로그래머입니다. 그는 기호와 숫자 사이의 연관성을 이해했고, 숫자를 조작할 수 있는 기계라면 그 연관성을 통해 기호도 조작할 수 있다는 사실을 알았습니다.

에이다: 러브레이스 백작 부인

밀턴이 불행한 나날과 악평 속에 고통받았다면 그는 복수자이자 진실의 심판자인 시간에 간청했을 것이다.[26]

조지 고든 바이런(George Gordon Byron)이 태어난 날도 아마 그런 불행한 날이었는지 모릅니다. 그는 뛰어난 재능을 지닌 다작의 작가이자 시인이며 영국을 대표하는 인물 중 하나입니다. **돈 후안**과 **히브리 멜로디** 같은 걸작을 남겼고, 10세 때 로크데일 남작 작위를 물려받아 바이런 경이 되었습니다.

하지만 바이런은 성격이 좋은 인물은 아닙니다. 그는 성미가 급하고 여자 문제로 유명하며, 의붓 여동생인 메리 셸리(Mary Shelley)[27]와 이복 여동생인 어거스타 마리아 리(Augusta Maria Leigh) 사이에 여러 서자를 두기도 했습니다.

---

25 역주 여기에서 말하는 "문자들의 값과 관계없이 대수적 전개를 수행한다."라는 것은 기계가 단순히 숫자를 계산하는 것이 아니라 변수나 기호 자체를 대상으로 수학적 조작을 수행할 수 있다는 의미입니다. 즉, 기계가 직접 숫자를 대입하지 않고도 $(x + y)^2 = x^2 + 2xy + y^2$처럼 괄호로 묶인 식을 전개하여 항들을 풀어낼 수 있다는 의미입니다.

26 역주 조지 고든 바이런의 풍자 서사시 돈 후안의 헌사 중 일부분으로, 누군가가 당대에는 비난을 받았지만 시간이 지나면서 다시 평가되는 상황을 묘사할 때 인용하는 표현입니다. 여기에서 밀턴은 영국의 유명 시인 존 밀턴입니다.

27 이른바 여름이 없는 해라고 불리는 1816년 여름에 메리는 스위스 제네바 호수 근처에 있던 바이런 집을 방문했습니다. 그 당시에는 전년도에 폭발한 탐보라 화산 때문에 전 세계가 끔찍한 추위를 겪고 있었습니다. 그렇게 춥고 계속 비가 오는 낮과 밤에 메리와 바이런은 친구들과 함께 모닥불 주위에 모여 유령 이야기를 하며 시간을 보냈습니다. 바이런은 모두에게 유령 이야기를 하나씩 써 보라고 이야기했고, 메리는 이를 계기로 **프랑켄슈타인**이라는 책을 썼습니다.

또 바이런은 쌓여 가는 빚을 해결하기 위해 적당한 결혼 상대를 찾기도 했습니다. 그 결혼 대상 중 한 명으로 부유한 삼촌의 상속인이 될 가능성이 컸던 애너벨라 밀뱅크(Annabella Milbanke)[28]가 있습니다. 그녀는 처음에는 결혼을 거절하지만 결국 마음을 돌려 1815년 1월 바이런 경과 결혼합니다. 그리고 같은 해 12월에 그 부부 사이에서 유일한 합법적 자녀가 태어나는데, 어거스타 에이다 바이런(Augusta Ada Byron)입니다.

바이런은 이른바 '영광스러운 남자아이(glorious boy)'를 원했기 때문에 딸 에이다의 출생을 기뻐하지 않았습니다. 나쁜 의미인지 좋은 의미인지 모르겠지만, 바이런은 애인이자 이복 여동생인 어거스타 마리아 리의 이름을 따서 딸 이름을 지었습니다. 하지만 이상하게도 바이런은 딸을 어거스타라고 부르지 않고 항상 '에이다'라고 불렀습니다.

바이런의 전기 작가[29]는 그가 애너벨라와 맺은 결혼이 역사상 가장 악명 높고 비참한 결혼 중 하나라고 묘사한 적이 있습니다.[30] 바이런의 행동은 끔찍했으며, 이복 여동생과 불륜을 계속했고, 여러 유명 여배우를 비롯한 다른 여성들과도 여러 차례 방탕을 저지릅니다.

바이런은 네 차례에 걸쳐 애너벨라에게 강제로 접근하려 했고, 이에 애너벨라는 하인들에게 문을 잠그도록 지시합니다.

그는 계속해서 술에 취해 폭력을 휘둘렀고 애너벨라를 집에서 내쫓으려 했습니다. 결국 애너벨라는 바이런을 미친 사람이라고 생각해서 5주 된 아기 에이다를 데리고 집을 떠납니다.

이 사건은 대대적인 공분을 일으키며 런던 사회를 떠들썩하게 만들었습니다. 결국 4월에 바이런은 유럽 대륙으로 도망쳐 다시는 런던으로 돌아오지 않았으며, 딸 에이다도 다시 볼 수 없었습니다.

하지만 대중의 반응은 아버지의 무시와는 정반대였습니다. 사람들은 에이다에게 열광했고 그녀는 곧 유명 인사가 되었습니다. 특히 여자 문제로 이름난 아버지와 관계가 늘 큰 관심을 받았습니다.

---

28 애니 이사벨라 밀뱅크가 본명이며, 애너벨라는 그녀의 별명입니다.
29 베니타 아이슬러, <Byron: Child or Passion, Fool of Fame(바이런: 아이인가, 열정가인가, 명예의 바보인가)>
30 Swade, p156 참고

에이다 어머니인 애너벨라는 수학 교육을 받았으며, 자신의 딸에게도 수학을 가르쳐서 미친 아버지에게 향한 관심을 돌리려 했습니다. 에이다는 수학에 뛰어난 재능을 보였고 어머니보다도 수학을 더 사랑하게 되었지만, 끝내 아버지에 대한 관심을 버리지 못합니다. 결국 에이다는 커서 자신의 자녀들에게 아버지 이름을 지어 주고, 자신이 묻힐 묘지도 아버지 곁에 마련해 달라고 말합니다.

이런 에이다의 아버지에 대한 애착은 애너벨라의 잦은 외출과 애정 결핍이 영향을 미쳤습니다. 심지어 애너벨라는 에이다를 언급할 때 가끔 **그것**(it)이라는 대명사를 사용하기도 했습니다. 결국 에이다는 대부분의 시간을 외할머니[31] 보살핌을 받으며 자랐고, 외할머니는 에이다를 매우 아끼고 사랑하며 사실상 그녀를 키워 냈습니다.

에이다는 허약한 아이였습니다. 잦은 두통과 시야가 흐려지는 증상을 겪었고, 청소년기에는 홍역으로 마비가 생겨 거의 1년 동안 누워 지내기도 했습니다. 하지만 그녀는 계속 수학 공부를 했고, 어쩌면 너무 열심히 했던 탓인지 17세 때는 튜터[32]와 함께 가출을 시도하기도 했습니다.

에이다의 또 다른 튜터 중에는 메리 서머빌(Mary Somerville)이라는 인물이 있습니다. 그녀는 당시 수학과 과학 분야의 여러 중요한 인사들에게 에이다를 소개해 주었는데, 그중에는 찰스 배비지도 있습니다.

에이다는 배비지가 주최한 만찬에 초대되어 차분기관 시제품을 보고 그 작동 원리에 매료됩니다. 이후 그녀는 자주 배비지를 찾아가 그의 기계와 비전에 대해 이야기를 나눕니다. 그 과정에서 배비지는 자신이 고안한 해석기관의 숭고한 목표를 설명하고, 에이다는 그 복잡함과 가능성에 강한 흥미를 느낍니다.

그렇게 에이다는 배비지의 기계에 빠져들어 프로그래머가 됩니다.

---

31 존경하는 주디스 램 노엘 여사입니다.

32 윌리엄 터너로, 에이다는 그 관계가 결코 이루어지지 않았다고 주장했습니다.

이후 에이다는 19세 때 제8대 오컴 경(Lord Ockham)이자 초대 러브레이스 백작(Earl of Lovelace)인 윌리엄 킹과 결혼했고, 그렇게 에이다는 러브레이스 백작 부인이 됩니다. 비록 병약한 몸과 자녀 양육으로 힘들었음에도 그녀는 수학과 배비지의 아이디어 연구를 계속 이어갑니다. 에이다가 배비지에게 튜터를 추천해 달라고 요청하자 배비지는 어거스터스 드 모르간[33]을 소개합니다.

그 후 배비지는 수학자 조반니 플라나(Giovanni Plana)에게 이탈리아 토리노에서 열리는 과학자 회의에서 해석기관에 대한 발표를 해 달라는 초청을 받습니다. 배비지는 기쁜 마음으로 초청을 수락합니다. 그리고 이 발표는 그의 거대한 아이디어를 공개적으로 설명하는 첫 번째이자 마지막 기회가 되었습니다.

배비지의 발표는 좋은 반응을 얻습니다. 그래서 플라나는 그 발표에 대한 학술 논문을 출판하겠다고 약속합니다. 하지만 배비지는 그 논문을 거의 2년 동안이나 기다려야 했습니다.

그렇게 논문 출판이 늦어진 이유는 플라나 개인의 여러 가지 복잡한 사정 때문일 수도 있지만, 그가 처음 배비지의 해석기관에 대해 보였던 열정이 오래가지 않았기 때문일 가능성이 큽니다. 결국 플라나는 그 논문을 31세 엔지니어인 루이지 메나브레아(Luigi Menabrea)에게 작성하도록 맡겼고, 배비지의 해석기관에 대한 논문은 1842년 스위스 학술지에 프랑스어로 게재됩니다.

에이다와 배비지 두 사람과 친했던 찰스 휘트스톤[34]은 그 논문을 읽고 에이다에게 **Scientific Memoirs**[35]에 게재할 영어 번역본을 만들자고 제안합니다. 에이다는 이에 동의했고, 그녀는 자신의 프랑스어 능력과 해석기관에 대한 깊은 이해를 활용하여 번역 작업을 진행합니다. 그렇게 에이다의 노력과 휘트스톤의 세심한 감독 아래 번역본이 완성되고, 이를 깜짝 선물로 배비지에게 전달합니다.

---

33 네, 맞습니다. 바로 그 드 모르간입니다. 아시죠? AB = ~(~A + ~B)라는 법칙 말입니다.

34 네, 바로 그 휘트스톤입니다. 아시죠? 휘트스톤 브리지 말이에요.

35 과학 분야 해외 논문을 전문으로 다루는 학술지입니다.

배비지는 매우 기뻐하며 에이다의 능력을 칭찬합니다. 그리고 에이다에게 그녀의 능력을 활용하여 번역본에 몇 가지 노트(note)[36]를 덧붙여 달라고 제안합니다.

칭찬에 크게 고무된 에이다는 배비지를 자주 찾아갔고, 편지와 메시지를 주고받으며 열정적으로 협력했습니다. 실제로 그녀는 "미친 듯한 열정으로 일하며 수많은 요구를 하고, 때로는 일을 엄청 시키고, 애교를 부리기도 하며, 짜증을 내기도 했다."라고 합니다.[37] 그렇게 작업이 거듭될수록 그녀의 열정은 더욱 커져만 갔습니다.

여기에서 이야기는 조금 이상한 방향으로 흘러갑니다. 러브레이스 백작 부인 에이다는 조울증 기운이 있었습니다. 어느 날 그녀는 어머니에게 보낸 편지에 자신을 편집증적으로 묘사하는데, 그 편지에는 다음 내용이 포함되어 있습니다.[38]

> "나는 자연의 **숨겨진 진실을 가장 먼저** 발견할 수 있는 아주 완벽하고 독특한 자질을 가지고 있다고 생각한다."
>
> "…… 독특한 내 신경계 덕분에 나는 다른 누구도 갖지 못한 **통찰력**을 가지고 있다."
>
> "…… 내 엄청난 추리 능력은……"
>
> "…… 나는 모든 것을 내가 선택한 일에 쏟아부을 수 있을 뿐만 아니라, 겉으로는 전혀 관련 없어 보이는 다양한 분야에서 방대한 자원과 도구를 끌어모아 하나의 주제나 아이디어에 집중시킬 수 있는 능력을 가지고 있다. 나는 우주의 모든 방향에서 빛을 모아 하나의 강렬한 **광선**으로 집중시킬 수 있다."

그리고 그녀는 이 편지에 대해 비록 **미친 것처럼** 보일지라도 "내가 지금까지 쓴 글 중에서 가장 논리적이고, 냉철하며, 신중한 작품이라고 믿는다. 이는 수많은 숙고와 연구의 결과물이기도 하다."라고 말하기도 했습니다.

---

36 역주 논문 내용을 보충하거나 부연 설명, 추가 정보, 참고 사항 등을 제공하는 글입니다.
37 Swade, p161 참고
38 Swade, p158 참고

에이다의 이런 면을 감안해서 그녀가 배비지와 열정적으로 일하면서 쓴 편지 내용을 살펴보기 바랍니다. 참고로 에이다는 배비지와 주고 받은 편지에 **당신의 요정 부인**(Your Lady Fairy)이라는 서명을 사용하기도 했습니다.

"공부하면 할수록 내 천재성이 점점 더 채워지지 않는 갈증처럼 느껴진다."[39]

"아버지는 **분석가**(또는 철학자)인 나만큼이나 뛰어난 **시인**은 **아니었다**고 생각한다."

결국 에이다는 이런 광기 어린 열정으로 배비지의 해석기관에 대한 학술 논문에 A부터 G까지 노트 일곱 개를 작성합니다. 이 노트 분량은 원래 논문 내용보다 세 배나 많습니다. 1843년에 출판된 이 노트들은 매우 훌륭했고 에이다의 열정이 담겨 있습니다. 예를 들어 주석 A에는 다음 내용이 적혀 있습니다.

"해석기관은 단순한 '계산기'와는 완전히 다른 독창적인 기계이며, 이 기계가 가지는 여러 가지 본질적인 특징들은 매우 흥미롭다. 특히 이 기계는 일반적인 기호들을 결합할 수 있도록 설계되어 있다."

이 같은 노트와 더불어 해석기관이 단순한 숫자뿐만 아니라 기호를 표현할 수 있다는 에이다의 발언을 토대로 그녀는 종종 '최초의 프로그래머'라고 평가받습니다.

최초의 프로그래머?

에이다의 노트를 꼼꼼히 살펴보면 그녀가 엄연한 프로그래머였다는 것을 알 수 있습니다. 그녀는 해석기관을 이해했고 깊게 매료되어 있었습니다. 또 에이다는 기계의 작동 방식

39 Swade, p161 참고

을 머릿속에 그리고 그 실행 과정을 따라갈 수 있었습니다. 에이다가 실제로 해석기관을 만져 볼 수 있었다면 더 완벽하게 그 기계를 다룰 수 있었을 것입니다.

그토록 애착을 갖는 기계가 무엇을 할 수 있는지 아주 명확히 알고 있지만, 정작 에이다는 그 해석기관이 실제로 작동하는 모습은 볼 수 없었습니다. 에이다는 이미 **그 기계가 작동하는 모습을 평생 보지 못할 것**을 알았습니다. 아마도 에이다는 해석기관에 대해 기쁨과 안타까움, 거대한 꿈과 절망적인 희망이 뒤섞인 복잡한 감정을 가지고 있었을 것입니다.

이런 그녀의 열정에도 러브레이스 백작 부인 에이다를 최초의 프로그래머라고 말하기는 어렵습니다. 분명히 배비지가 그녀보다 먼저였으며, 해석기관의 기호 조작 능력을 이해하는 데도 그녀 못지않게 뛰어났습니다. 배비지 역시 에이다가 가지고 있던 중요한 통찰을 가지고 있었습니다.

그렇습니다. 에이다의 노트는 훌륭합니다. 더불어 에이다는 해석기관이 실행할 수 있는 프로그램을 공식적으로 기술하기도 했습니다. 기술한 프로그램 중 하나를 디버깅하기도 했지만, 정작 그 프로그램을 직접 작성한 사람은 바로 찰스 배비지입니다.

게다가 에이다가 그 학술 노트의 유일한 저자가 아니었다는 점도 분명합니다. 에이다와 배비지가 긴밀하게 협력했기에 에이다 혼자 노트를 작성했다고 보기는 어렵습니다.

하지만 그들의 협력을 고려할 때 우리는 이렇게 말할 수 있습니다. 러브레이스 백작 부인 에이다가 비록 최초의 프로그래머는 아닐지라도, 그녀와 배비지는 분명히 **최초의 공동 프로그래머**였다고 말이죠.

훌륭한 사람은 일찍 죽는다

해석기관에 대한 노트를 작성하고 9년 후 긴 육체적·정신적 고통 끝에 그녀는 36세에 자궁경부암으로 세상을 떠납니다. 그리고 그녀가 원한 대로 에이다는 자신을 버린 아버지 곁에 묻힙니다.

복잡한 결말

앞서 살펴본 배비지와 에이다의 노력에 대한 평가는 엇갈립니다. 그들은 당시 별다른 성과를 이루지 못했습니다. 에이다는 추가적인 글을 작성하지 않았으며, 배비지도 자신의 아이디어를 더 이상 공개적으로 설명하지 않았습니다. 그렇게 배비지와 에이다의 거대한 비전은 한 세기 동안 잊힙니다.

운명적으로 얽힌 이 두 프로그래머의 아이디어가 정보화 시대의 불꽃이 되었고, 그로부터 한 세기 후에 등장한 선구자들이 배비지와 에이다의 글과 비전에서 영감을 받지 않았을까 생각하기 쉽습니다. 하지만 안타깝게도 실제로는 그렇지 않습니다. 비록 후대의 선구자들이 그들을 언급했다 해도 이는 주로 개인적인 차원의 언급이거나 시간 간극을 넘어 같은 뜻을 품은 이들에게 보내는 일종의 경의의 표시입니다.

배비지는 1851년에 미래로 보낸 한 메시지를 통해 그들에게 보내는 경의에 응답했습니다. 그 메시지에는 자신의 위대한 아이디어가 동시대 사람들에게 무시당했다는 아픔과 실망이 담겨 있습니다.

> "나는 미래 세대가 현재의 부당함을 바로잡으리라 확신한다. 비록 성공이 멀리 있더라도 자신이 동시대인보다 앞서 있다는 점을 인지하며, 무지한 이들의 조롱과 경쟁자들의 질투를 견뎌낼 수 있기를 바란다."

앞으로 보게 될 후대의 많은 선구자는 배비지와 에이다에게 깊은 존경을 표했습니다. 배비지의 해석기관을 전자 기계 방식으로 구현한 하버드 마크 I의 개발자 하워드 아이켄(Howard Aiken)과 그레이스 하퍼(Grace Hopper)의 사례에서 배비지와 에이다 간 협력 관계가 재현되는 모습을 엿볼 수 있습니다. 다만 앞서 이야기했듯이 이런 선구자들이 배비지와 에이다에게서 직접적인 영향을 받거나 그들의 지도를 받았다고 단정하기는 어렵습니다.

배비지는 일을 끝내는 사람이 아니었습니다. 그는 차분기관 제작을 시작했고, 해석기관도 설계했으며, 차분기관 2도 만들려고 했습니다. 설계도를 그리고, 이것저것 조립해 보기도 했으며, 일부 부품도 만들었지만 단 한 번도 완성하지는 못했습니다. 그의 동료들은 그가 한 아이디어에 열중하다가도 곧 새로운 아이디어를 내세우며 이전 작업을 완성하지 못한 핑계로 삼는다고 불평했습니다.

배비지가 실제로 첫 번째 차분기관 프로젝트를 완성했다면 어떤 일이 벌어졌을지 누가 알 수 있을까요? 우리는 그의 차분기관이 제대로 작동할 수 있다는 것을 알고 있습니다. 차분기관이 성공적으로 완성되었다면 이후 더 거대한 기계들이 만들어졌을까요? 그랬다면 결국 배비지는 어떤 형태로든 그의 해석기관을 실제로 볼 수 있었을지도 모릅니다.[40]

차분기관 2의 실현

배비지가 그의 첫 번째 기계를 완성했다면 조립 과정에서 기계를 디버깅하고 테스트할 방법을 전혀 마련하지 않았다는 것을 깨달았을지 모릅니다.

1980년대 후반에서 1990년대 초반, 런던 과학박물관의 연구진은 작동 가능한 차분기관 2를 제작했습니다. 이 기계는 황동과 강철로 이루어진 **반짝이는 금속 골격**을 가지고 있어 정말 아름답습니다. 크랭크를 돌리면 숫자 기둥들이 차례로 회전하고, 복잡한 기어들이 합산 결과를 계산해 내는 모습은 보는 이에게 감탄을 자아냅니다.

하지만 이 기계를 완성한 연구진은 상당한 난관과 좌절을 겪어야 했습니다.

연구진이 막상 차분기관 2를 조립해 보니 손잡이를 한두 번만 돌려도 기계가 멈추어 버리기 일쑤였습니다. 각 부품이 기계의 작동 타이밍에 맞게 완벽하게 맞물려야 하는데 배비지는 이런 부분을 고려하지 않았습니다. 심지어 이런 문제가 발생할 수 있다는 것조차 예상하지 못한 듯 보입니다.

연구진이 기계를 디버깅하며 부품을 정렬하고 수리하는 작업은 무려 11개월이나 걸렸습니다. 손잡이를 돌리다가 기계가 멈추면 드라이버나 플라이어로 내부를 살펴보며 느슨한 부

---

40 역주 서브컬처에서는 배비지가 차분기관과 해석기관을 완성했더라면 인류 문명이 스팀펑크 쪽으로 발전했으리라는 가정을 사용하기도 합니다. 이에 따라 다양한 스팀펑크 콘텐츠에서는 배비지를 증기 문명의 시조로 묘사하기도 합니다.

분이나 지나치게 꽉 끼인 부분을 찾아내야 했습니다. 때로는 저항이 발생하는 위치를 찾기 위해 일부 부품을 일부러 파손시키기도 했으며, 가벼운 설계 변경이 필요할 때도 있었습니다.

런던 과학박물관의 컴퓨팅 큐레이터이자 이 프로젝트를 처음부터 끝까지 이끈 도론 스웨이드(Doron Swade)는 배비지의 설계에 대해 이렇게 말합니다.

> "배비지는 디버깅을 위한 어떤 대비책도 마련하지 않았다. 기계의 특정 부분을 다른 부분과 분리하여 고장의 원인을 국소화할 수 있는 방법이 전혀 없었다. 마치 기계 전체가 하나의 거대한 '하드 와이어드(hard wired)' 유닛 같았으며, 구동봉과 연결 부품들은 고정 핀이나 리벳으로 영구적으로 고정되어 있어 조립 후에는 분해하기가 매우 어려웠다."

하지만 부품 4,000여 개가 모두 정확하게 정렬되고 고쳐야 할 부분들을 모두 적용하자, 결국 차분기관 2는 완벽하게 작동했습니다.

차분기관 2가 작동하는 모습을 담은 매혹적인 영상들이 있습니다. 그 장면을 보고 싶다면 유튜브에서 'Computer History Museum. The Babbage Difference Engine #2 at CHM'이라는 영상을 검색하기를 추천합니다(2016년 2월 17일에 유튜브에 게시되었습니다).

결론

배비지는 발명가이자 탐구자고, 동시에 선구자며 프로그래머이기도 합니다. 하지만 안타깝게도 대부분의 사람들처럼 완벽함을 추구하다가 오히려 더 중요한 것을 놓치는 경우가 많았습니다. 자신의 설계에 지나친 자신감을 보였고, 단계별로 개선하는 작업을 중요하게 여기지 않았습니다. 또 한편으로는 새로운 아이디어에 쉽게 매료되어 전체 과정의 80%에만 집중하고 마지막 20%, 즉 가장 많은 노력이 필요한 부분에서는 열정을 잃고 그만두는 경우가 많았습니다.

발명은 1%의 영감과 99%의 땀으로 이루어진다고 에디슨이 말한 바 있습니다. 배비지는 그 1%의 영감 부분에서는 뛰어났지만, 99%의 땀을 쏟아 내는 단계까지는 도달하지 못했습니다. 그는 생각하는 것을 좋아했고, 작은 부품을 만드는 일도 즐겼으며, 자신의 아이디어를 발표하고 시연하는 것도 좋아했습니다. 하지만 정작 가장 힘든 단계인 완성하는 단계에 이르자 그는 **또 다른 새로운 아이디어**에만 집중했습니다.

참고 문헌

- Adam, Douglas. 1979. "The Hitchhiker's Guide to the Galaxy(은하수를 여행하는 히치하이커를 위한 안내서)". Pan Books.
- Beyer, Kurt W. 2009. "Grace Hopper and the Invention of the Information Age(그레이스 하퍼와 정보 시대의 발명)". MIT Press.
- Eisler, Benita. 1999. "Byron: Child or Passion, Fool of Fame(바이런: 아이인가, 열정가인가, 명예의 바보인가)". Knopf.
- Jollymore, Amy. 2013. "Ada Lovelace, an Indirect and Reciprocal Influence(에이다 러브레이스, 간접적이고 상호적인 영향)". O'Reilly Media, Inc. 2013년 10월 14일 게시. http://www.oreilly.com/content/ada-lovelace-an-indirect-and-reciprocal-influence
- Moseley, Maboth. 1964. "Irascible Genius: The Life of Charles Babbage(화 잘 내는 천재: 찰스 배비지의 생애)". Hutchinson.
- Scoble, Robert. "A Demo of Charles Babbage's Difference Engine(찰스 배비지의 차분기관 시연)". 24:09분. 2010년 6월 17일 유튜브에 게시(작성 시점 기준 이용 가능).
- Swade, Doron. 2000. "The Difference Engine(차분기관)". Penguin Books.
- University of St Andrews. "The early history of computing(컴퓨팅의 초기 역사) | Ursula Martin 교수 강의 1". 1시간 1분 46초. 2020년 2월 26일 유튜브에 게시(작성 시점 기준 이용 가능).

- 위키피디아. “Sketch of the Analytical Engine Invented by Charles Babbage, L. F. Menabrea, translated and annotated by Ada Augusta, the Countess of Lovelace(찰스 배비지, L. F. 메나브레아가 발명한 해석기관의 개요, 에이다 어거스타 러브레이스 백작 부인 번역 및 주석)”.
  https://en.wikisource.org/wiki/Scientific_Memoirs/3/Sketch_of_the_Analytical_Engine_invented_by_Charles_Babbage,_Esq
- 그 밖의 배비지, 차분기관, 해석기관, 에이다 러브레이스, 바이런 경 등과 관련된 위키피디아 페이지.

CHAPTER 3

힐베르트, 튜링, 그리고 폰 노이만: 최초의 컴퓨터 아키텍트

배비지 해석기관(analytical engine)의 가장 중요한 특징 중 하나는 명령어와 데이터가 완전히 분리된 방식으로 저장되었다는 점입니다. 데이터는 회전식 숫자 계기를 이용한 레지스터에 저장되었고, 명령어는 나무 카드에 구멍을 뚫는 방식으로 입력되었습니다.

명령어와 데이터를 분리한 구조는 철학적인 면과 실무적인 면에서 매우 합리적인 선택입니다. 명령어는 동작을 지시하는 일종의 동사고, 데이터는 그 대상이 되는 명사입니다. 하지만 기계가 실행되는 동안 데이터는 계속 변하지만 명령어는 변하지 않습니다. 이처럼 두 요소는 본질적인 측면과 역할 측면에서도 확연히 다릅니다. 게다가 실질적인 이유도 있습니다. 당시에는 데이터를 저장할 수 있는 가변 메모리는 매우 비쌌던 반면, 나무 카드에 구멍을 뚫는 비용은 저렴했습니다. 즉, 프로그램을 만드는 데 필요한 카드 재료 수백 장이나 기계 장치는 비싸지 않았지만, 고작 숫자 100개를 저장하기 위한 기계 장치는 훨씬 거대하고 비쌌습니다.

따라서 명령어와 데이터를 동일한 메모리에 저장해야 한다는 개념이 비교적 이른 시기에 등장했다는 것은 다소 놀라운 일입니다. 사실 명령어와 데이터를 동일한 곳에 저장해야 한다는 아이디어는 실제로 이 아이디어를 적용한 기계가 만들어지기 전부터 이미 있었습니다.

이런 아이디어를 적용한 컴퓨터 구조를 처음 제안한 사람은 앨런 튜링(Alan Turing)입니다. 그러나 그 구조가 널리 채택되도록 결정적인 영향을 준 사람은 존 폰 노이만(John von Neumann)입니다.

이 두 사람 이야기와 그들 아이디어가 만들어 낸 시너지는 마치 모닥불 옆에서 마시멜로를 구우며 나눌 법한 전설 같은 이야기입니다. 그리고 그 모닥불 위로 피어오르는 연기 속에는 다비트 힐베르트(David Hilbert)의 모습이 어른거립니다.

다비트 힐베르트

20세기 컴퓨팅 기술의 발전은 아이러니하게도 한 사람의 뼈아픈 실패에서 비롯되었다고 볼 수 있습니다. 그 사람은 바로 다비트 힐베르트입니다.

20세기 초 수많은 수학자 가운데 다비트 힐베르트만큼 높은 존경을 받은 인물은 드뭅니다. 1895년부터 나치 정권이 등장하기 전까지 힐베르트가 교수로 재직하던 괴팅겐 대학교(University of Göttingen)는 세계 수학의 중심지였습니다. 그의 연구실에는 당대 최고의 인재들이 모여 있었으며, 그중에는 펠릭스 클라인(Felix Klein), 헤르만 바일(Hermann Weyl), 에마뉘엘 라스커(Emanuel Lasker), 앨론조 처치(Alonzo Church), 에미 뇌터(Emmy Noether), 헤르만 민코프스키(Hermann Minkowski), 존 폰 노이만 같은 걸출한 수학자가 포함되어 있습니다.

힐베르트는 당시 논란이 많았던 게오르크 칸토어(Georg Cantor)의 집합론과 초한수(transfinite numbers)[1] 개념을 받아들였으며, 이를 적극적으로 옹호했습니다. 이는 당시 학계에서 그다지 환영받지 못한 견해였기 때문에 힐베르트는 수많은 비판에 직면해야 했습니다. 하지만 결국 그의 견해를 받아들였고, 오늘날 학계의 주류가 되었습니다.

아마 여러분은 집합론의 기초를 어느 정도 기억하고 있을 것입니다. 집합론은 1960년대 초등학교 수학 교사 사이에서 큰 인기를 끌었고, 이른바 '뉴 매스(new math)' 교육의 일환이었습니다. 반면에 초한수는 들어 본 적 없는 사람이 많을 것입니다. 설령 배운 적이 있다 해도 기억이 희미할 가능성이 큽니다.

칸토어는 무한에는 한 종류만 있는 것이 아니라 여러 종류의 무한대가 존재한다는 사실을 밝혀냈습니다. 또 그는 무한의 종류조차 무한히 많으며, 각 무한대의 크기도 다양하다는 것을 증명했습니다. 우리가 가장 익숙하게 접할 수 있는 무한대는 두 가지로 하나는 자연수의 무한, 다른 하나는 실수처럼 연속적인 수들의 무한입니다.

모든 유리수와 대수적 수(algebraic number)는 자연수와 일대일 대응시킬 수 있기 때문에 이들의 집합은 셀 수 있는 무한입니다. 하지만 칸토어는 실수 전체의 집합은 자연수와 일대일 대응이 불가능하다는 것을 증명했고, 이것으로 실수 집합의 크기가 자연수 집합보다 더 크다는 사실을 밝혀냈습니다.

> **노트**
>
> 여담이지만, 현실 세계를 설명하는 두 가지 주요 이론인 양자역학과 일반 상대성 이론이 각각 서로 다른 종류의 '무한' 개념과 맞물려 있습니다. 바로 이 무한 개념의 차이 때문에 두 이론은 서로 양립하기 어려웠습니다. 하지만 (나중에 보겠지만) 폰 노이만은 이 두 무한 사이의 간극을 메운 인물입니다. 특히 슈뢰딩거 방정식과 하이젠베르크의 행렬 해석 간 불일치를 다룬 특정한 경우에서 말이지요.

1 역주 무한의 크기를 수학적으로 다루기 위해 정의된 수입니다.

힐베르트는 유클리드가 평면 기하학을 공리화했던 것처럼 수학 전체를 공리화[2]하는 아이디어에 깊은 관심을 가졌습니다. 그는 1899년에 〈The Foundations of Geometry(기하학의 기초)〉를 출간했는데, 이 책은 유클리드보다 훨씬 더 엄밀한 형식으로 기하학을 공리화했으며, 이후 수학적 형식주의의 기준을 제시하는 기념비적인 출판물이 되었습니다.

하지만 힐베르트는 단지 기하학을 공리화하는 데 만족하지 않았습니다. 그는 동일한 수준의 형식주의(formalism)[3]를 **전체 수학**에 적용하고자 했으며, 소수의 근본적인 공리에서 모든 수학을 유도해 내기를 원했습니다. 그래서 힐베르트는 모든 수학적 질문에는 반드시 그 공리에서 도출할 수 있는 명확한 해답이 존재한다고 주장합니다.

그의 묘비에도 이런 주장을 반영하여 "**우리는 알아야만 한다. 그리고 우리는 알게 될 것이다**(Wir müssen wissen. Wir werden wissen)."라는 문구를 새겼습니다.

하지만 기하학 공리화는 성공적으로 이루어졌지만, **수학 전체**를 공리화하려는 힐베르트의 목표는 이루어지기 어려웠습니다. 1901년 버트런드 러셀(Bertrand Russell)은 집합론의 형식을 이용하여 참도 거짓도 아닌 명제를 만들 수 있다는 것을 보였습니다. 이는 힐베르트가 주장한 "결국 우리는 모든 것을 알게 될 것이다."라는 믿음에 정면으로 반하는 내용입니다. 즉, 러셀은 절대 논리적으로 해답을 알 수 없는 명제[4]를 만들어 냈죠.

힐베르트는 러셀의 역설로 흔들리는 집합론을 지켜 내기 위해 전 세계 수학자에게 간절히 호소했습니다. 그는 "칸토어가 열어 준 이 수학의 낙원에서 그 누구도 우리를 쫓아낼 수 없다!"라고 외치며 집합론을 지키고자 하는 강한 의지를 드러냈습니다. 힐베르트는 그만큼 절실했기에 반대 의견을 가진 이들과 갈등을 빚기도 했으며, 심지어 그들의 학문적 커리어에 타격[5]을 주려고도 했습니다.

---

2 공리화란 어떤 학문 분야를 완벽하게 설명할 수 있도록 그 기초가 되는 공리, 가정, 논리적 규칙들을 설정하는 작업입니다. 다시 말해 모든 내용을 이 공리들과 규칙에서 도출해 낼 수 있도록 체계를 세우는 것입니다.

3 역주 수학을 의미보다는 형식적 규칙과 기호의 조작으로 이해하는 철학적 관점을 의미합니다.

4 "자기 자신을 포함하지 않는 모든 집합의 집합은 자기 자신을 포함하는가?" 또는 "이 명제는 거짓이다."처럼 자기 참조 모순을 가진 명제를 의미합니다.

5 '캔슬 컬처'는 사실상 인류 사회의 역사만큼이나 오래된 악습입니다.

아인슈타인은 이런 문제를 지나치게 고민하는 것은 불필요한 일이라고 말했지만 힐베르트는 전혀 다르게 생각했고, 아인슈타인의 의견에 이렇게 반문했습니다. "수학적 사고 자체에 결함이 있다면 우리는 도대체 어디에서 진리와 확신을 찾아야 한단 말인가?"

약 10년이 흐른 1921년 17세의 존 폰 노이만이 힐베르트에게 한 줄기 희망을 안겨 줍니다. 폰 노이만은 자신의 수학 논문을 통해 힐베르트의 공리적 접근 체계에서 적어도 자연수는 러셀의 역설에 해당하지 않는다고 증명합니다. 이것이 힐베르트가 폰 노이만에게 오랫동안 깊은 애정을 가지게 된 첫걸음이었습니다.

4년 후 폰 노이만은 "집합론의 공리화"[6]라는 겸손한 제목의 박사 학위 논문을 발표하며 힐베르트의 신뢰를 더욱 굳건히 다졌습니다. 이 논문에서 그는 클래스(class)[7]라는 개념을 도입하여 러셀의 역설에서 집합론을 구해 냈습니다. 바로 이 개념 덕분에 집합론은 다시 일관된 이론으로 자리 잡을 수 있었습니다.

힐베르트는 크게 기뻐했습니다. 이제야 '우리는 알게 될 것'이라고 외친 자신의 주장이 옳았다고 느꼈을 것입니다. 한편 버트런드 러셀과 앨프리드 노스 화이트헤드(Alfred North Whitehead)는 방대한 저서 〈Principia Mathematica(프린키피아 마테마티카)〉에서 집합론과 논리 체계로 수학의 대부분을 공리화할 수 있다는 것을 보였습니다. 이에 힘입어 1928년, 힐베르트는 학계에 "수학은 완전하고, 모순 없이 **일관**되며, 모든 명제에 대해 참과 거짓을 **결정할 수 있다**는 것을 증명해 달라."라는 거대한 도전 과제를 내놓습니다. 이것이 제대로 증명된다면 수학은 참인 모든 것을 표현할 수 있고, 모순을 일으키지도 않으며, 어떤 명제가 증명 가능한지 자동으로 판단해 낼 수 있는 완벽한 언어가 되리라고 믿었습니다.

그러나 힐베르트의 이 장대한 포부는 결국 좌절됩니다. 그리고 그 좌절을 초석으로 하여 자동 계산(컴퓨테이션)의 시대가 열린 것입니다.

---

6 공식 독일어 제목은 Die Axiomatisierung der Mengenlehre입니다.

7 그로부터 또 40년이 지나서야 니가드(Nygaard)와 달(Dahl)은 시뮬라(SIMULA)라는 프로그래밍 언어를 만들면서 폰 노이만의 클래스 개념이 필요하다는 사실을 깨닫게 됩니다.

괴델

1930년 2월 말, 쿠르트 괴델(Kurt Gödel)은 쾨니히스베르크 학회에서 힐베르트가 제시한 수학의 **완전성** 과제를 부정하는 단서를 남깁니다. 약 20분 가량 진행된 발표에서 괴델은 힐베르트와 그의 제자 빌헬름 아커만(Wilhelm Ackermann)이 발전시킨 1차 논리(first-order logic)[8]가 완전하다는 내용을 간략히 설명하는데, 이는 학회 참석자들이 이미 예상했던 내용입니다.[9]

> **역자노트 1차 논리와 술어 논리**
>
> 1차 논리(first-order logic)는 수학과 철학에서 사용하는 논리 체계로 개체(대상)와 그에 대한 속성 또는 관계를 표현할 수 있는 형식 언어입니다. 1차 논리에서 모든 명제는 변수, 논리 연산자(예 ∧, ∨, ¬), 양화사(∀, ∃) 등을 사용하여 구성합니다.
>
> 술어 논리(predicate logic)는 명제 논리보다 더 정교한 표현을 가능하게 하는 논리 체계로서 대상과 함께 그 속성이나 관계를 나타내는 술어가 포함됩니다. 술어 논리는 양화사와 함께 사용되어 복잡한 명제나 일반화된 진술을 논리적으로 표현할 수 있습니다. 1차 논리는 술어 논리의 한 종류이며 술어 논리에는 이보다 더 복잡한 2차 논리 등도 포함됩니다.

그러나 학회 마지막 날 원탁 토론에서 힐베르트가 "우리는 알아야만 한다. 그리고 우리는 알게 될 것이다."라는 은퇴 연설을 하기 직전, 괴델은 조용히 이렇게 폭탄 선언을 합니다.

"골드바흐[10] 추측이나 페르마[11] 정리처럼 '사실상 참인 것' 같아 보이지만 고전적 수학 체계 안에서는 증명 불가능한 명제들이 존재한다."

---

8 일종의 술어 논리 체계입니다.
9 Bhattacharya, p112 참고
10 Christian Goldbach, 프로이센 수학자(1690~1764)
11 Pierre de Fermat, 프랑스 수학자(1607~1665)

역자노트 골드바흐 추측과 페르마의 마지막 정리

골드바흐 추측(Goldbach's conjecture)은 18세기 수학자 크리스티안 골드바흐가 제안한 미해결 문제로 "2보다 큰 모든 짝수는 두 소수의 합으로 표현될 수 있다."라는 내용입니다. 이 명제는 수많은 수에 대해 참임이 확인되었지만 아직까지 일반적인 증명 방법은 발견되지 않았습니다. 컴퓨터를 이용한 검증이 이루어졌음에도 이 추측은 여전히 증명되지 않은 채 수학계의 대표적인 난제로 남아 있습니다.

페르마의 마지막 정리(Fermat's last theorem)는 17세기 수학자 피에르 드 페르마가 남긴 유명한 정리로 "세 자연수 x, y, z가 있을 때, $x^n + y^n = z^n$을 만족하는 해는 n > 2일 때 존재하지 않는다."라는 주장입니다. 페르마는 이 주장에 대한 증명을 따로 남기지 않았고, 이는 약 350년 동안 수학자들을 괴롭힌 난제로 남아 있습니다. 결국 1994년에 앤드루 와일스(Andrew Wiles)가 복잡한 수론 이론을 이용하여 이 정리를 증명하면서 수학사의 오래된 미스터리가 해결됩니다.

즉, 수학 체계 내부에 참인 명제 중 **수학적으로** 증명할 수 없는 명제가 존재한다는 뜻입니다. 이는 곧 수학이 **불완전**하다는 결론입니다.

괴델은 자신의 발표가 학회에 큰 충격을 줄 것이라고 예상했을지도 모릅니다. 하지만 의외로 반응은 잠잠했고, 괴델의 말이 어떤 의미가 있는지 이해한 사람은 단 한 명뿐이었습니다. 그 사람은 바로 힐베르트의 주요 측근 중 한 명인 존 폰 노이만입니다. 폰 노이만은 괴델의 발표에 큰 충격을 받았고, 곧장 괴델에게 찾아가 그의 증명 방법을 집요하게 캐물었습니다.

폰 노이만은 이 문제를 몇 달 동안 깊이 고민한 끝에 힐베르트가 세운 수학의 거대한 체계가 근본부터 무너졌다는 결론에 이릅니다. 그는 괴델을 아리스토텔레스 이후 가장 위대한 논리학자라고 평가하며, 힐베르트의 프로그램은 "본질적으로 희망이 없다."라고 선언합니다.

그 후 폰 노이만은 수학 기초를 탐구하던 자신의 연구를 접었습니다. 그는 프린스턴으로 거처를 옮기고, 이후 보게 되겠지만 양자역학이라는 훨씬 더 흥미로운 분야에 몰두합니다.

괴델은 이듬해 자신의 불완전성 정리(incompleteness theorems)[12]를 정식으로 발표합니다. 그가 사용한 증명 방식은 우리가 프로그램을 작성할 때 사용하는 방식과 유사합니다. 그 방식은 러셀과 화이트헤드의 〈Principia Mathematica(프린키피아 마테마티카)〉에 쓰인 논리 기호들을 자연수, 즉 양의 정수로 표현하는 방법입니다.

---

12 프린키피아 마테마티카와 관련된 체계에서 형식적으로 판정 불가능한 명제들에 대한 정리입니다.

우리 프로그래머들은 문자를 비롯하여 좌표, 색상, 자동차, 기차, 새 등 어떤 대상을 다루든 간에 그것을 정수(integer)로 표현합니다. 따라서 우리가 작성하는 프로그램의 모든 대상은 결국 숫자로 추상화됩니다. 예를 들어 '앵그리버드' 역시 결국에는 정수를 복잡하게 조작하는 하나의 프로그램일 뿐입니다.

이는 어찌 보면 당연한 내용입니다. 컴퓨터의 모든 데이터는 결국 정수로 저장되기 때문입니다. 바이트도 정수고, 문자열도 정수입니다. 프로그램 역시 정수이며, 컴퓨터 안의 모든 것은 결국 정수로 표현됩니다. 실제로 컴퓨터 메모리에 담긴 모든 내용은 하나의 거대한 정수라고 볼 수 있습니다.

그래서 괴델은 오늘날 프로그래머들이 하듯이 자신이 다루는 모든 대상을 정수로 표현했습니다. 그는 〈Principia Mathematica〉에 등장하는 각각의 기호에 고유한 소수(prime number)를 할당했고, 각 변수에는 소수를 거듭제곱한 다른 값들을 부여했습니다.

사실 구체적인 내용을 우리가 깊게 알 필요는 없습니다. 다만 여기에서 중요한 점은 괴델이 이런 방식으로 기호에 수를 할당함으로써 〈Principia Mathematica〉 안의 모든 명제를 하나의 정수로 표현할 수 있게 되었다는 것입니다.

또 괴델은 각각의 숫자를 일정한 순서로 묶어서 더 큰 하나의 숫자로 바꿀 수 있는 방법을 고안해 냈습니다. 그리고 그 과정을 거꾸로 되돌릴 수도 있게 만들었습니다. 이런 방식 덕분에 어떤 증명 과정에 들어 있는 문장 여러 개를 각각의 숫자로 바꾼 후 그 숫자들을 하나로 합쳐 증명 과정 전체를 단일한 숫자로 표현할 수 있게 되었습니다.

괴델이 사용한 결합 방식은 다시 되돌릴 수 있는 구조였기 때문에 어떤 증명을 나타내는 숫자가 주어지면 다시 그것을 원래의 문장들로 분해할 수 있습니다.

적합한 명제는 항상 그 논리 체계의 공리를 바탕으로 증명할 수 있어야 합니다. 괴델의 분해 방법을 반복해서 적용하면 어떤 증명이 공리에 기반을 두었는지 여부를 단순한 알고리즘 절차로 판단할 수 있습니다.

즉, 분해 과정을 반복해 나가면서 마지막에 공리만 남도록 하는 것입니다. 그렇게 분해했을 때 공리까지 도달하지 못한다면 원래 명제는 증명 가능하지 않았던 것입니다.

마지막으로 괴델은 '명제 g는 증명할 수 없다'는 내용[13]을 표현하는 숫자 하나를 만들었습니다. 예를 들어 그 숫자를 p라고 부르기로 합시다. 즉, 숫자 p가 명제 g를 가리키는 것입니다.

역자노트 괴델의 제1 불완전성 정리 예시

괴델의 아이디어를 쉽게 비유하자면, 컴퓨터가 모든 문장을 숫자로 받아 참과 거짓 여부를 판별해 주는 상황을 들 수 있습니다. 이 컴퓨터는 입력된 숫자가 어떤 문장을 의미하는지 해석한 후 공리와 수학적 규칙에 따라 그 문장이 증명 가능한지 판단합니다. 예를 들어 숫자 1001은 '2는 자연수다'는 명제를 나타내고, 컴퓨터는 '이건 공리를 기반으로 증명 가능하다'고 판정하는 식입니다.

하지만 괴델은 숫자 9999가 "9999는 증명할 수 없다."라는 문장을 의미하도록 구성했고, 그 숫자 자체가 바로 그 문장을 표현하게 만들었습니다. 그 결과, 컴퓨터가 9999를 판별하려고 하면 논리적 모순에 빠집니다. '증명할 수 없다'면 그 문장은 참이지만 컴퓨터는 그것을 증명할 수 없고, '증명 가능하다'고 하면 거짓인 명제를 증명한 셈이 됩니다. 이를 통해 괴델은 수학 체계 안에 참이지만 증명할 수 없는 명제가 존재함을 보여 주었고, 이는 수학이 완전하지 않다는 사실을 의미합니다.

괴델의 아이디어에 대해 여러분 스스로 곰곰이 생각해 보기 바랍니다. 저는 꽤 머리가 아팠습니다. 괴델의 증명을 일부 읽었더니 머리가 더 아팠습니다. 솔직히 말해서 제가 그 증명의 일부분이라도 이해하고 있다면, 그것은 마치 우리 집 치와와가 아침마다 해가 뜨는 원리를 이해하는 수준일 것입니다.

불완전성 정리로 형식주의 수학 체계에 모순이 있을 수 있다고 증명한 괴델은 이어서 힐베르트의 두 번째 도전 과제[14]도 무너뜨립니다. 그는 어떤 형식적인 체계 안에서는 스스로 그 체계가 모순이 없음을 증명할 수 없다는 것을 밝혔습니다. 즉, 수학 체계 내부에서는 어떤 명제가 참이면서 동시에 거짓인 경우가 있는지 없는지조차도 알 수 없다는 것입니다.[15]

힐베르트가 제시한 마지막 과제인 결정 가능성 문제는 5년 후 앨론조 처치(Alonzo Church)와 앨런 튜링(Alan Turing)에 의해 무너집니다. 이 사건은 조금 뒤에 자세히 살펴봅니다.

---

13 역주 괴델의 제1 불완전성 정리입니다.

14 역주 수학 체계가 모순 없이 일관된다는 것을 그 체계 안에서 증명하는 것입니다.

15 역주 괴델의 제2 불완전성 정리입니다.

역자노트 결정 가능성 문제

결정 가능성 문제(decidability problem)란 모든 수학적 명제에 대해 그것이 참인지 거짓인지를 판단해 주는 명확하고 기계적인 절차(알고리즘)가 존재하는지 묻는 문제입니다. 다시 말해 어떤 수학적 질문이 주어졌을 때, 그 답이 '참'인지 '거짓'인지를 자동으로 판별해 주는 방법이 항상 존재할 수 있는지 탐구하는 것입니다. 힐베르트는 이런 보편적 판별 절차의 존재를 믿었지만, 이후 앨론조 처치와 앨런 튜링은 그것이 불가능함을 증명했습니다.

지금까지 우리가 이 주제를 다룬 이유는 힐베르트의 위대한 실패가 가진 의미를 되짚어 보기 위해서입니다. 괴델, 처치, 튜링이 힐베르트의 꿈을 무너뜨릴 때 사용한 증명 방식은 모두 **알고리즘**을 기반으로 합니다. 그들은 반복적인 절차에 따라 데이터를 변형해 나가는 방식, 즉 일련의 명확한 단계로 구성된 처리 과정을 이용했습니다. 개념적으로 보면 그들의 작업은 모두 컴퓨터 프로그래밍과 같습니다. 즉, 괴델, 처치, 튜링은 프로그래머였고 힐베르트가 주창한 1차 논리 체계는 그들에게 깊은 영감을 준 셈입니다.

폭풍의 먹구름

1920년대부터 불기 시작한 파시즘과 반유대주의 기류는 1930년대로 접어들며 폭풍처럼 거세졌고, 그 흐름을 제대로 읽은 유럽의 유대인들은 미국 등지로 피난을 택했습니다. 폰 노이만은 이미 괴델이 불완전성 정리를 발표하기 전부터 미국 프린스턴으로 이주한 상태였고, 괴델 역시 유대인들과 가까이 지냈다는 이유로 기소되어 1938년에 뒤따라 미국으로 건너옵니다. 힐베르트의 제자와 동료 가운데 유대인 대부분은 1933년 괴팅겐 대학교에서 추방당했으며 이후 미국, 캐나다, 취리히 등지로 흩어졌습니다.

하지만 힐베르트는 독일 괴팅겐에 남았습니다. 1934년 그는 한 연회 자리에서 나치 교육부 장관[16]과 나란히 앉게 되었는데, 그는 힐베르트에게 유대인의 영향이 사라진 현재 괴팅겐 수학계는 어떤지 물었습니다. 이에 대해 힐베르트는 "괴팅겐의 수학이요? 그런 것은 더 이상 존재하지 않습니다."라고 대답했습니다.

16 베른하르트 루스트(Bernhard Rust)입니다.

1925년부터 힐베르트는 당시에는 치료가 어려웠던 비타민 B12 결핍으로 악성 빈혈을 앓고 있었습니다. 이 병은 심한 피로감을 유발하며 전신을 쇠약하게 만들었고, 결국 그는 1943년에 세상을 떠났습니다. 그의 지인과 동료 가운데 많은 이가 유대인이거나 유대인과 결혼했거나 유대인들과 가까운 사이였기 때문에 그의 장례식에 참석한 사람은 열 명도 채 되지 않았습니다. 실제로 힐베르트의 사망 소식은 몇 달이 지나도록 대중에게 알려지지 않았습니다.

그의 묘비에는 이루지 못한 그의 꿈이 담긴 "우리는 알아야만 한다. 그리고 우리는 알게 될 것이다."라는 문구가 새겨져 있습니다. 하지만 힐베르트의 꿈이 무너진 후 인류는 역사상 가장 위대한 기술 혁명과 사회 변화를 맞닥뜨리게 됩니다. 비록 힐베르트는 그 위대한 혁명의 길에 동참하지 못했지만, 그 길을 이끌어 준 인물로 역사에 남았습니다.

존 폰 노이만

너이먼[17]야노시 러요시(Neumann János Lajos: 영어식 이름은 존 루이스 노이만)는 1903년 12월 28일 헝가리 부다페스트의 부유한 가정에서 태어났습니다. 그의 아버지 맥스[18]는 유복한 유대계 은행가였고, 외조부는 중장비와 철물 도매업체를 운영하여 큰 성공을 거둔 사업가였습니다. 노이만 가족은 당시 유럽에서 가장 활기찬 도시 중 하나였던 부다페스트 중심부에 방이 18개나 되는 넓은 아파트에서 생활했습니다.

노이만 가족은 유대인이었습니다. 부다페스트에서는 유대인이 어느 정도 용인되고 있었지만 노이만 일가는 유럽 전역의 정치적 분위기가 자신들에게 불리하게 흐르고 있음을 잘 알고 있었습니다. 그래서 당시 부유했고 특권을 누리고 있었음에도 아버지 맥스는 자녀들이 다가올 어려운 시기를 잘 견딜 수 있도록 철저히 교육받고 준비되어 있어야 한다고 생각했습니다.

노이만 가정의 일상은 매우 지적이고 정치적인 이야기로 가득 차 있었습니다. 저녁 식사 시간 대화 주제는 과학에서 시, 반유대주의 문제까지 다양했으며, 존과 그의 형제들은 프랑스어, 영어, 고대 그리스어, 라틴어를 개인 교습으로 배웠습니다. 특히 존은 수학 신동이었는데, 6세 무렵에는 여덟 자리 숫자 두 개를 암산으로 곱할 수 있을 정도였습니다.

1919년 헝가리에 짧은 공산주의 정권이 들어섰습니다. 가죽 재킷을 입은 무장 집단인 '레닌 소년단'이 거리를 돌아다니며 '모두에게 동등한 혜택'이라는 평등 이념[19]을 외치며 폭력적으로 재산을 몰수하는 일을 벌였습니다. 이 시기는 불과 몇 달밖에 되지 않았지만, 약 500명이 폭력으로 목숨을 잃었습니다. 그리고 이런 사건을 겪은 존은 마르크스 주의에 강한 반감을 갖게 되죠.

그 사건도 끔찍하지만, 이후 벌어진 정치적 보복은 더 참혹합니다. 공산 정권을 이끌었던 이들 중 다수가 유대인이었던 탓에 극심한 반유대주의 광풍이 몰아쳤고, 유대인 수천 명이 학

---

17 역주 헝가리식 발음입니다.
18 너이먼 믹셔(Neumann Miksa, 1867~1929)
19 다소 불편하게 느낄 수도 있습니다.

살당하고 더 많은 사람이 성폭행과 고문을 당했습니다.[20] 다행히도 존 폰 노이만은 이 광란 속에서도 살아남았습니다.

그 사이 존의 수학적인 재능은 빠르게 성장합니다. 존의 과외 교사들은 그 타고난 능력에 감동해서 눈물을 흘리기도 했고, 어떤 이들은 기쁜 마음에 수업료조차 받지 않았습니다. 그는 17세에 수학 분야의 첫 번째 논문을 발표했고, 앞서 살펴본 바와 같이 19세 때 발표한 박사 학위 논문 "집합론의 공리화(The Axiomatization of Set Theory)"는 다비트 힐베르트의 찬사와 주목을 받았습니다.

그는 부다페스트에서 수학 박사 학위를 공부하는 동시에 베를린과 취리히에서 화학 공학 학위도 함께 공부합니다. 박사 학위를 받은 후에는 괴팅겐에서 힐베르트와 함께 연구하며 1923년부터 이 도시들을 오가며 끊임없이 학업과 연구를 병행합니다.

박사 학위 심사에서 힐베르트는 존의 심사 위원 중 한 명이었는데, 그는 가장 아끼는 제자에게 단 한 가지 질문만 했습니다. "내 평생 이렇게 멋진 저녁 정장은 처음이네. 자네 양복은 누가 지어주었나?"

앞서 살펴보았듯이 1928년 힐베르트는 수학계에 세 가지 커다란 도전 과제를 제시합니다. 그것은 바로 수학이 완전하고 모순 없이 일관되며 결정 가능하다고 증명하는 것입니다. 이 도전 과제는 수학계에 치열한 연구 열풍을 불러일으켰고, 결국 이는 현대 컴퓨터 과학의 탄생으로 이어집니다.

같은 시기에 물리학계는 혼란에 빠졌습니다. 당시는 아인슈타인의 일반 상대성 이론이 발표된 지 10여 년이 지난 시점이었습니다. 참고로 아인슈타인은 힐베르트보다 불과 며칠 먼저 일반 상대성 이론을 완성했습니다.[21] 그 시기에 베르너 하이젠베르크(Werner Heisenberg)라는 인물이 행렬 연산을 이용한 양자역학의 수학적 접근 방법을 선보였습니다.

---

20 아이러니하게도 저는 이 문장을 이스라엘 하마스 전쟁이 시작된 2023년 10월 7일 이전에 썼습니다.

21 역주 힐베르트는 물리학의 공리화도 연구했고, 1915년 아인슈타인과 거의 동시에 일반 상대성 이론과 유사한 결론을 담은 물리학 기초라는 논문을 발표했습니다.

또 에르빈 슈뢰딩거(Erwin Schrödinger)라는 인물이 비슷한 시기에 양자역학에서의 파동 방정식을 선보였는데, 양자역학에 대한 이 두 가지 접근 방식은 궁극적으로 동일한 결과를 도출합니다. 하지만 수학적으로는 양립할 수 없는 상태였고요.

독일에서 '폰(von)'이라는 귀족 칭호를 받은 폰 노이만이 바로 이 문제를 해결한 인물입니다. 그는 슈뢰딩거의 방정식이 20여 년 전 힐베르트가 순수 수학에서 연구한 내용과 유사하다는 점을 밝혔고, 하이젠베르크의 행렬 또한 같은 수학적 틀 안에 포함될 수 있음을 보여 주었습니다. 결과적으로 폰 노이만은 두 이론이 본질적으로 동등한 것임을 증명하여 당시 물리학계의 커다란 쟁점을 해결합니다.

이를 통해 폰 노이만은 1927년 무렵 순수 수학과 양자역학 두 분야 모두에서 뛰어난 업적을 남기면서 명성을 쌓았습니다. 그는 괴팅겐 대학교 역사상 최연소로 프리바트도젠트(privatdozent)[22]에 임명되었고, 강의실은 항상 청중으로 가득 찼습니다. 에드워드 텔러(Edward Teller), 레오 실라르드(Leo Szilard), 에미 뇌터, 유진 위그너(Eugene Wigner) 같은 인물과 어울렸으며, 힐베르트의 정원에서 그와 산책을 즐기기도 했습니다. 그리고 20대 청년답게 바이마르 베를린의 퇴폐적인 밤문화도 마음껏 누렸습니다. 과연 잘못될 일이 뭐가 있었을까요?

당시 존 폰 노이만은 모든 일이 잘 풀리고 있었죠.

그 당시 수학과 과학의 중심지는 유럽이었고 미국은 그 영향력에서 한참 떨어져 있었는데, 미국의 프린스턴 대학교에서 이런 상황을 바꾸기 위해 움직이기 시작합니다. 프린스턴 대학교의 오스월드 베블런(Oswald Veblen)은 유럽 최고의 과학자들과 수학자들을 프린스턴으로 영입하는 전략을 실행했으며, 록펠러(Rockefeller) 재단과 밤버거(Bamberger) 가문[23], 기타 개인 기부자들에게서 막대한 자금을 끌어와 유럽 학자들에게 파격적인 조건을 제시합니다. 유럽 내 반유대주의가 점점 심각해지던 상황과 높은 연봉 제안이 맞물리면서 그의 인재 유치 전략은 매우 효과적으로 작동합니다.

---

22 역주 시간 강사를 뜻합니다.

23 1929년 주식 시장 대폭락 직전에 자신들의 백화점 체인을 메이시(Macy's)에 매각한 그 가문입니다.

폰 노이만 역시 프린스턴 대학교의 제안을 받았고, 1930년 1월 그는 아내와 함께 미국에 도착합니다. 당시 그의 친구 유진 위그너는 하루 먼저 도착해 있었습니다. 그렇게 히틀러가 권력을 잡고 난 후 폰 노이만과 위그너를 따라 미국 프린스턴으로 이주한 저명한 수학자와 과학자가 많았습니다. 오스월드 베블런은 프린스턴에 고등 연구소(Institute for Advanced Studies, IAS)를 설립한 후 알베르트 아인슈타인(Albert Einstein), 헤르만 바일, 폴 디랙(Paul Dirac), 볼프강 파울리(Wolfgang Pauli), 쿠르트 괴델, 에미 뇌터 등 수많은 석학을 초빙했습니다.

이 엄청난 지성들의 집단 속에서 폰 노이만은 1932년 〈Mathematical Foundations of Quantum Mechanics(양자역학의 수학적 기초)〉라는 책을 출간합니다. 다소 과장되어 보이는 이 제목은 결코 허풍이 아니었습니다. 이 책에서 폰 노이만은 특유의 수학적 정밀함을 이용하여 양자 입자의 운명을 결정짓는 숨겨진 변수(hidden variables)가 존재하지 않는다는 것을 증명했습니다.[24] 또 양자 상태의 기묘한 중첩 현상은 극소 세계에만 국한되는 것이 아니라 인간을 포함한 거시적 존재에도 적용된다는 점을 보여 주었습니다.

폰 노이만의 책에 담긴 수학적 논증은 물리학계에 큰 충격을 주었고, 이는 양자 얽힘(quantum entanglement), 슈뢰딩거의 고양이 사고 실험(고양이가 동시에 죽어 있으면서 살아 있을 수 있는가), 다중 우주 해석(many-worlds hypothesis) 같은 개념들을 촉진시켰습니다. 이와 관련된 논쟁은 오늘날까지 계속되고 있습니다.

폰 노이만이 쓴 책을 읽고 깊은 감명을 받은 한 젊은이가 있었으니, 그가 바로 앨런 튜링입니다. 그 역시 몇 년 후 프린스턴의 고등 연구소(IAS)에 합류합니다.

---

24 반박되었다가, 다시 증명되었다가, 또다시 반박되었다가…… 그렇게 반복됩니다.

앨런 튜링

"우리는 능력 있는 수학자들이 아주 많이 필요해질 것이다."

"우리 과제 중 하나는 적절한 원칙을 유지하는 일이 될 것이다. 그래야 우리가 무엇을 하고 있는지 놓치지 않을 수 있다."

- 앨런 튜링, 1946년 런던 수학회 강연 중에서

앨런 매더슨 튜링(Alan Mathison Turing)은 1912년 6월, 귀족 혈통을 지닌 가문에서 태어납니다. 그러나 당시는 예전만큼 귀족 신분이 큰 의미를 갖던 시기는 아닙니다. 앨런의 아버지는 인도에서 근무 중이었고 앨런은 그곳에서 잉태되었습니다. 그의 어머니는 출산을 위해 영국으로 돌아왔지만 출산 후 1년이 조금 지나 다시 남편 곁으로 돌아갑니다. 결국 앨런과 그의 형은 영국 남서 해안의 세인트 레너즈온시(St. Leonards-on-Sea)의 은퇴한 군인 부부인 워드(Wards) 부부의 손에서 자랍니다. 그곳은 잉글리시 해협 바로 인근에 위치한 곳입니다.

제1차 세계 대전이 발발하자 그의 어머니는 다시 영국으로 돌아와 전쟁 기간 동안 아들들과 워드 부부와 함께 지냈습니다. 그러나 전쟁이 끝난 후 그녀는 다시 인도로 떠났습니다.

앨런은 5세 때 〈Reading without Tears(눈물 없이 읽는 법)〉(1861)라는 책을 발견하여 불과 3주 만에 독학으로 읽는 법을 익혔습니다. 또 그는 숫자에 강한 흥미를 보이며 길을 걸을 때마다 가로등의 일련번호를 유심히 살펴보는 버릇으로 종종 어른들을 성가시게 했습니다. 지도와 도표를 좋아하여 몇 시간이고 들여다보았고, 약초 조제법이나 민간요법처럼 세세한 공식과 레시피를 즐겨 읽으며 자신만의 재료 목록을 만들기도 했습니다. 그는 구조와 질서, 규칙을 중시했고 그것을 어길 경우 불쾌감을 드러냈습니다.

1917년부터 1921년까지는 앨런에게 힘든 시기였습니다. 대부분의 시간을 부모와 떨어져 지내야 했고, 세인트 레너즈온시는 그의 천재성을 충족시켜 줄 만한 환경이 아니었습니다. 그는 지루함 때문에 학업에 흥미를 잃었고, 그 결과 성적도 좋지 않았습니다. 그렇게 활발하고 명랑했던 어린이는 점차 말수가 적은 청소년으로 바뀌어 갑니다.

1921년 다시 돌아온 어머니는 앨런의 태도와 부족한 학업 성취도에 크게 놀랍니다. 그는 아직 장제법[25]조차 배우지 못한 상태였거든요. 이에 어머니는 앨런을 직접 가르치려고 런던으로 데려갑니다. 이듬해 앨런은 서식스에 있는 예비 기숙 학교 헤이즐허스트(Hazelhurst)에 들어갑니다.

앨런은 헤이즐허스트의 학교 생활 역시 즐기지 못했습니다. 학교의 빡빡한 일정은 그가 좋아하는 일에 시간을 쏟을 여유를 주지 않았고, 그의 관심사는 점점 변하고 있었습니다. 그러던 1922년 어느 날, 그는 에드윈 테니 브루스터(Edwin Tenney Brewster)가 쓴 〈Natural Wonders Every Child Should Know(모든 어린이가 알아야 할 자연의 경이로움)〉라는 책을 발견합니다. 그는 훗날 이 책이 자신을 과학의 세계로 이끌어 주었다고 회상했습니다.

앨런은 매우 창의적인 학생이었으며, 성능을 개선한 만년필이나 영상처럼 그림을 연속적으로 보여 주는 장치 같은 것을 만들어 내기도 했습니다. 하지만 헤이즐허스트 학교는 이런 창의적이고 과학적인 사고를 장려하는 대신 제국에 대한 충성과 의무를 강조하는 데 더 관심이 있었습니다. 그럼에도 앨런은 자신의 호기심과 탐구심을 멈추지 않았습니다.

앨런은 다양한 물질을 만드는 방식과 공식에 흥미를 갖고 점점 화학에 빠져듭니다. 그는 백과사전을 참고해 가며 선물로 받은 화학 실험 키트로 다양한 실험을 수행했습니다.

1926년 십대에 접어든 앨런은 영국 도싯(Dorset)주에 있는 셔본(Sherborne) 학교에 진학합니다. 새 학교에 가는 첫날, 영국 전역에서 총파업이 벌어져 기차가 모두 멈추었습니다. 그러나 앨런은 학교에 대한 기대와 열정으로 사우스 샘프턴에서 셔본까지 약 60마일(약 97킬로미터)을 자전거로 달려갔습니다.

셔본 학교는 앨런에게 고전 교육에 집중하도록 요구했지만 앨런은 전혀 관심이 없었습니다. 그의 관심사는 오직 과학과 수학뿐이었거든요. 16세 무렵, 앨런은 복잡한 수학 문제를 해결할 수 있었고, 아인슈타인의 일반 상대성 이론에 대한 대중서를 읽고 이해할 수 있는 정도가 되었습니다. 어떤 교수는 그를 천재라고 평가하기도 했지만, 과학과 수학을 가르치던 대

---

25 역주 나눗셈 계산 과정을 여러 단계에 걸쳐 종이에 적으면서 푸는 방법으로 영어로는 long division이라고 합니다.

부분의 교사는 그렇게 생각하지 않았습니다. 그는 기본적인 내용에는 좀처럼 관심을 가지려고 하지 않았기 때문에 과학이나 수학처럼 좋아하는 과목에서도 좋은 성적을 거두지 못했습니다.

이처럼 학업에 열의를 보이지 않는 태도 때문에 앨런은 셔번 학교에서 퇴학 직전까지 몰리기도 했죠. 그러나 몇 주간 유행성 이하선염(볼거리)으로 격리 생활을 하면서 학업에 집중할 수 있었고, 그 덕분에 학기말 시험에서 좋은 성적을 거두며 위기를 모면했습니다. 이는 앨런이 자신의 숨겨진 재능을 조금이나마 보여 준 사건입니다.

1927년, 앨런 튜링은 셔본 학교에서 크리스토퍼 모컴(Christopher Morcom)을 처음 만났고 그에게 특별한 끌림을 느낍니다. 크리스토퍼는 앨런이 동성애적 성향을 자각하게 만든 첫사랑이었을 것이라는 말도 있습니다. 실제로 그 감정이 사실이었다 하더라도 크리스토퍼는 앨런의 마음을 몰랐던 것으로 보이며, 두 사람 사이에 어떤 신체적 관계가 있었다는 증거도 없습니다. 다만 두 사람은 수학과 과학에 대한 공통된 관심사를 공유하며, 종종 도서관에서 상대성 이론이나 원주율(π)을 소수점 아래로 길게 계산하는 방법 등을 토론하고는 했습니다.

앨런은 화학과 천문학 수업 시간에 일부러 크리스토퍼 옆자리에 앉아 그와 짝을 이루었습니다. 그들은 떨어져 있을 때도 자주 편지를 주고받으며 화학, 천문학, 상대성 이론, 양자역학 이야기를 나누었습니다.

크리스토퍼는 어릴 적 결핵을 앓은 뒤로 늘 건강이 좋지 않았고, 앨런과 우정이 3년째 되던 무렵 세상을 떠납니다. 앨런은 이후 여러 해 동안 크리스토퍼의 생일이나 기일이 다가올 때마다 그의 어머니와 편지를 주고받으며 슬픔을 나누었습니다.

튜링은 케임브리지의 킹스 칼리지에서 에딩턴(Eddington)과 G. H. 하디(Godfrey Harold Hardy)의 지도하에 응용 수학을 공부했습니다. 그는 학업 외에도 달리기와 조정을 즐겼고, 자신의 체력을 극복하며 집중하는 과정 자체를 즐겼습니다.

에딩턴 강의에서 영감을 받은 튜링은 중심극한정리[26]에 대한 독자적인 증명을 완성합니다. 그는 1934년 11월 학부 졸업 논문으로 이 내용을 제출했고, 그 결과 케임브리지에서 연간 300파운드의 장학금과 숙식, 교수진과 함께하는 하이테이블(High Table) 식사 자리를 비롯한 다양한 혜택을 받게 됩니다.

그는 힐베르트, 하이젠베르크, 슈뢰딩거, 폰 노이만, 괴델의 저작을 탐독했으며, 특히 힐베르트의 세 가지 도전 과제에 깊이 빠져듭니다. 그러던 어느 날 M. H. A. 뉴먼(Maxwell Herman Alexander Newman)이 해당 주제를 강연하는 자리에서 튜링은 '기계적 절차에 의해'라는 말을 듣고 기계와 메커니즘에 대해 곰곰이 생각하게 됩니다. 그리고 평소처럼 장거리 달리기를 마치고 들판에 누워 쉬던 중, 그는 힐베르트의 세 번째 과제를 해결하기 위해 어떤 기계 장치를 활용할 수 있겠다는 아이디어를 떠올립니다.

튜링-폰 노이만 아키텍처

튜링과 폰 노이만 이전의 모든 계산 기계는 데이터와 명령어를 따로 저장했습니다. 예를 들어 배비지의 해석기관은 십진수 데이터를 실린더형 기계식 카운터에 저장하고, 명령어는 천공 카드에 기록하여 사용합니다. 앞으로 살펴볼 하버드 마크 I(Harvard Mark I)과 IBM의 SSEC 역시 이와 유사한 방식입니다. 숫자, 즉 데이터는 기계 내부에 물리적으로 저장하고 명령어는 천공지 또는 자기 테이프 같은 외부 매체에 기록합니다.

당시에는 데이터와 명령어를 분리하는 것을 당연하게 여겼습니다. 프로그램은 수많은 명령어로 구성되었고 천공 카드는 저렴했기 때문입니다. 그 당시 대부분의 프로그램은 방대한 양의 숫자를 다루지 않았고 숫자를 저장할 수단은 매우 비쌌습니다. 게다가 데이터와 명령어를 동일한 메모리 장치에 넣는 것이 어떤 이점이 있는지 진지하게 고민한 사람도 거의 없었습니다.

---

26 확률과 통계에서 중요한 이론입니다.

앨런 튜링과 존 폰 노이만은 서로 전혀 다른 방식으로 프로그램 내장식 컴퓨터(stored-program computer)를 고안합니다. 튜링의 기계는 놀랄 만큼 구조가 단순한 반면, 노이만의 아키텍처는 다소 복잡합니다. 그럼에도 두 방식은 프로그램(명령어)과 데이터를 동일한 메모리에 저장한다는 놀라운 공통점을 지니고 있습니다. 이것은 컴퓨터 아키텍처에서 혁명적인 전환이었으며, 실로 모든 것을 바꾸어 놓았습니다.

튜링 머신

앨런 튜링은 1936년 "On Computable Numbers, with an Application to the Entscheidungsproblem(계산 가능한 수와 결정 문제에의 응용)"이란 논문에서 자기 이름을 딴 튜링 머신을 제시합니다. 이 논문의 목적은 힐베르트가 제시한 세 번째 과제, 즉 결정 가능성 문제에 대해 부정적인 답을 제시하는 것이었습니다. 즉, 임의의 수학적 명제가 증명 가능한지 여부를 일반적으로 판단할 수 있는 방법은 존재하지 않는다고 증명한 것입니다.

여기에서는 튜링의 증명에 대해 자세하게 설명하지 않겠습니다. 이미 훌륭한 참고 자료가 많기 때문입니다. 그중에서도 저는 찰스 페촐드(Charles Petzold)의 책 〈The Annotated Turing(주석이 달린 튜링)〉을 추천합니다.

튜링은 증명 과정에서 프로그램을 숫자로 표현할 수 있는 방법이 필요했습니다. 이를 위해 그는 자신의 기계를 시뮬레이션하는 프로그램을 작성했는데, 자세한 이야기는 조금 뒤에 다시 하겠습니다.

먼저 튜링 머신에 대해 이야기하자면, 튜링 머신은 끝없이 긴 종이테이프로 구성된 매우 단순한 구조입니다. 이 테이프는 오래된 영화 필름처럼 칸칸이 나뉘어 있고, 좌우로만 움직일 수 있도록 설계된 플랫폼 위에 얹혀 있습니다. 테이프는 수평으로 놓여져 있으며 자유롭게 좌우로 미끄러질 수 있습니다. 테이프를 놓은 플랫폼 위에는 테이프 한 칸 크기의 정사각형 창이 한 개 있습니다.

이것이 전부입니다. 이 기계는 그 외에 아무런 복잡한 구조도 갖고 있지 않습니다. 사실상 무한한 메모리를 가진 장치이며, 그 메모리를 특정 창에 위치시켜 읽을 수 있게 하는 기능만 있습니다. 이제 필요한 것은 중앙 처리 장치인데, 그 역할은 이 튜링 머신을 조작하는 사람이 맡습니다.

튜링 머신을 조작하는 사람은 펜과 지우개를 갖고 있습니다. 그리고 이 사람은 테이프의 각 칸에 임의로 어떤 표시를 하거나 지울 수 있습니다. 또 테이프를 한 칸씩 왼쪽이나 오른쪽으로 움직일 수도 있습니다.

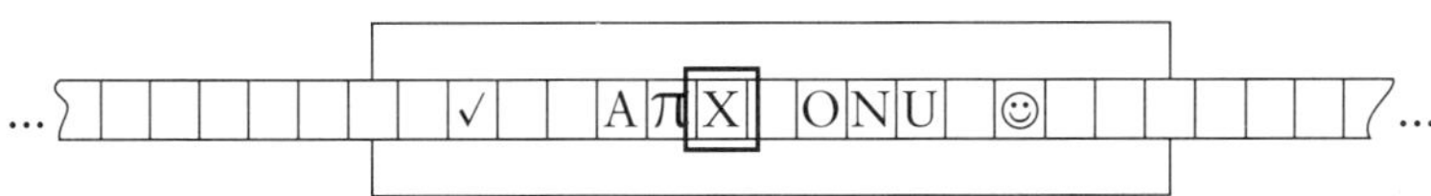

이제 메모리와 프로세서가 준비되었으니 다음으로 필요한 것은 바로 프로그램입니다. 예를 들어 X로 이루어진 문자열의 길이를 두 배로 늘리는 프로그램을 작성해 봅시다. 테이프의 상태가 다음과 같다고 가정해 보죠.

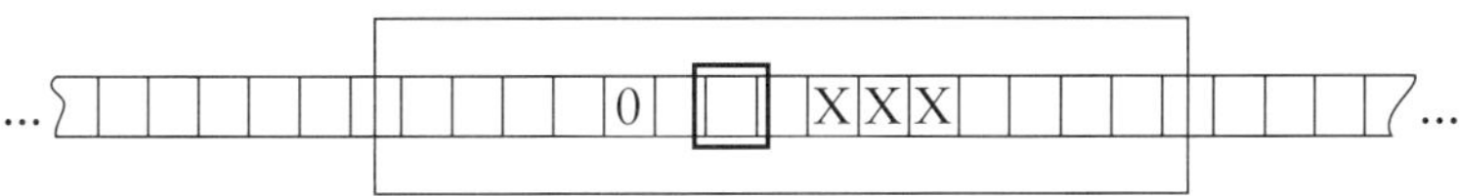

그리고 우리는 이 테이프가 최종적으로 다음과 같이 표시되기를 원한다고 합시다.

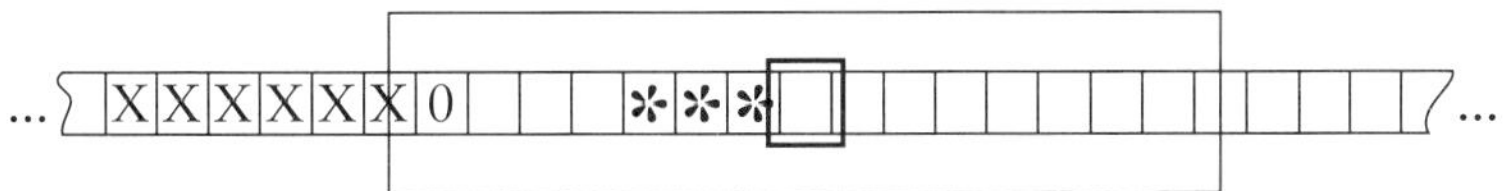

간단하게 요약하자면, 이 프로그램은 다음 작업을 수행해야 합니다. 먼저 읽기 창(정사각형 모양의 한 칸짜리 창) 오른쪽에 있는 X 개수를 세고, 그 X를 모두 *로 바꾼 후 O의 왼쪽에 두 배로 X를 쓰는 것입니다. 이 프로그램을 표로 표시하면 다음과 같습니다.

현재	마크	다음	액션
Start	blank, O	Start	Left
	X	FindO	*,Right
FindO	blank,*	FindO	Right
	O	FindB	Right
FindB	X	FindB	Right
	blank	Find*	X,Right,X
Find*	X,O,blank	Find*	Left
	*	FindX	X,Right,X
FindX	*	FindX	Left
	X	FindO	*,Right
	blank	HALT	

이 표는 일종의 상태 전이표(state transition table)입니다. 테이프를 조작하는 사람은 Start 상태에서 시작하여 주어진 지시대로 하나씩 따라가면 됩니다.

각각의 행은 전이(transition)[27]를 나타냅니다. 예를 들어 Start 상태에 있을 때 읽기 창 안에 빈칸(blank)이나 O가 보이면, 테이프를 왼쪽으로 움직이고 여전히 Start 상태에 머무릅니다. 반면에 Start 상태에서 읽기 창에 X가 보이면 해당 칸을 *로 바꾸고, 테이프를 오른쪽으로 움직인 후 FindO 상태로 전이합니다.

27 역주 현재 상태(current)에서 특정 입력(mark)을 받았을 때, 어떤 동작을 하고 다음 어떤 상태로 이동할지를 정의한 규칙을 의미합니다.

대부분의 사람에게 이런 절차는 극도로 지루하게 느껴질 것입니다. 그러나 기계를 움직이는 사람이 프로그램 지시를 한 치의 오차도 없이 그대로 따른다면 프로그램은 O 표식 왼쪽에 정확하게 X를 여섯 개 찍어 놓을 것입니다.

그런데 왜 굳이 X 개수를 두 배로 늘렸을까요? 그저 이 기계의 작동 방식을 보여 주기 위한 예시일 수도 있지만, 더 중요한 이유는 이 기계가 계산을 수행할 수 있다는 것을 보여 주기 위해서입니다. 여기에서 보여 주는 두 배 곱셈은 매우 기초적인 예에 불과하지만, 이와 같은 방식으로 이진수, 십진수, 십육진수, 심지어 이집트 상형문자에 기반을 둔 계산도 수행하도록 프로그램을 작성할 수 있습니다.

물론 그렇게 복잡한 계산을 하려면 상태 전이표는 엄청나게 커질 수밖에 없습니다. 하지만 튜링은 이 문제를 해결하기 위해 서브루틴(subroutine)[28] 개념을 도입했고, 이를 바탕으로 방대한 상태 전이표 없이도 더욱더 복잡한 프로그램을 구성할 수 있었습니다. 실로 그가 구현한 추상화 수준은 정말 놀라웠습니다.

이런 방식을 고안한 튜링은 이제 '괴델 트릭'을 사용합니다. 즉, 모든 것을 숫자로 바꾸는 것입니다. 어떤 상태와 기호, 동작 등을 특정한 숫자로 표현할 수 있음을 이제는 다들 알고 있을 것입니다. 따라서 전이표의 각 행도 그 행에 있는 모든 상태, 기호, 동작에 해당하는 숫자들을 그대로 이어 붙여 하나의 숫자로 나타낼 수 있습니다. 그 모든 행의 숫자들을 다시 이어 붙이면 전체 프로그램을 하나의 숫자로 표현할 수 있게 됩니다. 튜링은 이 숫자를 **Standard Description**이라고 불렀고, 여기에서는 이를 줄여서 SD라고 부르겠습니다.

SD는 숫자이기 때문에 튜링 머신의 테이프에 기록될 수 있습니다. 이 숫자는 이진수나 십진수, 혹은 다른 방식으로도 인코딩할 수 있습니다. 튜링은 자신의 기호에 맞게 1, 2, 3, 5, 7이라는 숫자를 조합하여 SD를 인코딩했습니다.

---

28 실제로는 일종의 매크로(macro)에 더 가까운 개념입니다. 즉, 동일한 상태 전이표를 반복해서 작성하는 일을 피하기 위해 단순히 텍스트를 치환하는 방식을 사용한 것입니다.

다음으로 튜링은 테이프에 기록된 SD를 실행할 수 있는 프로그램을 작성했습니다. 이 프로그램은 일종의 **범용 계산 기계**(universal computing machine)이며, 여기에서는 U라고 부르겠습니다. 이제 SD가 인코딩된 테이프에 프로그램 U를 실행하면 그 SD에 인코딩된 프로그램의 수행 결과가 테이프 빈 공간에 출력됩니다.

상태 전이표를 실행하는 프로그램을 작성한 적이 있다면 U는 바로 그런 종류의 프로그램입니다. U는 SD를 읽으면서 현재 상태와 기호에 일치하는 전이 행을 찾고, 그 행에 지정된 동작을 수행하기만 하면 됩니다. 아주 간단합니다.

튜링은 이런 개념들을 이용하여 어떤 임의의 SD가 특정한 동작을 할지 말지를 유한한 시간 내에 판별해 낼 수 있는 프로그램 D는 존재하지 않음을 증명했습니다. 이 증명에 대한 자세한 내용은 이 책 범위를 넘는 것이기에 더 이상 다루지 않습니다.

이제 우리 프로그래머 관점에서 볼 때, 튜링이 발명한 것은 바로 프로그램 내장식 컴퓨터입니다. SD는 테이프에 저장된 프로그램이며, U는 그 SD를 실행하는 프로그램입니다. 따라서 U가 기계화되어 인간이 아닌 자동 기계로 실행된다면, 그 기계는 그야말로 완전한 프로그램 내장식 컴퓨터인 셈입니다.

아마도 1943년 존 폰 노이만이 우연히 영국을 방문했을 때, 앨런 튜링은 컴퓨팅 기계와 컴퓨터가 나아가야 할 방향에 대해 그와 할 말이 많았을 것입니다.

이후 튜링이 영국 블레츨리 파크(Bletchley Park)에서 수행한 독일의 에니그마(Enigma)[29] 암호 해독 작전과 그 목표를 달성하려고 만든 컴퓨팅 기계에 대해서는 이미 많은 콘텐츠가 있습니다.[30] 여기에서는 단지 그 노력이 연합군에 지대한 공헌을 했다는 점만 언급하겠습니다.

튜링의 비극적인 최후와 그에 이르게 된 가혹한 상황에 대해서도 많은 이야기가 전해집니다. 이 자리에서 다시 그 이야기를 모두 들추지는 않겠습니다. 다만 앨런 튜링 역시 우리 모두와 똑같은 인간이었다는 점과 그가 구해 낸 나라조차도 당시에는 그의 동성애를 받아들이지 못했다는 점만 알아 둡시다.

---

29 [역주] 제2차 세계 대전 당시 독일군이 군사 통신을 암호화하는 데 사용한 전기 기계식 암호기입니다.

30 [역주] 개인적으로 베네딕트 컴버배치 주연의 영화 <이미테이션 게임>을 추천합니다.

이처럼 튜링은 자신이 겪은 모욕적인 처우에도 학문적 관심과 자신의 성적 정체성을 잃지 않았습니다. 물론 성적 정체성 문제 때문에 몇 번씩 해외에 나가야 했고, 그의 죽음에 대해서도 여전히 여러 가지 추측이 난무하고 있습니다.

비록 공식적으로는 자살로 발표되었지만, 이는 튜링의 평소 성격과는 맞지 않는 일입니다. 자살을 암시하는 어떤 전조도 없었고 유서도 남기지 않았으며, 그런 행동을 고려하고 있다는 징후도 전혀 보이지 않았습니다. 앨런 튜링의 전기를 다룬 책 〈Hodges〉[31]에서는 다음과 같이 말합니다.

> "그를 최근 2년간 봐 왔던 사람들의 기억으로는 튜링은 일반적인 드라마나 소설에서 묘사되는 '수치심에 짓눌리고 절망에 빠진 자살 직전의 인물'과는 전혀 달랐다고 한다. 오히려 그는 수치심과 절망에 빠진 사람과는 정반대로 행동했기 때문에 그의 죽음을 접한 이들은 충격을 받았다. 그는 자살할 '그런 타입'이 아니었기 때문이다."

개인적으로 저는 그의 어머니가 주장하는 바가 더 설득력 있다고 봅니다. 즉, 튜링의 사망은 사고였고, 집에서 화학 실험 중 사용한 청산가리(cyanide)가 실수로 손에 묻어 중독되었다는 것입니다.

폰 노이만의 여정

존 폰 노이만은 아마도 1935년에 앨런 튜링을 처음 만났을 것입니다. 이는 튜링의 "On Computable Numbers(계산 가능한 수)" 논문이 발표되기 바로 전 해입니다. 당시 폰 노이만은 미국 프린스턴 대학교에서 업무를 잠시 중단하고 영국 케임브리지 대학교에서 강의했고, 튜링은 그의 몇몇 강의를 들었습니다. 두 사람이 튜링 작업에 대해 이야기했는지는 확실하지 않지만 그랬을 가능성은 있어 보입니다. 하지만 그 만남이 특별한 성과로 이어지지는 않았던 것 같습니다.

---

31 Hodges, p487 참고

어쨌든 튜링은 나중에 폰 노이만에게 프린스턴 방문 연구원 추천서를 요청했고, 1936년 9월 프린스턴에 도착합니다. 그의 논문 인쇄본은 튜링이 도착한 후 닷새 만에 프린스턴에 도착했고, 폰 노이만은 논문뿐만 아니라 튜링이라는 인물 자체에도 깊은 인상을 받았습니다. 그리고 두 사람은 수개월 동안 서로 인접한 사무실에서 연구를 이어 갔습니다.

그러던 중 폰 노이만은 튜링에게 자신의 조교직을 제안하지만, 튜링은 영국에서 해야 할 일이 있다며 정중히 거절합니다.

그리고 실제로 튜링은 영국으로 돌아갑니다. 그는 1938년 7월에 영국으로 돌아가서 몇 달 후 블레츨리 파크에서 근무하게 됩니다. 그곳에서 그는 독일의 에니그마 암호를 해독한 기계를 만드는 데 핵심적인 역할을 했고, 이를 통해 유럽 전선에서 연합군 승리를 앞당기는 데 크게 기여합니다.

탄도 연구소

유럽에서 전쟁의 기운이 고조되던 시기, 존 폰 노이만은 탄도학(ballistics) 문제에 집중하기 시작합니다. 이전 전쟁에서는 포탄의 궤적을 계산하는 일이 비교적 단순했습니다. 중력과 공기 저항만 고려하면 되었기 때문입니다. 하지만 1930년대 후반의 강력한 신형 포들은 포탄을 더욱 높은 고도까지 쏘아 올릴 수 있었고, 그 고도에서는 공기가 훨씬 희박했습니다. 이로 인해 포탄의 궤적은 단순한 물리 공식만으로는 계산하기 어려웠고, 정밀한 근사치를 구하려면 막대한 양의 계산이 필요했습니다.

탄도학뿐만 아니라 고폭탄(high-explosive bombs)과 포탄(shells)이 만들어 내는 폭발 충격파를 계산하는 일도 마찬가지로 막대한 계산이 필요합니다. 이런 문제들 역시 고도의 복잡한 물리적 모델을 기반으로 하며, 정밀한 시뮬레이션 없이는 정확한 결과를 도출하기 어렵습니다.

이런 문제들을 해결하기 위해 탄도 연구소(Ballistics Research Lab, BRL)가 설립됩니다. 초기에는 찰스 배비지가 사용했던 방식과 비슷하게 수많은 여성 '컴퓨터(계산자)'가 탁상용 계산기를 들고 방 안에 모여 끝없이 덧셈과 곱셈을 수행하는 방식이었습니다.

이런 현장을 살펴보며 폰 노이만은 "컴퓨팅 기계의 발전은 불가피하며, 장차 그 기계들은 인간의 뇌처럼 자율적인 처리를 수행하게 될 것이다. 그리고 그 기계들은 통신망, 전력 인프라, 대형 산업 시설 등 주요 대규모 시스템의 핵심 요소로 자리 잡게 될 것이다."라고 예견했습니다.[32] 이런 폰 노이만의 예견은 그의 꿈이자 아이디어의 씨앗이었습니다. 다만 그의 아이디어는 아직 미완성된 상태였으며, 본격적으로 꽃피우기에는 시기가 너무 일렀습니다.

1940년 9월, 폰 노이만은 탄도 연구소(BRL)의 자문 위원으로 임명되었고, 같은 해 12월에는 미국 수학회 산하 전시대비위원회의 수석 탄도 자문으로도 임명됩니다. 한마디로 그는 당시 여러 분야에서 손꼽히는 핵심 인재였습니다.

2년이 지난 후 폰 노이만은 성형 작약탄(shaped charge)을 비롯하여 대부분의 탄약으로 발생하는 충격파 전문가로 거듭납니다. 1942년 말, 그는 '비밀 임무'를 수행하기 위해 영국으로 파견됩니다. 오늘날까지도 자세한 그 임무 내용은 잘 알려지지 않았지만, 그가 폭발 충격파에 대해 한층 더 심도 있게 연구하고 있었음은 분명합니다.

NCR 기계

출장 중에 폰 노이만은 영국 남서부 배스(Bath)에 있는 해군 연감 사무소(Naval Almanac Office)에서 NCR 회계 기계(NCR accounting machine)가 작동하는 모습을 보았습니다. 이 기계는 키보드, 프린터, 레지스터 여섯 개를 갖춘 기계식 계산기입니다. 시간당 덧셈을 약 200회 수행할 수 있었으며, 프로그래밍은 불가능했지만 레지스터와 몇 가지 정교한 탭 스톱(tab-stop) 메커니즘[33] 덕분에 작업자가 반복적인 연산을 비교적 빠르게 처리할 수 있었습니다. 폰 노이만은 이 NCR 기계에 큰 관심을 갖게 되어 런던으로 돌아가는 기차 안에서 이 기계에 사용할 수 있는 보다 정교한 근사치 계산 '프로그램'을 작성합니다.

---

32 Bhattacharya, p103 참고

33 역주 커서나 인쇄 위치를 미리 설정된 지점으로 빠르게 이동시키는 기능입니다.

여담으로 폰 노이만이 프린스턴으로 급하게 돌아오기 몇 달 전, 그는 자신이 "계산 기법(computation techniques)에 대한 외설적인 관심을 갖게 되었다."라고 했습니다. 이런 관심이 NCR 기계에서 비롯되었는지, 혹은 튜링과의 만남에서 비롯되었는지는 아직 논쟁의 여지가 있습니다.

비록 증거는 많지 않지만, 그 시기에 튜링과 폰 노이만이 만나 컴퓨팅 기계에 대해 논의했을 가능성은 충분히 있습니다.

어쩌면 이 두 사람의 아이디어가 결합되면서 폰 노이만의 마음속에 있던 아이디어의 씨앗이 꿈틀거리며 자라나기 시작했을지도 모릅니다.

로스앨러모스: 맨해튼 프로젝트

1943년 7월, 여전히 영국에 머물고 있던 폰 노이만은 긴급한 편지를 한 통 받습니다. 그 편지에는 "우리는 당신의 도움이 절박하게 필요한 상황에 처해 있다."라는 문장이 적혀 있었고, 서명자는 바로 J. 로버트 오펜하이머(J. Robert Oppenheimer)였습니다.

사실 폰 노이만은 자신도 모르는 사이에 이미 폭발 충격파에 관한 연구를 통해 맨해튼 프로젝트에 기여하고 있었습니다. 그는 공중 폭발이 지면 폭발보다 더 파괴적이라는 사실을 밝혔고, 최적의 폭발 고도를 계산하는 방법도 제시했습니다.

폰 노이만은 9월에 로스앨러모스에 도착하자마자 곧바로 본격적인 작업에 착수합니다. 오펜하이머가 보낸 '절박한 도움 요청'은 플루토늄 폭압형(implosion) 무기의 이론적 설계와 관련된 것이었습니다. 성형 작약탄에 대한 해박한 지식을 바탕으로 폰 노이만은 플루토늄 중심을 쐐기 모양의 폭약으로 둘러싸고 충격파를 안쪽으로 집중시키는 방식을 제안합니다.

폰 노이만의 원자 폭탄 관련 연구도 중요했지만, 미 육군과 해군은 그가 수행한 충격파 및 탄도학 연구가 원자 폭탄 못지않게 중요하다고 평가했습니다. 덕분에 폰 노이만은 로스앨러모스를 자유롭게 오갈 수 있는 특별한 특권을 누릴 수 있었고, 이를 통해 그 누구보다도 미국 정부의 컴퓨팅 환경을 폭넓게 접할 수 있는 기회를 가졌습니다.

당시 내폭 장치를 모델링하기 위해서는 방대한 계산이 필요했습니다. 그래서 폰 노이만은 IBM에서 펀치 카드 계산기[34]를 열 대 구입합니다. 이 장치들은 플러그판(plugboard)을 이용해서 프로그래밍되었으며 카드의 어떤 필드를 사용할지, 그 필드에 어떤 연산을 수행할지, 결과를 어디에 저장(펀치)할지를 지정할 수 있었습니다.

플루토늄 폭탄 내부 입자들의 초기 위치가 적힌 카드 1,000장이 담긴 덱(deck)을 상상해 봅시다. 그 덱을 계산기에 넣어 결과가 적힌 새로운 카드 1,000장을 만들고, 다시 그 덱을 다음 계산기에 넣고, 또 그다음 계산기에 넣고······ 이렇게 계속 반복합니다. 이 작업은 하루 24시간, 주 6일 동안 몇 주간 계속됩니다.

폰 노이만은 이런 기계들을 조작하고 프로그래밍하는 방법은 알았지만, 카드 뭉치를 여러 기계로 옮기며 복잡하게 수작업으로 처리하는 방식은 신뢰하지 않았습니다. 한 장이라도 카드가 잘못 끼워지거나, 배치 순서가 바뀌거나, 플러그판에서 플러그가 한 개라도 잘못 연결되면 며칠 치 작업이 순식간에 날아갈 수 있었기 때문입니다. 그렇기에 그의 마음속에서 자라나던 컴퓨팅 기계에 대한 꿈은 이때부터 본격적으로 뿌리를 내리기 시작합니다.

폰 노이만은 자신의 꿈을 로스앨러모스 곳곳에 퍼뜨리기 시작했습니다. 그는 과학자들과 관리자들에게 자신의 고민을 이야기하고, 과학연구개발국(OSRD)의 책임자인 워런 위버(Warren Weaver)에게 편지를 보내 더 빠른 계산 장치를 만들기 위한 도움을 요청합니다. 이에 위버는 폰 노이만에게 전기 기계식 컴퓨터인 하버드 마크 I의 책임자 하워드 에이컨(Howard Aiken)을 소개합니다.

34 "그것은 마치 6피트짜리 정육면체를 꽉 채운 듯한 검고 위압적인 괴물 같은 장치였다. 전면에는 개조된 512 복제기가 있었고, 분당 카드를 200장 처리할 수 있는 카드 공급 장치 두 개와 적재 장치 두 개가 달려 있었다. 또 전선이 얽히고설킨 이중 패널 플러그판 두 개가 전면에 있었고, 오른쪽 끝에는 숫자 스위치 패널이 있었다. 펀치 장치의 뒤에는 레이크 릴레이(Lake relays) 수천 개로 구성된 투박한 상자가 경첩으로 부착되어 있었고, 그 상자 뒤에는 또 다른 상자가 달려 있었다."
- 허브 그로시(출처: https://www.columbia.edu/cu/computinghistory/aberdeen.html)

마크 I과 ENIAC(에니악)

1944년 여름, 폰 노이만은 로스앨러모스를 잠시 떠나 집으로 돌아오는 길에 에이컨을 방문하고 해군 고객들도 만나기로 합니다. 그는 애버딘 시험장에서 가까운 기차역 플랫폼에서 허먼 골드스타인(Herman Goldstine)과 우연한 만남을 가지게 됩니다. 허먼 골드스타인도 폰 노이만을 알아봅니다. 둘은 기차를 기다리며 대화를 나눕니다. 골드스타인은 자신이 현재 전기기계식 릴레이[35] 대신 진공관을 사용하는 계산 장치를 개발하고 있으며, 그 장치는 초당 300회 이상의 곱셈 연산을 수행할 수 있다고 말합니다.[36]

폰 노이만이 어떤 반응을 보였을지는 불 보듯 뻔합니다. 정중하게 잡담을 나누던 대화 분위기는 갑자기 치열한 심문으로 바뀌었습니다. 결국 두 사람이 헤어질 때 골드스타인은 폰 노이만의 방문 일정을 잡아야겠다고 생각합니다.

1944년 8월 7일, 폰 노이만은 에이컨을 방문하여 제한적인 시간 동안 마크 I의 사용을 허락받습니다. 이후 몇 주 동안 폰 노이만은 그레이스 호퍼(Grace Hopper)와 마크 I 팀과 함께 플루토늄 내부 폭발과 관련된 문제점과 해결책을 설계하고 프로그래밍하고 실행합니다.[37] 마크 I은 폰 노이만이 우려하던 천공 카드 기반 계산기들보다 신뢰성은 높았지만, 아이러니하게도 속도는 훨씬 느렸습니다. 너무 느려서 폰 노이만은 이 기계를 계속 사용하는 것이 현실적이지 않다고 판단할 정도였죠. 게다가 마크 I은 해군의 작업들로 이미 일정이 꽉 찬 상태였습니다.

마크 I은 폰 노이만이 처음 본 진정한 의미의 자동 계산기였습니다. 그는 이 기계의 작동 방식을 직접 확인했고, 실제로 프로그래밍과 운용에도 참여했습니다. 종이테이프에 기록된 명령어에 따라 이 거대한 기계가 자동으로 작동하는 모습을 본 그는 그동안 마음속에 자리 잡고 있던 아이디어가 더욱 깊게 뿌리내리는 것을 느꼈습니다.

---

35 역주 전류의 흐름을 이용하여 기계적으로 스위치를 여닫는 장치입니다.

36 Bhattacharya, p105 참고

37 실제로 어떤 문제였는지는 기밀이었고, 마크 I 팀 누구도 그 목적을 알지 못했습니다.

폰 노이만이 마크 I 방문을 시작한 바로 그날, 폰 노이만은 기차역 플랫폼에서 만났던 허먼 골드스타인에게 초대를 받습니다. 며칠 후 폰 노이만은 펜실베이니아 대학교 전기 공학부를 방문합니다. 그곳에서 거대한 전자식 기계를 보게 됩니다. 배선 뭉치, 스위치, 계기, 진공관이 1만 8,000개 장착된 회로 랙으로 구성된 이 기계는 폭 30피트, 길이 56피트, 높이 8피트의 방 하나를 가득 채우고 있었죠. 그 기계 이름은 ENIAC(에니악)이었고, 폰 노이만의 인생을 완전히 바꾸어 놓았습니다. 물론 ENIAC이 앞으로 컴퓨터가 나아가야 할 방향을 분명히 보여주었지만 그 형태 그대로는 아닙니다.

일단 플러그판과 전선으로 하는 프로그래밍 방식은 사라져야 했습니다. 이런 아이디어로 폰 노이만이 가지고 있던 거대한 꿈의 씨앗은 이제 물을 찾아 뿌리를 뻗어 나갔습니다.

마크 I과 ENIAC을 경험한 폰 노이만은 이후 미국 전역에서 더욱 효율적이고 더 빠른 컴퓨팅 기계를 찾기 시작합니다. 하지만 로스앨러모스의 작업은 그를 기다려 주지 않았습니다.

결국 폰 노이만은 천공 카드 계산기를 마음에 들어 하지는 않았지만, 그 기계를 관리하고 있던 젊은 리처드 파인만(Richard Feynman)의 뛰어난 조직력 덕분에 계산 작업을 완료합니다. 그리고 여러 차례 모의 폭발 실험을 거쳐 그 계산 결과를 검증합니다.

트리니티

수많은 계산과 모의 실험이 완료된 후 플루토늄 폭탄의 실제 폭발 테스트가 예정되었습니다. 이 폭발 테스트의 암호명은 트리니티(Trinity)로 불렸습니다. 1945년 7월 16일 오전 5시 29분, 존 폰 노이만은 자신이 계산하고 이론적으로 기여한 폭탄이 폭발하는 장면을 목격합니다. 그는 핵 화염구를 바라보며 이렇게 말합니다. "폭발력이 최소 5,000톤은 될 것이고, 어쩌면 그보다 훨씬 더 클지도 모르겠다." 실제로 그 폭발력은 최소 TNT 2만 톤에 달합니다.

트리니티 폭발 테스트에 앞서 폰 노이만은 일본 본토의 핵 투하 목표지를 선정하는 위원회에도 참여합니다. 그곳에서 그가 투표하고 위원회에서 최종적으로 선택한 후보지는 교토, 히로시마, 요코하마, 고쿠라였습니다.

핵 투하 목표지를 선택하는 과정은 분명 심리적으로 엄청난 부담이었을 것입니다. 결국 폰 노이만은 감정적 압박을 견디지 못해 로스앨러모스를 떠나 미국 동부의 자택으로 향했습니다. 그는 아침에 도착하자마자 12시간 넘게 내리 잠을 잤고, 늦은 밤 깨어난 후에는 평소답지 않게 매우 흥분된 상태로 격정적인 말을 쏟아 냈습니다.

그의 아내 클라리[38]는 당시 두려웠던 마음을 드러낸 남편의 말을 이렇게 기억합니다.[39]

"클라리, 우리가 지금 만들어 내고 있는 건 괴물이야. 이 괴물은 앞으로 역사를 바꿔 놓을 거야. 물론 역사가 남아 있다면 말이지. 하지만 그렇다고 이 일을 멈출 수는 없어. 단지 군사적인 이유 때문이 아니라, 과학자로서 실현 가능한 걸 알면서도 하지 않는 것이 오히려 더 힘든 일이니까. 아무리 끔찍한 결과가 따르더라도 말이야. 그리고 이건 시작에 불과해. 지금 우리가 다루고 있는 이 에너지원은 앞으로 과학자들을 세상에서 가장 미움받는 존재이자 동시에 가장 필요한 존재로 만들 거야."

그러고 나서 그는 갑자기 화제를 바꾸어 더 광적인 예언을 이어 갔습니다.

"그리고 클라리, 그 컴퓨팅 기계 말이야…… 그건 앞으로 저 원자 폭탄보다도 더 중요해질 거야. 아니, 필수적인 존재가 될 거야. 인류가 그 기술의 발전 속도를 감당할 수 있다면 우리는 달은 물론 훨씬 더 너머까지도 갈 수 있을 거야. 하지만 그렇게 하지 못한다면 그 기계는 원자 폭탄보다 훨씬 더 위험한 존재가 될 수도 있어."

이제 그의 꿈은 싹을 틔워 단단히 뿌리를 내렸고, 마침내 꽃잎이 서서히 펼쳐지기 시작했습니다.

---

38 클라리 단 폰 노이만(Klára Dán von Neumann, 1911~1963)

39 Bhattacharya, p102 참고

슈퍼

트리니티 폭발 테스트와 히로시마 나가사키 원자 폭탄 투하 이후에도 폰 노이만은 원자 폭탄 개발에 계속 참여합니다. 어린 시절 헝가리에서 경험한 짧은 공산주의 체험은 그에게 소련이 다음 적이라는 확신을 심어 주었고, 이에 맞서기 위해서는 더 크고 강력한 폭탄이 필요하다고 믿었습니다. 그래서 그는 에드워드 텔러(Edward Teller)와 함께 수소 폭탄, 이른바 슈퍼(Super) 개발에 착수합니다.

수소 폭탄의 핵분열에서 핵융합으로 이어지는 연쇄 반응을 모델링하는 작업은 최초의 원자 폭탄 개발에 사용되었던 천공 카드 계산기로는 도저히 감당할 수 없는 수준이었습니다. 1944년 여름, 폰 노이만이 목격했던 컴퓨팅 기계들은 그가 진정으로 원하는 것이 무엇인지 알게 하는 계기가 되었습니다.

ENIAC의 계산 속도는 놀라웠습니다. 마크 I보다 1,000배나 빠르게 계산할 수 있었습니다. 하지만 플러그판 방식으로 프로그램 작성에는 커다란 제약이 따릅니다. 이런 방식으로는 계산 작업이 진행되는 중에 멈추었다가 다음 작업을 실행하려면 플러그판의 케이블을 일일이 다시 배열해야 하는 번거로운 작업이 필요합니다. 그 결과 컴퓨터의 빠른 계산 속도는 각 계산 작업 간의 긴 프로그래밍 시간 때문에 제대로 효과를 발휘하지 못했습니다.

반면에 하버드 마크 I에서 사용된 긴 종이테이프 기반의 프로그래밍 방식은 큰 장점이 있었습니다. ENIAC에도 종이테이프 방식을 적용하는 것을 충분히 검토해 볼 수 있는 일이었지만, 그렇게 되면 ENIAC 속도는 종이테이프가 움직일 수 있는 속도 때문에 제한될 수밖에 없었습니다.

결론은 명확했습니다. 진정으로 계산 성능과 속도를 높이기 위한 유일한 방법은 명령어와 데이터를 프로세서 자체보다 빠르거나 최소한 같은 속도의 매체에 저장하는 것입니다. 따라서 프로그램은 데이터와 함께 저장되어야 하며, **프로그램 자체가 곧 데이터가 되어야 합니다**.

ENIAC의 발명자인 존 모클리(John Mauchly)와 프레스퍼 에커트(J. Presper Eckert)[40]는 폰 노이만이 ENIAC을 보았던 시기인 1944년 8월에 이미 새로운 컴퓨터인 EDVAC(에드박)을 구상하고 있었습니다.

에커트는 그 당시 레이더 시스템의 배경 소음을 기록하거나 제거하는 수은 지연선(mercury delay line)을 발명했는데, 바이너리 데이터를 대량으로 저장하는 데도 수은 지연선을 활용할 수 있다는 것을 깨달았습니다. ENIAC의 진공관 대부분이 메모리 용도였기 때문에 수은 지연선 메모리를 사용하면 진공관 수를 대폭 줄일 수 있었습니다. 그리고 이는 EDVAC의 비용 절감과 신뢰성 향상, 용량 증가로 이어질 수 있습니다.

아마도 이런 내용을 폰 노이만과 논의했을 가능성이 높습니다. 실제로 폰 노이만은 EDVAC 프로젝트에 자문 역할로 참여하기도 했습니다.

EDVAC 설계 초안

1년도 채 안 되어 폰 노이만은 'EDVAC에 관한 초안 보고서'라는 흥미로운 문서를 작성합니다. 이 보고서는 컴퓨터를 입력, 출력, 연산, 제어, 기억 장치 이렇게 주요 구성 요소 다섯 개로 나누어 설명합니다. 그중에서 제어 장치는 기억 장치에 저장된 명령어를 해석하고 값을 연산 장치로 보내 계산한 후 다시 기억 장치에 저장하는 역할을 합니다. 이런 구조는 우리가 오늘날까지도 사용하고 있는 프로그램 내장식 컴퓨터의 기초가 되었습니다.

다만 폰 노이만의 보고서는 완전히 정리되지 않은 비교적 비공식적인 형태의 문서였습니다. 게다가 그는 이 보고서를 널리 배포할 의향도 없었습니다. 하지만 골드스타인은 보고서를 읽고 기쁨을 감추지 못합니다. 그는 해당 보고서가 컴퓨터에 대한 최초의 완전하고 논리적인 틀을 정리했다 칭찬하고 문서를 만든 폰 노이만, 모클리, 에커트에게 알리지도 않은 채 전 세계 과학자 수십 명에게 전송합니다.

---

40 John Adam Presper Eckert Jr.(1919~1995)

그렇게 폰 노이만이 품고 있던 씨앗은 꽃이 만개하여 더 널리 퍼져 나갑니다. 즉, 폰 노이만의 아키텍처가 세상에 공개되어 자유롭게 퍼져 나간 것입니다. 그리고 그 씨앗은 닿는 곳마다 뿌리를 내리고 자라났습니다.

튜링은 폰 노이만의 보고서를 읽고 맨체스터에서 ACE(Automatic Computing Engine: 자동 계산 장치) 설계를 시작합니다. 한편 폰 노이만의 관심하에 ENIAC 역시 구조가 개편되어 1947년에 새로운 형태로 가동을 시작합니다.

최초로 컴퓨터 프로그래밍만 전담하는 역할로 고용된 사람은 진 바틱(Jean Bartik: 본명은 베티 진 제닝스(Betty Jean Jennings))이라는 여성입니다. 그녀는 ENIAC의 원년 프로그래머이자 운영자 중 한 명입니다.

폰 노이만의 아내 클라리 역시 프로그래머가 되어 로스앨러모스와 동부 해안을 오가며 텔러의 수소 폭탄('슈퍼') 모델링을 위한 프로그램을 작성하고 실행했습니다. 참고로 이 작업에는 폰 노이만과 스타니슬라프 울람(Stanislaw Ulam)이 고안한 몬테카를로 분석 기법(Monte Carlo analysis)[41]이 사용되었습니다.

폰 노이만 이야기는 여기까지 하겠습니다. 하지만 지금까지 언급한 것들은 그의 업적 중 극히 일부분에 지나지 않습니다. 폰 노이만은 진정한 천재고 수학, 물리학, 양자역학, 게임 이론, 유체 역학, 일반 상대성 이론, 동역학, 위상 수학, 군론[42] 등 다양한 분야에서 지대한 공헌을 남겼습니다. 아마도 그의 업적을 온전히 담기 위해서는 책 한 권도 부족할 듯합니다.

존 폰 노이만은 1957년 2월 8일 53세의 나이에 암으로 세상을 떠났습니다. 그를 숨지게 만든 암은 로스앨러모스에서 방사선 노출과 관련이 있었을 가능성이 있습니다. 그는 죽음을 극도로 두려워했고, 마지막 순간까지도 자신의 상황을 받아들이지 못했다고 전해집니다.

그가 태어난 집에는 다음 문구가 새겨진 명판이 걸려 있습니다.

"20세기 가장 뛰어난 수학자 중 한 사람"

---

41 자세한 설명은 용어집을 참고합니다.

42 역주 group theory, 추상 대수학의 한 분야입니다.

하지만 앞서 말했듯이 이 문구 역시 그의 업적을 모두 담기에는 턱없이 부족합니다.

이제 위대한 유산을 남긴 힐베르트, 튜링, 폰 노이만 세 인물의 이야기를 떠나 다음 이야기로 넘어가겠습니다. 폰 노이만의 아키텍처가 컴퓨팅 세계를 빠르게 뒤흔들며 확산되었고, 1940년대가 저물 무렵 다양한 컴퓨터가 하나둘씩 실용화됩니다. 그리고 전쟁이 끝나자 마침내 정보화 시대의 서막이 열립니다.

영국에서 개발된 세계 최초의 프로그램 내장식 컴퓨터인 맨체스터 베이비(Manchester Baby)는 1948년에 윌리엄스 튜브(Williams tube)[43] 메모리를 사용하여 가동되었습니다. 케임브리지 대학교의 EDSAC은 1949년 수은 지연선 메모리를 기반으로 만들어졌습니다. 모클리와 에커트는 대학교를 떠나 유니박(UNIVAC)이란 회사를 창립했는데, 이것으로 상업용 컴퓨터 산업과 본격적으로 치열하게 경쟁하기 시작합니다.

그리고 곧 보겠지만, 그 경쟁은 실로 격동의 여정이었습니다.

참고 문헌

- Atomic Heritage Foundation. 2014. "Computing and the Manhattan Project(컴퓨팅과 맨해튼 프로젝트)". 2014년 7월 18일 게시. https://ahf.nuclearmuseum.org/ahf/history/computing-and-manhattan-project
- Kurt W. Beyer. 2009. "Grace Hopper and the Invention of the Information Age(그레이스 호퍼와 정보화 시대의 탄생)". MIT Press.
- Ananyo Bhattacharya. 2021. "The Man from the Future(미래에서 온 남자: 존 폰 노이만의 삶과 과학)". W. W. Norton & Co.

43 전자 빔을 이용하여 전하 영역을 기록하고 읽는 특수한 종류의 브라운관입니다.

- Edwin Tenney Brewster. 1912. "Natural Wonders Every Child Should Know(모든 어린이가 알아야 할 자연의 경이로움)". Doubleday, Doran & Co.
- Donald Gilpin. "The Extraordinary Legacy of Oswald Veblen(오스월드 베블런의 비범한 유산)". Princeton Magazine. https://www.princetonmagazine.com/the-extraordinary-legacy-of-oswald-veblen
- Kurt Gödel. 1931. "On Formally Undecidable Propositions of Principia Mathematica and Related Systems(프린키피아 마테마티카와 관련 체계에서의 형식적으로 판정 불가능한 명제들에 관하여)". Dover Publications. https://monoskop.org/images/9/93/Kurt_G%C3%B6del_On_Formally_Undecidable_Propositions_of_Principia_Mathematica_and_Related_Systems_1992.pdf
- Andrew Hodges. 2000. "Alan Turing: The Enigma(앨런 튜링: 수수께끼)". Walker Publishing.
- Daniel Kennefick. 2020. "Was Einstein the First to Discover General Relativity(아인슈타인이 일반 상대성을 처음 발견했는가)?". 2020년 3월 9일, Princeton University Press. https://press.princeton.edu/ideas/was-einstein-the-first-to-discover-general-relativity
- Favell Lee Mortimer. 1857. "Reading without Tears. Or, a Pleasant Mode of Learning to Read(눈물 없이 배우는 읽기: 유쾌한 읽기 학습 방법)". Harper & Brothers.
- N. Lewis. 2021. "Trinity by the Numbers: The Computing Effort That Made Trinity Possible(숫자로 본 트리니티: 트리니티 실현을 가능케 한 계산 노력)". Nuclear Technology, 207권, 특별호 S176-S189. https://www.tandfonline.com/doi/full/10.1080/00295450.2021.1938487

- Charles Petzold. 2008. "The Annotated Turing(주석이 달린 튜링)". Wiley.
- John Todd. "John von Neumann and the National Accounting Machine(존 폰 노이만과 국가 회계 기계)". California Institute of Technology. https://archive.computerhistory.org/resources/access/text/2016/06/102724632-05-01-acc.pdf
- A. M. 튜링(A. M. Turing). 1936. "On Computable Numbers, with an Application to the Entscheidugnsproblem(계산 가능한 수와 결정 문제에의 응용)". https://www.cs.virginia.edu/~robins/Turing_Paper_1936.pdf
- 위키피디아. "Alan Turing(앨런 튜링)". https://en.wikipedia.org/wiki/Alan_Turing
- 위키피디아. "David Hilbert(다비트 힐베르트)". https://en.wikipedia.org/wiki/David_Hilbert
- 위키피디아. "EDVAC". https://en.wikipedia.org/wiki/EDVAC
- 위키피디아. "John von Neumann(존 폰 노이만)". https://en.wikipedia.org/wiki/John_von_Neumann

CHAPTER 4

그레이스 호퍼: 최초의 소프트웨어 엔지니어

그레이스 호퍼(Grace Hopper)가 프로그래밍에 입문했을 당시 프로그래머들은 금속 테이프에 구멍을 뚫고 있었습니다. 그 구멍은 컴퓨터가 프로시저를 수행하는 데 필요한 숫자 명령어[1]였습니다. 호퍼도 그렇게 금속 테이프에 구멍을 뚫는 일에 점점 익숙해졌지만, 그보다 더 나은 방법이 있다고 생각했습니다.

그레이스 호퍼가 고안한 방법을 **자동** 프로그래밍(automatic programming)이라고 불렀습니다. 즉, 프로그래머가 보다 쉽게 읽고 쓸 수 있는 추상적인 언어로 프로그램을 작성하면 컴퓨터가 자동으로 그 추상적인 언어를 숫자로 된 기계어로 변환해 주는 방식입니다. 그녀는 최초로 이런 컴퓨터 프로그램을 만들어 **컴파일러**라는 이름을 붙였습니다.

최초의 '진정한' 프로그래머는 그레이스 호퍼라고 해도 과언은 아닙니다. 비록 그녀 이전에도 몇몇 사람이 프로그램을 작성하기는 했지만, 프로그래밍이라는 분야를 **체계적으로 정립**[2]한 사람이 바로 호퍼였기 때문입니다. 이런 점에서 그레이스 호퍼를 **최초의 소프트웨어 엔지니어**라고 부르는 것이 더 적절할 것입니다.

1 역주 기계어

2 이는 튜링이 수학자들에게 제대로 된 체계를 정립해 달라고 당부했던 말을 상기시켜 주는 대목입니다.

그녀는 완고하고 무지한 관리자들에 맞서 싸운 최초의 프로그래머였습니다. 그녀가 그렇게 관리자들에게 맞선 이유는 단지 그녀가 여성이었기 때문이 아니라 **프로그래머**였기 때문입니다.

그녀는 심각한 알코올 중독으로 자살을 생각하기도 하고 실제로 시도하기도 했을 정도로 힘겨운 시기를 겪었습니다. 다행히 그녀의 동료와 친구들의 도움으로 결국 그 끔찍한 알코올 중독을 극복할 수 있었습니다. 이는 우리 모두에게 참으로 다행스러운 일입니다.

호퍼는 주석, 서브루틴, 멀티프로세싱, 체계적인 개발 방법론, 디버깅, 컴파일러, 오픈 소스, 사용자 계정 및 그룹, 경영 정보 시스템 등 수많은 개념을 고안했거나 정립하는 데 기여했습니다. 그 외에도 그녀가 남긴 업적은 수없이 많습니다.

우리가 오늘날 주소(address), 이진수(binary), 비트(bit), 어셈블러(assembler), 컴파일러(compiler), 브레이크포인트(breakpoint), 문자(character), 코드(code), 디버그(debug), 편집(edit), 필드(field), 파일(file), 부동소수점(floating-point), 순서도(flowchart), 입력(input), 출력(output), 점프(jump), 키(key), 루프(loop), 정규화(normalize), 피연산자(operand), 오버플로(overflow), 파라미터(parameter), 패치(patch), 프로그램(program), 서브루틴(subroutine) 같은 용어를 사용하는 것은 모두 그녀의 노력 덕분입니다.

그레이스 호퍼의 이야기는 상당히 흥미로우며, 소프트웨어 산업의 초창기에 이루어 낸 그녀의 업적은 오늘날 우리가 당연하게 사용하고 있는 수많은 기술의 토대를 만들어 주었습니다. 그레이스 호퍼는 마치 소프트웨어 산업을 어깨에 짊어진 아틀라스 거인과도 같은 존재였죠. 그러나 안타깝게도 그녀의 진정한 업적을 알고 있는 프로그래머는 많지 않습니다. 그 누구보다 무거운 짐을 지고 있던 호퍼도 결국 그 짐을 내려놓을 수밖에 없었습니다.

전쟁, 그리고 1944년의 여름

그레이스 브루스터 머레이(Grace Brewster Murray)는 1906년 12월 9일 뉴욕시에서 태어났습니다. 그녀는 7세 때 작동 원리를 알기 위해 자명종 시계를 분해하기도 했습니다. 그레이스는 17세에 바사(Vassar) 대학교에 입학하여 우수한 성적[3]으로 수학과 물리학 학사 학위를 받았으며, 그로부터 2년 후인 1930년에는 예일(Yale) 대학교에서 석사 학위를 취득했습니다. 그때 그녀의 나이는 아직 20세도 되지 않았을 때였습니다.

같은 해 그레이스는 빈센트 포스터 호퍼(Vincent Foster Hopper)와 결혼합니다.

결혼 후 남편의 성을 따라 그레이스 호퍼가 된 그녀는 예일 대학교에서 학업을 계속 이어갔고, 1934년에는 예일 대학교에서 수학 박사 학위를 받은 최초의 여성이 됩니다. 그렇게 예일 대학교에서 박사 과정을 밟는 동안에도 바사 대학교에서 수학을 가르쳤으며, 1941년에는 테뉴어[4]를 받고 바사 대학교의 수학과 부교수로 임용되었습니다.

그레이스는 학부생들에게 비유클리드 기하학(non-euclidean geometry)과 일반 상대성 이론을 가르치는 데 다소 혁신적인 접근 방식을 사용했는데, 이는 바사 대학교의 보수적인 교수진 사이에서 적지 않은 반발을 불러일으키기도 했습니다. 그렇게 그레이스를 달가워하지 않았던 선배 교수들이 그녀를 견제하기도 했지만, 그녀의 강의를 듣고자 몰려든 학생들의 뜨거운 호응 덕분에 이겨 낼 수 있었습니다. 특히 학생들은 그레이스 호퍼 교수를 깊은 영감을 주는 인물로 여겼습니다.

그녀는 교육자가 되는 것을 진심으로 사랑했습니다. 비록 나중에 다시 교육자의 길로 돌아오게 되지만, 운명은 그레이스의 삶을 바꿔 놓기 시작합니다.

그녀의 삶을 바꾼 것은 바로 진주만 폭격과 미국의 제2차 세계 대전 참전입니다. 이를 본 그레이스 머레이 호퍼는 바사 대학교에서 종신 교수직과 결혼 12년 차이였던 남편을 뒤로한 채 36세에 해군에 입대하기로 결정합니다. 그 우연한 결정이 그레이스를 최초의 진정한 소프트웨어 엔지니어의 길로 이끌었습니다.

해군에 입대한 그레이스는 장교 후보생 학교를 수석으로 졸업하며 소위(lieutenant junior grade) 계급을 받습니다. 그녀는 수학에 대한 깊은 배경지식을 가지고 있었기 때문에 암호를

---

3 미국에서 가장 오래된 명예학술협회인 Phi Beta Kappa에 선출될 정도로 우수한 성적을 거두었습니다.

4 역주 종신 교수직을 의미합니다.

해독하는 업무를 맡게 되리라고 생각했습니다. 하지만 실제로 주어진 업무는 전혀 예상하지 못한 일이었습니다. 그레이스는 하버드 대학교로 배속되어 미국 최초의 컴퓨터이자, 세계에서 두 번째 컴퓨터였던 자동 순차 제어 계산기(ASCC)의 부 책임자이자 세 번째 프로그래머[5]로 일하게 된 것입니다.

ASCC는 하버드 마크 I의 또 다른 이름입니다. 이 컴퓨터는 하워드 에이컨이 구상했으며, 그는 하버드 교수진과 해군을 설득하여[6] 이 거대한 계산 기계를 만들어 냈습니다. 에이컨은 마크 I 프로젝트를 IBM에 제안했고, 토머스 J. 왓슨(Thomas J. Watson)[7]이 직접 설계와 제작 비용을 지원했습니다. 그리고 5년 간 개발 끝에 IBM은 무게 9,445파운드, 높이 8피트, 폭 3피트, 길이 51피트에 달하는 장비를 완성했습니다. 이 장치는 릴레이 75만 개와 수많은 기어, 캠, 모터, 카운터로 구성되었고, 총 540마일에 이르는 전선으로 연결되어 있습니다. 그렇게 완성된 장비는 하버드 대학교의 크러프트 연구소(Cruft Laboratory)[8] 지하에 설치되었습니다. 이 거대한 기계[9]는 레지스터 총 72개를 메모리로 갖고 있으며, 각 레지스터는 23자리의 십진수를 저장할 수 있습니다. 각 자릿수는 0부터 9까지 위치 열 개를 가진 전기 기계식 카운터였으며, 이 레지스터들은 덧셈 기능도 수행했습니다. 그리고 덧셈 기능에 사용된 전기 기계식 지연 캐리(delayed carry) 메커니즘은 배비지의 나선형 캐리 암(carry arms)[10] 구조를 연상시키기도 합니다.

마크 I은 분당 200회 회전하는 모터로 구동되어 하나의 레지스터를 다른 레지스터에 더하는 데 약 300밀리초가 걸렸습니다. 또 별도의 산술 연산 장치를 갖추고 있어 곱셈은

---

5 나머지 두 프로그래머는 로버트 캠벨(Robert Campbell)과 리처드 블로흐(Richard Bloch)입니다. 이들에 대한 이야기는 뒤에서 더 자세히 다룹니다.

6 Beyer, p.78 참고

7 토머스 J. 왓슨은 과거에 화이트칼라 범죄로 유죄 판결을 받은 인물로, 한때 나치 독일에 장비를 판매하기도 했습니다. 그런 그는 당시 IBM의 회장이자 CEO로서 마치 신이나 왕처럼 군림하고 있었습니다.

8 잠시 이 부분을 곱씹어 보죠. 참고로 Cruft라는 단어는 프로그래밍 분야에서 쓸모없고 오래된 코드나 지저분하고 비효율적인 시스템 구성 요소를 의미합니다.

9 이 기계의 멋진 모습을 보고 싶다면, 이 장 참고 문헌에 있는 "Harvard Secret Computer Lab(하버드 비밀 컴퓨터 실험실)"을 참고하기 바랍니다.

10 역주 계산기나 컴퓨터에서 덧셈 연산 중 자리올림(carry)을 처리하기 위해 설계된 기계적인 장치입니다.

10초, 나눗셈은 16초, 로그 계산은 무려 90초가 소요됩니다. 그리고 이 장치는 자카르드 직기(Jacquard's loom)처럼 너비 3인치에 달하는 긴 종이테이프에 뚫린 구멍으로 된 명령어로 제어됩니다.

비록 에이컨이 배비지의 해석기관(Analytical Engine)에 대해 알지는 못했지만, 배비지가 이 기계를 보았다면 자신의 아이디어가 구현된 듯 느꼈을 것입니다.

그곳은 말 그대로 해군 조직입니다. 마크 I은 일종의 함선이었고, 하워드 에이컨은 그 함선의 선장이었습니다. 실제로 에이컨은 마치 함선을 운영하는 것처럼 프로젝트를 운영했습니다. 모든 인원은 제복을 입고 군대식 규율과 예절을 따라야 했습니다. 당시 그들의 조국은 전쟁 중이었고, 마크 I 프로젝트에 참여한 인원은 그 전쟁에 참전한 군인이었던 셈입니다.

에이컨은 성격이 까다로운 인물입니다. 특히 그의 군대식 스타일을 싫어 하는 사람이 많았는데 그중 한 명이 바로 렉스 시버[11]입니다. 시버는 1944년 팀에 합류하기 전 휴가를 쓰고 싶다며 에이컨에게 일정을 조정해 달라고 요청한 적이 있는데, 에이컨은 불편한 심기를 드러내며 그 요청을 단칼에 거절했습니다.

그 일 이후 렉스 시버가 아무리 열심히 일해도 에이컨은 그의 제안과 아이디어를 철저히 무시합니다. 전쟁이 끝나자 시버는 결국 팀을 떠나 IBM에 합류했고, 거기에서 그는 에이컨과 마크 I을 능가하는 컴퓨터를 설계하고 개발하는 일을 맡았습니다.

에이컨은 자신이 지휘하는 프로젝트에 여성 장교인 그레이스 호퍼가 부관으로 임명된 것도 달가워하지 않았습니다.[12] 1944년 7월 2일 호퍼 중위가 첫 근무를 위해 보고할 때 에이컨 사령관이 그녀에게 처음 건넨 말은 "지금까지 어디서 뭘 하고 있었나?"였거든요.[13] 그러고는 그녀에게 마크 I을 이용하여 아크탄젠트(arctangent)를 소수점 23자리까지 정확도로 계산하기 위한 보간 계수(interpolation coefficients)를 구하라는 명령[14]을 내립니다. 그리고 그 명령을 수행하는 데 주어진 시간은 단 일주일이었습니다.

---

11 Robert Rex Seeber(1910~1969)

12 Beyer, p39 참고

13 Beyer, p39 참고

14 아크탄젠트 함수(y = arctan(x))의 값을 보다 빠르게 계산하기 위해 미리 필요한 숫자들을 계산해 놓는 작업입니다.

컴퓨터가 무엇인지도 몰랐던 호퍼는 그렇게 단 일주일 만에 대부분의 사람이 상상조차 해 본 적 없는 기계를 프로그래밍해야 했습니다. 호퍼가 프로그래밍해야 했던 기계는 유튜브 튜토리얼커녕 설명서조차 없는 기계였습니다. 프로젝트 팀에서 그녀에게 준 것은 명령어 코드를 조잡하게 정리한 노트 한 권뿐입니다.

마크 I은 종이테이프에 코드를 뚫어 넣는 방식으로 프로그래밍되었습니다. 이 종이테이프는 가로 줄마다 빈칸 24개로 구성되어 있고, 각 빈칸은 구멍을 뚫거나 아니면 그냥 둘 수도 있습니다. 이는 오늘날 관점에서 보면 24비트에 해당하지만 당시에는 없던 개념입니다.

마크 I 종이테이프의 24비트는 8비트씩 세 그룹으로 나뉘어 있습니다. 첫 두 그룹은 각각 입력과 출력 메모리 레지스터의 이진 주소를 나타내며, 세 번째 그룹은 수행할 연산을 지정하는 부분입니다. 예를 들어 연산 코드 0은 '덧셈'을 의미하기 때문에 0x131400이라는 명령어는 레지스터 0x13에 있는 숫자를 레지스터 0x14에 더하라는 지시가 됩니다.[15]

하지만 마크 I의 프로그래머들은 0x131400 같은 표현 방식으로 프로그램을 쓰지 않았습니다. 그들은 0x131400을 | 521| 53| |이라고 썼습니다. 아마도 자세히 들여다보면 이것이 무슨 뜻인지 짐작할 수 있을 것입니다.

잘 이해되지 않는다면 다음 그림이 도움이 될 것입니다. 종이테이프에 뚫린 구멍은 다음과 같습니다.

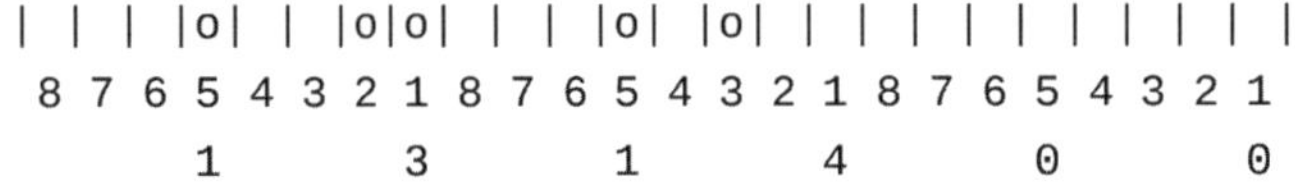

자, 이제 이해되었나요? 충격적이지 않나요?[16]

15 역주 0x131400은 0x 접두어(십육진수라는 뜻)를 제외하고 13 14 00, 즉 6자리입니다. 각각의 자리를 이진수로 바꾸면 0001 0011 0001 0100 0000 0000으로 총 24자리(24비트)가 됩니다.

16 역주 0 표시는 빈칸에 구멍을 뚫은 것을 의미하며, 구멍이 뚫린 부분을 두 번째 줄의 숫자에 대응하면 5 2 1 5 3이 됩니다. 또 0 표시를 네 칸씩 나누어 보면 1 3 1 4 0 0을 이진법으로 표시한 것임을 알 수 있습니다.

즉, 호퍼의 임무는 아크탄젠트 보간 값들을 계산하기 위한 이런 종이테이프의 적절한 위치에 구멍을 뚫는 것이었습니다. 다만 그녀가 사용할 수 있었던 명령어는 덧셈, 뺄셈, 곱셈, 나눗셈, 출력뿐이었습니다. 심지어 반복문[17]이나 분기문도 없었습니다. 테이프는 길게 일직선으로 이어진 명령어 목록이었으며, 각각의 계수를 차례대로 계산할 수 있도록 명령어들을 종이테이프에 직접 손으로 뚫어야 했던 것입니다.

심지어 모든 구멍의 위치는 매우 정확해야 했습니다.

그렇다면 왜 그들은 | 521| 53| | 같은 코드를 사용했을까요? 테이프에 구멍을 뚫는 기계에 세 줄로 구성된 키보드가 있었기 때문입니다. 각 줄에는 버튼이 여덟 개 있었고, 각각 87654321이라고 표시되어 있습니다. 프로그래머는 각 줄에서 해당 숫자에 맞는 버튼을 하나씩 눌러 구멍을 뚫고, 그다음 테이프를 앞으로 이동시켜 다음 명령을 입력하는 방식으로 작업했습니다.[18]

---

17 테이프를 수동으로 다시 감거나 양 끝을 붙여서 고리(루프)처럼 만든다면 가능할 것입니다.

18 실제로는 키보드에 같은 배열의 버튼 24개가 두 세트 있었습니다. 기계가 한 번에 종이테이프에 두 줄씩 구멍을 뚫도록 설계되어 있었기 때문입니다. 자세한 내용은 "A Manual of Operation for the Automatic Sequence Controlled Calculator"(1946)의 45쪽 이후를 참고하기 바랍니다.
https://chsi.harvard.edu/harvard-ibm-mark-1-manual

혹시 머리 쥐어뜯고 있나요? 아직입니다. 이제 시작일 뿐입니다!

마크 I은 한가하게 놀고 있는 기계가 아니었습니다. 군에서는 에이컨 팀에 맡길 일이 아주 많았습니다. 각종 대포와 함포에 대한 사격 표(firing table)를 출력해야 했고, 항법 표(navigation table)나 다양한 강철 합금에 대한 분석 결과도 출력해야 했습니다. 밀려 있는 작업은 산더미였고, 에이컨 사령관은 일이 늦어지는 것을 결코 용납하지 않았습니다. 당시는 전쟁 중이었으며, 모든 일은 반드시 일정 안에 끝나야 했습니다.

그렇게 호퍼는 주어진 단 일주일 동안 다른 프로그래머 두 명의 도움을 받으며 기본적인 사용법을 익혔습니다. 또 다른 중요한 작업 사이에 몰래 자신이 만든 프로그램을 실행해 보기도 했습니다.

마침내 그녀는 첫 번째 임무에 성공합니다. 하지만 그 작업은 단지 멀고도 긴 여정의 시작이었을 뿐입니다.

규율: 1944~1945년

호퍼와 그녀의 동료들인 리처드 블로흐, 로버트 캠벨은 본격적으로 마크 I의 내부 구조를 파악하는 작업에 몰두합니다. 그러던 중 몇 가지 당황스러운 사실을 알게 됩니다. 예를 들어 에이컨이 공들여 만든 로그 함수와 삼각 함수 계산 모듈은 그 연산을 수행하는 데 기계 동작 사이클이 200번 필요하여 단순히 덧셈과 곱셈을 이용한 보간법 계산보다 오히려 더 느렸습니다. 결국 그렇게 비싸게 만들어진 기능들이 거의 사용되지 않는 경우가 많았습니다.

하버드 마크 I의 또 다른 특이한 점은 곱셈 연산 결과가 플러그판 설정에 따라 소수점 자릿수만큼 오른쪽으로 이동하게 된다는 것입니다. 이런 기능은 각 프로그램의 숫자에 **암묵적으로** 포함된 소수점 위치를 자동으로 추적하기 위해 도입되었습니다. 잠시만 곰곰이 생각해 보면 왜 이런 방식이 필요했는지 이해할 수 있습니다.

또 다른 특징은 뺄셈 연산이 9의 보수를 더하는 방식을 이용한다는 점입니다. 9의 보수를 더하는 방식은 0을 두 가지 방식으로 표현할 수 있습니다. 하나는 모든 자릿수가 0인 '양'의 0이며, 다른 하나는 모든 자릿수가 9인 '음'의 0입니다.

그리고 수치 계산을 수행하는 과정에서 반올림이나 버림이 이루어질 때 생기는 오차 문제도 있습니다.

호퍼 팀은 이런 마크 I만의 특징과 예상치 못한 문제들을 처리하기 위해 각종 최적화 기법과 요령을 정리하여 공유했습니다. 이는 점차 마크 I 프로그래밍 작업을 위한 일종의 **규율**이 되기 시작했습니다. 이런 규율은 마치 '직업장 벽에 붙어 있는 규칙'처럼 모두가 따르는 암묵적인 룰이 되었습니다.

한편 해군에서 처리해야 할 계산 업무가 계속 쌓여 갔기 때문에 프로그래머 세 명은 더 빠르고 효율적으로 업무를 처리할 방법이 필요했습니다. 특히 에이컨 사령관의 사무실이 바로 옆에 있어서 기계가 멈추거나 정상적이지 않은 소리가 나기라도 하면 그가 크게 호통을 쳤기에 업무를 더 정확하고 효율적으로 해야 했습니다.

아울러 하버드 마크 I을 프로그래밍하고 운용하는 일이 매우 힘들어서 호퍼 팀은 분업 체계를 도입합니다. 일상적인 기계 운용은 해군 병사들이 맡고, 프로그래머 세 명은 주어진 문제에 대한 코드 작성과 운용 지침을 만드는 역할을 담당했습니다.

이런 마크 I의 운영 방식은 마치 프로그램처럼 실행되었으며 그 내용도 매우 복잡했습니다. 마치 인간과 기계가 협력하여 알고리즘을 수행하는 일종의 공생 관계를 보여 주는 것 같았습니다. 예를 들어 그 방식은 다음과 같습니다.

먼저 대부분의 명령어에서 비트 7은 '계속 실행(continue)'을 의미합니다. 따라서 비트 7이 설정되어 있으면 기계는 다음 명령어를 계속 실행했고, 설정되어 있지 않으면 작동을 멈추었습니다.

또 명령어 64는 레지스터 72와 관련된 마지막 계산에서 오버플로가 발생하지 않은 경우 기계를 멈추도록 했습니다. 팀은 이런 정지 메커니즘을 활용하여 하나의 프로그램을 여러 배치(batch)로 나누어 전체적인 작업 흐름을 제어했습니다. 이를 위해 기계가 멈추면 운영자들이 무엇을 해야 할지 알려 주는 지시 사항을 전달했는데, 일부는 테이프에 직접 적어 놓기도 했고 대부분은 따로 종이에 적어서 알려 주었습니다.

프로그램에 반복문[19]이 있으면 기계는 각 반복문이 끝날 때마다 멈추었고, 운영자들은 지침에 따라 종료 조건을 직접 확인했습니다. 종료 조건이 충족되지 않으면 사람이 직접 테이프를 반복문의 시작 지점까지 되감았습니다. 반복문의 시작 위치는 일반적으로 테이프에 표시되어 있었으며, 종료 조건은 운영자가 메모리 레지스터를 직접 확인하고 판단했습니다.

프로그램에 조건부 연산이 있는 경우에는 운영자가 해당 조건을 판단할 수 있는 시점에서 기계가 멈추었습니다. 지시 사항에는 테이프를 어디로 다시 위치시킬지 혹은 완전히 새로운 테이프로 교체해야 하는지 등을 알려 주는 내용이 포함되어 있었습니다.

결국 반복문과 조건문을 실제로 수행한 것은 사람이고, 기계는 오직 순차적인 수학 연산만 실행했던 것입니다.

운영자들은 기계를 하루 24시간 주 7일 내내 멈추지 않고 가동시켰고, 프로그래머들 또한 언제든 호출에 응할 수 있도록 대기하고 있어야 했죠. 이처럼 매우 고된 작업의 연속이었지만, 당시는 전쟁 중이었기 때문에 어쩔 수 없었습니다.

여러분이 마크 I 기계를 운영하는 사람이었다면 어땠을까요? 테이프를 장착하고 기계가 멈추기를 기다렸다가 지시 사항을 읽고, 51피트나 되는 기계 앞을 이리저리 뛰어다니며 레지스터를 점검하고, 테이프를 어디에 위치시킬지 판단해야 한다면 말이죠.

여러분이 호퍼의 프로그래밍 팀원이 되어 복잡한 수학 문제를 종이테이프 배열에 구멍을 뚫어 표시하고 운영자들에게 지시할 운용 지침을 작성하는 일을 맡았다면 너무 끔찍할 것입니다. 그리고 여러분이 작성한 운용 지침을 밤낮없이 일해서 피곤에 절은 운영자들이 완벽하게 이해하기를 바라야 합니다. 과연 이런 일들을 할 수 있을지 상상이 되나요?

잠시 대답을 미루고, 이것도 생각해 보죠. 23자리 숫자를 저장할 수 있는 셀 72개만으로 주어진 문제를 해결할 수 없다면 어떻게 하겠어요? 펀치 카드에 저장된 방대한 데이터를 읽어서 각 배치를 처리한 후 중간 결과를 다시 다른 펀치 카드에 출력하여 이어지는 연산에서 다시 또 그 방대한 데이터를 읽어야 한다면요? 아마도 얼마나 어려운 일인지 상상도 되지 않을 것입니다.

---

19 가끔 테이프의 양 끝을 연결하여 반복문을 위한 루프를 만들기도 했지만 이는 드문 일이었습니다.

심지어 테이프에 구멍을 뚫기 전에 모든 명령어는 먼저 코딩 시트에 연필로 작성해야 했습니다. 기호를 사용한 표현 방식은 아직 몇 년 후 일이었기 때문에 코딩 시트에 적힌 코드는 모두 숫자였습니다. 호퍼는 이 끝도 없는 숫자들을 좀 더 이해하기 쉽게 만들기 위해 주석을 남기는 것을 규율로 정하고, 코딩 시트에 주석을 위한 별도의 칸을 마련하기도 했습니다.

그렇게 코딩 시트가 작성되고 모든 확인을 거친 후 다른 프로그래머의 재검토까지 마치면 그 내용이 종이테이프에 구멍을 뚫는 방식으로 입력되었습니다.

테이프에 구멍을 뚫는 작업 역시 극도로 고된 일이었습니다. 모든 구멍의 위치가 정확해야 했고, 뚫린 구멍도 일일이 다시 확인해야 했습니다. 그만큼 이 모든 과정에는 엄청나게 많은 시간과 노력이 필요했습니다.

물론 프로그래머들에게는 직접 테이프를 뚫는 작업을 할 시간적 여유가 없었습니다. 그래서 코딩 시트를 테이프로 변환하는 작업은 별도로 지정된 보조 인력들이 펀치 기기를 사용해서 담당했습니다.

호퍼는 앞서 설명한 모든 과정을 총괄했으며, 효율적인 업무를 위해 테이프에 구멍을 뚫는 팀과 그 구멍이 정확하게 뚫렸는지 검토하는 팀으로 나누었습니다. 데이터 테이프와 카드 역시 이와 비슷한 방식으로 관리됩니다.

테이프에 구멍을 뚫는 작업과 운용 지침 작성이 끝나면 이제 프로그램을 '테스트'할 차례가 옵니다. 일반적으로는 샘플 입력 값을 이용하여 소규모 테스트를 진행하는데, 이 과정이 순조롭지 않은 경우가 많았습니다. 기계가 멈추거나, 걸리거나, 엉뚱한 출력을 내거나, 아예 멈추어 버리는 일이 자주 일어났습니다. 호퍼의 표현에 따르면 이때 쓰게 된 **크래시**(crash)라는 단어는 특정한 오류 상황에서 들리는 소리가 마치 비행기가 건물에 충돌하는 듯한 굉음 같아 붙인 이름이라고 합니다.

운영자들은 테스트를 시작할 때마다 이슬람 기도용 매트를 깔아 놓고 동쪽을 향해 성공을 기원했다고 합니다. 그 정도로 간절한 마음으로 테스트를 실행했습니다. 무언가 잘못되면 레지스터 72개의 모든 값을 기록하고, 문제가 발생한 테이프 위치를 표시한 후 그 '덤프(dump)'를 프로그래머에게 전달하여 원인을 분석하고 수정 방안을 제시해 달라고 했습니다.

게다가 기계 자체의 고장도 잦았습니다. 이런 종류의 고장은 대개 아주 미세한 부분에서 발생했습니다. 접점이 부식되거나, 브러시가 휘어지거나, 심지어는 벌레가 기계 안에 끼어서 발생하기도 했습니다. 이런 문제를 해결하기 위해 그들이 사용했던 가장 유용한 도구가 바로 호퍼의 손거울입니다. 잘 보이지 않는 접촉부나 기계 장치를 살펴볼 때 그 손거울이 많은 도움이 되었습니다.

하버드 마크 I의 소프트웨어, 하드웨어 문제 모두 기계가 작동하는 소리로 진단되는 경우가 많았습니다. 카운터가 증가하거나 클러치가 작동할 때마다 특정한 소리가 났기 때문에 기계에 익숙한 운영자나 프로그래머는 정확한 타이밍에 올바른 소리가 나지 않거나 잘못된 타이밍에 소리가 나는 것만으로도 이상 징후를 감지할 수 있었습니다.

마지막으로 테스트 결과가 출력되면 탁상용 계산기를 이용하여 손으로 검산했습니다. 이 과정에서도 시간이 오래 걸리고 오류가 발생하기 쉬웠기 때문에 호퍼는 기계가 스스로 검산하도록 하는 규칙을 도입했습니다.[20] 즉, 사람보다 훨씬 빠르게 출력 값을 검증할 수 있도록 별도의 명령어 시퀀스를 작성한 것입니다.

프로그램이 제대로 작동한 경우 기계의 전신 타자기(teleprinter)에서 숫자 목록이 적혀 있는 최종 출력물이 나왔습니다. 이후 사람이 직접 그 출력물을 해석한 후 보고서와 문서로 정리해서 다른 사람들이 읽어 볼 수 있도록 했습니다. 호퍼는 이 과정을 더 효율적으로 만들기 위해 페이지 번호와 열 번호를 매기고 공백과 줄 바꿈을 삽입하여 출력 형식을 조정했습니다. 이를 통해 다른 사람들의 작업이 더 수월해졌으며 오류 발생 가능성도 줄일 수 있었습니다. 하지만 에이컨 사령관은 그녀가 출력 형식 같은 사소한 문제에 시간을 낭비하고 있다 화를 내기도 했습니다. 물론 결국에는 에이컨 사령관도 출력 형식을 다듬는 것이 오히려 시간을 절약하고 재작업을 방지할 수 있다는 것을 납득하게 됩니다.

20 테스트 주도 개발(Test-Driven Development, TDD)의 전조라고 볼 수 있습니다.

마크 I의 가장 큰 문제점 중 하나는 믿기 어려울 정도로 느린 속도였습니다. 어떤 프로그램은 며칠, 심지어 몇 주씩 실행되기도 했습니다. 그래서 호퍼 팀은 파이프라이닝(pipelining)[21]과 멀티프로세싱(multiprocessing) 개념을 고안해 냅니다. 예를 들어 곱셈 연산 하나를 수행하는 데만 10초가 걸렸는데 그동안 기계는 명령어를 30개 실행할 수 있었습니다. 그래서 그들은 어떤 연산이 진행되는 동안 사용하고 있지 않은 연산 주기를 활용하여 다음 단계를 미리 준비할 수 있도록 하여 전반적인 성능을 개선해 나갔습니다.

당연히 이런 방식은 프로그램을 훨씬 더 복잡하게 만듭니다. 여러 프로세스가 동시에 실행되어야 하기 때문에 사이클 수를 정확히 계산하고 각 명령어들이 서로 간섭되지 않도록 매우 주의해야 합니다.

설상가상으로 장시간 실행되는 몇몇 연산은 특정 시점에 데이터 전송 경로(bus)를 사용해야 하기도 했습니다. 따라서 프로그래머들은 그 연산이 이루어지는 사이에 실행되는 다른 명령어들이 데이터 전송 과정과 충돌을 일으키지 않도록 타이밍을 정밀하게 조율해야 했습니다.

이와 같은 복잡성과 그에 따른 위험에도 앞선 노력들은 최대 36%에 달하는 생산성 향상을 이끌어 냅니다. 프로그램 하나가 3주씩 실행되는 상황에서 이는 매우 의미 있는 성능 개선이었습니다.

한편 호퍼 팀이 처리해야 할 작업은 끊임없이 밀려 들었고, 모두 당장 끝내야 할 일들이었습니다. 팀에는 워싱턴 D.C.의 군수국(bureau of ordnance)과 직접 연결된 전용 전화기도 있었는데, 그 전화가 울리면 대부분의 일정을 앞당기고 마감 기한도 단축해야 했습니다.

---

21 역주 여러 작업을 겹쳐서 동시에 처리함으로써 전체 처리 속도를 높이는 방식입니다. 예로 어떤 작업이 완료되기를 기다리지 않고 다음 작업을 미리 준비해 두는 식입니다.

업무가 너무나도 고되기 때문에 팀원들은 종종 식사 시간도 놓쳐 밤늦게 허기를 달래기 위해 먹을 것을 찾아다녀야 했습니다. 그래서 호퍼는 사무실에 간식과 식료품을 비축해 두었고, 매주 다른 군인에게 그 식량을 보충하게 했습니다.

이것이 바로 호퍼와 그녀의 팀이 몸담고 있었던 세계였습니다. 그것은 말 그대로 24시간 내내 돌아가는 지옥 같은 전시 상황이었습니다. 다행히도 그들은 자신들이 무엇을 하고 있는지 잊지 않기 위해 적절한 규율을 마련하고 이를 지켜 나갑니다. 그 결과 마크 I은 95%에 달하는 가동률로 꾸준히 유의미한 작업을 수행할 수 있었습니다.

호퍼가 그렇게 팀을 체계적으로 조직하고 적절하게 작업 규율을 유지했기에 그 공로로 결국 에이컨 사령관은 마크 I에 대한 전체적인 운영을 호퍼에게 맡깁니다.

서브루틴: 1944~1946년

마크 I에 주어진 작업들은 대부분 수학적인 성격을 띠고 있고, 데이터 밀도가 매우 높은 문제입니다. 선박 및 육상 포병용 사격 표 계산, 해상 항법을 위한 날짜와 위치 기반 항법 표 작성, 그 외에도 유사한 성격의 다양한 작업이 있습니다. 당연히 이런 작업 사이에는 공통으로 반복되는 많은 하위 작업이 있습니다.

호퍼 팀은 추후 문제 해결에 참고하기 위한 코드 조각들을 따로 보관해 두기 시작합니다. 이 코드 조각들은 **루틴**(routine)이라고도 불렀으며, 각자의 엔지니어링 노트에 정리되어 있었습니다. 하지만 시간이 흐르면서 이 루틴들을 거의 그대로 다시 사용할 수 있다는 사실을 깨달았고, 팀은 결국 이를 하나로 모아 루틴 라이브러리를 만듭니다.

물론 이 루틴들은 마크 I의 특정 레지스터를 사용하도록 설계되었기 때문에 다른 프로그램에서 사용하는 레지스터와는 다를 수밖에 없습니다. 예를 들어 어떤 루틴이 2sin(x)를 계산하기 위해서는 x가 어떤 레지스터에 저장되어 있는지 알아야 합니다. 어떤 프로그램에서는 31번 레지스터에 저장되어 있을 수 있고, 또 다른 프로그램에서는 42번 레지스터에 저장되어 있을 수도 있습니다. 그래서 팀은 루틴 라이브러리에서 사용하는 레지스터를 0번부터 시작하는 방식으로 통일했습니다. 덕분에 루틴을 프로그램에 삽입할 때, 해당 프로그램의 레지스터 번호를 기준으로 '재배치 가능한 주소(relocatable address)'만 조정해 주면 되었습니다. 그들은 이 방식을 '상대 주소 코딩(relative coding)'이라고 불렀습니다.

물론 이런 루틴 삽입과 주소 변경 작업은 모두 수작업으로 코딩 시트에 작성했습니다. 그럼에도 이는 작업 시간을 크게 줄여 줍니다. 호퍼는 결국 프로그램을 이런 루틴들과 오늘날 우리가 흔히 '글루 코드(glue code)'라고 부르는 코드 조합으로 인식하기 시작했습니다.

앞서 이야기한 것처럼 팀에서는 방대한 루틴 라이브러리를 만들었지만 이를 운용하는 데는 많은 제약이 있었습니다. 특히 반복문을 적용하려면 기계를 멈추고 테이프를 되감아야 하거나, 동일한 코드 구간을 테이프에 여러 번 반복해서 작성해야 하는 등 운영 측면에서 반복문과 조건문은 부담스러운 작업이었습니다. 앞서 등장했던 존 폰 노이만이 핵폭탄 플루토늄 코어의 폭발 과정에 대한 미분 방정식 결과를 계산해 달라고 했을 때 그 한계가 극명하게 드러났습니다.

이런 문제를 해결하기 위해서 사람이 수백 번 개입해서 반복문과 조건문을 처리하기 위한 수작업을 해야 했습니다. 결국 계산은 성공적으로 완료되었지만, 폰 노이만을 포함하여 이 작업에 참여한 모든 사람은 보다 더 나은 방법이 필요하다는 사실을 깨닫게 됩니다.

그래서 1946년 여름, 호퍼의 부관이었던 리처드 블로흐는 마크 I이 종이테이프 리더기 최대 열 개로부터 명령어를 읽을 수 있게 하는 하드웨어 개발에 착수합니다. 아울러 리더기 간 전환과 리더기에 저장된 루틴을 실행하는 명령어도 따로 만듭니다. 보조 리더기에 삽입된 테이프들은 모두 '상대적인(relative)' 주소 체계를 따르도록 구성되었으며, 이에 따라 마크 I은 레지스터 주소를 자동으로 재배치(relocate)하여 처리할 수 있게 되었습니다. 그렇게 호퍼의 팀은 필요하면 재배치 가능한 서브루틴 라이브러리를 구현하게 됩니다.

하지만 호퍼는 앞선 작업에서 또 다른 가능성을 보았습니다. 그녀는 각각의 루틴을 프로그래머가 그 내부 코드에 대해 걱정하지 않고도 사용할 수 있는 새로운 '명령어'로 여겼습니다. 이때부터 그녀 마음속에는 '컴파일러'라는 새로운 개념이 움트기 시작합니다.

심포지엄: 1947년

전시 상황에서 요구된 엄격한 보안과 기밀 유지 때문에 컴퓨터를 연구하고 운용하던 여러 팀은 서로 소통할 수 없었습니다. 전쟁 중에는 ENIAC 팀과 마크 I 팀조차도 서로의 존재를 알지 못했습니다. 그들 사이의 유일한 연결 고리는 존 폰 노이만이었지만, 그 역시 자신의 정보를 외부에 누설하지 말라는 엄격한 지시를 받고 있었습니다.

하지만 전쟁이 끝난 후 비밀 장막이 걷히면서 컴퓨터에 관여했던 몇몇 사람 사이에 대화가 오가기 시작합니다.

에이컨은 이제 전시 운영에서 벗어나 홍보와 대외 활동에 집중하기 시작합니다. 그는 마치 자신을 찰스 배비지의 사상적 계승자로, 호퍼를 에이다 러브레이스로 여기고 있었습니다. 호퍼는 에이컨의 기대에 부응하고 싶었기 때문에 방문하는 귀빈들에게 마크 I을 소개하는 강연 투어를 맡습니다. 그리고 그녀는 이 일을 매우 잘했습니다. 호퍼는 타고난 교육자였고, 사람들을 고무시킬 수 있는 강연자였기 때문에 그녀의 투어는 매우 인기가 많았습니다.

에이컨은 하버드 마크 I 팀이 컴퓨팅 분야를 선도할 수 있을 것이라고 생각했습니다. 그래서 그는 학계, 산업계, 군 관계자들을 초청하여 '대형 디지털 계산 기계(Large Scale Digital Calculating Machinery)'라는 심포지엄을 개최합니다. 여기에는 MIT, 프린스턴, GE, NCR, IBM, 해군 등의 인사들이 참석했습니다. 에이컨은 찰스 배비지의 손자까지 초청해서 강연을 맡겼고, 이를 통해 자신과 배비지를 연관 짓는 상징적 의미를 더욱 강화했습니다.

에이컨은 자신이 배비지의 '지적 후계자'로 여겨지는 것을 좋아했습니다. 배비지는 케임브리지 대학교에서 아이작 뉴턴도 맡았던 루커스 수학 석좌 교수직을 지낸 인물이니까요. 그러나 훗날 호퍼는 에이컨이 배비지에 대해 알게 된 것은 마크 I이 운영된 이후였으며, 그의 발명이 배비지로부터 영감을 받은 것은 아니었다고 말했습니다.

에이컨은 참석자들에게 마크 I을 소개하면서 그 설계와 구현에 대한 공로가 모두 자신에게 있다고 말했습니다. 반면에 IBM에 대해서는 아무런 언급도 하지 않았습니다. 결국 현장에서 강연을 듣고 있던 토머스 J. 왓슨은 분노합니다. 원래 이 프로젝트를 설계하고 제작하

고 자금을 댄 것은 다름 아닌 IBM이기 때문입니다. 그래서 왓슨은 이때부터 복수를 계획합니다.[22]

이런 에이컨의 무례에도 심포지엄은 대성공을 거두었습니다. 마크 I의 시연이 이루어지고, 블로흐는 다중 서브루틴과 분기를 가능하게 한 하드웨어를 발표합니다. 그러나 심포지엄의 진짜 주제는 메모리(memory)였습니다.

일전에 ENIAC 팀은 진공관을 사용하는 전자식 컴퓨터가 안정적으로 작동할 수 있으며 마크 I보다 최소 5,000배는 빠르다는 것을 입증했습니다. 하지만 폰 노이만이 지적했듯이, ENIAC의 문제점은 초기 설정에 걸리는 시간이 마크 I의 프로그래밍 시간과 실제 프로그램 실행 시간을 모두 합친 것보다 더 오래 걸린다는 점입니다.

ENIAC은 마크 I처럼 일련의 명령어를 읽어서 프로그램을 실행하는 방식으로 만들어지지 않았습니다. ENIAC은 당시의 아날로그 컴퓨터들처럼 전선과 플러그판을 사용해서 설정을 바꾸는 방식으로 프로그래밍되었습니다. 이로 인해 ENIAC은 한 번의 실행으로 수행할 수 있는 작업이 심각하게 제한되었고, 각 실행 사이마다 설정을 재구성하는 데 매우 오랜 시간이 걸리는 단점이 있었습니다.

아마도 존 폰 노이만의 핵무기 내폭 계산처럼 규모가 큰 문제를 ENIAC에서 처리하면 마크 I보다 시간이 더 오래 걸렸을 것입니다.

하지만 ENIAC에 마크 I에서 사용되던 종류의 종이테이프 리더기를 연결했다면, 기계의 계산 속도가 너무 빨라서 명령어를 읽는 테이프 리더기가 그 속도를 따라가지 못했을 것입니다. 기계는 테이프 리더기가 명령어를 하나 읽을 때마다 100밀리초 이상을 멍하니 기다려야 했을 것이고, 그 결과 ENIAC은 마크 I보다 좀 더 빠른 수준에 머물렀을 것입니다.

결국 해결책은 분명했습니다. 폰 노이만은 1945년 6월 'EDVAC에 관한 초안 보고서(First Draft of a Report on EDVAC)'에 그 해결책을 제시합니다. 그 내용은 프로그램을 컴퓨터의 계산 속도만큼 빠른 속도를 가진 메모리에 저장해야 한다는 것입니다. 어차피 컴퓨터는 데

22 Lorenzo, 5장 p30 참고

이터를 저장하기 위한 메모리가 필요하므로 그 메모리에 프로그램까지 함께 저장하면 된다는 것이죠.

하지만 어떤 종류의 메모리를 사용할지가 문제였습니다. 어떤 이들은 수은의 음파로 비트를 저장할 수 있다 생각했고, 또 어떤 이들은 자기 드럼이나 정전기 드럼이 최선이라고 보았습니다. 심지어 브라운관이나 사진 기반 메모리까지 논의됩니다.

하지만 이런 논의에는 진지한 토론과 신중한 검토가 필요함에도 '진짜' 회의는 밤늦게 술집에서 이루어지고는 했습니다. 그 술기운 가득했던 회의에 대해 호퍼는 이렇게 말했습니다. "그 누구도 말문을 닫은 적이 없었던 것 같아요. 모두가 밤새도록 쉬지 않고 이야기를 나누었죠. 끊임없는 대화의 연속이었어요."[23]

이런 비공식적인 토론의 상당 부분은 컴퓨터의 잠재적인 활용 가능성에 대한 것이었습니다. 자동화된 지휘 및 통제, 항공학, 의학, 보험, 온갖 종류의 비즈니스 및 사회적 응용 분야에 대해 이야기했습니다. 또 한편으로는 앞으로 필요하게 될 수많은 프로그래머를 어디에서 구할까 하는 문제도 같이 논의되었습니다.

에이컨은 컴퓨터의 메모리나 계산 속도에 관련된 논쟁에 끼어들지 않았습니다. 그는 전자식 장치의 속도는 불필요하게 빠르며, 컴퓨팅의 미래는 전기 기계식 방식에 있다고 믿었습니다. 결국 전쟁 중에 그가 지휘했던 사람들과 전쟁 이후 그의 지도하에 있던 인물들은 하나 둘씩 더 나은 기회를 찾아 떠납니다.

다만 호퍼는 에이컨에게 충성심이 강했기 때문에 약 1년 정도 더 자리를 지켰습니다. 그러나 상황은 명확해지고 있었습니다. 여러 회사가 프로그램 내장식 컴퓨터를 개발하고 있었고, 이 중 많은 곳에서 그녀에게 고액 연봉의 일자리를 제안했습니다. 해군연구실(Office of Naval Research) 같은 유력 기관에서도 계속해서 제안이 들어옵니다.

1949년 여름, 호퍼는 '에커트-모클리 컴퓨터 회사(The Eckert and Mauchly Computer Corporation, EMCC)'라는 신생 기업에 합류합니다. 이 회사는 ENIAC을 만든 두 발명가가 설립

---

23 Beyer, p154 참고

한 회사로 이들의 목표는 범용 자동 컴퓨터, 즉 UNIVAC(유니박, UNIVersal Automatic Computer) 개발이었습니다.

UNIVAC: 1949~1951년

호퍼가 EMCC에 합류했을 당시에는 아직 UNIVAC이 완성되지 않은 상태였습니다. UNIVAC의 개발이 완료되기까지는 1년 이상이 더 필요했습니다. 하지만 EMCC는 그보다 작은 버전의 컴퓨터인 BINAC(바이낙, BINary Automatic Computer)을 이미 개발 중이었고 노스럽 항공(Northrup Aviation)에 납품하기 위해 제작되고 있었습니다. 다만 BINAC은 이진수 기반의 기계인 반면, UNIVAC은 십진수를 기반으로 설계될 예정이었습니다.

UNIVAC I은 6,000개가 넘는 진공관으로 구성되었고, 무게는 7톤이 넘었으며, 전력 소비량은 125킬로와트에 달했습니다.

UNIVAC I은 72비트 워드[24] 1,000개를 저장할 수 있었고, 이는 섭씨 40도(화씨 104도)의 일정한 온도를 유지해야 하는 수은 지연선에 저장되었습니다. 각 워드는 명령어 두 개나 12자 길이의 문자 값을 저장할 수 있었으며, 각 문자는 6비트로 구성된 영숫자(alphanumeric)로 되어 있었습니다. 워드에 저장된 12자 문자 값이 모두 숫자일 경우에는 이를 숫자 값으로 간주했습니다.

뜨거운 진공관 수천 개와 섭씨 40도의 수은 탱크들 때문에 에어컨도 없던 UNIVAC 조립 작업장은 엄청난 열기로 가득했습니다. 그 열기 속에서 작업자들은 속옷 차림이나 반바지만 입고 일해야 했으며 너무 더워 몸에 물을 끼얹는 일이 잦았습니다.

수은 지연선은 수은이 채워진 튜브 안에 전파되는 음파의 형태로 비트를 저장합니다. 한쪽 끝에 있는 스피커가 비트를 전송하면, 반대쪽 끝의 마이크가 이를 수신하는 방식입니다. 따라서 이 메모리는 회전하는 비트들의 연속으로 구성되며, 데이터를 불러오는 데 걸리는 시

24 숫자 72에 주목하세요. 얼마나 자주 그리고 어떤 맥락에서 이 숫자가 등장하는지 알게 되면 놀랄 것입니다.

간은 평균 회전 지연 시간에 의해 결정됩니다. 이 방식을 사용하면 UNIVAC은 명령어를 초당 최대 1,905개 실행할 수 있었습니다.

산술 연산 장치는 rA, rX, rL, rF 레지스터를 네 개 가지고 있었으며, 각 레지스터는 하나의 워드를 저장할 수 있었습니다. 이들은 산술 연산의 피연산자와 결과 값을 저장하는 데 사용되었습니다. 이 기계는 12자리 숫자 두 개를 더하는 데 525마이크로초[25]가 걸렸고, 곱셈은 2,150마이크로초에 수행할 수 있었습니다.

10진 숫자를 나타내는 영숫자 코드는 XS-3[26]으로 인코딩되어 있었습니다. 이는 BCD(Binary-Coded Decimal)[27]에 3을 더한 형태입니다. 예를 들어 0은 0011_2, 1은 0100_2, 5는 1000_2로 표현됩니다. 왜 하필 XS-3을 썼을까요? 그 이유는 UNIVAC I은 9의 보수를 더하는 방식으로 뺄셈을 처리했는데, XS-3을 사용하면 비트 반전만으로 9의 보수를 쉽게 구할 수 있기 때문입니다. 직접 한 번 계산해 보면 아마 바로 이해할 수 있을 것입니다.

다만 이 방식에는 사소한 문제가 하나 있습니다. 모든 덧셈 연산의 결과가 항상 3만큼 더 크게 나오기 때문에 UNIVAC은 덧셈이 끝날 때마다 3을 빼 주는 전용 회로를 따로 갖추고 있어야 했습니다. (더 이상 이 문제에 대해 캐묻지 마세요. 머리가 아파질 수도 있으니까요.)

여러분은 아마도 그 많은 작업을 수행하는 데 워드 1,000개로는 부족하다고 생각할 수 있습니다. 맞습니다. 그래서 UNIVAC I에는 UNISERVO라 불리는 일련의 자기 테이프 드라이브가 추가로 장착되어 있었습니다. 이 드라이브는 200만 문자(문자당 6비트, 당시에는 바이트 개념이 없었습니다)의 데이터를 저장할 수 있는 테이프를 사용했습니다. 전송 속도는 단위 블록당 60워드로 초당 1,200문자였습니다.

호퍼는 그녀의 프로그래밍 능력과 팀 관리 경험을 바탕으로 회사에 채용되었습니다. EMCC는 스타트업이었고, 당연한 말이지만 스타트업에서는 한 사람이 많은 일을 해내야 합

---

25 역주 100만분의 1초로 단위 기호는 μs로 표기합니다.

26 역주 3 초과 부호입니다.

27 역주 2진화 십진법입니다.

니다. 그녀는 곧 ENIAC의 초기 프로그래머 중 한 명이었던 베티 스나이더[28]와 협업을 하게 됩니다. 그 협업 과정에서 스나이더는 프로그램의 제어 흐름을 시각화하기 위한 순서도(flowchart)를 호퍼에게 알려 주었습니다.

프로그램 내장식 컴퓨터의 프로그램 흐름은 매우 복잡하기 때문에 이를 파악하기 위해서는 순서도가 필요했습니다. 특히 프로그램이 자기 자신의 명령어를 수정하는 경우에는 그 복잡성이 더욱 커졌습니다. UNIVAC을 프로그래밍할 때는 이런 자기 수정(self-modification)이 불가피했는데, 그 이유는 이 기계가 간접 주소 지정(indirect addressing)을 지원하지 않았기 때문입니다.[29]

이처럼 UNIVAC에는 간접 주소 지정 방식이 없었기 때문에 프로그램이 연속된 단어 배열(array)을 읽어 들이는 유일한 방법은 각 명령어 안 주소를 직접 증가시키는 것입니다. 따라서 프로그래머들은 이렇게 주소 값이 증가된 명령어들을 관리하는 데 많은 노력을 들여야 했습니다.

UNIVAC I의 코드는 반기호형(semi-mnemonic)[30] 형태로 코딩 시트에 작성되었습니다. 각 명령어는 여섯 글자(36비트)로 구성되어 있었고, 처음 두 문자는 연산을 나타내며, 마지막 세 문자는 메모리 주소를 나타내는 십진수 숫자입니다. 다만 세 번째 문자는 거의 사용되지 않았으며 관례적으로 문자 '0'으로 설정됩니다. 대부분의 명령어에서는 두 번째 연산 문자도 역시 '0'으로 설정하는 것이 일반적입니다.

따라서 명령어는 II0AAA 같은 형태로 구성됩니다. 여기에서 I는 명령(Instruction), A는 주소(Address)를 의미합니다. 이런 명령어는 **문자**를 담고 있었기 때문에 명령어 코드에 기억하기 쉬운 의미를 부여할 수 있습니다. 예를 들어 B00324는 주소 324의 값을 rA와 rX 레지스터로 불러오는 명령으로 **Bring** 의미를 담고 있으며, H00926은 rA 값을 926번 위치에 저장

---

28 Frances Elizabeth Snyder Holberton(1917~2001)

29 다시 말해 포인터를 역참조(dereference)할 방법이 없었습니다. 따라서 명령어 안에 있는 주소 값을 직접 수정해야만 했습니다.

30 역주 고급 언어는 아니지만 사람이 이해하고 기억하기 쉽도록 표현한 방식(예 AD는 Add, SU는 Subtract 등)입니다.

하는 명령으로 **Hold** 의미를 갖고 있습니다. 또 C00123은 rA 값을 123번 주소에 저장한 후 rA를 초기화(Clear)하는 명령입니다.

A는 Add(덧셈), S는 Subtract(뺄셈), M은 Multiply(곱셈), D는 Divide(나눗셈), U는 Unconditional Jump(무조건 분기)를 의미했습니다. 물론 이맥스(Emacs)[31] 사용자라면 잘 알다시피 의미 있는 문자들을 쓰다 보면 금방 바닥이 납니다. 그래서 J는 rX 레지스터의 값을 저장하는 명령어이며, X는 rX 값을 rA에 더하는 명령어(주소는 무시됨), 5는 지정된 워드에 들어 있는 문자를 12개 출력하는 명령어, 9는 기계를 정지시키는 명령어입니다. 물론 이외에도 다양한 명령어가 있습니다.

프로그래머들은 명령어를 코딩 시트에 작성했는데 각 워드에는 명령어를 두 개 담을 수 있었기 때문에 항상 짝을 이루어 작성되었습니다.

따라서 882, 883, 884, 885번 주소에 있는 값을 더해서 그 합을 886번에 저장하는 프로그램은 다음과 같이 작성할 수 있습니다.

```
B00882              882번 주소의 값을 rA에 가져옴(Bring)
        A00883      rA에 883번 주소의 값을 더함(Add)
A00884              rA에 884번 주소의 값을 더함(Add)
        A00885      rA에 885번 주소의 값을 더함(Add)
H00886              rA의 값을 886번 주소에 저장(Hold)
        900000      프로그램 종료(Halt)
```

다만 기계의 내부 사이클과 관련해서 여러 가지 복잡한 제약 사항이 있었습니다. 예를 들어 어떤 명령어는 반드시 특정 단어(word)의 첫 번째 위치에서 실행되어야 합니다. 그래서 0으로 표현되는 **스킵**(skip)이라는 명령어가 쓰이게 되었고, 오늘날에는 이를 NOP(No OPeration)라는 이름으로 부르고 있습니다. 비록 이 명령어는 아무 작업도 수행하지 않지만 프로그래머가 명령어를 정렬할 수 있도록 해 줍니다. 특히 점프(jump) 명령어를 사용하면 항상

---

31 역주 유닉스 환경에서 자주 사용되는 문서 편집기입니다.

참조된 단어의 첫 번째 명령어로 제어를 이동시키기 때문에 반복문이나 조건문의 타이밍을 정확히 맞추기 위해서는 이 스킵(skip) 명령어를 적절히 사용하는 것이 매우 중요합니다.

예를 들어 다음 그림은 마크 I의 프로그래밍 매뉴얼에서 발췌한 코드입니다. 여러분은 이 매뉴얼을 따라가 볼 수 있나요? 여기에서 ~ 기호는 관례적으로 **스킵**을 나타냅니다.

```
000   500003   ~
001   B00000
               A00005
002   C00000
               U00000
--------------------
003   ΔΔELEC
               TRONIC  ┐
004   ΔCOMPU           │
               TER.ΔΔ  ├ 상수
005   000001           │
               900000  ┘
```

이 코드를 실행하면 다음 결과가 출력됩니다.

```
ELECTRONIC COMPUTER.
```

그리고 컴퓨터를 정지시킵니다.

좋습니다. 제가 자세히 설명하겠습니다. 500003은 주소 3번의 내용을 출력합니다. 그 주소에는 문자열 "　ELECTRONIC"[32]이 저장되어 있습니다. 그다음에 ~은 스킵 명령어로 아무 동작도 하지 않지만 위치 정렬을 위해 사용됩니다. 다음 B00000 명령어는 주소 0번에 저장된 값을 rA 레지스터로 가져옵니다. 처음에 주소 0번에는 500003이 들어 있었습니다. 그리고 A00005 명령어로 주소 5번의 값을 rA에 더합니다. 주소 5번에는 000001900000이 저장되어 있으므로 그 앞 절반 부분인 000001이 rA에 더해져 rA가 500004900000이 됩니다. 이 값을 C00000 명령어로 다시 주소 0번에 저장합니다. 그리고 U00000 명령어를 통해 주소 0번으로 이동하게 됩니다. 하지만 이제 주소 0번에는 처음과 다른 값인 500004가 들어 있습니다. 즉,

32 이 당시에는 소문자가 없었습니다.

이 다음에는 주소 4번의 내용을 출력하게 되며, 이는 "COMPUTER.   "라는 문자열입니다. 그리고 이어서 주소 0번의 두 번째 명령어인 900000이 실행되어 기계를 멈춥니다.

잘 이해되었나요? 왜 스킵 명령어(~)가 필요했는지 감이 오나요? 이제 슬슬 겁이 나나요? 그렇다면 정상입니다.[33]

어쨌든 **이것**이 바로 호퍼와 스나이더가 직면했던 문제고, 그들에게는 순서도를 이용한 체계적인 시각화 작업이 절대적으로 필요했습니다. 호퍼는 스나이더의 도움에 대해 이렇게 말했습니다. "그녀는 내 사고방식을 완전히 다른 차원으로 확장시켜 주었어요. 왜냐하면 마크 I에서 짰던 프로그램들은 전부 선형적인 방식이었거든요."[34]

앞서 소개한 UNIVAC I의 언어는 C-10이라는 애정 어린 별칭으로 불렸습니다. C-10의 명령어를 콘솔에 입력하면 그 내용이 자기 테이프에 기록됩니다. 이 테이프는 이후 다시 UNIVAC I을 통해 실행될 수 있습니다. 지금 관점으로 보면 C-10 언어는 아주 원시적인 형태의 어셈블리 언어라고 볼 수 있지만, 소스 코드 자체가 곧 바이너리 코드였기 때문에 당시에는 소스 코드를 바이너리로 변환해 주는 어셈블러 프로그램이 따로 필요 없었습니다. 이처럼 소스 코드 자체가 바이너리 코드일 수 있었던 이유는 UNIVAC I이 한 단어(word)에 영숫자 문자를 12개 저장하는 구조를 사용했기 때문입니다.[35]

이처럼 연상 기호와 십진수 주소를 사용한 방식은 호퍼에게 큰 영감을 주었습니다. 마크 I에서처럼 숫자 코드를 일일이 기억하고 입력하는 대신 Add는 A처럼 연상할 수 있는 문자로 명령어를 작성할 수 있게 되자 프로그래밍이 훨씬 쉬워졌던 것입니다. 그녀는 이렇게 말했습니다. "이는 마치 세상의 모든 자유와 즐거움을 얻은 기분이었어요. 그 명령어 코드는 정말 아름다웠습니다."[36]

---

33 스타워즈 시리즈의 요다를 따라해 보았습니다.

34 Beyer, p193 참고

35 역주 예를 들어 콘솔에 입력한 명령어 문자열(예 B00882, H00886)은 그대로 메모리에 저장할 수 있으며, 이는 곧바로 실행 가능한 명령어였습니다.

36 Beyer, p194 참고

혹시 호퍼처럼 C-10 코드를 보고 아름답다고 생각했나요? 그렇다면 병원에 가 보는 것이 좋을지도 모릅니다. 다만 마크 I처럼 극도로 제한된 환경에서 일했던 호퍼의 입장에서 본다면 왜 그렇게 느꼈는지 이해되기도 합니다.

그렇게 순서도와 C-10 언어를 익힌 후 호퍼는 UNIVAC I을 위한 서브루틴과 응용 프로그램 라이브러리를 만드는 팀을 관리하게 됩니다. 이때 UNIVAC I은 아직 존재하지도 않았던 기계였습니다. 하지만 호퍼가 팀을 운영하는 데 마크 I의 서브루틴 라이브러리를 만들었던 경험과 상대 주소 방식 전략에서 얻은 노하우가 큰 도움이 되었습니다. 이제는 단순히 레지스터 주소 72개만 관리하는 것이 아니라 명령어 주소까지 포함한 단어(word)를 1,000개 다루어야 했습니다. 모든 서브루틴을 상대 주소 방식으로 유지하는 것이야말로 정신을 잃지 않고 개발을 지속할 수 있는 필수적인 방법이었습니다.

하지만 여전히 이 서브루틴들은 프로그래머가 수작업으로 코드에 복사해서 넣어야 했습니다. 또 모든 상대 주소도 일일이 사람이 손으로 계산해서 조정해야 했습니다.

BINAC을 사용하여 일부 서브루틴을 테스트할 수는 있지만, 이 기계는 UNIVAC I과는 매우 다른 구조를 가지고 있습니다. BINAC은 30비트로 구성된 워드를 512개 가지고 있었고, 모든 연산을 이진법으로 수행했습니다. 게다가 이 30비트 워드는 6비트짜리 영숫자의 문자 단위로 정확히 나누어지지 않기 때문에 명령어들도 영숫자 기호가 아닌 숫자 코드를 사용해야 했습니다.

그럼에도 호퍼의 팀은 C-10 서브루틴을 작성한 후 BINAC용 코드로 변환하여 그곳에서 테스트를 진행합니다.

물론 BINAC은 여전히 생산이 진행 중인 상태입니다. 따라서 호퍼가 BINAC을 자유롭게 사용하기는 어려웠으며, 아마도 노스럽(Northrup)으로 출하 준비를 하던 사람들과 '기계를 사용할 수 있는 시간'을 조율해야 했을 것입니다. 하지만 실제 적용까지 1년이나 남아 있는 서브루틴 라이브러리의 테스트보다 BINAC 자체의 출하가 더 중요했기 때문에 시간 조율도 쉽지 않았습니다.

이처럼 비록 BINAC 사용이 어려운 상황이었지만 호퍼는 여전히 많은 작업을 해야 했고, 그 과정에서 프로그래머가 부족하다는 것도 절감하게 되었습니다. 즉, 유능한 프로그래머[37]가 턱없이 부족했습니다. 그래서 그녀는 스스로 그들을 **길러 내기**로 결심합니다.

이를 위해 호퍼는 모클리와 협력하여 **프로그래머 적성 검사**를 만들었습니다. 그들은 훌륭한 프로그래머가 갖추어야 할 바람직한 특성 12가지와 필수 특성 세 가지에 합의합니다. 여기에는 창의력이나 추론 능력 같은 비교적 자명한 자질들도 포함되어 있습니다. 그렇게 그들은 프로그래머를 교육하고 더 많은 인력을 팀에 합류시키기 시작합니다.

정렬, 그리고 컴파일러의 태동

한편 그 당시 베티 스나이더는 혁신이라 불릴 만한 놀라운 돌파구를 만들어 냈습니다. 당시 IBM의 영업 사원들은 업계에 대해 이렇게 말하고 있습니다. "자기 테이프에서는 카드처럼 데이터를 이리저리 옮길 수 없기 때문에 자기 테이프 방식의 컴퓨터로는 정렬을 할 수 없다." 그러나 스나이더는 자기 테이프상의 레코드를 정렬할 수 있는 최초의 병합 정렬(merge sort) 프로그램을 만듭니다.

그녀는 바닥에 카드를 늘어놓고 정렬하면서 알고리즘을 구상했고, 그렇게 정렬 과정을 UNISERVO 테이프 장치 여러 개를 활용한 UNIVAC I의 방식에 대응시켜 보았습니다.[38]

그리고 스나이더는 매우 중요한 전환점이 되는 아이디어를 떠올렸습니다. 그것은 바로 정렬은 매개변수에 따라 작동한다는 점입니다. 즉, 여러 레코드를 정렬하려면 정렬 기준이 되는 필드의 위치와 크기, 정렬 방향 등의 정보가 필요하다는 것입니다. 그래서 스나이더는 이 매개변수들을 입력받아 해당 레코드를 정렬하는 **프로그램을 생성**할 수 있는 프로그램을 작성합니다.

---

37 튜링이 말했듯이, 수학적 능력이 뛰어난 프로그래머입니다.

38 그녀는 실제로 이 알고리즘을 먼저 BINAC에서 구현하는 데 성공했습니다.

그렇습니다. 스나이더는 매개변수를 바탕으로 또 다른 프로그램을 생성하는 최초의 프로그램을 만들었습니다. 어떤 의미에서 보면 이것이 사상 최초의 컴파일러였던 셈입니다. 정렬에 필요한 매개변수를 받아 레코드를 정렬하는 프로그램을 컴파일(compile)해 주는 프로그램이었기 때문입니다.

그리고 이는 호퍼에게 큰 영감을 주었습니다.

알코올: 1949년경

1949년 무렵은 호퍼에게 매우 힘든 시기였습니다. 그녀는 중년의 나이에 모든 것을 뒤로 하고, 안정된 경력과 남편까지 떠난 채 새롭지만 불확실한 분야에 뛰어들었습니다. 그것도 매우 위험한 스타트업인 EMCC에서 말입니다. 그러나 EMCC의 상황은 좋지 않았습니다. 재정 상태는 늘 불안정했고 파산할 가능성도 있었습니다. 계약은 지연되기 일쑤였고, 지원금도 터무니없이 부족했습니다. EMCC는 UNIVAC을 제작하는 데 드는 비용을 실제보다 세 배 이상 낮게 예산을 잡는 바람에 큰 어려움을 겪습니다.

결국 이 회사는 굉장히 낮은 가격에 레밍턴 랜드(Remington Rand)에 인수되었습니다. 하지만 레밍턴 랜드의 고등 연구 책임자였던 레슬리 그로브스(Leslie Groves)[39]는 컴퓨터라는 개념 자체가 입증되지도 않았고 신뢰할 수도 없는 개념이라고 생각했습니다.

이런 상황과 스트레스로 인해 호퍼는 심각한 알코올 중독에 빠져들게 됩니다. 예일 대학교에서 수학 박사 학위를 받은 최초의 여성, 미 해군 최초의 여성 장교, 컴퓨터 프로그래밍 분야의 뛰어난 개척자이자 고위 임원이었던 그녀는 결국 사무실 곳곳에 술병을 숨기는 지경에 이르렀습니다.

심지어 그녀의 중독은 더 이상 숨길 수 없는 수준에 이릅니다. 그녀가 "술에 의지하고 있다."라는 소문은 사무실 안팎, 친구들과 지인들 사이에서 퍼져 나가기 시작합니다. 실제로 그

39 맞습니다, 바로 그 레슬리 그로브스입니다. 맨해튼 프로젝트를 총괄했던 장군 말입니다.

녀는 술을 너무 많이 마셔 몸져눕는 경우가 많았고, 그럴 때면 친구들에게 옆에 있어 달라고 부탁해야 할 정도였습니다.

1949년 겨울이 다가오던 무렵, 그녀는 공공장소에서 만취 상태로 소란을 피운 혐의로 체포됩니다. 이후 필라델피아 종합병원에 입원하게 되었고, 친구의 간호 덕분에 퇴원할 수 있었습니다. 하지만 그녀는 자살까지 고민할 정도로 심각한 상태였습니다.

호퍼를 보호자 자격으로 돌보았던 친구 에드먼드 버클리(Edmund Berkeley)는 그녀에게 공개적으로 편지를 썼습니다. 그는 그 편지를 호퍼의 친구들뿐만 아니라 그녀의 상사였던 존 모클리에게도 보냈습니다. 편지에서 그는 이렇게 말합니다.

> "나뿐만 아니라 많은 사람이 네가 얼마나 뛰어난 머리와 따뜻한 마음을 가진 사람인지 알고 있어. 솔직히 말해서 네가 요즘 제 컨디션이 아닐 때가 많고 70% 정도만 온전히 네 시간을 쓰고 있지만, 낭비되고 있는 나머지 30%의 시간까지 제대로 쓸 수 있다면…… 네가 얼마나 멋진 일들을 해낼 수 있을지 나는 알고 있어."[40]

컴파일러: 1951~1952년

컴퓨터가 무엇인지도 모르는 사람에게 어떻게 컴퓨터를 팔 수 있을까요? 그들에게 수백만 달러짜리 컴퓨터를 사도록 설득하는 것도 어렵지만, 그 기계를 제대로 작동시킬 수 있을지도 모를 프로그래머들을 고용하는 데 또 수백만 달러를 더 써야 한다고 하면 어떻게 받아들일까요? 게다가 그런 '괴짜 같은' 프로그래머들을 도대체 어디에서 구할 수 있는지도 모른다면 말이죠.

---

40 Beyer, p207 참고

앞서 설명한 C-10 언어에 대한 내용을 따라왔다면 문제가 무엇인지 아마 눈치챘을 것입니다. 그런 언어로 프로그래밍을 하려면 '뛰어난 수학자가 많이' 필요합니다. 그런데 그런 사람들은 길거리에서 흔하게 구할 수 없습니다.

그럼에도 컴퓨터에 대한 수요는 넘쳐 났습니다. 1950년이 되자 모두가 이 기계의 강력한 성능과 유용성을 인식하게 되었습니다. 하지만 정작 그것들을 어떻게 사용해야 할지는 잘 몰랐습니다. 이 점은 EMCC를 인수한 레밍턴 랜드의 영업 사원들도 마찬가지였습니다. 그들은 컴퓨터에 대해 전혀 이해하지 못했고, 고객에게 컴퓨터에 대해 설명하기를 꺼려했습니다.

어떤 고객은 이렇게 말하기도 했습니다. UNIVAC 영업 사원과 대화하려면 그를 데리고 나가 술 한잔 사 주는 방법밖에 없다고 말이죠.[41]

설상가상으로 UNIVAC이 한 대 팔릴 때마다 새로운 고객에게 프로그램 작성을 도와줄 인력이 호퍼 팀에서 차출되기도 했습니다.

이런 지원을 하는 데 얼마나 많은 노동력이 필요한지 아무도 제대로 이해하지 못했습니다. 결국 호퍼가 직접 고객들에게 소프트웨어를 만드는 데 필요한 절차와 규칙을 교육했습니다.

호퍼는 잠깐 짬이 날 때마다 베티 스나이더의 정렬 프로그램 생성기(sort generator)를 계속 떠올렸습니다. 어떤 프로그램이 특정 매개변수 집합으로 다른 프로그램을 만들어 낼 수 있다면, 보다 범용적인 매개변수 집합으로 다른 프로그램을 생성할 수는 없을까? 컴퓨터가 스스로 프로그램을 생성하도록 **가르칠 수는 없을까?** 이런 생각이 그녀를 계속 사로잡았던 것입니다.

1952년 5월 호퍼는 ACM[42]에 논문[43]을 발표합니다. 논문 제목은 "The Education of a Computer(컴퓨터 교육)"로, 이 논문에서 그녀는 **자동 프로그래밍**(automatic programming)이라는 용어를 처음으로 제안합니다. 자동 프로그래밍이란 고급 언어(high-level language)를 자동으로 컴퓨터가 실행 가능한 코드로 변환하는 것을 의미합니다. 즉, 우리가 오늘날 당연하게 알고

---

41 Beyer, p217 참고

42 Association for Computing Machinery(미국 컴퓨터학회)는 호퍼가 불과 몇 년 전 창립과 운영에 기여했던 단체입니다.

43 이 장의 참고 문헌을 참고합니다.

있는 바로 그 작업입니다. 이 개념에 따르면 지금 시대의 우리 모두는 결국 일종의 자동 프로그래머(automatic programmers)인 셈입니다.

이 논문에서 호퍼는 다음 아이디어도 제시합니다. 그녀는 이렇게 썼습니다. "현재의 목표는 가능한 한 인간의 두뇌를 전자 디지털 컴퓨터로 대체하는 것이다." 이런 발언은 당시 청중뿐만 아니라 오늘날 우리에게도 그리 놀라운 말은 아닙니다. 우리는 모두 컴퓨터를 사용하여 인간의 두뇌가 하던 일을 처리하고 있으니까요. 다만 **대체하다**(replace)라는 단어는 적절하지 않을 수 있습니다. 좀 더 적합한 단어는 **부담을 덜어 주다**(relieve)일 것입니다.

우리는 모두 반복적이고 지루한 작업에서 벗어나기 위해 컴퓨터를 사용합니다. 과연 누가 계산기 없이 여섯 자리 숫자를 곱하고 싶어 할까요?

하지만 그 논문을 통해 호퍼는 자신의 생각을 한층 더 자세히 표현했습니다. 그녀는 컴퓨터가 수학자에게서 계산이라는 고된 작업을 덜어 주는 대신 이제는 프로그래밍이라는 고된 작업이 그 자리를 차지하게 되었다고 말했습니다. 처음에는 프로그래밍이 흥미로울 수 있지만, "그 새로움은 금세 사라지고 프로그램을 작성하고 검토하는 일은 지루한 노동으로 전락하게 된다."라고 지적합니다.

이어 호퍼는 "상식적으로 생각한다면 프로그래머는 다시 수학자로 돌아가야 한다."라고 말했습니다. 그리고 이는 문제 해결에 사용할 수 있는 '서브루틴 목록(catalogue of subroutines)'만 있으면 가능하리라 생각했습니다(몇 달 후 그녀는 이것을 **의사코드**(pseudocode)라고 부릅니다). 또 그녀는 수학자[44]가 선택한 서브루틴을 참고하여 컴퓨터가 '컴파일 루틴(compiling routine)'으로 특정 문제를 해결할 수 있는 프로그램을 자동으로 생성할 수 있을 것이라고 했습니다. 그리고 호퍼는 이를 'A형 컴파일 루틴(compiling routine of type A)'이라고 불렀습니다.

이어서 그녀는 모두를 놀라게 할 만한 예언을 합니다. 즉, 보다 더 상위 수준의 명세를 받아서 그것을 A형 컴파일 루틴으로 변환해 주는 B형 컴파일 루틴을 만들 수도 있다고 한 것입니다. 나아가 B형 코드를 생성하는 C형 컴파일러도 존재할 수 있다고 했습니다.

---

44 역주 수학자로 돌아간 프로그래머

호퍼는 절정의 기세를 타고 있었습니다.

1952년에 발표한 단 한 편의 논문에서 그녀는 컴퓨터 언어에 대한 전반적인 미래를 예견합니다.

하지만 그녀의 논문을 실제로 읽어 보면 A형 컴파일러에 대한 그녀의 기대 수준은 꽤 낮았다는 것을 알 수 있습니다. '수학자'는 서브루틴을 숫자 코드로 지정해야 했고, 인수와 출력을 올바르게 정렬하는 작업도 직접 해야 했습니다. 오늘날 우리 입장에서는 여전히 반복적이고 지루한 프로그래밍 작업처럼 보일 것입니다. 그러나 당시 그녀와 동시대의 프로그래머들에게는 그것만으로도 혁신적인 일입니다. 그녀는 프로그램을 몇 주가 아니라 한두 시간 만에 만들 수 있게 될 것이라고도 했습니다.

A형 컴파일러

이렇게 호퍼와 그녀의 팀은 A형 컴파일러의 버전 0, 즉 A-0 개발에 착수했습니다. 몇 달 후 A-0는 실제로 실행 가능한 정도로 개발되었습니다.

그래서 그녀는 A-0를 사용하는 프로그래머와 기존의 C-10 코드를 직접 작성하는 숙련된 프로그래머 팀 사이에 작업 속도를 비교하는 실험을 진행합니다. 문제는 간단한 수학 함수인 y = exp(-x)*sin(x/2)에 대한 결과 테이블을 생성하는 것이었습니다.

C-10을 사용하는 경우에는 프로그래머 세 명이 14.5시간 조금 넘게 작업해야 했습니다. 즉, 약 44man-hours[45]가 소요되었습니다. 하지만 A-0를 사용할 경우에는 프로그래머 한 명이 단 48.5분 만에 같은 작업을 완료했습니다. 무려 50배 이상의 생산성 차이가 났습니다!

이 정도의 실험 결과를 보면 사람들이 호퍼에게 돈을 퍼 주며 A-0를 손에 넣으려 할 것 같아 보입니다. 하지만 현실은 전혀 그렇지 않았습니다. 바로 두 가지 이유 때문입니다.

45 역주 14.5×3

첫 번째는 A-0가 생성한 프로그램은 순수 C-10 코드로 작성한 프로그램보다 약 30% 정도 느리다는 점입니다. 이 수치는 지금 보면 그리 큰 차이가 아닐 수도 있지만 당시에는 컴퓨터 사용 비용이 시간당 수백 달러에 달했기 때문에 실행 속도는 매우 중요한 문제였습니다. 당시 기준으로는 컴퓨터 사용 비용이 프로그래머 인건비의 최소 열 배 이상이기도 했습니다.

따라서 프로그램의 전체 수명 주기를 고려한 비용 분석 결과는 A-0를 사용하는 프로그래머 한 명을 고용하는 것보다 여러 명인 프로그래밍 팀을 구성하여 순수 C-10 코드로 직접 프로그램을 작성하면 더 저렴한 것으로 나타났습니다.

두 번째는 A-0 같은 컴파일러가 자신들의 일자리를 빼앗을지도 모른다는 프로그래머들의 두려움 때문입니다. 프로그래머 수가 50분의 1로 줄어든다면 거리로 내몰리는 굶주린 프로그래머가 많아질 것이기 때문입니다.

하지만 호퍼는 거기에서 멈추지 않았습니다. 이후 몇 달 동안 그녀의 팀은 A-1과 A-2를 개발합니다. 이들은 기존 시스템을 다듬은 버전으로 의사코드(소스 코드)를 좀 더 쉽게 작성할 수 있도록 개선합니다. 물론 지금 우리 눈에는 여전히 믿기 어려울 만큼 원시적으로 보이는 수준이었습니다. 예를 들어 이 언어는 서브루틴을 호출할 때 영숫자 '호출 번호(call number)'를 사용하고 있었으며, 여전히 12자 길이의 C-10 형식을 따랐습니다. 마치 호퍼는 A형 컴파일러를 하나의 새로운 언어라기보다는 명령어를 실행하는 기계, 즉 더 나은 UNIVAC I쯤으로 생각한 듯합니다.

예를 들어 APN000006012라는 명령어는 메모리 주소 0에 있는 값을 주소 6에 있는 값의 거듭제곱으로 계산한 후 그 결과를 주소 12에 저장하는 명령어입니다. 제 생각에 여기에서 APN은 Arithmetic-Power-N(거듭제곱 N)을 의미하는 것 같습니다. 마찬가지로 AAO는 Arithmetic-Add(덧셈), ASO는 Arithmetic-Subtract(뺄셈)를 뜻하며, AMO는 곱셈, ADO는 나눗셈을 나타낸다고 짐작할 수 있습니다. 이 모든 명령어는 IIIAAABBBCCC 형태의 세 주소 명령어(three-address instruction)로 구성되어 있습니다. 앞의 III는 명령어 코드고 AAA,

BBB, CCC는 각각 메모리 주소입니다.[46] 일반적으로 연산은 AAA와 BBB의 값을 사용하여 수행되고, 그 결과는 CCC에 저장됩니다.

그리고 이와 비슷한 명령어들은 매우 다양했습니다. TSO·TCO·TTO·TAT는 각각 사인, 코사인, 탄젠트, 아크탄젠트를 나타내는 삼각 함수 명령어고, HSO·HCO·HTO는 쌍곡선 삼각 함수를 의미합니다. SQR은 제곱근, LAU는 로그를 나타냈고, 이외에도 다양한 수학 연산을 수행하는 명령어들이 있었습니다.

호퍼의 관점에서 보면 이것은 획기적인 발전이었습니다. 당시로서는 최첨단 기술인 셈이죠. 그녀는 이런 언어를 사용하여 수개월, 수년에 걸쳐 개발한 서브루틴 호출들을 컴파일하여 짧고 효과적인 프로그램을 단시간 내에 만들어 낼 수 있었습니다.

여러분이 작성하는 코드를 한번 보세요. 결국 대부분은 함수들을 호출하고 그 함수들이 또 다른 함수들을 호출하는 식으로 구성되어 있다는 것을 알 수 있습니다. 오늘날 우리가 함수 호출 트리(function call tree)라고 부르는 개념은 당시에는 아직 존재하지 않았지만 멀지 않은 미래에 곧 등장하게 됩니다.

언어: 1953~1956년

바로 이 시점에서 호퍼는 새로운 가능성을 깨닫기 시작했습니다. 그녀는 의사코드가 반드시 컴퓨터 하드웨어에 종속될 필요는 없다는 사실을 인식한 것입니다.

더 이상 UNIVAC I의 12자 문자 단어 형식에 얽매일 필요는 없었습니다. 또 호퍼는 다른 형태의 기호 체계가 필요하다는 것도 깨달았습니다. 예를 들어 수학자에게는 **sin**, **cos** 같은 기호가 자연스럽지만, 회계사나 기업 실무자에게는 전혀 다른 표현 방식이 더 적절할 수 있다는 것입니다. 그녀는 프로그래밍이 **인간의 언어**처럼 될 수 있다는 가능성을 보기 시작했습니다.

46 아직 아무도 변수에 이름을 붙이는 것을 생각하지 못했거나, 혹은 생각했다 해도 그것을 위해 저장 공간을 낭비할 여유는 없다고 판단했던 것 같습니다.

호퍼는 이런 아이디어를 혼자서 만들어 낸 것이 아니었습니다. 그녀는 여러 회사와 다양한 분야의 전문가들로 이루어진 네트워크를 구축했고, 그들과 활발한 토론과 대화를 나누었습니다. 그런 환경 속에서 혁신이 자연스럽게 꽃피었습니다.

하지만 레밍턴 랜드의 경영진은 프로그래밍 언어(language)의 혁신에는 관심이 없었습니다. 그들의 관점에서 컴퓨터는 수학을 하는 기계일 뿐이지 언어를 다루는 기계는 아니었습니다. 따라서 그들은 호퍼의 발상 자체가 터무니없다고 여깁니다.

한편 인력 부족 문제는 계속해서 악화됩니다. 프로그래머를 찾기도 어려웠고 훈련시키기는 것은 더욱 어려웠습니다. 새로운 컴퓨터가 설치될 때마다 C-10 프로그램을 작성하고 유지보수하는 데 드는 비용은 계속 치솟았습니다.

1953년, 그레이스 호퍼는 이런 인력 부족 문제에 대해 레밍턴 랜드 임원들에게 보고서[47]를 작성했습니다. 호퍼는 그 보고서에서 인력 부족 문제를 해결함과 동시에 컴퓨터를 경영자에게 정보를 제공하는 도구로 활용할 수 있도록 하는 방안으로 컴파일러 개발 예산을 요구했습니다.

호퍼의 이런 주장은 매우 혁신적이었습니다. 1950년대 초 대부분의 경영진은 컴퓨터가 데이터를 신속하게 수집하고 정리하여 시장, 영업, 운영과 관련된 의사 결정을 제때 내리는 데 활용될 수 있다는 생각을 전혀 하지 못했습니다. 그러나 호퍼는 이런 경영 정보 혁신이 컴파일러 없이는 불가능하다는 점을 강력히 강조했습니다.

그녀는 보고서 말미에 A-3 개발을 계속하기 위한 대규모 예산과 그녀의 전 팀원이 A-3 개발에 전념할 수 있도록 지원을 요구했습니다. 그리고 결국 경영진은 그 요구를 받아들였고, 호퍼는 이후 레밍턴 랜드에서 자동 프로그래밍 부서(automatic programming department)의 책임자가 됩니다.

47 Beyer, p243.ff. 참고

호퍼의 관리 스타일은 팀원 간 협력을 도모하고 격려하는 방식입니다. 그녀는 창의성과 혁신을 중요하게 여겼으며 문제 해결 과정에서의 유연함과 자유로운 접근을 지지했습니다.

그녀는 책임을 위임하고 부하 직원들이 자율적으로 일할 수 있도록 했습니다. 그리고 그 모든 과정에서 그녀는 컴퓨팅이 나아가야 할 방향에 대한 비전을 놓지 않았습니다.

1954년 5월, 호퍼는 자동 프로그래밍 심포지엄을 조직합니다. 그 자리에서 그녀는 MIT 출신의 젊은 연구자 닐 지얼러(Neil Zierler)와 J. 할콤 레이닝 주니어(J. Halcombe Laning Jr.)가 자신들의 **대수 컴파일러**(algebraic compiler)에 대해 발표하는 것을 보았습니다. 이 컴파일러는 수학 공식을 실행 가능한 코드로 변환하는 프로그램이었습니다. 존 배커스(John Backus)도 그 발표를 들었지만 아이러니하게도 그는 그 대수 컴파일러가 하는 일을 정신 나간 일쯤으로 평가 절하했습니다. 그러나 그 순간, 호퍼는 마치 눈에 바늘이 떨어진 듯한 깨달음을 얻었습니다.[48]

특히 대수식(algebraic formula)을 간단히 코드로 변환하는 시연은 호퍼에게 훨씬 더 많은 가능성이 있음을 확신하게 만들었습니다. 그녀는 적절한 언어만 있다면 훨씬 더 많은 사람이 컴퓨팅을 활용할 수 있으리라 굳게 믿게 되었죠.

그 결과 호퍼는 팀에 UNIVAC I의 12문자 형식 대신 대수식과 영어 단어를 사용하도록 지시하게 되었습니다. 이렇게 탄생한 새로운 언어가 바로 MATH-MATIC이며, 이는 프로그래머가 입력한 명령어를 A-3로 변환하는 B형 컴파일러입니다. 또 호퍼는 A-3 명령문과 C-10 코드를 직접 입력할 수 있도록 하여 저수준(low-level) 언어를 다루는 프로그래머들의 요구 사항도 수용합니다.

여러분도 짐작할 수 있듯이, 이런 고급 언어로 프로그램을 작성하게 되면 1,000워드의 메모리는 매우 작게 느껴지게 됩니다. 그래서 호퍼 팀은 프로그램의 일부를 자기 테이프에 기록

---

48 Acts 9:18. 참고

했다가 삭제할 수 있는 오버레이 기법(overlay scheme)[49]을 고안해 냈습니다. 비록 속도는 느렸지만 이 방법을 통해 메모리 제약을 어느 정도 해소할 수 있었습니다.

그리고 당시에는 운 좋게도 미 해군이 코어 메모리[50]에 대한 연구 결과를 공개하면서 업계는 매우 빠르게 그 방향으로 전환하고 있었습니다.

수은 지연선, CRT 메모리, 드럼 메모리와 비교하면 코어 메모리는 매우 **빠릅니다**. 접근 시간은 마이크로초(μs) 단위로 측정되며 접근 방식도 완전한 랜덤 액세스 방식[51]입니다. 당시 코어 메모리는 저렴하지 않았지만, 그 속도와 접근 방식 덕분에 컴퓨터 성능은 이전보다 100배 향상되었습니다. 게다가 코어 메모리는 크기가 작고 소비 전력도 낮아 작은 공간에도 많은 메모리를 탑재할 수 있었습니다.

하지만 비록 컴퓨터 속도가 빨라졌다고 해도 여전히 컴퓨터를 사용하는 시간은 매우 비쌌습니다. MATH-MATIC 같은 컴파일러는 프로그램을 훨씬 쉽게 작성할 수 있게 해 주었지만, 프로그램의 실행 속도를 상당히 느려지게 만들었습니다. 따라서 여전히 순수 기계어(machine language)로 프로그래밍하는 사람들이 프로그램의 실행 속도와 성능적인 측면에서 더 이점이 있었습니다.

1954년 빠져린 반성을 한 존 배커스는 할런 헤릭(Harlan Herrick)과 어빙 질러(Irving Ziller)와 함께 새로운 언어를 만들기 시작합니다. 그들은 MIT의 젊은 듀오인 래닝과 지얼러를 초청하여 그들의 대수식 컴파일러를 시연하게 했습니다. 이 시연은 관계자들에게 큰 충격을 주었는데, 생성된 코드의 실행 속도가 기계어 프로그래머가 작성한 코드보다 열 배나 느렸기 때문입니다.

---

49 역주 프로그램 일부만 메모리에 적재하여 실행하고, 필요에 따라 다른 부분을 불러와 교체하는 방식으로 메모리 사용량을 줄이는 기법입니다.

50 용어 해설에서 코어 메모리(core memory) 항목을 참고합니다.

51 역주 데이터에 접근할 때 순차적으로 접근하는 것이 아니라 필요한 데이터에 직접 접근하는 방식입니다.

그러나 배커스는 더 이상 주저하지 않았습니다. 1954년 11월 그는 IBM 상사에게 포트란(FORTRAN) 개발 제안서를 제출했습니다. 이후 다른 장에서 자세히 다루겠지만, 제대로 작동하는 포트란 컴파일러를 만들기까지 프로그래머 12명이 30개월 동안 매달렸습니다.

포트란은 IBM의 영향력 덕분에 MATH-MATIC보다 더 큰 인기를 얻게 되었죠. 당시 IBM의 704 컴퓨터는 레밍턴 랜드의 UNIVAC 컴퓨터보다 훨씬 더 많이 팔리고 있었으며, IBM은 강한 상승세를 타고 있었습니다. 이런 흐름은 이후 최소한 30년 동안 지속됩니다.

하지만 호퍼는 이미 한발 앞서 있었습니다. 그녀의 목표는 포트란과는 전혀 달랐습니다. 그녀가 바라본 대상은 바로 **비즈니스** 영역이었고, 그 영역의 사람들이 편하게 사용할 수 있는 언어가 필요하다고 생각했습니다.

코볼: 1955~1960년

컴퓨터를 제조하는 기업들의 수가 빠르게 증가하면서 호퍼는 포트란이나 MATH-MATIC 같은 언어를 통해 프로그램의 이식성(portability)[52]을 실현할 수 있다는 사실을 깨닫습니다. 예를 들어 어떤 특정한 기계를 위해 작성된 금어 처리 시스템을 다른 기계에서는 전혀 수정하지 않거나 아주 조금만 수정해서 실행하게 할 수 있다는 것입니다.

하지만 호퍼는 MATH-MATIC이나 포트란의 대수적 방식(algebraic form)이 자신과 같은 수학자나 과학자를 위한 것이라는 느낌이 들었습니다. 그녀는 이런 대수적 문법이 훨씬 더 큰 시장인 비즈니스 영역에 진입하는 데 장벽이 된다고 생각합니다. 즉, 비즈니스 종사자들은 고등 수학의 언어에 익숙하지 않으며, 수학자들이 사용하는 기호 체계에도 익숙하지 않다고 생각했습니다. 그래서 그녀는 비즈니스의 언어, 즉 영어를 목표로 삼기로 결정합니다.

---

52 역주 어떤 컴퓨터 시스템이나 환경에서 개발된 소프트웨어를 다른 시스템이나 환경에서도 최소한의 수정만으로 실행할 수 있도록 하는 것입니다.

호퍼는 이런 결정을 결코 가볍게 내린 것이 아닙니다. 그녀의 팀은 UNIVAC을 사용하는 기업의 각 부서가 자신들의 문제를 어떻게 기술하는지 면밀히 조사했습니다. 그 결과 부서마다 서로 다른 약어와 축약어를 사용하고 있으며, 유일하게 공통적인 요소는 단순하고 직설적인 영어 표현이라는 사실을 발견한 것입니다. 또 그들은 수학에서 사용하는 x, y 같은 대수적 변수 대신 영어로 표현하면 프로그래머들이 자신이 의도하는 바를 더 직접적으로 표현할 수 있다는 점도 깨달았습니다.

1955년 호퍼는 레밍턴 랜드에 제출한 '데이터 처리 컴파일러의 예비 정의(The Preliminary Definition of a Data Processing Compiler)'라는 보고서에서 비즈니스 종사자들은 첫 번째보다는 두 번째 문장을 더 선호한다고 밝혔습니다.

```
A x B = C
```

대신에

```
MULTIPLY BASE-PRICE AND DISCOUNT-PERCENT GIVING DISCOUNT-PRICE
```
[53]

이후 호퍼 팀은 영어 기반의 언어인 B-0 개발에 착수합니다. 그녀가 B-0를 개발하면서 분명해진 사실이 하나 있습니다. 바로 기계의 세부 사항을 프로그래머에게서 숨겨 주는 추상적인 언어가 프로그래머들이 훨씬 자유롭게 협업할 수 있도록 해 준다는 점입니다. 즉, 컴파일러가 복잡하고 세부적인 기술적 부담을 대신 떠맡음으로써 프로그래머 간 혹은 팀 간 커뮤니케이션 부담이 크게 줄어든다는 것입니다.

---

53 역주 할인 가격을 구하기 위해 기본 가격에 할인율을 곱하라.

UNIVAC 고객들은 1958년 초부터 B-0를 사용하기 시작했습니다. 이 언어는 US 스틸(US Steel), 웨스팅하우스(Westinghouse), 미 해군 등 여러 고객에게 퍼져 나갔고, 이후 스페리 랜드(Sperry Rand)[54]의 마케팅 부서에 의해 FLOW-MATIC이라는 이름으로 불립니다.

다만 이 언어를 보급하는 일은 쉽지 않았습니다. 기업들은 꽤 만족스러워했지만, 프로그래머들이 여전히 회의적인 반응을 보였기 때문입니다.

하지만 호퍼는 지난 10여 년 동안 프로그래머들과 인맥을 공들여 쌓고 확장해 왔습니다. 또 그녀는 프로그래머의 마음을 사로잡는 방법이 바로 코드를 제공하는 것임을 잘 알고 있었습니다. 그래서 그녀는 컴파일러의 코드를 자유롭게 배포했고, 이를 설명해 주는 매뉴얼과 논문도 공유했습니다. 이에 응답하여 많은 프로그래머가 언어에 대한 수정 사항이나 확장 기능을 보내 주기도 했습니다.

호퍼는 프로그래머들 간의 원활한 소통을 돕기 위해 새롭게 창립된 ACM(Association for Computing Machinery)과 협력하여 컴퓨터 산업 최초의 용어집(glossary of terms)을 만드는 작업에 착수합니다. 이 용어집에는 오늘날까지도 사용하는 용어가 다수 포함되어 있으며, 심지어 **비트**(bit)에 대한 정의도 담겨 있습니다.[55]

FLOW-MATIC은 UNIVAC 고객 사이에서 성공을 거두었지만 IBM에서 이를 견제하기 위해 COMTRAN이라는 경쟁 언어를 개발하고 있었고, 미군 역시 AIMACO라는 언어를 개발하고 있었습니다. 이로 인해 업계 전반에서는 바벨탑[56]이 세워지고 있다는 우려가 생기기 시작했고, 모두가 공통으로 사용할 수 있는 표준 언어의 필요성이 제기되기 시작했습니다.[57]

---

54 레밍턴 랜드는 1955년에 스페리 자이로스코프(Sperry Gyroscope)와 합병했습니다.

55 다만 그 당시에 바이트(byte) 개념은 여전히 없었습니다.

56 역주 성경에서 유래한 비유적 표현으로 사람들이 하나의 언어를 사용하던 시절 하늘에 닿는 바벨탑을 쌓으려 하자 신이 이를 막기 위해 언어를 혼잡하게 만들어 서로 의사소통을 하지 못하게 했다는 이야기에서 비롯된 표현입니다.

57 그리고 아마도 우리는 지금까지도 그 일을 하고 있습니다.

1959년이 되자 기업들은 프로그래밍 비용이 얼마나 빠르게 증가하고 있는지 실감합니다. 그리고 업계 전반으로 공통 언어(common language)를 사용하면 초기 개발 비용뿐 아니라 빠르게 변화하는 하드웨어에 시스템을 이전하는 데 드는 비용까지 크게 줄일 수 있다는 공통된 인식이 퍼지기 시작합니다.

이런 인식의 선봉에 섰던 사람이 바로 호퍼입니다. 그녀가 가장 먼저 겨냥한 대상은 미국 국방부(Department of Defense, DoD)입니다. 당시 국방부는 여러 제조사의 컴퓨터 200대 이상을 운용 중이었고, 그에 맞먹는 수량의 컴퓨터를 추가로 주문한 상태였습니다. 그리고 소프트웨어 개발에 드는 비용이 이미 2억 달러를 초과했습니다. 결국 호퍼는 국방부 데이터 시스템 연구 책임자였던 찰스 필립스(Charles Phillips)를 설득합니다. 하드웨어에 구애받지 않고 이식 가능한 비즈니스 언어가 바로 모든 문제의 해결책이라는 점을 강조한 것입니다. 그의 지지를 얻은 호퍼는 데이터 시스템 및 언어 회의(Conference On DAta SYstems and Languages, CODASYL)를 조직했고, 1959년 봄에 국방부에서 첫 회의가 열리게 되었습니다.

이 회의에는 정부 기관, 기업, 컴퓨터 제조사에서 모인 대표자 40명이 참석합니다. 참석자 명단에는 스페리 랜드, IBM, RCA, GE, NCR, 허니웰(Honeywell) 등 오늘날에도 익숙한 이름들이 포함되어 있습니다.

호퍼는 이 회의에 대해 이렇게 말했습니다. "평생 한 공간 안에 그렇게 많은 인력과 자금을 투입할 권한을 가진 사람들이 모인 것을 본 적이 없었던 것 같다."[58]

그 회의에서 새로운 언어에 대해 다음과 같은 제약 조건들이 결정됩니다.

- 영어를 최대한 활용할 것
- 강력한 기능보다는 사용의 용이성을 우선할 것
- 기계에 대해 독립적이고 이식 가능할 것
- 신규 프로그래머 교육이 쉬울 것

---

58 Beyer, p285 참고

이 목록에 대해 몇 가지 문제점을 찾는 것은 어렵지 않지만, 자세한 이야기는 다른 섹션에서 다루겠습니다. 한편 이 회의에서는 대수 표기법을 두고 격렬한 논쟁이 벌어지기도 했습니다. 한쪽에서는 수학 기호가 비즈니스 환경에서도 자연스럽다고 주장한 반면, 다른 쪽에서는 곱셈이나 덧셈 같은 기본 연산자조차도 영어로 명확히 써야 한다고 주장했습니다.

호퍼는 후자의 입장이었습니다. 이 문제가 몇 주 뒤 본격적으로 불거졌을 때, 언어에 수학 기호가 포함된다면 자신은 그 논의에서 완전히 손을 떼겠다고 으름장을 내놓기도 했습니다.

호퍼는 평소에 타협과 동료애를 중시하며 일하던 사람입니다. 그래서 이런 식의 강경한 태도는 그녀답지 않은 행동처럼 보였습니다. 아마도 호퍼에게는 이 사안이 그만큼 중요하게 느껴졌던 것이겠죠. 그러나 돌이켜보면 그녀가 왜 그렇게까지 자신의 입장을 고집했어야 했는지는 의문입니다.

그 논쟁에서 호퍼는 적어도 단기적으로는 승리를 거두었습니다. 그리고 언어위원회는 마침내 공통 업무 지향 언어인 코볼(COmmon Business Oriented Language, COBOL)을 만들게 되었습니다.

코볼은 여러 언어와 아이디어가 혼합된 하이브리드 언어였습니다. FLOW-MATIC이 중요한 역할을 했지만, FLOW-MATIC에서 파생된 IBM의 COMTRAN과 공군의 AIMACO에서도 많은 부분을 가져왔습니다.

그리고 마침내 코볼 프로그램의 첫 번째 성공적인 컴파일은 1960년 8월 17일에 이루어지게 되었습니다.

코볼에 대한 개인적인 불만

저는 지금까지 정말 많은 컴퓨터 언어를 사용해 왔습니다. 열두 종류가 넘는 어셈블리어로 코딩을 해 보았고 포트란, PL/1, SNOBOL, BASIC(베이직), FOCAL, ALCOM, C, C++, 자바(Java), C#, F#, 스몰토크(Smalltalk), Lua, Forth, Prolog, 클로저(Clojure) 등 수십 가지 언어를 다루어 보았습니다. 그중에서 코볼만큼 싫은 언어는 없습니다.[59] 코볼은 정말 **끔찍했습니다**. 지나치게 장황해서 읽는 사람의 정신을 마비시킬 정도고, 코딩하는 것도 고역이며 읽는 것은 더더욱 고통스러웠습니다. 프로그래밍이 마치 군대 보고서를 쓰는 것 같았고, 같이 있어야 할 것은 떨어져 있었고 떨어져 있어야 할 것은 억지로 붙여 놓았습니다. 모든 면에서 이 언어는 끔찍한 괴물(abomination) 같은 느낌이 들었습니다.

저는 코볼이 기술적인 우수성보다는 기업 정치에 의해 널리 퍼졌다고 생각합니다. 실제로 호퍼는 프로그래머들이 언어에 큰 영향을 미치지 못하도록 의도적으로 제한하는 대신 사용자와 관리자들 의견을 우선시했습니다. 그리고 그런 노력들이 언어 곳곳에 드러납니다.

이 점은 정말 놀랍습니다. 호퍼는 최고의 프로그래머였기 때문입니다. 제 추측으로는 그녀가 당시 업계에서는 자신 정도의 수준을 갖춘 프로그래머를 충분히 찾거나 양성할 수 없다고 판단했던 것 같습니다. 그래서 그녀는 언어를 거의 멍청할 정도로 단순한 수준, 즉 가장 낮은 공통 분모에 맞추어야 한다고 생각했습니다.

엄청난 성공

제가 아무리 싫어해도 코볼은 성공했습니다. 그것도 모든 기대를 뛰어넘는 대성공이었습니다. 2000년까지 작성된 모든 코드 중 약 80%가 코볼로 작성되었을 것으로 추정될 정도였으니까요.

호퍼는 이후에도 성공적이고 다채로운 경력을 이어 갔습니다. 1965년까지 스페리 랜드의 UNIVAC 자동 프로그래밍 개발 책임자로 일했으며, 이후에는 수석 연구원으로 활동을 계속하면서 펜실베이니아 대학교에서 객원 부교수로도 재직했습니다. 또 해군 프로그래밍 언어 그룹의 책임자로 20년 이상을 근무합니다.

---

59 XSLT일 경우는 제외하고요.

1973년 호퍼는 해군 대령으로 승진합니다. 1977년부터 1983년까지는 워싱턴 D.C.에 위치한 해군 데이터 자동화 본부(Naval Data Automation Headquarters)에 배속되어 컴퓨팅 분야의 최신 동향을 감독합니다. 이후 미국 하원의 권고에 따라 로널드 레이건 대통령은 그녀를 준장으로 승진시켰으며, 나중에는 소장으로도 추대됩니다.

1986년 그레이스 호퍼 소장은 해군에서 최고령 현역 장교로 은퇴합니다. 이후 디지털 이큅먼트(Digital Equipment Corporation, DEC)의 수석 컨설턴트로 영입되어 1992년 85세로 세상을 떠날 때까지 그 직책을 유지합니다.

그녀는 생애 동안 국방부 우수 공로 훈장, 공로 훈장, 공로 서비스 훈장을 비롯하여 사후에 수여된 대통령 자유 훈장 등 수많은 상을 받았습니다.

1969년에는 데이터처리관리협회(Data Processing Management Association)에서 호퍼를 최초의 컴퓨터 과학 부문 '올해의 인물(Man of the Year)'로 선정하기도 했습니다.

참고 문헌

- Association for Computing Machinery. 1954. "First Glossary of Programming Terminology(프로그래밍 용어에 대한 최초의 용어집)". Committee on Nomenclature, ACM.
- Beyer, Kurt W. 2009. "Grace Hopper and the Invention of the Information Age(그레이스 호퍼와 정보 시대의 탄생)". MIT Press.
- Computer History Archives Project("CHAP"). "Harvard Secret Computer Lab - Grace Hopper, Howard Aiken, Harvard Mark 1, 2 , 3 rare IBM Calculators(하버드 비밀 컴퓨터 실험실 - 그레이스 호퍼, 하워드 아이켄, 하버드 마크 1, 2, 3 희귀 IBM 계산기들)". 13:55. 2024년 6월 2일 유튜브에 게시됨(작성 시점 기준으로 이용 가능).

- Eckert-Mauchly Computer Corp. 1949. "The BINAC". http://archive.computerhistory.org/resources/text/Eckert_Mauchly/EckertMauchly.BINAC.1949.102646200.pdf
- Harvard College. 1946. "Manual of Operation for the Automatic Sequence Controlled Calculator(자동 순차 제어 계산기 조작 매뉴얼, 하버드 계산 연구소 직원 작성)". Harvard University Press. https://chsi.harvard.edu/harvard-ibm-mark-1-manual
- Hopper, Grace Murray. 1952. "The Education of a Computer(컴퓨터 교육)". Remington Rand Corp.
- Lorenzo, Mark Jones. 2019. "The History of the Fortran Programming Language(포트란 프로그래밍 언어의 역사)". SE Books.
- Remington Rand. 1957. "Preliminary Manual for MATH-MATIC and ARITH-MATIC Systems for Algebraic Translation and Compilation for Univac I and II(MATH-MATIC 및 ARITHMATIC 시스템을 위한 유니박 I 및 II 대수 변환 및 컴파일 사전 매뉴얼)". http://archive.computerhistory.org/resources/access/text/2016/06/102724614-05-01-acc.pdf
- Remington Rand, Eckert-Mauchly Division, Programming Research Section. 1955. "Automatic Programming: The A 2 Compiler System, Part 2(자동 프로그래밍: A-2 컴파일러 시스템, 제2부)". Computers and Automation 4(컴퓨터와 자동화 4권) 110호: 15-28. https://archive.org/details/sim_computers-and-people_1955-10_4_10/page/16/mode/2up
- Ridgway, Richard K. n.d. "Compiling Routines(컴파일 루틴)". Remington Rand, Eckert-Mauchly Division. https://dl.acm.org/doi/pdf/10.1145/800259.808980

- Sperry Rand Corporation. 1959. "Basic Programming, UNIVAC I Data Automation System(기초 프로그래밍, 유니박 I 데이터 자동화 시스템)". https://www.bitsavers.org/pdf/univac/univac1/UNIVAC1_Programming_1959.pdf
- 위키피디아. "UNIVAC I". https://en.wikipedia.org/wiki/UNIVAC_I
- Wilkes, Maurice V., David J. Wheeler, and Stanely Gill. 1957. "The Preparation of Programs for an Electronic Digital Computer, 2nd ed(전자 디지털 컴퓨터를 위한 프로그램 준비 방법, 제2판)". Addison-Wesley.

CHAPTER 5

존 배커스: 첫 번째 고수준 언어

똑똑하지만 야망이나 목표 의식이 전혀 없는 누군가를 본 적이 있을 것입니다. 그 사람들은 교묘한 수법과 순진한 척 규칙을 어기며 하루하루를 그저 흘려보내듯 살아갑니다. 이들이 나쁜 사람이 아니라 단지 그들 자신이 어디로 향하고 있는지, 또 어떻게 그 길을 갈지에 대해 별다른 관심이 없을 뿐입니다. 보통 이런 이들에게는 미래가 그다지 중요하지 않습니다.

그러다 어느 날 마치 스위치가 켜진 것처럼 갑자기 방향성을 찾고, 생산적이며 확실한 동기를 가진 사람이 되어 버리는 순간이 찾아옵니다. 그때부터는 다이아몬드처럼 눈부시게 빛나기 시작합니다.

존 배커스, 그가 바로 그런 사람입니다.

존 배커스란 인물

존 워너 배커스(John Warner Backus)는 1924년 12월 3일에 태어났습니다. 그는 아틀라스 파우더 컴퍼니(Atlas Powder Company)의 니트로글리세린 공장 관리자이자 독학으로 성공한 화학자 세실 F. 배커스(Cecil F. Backus)의 아들로 꽤 부유한 환경에서 자랐습니다. 참고로 존 배커스의 아버지 세실은 공장의 연쇄 폭발 사건이 독일에서 수입한 온도계의 불량 때문이라는 사실을 밝혀낸 인물이기도 합니다.

하지만 존 배커스의 가정 환경은 그리 좋지 못했습니다.[1] 아버지는 무뚝뚝하고 괴팍한 사람이었으며, 어머니는 그가 9세가 되기 전에 세상을 떠났습니다. 훗날 배커스는 어머니에게 성적 학대를 당했다고 말하기도 했습니다.[2] 심지어 그의 새어머니는 신경질적이며 알코올 중독이 심해서 창밖에 지나가는 행인들에게 고함을 지르기도 한 인물이었습니다.

그래서인지 청소년 시절의 배커스는 폭력을 행사하며 또래들을 괴롭히기도 했습니다. 결국 펜실베이니아주 포츠타운(Pottstown)에 있는 힐스쿨(The Hill School) 기숙 학교로 보내졌지만, 그곳에서도 장난을 많이 치고 교칙을 어기기 일쑤였습니다. 결국 수차례 낙제를 받아 방학 동안에도 학교에 있어야 했는데, 그때도 요트를 타고 놀았고 집에는 거의 들어가지 않았습니다.

그럼에도 배커스는 가까스로 졸업한 후 버지니아 대학교(University of Virginia)에 입학합니다. 그는 아버지의 권유로 화학을 전공했지만 실험 수업을 제대로 이수하지 않았고, 파티에 가느라 강의에도 거의 출석하지 않았습니다. 그러다 배커스는 결국 퇴학을 당하고 맙니다.

---

1 Lorenzo, p23 참고

2 LSD라는 약물을 복용 후 60대 무렵에 이 사실을 떠올렸다고 합니다.

당시는 1943년이었고 마침 제2차 세계 대전이 한창이었기 때문에 배커스는 군에 징집됩니다. 그리고 조지아주 포트 스튜어트(Fort Stewart)로 배치됩니다. 이때 치른 육군 적성 검사에서 그는 탁월한 성적을 거두었고, 육군은 그를 피츠버그 대학교(University of Pittsburgh)로 보내 공학을 배우게 했습니다.

배커스는 예비 공학 과정을 어렵지 않게 수료했고, 여전히 술집에 드나들기는 했으나 학업 자체에 흥미를 느끼기 시작했습니다.

게다가 육군의 다른 적성 검사에서도 높은 점수를 받아 의사가 될 자질을 인정받고 해버퍼드 칼리지(Haverford College)에서 의학을 공부하게 됩니다. 여기에서도 그는 좋은 성적을 거둡니다.

그 후 뉴저지주 애틀랜틱시티(Atlantic City)의 한 병원에서 하루 12시간씩 인턴으로 근무하던 중 배커스의 머리에서 혹이 발견됩니다. 비록 더디게 자라는 종양이었지만, 제거 수술을 받은 후 배커스는 머리뼈에 금속판을 덧대야 했습니다. 이로 인해 그의 인턴 업무는 종료되었고, 1946년에 의병 제대[3]를 합니다.

배커스는 전역 후 가족과 거리를 두고 싶어 뉴욕시에 있는 의과 대학교에 등록합니다. 그곳에서 그는 스스로 자신의 머리에 들어갈 금속판을 설계하는 작업을 했습니다. 하지만 의대 생활은 그에게 실망스러웠습니다. 특히 무작정 암기해야 하는 교육 방식에 싫증을 느껴 결국 중도에 그만두고 말았습니다.

그 무렵 배커스가 남다른 흥미를 보이던 분야는 하이파이(hi-fi)[4] 오디오 시스템을 만드는 것입니다. 그는 GI 법(보훈 제도)을 활용하여 라디오 기술 학교에 입학했고, 그곳에서 '인생의 첫 훌륭한 스승'[5]을 만나 자신이 수학에 상당한 재능과 흥미가 있음을 깨닫게 됩니다. 이후 배커스는 컬럼비아 대학교(Columbia University) 대학원에 진학하여 수학을 전공합니다.

---

3 역주 질병 또는 부상으로 인한 전역 조치를 의미합니다.

4 고음질 오디오 시스템(주로 레코드플레이어, 라디오 등을 포함)입니다.

5 Lorenzo, p24 참고

반짝이는 조명에 사로잡혀

1949년 봄, 컬럼비아 대학교에서 석사 과정을 밟고 있던 그는 우연히 '흥미로운 것'을 발견합니다. 친구 권유로 매디슨 애비뉴의 IBM 전시장에 전시된 SSEC(Selective Sequence Electronic Calculator: 선택적 순차 전자 계산기)를 본 것입니다.

진공관과 릴레이[6]가 달칵거리며 돌아가는 이 웅장한 기계는 이후 수십 년간 컴퓨터의 전형적인 모습을 나타내는 표본이 되었습니다. 예를 들어 <스타트렉(Star Trek)>에 나오는 컴퓨터나 영화 <금지된 행성(Forbidden Planet)>에 나오는 인공지능 로비(Robby)를 떠올리게 만듭니다.

SSEC는 하버드 마크 I 심포지엄에서 하워드 에이컨에게 홀대 당한 토머스 J. 왓슨의 복수작입니다. 왓슨은 SSEC를 통해 에이컨이 받은 관심을 빼앗고자 했습니다.[7]

이 기계는 무려 릴레이 2만 1,000개와 진공관 1만 2,500개가 뒤엉킨 거대한 집합체입니다. 전자 레지스터와 릴레이 레지스터, 종이테이프에 천공된 메모리로 구성되어 있는 그야말로 프랑켄슈타인 같은 기계입니다. 대부분의 명령어는 종이테이프를 통해 실행되었으며, 전자 레지스터나 릴레이 메모리를 통해서도 가능했습니다. 레지스터는 76비트로 19자리 BCD(2진화 십진법) 숫자를 인코딩할 수 있었습니다. 덧셈 연산에는 285마이크로초(μs), 곱셈 연산에는 20밀리초(ms)가 걸렸습니다. 또 종이테이프 기준으로는 명령어를 초당 약 50개 실행할 수 있었습니다.

비록 SSEC는 일부 명령어를 레지스터에 저장하여 실행할 수 있었지만 진정한 의미의 프로그램 내장식 컴퓨터라고 볼 수는 없었습니다.

또 SSEC는 대량 생산이나 판매를 염두에 두고 만들지 않았습니다. 본질적으로는 에이컨을 향한 왓슨의 복수작이었기 때문에 마크 I이나 찰스 배비지가 그랬던 기계와 마찬가지로 그 사용처도 주로 수치 표를 계산하는 데 있었습니다.

---

6 역주 전류를 이어 주는 장치로 우리말로는 계전기라고 합니다.

7 Lorenzo, p30 참고

이 기계는 약 4년 동안 운용되었으며 그 기간 동안 달의 천체력 표를 계산하고, GE와 원자력위원회(AEC)를 위한 다양한 계산 작업을 수행했습니다. 원자력위원회에서는 SSEC를 NEPA[8] 프로젝트(원자력 엔진으로 항공기를 추진하는 연구)에 활용했습니다. 한 SSEC는 층류 흐름(laminar flow)에 대한 연구와 몬테카를로 시뮬레이션[9]에도 사용되었습니다.

하지만 결국 SSEC의 개발로 가장 큰 이득을 본 것은 IBM입니다. 매디슨 애비뉴의 1층 전시장에 전시된 이 기계의 거대한 종이테이프와 수많은 진공관이 들어 있는 커다란 캐비닛, 미래적인 느낌의 화려한 조명이 달린 콘솔, 끊임없이 딸깍거리는 릴레이 소리는 사람들의 시선을 사로잡았고 IBM의 위상을 높이는 데 큰 역할을 했습니다.

배커스는 그 반짝이는 불빛과 소리, 기계에서 느껴지는 압도적인 힘에 깊은 인상을 받았습니다. 그래서 수학 석사 학위를 받고 컬럼비아 대학교를 졸업하자마자 IBM 사무실에 들어가 일자리를 요청합니다. 놀랍게도 IBM은 그에게 바로 일자리를 내주었습니다. 결국 그는

8 Nuclear Energy for the Propulsion of Aircraft의 약어입니다.

9 용어집의 몬테카를로 분석을 참고합니다.

SSEC의 프로그래머로 일하게 되었고, 훗날 배커스는 SSEC 프로그래머로 일하는 것은 마치 "육탄전(hand-to-hand combat)을 하는 것과 같았다."라고 말하기도 했습니다.

배커스를 채용한 사람은 바로 로버트 렉스 시버 주니어(Robert Rex Seeber, Jr.)입니다. 시버는 원래 하워드 에이컨의 마크 I 프로젝트에 참여했었지만 에이컨과 사이가 그다지 좋지는 않았습니다. 아마도 시버가 일을 시작하기 전에 정당하게 요청했던 휴가를 에이컨이 거절했던 일이 그 원인이었을 것입니다. 시버는 에이컨 밑에서 오랜 기간 동안 열심히 일했지만 둘 사이의 관계는 끝내 회복되지 않았고, 결국 전쟁이 끝나자마자 곧바로 사직하고 IBM으로 옮겨 SSEC 설계 작업에 참여하게 된 것입니다. 에이컨에게 앙심을 품고 있었다는 점에서 그는 왓슨과 같은 목표를 공유하고 있었던 셈입니다.

여기에서 한 가지 흥미로운 점은 사실 배커스가 취업을 위해 IBM을 방문하지는 않았다는 것입니다. 그저 배커스가 IBM 시설을 구경하던 중에 "혹시 IBM에서 사람을 뽑나요?"라고 근처 직원에게 가볍게 물어본 것이 계기가 되어 시버와 즉석 면접을 보게 되었습니다. 그 자리에서 시버는 배커스에게 수학 문제를 몇 개 풀어 보게 한 후 곧바로 그를 합격시켰습니다. 그렇게 배커스는 SSEC 프로그래머라는 것이 어떤 일인지도 모른 채 출근을 시작합니다.

사실 SSEC 프로그래밍은 마크 I 프로그래밍과 매우 유사합니다. 세부적인 부분은 달랐지만 거대한 10진 계산기를 종이테이프로 구동한다는 점에서 본질적으로 비슷했습니다.[10] 그렇게 SSEC 프로그래밍도 힘들고 복잡한 일이었지만, 배커스는 2년 동안 이 일에 푹 빠져 지냈습니다. 그는 프로그래밍에 완전히 매료되었고, 그렇게 해서 프로그래머로서의 길을 걷게 되었습니다.

10 마크 I에서도 종이테이프를 고리로 만들어 프로그램을 반복 실행할 수 있었는데, 실수로 뒤틀려 뫼비우스의 띠가 되면 디버깅하기 어려웠다는 일화가 있습니다.

스피드코딩과 IBM 701

한국 전쟁이 발발하자 IBM은 군수 산업 분야의 컴퓨팅 수요를 주요 목표로 삼기 시작했습니다. 1952년, IBM은 첫 대량 생산형[11] 대형 컴퓨터이자 '디펜스 계산기(Defense Calculator)'라 불렀던 IBM 701을 발표했습니다. 그리고 바로 이 기계가 존 배커스가 SSEC 다음으로 마주하게 된 대상입니다.

IBM 701은 완전한 전자식 컴퓨터로 진공관을 약 4,000개 사용합니다. 또 프로그램 내장 방식(stored-program architecture)을 채택했으며, 1,024비트를 저장할 수 있는 윌리엄스 관(Williams tube)[12]을 72개 사용하여 메모리를 구성했습니다. 또 워드 크기는 36비트였기 때문에 워드를 총 2,048개 저장할 수 있습니다. 여기에 윌리엄스 관을 하나 더 추가하면 최대 4,096 워드까지 확장할 수 있습니다. 이 윌리엄스 관은 12마이크로초 주기로 메모리를 읽고 쓸 수 있습니다. 이에 따라 덧셈은 약 60마이크로초, 곱셈은 약 456마이크로초가 소요됩니다. 전체적으로 IBM 701은 명령어를 초당 약 1만 4,000개 실행할 수 있습니다.

IBM 701에는 드럼과 테이프 메모리, 프린터, 카드 리더 및 천공기 같은 주변 장치들이 포함되어 있었습니다. 그리고 임대료는 월 1만 5,000달러였을 정도로 대단히 고가였습니다.

또 36비트 누산기(accumulator) 레지스터와 36비트 곱셈/나눗셈용 레지스터가 있으며, 명령어는 18비트 길이로 부호 비트 1비트, 연산 코드(opcode) 5비트, 주소 12비트로 구성되어 있습니다.

그런데 왜 명령어에 부호 비트가 포함되었을까요? 이 컴퓨터가 18비트짜리 하프 워드(half-word) 단위로도 주소를 지정할 수 있었기 때문입니다. 다시 말해 전기식 메모리에 저장된 18비트 하프 워드가 각각 주소를 가질 수 있었던 것입니다. 그와 동시에 36비트 전체 워드로도 주소 지정이 가능했습니다. 예를 들어 부호가 음수이면서 숫자가 짝수인 주소는 전체 워드(full word)를 참조했습니다.

---

11 대량 생산이라고는 하지만 약 20~30대 정도 생산한 수준이었습니다.

12 용어집의 윌리엄스 관(CRT) 메모리를 참고합니다.

그리고 부호가 양수이면서 숫자가 짝수인 주소는 해당 위치의 왼쪽 하프 워드를 가리켰고, 부호가 양수이면서 숫자가 홀수인 주소는 해당 위치의 오른쪽 하프 워드를 가리켰습니다.

역자노트 IBM 701의 메모리 주소 지정 방식 예시

예를 들어 메모리 주소 100번지에 010101101001110111 111000101010001011이라는 36비트 데이터가 저장되어 있고 하프 워드 단위로 순차적인 주소가 할당되었다고 가정해 봅시다. 이 경우 +100은 왼쪽 18비트인 010101101001110111을 참조하고, +101은 오른쪽 18비트인 111000101010001011을 참조합니다. 반면에 -100은 이 전체 36비트 값 전체를 참조하게 됩니다.

이에 따라 가령 LOAD +100이라는 명령어가 있다면 IBM 701은 주소 100의 왼쪽 하프 워드인 010101101001110111을 누산기(ACC)에 로드하게 됩니다. 반면에 LOAD -100이라는 명령어가 있다면 전체 36비트 워드인 010101101001110111 111000101010001011을 로드하게 됩니다. 이런 방식 덕분에 프로그래머는 부호 비트 하나만으로 전체 워드와 하프 워드를 유연하게 구분하여 메모리에 접근할 수 있었습니다.

두 번째 윌리엄스 관이 설치된 경우에는 해당 메모리를 사용하기 위해 프로그램에서 특정한 '트리거 비트'를 설정하면 됩니다. 간단하죠?

또 IBM 701은 이진법을 사용해서 연산을 수행했지만, 데이터를 저장할 때는 2의 보수나 1의 보수가 아닌 부호/절댓값(sign/magnitude) 방식을 사용했습니다. 즉, 36비트 워드 중 첫 1비트는 부호(0: 양수, 1: 음수)를 나타내고, 나머지 35비트는 숫자의 절댓값을 저장했습니다. 이는 +0과 -0이라는 두 가지 형태의 0이 있게 된 이유이기도 합니다.

IBM 701에는 인덱스 레지스터(index register)도 없으며 간접 주소 지정(indirect addressing) 방식도 지원하지 않았습니다. 따라서 메모리를 순차적으로 접근하고자 할 경우에는 해당 메모리를 참조하는 명령어 자체를 프로그램이 직접 수정하는 방식으로 코드를 작성해야 했습니다.

역자노트 IBM 701의 배열 처리 예시

가령 배열 A[0]부터 A[9]까지 값을 열 개 순차적으로 더하려 한다고 가정해 봅시다. 현대 컴퓨터라면 인덱스 레지스터 간접 주소 지정을 이용하여 보통 다음과 같이 구현할 수 있습니다.

```
for i = 0 to 9:
    sum += A[i]
```

그러나 IBM 701은 인덱스 레지스터와 간접 주소 지정이 없기 때문에 특정 주소에 있는 명령어 자체를 수정하는 이른바 자기 수정 코드(self-modifying code)가 필요했습니다. 예를 들어 ADD A0 같은 명령어가 주소 300번지에 저장되어 있다면 다음과 같은 방식으로 코드를 작성해야 합니다.

```
LOOP:
  주소 300번지의 명령어 변경 (ex. ADD A0 -> ADD A1)
  주소 300번지의 명령어 실행 (ex. ADD A1 실행)
  LOOP 조건 확인 (ex. i < 10이면 LOOP로 돌아감)
```

이처럼 IBM 701에서는 반복문이나 배열 순회를 구현하려면 실행할 명령어 자체를 바꾸는 기법을 사용해야 했습니다. 여기에는 수작업이 필요하고 오류 발생 가능성이 높기 때문에 프로그래머에게 상당한 부담을 주는 부분이기도 했습니다.

IBM 701에 데이터를 입력하는 방법은 두 가지입니다. 하나는 전면 패널의 스위치를 통해 직접 입력하는 방식이고, 다른 하나는 천공 카드의 앞쪽 72열을 사용하는 방식[13]입니다. 12행(row)으로 이루어진 천공 카드는 각 행에 72비트를 담을 수 있었기 때문에 카드 한 장에는 36비트짜리 워드 24개를 저장할 수 있었습니다.[14]

IBM 701은 주로 군대에서 필요한 수학적인 계산 작업을 위해 설계되었습니다 즉, 이 컴퓨터는 주로 탄도 계산, 사격 해법, 항법 표 등 계산에 사용되었기 때문에 존 배커스가 수행해야 했던 대부분의 작업도 수치 계산이었으며, 이는 필연적으로 소수(fraction)를 포함하는 연산을 많이 할 수밖에 없었습니다. 하지만 701은 고정소수점(fixed-point) 연산 방식을 사용했기 때문에 소수점 위치를 추적하고 조정하는 일은 전적으로 프로그래머의 몫이었습니다.[15]

---

13 천공 카드는 80열로 되어 있습니다. 그렇다면 천공 카드에서 마지막 8열이 사용되지 않는 이유가 궁금할 텐데요. 바로 IBM 701이 앞쪽 72열에서 36비트 워드 두 개만 읽으면 되었기 때문입니다. 따라서 나머지 8열은 필요가 없었습니다.

14 역주 72비트 × 12행 = 36비트 × 24개

15 즉, 컴퓨터는 단순히 정수만 계산할 뿐이고 어디가 소수점인지는 연산 과정 중에 사람이 직접 관리해야 했습니다.

게다가 IBM 701에는 컴파일러가 없었고 어셈블러도 매우 원시적인 수준에 불과했습니다. 따라서 배커스는 로더 프로그램이 숫자 명령어를 제대로 읽을 수 있도록 숫자 명령어에 직접 대응하는 천공 카드를 일일이 작성합니다.

이처럼 지루하고 고된 작업에 진절머리가 난 배커스[16]는 결국 전혀 새로운 종류의 프로그램을 만들기로 결심합니다. 그는 이 프로그램을 **스피드코딩**(Speedcoding)이라고 이름 붙였고 다음과 같이 설명했습니다.

> "솔직히 말해서 그냥 게으름 때문에 스피드코딩을 만들게 되었다. 프로그래밍은 너무 고된 일이었기 때문이다. 하나하나 세세한 부분까지 신경 써야 했고, 원래는 신경 쓰지 않아도 될 것들까지 다루어야 했으니까. 그래서 나는 이런 부분들을 좀 더 쉽게 만들고 싶었다."[17]

스피드코딩은 부동소수점 연산을 지원하는 일종의 인터프리터입니다. 메모리 워드를 총 310개 사용하며, 나머지 메모리는 72비트짜리 워드 약 700개로 나눕니다. 각각의 워드에 부동소수점 또는 명령어 중 하나를 저장할 수 있습니다. 각 명령어는 두 가지로 구성되어 있는데, 하나는 수학 연산이고 다른 하나는 논리 연산입니다. 수학 연산에는 주소가 세 개 사용되고, 논리 연산에는 또 다른 주소 한 개가 사용됩니다. 이 논리 연산은 주로 분기(jump) 또는 조건 분기(conditional jump)인 경우가 대부분이었지만, **인덱스 레지스터**를 증가시키거나 감소시키는 작업도 수행할 수 있었습니다.

네, 맞습니다. 바로 그 인덱스 레지스터입니다! 배커스가 만든 이 가상 머신[18]은 인덱스 레지스터를 통한 간접 주소 지정 기능을 제공했습니다. 덕분에 배열을 순차적으로 처리할 때 프로그래머가 더 이상 명령어 자체를 수정할 필요가 없게 된 것입니다.

---

16 존 셸던(John Sheldon)의 지휘 아래 배커스는 스피드코딩을 개발한 팀을 총괄했습니다.

17 Lorenzo, p49 참고

18 역주 실제 IBM 701 하드웨어에는 없는 인덱스 레지스터 같은 기능을 스피드코딩이란 소프트웨어가 마치 있는 것처럼 제공했기 때문에 이를 가리켜 가상 머신이라고 부르는 것입니다.

또 스피드코딩에는 인쇄, 카드 읽기 및 쓰기, 드럼이나 테이프에 데이터 저장하기 등 다양한 입출력(IO) 연산 기능이 포함되어 있습니다. 이런 기능들을 통해 프로그래밍 작업의 효율성이 획기적으로 향상됩니다.

여기에 추가로 배커스는 세 가지 수준의 추적을 지원하는 간단한 로깅/트레이싱 시스템까지 구현했습니다. 이 기능 덕분에 디버깅에 걸리는 시간도 크게 줄일 수 있었습니다.

하지만 스피드코딩은 천공 카드 기반의 어셈블러 같은 문법 체계로 이루어져 있어 여전히 천공 카드 형식에 의존해야 한다는 단점이 있었습니다. 즉, 천공 카드에는 십진수 주소, 플래그, 기호 연산 코드를 위한 고정된 입력 칸이 따로 정해져 있었으며, 프로그래머는 그 형식에 맞추어 코드를 입력해야만 했습니다.

PROGRAM LABEL	CONTROL	LOCATION		ALPHABETIC OP$_2$	R CODE	A ADDRESS	B ADDRESS	C ADDRESS		ALPHABETIC OP$_2$	D ADDRESS		L CODE	NUMBETIC OP$_2$	NUMBETIC OP$_2$		REMARKS
0 0 0 0 0 0 0 0	0	0 0 0 0	0	0 0 0 0 0	0	0 0 0 0	0 0 0 0	0 0 0 0	0 0	0 0 0 0 0	0 0 0 0	0	0	0 0 0	0 0 0	0 0 0 0	0 0 0 0 0 0 0 0 0 0 0 0 0 0 0 0 0 0 0 0 0 0 0 0 0
1 2 3 4 5 6 7 8	9	10 11 12 13	14	15 16 17 18 19	20	21 22 23 24	25 26 27 28	29 30 31 32	33 34	35 36 37 38 39	40 41 42 43	44	45	46 47 48	49 50 51	52 53 54 55	56 57 58 59 60 61 62 63 64 65 66 67 68 69 70 71 72 73 74 75 76 77 78 79 80
1 1 1 1 1 1 1 1	1	1 1 1 1	1	1 1 1 1 1	1	1 1 1 1	1 1 1 1	1 1 1 1	1 1	1 1 1 1 1	1 1 1 1	1	1	1 1 1	1 1 1	1 1 1 1	1 1 1 1 1 1 1 1 1 1 1 1 1 1 1 1 1 1 1 1 1 1 1 1 1
2 2 2 2 2 2 2 2	2	2 2 2 2	2	2 2 2 2 2	2	2 2 2 2	2 2 2 2	2 2 2 2	2 2	2 2 2 2 2	2 2 2 2	2	2	2 2 2	2 2 2	2 2 2 2	2 2 2 2 2 2 2 2 2 2 2 2 2 2 2 2 2 2 2 2 2 2 2 2 2
3 3 3 3 3 3 3 3	3	3 3 3 3	3	3 3 3 3 3	3	3 3 3 3	3 3 3 3	3 3 3 3	3 3	3 3 3 3 3	3 3 3 3	3	3	3 3 3	3 3 3	3 3 3 3	3 3 3 3 3 3 3 3 3 3 3 3 3 3 3 3 3 3 3 3 3 3 3 3 3
4 4 4 4 4 4 4 4	4	4 4 4 4	4	4 4 4 4 4	4	4 4 4 4	4 4 4 4	4 4 4 4	4 4	4 4 4 4 4	4 4 4 4	4	4	4 4 4	4 4 4	4 4 4 4	4 4 4 4 4 4 4 4 4 4 4 4 4 4 4 4 4 4 4 4 4 4 4 4 4
5 5 5 5 5 5 5 5	5	5 5 5 5	5	5 5 5 5 5	5	5 5 5 5	5 5 5 5	5 5 5 5	5 5	5 5 5 5 5	5 5 5 5	5	5	5 5 5	5 5 5	5 5 5 5	5 5 5 5 5 5 5 5 5 5 5 5 5 5 5 5 5 5 5 5 5 5 5 5 5
6 6 6 6 6 6 6 6	6	6 6 6 6	6	6 6 6 6 6	6	6 6 6 6	6 6 6 6	6 6 6 6	6 6	6 6 6 6 6	6 6 6 6	6	6	6 6 6	6 6 6	6 6 6 6	6 6 6 6 6 6 6 6 6 6 6 6 6 6 6 6 6 6 6 6 6 6 6 6 6
7 7 7 7 7 7 7 7	7	7 7 7 7	7	7 7 7 7 7	7	7 7 7 7	7 7 7 7	7 7 7 7	7 7	7 7 7 7 7	7 7 7 7	7	7	7 7 7	7 7 7	7 7 7 7	7 7 7 7 7 7 7 7 7 7 7 7 7 7 7 7 7 7 7 7 7 7 7 7 7
8 8 8 8 8 8 8 8	8	8 8 8 8	8	8 8 8 8 8	8	8 8 8 8	8 8 8 8	8 8 8 8	8 8	8 8 8 8 8	8 8 8 8	8	8	8 8 8	8 8 8	8 8 8 8	8 8 8 8 8 8 8 8 8 8 8 8 8 8 8 8 8 8 8 8 8 8 8 8 8
9 9 9 9 9 9 9 9	9	9 9 9 9	9	9 9 9 9 9	9	9 9 9 9	9 9 9 9	9 9 9 9	9 9	9 9 9 9 9	9 9 9 9	9	9	9 9 9	9 9 9	9 9 9 9	9 9 9 9 9 9 9 9 9 9 9 9 9 9 9 9 9 9 9 9 9 9 9 9 9
1 2 3 4 5 6 7 8	9	10 11 12 13	14	15 16 17 18 19	20	21 22 23 24	25 26 27 28	29 30 31 32	33 34	35 36 37 38 39	40 41 42 43	44	45	46 47 48	49 50 51	52 53 54 55	56 57 58 59 60 61 62 63 64 65 66 67 68 69 70 71 72 73 74 75 76 77 78 79 80

IBM 830521

IBM 701 SPEEDCODING STSTEM INSTRUCTION CARD

더 큰 문제는 이 스피드코딩이라는 인터프리터가 매우 느렸다는 것입니다. 예를 들어 덧셈 한 번에 4밀리초가 걸리고, 단순한 점프 명령조차 700마이크로초가 소요됩니다. 스피드코딩으로 작성된 프로그램은 효율적으로 작성된 701의 기계어 프로그램에 비해 실행 속도가 훨씬 느릴 수밖에 없었습니다.

그럼에도 스피드코딩이 가진 장점은 분명했습니다. 프로그램 작성에 걸리는 시간이 몇 주에서 몇 시간으로 대폭 단축되었기 때문입니다.

대부분의 경우 프로그래밍 시간과 프로그램 실행 시간 사이의 균형을 잡는 것은 합리적입니다. 하지만 IBM 701은 매우 비싼 기계여서 이 컴퓨터의 사용 시간은 프로그래머의 프로그래밍 작업 시간보다 훨씬 더 비싸게 여겼습니다.

그러나 기술은 빠르게 발전했습니다. 윌리엄스 관보다 빠르고 안정적인 코어 메모리가 등장했으며, 배기스의 스피드코딩으로 '높은 추상화를 통한 생산성 향상'이 실제 가능하다는 것이 입증되었습니다. 이에 힘입어 더 큰 메모리 용량과 인덱스 레지스터, 부동소수점 연산을 갖춘 IBM 704가 1954년에 출시됩니다. 4년 후에는 트랜지스터 기반의 IBM 7090까지 탄생합니다.

속도를 향한 갈망

1953년 무렵, 배커스는 점점 높아지는 프로그래밍 비용에 대해 깊은 우려를 했습니다. 컴퓨터는 여전히 비싼 기계였지만 그 가격은 분명히 내려가는 추세였습니다. 트랜지스터 기술이 발전하기 시작했고, 코어 메모리는 윌리엄스 관보다 더 빠르고 조밀하며 안정적이었습니다. 결과적으로 컴퓨터를 임대하거나 소유하는 비용은 점차 줄어들고 있었습니다. 하지만 프로그래밍에 드는 비용은 오히려 꾸준히 증가하고 있었던 것입니다.

배커스는 그레이스 호퍼의 자동 프로그래밍(automatic programming) 개념에도 점차 익숙해졌습니다. 그는 한때 그녀의 A-0 컴파일러를 폄하하기도 했지만[19] 점차 그 전체적인 개념에 호감을 가지기 시작했습니다. 특히 스피드코딩을 통해 얻은 경험으로 프로그래밍의 추상화가 프로그래머의 생산성에 미치는 영향을 깨닫게 되었죠.

결국 그해 말, 배커스는 자신의 상사인 커스버트 허드(Cuthbert Hurd)에게 곧 발표될 IBM 704용 컴파일러를 개발하자고 제안합니다. 그는 이 작업에 약 6개월 정도가 걸릴 것이라고

19 배커스는 자동 프로그래밍이 "어설프고 느리며 사용하기도 어려웠다."라고 평가했고, 나중에는 "호퍼의 아이디어는 그냥 터무니없는 이야기다."라고도 했습니다.

예상했습니다. 배커스의 상사인 허드는 뜻밖에도 이를 흔쾌히 승인했고, 그렇게 해서 존 배커스는 팀을 꾸려 프로젝트를 시작하게 되었습니다.

배커스는 프로그램 실행 시간이 매우 중요한 요소라는 것을 잘 알고 있었습니다. 당시의 프로그래머들이 스피드코딩처럼 기존보다 열 배나 느린 인터프리터를 결코 받아들이지 않으리라는 것은 분명했습니다. 사실상 기존보다 두 배는 물론이거니와 1.5배 느린 속도조차도 용납되지 않았을 것입니다. 그 시절의 프로그래머들은 몇 마이크로초라도 줄이기 위해 명령어 순서를 정교하게 구성하는 데 자부심을 갖고 있었기 때문입니다.[20]

따라서 이 새로운 자동 프로그래밍 프로젝트의 첫 번째 원칙은 바로 **효율적인 코드**를 생성하는 컴파일러를 만드는 것입니다. 즉, 언어의 구조를 설계하는 것은 부차적인 문제고, 그 언어를 통해 얼마나 빠르고 효율적으로 실행되는 프로그램을 만들 수 있는지가 가장 중요한 목표였습니다.

이런 목표와 더불어 배커스 팀은 프로그래머가 문제 자체에 집중할 수 있도록 하는 방식을 만들고자 했습니다. 즉, 프로그램 실행 속도를 희생하지 않으면서도 컴퓨터의 세부적인 구조를 추상화하여 프로그래머로의 관심에서 분리하고자 했습니다. 그러나 배커스 팀은 프로젝트를 진행하면서 IBM 704의 세부 구조가 그렇게 쉽게 추상화할 수 없다는 것을 깨닫습니다.

배커스 팀에는 어빙 질러(Irving Ziller), 할런 헤릭(Harlan Herrick), 밥 넬슨(Bob Nelson) 같은 인물이 있었는데, 이는 다소 즉흥적으로 꾸려진 팀이었습니다. 당시 IBM은 매우 보수적인 분위기의 회사였고, 하얀 셔츠에 넥타이를 매는 복장 규정도 있었습니다. 하지만 19층 꼭대기 별관에 자리 잡은 배커스 팀은 그렇게 격식을 차리는 분위기가 아니었습니다. 엘리베이터를 운영하던 직원조차도 그들의 옷차림을 두고 농담을 할 정도였습니다.[21]

---

20 제가 이것을 어떻게 알 수 있을까요?
21 Lorenzo, p75 참고

배커스 팀은 칸막이 없이 책상을 붙여 놓고 마치 '서로의 주머니 안(in each other's pockets)'에 들어가 있는 것처럼 가깝게 일했습니다.[22]

배커스는 나중에 이를 이렇게 회상했습니다. "우리는 정말 즐겁게 일했다. 아주 좋은 사람들이 모인 팀이었다. 내 주요 업무 중 하나는 점심시간마다 끝도 없이 계속되는 체스 게임을 말리는 일이었다." 심지어 IBM 경영진도 이들을 간섭하지 않았습니다. 아마도 경영진이 이 프로젝트에 대해 뚜렷한 성과가 필요 없는 자유로운 연구 과제쯤으로 여겼기 때문인 것 같습니다.

가끔 누군가 진행 상황을 묻고는 했지만, 배커스 팀의 대답은 항상 "6개월 후에 다시 오세요."였습니다.

그렇게 그들이 구상했던 문법은 매우 단순했고 별다른 계획 없이 진행되었습니다. 배커스가 훗날 "우리는 그냥 그때그때 문법을 만들어 갔다."라고 말할 정도였습니다.[23] 결국 그들에게는 프로그램의 효율성이 가장 중요한 목표였고, 대상 기계는 오직 IBM 704뿐이었습니다. 따라서 그들이 만든 언어는 **IBM 704에서만** 효율적으로 동작할 수 있도록 발전해 갔으며, 다른 기계에서의 활용은 전혀 고려되지 않았습니다.

배커스가 프로젝트를 완료하는 데 6개월 정도가 걸릴 것이라고 말했지만, 거의 1년이 지나서야 완성된 컴파일러도 언어 명세서도 아닌 그저 '예비 보고서(preliminary report)'를 발표할 수 있었습니다. 비록 **예비 보고서**였지만 발표를 위해 그들이 개발한 언어 이름을 정해야 했습니다. 그리고 배커스가 선택한 이름은 바로 FORmula TRANslation(포트란)입니다. 이에 대해 헤릭은 "무슨 거꾸로 쓴 단어처럼 들리는데?"라고 농담하기도 했습니다.

이 예비 보고서는 그들이 만든 언어의 기본 개념을 개략적으로 설명했지만, 구체적인 언어 명세서라고 부를 수 있는 정도는 아니었습니다. 다만 이 보고서에 따르면 포트란에서는 고정소수점 연산과 부동소수점 연산이 모두 허용되며, 변수 이름을 한 글자 또는 두 글자로 만

22 Lorenzo, p75 참고

23 Lorenzo, p76 참고

들 수 있습니다. 변수의 자료형은 이름의 첫 글자에 따라 결정되었는데, 이름이 I부터 N으로 시작하면 정수형으로 간주되었고 그 외의 글자로 시작하면 실수형 변수로 해석되었습니다.

또 포트란은 1차원과 2차원 배열을 지원했으며, 특히 행렬 연산에 강점을 갖도록 설계되었습니다. 아울러 연산자, 첨자, 괄호를 포함한 복잡한 수식 처리 기능도 포함되었습니다.

포트란은 각 줄에 번호를 붙이는 방식을 채택했는데 이는 수학적 증명에서 자주 사용되던 방식이었기 때문입니다. `if` 문에는 =, <, > 같은 논리 비교 연산자가 포함되었고, 참일 경우와 거짓일 경우 각각 실행할 줄 번호를 지정하도록 되어 있었습니다. 또 인수를 최대 일곱 개 사용하는 다소 난해한 형태의 반복문 구문도 고안했습니다.

다만 입출력(IO) 기능에 대해서는 별다른 고려가 없었습니다.

그렇게 발표된 포트란은 네다섯 명으로 구성된 팀이 거의 1년 동안 작업한 결과치고는 다소 부족해 보이지만, 당시에는 전례가 없던 혁신적인 발상이었습니다. 즉, 그들은 완전히 새로운 영역에 발을 들였던 것입니다.

이후 본격적인 개발이 시작되었고 팀도 점차 확대되었습니다. 결국 로이 넛(Roy Nutt), 셸던 베스트(Sheldon Best), 피터 셰리든(Peter Sheridan), 데이비드 세이어(David Sayre), 로이스 헤잇(Lois Haibt), 딕 골드버그(Dick Goldberg), 밥 휴스(Bob Hughes), 찰스 디카를로(Charles DeCarlo), 존 맥퍼슨(John McPherson) 등이 새롭게 팀에 합류하게 되었습니다.

이 팀은 '프로그래밍 연구 그룹(program research group)'이라 불리게 되었으며, 서로를 운명처럼 모인 특별한 가족이라고 여겼습니다. 그리고 이들은 모두 존 배커스의 '묵묵한 리더십(quiet leadership)' 아래 함께했습니다. 배커스는 팀이 역사상 최초의 효율적인 고수준 언어를 만들어 낼 수 있도록 마치 '조용한 연못' 같은 공간을 만들어 주었습니다.

다만 배커스 팀의 고민거리 중 하나는 "컴파일러가 소스 코드를 어떻게 입력받을 것인가?"였습니다. 오늘날 소스 코드는 텍스트 파일 형태를 가지고 있으며, 파일 이름이 있고 파일 시스템의 디렉터리에 저장됩니다. 이것을 매우 당연하게 여깁니다. 하지만 당시에는 텍스트 파일도, 디렉터리도, 파일 시스템도 없었습니다.

즉, 당시에 프로그램이란 구멍이 뚫린 종이테이프나 카드를 의미했습니다. IBM 704는 천공 카드를 주된 입력 장치로 사용했기 때문에 포트란 소스 코드 역시 카드에 구멍을 뚫어 입력해야 했습니다. 따라서 어떤 형식으로 포트란 코드를 천공 카드에 입력할지 결정하는 것이 문제였습니다.

당시에는 천공 카드 한 장에 사용할 수 있는 72열[24]을 여러 필드(field)로 분할하여 데이터를 입력하는 경우가 흔했습니다. 예를 들어 카드에 데이터 요소가 다섯 개 있다면, 각각은 특정 열 번호에서 시작하여 특정 열 번호로 끝나는 필드 다섯 개로 나뉘어 기록되었습니다.

더 구체적인 예를 들자면, 제 이름과 성별, 생년월일을 카드에 기록한다고 했을 때 아마도 다음 방식으로 필드가 배치되었을 것입니다.

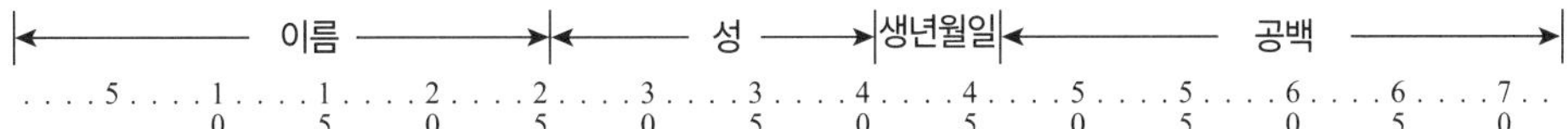

이런 방식으로 포트란 코드도 입력되었으며, 컴파일러 역시 천공 카드 형식에 의존하도록 만들어졌습니다.

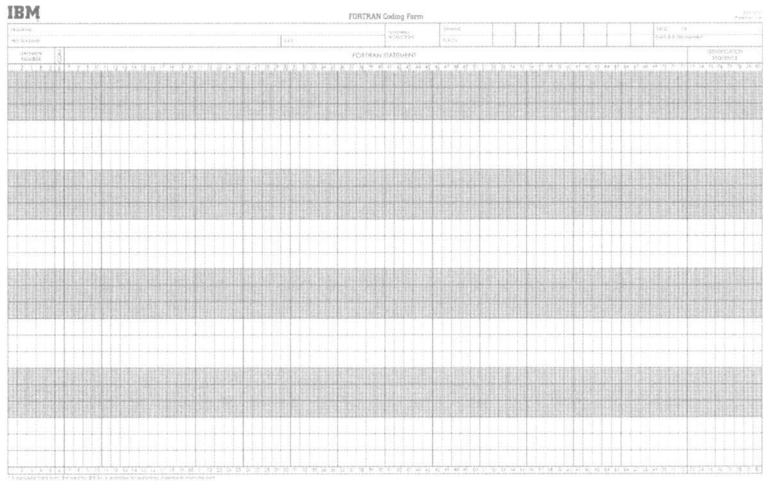

24 IBM 704는 80열짜리 천공 카드 중 앞의 72열까지만 읽을 수 있었는데 이는 카드의 각 행이 36비트 워드 두 개로 구성된 72비트 레지스터에 읽혔기 때문입니다. 즉, 카드의 마지막 8열은 단순히 순번을 위한 것이 아니라 그저 기계가 읽을 수 없는 부분이었던 것입니다.

이 그림에 보이는 것처럼 카드의 앞쪽 다섯 열(1~5열)은 포트란 구문 번호를 위한 공간이며, 6열은 '계속 여부(continuation)'를 표시하는 열로 사용되었습니다. 그리고 7열부터 72열까지가 실제 포트란 코드를 작성하는 구역이었습니다.

계속 여부 표시 열(6열)은 보통 공백으로 비워져 있었습니다. 그러나 포트란 구문이 66열(7열부터 72열)보다 길 경우 계속 여부 표시 열(6열)을 이용하여 그다음 카드에 이어서 적을 수 있었습니다. 이때 구문이 계속된다는 것을 나타내기 위해 6열에 숫자 1부터 9 중 하나를 입력하는 것이 일반적인 관례였습니다.

구문 번호(statement numbers)는 옵션이었으며 순차적인 숫자일 필요도 없었습니다. 이 번호는 프로그래머가 특정 구문을 참조하고자 할 때 사용되었습니다. 예를 들어 'GO TO 23'이라는 구문은 23번 구문으로 이동하라는 의미입니다.

포트란 구문은 자유로운 형식이었으며 공백은 무시되었습니다. 따라서 예를 들어 'GO TO 23'이라는 문장은 공백 없이 'GOTO23'으로 작성해도 동일하게 인식됩니다.

업무 분담

초기에 배커스 팀은 컴파일러가 IBM 704 실행 프로그램[25]을 생성할 때 소스 코드를 한 번만 읽는 방식으로 만들고 싶었습니다.

즉, 그들은 프로그래머가 프로그램이나 중간 결과가 담긴 카드 덱을 반복해서 입력해야 하는 번거로움을 없애고 싶었습니다. 따라서 컴파일러는 소스 코드를 한 번에 읽고, 내부적으로 이른바 중간 데이터 구조인 '테이블'을 만들어 처리한 후 이를 최종적인 기계어로 변환해야 했습니다.

25 역주 기계어로 된 프로그램입니다.

이를 위해 배커스는 팀을 작업 그룹 여섯 개로 나누고 각각 컴파일러의 특정 섹션을 담당하게 했습니다. 각 그룹은 자신이 처리한 정보를 다른 그룹이 활용할 수 있도록 '테이블'이라는 중간 자료 형태로 만들어 제공했습니다. 그 섹션 여섯 개는 다음과 같습니다.[26]

1. **파서**(parser): 이 섹션은 헤릭(Herrick), 넛(Nutt), 셰리던(Sheridan)이 담당했으며, 소스 코드를 읽어 즉시 컴파일할 수 있는 문장과 나중에 처리해야 할 문장으로 분리하는 역할을 했습니다. 이 단계에서는 산술 표현식을 분석하고, 괄호와 연산자 우선순위를 판별했으며, 각 연산을 실행 순서에 따라 정렬된 테이블로 변환했습니다. 또 첨자(subscript)가 있는 변수 처리도 이곳에서 담당했습니다.
2. **코드 생성**(code generator): 이 섹션은 넬슨(Nelson)과 질러(Ziller)가 담당했습니다. 여기에서는 앞선 단계에서 생성된 테이블을 바탕으로 최적화된 기계어 코드를 생성했습니다. 또 반복문을 분석하여 반복 실행이 필요하지 않은 문장을 분리하고, 인덱스 레지스터 사용에 대한 태그를 다는 작업도 이 단계에서 시작되었습니다. 단 이 단계에서는 IBM 704 컴퓨터에 인덱스 레지스터가 무한히 존재한다는 가정하에 작업이 진행되었습니다.
3. **이름 없는 중간 통합 파트**: 이 섹션의 작성자는 알려지지 않았습니다. 여기에서는 1번(파서)과 2번(코드 생성) 단계의 출력을 통합하는 역할을 했으며, 일종의 사후 보완으로 덧붙여진 섹션이었습니다. 즉, 다음 4번 섹션에 일관된 입력을 제공하기 위해 급히 구성된 모듈이었습니다.
4. **프로그램 구조화**(program structure): 이 섹션은 헤잇(Haibt)이 담당했으며, 1번과 2번 섹션과 이를 통합한 3번 섹션에서 생성된 입력을 받았습니다. 그리고 실행 가능한 코드를 진입점 한 개와 종료점만 갖는 블록들로 분할하는 작업을 수행했습니다.[27] 아울러

26 Lorenzo, p135.ff. 참고

27 마치 에츠허르 다익스트라(Edsger Dijkstra)의 영향을 받은 듯하지만, 당시 팀은 구조적 프로그래밍이라는 개념조차 알지 못했습니다.

이렇게 분할된 블록들에 대해 몬테카를로 시뮬레이션(Monte Carlo simulation)[28]을 수행하여 어떤 인덱스 레지스터 태그가 자주 사용되는지 분석했습니다.

5. **태그 분석**(tag analysis): 이 섹션은 베스트(Best)가 담당했습니다. 여기에서는 4번 섹션에서 도출된 결과를 바탕으로 인덱스 레지스터의 수를 최적화하여 IBM 704가 실제로 제공하는 인덱스 레지스터 세 개에 맞추는 작업을 수행했습니다. 그 후 전체 프로그램을 재배치 가능한 어셈블리 코드 형태로 변환했습니다.
6. **백엔드**(back end): 이 섹션은 넛이 담당했으며, 5번 섹션에서 생성된 프로그램을 조립(assemble)하여 최종적으로 실행 가능한 이진 코드(binary)를 생성하고, 이를 천공 카드 형태로 출력하는 역할을 했습니다.

역자노트 인덱스 레지스터 최적화를 위한 몬테카를로 시뮬레이션

배커스 팀은 프로그램을 실행하지 않고도 어떤 인덱스 레지스터 태그(index register tag)가 가장 자주 사용되는지 알아내기 위해 몬테카를로 시뮬레이션을 사용했습니다. 이는 무작위 실행 경로를 여러 번 시뮬레이션하여 프로그램의 동작을 통계적으로 분석하는 방식입니다. 당시 IBM 704는 인덱스 레지스터가 단 세 개뿐이었기 때문에 인덱스 레지스터의 효율적인 할당이 성능에 큰 영향을 미쳤습니다. 따라서 자주 사용되는 태그는 실제로 있는 하드웨어 레지스터에 할당하고, 덜 사용되는 태그는 소프트웨어 방식으로 처리하는 전략이 필요했습니다.

```
DO 100 i = 1, 100
  A(i) = A(i) + B(i)
100 CONTINUE
```

예를 들어 이와 같은 반복문에서는 i라는 인덱스 변수가 루프 전체에 걸쳐 반복적으로 사용됩니다. 이에 대해 몬테카를로 시뮬레이션으로 다양한 실행 경로를 무작위로 추출하면 i와 관련된 인덱스 레지스터 태그가 매우 자주 등장한다는 것을 알 수 있습니다. 이에 따라 컴파일러는 i에 해당하는 태그를 하드웨어 인덱스 레지스터에 우선적으로 할당하게 됩니다.

배커스 팀은 매우 초기 형태의 어셈블리 언어로 작업하고 있었습니다. 이들이 사용한 어셈블러는 SAP라는 이름의 프로그램이며, 이는 넛이 불과 몇 년 전에 작성한 것입니다.

28 용어집의 몬테카를로 분석을 참고합니다.

따라서 앞선 컴파일러 섹션 여섯 개를 완성하는 데는 상당한 시간이 걸렸습니다. 처음 예상했던 6개월보다 훨씬 더 오래 걸렸고, 1957년 초가 되어서야 최초의 포트란 I 프로그램이 실제로 컴파일되고 실행될 수 있었습니다.

하지만 그 기다림은 그만한 가치가 있었습니다. 포트란 I 언어는 작성하기 쉬웠고, 컴파일러가 생성한 704용 기계 코드는 놀라울 만큼 효율적이었습니다.

그 이후의 이야기는 모두가 아는 역사로 남았습니다.[29]

포트란에 대한 개인적인 의견

저는 포트란을 거의 접해 보지 않았습니다. 가끔 장난 삼아 조금 다루어 본 적은 있지만 진지하게 사용한 적은 없습니다. 예를 들어 다음 코드는 제가 1974년에 재미 삼아 작성한 포트란 IV 프로그램입니다. 이 프로그램은 1부터 1,000까지 팩토리얼 값을 계산해 주는 프로그램입니다.

```
      INTEGER*2 DIGIT(3000)
      DATA DIGIT/3000*0/
      DIGIT(1)=1
      NDIG=1
      DO 10 I=1,1000
      ICARRY=0
      DO 11 J=1,NDIG
      DIGIT(J)=DIGIT(J)*I+ICARRY
      ICARRY=0
      IS=DIGIT(J)
      IF (IS.LE.9) GO TO 11
      DIGIT (J)=IS-IS/10*10
      ICARRY= IS/10
11    CONTINUE
9     IF (ICARRY.EQ.0) GO TO 7
      NDIG=NDIG+1
      DIGIT(NDIG)=ICARRY-ICARRY/10*10
      ICARRY= ICARRY/10
      GO TO 9
7     WRITE (6,1) I,NDIG,(DIGIT(NDIG+1-K),K=1,NDIG)
1     FORMAT (1H0, 30('*'),1X,I4,' FACTORIAL CONTAINS ', I4,' DIGITS ',
     -30('*'),30(/1X,130I1))
10    CONTINUE
      STOP
      END
```

29 역주 이후 포트란은 산업계와 학계 전반에 걸쳐 급속도로 확산되었습니다.

이 프로그램은 당시 거대한 IBM 370 컴퓨터에서 CPU 시간을 무려 15분이나 소모했습니다. 반면에 동일한 기능을 수행하는 클로저 프로그램은 제 노트북에서 단 253밀리초 만에 실행됩니다.

개인적으로 포트란은 예전이나 지금이나 그리 아름다운 언어라고 생각하지 않습니다. 과거에서 이어져 온 제약이 너무 많기 때문에 포트란이 진정한 현대 언어로 거듭나기에는 한계가 있습니다. 오래된 이야기이지만, '문법으로 덕지덕지 이어 붙인 혹투성이 언어'[30]라는 표현은 지금도 여전히 포트란을 정확히 묘사하는 말인 것 같습니다.

그러나 포트란은 분명 큰 의의를 지닌 언어입니다. 고수준 언어(high-level language)가 프로그램 실행 시간을 최소화하면서도 프로그래머의 시간을 크게 절약해 줄 수 있다는 것을 보여주었기 때문입니다. 하지만 저는 이 언어를 실질적인 작업에 사용하고 싶지는 않습니다. 사실상 포트란은 이미 죽었거나 거의 죽은 언어이기 때문입니다.

물론 NASA에서 여전히 포트란을 사용하는 사람들이 있다는 것은 알고 있습니다. 기존에 구축된 라이브러리나 운용 중인 우주 탐사선 때문입니다. 하지만 저는 이 언어 자체에 그 어떤 미래가 있다고는 생각하지 않습니다.

ALGOL과 그 밖의 모든 것

배커스는 이후 포트란을 좀 더 개선하여 독립적인 서브루틴을 컴파일하고 연결할 수 있는 포트란 II도 개발했습니다. 이런 기능 덕분에 포트란 II는 포트란 I보다 훨씬 규모가 큰 프로젝트에도 사용할 수 있는 언어가 되었습니다.

하지만 그 이후로 배커스와 대부분의 팀원들은 각자의 새로운 프로젝트로 떠납니다. 배커스는 여러 프로젝트를 전전했지만 그의 발언은 별로 주목받지 못했고 사람들의 반응도 미

30 1982년 휴스턴에서 열린 전미 컴퓨터 콘퍼런스(National Computer Conference)의 개척자 기념 행사(Pioneer Day)에서 나누어 준 기념 카드에 적혀 있던 문구입니다.

적지근했습니다. 그래서인지 그는 한동안 4색 정리(four-color map theorem)[31]를 증명하는 데 집착하기도 했습니다.

비록 포트란은 성공을 거두었지만 배커스는 거기에 만족하지 못했습니다. 애초에 포트란은 IBM 704의 효율을 극대화하기 위해 만들어진 언어였기 때문에 배커스는 포트란에 좀 더 일반적인 추상화가 필요하다고 생각했습니다. 그래서 ACM(미국 컴퓨터학회)이 **범용 프로그래밍 언어**(universal programming language)의 가능성을 탐색하기 위해 위원회를 구성했을 때 배커스도 참여했습니다. 그리고 배커스 본인은 그 위원회에 별다른 기여를 하지 않았다고 말했지만 실제로는 중요한 아이디어를 남기게 되었습니다.

ACM은 훗날 ALGOL 60이라는 언어를 만들게 되지만, 초기에 이들이 만들려고 했던 것은 **국제 대수 언어**(International Algebraic Language, IAL)라는 언어였습니다.

IAL을 만들기 위해 위원회가 작성한 언어 명세서는 전부 영어로 되어 있었습니다. 이에 대해 배커스는 '일관성 없는 혼란스러운 문서(an inconsistent mess)'[32]라고 말하며 다음과 같은 우려를 밝혔습니다. "이렇게 일관성 없이 그저 영어로 언어 명세서를 작성하면 이후 수많은 사람이 만든 컴파일러와 그 컴파일러를 통해 만들어진 기계 프로그램들이 동일한 동작을 하리라 보장할 수 없을 것이다."

그래서 배커스는 범용적으로 프로그래밍 언어를 기술할 수 있는 방식을 고안하기 시작합니다. 그 결과, 그는 **생성 규칙**(production rules)[33]들을 차례로 연결하여 프로그래밍 언어의 문법 구조를 설명할 수 있는 기호 기반의 메타 언어[34]를 만들어 냈습니다. 이 메타 언어는 간단한 규칙들을 기반으로 점차 복잡한 문장을 만들어 나갈 수 있도록 설계되었습니다. 추후 이 메타 언어는 배커스 정규형(Backus Normal Form, BNF)이라고 불렸으며, 배커스는 이를 사용하여 1959년 IAL의 공식 명세서를 작성합니다.

---

31 역주 평면을 유한 개의 영역으로 나누어 각 부분에 색을 칠할 때, 인접한 두 영역이 같은 색을 갖지 않도록 하면서 네 가지 색만으로 전체를 색칠할 수 있다는 수학적 정리입니다. 이 정리는 1976년 컴퓨터를 이용한 증명으로 처음 입증되었습니다.

32 Lorenzo, p230 참고

33 역주 '만약 ~라면, ~하다'처럼 특정 조건이 만족될 때 특정 행동을 수행하도록 하는 규칙입니다.

34 역주 다른 언어(대상 언어)를 기술하거나 분석하는 데 사용되는 언어를 의미합니다. 예를 들어 한국어로 영어 문법에 대해 설명하는 경우 한국어는 메타 언어가 되고 영어는 대상 언어가 됩니다.

당시 위원회는 BNF에 큰 관심을 보이지 않았습니다. 결국 배커스의 IAL 명세서는 마치 납덩이처럼 물 밑에 가라앉게 되었고, 위원회는 기존 영어로 된 명세서 작업을 계속 진행했습니다.

위원회 멤버 중 덴마크의 수학자 피터 나우르(Peter Naur)가 배커스의 우려에 공감합니다. 그래서 그는 배커스의 BNF 표기를 사용하여 ALGOL 60의 명세서를 만들었습니다. 이후 피터 나우르는 ALGOL 60의 명세서를 1960년 1월 파리에서 열린 위원회 회의에 제출했고, 그 결과 BNF 표기법이 받아들여집니다.

4년 후 도널드 커누스(Donald Knuth)[35]는 BNF 이름을 배커스-나우르 표기법(Backus-Naur Form)으로 바꾸자고 제안합니다. 이후 BNF는 프로그래밍 언어를 기술하는 표준 표기법이 되었고, 파서 생성기인 yacc[36] 같은 프로그램에서도 입력 형식으로 널리 사용되고 있습니다.

이후 1970년대에 배커스는 수십 년 전 다익스트라가 빠졌던 것처럼 이념적 함정에 빠집니다. 그는 수학적 정리와 증명을 이용하여 프로그래밍을 수학적 형식 체계로 변환하고자 했습니다. 이를 위해 다익스트라가 구조적 프로그래밍을 그 기반으로 삼았던 반면, 배커스는 함수형 프로그래밍 방식을 선택했습니다. 그러나 다익스트라가 그러했듯이 이런 시대를 앞선 시도는 대중에게 널리 받아들여지지는 못했습니다.

역자노트 구조적 프로그래밍과 함수형 프로그래밍

다익스트라는 프로그래밍을 더 수학적이고 논리적으로 만들기 위해 구조적 프로그래밍을 주창했습니다. 구조적 프로그래밍은 goto 문을 배제하고 순차적 실행, 조건 분기(if), 반복(loop) 같은 제어 구조만으로 프로그램을 구성하자는 철학입니다. 이렇게 하면 코드가 더 예측 가능하고, 수학적으로 분석하거나 검증하기가 쉬워집니다. 예를 들어 다음 코드처럼 1부터 10까지 숫자 중 짝수만 출력하는 코드로 goto 문 없이 for 반복문과 if 조건문만으로 명확한 흐름을 구현하는 것을 들 수 있습니다.

---

35 역주 미국의 컴퓨터 과학자이자 수학자이며, 현재 스탠퍼드 대학교의 명예 교수입니다. 1974년 컴퓨터 과학의 노벨상이라 불리는 튜링상을 수상했습니다.

36 역주 유닉스 시스템의 표준 파서 생성기로 컴파일러의 컴파일러란 의미를 가진 Yet Another Compiler Compiler의 약어입니다.

```
for i in range(1, 11):
    if i % 2 == 0:
        print(i)
```

반면에 배커스는 프로그래밍을 수학적 추론 체계로 만들기 위해 함수형 프로그래밍을 기반으로 삼았습니다. 함수형 프로그래밍은 상태(state)의 변화 없이 함수와 함수의 조합으로 모든 로직을 표현하는 방식입니다. 이런 방식은 순수 함수(pure function)를 사용하며, 데이터 흐름을 보다 예측 가능하게 하고 수학적 증명이 쉬운 코드를 작성할 수 있도록 합니다. 예를 들어 다음처럼 1부터 10까지 수 중 짝수만 걸러 내는 코드를 filter 함수와 람다 함수의 조합으로 간결하면서도 수학적인 방식으로 표현하는 것을 들 수 있습니다.

```
evenNumbers = filter(x -> x % 2 == 0) [1..10]
```

결론적으로 다익스트라는 '제어 구조'를 명확히 하여 프로그램을 수학처럼 다루려 했고, 배커스는 '함수의 조합'을 통해 수학적인 형식 체계를 구현하려고 했습니다.

배커스는 이후에도 IBM 연구소에서 일했고, 미국 국가 과학 메달(National Medal of Science), 튜링상, 드레이퍼상 등을 수상했습니다.

결국 그는 2007년에 세상을 떠났고, 그해 소행성 6830번이 그의 이름을 따 '존배커스(Johnbackus)'로 명명되기도 했습니다.

참고 문헌

- Backus, John W. 1954. IBM 701 "The IBM 701 Speedcoding System(스피드코딩 시스템)". 컴퓨팅기계협회(ACM). https://dl.acm.org/doi/10.1145/320764.320766
- Backus, John. 1978. "Can Programming Be Liberated from the von Neumann Style? A Functional Style and Its Algebra of Programs(프로그래밍을 폰 노이만 방식에서 해방시킬 수 있는가? 함수형 스타일과 그 프로그램의 대수)". IBM 리서치 연구소, 캘리포니아 새너제이. Communications of the ACM, 제21권 제8호, p613-641.
- Beyer, Kurt W. 2009. "Grace Hopper and the Invention of the Information Age(그레이스 호퍼와 정보 시대의 발명)". MIT Press.

- 컴퓨터 역사 아카이브 프로젝트(CHAP). "Computer History IBM Rare film 1948 SSEC Selective Sequence Electronic Calculator Original Dedicated(1948년 IBM 희귀 영상: SSEC 셀렉티브 시퀀스 전자 계산기 전용 공개. 10분 36초 분량)". 유튜브 업로드, 2024년 5월 1일 기준.
- DeCaire, Frank. 2017. "Vintage Hardware(빈티지 하드웨어) - IBM 701". 5월 27일 개인 블로그 게시글.
  https://blog.frankdecaire.com/2017/05/27/vintage-hardware-the-ibm-701
- IBM(International Business Machines Corporation). 1953. "Principles of Operation: Type 701 and Associated Equipment(701형 및 관련 장비 작동 원리)".
  https://archive.org/details/type-701-and-associated-equipment
- IBM. 1953. "Type 701 Electronic Data Processing Machines(IBM 701형 전자 데이터 처리기용 스피드코딩 시스템)".
  https://archive.computerhistory.org/resources/access/text/2018/02/102678975-05-01-acc.pdf
- Lorenzo, Mark Jones. 2019. "The History of the Fortran Programming Language(포트란 프로그래밍 언어의 역사)". SE Books.
- 미 해군연구소(ONR), 수학과학부. 1953. "Digital Computer Newsletter 5(디지털 컴퓨터 뉴스레터 제5권)". 제4호: p1-18.
  http://www.bitsavers.org/pdf/onr/Digital_Computer_Newsletter/Digital_Computer_Newsletter_V05N04_Oct53.pdf
- 위키피디아. "IBM 701". https://en.wikipedia.org/wiki/IBM_701
- 위키피디아. "IBM SSEC". https://en.wikipedia.org/wiki/IBM_SSEC
- 위키피디아. "John Backus(존 배커스)".
  https://en.wikipedia.org/wiki/John_Backus

CHAPTER 6

에츠허르 다익스트라: 첫 번째 컴퓨터 과학자

에츠허르 다익스트라(Edsger Dijkstra)는 소프트웨어 역사상 유명한 인물 중 한 명입니다. 그는 구조적 프로그래밍의 아버지이자 GOTO 문을 쓰지 말라고 강조한 인물로 잘 알려져 있습니다. 세마포어(semaphore)라는 개념을 처음 고안했으며, 여러 가지 유명한 알고리즘을 개발했습니다. 또 ALGOL 60 컴파일러의 최초 버전을 공동 개발하고 초기의 멀티프로그램 운영체제 설계에도 참여했습니다.

하지만 이런 업적들은 그의 치열했던 여정의 일부에 불과합니다. 다익스트라의 진정한 유산은 하드웨어에 대한 과도한 집착을 넘어서 추상화의 중요성을 강조하고, 이를 프로그래밍 업계에 정착시킨 데 있습니다. 그는 프로그래밍 업계 전반에 걸쳐 추상화의 중요성을 끊임없이 주장했고 결국 이를 설득하는 데 성공합니다.

다익스트라는 선구자이자 전설적인 프로그래머이기도 합니다. 동시에 그리 겸손하지 않았다는 평도 있는데, 앨런 케이(Alan Kay)가 농담 삼아 "컴퓨터 과학에서의 오만은 나노-다익스트라(nano-Dijkstras)라는 단위로 측정된다."라고 이야기할 정도였습니다. 앨런 케이는 이어 "다익스트라는 자기를 잘 아는 이들에게는 짜증을 유발하기보다는 오히려 재미있는 인물이었다."라고 회고하기도 했습니다. 어찌 되었든 에츠허르 다익스트라는 매우 매력적인 이야기를 지닌 인물입니다.

다익스트라라는 인물

에츠허르 비버 다익스트라(Edsger Wybe Dijkstra)는 1930년 5월 11일에 네덜란드 로테르담에서 태어났습니다. 그의 아버지는 화학 교사이자 네덜란드 화학학회의 회장이었고, 그의 어머니는 수학자였습니다. 즉, 그는 어린 시절부터 수학과 과학으로 둘러싸인 환경에서 자랐습니다.

제2차 세계 대전 당시 독일이 네덜란드를 점령하자 부모님은 다익스트라를 시골로 피신시켰습니다. 전쟁이 끝난 후 네덜란드는 많은 부분이 파괴되었지만, 동시에 희망의 빛도 자리 잡게 되었습니다.

1948년 다익스트라는 고등학교를 졸업하면서 수학과 과학에서 최고 성적을 받았습니다.

다익스트라도 여느 젊은이들처럼 처음에는 부모님의 바람을 거부합니다. 그의 부모님은 그가 과학이나 기술 분야를 전공하기 원했지만, 그는 법학을 전공하여 UN에서 네덜란드를 대표하는 사람이 되고자 했습니다. 그러나 그는 라이덴 대학교(Leiden University)에서 이공계의 매력을 발견하고 이내 관심을 이론 물리학으로 바꿉니다.

이런 관심사는 1951년에 다시 한 번 바뀝니다. 그의 아버지가 영국 케임브리지에서 열리는 3주간 EDSAC 프로그래밍 입문 과정을 듣도록 주선한 것이 계기가 되었습니다. 다익스트라의 아버지는 최신 도구들을 배우는 것이 이론 물리학자로서 경력에 도움이 되리라 생각했지만, 결과는 전혀 다른 방향으로 흘러갔습니다.

다익스트라는 비록 영어가 서툴렀지만 프로그래밍 수업이 무척 흥미로웠고 많은 것을 배웠습니다. 그는 이 3주가 자신의 인생을 바꾸어 놓았다고 말합니다. 그곳에서 그는 암스테르담 수학 센터(Mathematical Centre, MC)의 소장이었던 아드리안 반 빈가르덴(Adriaan van Wijngaarden)을 만나게 되었고, 그에게서 프로그래머로 일할 수 있는 파트타임 일자리를 제안받습니다.

1952년 3월, 다익스트라는 네덜란드 최초의 프로그래머로 MC에 입사합니다. 그는 컴퓨터가 '전혀 봐주지 않는' 무자비한 정확성을 가지고 있다는 점에 매료되었다고 합니다.

하지만 당시 MC에는 아직 컴퓨터가 없었습니다. 그들은 ARRA라는 전기 기계식 컴퓨터를 만들려고 애쓰는 중이었습니다. 다익스트라는 ARRA의 명령어 집합(instruction set)[1]을 설계하는 데 참여했으며, ARRA가 완성되면 실행할 프로그램들을 미리 작성했습니다.

이곳에서 다익스트라는 게릿 블라우(Gerrit Blaauw)를 만납니다. 블라우는 1952년 하버드 대학교에서 하워드 에이컨(Howard Aiken) 밑에서 공부했으며, 훗날 IBM 360을 설계한 프레드 브룩스(Fred Brooks), 진 암달(Gene Amdahl)과 함께 일했던 인물입니다. 블라우는 에이컨 실험실에서 얻은 지식과 자료를 MC에 전수해 주었습니다.

다익스트라와 블라우는 ARRA[2]를 비롯한 여러 프로젝트에서 함께 일했습니다. 다익스트라는 블라우에 대해 다음 일화를 말한 적이 있습니다.[3]

> "그는 시간을 매우 잘 지키는 사람이었다. 그리고 그 점이 얼마나 다행이었는지 모른다. 몇 달 동안 나는 블라우와 스키폴 공항[4]에 설치된 FERTA[5]의 디버깅 작업을 했었다. 그곳은 가기 쉽지 않은 위치에 있었고, 다행히도 그는 차가 있었다. 그래서 나는 아침 7시에 자전거를 타고 고속도로까지 가서 자전거를 숨겨 두고 길가에서 그가 오기를 기다렸다. 당시의 겨울은 매우 혹독했으며, 오래된 캐나다 군용 코트를 입고 일을 해야 할 정도였다. 하지만 게릿 블라우가 시간을 철저히 지키는 사람이었기 때문에 그 혹독한 겨울을 버틸 수 있었던 것 같다. 하지만 내가 기억하는 가장 끔찍한 날은 하루 종일 FERTA를 디버깅하고 밤 10시가 되었을 때였다. 그의 차는 주차장에 남은 마지막 차량이었고, 눈이 내리기 시작했다. 그런데 차가 시동이 걸리지 않았다. 정확히 우리가 어떻게 집에 돌아왔는지는 기억이 나지 않지만, 내 기억으로는 게릿 블라우가 그날 또 하나의 버그를 고쳤던 것으로 기억한다."

---

1 역주 컴퓨터가 수행할 수 있는 명령어의 모음으로 하드웨어가 이해하고 실행할 수 있도록 정의된 기계어 집합입니다.

2 초창기 전기 기계식 컴퓨터입니다.

3 <A Programmer's Early Memories(프로그래머로서의 초창기 회고)>, 에츠허르 비버 다익스트라(Edsger Wybe Dijkstra)

4 네덜란드 스키폴 지역에 위치한 포커 네덜란드 왕립 항공기 제작소(Royal Dutch Aircraft Factory Fokker)는 흔히 비공식적인 영어로 '포커 항공기 공장' 또는 '포커 공장'으로 불립니다. 네덜란드어로는 'Nederlandse Vliegtuigenfabriek(네덜란드 항공기 공장)'이라는 이름으로도 알려져 있습니다.

5 ARRA에서 파생된 초창기 전기식 컴퓨터입니다.

다익스트라는 '창의적이면서도 정확해야 한다'는 프로그래밍 작업의 특징을 좋아했습니다. 그러나 MC에서 일을 할수록 그는 점점 프로그래밍이 자신에게 맞는 분야가 아닐지도 모른다는 불안감을 느끼게 됩니다. 당시 그는 일류 이론 물리학자로 성장하는 중이었고, 컴퓨터 프로그래밍은 결코 일류로 여겨지는 분야가 아니었기 때문입니다.

이런 개인적인 갈등은 1955년에 정점에 이르렀습니다. 다익스트라는 자신의 불안을 빈가르덴에게 털어놓으면서 다음과 같이 회고했습니다.

"몇 시간 후 그의 사무실을 나섰을 때, 나는 완전히 다른 사람이 되어 있었다. 빈가르덴은 조용히 말했다. "자동 계산기는 결코 사라질 존재가 아니며, 우리는 아직 시작 단계에 불과합니다. 그리고 당신은 앞으로 프로그래밍을 존중받는 학문으로 만드는 데 기여할 사람이 될 수도 있습니다."라고. 그리고 그것은 내 인생의 전환점이 되었다."[6]

1957년, 다익스트라는 MC에서 '컴퓨터(computer)'로 일하던 여성 중 한 명인 마리아 더베츠(Maria (Ria) Debets)와 결혼했습니다. 그러나 암스테르담의 관공서에서 혼인 신고서에 기재한 '프로그래머'라는 직업을 인정해 주지 않았습니다. 이에 대해 그는 이렇게 말했습니다.

"믿기지 않겠지만, 내 혼인 신고서의 직업란에는 어이없게도 '이론 물리학자'라고 적혀 있었다."

ARRA: 1952~1955년

빈가르덴은 MC의 새로운 ARRA 컴퓨터를 프로그래밍하기 위해 다익스트라를 고용했습니다. 당시 그가 겪고 있던 문제는 ARRA가 제대로 작동하지 않는다는 점이었습니다. 사실

6 "The Humble Programmer(겸손한 프로그래머)". Communications of the ACM 제15권 10호(1972년 10월). p859-866.

5년 전 빈가르덴은 하버드를 방문하여 에이컨의 마크 I과 그 후속 기계들을 직접 본 적이 있습니다. 그는 하버드 마크 I에 깊은 인상을 받았고, 그와 비슷하지만 훨씬 더 작은 기계를 만들기 위해 젊은 엔지니어들을 고용하여 ARRA를 개발했던 것입니다.

ARRA는 프로그램 내장 방식의 **전기 기계식** 컴퓨터로 설계된 거대한 기계입니다. 이 장치는 드럼 메모리, 계전기(릴레이) 1,200개, 레지스터 역할을 하는 진공관 플립플롭[7]을 갖추고 있습니다. 하지만 계전기는 주기적으로 청소해야 했고, 접점이 너무 빠르게 손상되어 스위칭 속도가 들쭉날쭉했습니다. 이로 인해 전체 기계의 신뢰성이 떨어졌고, 결국 4년에 걸친 개발과 끊임없는 수리를 거쳐 동작하기는 했지만, 사람들은 그저 무작위 숫자를 생성하는 것 외에는 별다른 쓸모가 없는 기계라는 농담을 하기도 했습니다.

그것은 실제로 농담이 아니었습니다. ARRA 개발진은 13차원 정육면체 주사위를 시뮬레이션하는 데모 프로그램을 만들었고, 어느 날 정부 부처의 장관이 이 데모를 보기 위해 방문했습니다. 연구진은 긴장하며 ARRA의 전원을 켰고, 놀랍게도 그날만큼은 기계가 제대로 된 난수를 출력하기 시작했습니다. 즉, 비록 잠시 동안이었지만 제대로 작동한 것입니다! 하지만 이내 기계는 갑자기 멈추어 버렸습니다.

그 순간 빈가르덴은 재치 있게 장관에게 이렇게 설명했습니다. "정말 놀라운 상황입니다. 정육면체가 지금 꼭짓점 위에 균형을 잡고 있어 어느 방향으로 쓰러져야 할지 결정하지 못하고 있습니다. 이 버튼을 눌러 주시면 주사위에 작은 자극을 주어 ARRA가 다시 계산을 계속할 수 있을 것입니다." 그의 말에 따라 장관은 버튼을 눌렀고, 기계는 다시 난수를 출력하기 시작했습니다. 장관은 "매우 흥미롭군요."라는 말을 남기고 곧 자리를 떠났습니다.

그리고 그 기계는 다시는 작동하지 않았다고 합니다.

이에 좌절한 빈가르덴은 하버드에서 박사 학위를 막 마친 게릿 블라우를 영입합니다. 블라우는 하버드에서 에이컨과 함께 마크 IV 개발에 참여한 인물입니다. 블라우는 팀에 합류하자마자 ARRA는 성공할 가능성이 전혀 없으며, 전기 기계식 계전기가 아니라 전자식 방식으로 처음부터 다시 시작해야 한다고 말했습니다.

---

7 역주 flip-flops, 논리 게이트의 피드백 루프에 1비트의 정보를 저장할 수 있는 기억 장치입니다.

그리하여 팀은 ARRA의 설계 작업에 다시 착수합니다. 물론 실제로는 ARRA 2였지만, 이전에 ARRA 1이 있었다는 사실을 드러내고 싶지 않았기 때문에 굳이 '2'라는 이름을 내세우지 않았습니다.

그래서 그들은 새로 만든 기계를 그냥 ARRA라고 불렀습니다.

'프로그래머'였던 다익스트라의 역할은 하드웨어 팀에 명령어 집합을 제안하는 것이었습니다. 그러면 하드웨어 팀은 그 명령어 집합이 실제로 구현 가능한지 검토한 후 수정 사항을 반영하여 다시 다익스트라에게 돌려보냈습니다. 이런 식의 반복 작업이 계속되었고, 이는 모두가 마치 '피로 서명하듯이' 동의할 때까지 이어졌습니다. 그런 다음 하드웨어 팀은 실제로 하드웨어 제작을 시작했고, 다익스트라는 프로그래밍 매뉴얼을 작성하고 입출력 기본 함수들을 코딩하기 시작했습니다.

이런 역할 분담에 따라 하드웨어는 소프트웨어가 실행되는 블랙박스로 간주되었고, 소프트웨어는 하드웨어와 독립적으로 개발될 수 있다는 개념이 만들어지게 되었습니다. 이는 컴퓨터 아키텍처에 매우 중요한 진전이었으며, 의존성 역전(dependency inversion)[8]의 초기 사례 중 하나이기도 했습니다. 즉, 소프트웨어가 하드웨어의 제약에 종속되는 것이 아니라 오히려 하드웨어가 소프트웨어의 요구를 충족시키도록 설계된 것입니다.

새 ARRA는 13개월 후인 1953년에 완성됩니다. 여기에서 놀라운 점은 새로 만든 ARRA가 제대로 작동했다는 것입니다. ARRA는 24시간 가동되었으며 바람의 흐름과 수면의 움직임, 비행기 날개의 동작 등에 필요한 계산 작업을 수행했습니다. 그리고 이전까지 책상용 계산기를 사용하여 이런 계산을 수행하던 여성 '컴퓨터(computer)' 팀을 완전히 대체하게 되었습니다. 그 대신 그 여성들은 새 ARRA의 프로그래머로 전환되었습니다.

ARRA 개발 팀은 레지스터 중 하나에 스피커를 연결하여 기계의 작동음을 들을 수 있게 했습니다. 이는 매우 유용한 디버깅 도구였습니다. 기계가 제대로 작동할 때와 무한 루프에 빠졌을 때 **소리를 들을 수** 있었기 때문입니다.

ARRA는 대부분의 컴퓨터가 십진수(BCD)를 사용하던 시기에 이례적으로 이진수를 사용하도록 설계되었습니다. ARRA의 전자 부품은 진공관이었으며, 작업용 레지스터 두 개와 30비트 워드 1,024개를 저장할 수 있는 드럼 메모리를 갖추고 있었습니다. 이를 통해 명령어를 초당 약 40개 처리할 수 있었으며, 드럼은 초당 50회 회전했습니다. 주요 입력 장치로 5채널 천공 테이프가 있었으며, 출력은 자동 타자기로 전송되었습니다.

다익스트라가 ARRA 2를 위해 설계한 명령어 집합을 보면 당시 사람들이 컴퓨터가 어떤 일을 해야 한다고 생각했는지 짐작할 수 있습니다. 다익스트라의 명령어 집합은 매우 간단했고, 데이터 조작보다는 산술 연산에 훨씬 더 초점을 맞추고 있었습니다. 참고로 훗날 등장하는 컴퓨터들은 이와 정반대의 방향으로 발전했습니다.

---

8 역주 어떤 모듈이 다른 모듈에 직접 의존하는 대신 둘 다 추상화된 인터페이스에 의존하도록 하는 것입니다. 이를 통해 각 모듈의 재사용을 용이하게 하고, 시스템의 유연성을 높일 수 있습니다.

ARRA 2의 명령어는 15비트 길이였기 때문에 하나의 30비트 워드에는 명령어를 두 개 저장할 수 있었습니다. 이 두 명령어는 각각 a와 b로 불렸습니다. 따라서 이론적으로 기계는 명령어를 최대 2,048개 저장할 수 있습니다. 각 명령어에서 처음 5비트는 연산 코드(operation code)였고, 마지막 10비트는 메모리 주소 또는 즉시 값(immediate value)으로 사용되었습니다.

레지스터 두 개는 A와 S라는 이름이 붙어 있었습니다. 이들은 각각 독립적으로 조작할 수 있지만, 함께 사용하면 60비트의 배정밀도(double-precision)[9] 숫자로도 활용할 수 있었습니다.

명령어는 총 24개였습니다. 하지만 입출력(IO) 명령어나 간접 주소 지정은 없었습니다. 또 다익스트라는 연산 코드를 나타낼 때 십진수를 사용했는데 이는 팔진수나 십육진수 개념이 당시에는 일반적이지 않았기 때문입니다.

0/n replace (A) with (A) + (n)
1/n replace (A) with (A)-(n)
2/n replace (A) with (n)
3/n replace (A) with -(n)
4/n replace (n) with (A)
5/n replace (n) by -(A)
6/n conditional control move to na
7/n control move to after na
8/n replace (S) with (s) + (n)
9/n replace (S) with (S)-(n)
10/n replace (S) with (n)
11/n replace (S) with -(n)
12/n replace (n) with (S)
13/n replace (n) with -(S)
14/n conditional control move to nb
15/n control move to nb
16/n replace [AS] with [n].[s] + [A]

9 역주 컴퓨터에서 실수를 표현하는 방식으로 단정밀도(single precision)보다 더 많은 비트를 할당하여 더 넓은 범위와 높은 정밀도를 제공하는 것을 의미합니다.

17/n replace [AS] with -[n].[S]+[A]
18/n replace [AS] with [n].[S]
19/n replace [AS] with - [n].[s]
20/n divide [AS] by [n]:, place quotient in S, remainder in A
21/n divide [AS] by -[n]:, place quotient in S, remainder in A
22/n shift A->S, i.e. replace [AS] with [A].2^(29-n)
23/n shift S->A, i.e. replace [SA] with [S].2^(30-n)
24/n communication assignment

이 명령어 중 조건부 분기(conditional control moves) 명령어 두 개는 직전에 수행된 산술 연산의 결과가 양수일 경우에만 실행되었습니다. ARRA는 1의 보수 방식을 사용했기 때문에 0을 나타내는 방법에는 두 가지, 즉 양의 0과 음의 0이 존재했습니다. 따라서 뺄셈을 통해 0을 판별하는 것은 매우 위험한 일이었습니다.

그리고 a로 분기할지 b로 분기할지를 결정할 때 **서로 다른 분기 명령어**를 사용하고 있다는 점에 주목할 필요가 있습니다. 이 경우 프로그램 중간에 명령어를 하나 삽입하려고 한다면 정말 끔찍했을 것입니다.

드럼 메모리는 채널 64개로 구성되어 있었으며, 각 채널에는 워드가 16개 저장되었습니다. 각각의 채널은 드럼 위의 하나의 트랙(track)에 해당되었을 것으로 보입니다. 또 읽기 헤드가 64개 있었고, 각 읽기 헤드는 릴레이를 통해 전자 회로에 연결되어 있었던 것으로 추정됩니다. 이 릴레이는 열리거나 닫히는 데 20밀리초에서 40밀리초 정도가 걸렸습니다. 따라서 효율적인 프로그램을 작성하려면 트랙 사이를 자주 이동하지 않도록 주의해야 했습니다.

게다가 드럼에서 데이터를 읽고 쓰기 위한 전자 회로는 동시에 두 트랙에서 사용할 수 있었던 것으로 보입니다. 이 경우 하나는 명령어를 위한 트랙이고, 다른 하나는 데이터를 위한 트랙이었습니다. 이를 통해 프로그래머는 릴레이의 상태를 변경하지 않고도 명령어와 데이터를 각각 다른 트랙에 배치하여 보다 효율적으로 프로그램을 구성할 수 있었습니다.

여기에 더 복잡한 내용을 덧붙이자면, 드럼의 실제 트랙은 드럼 원둘레를 따라 워드만 여덟 개 저장할 수 있습니다. 또 각 읽기/쓰기 헤드는 두 인접한 트랙 중 하나만 읽고 쓸 수 있는 이중 헤드였기 때문에 한 채널의 16워드를 모두 읽기 위해서는 드럼이 최소 두 바퀴는 돌아야 합니다.

여러분이 어떤 프로그램을 작성하기 위해 앞선 모든 것을 신경 써야 한다고 한번 상상해 보세요.

심지어 명령어 집합에는 간접 주소 지정조차 없습니다. 이는 다익스트라가 아직 포인터의 중요성을 인식하지 못했거나 아니면 하드웨어 설계자들이 간접 주소 지정을 구현할 수 없었던 것일 수도 있습니다. 따라서 여전히 간접 접근이나 인덱스 접근을 하려면 기존 명령어 안에 있는 주소 값을 직접 수정하는 방식으로 처리해야 했습니다.

서브루틴을 처리하는 방식도 마찬가지였습니다. 명령어 집합에는 '호출(call)' 명령어나 반환 주소를 기억하는 기능이 없었습니다. 따라서 서브루틴을 호출하려면 프로그래머가 직접 서브루틴의 마지막 명령어에 적절한 분기(jump) 명령어를 저장해 두어야 했습니다.

이처럼 원시적인 하드웨어와 명령어 집합은 다익스트라에게 두 가지 영향을 동시에 미쳤을 가능성이 큽니다. 첫째, 지나치게 복잡하고 제약이 많은 환경 속에 파묻혀 있다 보니 컴퓨터 과학 자체에 대해 진지하게 고민할 여유가 없었을 것입니다. 하지만 둘째로 바로 그 경험 덕분에 이런 세세한 복잡함을 벗어나 추상화를 향해 나아가려는 강한 열망이 생겼을 것입니다. 우리가 곧 보게 되듯 다익스트라는 실제로 그런 길을 택하게 됩니다.

다익스트라의 1953년 논문인 "Functionele Beschrijving Van De Arra(ARRA의 기능적 설명)"에서도 이런 세부 사항과 추상적 사고 사이의 갈등이 엿보입니다. 이 논문에서 다익스트라는 호출 가능한 서브루틴의 장점과 필요성을 정당화하기 위해 많은 노력을 기울입니다. 그는 마크 I에서 호퍼가 사용했던 '열린 서브루틴(open subroutines, 즉 코드 중복)' 방식과 대비하여 호출 가능한 구조가 얼마나 더 효율적이고 바람직한지 강조했습니다.

다익스트라는 서브루틴 호출 방법을 설명하면서 "같은 명령어들을 프로그램 곳곳에 반복해서 복사하는 대신 제어 흐름이 동일한 명령어 집합을 한 번만 정의해서 실행할 수 있다면 더 좋을 것이다."라고 말했습니다. 그는 호퍼가 사용했던 명령어 중복 방식은 "매우 비효율적이며, 메모리 공간을 낭비한다."라고 지적했습니다. 하지만 이어서 자신이 생각한 방식대로 서브루틴을 만들 경우 호출과 반환마다 드럼 트랙 간 전환이 자주 발생하여 전체적인 프로그램 실행 시간이 늘어날 수 있다는 점을 우려하기도 했습니다.

이런 문제를 받아들이고 극복해 나간 과정이 바로 에츠허르 다익스트라의 여정이자 그가 남긴 유산입니다.

ARMAC: 1955~1958년

MC는 ARRA를 기반으로 설계를 개선해 나가면서 새로운 기계를 제작하기 시작했습니다.

그리고 2년 후인 1955년에 FERTA가 제작되어 스키폴 공항 옆에 위치한 포커(Fokker) 항공기 공장에 설치되었습니다. FERTA는 F27 Friendship 항공기 날개 설계의 행렬 계산에 사용되었습니다. FERTA의 구조는 ARRA와 유사했지만 메모리는 34비트 워드 4,096개로 확장되었고, 처리 속도는 초당 명령어 약 100개로 기존보다 두 배 빨라졌습니다. 이는 아마도 드럼의 각 트랙에 저장할 수 있는 데이터 밀도가 두 배로 증가했기 때문으로 보여집니다.

ARMAC는 그로부터 1년 후인 1956년에 등장한 또 다른 ARRA 계열의 컴퓨터입니다. 이 컴퓨터는 소형 코어 메모리 뱅크를 드럼 트랙을 위한 버퍼로 사용했기 때문에 초당 명령어 1,000개를 실행할 수 있습니다. 진공관이 총 1,200개 사용되었으며 전력 소비는 10킬로와트에 달했습니다.

이 시기에는 하드웨어 측면에서의 다양한 실험과 개선 작업이 활발히 이루어졌지만, 명령어 집합과 같은 소프트웨어 아키텍처 측면에서는 별다른 발전이 없었습니다. 그러나 메모리 용량과 처리 속도의 향상 덕분에 다익스트라는 이전까지는 도저히 다룰 수 없었던 문제를 진지하게 고민해 볼 수 있게 되었습니다.

다익스트라 알고리즘: 최단 경로

"로테르담에서 흐로닝언까지, 즉 한 도시에서 다른 도시까지 가장 짧은 길을 어떻게 찾을 수 있을까? 이 해답을 찾다가 최단 경로 알고리즘을 고민하게 되었다. 1956년 어느 날 아침, 나는 약혼녀와 함께 암스테르담에서 쇼핑을 하다가 카페 테라스에 앉아 커피를 마시고 있었다. 그러다 문득 '이렇게 해 볼 수 있을까?'라는 생각이 떠올랐고, 곧바로 최단 경로 알고리즘을 설계하게 된 것이다. 이것은 단 20분 만에 떠올린 아이디어였지만 실제로 논문은 3년 후 1959년에 발표했다. 그 논문은 지금 보아도 꽤 잘 쓴 것 같다. 아마도 내가 연필이나 종이를 쓰지 않고 설계를 했기 때문인 것 같다. 나중에 알게 된 사실인데, 연필과 종이를 쓰지 않고 설계를 하면 불필요한 복잡성을 피할 수 있었다. 놀랍게도 그렇게 만들어 낸 알고리즘은 내가 유명해진 계기가 되었다."

– 에츠허르 다익스트라, 2001년

다익스트라는 일반인도 이해할 수 있는 문제를 통해 ARMAC의 성능을 보여 주고자 했습니다. 그는 네덜란드 도시 64개[10] 사이의 교통망을 기반으로, 한 도시에서 다른 도시까지 최단 경로를 찾는 데모 코드를 작성했습니다.

이 알고리즘 자체는 이해하기 어렵지 않습니다. 중첩된 반복문 몇 개와 약간의 정렬, 데이터 조작이 전부입니다. 하지만 이 코드를 포인터도 없이, 재귀도 없이, 서브루틴 호출 명령어조차 없이 작성한다고 상상해 보세요. 데이터에 접근하기 위해서는 각 명령어 내부 주소를 직접 수정해야 하고, 드럼 메모리와 코어 버퍼 사이의 데이터가 밀리거나 덮어 쓰여지지 않도록 최적화까지 해야 합니다. 정말 이런 것들을 생각해 보니 머리가 아찔해지네요!

데모 프로그램을 완성한 다익스트라는 이번에는 보다 실용적인 문제를 해결하기 위해 최단 경로 알고리즘과 유사한 알고리즘을 만들었습니다. 당시에는 차기 컴퓨터인 X1의 뒷판(backplane)에 수많은 구리 회로가 필요했는데, 당시 구리는 귀한 금속이었습니다. 그래서 그

---

10 다익스트라는 각각의 도시를 여섯 자리 정수로 표현했습니다.

는 X1의 뒷판에 사용되는 구리 배선을 최소화하기 위해 최소 신장 트리(Minimum Spanning Tree, MST)라는 알고리즘을 만듭니다.

다익스트라가 이런 MST 같은 그래프 알고리즘을 만든 것은 오늘날 우리가 알고 있는 컴퓨터 과학으로 나아가는 중요한 한 걸음이었습니다. 그는 순수한 수치 계산뿐만 아니라 다양한 문제들을 해결하기 위해 컴퓨터를 활용했습니다.

ALGOL과 XI: 1958~1962년

다익스트라가 MC에서 활동하던 시기는 컴퓨팅 역사에서 매우 중요한 시기입니다. 1954년 호퍼가 주최한 자동 프로그래밍 심포지엄[11]은 큰 화제를 불러일으켰고, 그 자리에서 J. H. 브라운[12]과 J. W. 카 3세[13]가 기계에 독립적인 범용 프로그래밍 언어에 관한 논문을 발표하기도 했습니다. 사울 고른(Saul Gorn)[14] 역시 유사한 논문을 발표했으며, 두 논문 모두 프로그래밍 언어의 구조를 하드웨어의 물리적 구조에서 분리해야 한다는 주장을 담고 있습니다.

이것은 당시 통념에 정면으로 반하는 혁신적인 개념입니다. 포드란, MATH-MATIC, 그리고 이후 등장한 코볼 같은 언어들은 당시 컴퓨터의 물리적 구조와 매우 밀접하게 결합되어 있었습니다. 이런 결합이 프로그램 실행의 효율성을 확보하는 데 필수적인 부분이라고 여겼습니다. 브라운과 카는 범용 언어가 실행 속도 면에서는 다소 느릴 수 있다는 점을 인정하면서도 프로그래밍 시간의 단축과 프로그래머의 실수를 방지할 수 있다는 점을 강조했습니다.

11 4장 컴파일러: 1951~1952년 절을 참고합니다.

12 윌로 런 연구소(Willow Run Research Center) 출신입니다.

13 John Weber Carr III(1923~1997)

14 탄도학 연구소(Ballistics Research Lab) 출신입니다.

프로그래밍 언어와 하드웨어의 아키텍처가 결합된 대표적인 예로 C 언어의 int 타입을 들 수 있습니다. int는 사용하는 기계에 따라 16비트, 32비트, 또는 64비트 정수로 처리되기도 합니다. 필자는 한때 int가 18비트였던 기계에서 작업한 적도 있습니다. 즉, C 언어에서 int는 기계의 워드 크기와 밀접하게 결합되어 있습니다. 당시에는 대부분 기계의 데이터 형식이 곧 프로그래밍 언어의 데이터 형식이었으며, 메모리 배치 방식까지 기계에 의존한다는 전제를 두고 있었습니다. 그 결과 서브루틴 인수도 하드웨어의 고정된 메모리 위치에 할당되었기 때문에 재귀 호출이나 재진입(reentrancy) 같은 기능을 만드는 것은 사실상 불가능했습니다.

1958년 5월, 카와 몇몇 동료는 기계에 독립적인 범용 프로그래밍 언어를 정의하기 위해 취리히에 모였습니다. 이들은 그 범용 프로그래밍 언어에 ALGOL(International ALGOrithmic Language)이라는 이름을 붙였습니다. ALGOL의 목표는 수학적 표기법을 사용하여 알고리즘을 문서로 출판할 수 있도록 하고, 아울러 그 문서 내용을 자동으로 기계어 프로그램으로 변환할 수 있도록 하는 것이었습니다.

존 배커스는 1958년 초기 버전의 ALGOL 언어를 설명하기 위해 형식적 표기법을 고안합니다. 피터 나우르는 이 표기법의 탁월함을 알아보고, 이를 배커스 정규형(Backus Normal Form, BNF)[15]이라 명명하기도 했습니다. 이후 피터 나우르는 이 표기법을 사용하여 1960년 버전의 ALGOL을 정의합니다.

한편 다익스트라와 MC는 당시 X1 컴퓨터 제작에 한창이었습니다. X1은 완전히 트랜지스터 기반으로 설계된 컴퓨터로 27비트 워드를 최대 32K개 저장할 수 있습니다. 주소 공간 중 첫 8K는 읽기 전용 메모리로 사용되었으며, 여기에는 부트 프로그램과 초기 어셈블러가 탑재되었습니다. X1은 하드웨어 인터럽트를 갖춘 최초의 컴퓨터였으며, 다익스트라는 이런 특징을 전략적으로 활용했습니다. 또 X1은 인덱스 레지스터도 갖추고 있었습니다. 즉, 마침내 '진정한 의미의 포인터'가 가능해진 것입니다! 그 외의 구조는 ARRA나 ARMAC와 여러 면에서 유사했습니다.

15 1964년 도널드 커누스는 BNF를 배커스-나우르 표기법(Backus-Naur Form)으로 바꾸자고 했습니다.

메모리 사이클은 32마이크로초(μs), 덧셈 연산 시간은 64마이크로초(μs)였기 때문에 X1은 명령어를 초당 1만 개 이상 실행할 수 있었습니다.

1959년, 빈가르덴과 다익스트라는 ALGOL 언어 정의 작업에 합류합니다. 그리고 1960년, BNF 명세가 완성되자 다익스트라와 그의 오랜 동료 야프 존네벨트(Jaap Zonneveld)는 놀라운 속도로 X1용 컴파일러를 작성하여 컴퓨터 업계를 깜짝 놀라게 만들었습니다.

어쩌면 그저 '놀라게 만들었다'는 표현만으로는 부족할지도 모릅니다. 나우르는 이렇게 썼습니다. "1960년 6월, 네덜란드 프로젝트의 성공 소식은 우리 그룹에 폭탄처럼 떨어졌다."[16] 그리고 이 '폭탄' 같은 소식은 훗날 불거질 긴장의 씨앗이 되기도 했습니다. 당시 다른 이들을 앞질러 성과를 낸 다익스트라 팀은 다소 건방진 신예들로 비추어졌을지도 모릅니다.

이런 성공에 대해 다익스트라는 이렇게 회고했습니다.[17] "컴파일러를 작성해 본 경험이 전혀 없었다는 점, 아직 사용 방식이 정립되지 않은 새로운 기계(X1)를 사용했다는 점이 오히려 도움이 되었다. 덕분에 ALGOL 60을 구현할 때 고정 관념 없이 신선한 시각으로 접근할 수 있었다."

---

16 Daylight, p46 참고

17 Daylight, p57 참고

다익스트라와 존네벨트가 사용한 기법 중 하나는 이른바 '이중 프로그래밍(dual programming)'이라 불리는 기법입니다. 이는 두 사람이 각각 독립적으로 하나의 기능을 구현한 후 그 결과를 서로 비교하는 방식입니다. 다익스트라는 이를 '공학적인 접근 방식'이라 불렀으며, 어떤 이들은 이 방식이 디버깅에 소요되는 시간을 획기적으로 줄여 결과적으로 전체 개발 기간을 단축시키는 데 크게 기여했다고 평가하기도 했습니다.[18]

그 당시는 ALGOL 구현 팀들이 어떤 기능을 포함하고 어떤 기능을 제외할지를 두고 서로 논쟁을 벌이고 있던 시기였습니다. 그러나 다익스트라와 존네벨트는 이렇게 논의되던 기능을 단 하나도 빠뜨리지 않고 전체 명세를 **단 6주 만에** 모두 구현해 냈습니다.

심지어 그들은 대부분의 팀이 포기했던 재귀(recursion) 기능까지도 구현해 냈습니다.

아이러니하게도 재귀 기능은 애초에 투표를 통해 언어 사양에서 **제외되기**로 결정된 기능입니다. 다익스트라와 존 매카시(John McCarthy)는 재귀 기능을 포함해야 한다고 강력히 주장했지만, 다른 위원회 구성원들은 재귀가 비효율적이며 쓸모도 없다고 여기고 있었습니다. 당시 결의문의 문구가 다소 모호했던 덕분에 다익스트라는 슬그머니 이 기능을 구현에 포함시킬 수 있었습니다.

하지만 이 일로 다익스트라는 ALGOL 팀의 다른 구성원들과 마찰을 빚게 됩니다. 특히 재귀와 효율성 문제가 쟁점이었습니다. 1962년 회의에서 어떤 위원[19]이 다익스트라와 나우르 등 재귀 지지자들을 겨냥해서 신랄하게 비판했고, 다음과 같은 그의 발언은 회의장에 있던 이들에게서 큰 호응을 받았습니다.

> "다시 한 번 말하지만, 우리는 이 언어를 가지고 실제로 일을 하고자 하는 것이지, 장난을 치고 싶은 것이 아니다. 부디 우리가 ALGOL 플레이보이가 되는 일이 없기를 바란다."

18 톰 길브(Tom Gilb)와의 개인 서신에서 나온 내용입니다.
19 Gerhard Seegmüller

당시 여전히 많은 팀이 고전하고 있을 때 다익스트라와 존네벨트가 성공할 수 있었던 이유 중 하나는 다익스트라가 언어와 기계 사이에 추상화 경계(abstraction boundary)를 만들었기 때문입니다. 이를 통해 컴파일러는 ALGOL 소스 코드를 중간 코드인 p-코드[20]로 변환했고, 별도의 런타임 시스템이 이 p-코드를 해석하여 실행했습니다. 오늘날의 용어로 표현하자면, 이 런타임 시스템은 바로 가상 머신(VM)[21]이었던 것입니다.

이런 분리 덕분에 컴파일러는 더 이상 하드웨어를 신경 쓰지 않아도 되었습니다. 이는 본래 카, 브라운, 고른, ALGOL 팀이 추구했던 목표이기도 합니다. 이처럼 하드웨어 의존성이 사라지자 컴파일러 작성이 훨씬 쉬워졌습니다. 즉, 다익스트라는 ALGOL에 완벽하게 맞는 가상의 기계를 고안했던 것이고, 부족한 부분은 런타임 시스템으로 보완했습니다.

물론 이런 접근 방식은 어느 정도의 비효율을 초래했습니다. p-코드를 시뮬레이션하는 것은 그냥 원시 기계어를 실행하는 것보다 항상 느릴 수밖에 없었습니다. 하지만 다익스트라는 단기적인 효율성에 얽매이지 않겠다는 태도를 굽히지 않습니다. 그가 중점에 둔 것은 프로그래밍 언어와 컴퓨터 아키텍처의 장기적인 개선 방향이었습니다. 그래서 그는 이렇게 말했습니다.

> "프로그래머에게 정말로 필요한 것이 무엇인지 제대로 이해하기 위해 당분간은 '속도나 메모리 같은 문제'는 더 이상 신경 쓰지 않기로 했다."

그는 이어서 이렇게 말합니다.

> "나는 프로그램이 제대로 작동할 수 있도록 보장하는 일이 기계의 성능을 최대한 끌어내는 것보다 훨씬 더 급한 문제라고 생각한다."

20 이식 가능한 코드(portable code)로, 가상 머신의 명령어를 나타내는 숫자로 구성된 코드입니다.
21 JVM이나 CLR 같은 가상 머신입니다.

마지막으로 다익스트라는 다음과 같은 말도 남겼습니다.

"재귀는 정말 깔끔하고 우아한 개념이라서 머지않아 새로운 컴퓨터를 설계할 때 분명히 중요한 영향을 미치게 될 것이다."

당연하지만 그의 말은 모두 옳았습니다. 그로부터 불과 10년 만에 인덱스 레지스터 여러 개와 스택 포인터를 갖춘 PDP-11[22]이 등장했으니까요.

한편 ALGOL 프로젝트가 막 시작되었을 때 다익스트라와 존네벨트는 빈가르덴이 (그의 평소 버릇처럼) 그들의 공을 가로채지 않을까 걱정합니다. 그래서 두 프로그래머는 컴파일러가 완성되기 전까지 면도를 하지 않기로 약속합니다. 마침내 6주 후 컴파일러가 완성되자 존네벨트는 면도를 했지만, 다익스트라는 그 이후로도 계속 수염을 길렀습니다.

먹구름 속의1962년

ALGOL 60의 성공을 거둔 다익스트라는 1962년에 발표한 논문 "Some Meditations on Advanced Programming(고급 프로그래밍에 대한 몇 가지 명상)"에서 미래를 향한 통찰을 제시합니다. 그는 프로그래밍이 예술에서 과학으로 발전해야 한다고 주장하며 다음과 같이 말합니다.

"나는 여러분이 프로그래밍의 '기술 수준(the state of the Art)'을 향상시키려는 노력과 고민에 주목해 주었으면 한다. 어쩌면 미래의 언젠가 우리는 '프로그래밍 과학의 수준(the state of the Science of Programming)'이라는 말을 하게 될지도 모른다."

---

22 1970년대부터 1990년대까지 생산된 16비트 미니컴퓨터 시리즈입니다.

그는 이어서 프로그래밍 '기술 수준(the state of the Art)'의 암울한 현실과 함께 프로그래밍이 예술에서 과학으로 전환하는 것이 "매우 시급하다."라고 강조하며 다음과 같이 말하기도 했습니다.

> "프로그래머의 세계는 아직 매우 어둡지만, 수평선 너머 밝은 하늘의 첫 기미가 이제 막 보이기 시작한 것 같다."

그리고 다익스트라는 지금까지 프로그래머란 '거의 불가능한 작업'을 맡아 '이미 그 한계치를 넘긴' 기계를 가지고 일하는 사람이라고 말합니다. 그런 상황에서 프로그래머는 시스템을 간신히 작동하게 만들기 위해 '기묘하고 요상한 수법'에 의존할 수밖에 없다고 말합니다.

다익스트라는 프로그래밍이라는 분야를 '지극히 미숙하고 원시적이며', '비위생적'이라고 표현했습니다. 아울러 프로그래머들의 창의성과 약삭빠름이 하드웨어 설계자들에게 '필요한지조차 모를 갖가지 이상한 기능'을 집어넣게 만든다고도 지적했습니다. 즉, 형편없는 기계는 형편없는 프로그래머를 낳고, 그들은 다시 더 형편 없는 기계를 만들도록 부추기게 되는 악순환이 발생하고 있다고 말이죠.

다익스트라가 이렇게 비판했던 기계들은 어떤 것이었을까요? 소문에 따르면, 그가 겨냥한 대상은 바로 IBM에서 만든 컴퓨터들이었다고 합니다.

어쨌든 다익스트라의 논문을 계속 읽다 보면 그가 가진 불만이 무엇인지 분명해집니다. 당시 하드웨어 아키텍처가 재귀 기능을 구현할 수 없게 만든다는 점, 이 때문에 컴파일러 개발자들이 프로그래밍 언어 자체에 재귀 기능을 배제하게 만든다는 점이었습니다.

그는 논문의 끝에 '우아함'과 '아름다움'에 대한 호소로 마무리하며, 프로그래머들에게 '매력적이고 사랑할 만한' 언어가 주어지지 않는다면 '우수한 품질'의 시스템을 만들어 내기는 어려울 것이라고 주장합니다.

다만 이 논문이 발표되었을 당시, 업계의 관심사는 전혀 다른 문제에 쏠려 있었습니다. 그것은 바로 '소프트웨어 위기(software crisis)'에 대한 것입니다. 프로젝트가 완료되더라도 예산과 일정을 초과하는 경우가 다반사였고, 비효율적이며 오류도 많고 요구 사항도 충족하지 못하는 프로젝트가 많았습니다. 또 유지 보수조차 하기 어려운 시스템들이 속출하기 시작했습니다.

아마 여러분도 이 부분이 익숙하게 들릴 것입니다. 사실 소프트웨어 위기는 아직 완전히 끝난 적이 없습니다. 우리는 단지 그 문제에 익숙해졌고, 그냥 받아들이고 살아가는 법을 배웠을 뿐입니다.

이런 문제를 근본적으로 해결하기 위해서 다익스트라가 제시한 해법은 과학(science), 우아함(elegance), 아름다움(beauty)이었습니다. 곧 알게 되겠지만 그의 말은 틀리지 않았습니다.

컴퓨터 과학의 대두: 1963~1967년

ALGOL 컴파일러를 완성하여 하드웨어 제약에서 어느 정도 해방된 다익스트라는 이제 다양한 컴퓨터 과학의 문제들을 실험해 볼 수 있게 되었습니다. 그 초기 연구 주제 중 하나가 바로 멀티프로그래밍(multiprogramming)입니다. 그는 에인트호번 공과대학교에서 연구자 다섯 명으로 구성된 팀을 이끌며 'THE[23] 멀티프로그래밍 시스템'이라는 프로젝트를 시작합니다.

다익스트라는 1968년 **Communications of the ACM**에 제출한 유명한 논문[24]을 통해 이 시스템을 설명했습니다. 'THE 멀티프로그래밍 시스템의 구조'는 당시로서는 매우 독창적인 것이었으며, 다익스트라가 ARRA 시절과는 차원이 다른 수준에 도달했음을 보여 주기도 합니다.

---

23 에인트호번 공과대학교의 옛 이름인 Technische Hogeschool Eindhoven의 약어입니다.

24 이 장의 참고 문헌에서 "The Structure of the "THE"-Multiprogramming System(THE 멀티프로그래밍 시스템의 구조)"을 참고합니다.

'THE 멀티프로그래밍 시스템'은 X1보다 훨씬 빠르고 강력한 파생 모델인 X8 컴퓨터에서 실행되었습니다. X8은 27비트 워드를 최소 16K개 저장할 수 있으며, 최대 256K까지 확장할 수 있습니다. 코어 메모리 사이클 시간은 2.5마이크로초에 불과하여 명령어를 초당 **수십만 개** 실행할 수 있으며, 간접 주소 지정과 IO 및 실시간 시계를 포함한 하드웨어 인터럽트[25] 기능도 갖추고 있습니다. 즉, 당시로서는 멀티프로세싱 실험을 위한 최상의 플랫폼이었던 것입니다.

컴퓨터 과학

'THE 시스템'의 아키텍처는 매우 현대적인 구조를 가지고 있습니다. 다익스트라는 시스템을 블랙박스 계층으로 명확하게 구분하는 데 심혈을 기울였습니다. 즉, 상위 계층이 하위 계층의 복잡한 내부 동작을 알거나 의존하지 못하도록 만들었습니다.

가장 하위 계층인 레이어 0에는 프로세서 할당 기능이 있습니다. 이 계층은 특정 프로세서를 어느 프로세스에서 실행할지를 결정합니다. 그 위의 계층에서는 현재 실행 중인 프로그램이 자신이 어떤 프로세서에서 실행되고 있는지 전혀 알 수 없습니다.

그다음 계층인 레이어 1은 메모리 제어를 담당합니다. 이 시스템은 초기 형태의 가상 메모리 기능을 갖추고 있으며, 코어 메모리에 있는 페이지를 드럼으로 스왑하거나 그 반대로 이동시킬 수 있습니다. 이 계층 위에 있는 프로그램은 모든 프로그램 코드와 데이터 요소가 메모리에 항상 접근 가능한 상태라고 단순하게 가정할 수 있습니다.

그다음 계층인 레이어 2는 시스템 콘솔[26]을 제어합니다. 이 계층은 개별 프로세스들이 키보드와 프린터를 통해 사용자와 통신할 수 있도록 보장하는 역할을 합니다. 이 계층 위의 각 프로세스는 마치 자신이 콘솔을 전적으로 독점하고 있는 것처럼 작동할 수 있습니다.

---

25 그는 이를 '사랑에 빠질 만한 인터럽트 시스템'이라고 표현했습니다. 아마도 인터럽트에 대해 그렇게 말한 마지막 사람이었을 것입니다.

26 하나의 입출력 장치만을 위해 전체 레이어를 따로 구성한 것이 다소 낯설게 느껴질 수도 있습니다. 하지만 시스템 콘솔은 모든 프로세스가 공유하는 유일한 장치였기 때문에 특별한 관리가 필요했습니다. 오늘날이라면 이 문제를 다르게 해결했겠지만, 당시에는 더 나은 대안이 뚜렷하지 않았습니다. 저자 역시 그 시절 같은 문제를 겪었던 시스템에서 일했던 경험이 있다고 회상합니다.

레이어 3은 입출력 장치와 그에 대한 버퍼링을 제어합니다. 이 계층 위의 사용자 프로그램은 다양한 장치에서 주고받는 데이터가 별도의 관리 없이도 연속적으로 흐르는 것이라고 단순하게 가정할 수 있습니다.

레이어 4는 사용자 프로그램이 실행되는 계층입니다.

1960년대 중반만 해도 이처럼 계층 구조를 설계하여 운영체제를 만드는 것은 완전히 새로운 개념이었습니다. 상위 계층이 하위 계층의 동작을 알 필요가 없도록 분리한다는 발상은 혁신적이었으며, 이는 컴퓨터 과학이 가장 빛을 발하던 순간 중 하나였습니다.

세마포어

시스템 개발 과정에서 팀은 동시에 실행되는 프로세스들이 공유 자원을 업데이트할 때 생기는 경쟁 상태(race condition)를 해결해야 했습니다. 이를 해결하기 위해 다익스트라는 오늘날 우리가 잘 알고 있는 세마포어(semaphore)라는 추상화 기법을 고안해 냈습니다.

세마포어는 단순한 하나의 정수 값이며, P와 V라는 두 가지 연산[27]만 수행할 수 있습니다. **P 연산**은 세마포어 값이 0 이하이면 호출한 프로세스를 차단하고, 그렇지 않으면 값을 1 감소시킨 후 계속 다음 작업을 실행하는 연산입니다. **V 연산**은 세마포어 값을 1 증가시키며 그 결과가 양수면 그대로 계속 다음 작업을 실행하고, 그렇지 않으면 차단되어 있던 프로세스 중 하나를 실행시킨 후 다음 작업을 실행하는 연산입니다.

세마포어에 대한 설명을 작성하면서 다익스트라는 **임계 구역**(critical section)과 **불가분 연산**(indivisible action)이라는 용어도 새롭게 도입했습니다. 임계 구역은 공유 자원을 조작하는 프로그램의 특정 부분입니다. 이 구역에서는 다른 프로세스나 스레드가 동시에 접근할 수 없으며 반드시 단독으로 실행되어야 합니다. 즉, 동시 업데이트가 허용되지 않는 영역입니다. 불가분 연산은 하드웨어 인터럽트가 발생하기 전에 반드시 전부 실행되어야 하는 연산을 말합니다. 특히 세마포어의 증감 연산(P, V)은 이런 불가분 연산으로 실행되어야 하며, 도중에 중단될 수 없습니다.

---

27 이 연산들은 역사적인 이유로 P와 V라는 이름이 붙었습니다.

물론 오늘날 프로그래머라면 이런 개념들을 아주 익숙하게 알고 있을 것입니다. 대부분 프로그래밍을 처음 배울 때부터 자연스럽게 배우는 내용이죠. 하지만 다익스트라와 그의 팀은 이런 개념을 처음부터 직접 생각해 내고 지금은 우리가 당연하게 여기는 추상화 개념도 체계화해야 했습니다.

구조

컴퓨터 과학에서 다익스트라가 만든 또 하나의 혁신적인 개념은 프로그램을 일련의 순차적 프로시저(structure of sequential procedures)로 본다는 것입니다. 각각의 프로시저는 단 하나의 진입점과 단 하나의 종료점만 가지며, 다른 프로시저에는 블랙박스로 보여지도록 합니다. 이런 프로시저들은 순차적으로 실행될 수도 있고, 반복적으로 루프 안에서 여러 번 실행될 수도 있습니다.

순차적 또는 반복적인 절차를 수행할 수 있는 블랙박스 구조 덕분에 다익스트라의 팀은 각 프로시저를 독립적으로 테스트할 수 있었으며, 해당 프로시저들이 올바르게 작동한다는 것을 논리적으로 **증명**할 수 있었습니다.

결국 이런 구조적 접근 방식 덕분에 테스트가 매우 성공적으로 이루어졌고, 다익스트라는 자랑스럽게 이렇게 말했습니다.

> "테스트 과정에서 발견된 오류는 전부 사소한 코딩 실수였으며, (명령어 500개당 오류 밀도 한 개로 발생) 각각의 오류는 고전적인 방식의 기계 점검을 통해 10분 안에 위치를 파악할 수 있었으며 고치기도 매우 쉬웠다."

다익스트라는 이런 구조적 프로그래밍이 훌륭한 시스템 설계에 반드시 필요한 요소이며, 'THE 시스템'의 성공에도 크게 기여했다고 확신했습니다. 한편 'THE 시스템'의 성공 요인이 단지 시스템 규모가 작았기 때문이라는 비판에 대해 그는 이렇게 쓰기도 했습니다.

> "프로젝트가 클수록 구조화는 더욱 필요하다고 감히 말하고 싶다!"

수학적 증명

이 시점부터 이야기는 더욱 흥미로운 방향으로 전개됩니다. 'THE 시스템'에 대한 글에서 다익스트라는 다음 주장을 펼쳤습니다.

> "결과적으로 이 시스템은 결함이 전혀 없음을 보장한다. 시스템을 인도한 이후에도, 극히 드물게 발생할 수 있는 상황에서 시스템이 무너질까 봐 늘 두려움에 시달리는 일은 없을 것이다."

다익스트라가 이런 주장을 한 이유는 자신의 팀이 해당 시스템의 정확성을 **수학적으로** 증명했다고 믿었기 때문입니다. 그는 이후로도 줄곧 수학적 증명에 대한 자신만의 관점을 유지하면서 이를 널리 전파하기 위해 노력합니다. 이는 필자가 보기에 다익스트라가 저지른 큰 실수 중 하나라고 생각합니다. 즉, 다익스트라의 관점에서 프로그래밍은 곧 수학이었던 것입니다.

실제로 다익스트라는 **프로그램의 신뢰성에 대하여**(On the Reliability of Programs)[28]라는 글에서 "프로그래밍은 점점 더 수학적인 활동이 될 것이다."라고 주장하기도 했습니다. 그러나 제 개인적인 관점에서 이는 에츠허르 비버 다익스트라의 명백한 오판입니다.

프로그래밍은 수학인가?: 1968년

소프트웨어를 수학의 한 형태로 보는 것은 매우 매력적인 발상입니다. 실제로 두 분야는 많은 접점을 가지고 있습니다. 예컨대 호퍼 팀이 하버드에서 작성했던 초기 프로그램들은 모두 수치 계산 용도였으며, 본질적으로도 매우 수학적인 성격을 띠고 있었습니다. 특히 하버드 마크 I 컴퓨터를 사용하여 Fat Man 핵폭탄의 폭발 과정을 기술한 편미분 방정식 프로그램은 그야말로 매우 고도의 수학적 능력을 요구하는 작업이었습니다.

---

28 Dahl, Dijkstra, and Hoare, p3 참고

튜링은 프로그래머란 "재능 있는 수학자다."라고 말했으며, 배비지는 수학표를 만드는 고된 작업을 덜기 위해 계산 기계를 고안했었습니다.

따라서 다익스트라가 "소프트웨어는 점점 더 수학적인 활동이 될 것이다."라고 말했을 때, 그는 역사적으로도 꽤 탄탄한 기반 위에 서 있었던 셈입니다. 그런 이유로 다익스트라는 소프트웨어 프로그램의 정확성을 수학적으로 **증명**하는 일에 집중하게 된 것입니다.

다익스트라의 이런 관점은 그의 책 〈Notes on Structured Programming(구조적 프로그래밍 기법 노트)〉[29]에서 명확히 드러납니다. 다익스트라는 이 책에서 알고리즘의 정확성을 증명하기 위한 기본적인 수학적 방법들을 소개하며, 그 메커니즘을 열거(enumeration), 귀납(induction), 추상화(abstraction)로 정리했습니다.

그는 열거를 통해 프로그램 문장 두 개 이상이 순차적으로 실행될 때 주어진 불변 조건을 유지하면서 원하는 목표를 달성할 수 있다는 것을 증명했습니다. 그리고 반복문에 대해서는 귀납을 사용하여 앞선 증명과 동일한 내용을 증명했습니다. 아울러 다익스트라는 추상화 기법을 이용하여 블랙박스 구조도 설계할 수 있었습니다.

다익스트라는 앞서 소개한 세 가지 기법을 모두 활용하여 다음 알고리즘이 a/d의 정수형 나머지를 계산할 수 있다는 것을 증명하기도 합니다.

```
 a ≥ 0 and d > 0.
"integer r, dd;
 r:= a; dd:= d;
 while dd ≤ r do dd:= 2*dd;
 while dd ≠ d do
    begin dd:= dd/2;
          if dd ≤ r do r:= r - dd
    end".
```

29 Dahl, Dijkstra, and Hoare, p12 참고

이 간단한 알고리즘은 시프트와 뺄셈을 이용하여 로그 시간 안에 동작할 수 있는 아주 멋진 알고리즘입니다. PDP-8 프로그래머라면 누구나 자랑스러워 할 만한 작품입니다.

다익스트라가 제시한 증명은 두 쪽에 걸쳐 있고, 그 후 한 쪽 분량의 주석이 덧붙여 있습니다. 제 개인적으로 다익스트라의 증명을 바탕으로 좀 더 짧은 버전을 만들었지만, 결코 쉽지만은 않았습니다(다음 그림 참고).

실제로 소프트웨어를 개발할 때 이렇게 프로그램을 증명하려는 프로그래머는 거의 없을 것입니다.[30] 다익스트라 본인도 이렇게 말했습니다.

> "이렇게 거창하고 장황한 증명 방식은 나 역시 힘들다. …… 그래서 (적어도 지금 시점에서는) 프로그래머가 단순한 프로그램을 작성할 때마다 이런 증명을 반드시 거쳐야 한다고 주장할 엄두가 나지 않는다. 그렇게 해야 한다면 아무도 규모가 큰 프로그램을 작성할 수 없을 것이다!"

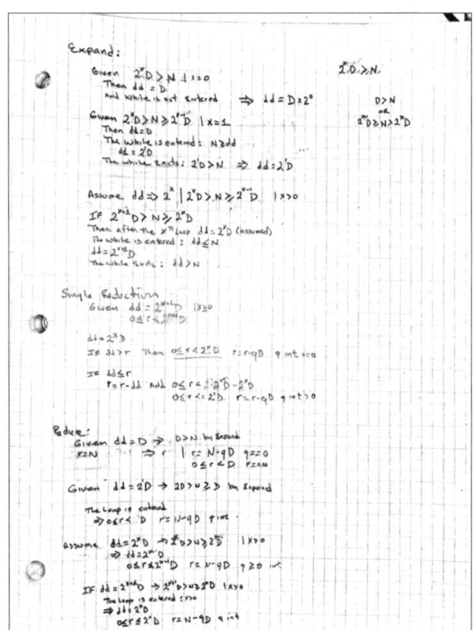

30 아마도 예외가 있다면 알고리즘의 형식적 증명을 연구하는 학계 연구자들 정도일 것입니다.

하지만 그는 이어서 유클리드 평면 기하학의 초창기 수학 정리를 살펴볼 때도 이와 비슷한 종류의 '좌절감'을 느꼈다고 말했습니다. 바로 이 지점에서 다익스트라의 꿈이 드러나기 시작합니다.

다익스트라는 언젠가 프로그래머들이 참고할 수 있는 수학적 정리, 추론, 보조 정리들이 체계적으로 만들어지길 꿈꾸었습니다. 그리하여 프로그래머들이 끔찍할 정도로 세세하게 코드를 증명하지 않아도 되는 대신 이미 증명된 기법들을 활용하거나 기존 정리를 바탕으로 새로운 증명을 만들 수 있게 되기를 바랐던 것입니다. 그렇게 되면 더 이상 '거창하고 장황한' 증명 과정에 얽매이지 않아도 된다고 생각했습니다.

즉, 다익스트라는 소프트웨어가 유클리드의 **기하학 원론**처럼 수학적 정리와 증명으로 이루어진 수학적 시스템이 되리라 생각한 것입니다. 즉, 수많은 증명이 계층적으로 쌓인 거대한 체계가 형성되고, 프로그래머는 그 안에 존재하는 자료들을 조합하여 자신만의 증명을 구성하기만 하면 되리라 본 것입니다.

하지만 2023년 끝자락에 있는 지금 우리는 그런 수학적 시스템을 보지 못하고 있습니다. 즉, 프로그래머들을 위해 모든 수학 정리를 체계적으로 구성한 시스템은 아직 없습니다. 결국 소프트웨어 세계의 **기하학 원론**은 아직 쓰이지 않았고, 앞으로도 결코 쓰이지 않을 것이라고 생각합니다.

이 점에서 힐베르트와 다익스트라는 묘한 평행선을 이룹니다. 두 사람 모두 존재하기 어려운 위대하고 완전한 논리 체계를 꿈꾸었던 것입니다.

결국 다익스트라의 꿈은 실현되지 않았습니다. 그리고 아마 앞으로도 실현될 수 없을 것입니다. 그 이유는 소프트웨어가 수학이 아니기 때문입니다.

수학은 긍정적인 학문입니다. 우리는 수학의 형식 논리를 사용하여 어떤 것이 옳다고 증명합니다. 반면에 소프트웨어는 부정적인 학문입니다. 우리는 소프트웨어를 관찰하여 어떤 것이 잘못되었다고 증명합니다. 즉, 소프트웨어는 수학이 아니라 과학인 것입니다.

과학에서는 어떤 이론이 옳다고 증명할 수 없습니다. 우리는 단지 그 이론이 틀렸다는 것을 관찰할 수 있을 뿐입니다. 그리고 보통 이런 관찰은 잘 설계되고 엄격히 통제된 실험으로 이루어집니다. 소프트웨어도 마찬가지입니다. 우리는 프로그램이 옳다는 것을 증명하려 들지 않습니다. 그 대신 잘 설계된 테스트를 통해 프로그램이 잘못되었는지 관찰하고 오류를 찾아냅니다.

다익스트라는 테스트에 대해 이렇게 불평한 적이 있습니다. "테스트는 버그의 부재가 아니라 존재를 보여 준다." 물론 이 말은 옳습니다. 하지만 제가 보기에 다익스트라가 간과한 것은 이 말 자체가 소프트웨어가 수학이 아니라 과학이라는 것을 증명해 준다는 사실입니다.

구조적 프로그래밍: 1968년

1967년, 그동안 거둔 모든 성공에도 MC는 다익스트라의 그룹을 해체합니다. 그들은 컴퓨터 과학에 미래가 없다고 보았던 것입니다. 이런 일들로 다익스트라는 심각한 우울증에 빠졌고, 결국 6개월 동안 병원 치료를 받습니다.

하지만 결국 회복한 다익스트라는 본격적으로 큰 파장을 일으키기 시작합니다.

아이러니하게도 다익스트라가 가졌던 수학에 대한 꿈은 오히려 그가 컴퓨터 과학과 소프트웨어 개발 분야에 남긴 가장 가치 있는 업적 중 하나로 이어졌습니다. 그것은 바로 구조적 프로그래밍(structured programming)입니다. 지금이야 우리는 그 가치를 충분히 이해하고 있지만, 당시에는 이 개념이 상당한 논란을 일으켰습니다.

1967년, 다익스트라는 미국 테네시주 개틀린버그(Gatlinburg)에서 열린 ACM 운영체제 원칙 심포지엄(ACM Symposium on Operating System Principles)에서 발표를 했습니다. 그는 참석자 몇 명과 점심 식사를 함께했는데, 대화 주제는 곧 다익스트라의 GOTO 문에 대한 견해로 옮겨갔습니다. 다익스트라는 GOTO 문이 프로그램에 어떤 복잡성을 야기하는지 설명했습니다. 그의 설명에 깊은 인상을 받은 참석자들은 이 주제로 **Communications of the ACM**에 글을 기고해 보라고 권유합니다.

그래서 다익스트라는 자신의 견해를 간략하게 정리한 논문을 작성했습니다. 그는 이 논문 제목을 "A Case Against the Go To Statement(Go To 문에 반대하는 논거)"라고 붙였고, 이를 편집장이었던 니클라우스 비르트(Niklaus Wirth)[31]에게 제출했습니다. 비르트는 이 논문에 깊은 인상을 받아 정식 논문으로 심사하는 과정을 거치지 않고, 1968년 3월에 letter to the editor[32]로 빠르게 게재했습니다. 아울러 비르트는 제목도 임의로 "Go To Statement Considered Harmful(Go To 문은 해롭다)"로 바꾸었습니다.

이 제목은 수십 년이 지난 지금까지도 회자되고 있습니다.

하지만 당시 그 제목은 수많은 프로그래머의 분노를 불러일으켰습니다. 그들은 GOTO 문이 해롭다는 주장 자체에 충격을 받았고, 확실하지는 않지만 실제로 글을 읽어 보지도 않고 불만을 터뜨렸던 사람들도 있었을 것입니다. 어쨌든 프로그래밍 관련 학술지들은 순식간에 난리 법석이 되었습니다.

그 당시 저는 아주 어린 프로그래머였는데, 그 이후 벌어진 소동을 아직도 잘 기억하고 있습니다. 그때는 지금처럼 페이스북이나 트위터(X)가 없었기 때문에 대부분 논쟁은 업계 전반의 여러 편집자에게 보내는 편지를 통해 이루어졌습니다.

그 논쟁이 가라앉는 데는 대략 5년에서 10년 정도가 걸렸습니다. 하지만 결국 다익스트라가 그 싸움의 승자가 됩니다. 오늘날 대부분의 프로그래머는 GOTO를 사용하지 않기 때문입니다.

다익스트라의 논거

1966년, 코라도 뵘(Corrado Böhm)과 주세페 야코피니(Giuseppe Jacopini)는 "Flow Diagrams, Turing Machines, and Language with Only Two Formation Rules(흐름도, 튜링 기계, 그리고 단 두 가지 구성 규칙만을 가진 언어)"라는 논문을 발표했습니다. 이 논문에서 그들은 "모든 튜링 기계는 순차 실행과 반복만 있는 언어로 정리할 수 있다."라고 증명했습니다. 다시 말해 모든 프로그램은 순차적인 명령문이나 반복문만으로 작성될 수 있다는 것입니다.

---

31 네, 바로 그 니클라우스 비르트입니다. 파스칼(Pascal) 언어를 만든 사람입니다.

32 역주 잡지나 학술지, 신문 등에 실리는 짧은 의견 글로 특정 주제에 대한 논평이나 비판, 또는 새로운 아이디어를 간략히 소개할 때 사용하는 형식입니다.

이는 상당히 의미 있는 발견입니다. 그 내용이 지나치게 학술적이었기에 크게 주목받지는 못했습니다. 그러나 다익스트라는 이를 매우 진지하게 받아들였고, 그의 주장은 더욱더 탄탄한 논리로 무장하게 되었습니다.

앞선 내용을 다시 말하자면, 프로그램을 이해하고 그 정확성을 증명하기 위해서는 해당 프로그램의 실행 과정을 시각적으로 검토할 수 있어야 합니다. 이는 프로그램을 시간 순서대로 발생하는 일련의 이벤트로 바꾸어야 한다는 것을 의미합니다. 이런 이벤트들이 소스 코드와 연결될 수 있도록 어떤 형태로든 식별 가능한 라벨[33]을 붙여야 합니다.

단순한 순차 실행문(sequential statements)[34]의 경우 라벨은 해당 문장의 행 번호만으로 충분합니다. 반면에 반복문에서는 반복되고 있는 상태도 라벨에 표시해야 합니다. 예를 들어 l번 줄의 n번째 실행 같은 내용을 표시해야 합니다. 함수 호출은 호출 순서를 나타내는 행 번호의 스택(stack)이 라벨 역할을 할 수 있습니다. 그런데 어떤 문장이 GOTO를 통해 임의의 다른 문장으로 점프할 수 있다면 이 실행 흐름을 추적할 수 있는 합리적인 라벨을 어떻게 구성할 수 있을까요?

일단 그런 라벨을 구성하는 것은 가능합니다. 하지만 그 라벨은 문장 번호 여러 개와 시스템 상태가 함께 포함된 복잡한 목록으로 이루어져야 할 것입니다.

이처럼 다루기 힘든 라벨을 사용해서 증명을 한다는 것은 현실적으로 어렵습니다.

그래서 다익스트라는 프로그램의 흐름을 증명 가능한 형태로 만들기 위해 GOTO 문을 없애고 **순차**[35], **선택**[36], **반복**[37] 이렇게 세 가지만으로 프로그램을 구성하자고 제안한 것입니다. 이 구조들은 각각 하나의 진입점과 하나의 종료점을 가진 블랙박스처럼 작동하며, 그 안에는 또 다른 구조들이 겹겹이 들어갈 수 있습니다.

---

33 다익스트라는 여기에 coordinate(좌표)라는 용어를 사용했습니다. 이 표현은 배비지가 동적인 시스템을 설명하는 데 사용한 표기법(notation for dynamics)과도 통하는 부분이 있습니다.

34 역주 위에서 아래로 한 줄씩 차례대로 실행되는 문장을 의미합니다. 조건문이나 반복문, 함수 호출, GOTO 같은 특별한 흐름 제어 없이 적힌 순서대로 실행되는 코드를 의미하기도 합니다.

35 역주 순서대로 실행하는 구조입니다.

36 역주 조건에 따라 갈라지는 구조입니다.

37 역주 반복하여 실행하는 구조입니다.

간단한 예로, 다음과 같은 급여 계산 알고리즘을 생각해 보겠습니다.

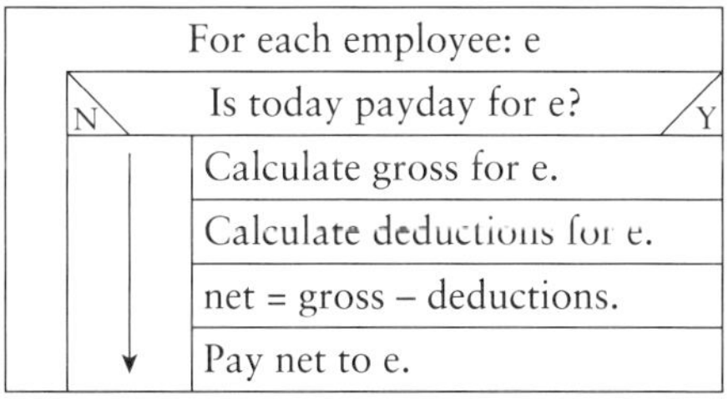

For each employee: e

N Is today payday for e? Y

Calculate gross for e.

Calculate deductions for e.

net = gross – deductions.

Pay net to e.

이와 같은 나시-슈나이더만(Nassi-Shneiderman) 다이어그램은 알고리즘을 세 가지 기본 구조로 제시하고 있습니다. 먼저 가장 바깥쪽에 **반복**(iteration)이 있고, 반복의 첫 번째 요소로 **선택**(selection)이 들어 있으며, Y 경로[38]를 따라 **순차 구조**(sequence) 네 개가 나열되어 있습니다. 이 순차 구조 네 개는 다시 각각의 반복, 선택, 순차 구조로 된 하위 구조로 구성될 수 있습니다.

다익스트라가 그렸던 이상처럼 프로그램을 수학적으로 증명할 것이 아니라면, 이런 구조는 왜 필요할까요? 우리가 코드에 대해 수학적 증명을 하지 않더라도 코드 자체는 **증명 가능하도록** 작성되어야 하기 때문입니다. 여기에서 증명 가능한 코드란 우리가 분석하고 논리적으로 이해할 수 있는 코드를 의미합니다. 실제로 우리가 각각의 함수를 작고 단순하며 증명 가능하게 유지한다면 다익스트라가 말했던 라벨조차 만들 필요가 없을 것입니다.

어쨌든 다익스트라는 이 논쟁에서 매우 확실하게 승리했습니다. GOTO 문은 오늘날 우리가 사용하는 대부분의 프로그래밍 언어에서 완전히 사라졌습니다.

하지만 다익스트라의 구조적 프로그래밍은 단순히 GOTO 문을 없앤 것만이 아닙니다. 비록 우리 기억에 남는 것은 GOTO 문을 없앴다는 것이지만, 다익스트라 의도는 그보다 훨씬 깊습니다. 그의 생각은 아키텍처의 계층 구조와 의존성 방향까지 아우르고 있기 때문입니다. 다만 이 부분에 대한 자세한 내용은 독자 여러분이 다익스트라의 훌륭한 저술을 통해 찾아볼 수 있도록 남겨 두도록 하겠습니다.

---

38 역주 조건이 참인 경우

참고 문헌

- Apt, Krzysztof R., and Tony Hoare(편). 2002. "Edsger Wybe Dijkstra: His Life, Work, and Legacy(에츠허르 비버 다익스트라: 그의 삶, 업적, 그리고 유산)". ACM.
- Belgraver Thissen, W. P. C., W. J. Haffmans, M. M. H. P. van den Heuvel, M. J. M. Roeloffzen. 2007. "Unsung Heroes in Dutch Computing History(네덜란드 컴퓨팅 역사 속의 숨은 영웅들)". https://web.archive.org/web/20211028075001/http://www-set.win.tue.nl/UnsungHeroes/index.html
- 컴퓨터 역사박물관. "A Programmer's Early Memories by Edsger W. Dijkstra(다익스트라의 초기 프로그래머 기억)". 1976년 여름, 미국 로스앨러모스에서 열린 제1회 컴퓨팅 역사 국제연구학회 발표. 2022년 6월 10일 유튜브 게시(길이: 24분 23초).
- computingheritage. "Remembering ARRA: A Pioneer in Dutch Computing(ARRA를 기억하며: 네덜란드 컴퓨팅의 개척자)". 유튜브 영상, 2015년 6월 4일 게시(길이: 9분 13초).
- Dahl, O.-J., E. W. Dijkstra, C. A. R. Hoare. 1972. "Structured Programming(구조적 프로그래밍)". Academic Press.
- Daylight, Edgar G. 2012. "The Dawn of Software Engineering: From Turing to Dijkstra(소프트웨어 공학의 여명: 튜링에서 다익스트라까지)". Lonely Scholar Scientific Books.
- Dijkstra, E. W. 1953. "Functionele Beschrijving Van De Arra(ARRA의 기능적 기술)". 암스테르담 수학 센터. https://ir.cwi.nl/pub/9277
- Dijkstra, Edsger. 1968. "The Structure of the 'THE'-Multiprogramming System(THE-멀티프로그래밍 시스템의 구조)". Communications of the ACM. https://www.cs.utexas.edu/~EWD/ewd01xx/EWD196.PDF
- Dijkstra, Edsger W. "Edsger Dijkstra - Oral Interview for the Charles Babbage Institute - 2001(에츠허르 다익스트라 - 찰스 배비지 연구소 구술 인터뷰 - 2001)". 유튜브 영상, 2023년 1월 3일 게시(길이: 2시간 9분 32초).

- Markoff, John. 2002. "Edsger Dijkstra, 72, Physicist Who Shaped Computer Era(에츠허르 다익스트라, 72세, 컴퓨터 시대를 만든 물리학자)". 뉴욕 타임스, 2002년 8월 10일. https://www.nytimes.com/2002/08/10/us/edsger-dijkstra-72-physicist-who-shaped-computer-era.html
- 케임브리지 대학교 컴퓨터 연구소. 1999년. "EDSAC99, EDSAC 1 and After: A Compilation of Personal Reminiscences(EDSAC99, EDSAC 1 그리고 그 이후: 개인 회고록 모음)". https://www.cl.cam.ac.uk/events/EDSAC99/reminiscences
- Van den Hove, Gauthier. 2009. "Edsger Wybe Dijkstra, First Years in the Computing Science(1951~1968)(에츠허르 비버 다익스트라, 컴퓨터 과학의 첫 시기(1951~1968))". 나뮈르 대학교(Universitē de Namur), 석사 논문. https://pure.unamur.be/ws/portalfiles/portal/36772985/2009_VanDenHoveG_memoire.pdf
- Van Emden, Maarten. n.d. "Dijkstra, Blaauw, and the Origin of Computer Architecture(다익스트라, 블라우, 그리고 컴퓨터 아키텍처의 기원)". A Programmer's Place. https://vanemden.wordpress.com/2014/06/14/dijkstra blaauw and the origin-of-computer-architecture
- Van Emden, Maarten. n.d. "I Remember Edsger Dijkstra(1930~2001)(에츠허르 다익스트라를 기억하며(1930~2001))". A Programmer's Place. https://vanemden.wordpress.com/2008/05/06/i-remember-edsger-dijkstra-1930-2002
- 위키피디아. "Dijkstra's algorithm(다익스트라 알고리즘)". https://en.wikipedia.org/wiki/Dijkstra's_algorithm
- 위키피디아. "Edsger W. Dijkstra(에츠허르 W. 다익스트라)". https://en.wikipedia.org/wiki/Edsger_W._Dijkstra

CHAPTER 7

니가드와 달: 첫 번째 OOPL

객체지향 프로그래밍(OOP)은 우리 업계에서 가장 중요한 혁신 중 하나로 손꼽힙니다. 이는 조용하고 학구적인 성격의 올레-요한 달(Ole-Johan Dahl)과 다혈질이지만 유쾌한 크리스텐 니가드(Kristen Nygaard)라는 성격이 대조적인 두 인물의 협업을 통해 탄생한 결과물이었습니다. 이런 두 사람의 독특한 조합은 우연한 사건들과 정치적 협상, 뛰어난 통찰이 어우러지며 21세기까지 이어지는 객체지향 언어라는 새로운 소프트웨어 패러다임을 열게 되었습니다.

이 두 사람의 이야기는 각기 다른 재능과 성격을 지닌 이들이 어떻게 시너지를 발휘하여 세상을 바꿀 수 있는지 잘 보여 주는 흥미로운 사례라고 할 수 있습니다.

크리스텐 니가드

크리스텐 니가드는 1926년 노르웨이 오슬로에서 태어났습니다. 그의 아버지인 윌리엄 마틴 니가드(William Martin Nygaard)는 고등학교 교사였으며, 노르웨이 국영방송(NRK) 프로그램의 책임자이자 베르겐(Bergen) 국립극장의 자문역으로 일을 했던 인물이었습니다.

크리스텐 니가드는 과학과 수학을 비롯한 여러 분야에 관심을 가진 밝은 성격의 아이였습니다. 초등학교 시절에 이미 대학 수준의 강의를 들었으며, 국가 수학상을 수상하기도 했습니다.

하지만 그는 나치 점령 시기에 오슬로에서 고등학교를 다녔으며, 나치가 도시를 폭격하고 교육 제도가 장악되는 상황을 직접 겪기도 했습니다.

다행히 전쟁이 종료되고 니가드는 오슬로 대학교에 입학하여 과학을 전공했으며, 천문학과 물리학 학사 학위를 취득했습니다.

1948년 니가드는 노르웨이 방위 연구소(NDRE)에서 선문 연구원으로서 근무하게 됩니다. 그리고 그곳에서 올레-요한 달과 만났으며, 처음 몇 년간은 수치 해석과 컴퓨터 프로그래밍에 집중합니다.

1952년 니가드는 NDRE의 작전 연구(Operations Research, OR) 그룹에 합류하고, 얼마 지나지 않아 그룹의 리더가 됩니다. 이제 막 전쟁이 끝난 상황에서 그는 몇몇 방위 기술과 관련된 연구를 이끌게 되었습니다. 예를 들어 군인들이 험난한 지형을 얼마나 오래 행군할 수 있는지, 식량과 물을 얼마나 가지고 다녀야 하는지 등을 연구했습니다. 니가드와 그의 연구원들은 전투 식량을 먹으면서 실제로 병사들과 함께 행군을 하기도 했습니다.

당시 니가드는 뛰어난 과학 기술을 확보하여 3~5년 내 OR 그룹을 세계 정상급 그룹으로 만들겠다는 포부를 가지고 있었습니다. 그리고 그는 실제로 OR 분야에서 노르웨이의 최정상급 전문가가 되었습니다. 먼 훗날 니가드는 노르웨이의 OR학회를 설립하는 데 기여했으며, 1959년부터 1964년까지 OR학회의 회장직을 맡았습니다.

1956년, 니가드는 오슬로 대학교에서 수학 석사 학위를 받았으며, 학위 논문 제목은 "Theoretical Aspects of Monte Carlo Methods(몬테카를로 기법의 이론적 탐구)"였습니다. 이 장에서 여러분은 이 논문이 왜 중요했는지 곧 알게 될 것입니다.

니가드는 정치적 감각도 매우 뛰어났습니다. 그는 야심이 있고 추진력이 강하며, 정치적으로도 탁월한 수완을 가지고 있었습니다. 훗날 그는 노르웨이 노동당 소속으로 공직 선거에 출마하기도 합니다. 또 자신의 전문 지식을 활용하여 노르웨이 노동조합을 지원했으며, 노르웨이의 유럽연합(EU) 가입 반대 운동 단체인 'No to EU'의 전국 대표도 맡았습니다.

니가드는 논쟁을 즐기는 사람이었습니다. 그는 "최근 누군가 당신의 작업이나 연구에 대해 불쾌감을 드러낸 적이 있나? 그렇지 않다면, 왜 없었는지 자문해 보라."라는 글을 남기기도 했습니다.

또 미국의 컴퓨터 과학자인 앨런 케이(Alan Kay)는 크리스텐 니가드를 가리켜 '거의 모든 면에서 보통 사람의 능력을 뛰어넘는 사람'이라고 평가했습니다.

올레-요한 달

1931년 10월 올레-요한 달은 노르웨이의 항구 도시 만달(Mandal)에서 태어났습니다. 그의 가문은 집안 남성 대부분이 선장 출신일 정도로 해운 산업과 밀접했습니다. 올레-요한 달의 아버지인 핀 달(Finn Dahl) 역시 선장이었습니다.

핀 달은 아들 올레가 바다 사나이로 성장하기 바랐지만 아버지의 마음처럼 되지는 않았습니다. 올레는 책을 좋아하는 조용한 성격의 아이였으며, 특히 수학과 피아노 연주에 깊이 빠져 지냈습니다.

그는 바다나 남성다운 스포츠, 아버지의 꿈 같은 것에는 별다른 흥미를 보이지 않았습니다.

올레가 태어난 만달은 노르웨이의 가장 남쪽에 있는 도시로, 그곳 사람들은 독특한 방언을 사용합니다. 올레가 7세 때 가족은 200마일 떨어진 오슬로 근교의 드람멘(Drammen)으로 이사합니다. 하지만 드람멘의 방언도 매우 독특해서 올레는 말을 제대로 배우기가 어려웠습니다. 그 때문에 평생 동안 말하는 데 어려움을 겪었으며, 특히 말할 때 자신감이 없었습니다.

그럼에도 올레의 학업 성적은 우수했습니다. 그는 종종 선생님을 도와 다른 학생들에게 수학 개념을 설명해 주기도 했습니다. 그런 이유 때문에 올레는 학교에서 '교수님'이라는 별명으로 불렸습니다. 게다가 피아노 실력도 남달랐습니다.

그렇게 올레가 학창 시절을 보내고 있던 시기에 노르웨이는 나치의 침공을 받습니다.

올레가 13세이던 해 그의 사촌이 독일 병사의 총에 맞아 사망했고, 올레는 가족과 함께 스웨덴으로 피난을 갔습니다. 그곳에서 그는 자신의 나이보다 1년 일찍 고등학교에 들어가 꾸준히 우수한 성적을 거둡니다.

전쟁이 끝난 후인 1949년 올레는 오슬로 대학교에 입학합니다. 그는 수학을 전공했고, 그곳에서 처음으로 컴퓨터를 접합니다. 아마도 그 당시에는 기계어로 프로그래밍했을 것입니다. 올레는 1952년에 병역 의무의 일환으로 NDRE에서 파트타임 일을 시작했고, 졸업 후에는 정식으로 정규직이 되었습니다.

당시 올레의 NDRE 상관이 바로 크리스텐 니가드입니다. 그렇게 두 사람은 위대한 업적을 함께 이룰 운명이 되었던 것입니다.

올레-요한 달은 평생 학자다운 태도를 지니고 살았으며 사회생활에서는 서투르고 수줍음이 많았습니다. 그래서 그는 니가드의 대인 관계나 호탕한 성격을 부러워했지만, 한편으로는 자기 능력에 대한 자신감이 충분한 사람이기도 했습니다. 결국 그는 소극적인 성격임에도 자신만의 뚜렷한 주관을 가지고 어떤 압박에도 쉽게 물러서지 않았습니다.

비록 달과 니가드 둘의 성격 차이 때문에 때때로 격렬한 논쟁이 벌어지기도 했지만, 둘의 조합은 업무를 매우 효과적으로 진행할 수 있게 만들어 주었습니다.

달은 음악에 대한 재능을 평생 갈고 닦았습니다. 비록 공개 석상에서 독주를 하는 일은 드물었지만, 다른 사람들과 함께 연주하는 실내악을 즐겼습니다. 그는 유럽을 순회하는 국제 아마추어 음악 동호회의 일원으로 활약하기도 했습니다.

음악은 달이 가장 선호하는 사회적 소통 수단이었습니다. 그는 음악을 통해 말이 아닌 다른 방식으로 소통할 수 있었습니다. 그래서 학회에 갈 때면 악보를 챙겨 가서 함께 듀엣을 연주할 사람을 찾고는 했습니다. 그는 이런 음악적 환경 속에서 아내를 만났고, 평생 친구가 된 이들도 만났습니다.

SIMULA와 객체지향(OO)

SIMULA 67은 최초의 객체지향 프로그래밍 언어로, C++를 만든 비야네 스트롭스트룹(Bjarne Stroustrup)과 스몰토크(Smalltalk)를 만든 앨런 케이에게 영향을 주었습니다. 또 SIMULA 67을 만든 니가드와 달의 이야기도 꽤나 흥미롭습니다. 그들의 이야기에는 스칸디나비아의 복잡한 관료제, 미국식 자본주의, 크리스텐 니가드의 강한 야망이 얽혀 있습니다.

1950년대 초반까지 대부분 국가는 기술 경쟁에서 뒤처지지 않기 위해 컴퓨터 분야의 기술 발전에 힘을 쏟고 있었습니다. 당시 노르웨이에서는 노르웨이 방위 연구소(NDRE)와 노르웨이 컴퓨팅 센터(NCC)가 컴퓨터 분야를 국가적인 차원에서 이끌고 있었습니다.

올레-요한 달은 1952년 병역의 일환으로 NDRE에 합류했습니다. 그는 NDRE에서 운용하던 페란티 머큐리(Ferranti Mercury) 컴퓨터의 프로그래머로 일하기 시작했습니다. 머큐리는 코어 메모리를 사용하는 컴퓨터로 진공관 2,000개와 부동소수점 연산 장치를 갖춘 기계입니다.

머큐리의 코어 메모리는 40비트짜리 워드 1,024개로 구성되어 있으며, 각각 4K 워드를 저장할 수 있는 드럼 메모리 유닛 네 개가 보조 기억 장치로 연결되어 있습니다.

달은 NDRE에서 몇 년 동안 머큐리 컴퓨터용 어셈블러를 작성했습니다. 이후 ALGOL의 초기 보고서에 영감을 받아 머큐리 자동 코딩(Mercury Automatic Coding, MAC)이라는 고급 언어용 컴파일러를 개발하기도 했습니다. 이를 통해 1950년대가 끝날 무렵, 달은 노르웨이에서 손꼽히는 컴퓨터 프로그래밍 전문가로 자리 잡게 됩니다.

니가드 역시 병역의 일환으로 1948년에 NDRE에 합류했습니다. 그는 노르웨이 최초의 원자로 운용 연구를 지원하기 위해 수작업으로 몬테카를로 기법을 활용하는 프로젝트를 진행했습니다. 니가드는 프로젝트를 성공적으로 마친 후 NDRE의 작전 연구 책임자로 임명되었고, 이후 이 분야에서 전문가로 자리매김하게 되었습니다.

니가드가 사용한 몬테카를로 기법은 복잡한 시스템 동작을 통계적 시뮬레이션을 통해 재현하고 분석하는 방식입니다. 하지만 이런 몬테카를로 기법을 수작업으로 진행하면 시간이 많이 들고 오류가 생기기 쉬웠습니다. 그래서 니가드는 컴퓨터를 이용해 보기로 합니다. 그는 팀을 이끌고 머큐리 컴퓨터를 위한 여러 가지 시뮬레이션 프로그램을 개발했습니다. 그 과정에서 시뮬레이션의 개념을 수학적 언어로 정형화하여 좀 더 이해하기 쉬운 형태로 만들 수 있지 않을까 하는 고민을 하게 됩니다. 그로부터 1961년까지 니가드는 자신의 고민을 적은 노트를 정리하여 **몬테카를로 컴파일러**(Monte Carlo Compiler)라는 아이디어를 정립합니다.

몬테카를로 컴파일러에 대한 니가드의 아이디어는 두 가지 유형의 데이터 구조에 기반을 두고 있습니다. 하나는 **커스터머**(customers)라 불리는 구조로 여러 속성 데이터를 수동적으로 담고 있는 저장소입니다. 다른 하나는 **스테이션**(stations)으로 내부에 큐(queues)를 가지고 있으며, 큐에 대기하고 있는 커스터머를 처리한 후 다른 스테이션의 큐로 넘겨주는 역할을 합니다. 그리고 커스터머가 스테이션의 큐에 삽입되는 모든 과정은 이벤트(event)로 트리거되는 방식이 사용됩니다. 이처럼 이벤트를 기반으로 커스터머와 스테이션이 상호 작용하는 구조를 **이산 이벤트 네트워크**(discrete event network)라고 불렀습니다.

니가드는 프로그래밍 전문가가 아니었고 컴파일러를 만드는 일도 그의 전문 분야가 아니었습니다. 그래서 니가드는 자신이 아는 최고의 프로그래머인 달에게 도움을 요청했습니다. 그렇게 두 사람은 함께 협력하여 SIMULA라는 이름의 프로그래밍 언어를 만들기 시작했고, 1962년 5월에 완성합니다.

SIMULA 기획 초기에는 ALGOL 60을 기반으로 작업이 진행되었습니다. 즉, 니가드와 달은 입력으로 이산 이벤트 네트워크를 받아 ALGOL 60 코드로 변환해 주는 일종의 전처리기(preprocessor) 형태로 SIMULA를 만들려고 했던 것입니다.

이들이 구상한 문법은 station, customer, system 같은 키워드들을 사용하여 시뮬레이션 네트워크를 정의하는 방식이었습니다. 예를 들어 니가드와 달이 1981년 논문에서 제시한 코드 조각 일부는 다음과 같습니다.[1] 이를 보면 ALGOL의 영향을 받은 문법 구조가 뚜렷이 드러납니다.

```
system Airport Departure := arrivals, counter, fee collector,
    control lobby;
customer passenger (fee paid) [500]; Boolean fee paid;
...more customers...
```

---

1 용어집의 몬테카를로 분석을 참고합니다.

```
station counter;
    begin accept (passenger) select:
        (first) if none: (exit);
    hold (normal (2, 0.2));
    (if fee paid then control else fee
    collector) end;
station fee collector...
```

그 무렵 니가드는 NDRE 경영진과 여러 가지 마찰을 겪고 있었고, NDRE 연구 소장과도 개인적인 갈등이 있었습니다. 결국 그는 1960년 5월 NCC(노르웨이 컴퓨팅 센터)로 이직했고, 그곳에서 민간 작전 연구 부서(civilian operation research department)를 새롭게 구축하기 위한 업무를 시작합니다.

니가드는 NCC에 있으면서 NDRE에 있던 이전 동료 여섯 명을 설득하여 자신의 프로젝트에 합류시킵니다. 그리고 달 역시 몇 년 정도 더 NDRE에 남아 있기는 했지만 결국 1963년 니가드의 끈질긴 설득 끝에 NCC에 합류합니다.

1958년 당시에 NCC는 디지털 전자 범용 컴퓨팅 엔진(DEUCE)[2]이라는 영국산 컴퓨터를 도입했었습니다. 이 컴퓨터는 수은 지연선(mercury delay lines)을 사용하여 32비트 워드를 384개 저장했고, 8K 워드를 저장할 수 있는 드럼도 탑재하고 있었습니다. 그러나 DEUCE는 매우 느렸으며, 연산 속도가 수백 마이크로초에서 수 밀리초가 걸렸습니다. 이는 니가드가 SIMULA를 구현하기 위한 적합한 컴퓨터가 아니었습니다.

1962년 2월, NCC는 덴마크 코펜하겐에 위치한 덴마크 컴퓨팅 센터(DCC)와 GIER(Geodætisk Instituts Elektroniske Regnemaskine)이라는 이름의 새로운 컴퓨터 구입 계약을 체결합니다. 하지만 니가드는 그 계약에 불만이 많았습니다. GIER 역시 성능 면에서 DEUCE와 큰

2 이 장의 참고 문헌 중 "The Development of the SIMULA Languages(SIMULA 언어의 발전)"를 참고합니다.

차이가 없었기 때문입니다. 그러나 결국 회사의 재정적인 이유로 GIER 구입 계약이 체결되었습니다.

당시 NCC는 니가드가 원했던 수백만 달러 규모의 고성능 컴퓨터를 감당할 여력이 없었습니다.

설상가상으로 NCC는 니가드와 달의 SIMULA 아이디어에 대해 그다지 긍정적인 반응을 보이지 않았습니다. 그들이 제기한 반대 의견은 다음과 같습니다.

- 그런 언어는 쓸모가 없을 것이다.
- 쓸모가 있다면, 이미 누군가가 만들었을 것이다.
- 달과 니가드는 그런 프로젝트를 수행할 능력이 없다.

게다가 NCC 경영진은 프로그래밍 언어를 만드는 일에 수많은 자원과 인력을 투입할 수 없고, 그런 일은 큰 나라들이나 할 수 있는 일이라고 생각했습니다.

하지만 역사는 가끔 뜻밖의 행운을 가져다 주기도 합니다. 당시 스페리 랜드(Sperry Rand)는 이제 막 새롭게 출시한 UNIVAC 1107 컴퓨터를 유럽 시장에 알리기 시작했고, 새로운 유럽 고객을 유치하고자 하던 시점이었습니다. 그렇게 1962년 5월, NCC에서 SIMULA 개발 제안을 퇴짜 맞은 니가드는 스페리 랜드의 초청을 받아 미국에서 새로운 컴퓨터를 볼 수 있는 기회를 얻게 되었습니다.

니가드는 미국을 방문했지만 그의 진짜 목표는 컴퓨터를 구매하는 것이 아니라 SIMULA를 판매하는 것이었습니다. 그는 미국에 도착하자마자 SIMULA를 UNIVAC을 위한 프로그래밍 언어로 홍보하기 시작했습니다. 그리고 밥 베머(Bob Bemer)라는 인물도 니가드의 그 열정적인 발표를 듣게 되었습니다.

밥 베머는 포트란이 개발되던 시절에는 존 배커스와 함께 일하고, 코볼이 개발되던 시기에는 그레이스 호퍼와도 협력했던 인물입니다. 그는 ASCII의 탄생에도 핵심적인 역할을 했으며, 이후 IBM에 재직할 때는 타임셰어링(time-sharing) 개념[3]을 제안했다가 해고당할 뻔하기도 했습니다.

1962년 5월 당시 베머는 ALGOL의 열성적인 지지자였으며, 포트란보다 ALGOL을 확산시킬 방법을 찾고 있던 참이었습니다. 니가드가 홍보한 SIMULA는 그 전략에 잘 들어맞는 대안처럼 보였습니다.

그렇게 밥 베머와 스페리 랜드 관계자들은 니가드의 발표에 깊은 인상을 받았고, 그를 1962년 뮌헨에서 열릴 IFIP[4] 세계대회에 발표자로 초청합니다. 그렇게 해서 SIMULA는 전세계적으로 신뢰를 얻으며 주목받기 시작했습니다.

한편 스페리 랜드 측은 SIMULA가 경쟁사들보다 자신들에게 우위를 줄 수 있을 것이라고 판단했습니다. 그래서 어느 날 밤, 그리스 나이트클럽에서 부주키 음악과 함께 밸리댄서를 보면서[5] 니가드에게 한 가지 제안을 합니다. 그 제안은 NCC가 SIMULA를 개발하는 조건으로 UNIVAC 1107을 50% 할인된 가격에 제공하겠다는 것이었습니다.

UNIVAC 1107은 16K에서 64K까지 확장 가능한 36비트 코어 메모리를 탑재했으며, 고체 회로를 기반으로 한 컴퓨터(solid-state computer)입니다. 또 워드를 30만 개 저장할 수 있는 드럼 메모리를 갖추고 있으며, 내부 레지스터에는 박막 메모리(thin-film memory)를 사용합니다. 코어 메모리의 사이클 타임은 4마이크로초입니다. 이처럼 당시 뛰어난 성능을 가지고 있던 UNIVAC 1107은 니가드의 SIMULA에 가장 이상적인 기계였습니다.

결국 니가드와 스페리 랜드는 은밀한 공모자가 됩니다. 그들은 NCC가 DCC(덴마크 컴퓨팅 센터)와 이미 체결한 GIER 구매 계약을 깨도록 유도하기로 한 것입니다. 그 공모가 성공하면 스페리 랜드는 유럽에서 UNIVAC 1107을 시연할 수 있게 되고, SIMULA 언어를 통해 몬테카를로 시뮬레이션에 관심 있는 핵 연구소 등 다양한 고객층을 끌어들일 수 있었습니다. 그리고 니가드는 SIMULA 개발에 적합한 고성능 기계를 얻게 되며, 스페리 랜드의 전 세계 고객

---

3 역주 CPU 시간을 짧게 분할하여 여러 작업이나 사용자가 번갈아 가며 사용할 수 있게 함으로써 마치 각 작업이나 사용자가 독립된 컴퓨터를 사용하고 있는 것처럼 보이게 하는 기술입니다. 시분할 방식이라고도 합니다.

4 International Federation for Information Processing의 약어입니다.

5 Simula Session IX, Section 2.5

에게 SIMULA 언어가 보급되어 자신의 이름을 떨칠 수 있습니다. 즉, 그들의 공모가 성공하면 각자 얻게 되는 명성과 영향력이 실로 엄청났습니다.

니가드에게 그런 좋은 기회는 흔치 않은 것이기 때문에 그는 결코 기회를 놓치고 싶지 않았습니다. 니가드는 NCC 내부 사람들부터 설득하기 시작했습니다. 하지만 NCC 사람들 대부분은 니가드가 헛소리한다고 생각했으며 그의 주장을 대수롭지 않게 생각했습니다.

그 후 1962년 여름, 스페리 랜드는 정식으로 계약 조건을 제안하기 위해 대표단을 NCC에 파견합니다. 그러나 NCC는 스페리 랜드의 제안을 받아들이지 않았습니다. 비록 50% 할인 가격은 매력적인 조건이었지만 여전히 GIER보다 더 비쌌고, 게다가 SIMULA 개발 비용을 NCC가 전부 부담해야 한다는 점도 문제였습니다. 밥 베머는 SIMULA 개발 비용을 스페리 랜드에서 내겠다고 다시 제안합니다.

하지만 NCC가 GIER 구입 계약을 파기하는 결정은 독자적으로 진행하기에 너무 큰 사안이었습니다. NCC는 자신들보다 상위 기관인 노르웨이 국립산업과학연구위원회(NTNF)에 스페리 랜드의 제안을 보고합니다.

당시 니가드는 이미 NTNF 관계자들에게 SIMULA에 대한 아이디어를 미리 홍보해 둔 상대였습니다. 따라서 NTNF는 니가드에게 자신들의 의사 결정을 위한 보고서를 작성해 달라고 요청했습니다.

NTNF의 요청에 니가드가 어떻게 보고서를 작성했을지는 보지 않아도 뻔합니다. 물론 그는 매우 그럴듯한 말로 보고서를 꾸몄습니다. 예를 들어 다양한 분야에서 컴퓨팅 파워에 대한 수요가 빠르게 증가하고 있기 때문에 UNIVAC 1107 같은 컴퓨터가 반드시 필요하다는 등 내용을 보고서에 작성한 것입니다. 그는 그 외에도 여러 가지 그럴듯한 이유를 덧붙였습니다.

그렇게 니가드의 보고서를 받은 NTNF는 결국 GIER 주문을 취소하고 UNIVAC 1107을 도입하기로 결정합니다. 스페리 랜드는 이 계약을 더욱 확실히 성사시키고자 매우 적극적인 납기 기간을 약속했습니다. 심지어 납기를 지키지 못할 경우 위약금까지 낸다는 조항을 넣었습니다.

하지만 스페리 랜드는 자신들이 약속한 납기 기한을 지키지 못했습니다. 1963년 3월까지 인도하기로 했던 UNIVAC 1107은 8월이 되어서야 도착했고, 함께 제공해 주기로 했던 운영체제 소프트웨어도 1964년 6월이 되어서야 겨우 쓸 만한 수준으로 전달되었습니다. 결국 스페리 랜드는 위약금을 지불해야 했습니다. 그러나 그들은 현금으로 위약금을 지불하는 대신 하드웨어를 업그레이드해 주는 방식으로 보상했습니다.

그리하여 니가드는 애초에 기대했던 것보다 훨씬 더 좋은 컴퓨터를 손에 넣게 됩니다. 이는 그에게는 그야말로 대성공이었던 셈입니다.

그러나 곧 좌절이 닥쳤습니다. 니가드가 NDRE를 떠나게 했던 일들이 이번에는 NCC에서도 일어납니다. 당시 NCC는 재정적인 문제에 시달렸으며, 니가드의 SIMULA 개발은 수익을 창출하지 못하는 프로젝트였습니다. 비록 SIMULA 개발 자금을 스페리 랜드에 받고 있기는 했지만, 그 자체로 NCC에 새로운 수익이 생기는 것은 아니었습니다. 게다가 NCC는 계약 기반 소프트웨어를 개발해 본 경험이 없었고, 자신들을 소프트웨어 개발 기관으로 여기지도 않았습니다. 결국 NCC는 스페리 랜드와의 SIMULA 계약을 어떻게 처리해야 할지 고민하는 상황에 처하게 되었습니다.

이런 문제는 1년에 걸쳐 점점 곪아 갔습니다. NDRE 때와 마찬가지로 니가드는 경영진과 갈등을 겪었고, 결국 NCC는 그의 보직을 없앱니다. 하지만 이번에는 니가드가 회사를 떠나지는 않았습니다. 잠시 갈등이 가라앉고 나자 NCC 이사회는 특수 프로젝트 부서라는 새로운 부서를 신설하여 니가드를 연구 책임자로 임명합니다.

SIMULA I

니가드가 온갖 정치적 갈등에 얽매여 있던 동안 달은 SIMULA 컴파일러 개발에 몰두하고 있었습니다. 하지만 달의 상황도 순조롭게 진행되지는 않았습니다. 당시 그를 괴롭히던 문제는 스택(stack)과 관련된 것이었습니다.

ALGOL 60은 블록 구조 언어(block-structured language)[6]입니다. 즉, ALGOL 60의 함수는 지역 변수를 가질 수 있으며, 이런 변수들은 스택에 저장됩니다.

---

6 역주 코드 블록으로 프로그램의 구조를 만드는 프로그래밍 언어입니다.

우리는 이미 지역 변수와 스택에 관한 내용을 잘 알고 있습니다. 다음과 같은 자바(Java) 코드를 한번 봅시다.

```
public static int driveTillEqual(Driver... drivers)
{
    int time;
    for (time = 0; notAllRumors(drivers) && time < 480; time++)
        driveAndGossip(drivers);
    return time;
}
```

이 코드의 time 변수는 어디에 저장되어 있을까요? 여러분도 이미 잘 알고 있듯이 time 변수는 스택에 저장됩니다. 대부분의 프로그래머는 지역 변수가 스택에 저장된다는 것을 상식으로 알고 있습니다.

하지만 1950년대 후반에는 이런 내용이 **매우 혁신적인 아이디어였습니다**. 당시 컴퓨터에는 스택이라는 개념 자체가 없었고, 스택 포인터로 사용할 수 있는 인덱스 레지스터도 없었기 때문입니다. 심지어 대부분의 컴퓨터는 간접 주소 지정 방식을 적용하지도 않았습니다.

저도 그 시절을 생생히 기억합니다. 1970년대 후반, 제가 인텔 8085 마이크로프로세서나 PDP-8 계열 컴퓨터로 개발을 하던 시절만 해도 변수를 스택에 저장한다는 개념은 여전히 낯설었으며, 심지어 불쾌하게 느껴지기도 했습니다. 스택을 관리하는 데 필요한 CPU 자원이 너무 컸기 때문에 도저히 감당할 수 없는 일이었죠. 모든 변수를 스택 포인터 오프셋을 통해 접근해야 한다는 생각 자체가 무서울 정도였습니다.

그래서 저는 ALGOL 60을 설계한 사람들이 스택을 주요 저장 매체로 삼았다는 사실이 참으로 놀랍게 느껴졌습니다.

달을 괴롭히고 있던 것도 바로 그 스택이었으며, 그 이유도 매우 흥미로웠습니다.

여러분도 이미 알다시피 블록 구조 언어에서는 지역 변수와 **지역 함수**를 선언할 수 있습니다.

다음은 지역 함수를 사용하는 자바와 유사한 가상의 언어로 작성한 코드입니다.

```
public int sum_n(int n) {
    int i = 1;
    int sum = 0;
    public int next() {
        return i++;
    }
    while (n-- > 0)
        sum += next();
    return sum;
    }
}
```

여기에서 next 함수는 sum_n 함수 안에 선언된 지역 함수입니다. 이 next 함수는 sum_n의 지역 변수에 접근할 수 있으며, 오직 sum_n 함수를 통해서만 호출될 수 있습니다.

달은 sum_n 함수와 같은 블록을 여러 지역 함수가 포함된 하나의 데이터 구조로 보았습니다. 이는 SIMULA에서 정의한 **스테이션** 개념과 매우 유사합니다. 스테이션은 커스터머 큐가 포함된 데이터 구조였으며, 그 큐 안의 커스터머를 처리할 수 있는 기능도 가지고 있었기 때문입니다.

그래서 달은 시뮬레이션 모델에서 스테이션과 커스터머 역할을 하는 ALGOL 60 블록들을 생성하는 전처리기를 만들기로 합니다.

문제는 큐였습니다. 큐는 스택처럼 동작하지 않습니다. 스택에 있는 모든 객체는 자신보다 위에 쌓여 있는 객체보다 반드시 수명이 길어야 합니다. 이것이 바로 스택의 선입후출(First-In Last-Out, FILO) 특성입니다.

그러나 큐는 다르게 동작합니다. 큐에서는 가장 먼저 들어온 객체가 가장 먼저 나갑니다.[7]

달은 ALGOL 60의 블록들을 스택이 아니라 힙(heap)에 할당하는 방식으로 구상하게 되었습니다. 사실상 그는 ALGOL 60을 다음 자바 프로그램처럼 동작하도록 바꾸려고 했던 것입니다.

```
class Sumer {
    int n;
    int i = 1;
    int sum = 0;
    public Sumer(int n) {
        this.n = n;
    }
    public int next() {
        return i++;
    }
    public int do_sum() {
        while (n-- > 0)
            sum += next();
        return sum;
    }
```

7 역주 선입선출(First-In First-Out, FIFO)을 의미합니다.

```
    public static int sum_n(int n) {
        Sumer s = new Sumer(n);
        return s.do_sum();
    }
}
```

달은 여전히 ALGOL 60의 블록 개념을 유지하고 있었지만, 이제는 그 블록들을 스택이 아닌 가비지 컬렉션이 가능한 힙에 넣는 방식으로 바꾼 것입니다.

역자노트 스택과 힙

프로그래밍 언어에서 스택(stack)은 함수 호출 시 지역 변수를 잠시 저장하는 공간으로 나중에 들어온 데이터가 먼저 나가는 선입후출(FILO) 방식으로 작동합니다. 스택은 단순하고 빠르지만 짧은 생명 주기를 가진 데이터에 적합합니다. 반면에 힙(heap)은 개발자가 직접 객체를 생성하고 관리할 수 있는 메모리 공간으로 객체 간 수명 차이가 허용되며, 선입선출(FIFO) 방식도 가능합니다. 다만 힙은 유연하지만 복잡하며, 이를 안전하게 관리하기 위해서는 가비지 컬렉터가 필요합니다.

올레-요한 달은 시뮬레이션에서 다양한 객체가 서로 다른 시점에 생성되고 소멸되는 특성 때문에 스택 기반의 메모리 구조로는 충분하지 않다는 것을 깨달았습니다. 그래서 그는 지역 변수와 객체의 상태를 함께 유지할 수 있는 구조인 힙 기반 객체 구조와 가비지 컬렉션 개념을 도입했고, 이 시도가 객체지향 프로그래밍의 시작점이 되었습니다. 이런 발상은 이후 SIMULA를 거쳐 C++, 자바 등 현대 프로그래밍 언어의 발전에 결정적인 영향을 주었습니다.

당시 달이 만든 가비지 컬렉터는 오늘날 우리가 익숙한 가비지 컬렉터와는 조금 다릅니다. 달의 방식은 스택과 힙 사이의 절충을 시도한 가비지 컬렉션 방식이었습니다. 그가 구상한 방식에 따르면 메모리 블록 그룹이 여러 개 있고, 하나의 그룹은 동일한 크기의 블록을 연속적으로 담도록 했습니다. 각 그룹 간에는 메모리상의 연속성을 없앴으며, 각자 담고 있는 블록 크기도 서로 다르게 했습니다.

또 각 개별 블록의 시작과 끝부분에는 해당 블록이 현재 사용 중인지 나타내는 비트도 두었습니다. 이 덕분에 특정 그룹 내에서 메모리를 회수하는 작업이 매우 효율적으로 이루어질 수 있었습니다.

아울러 달이 구상한 메모리 그룹은 경우에 따라 스택처럼 취급할 수도 있었기 때문에 전통적인 힙처럼 단편화(fragmentation)[8] 되는 문제도 발생하지 않았습니다.

마지막으로 사용되고 있지 않는 메모리 블록은 참조 카운팅(reference counting)과 가비지 컬렉터(garbage collector)를 통해 회수되었습니다.

역자노트 코드 블록과 메모리 관리

여기에서 말하는 블록(block)은 프로그래밍에서 변수와 명령어가 묶여 있는 코드 단위를 의미합니다. 보통 중괄호 {}로 묶인 부분을 뜻하며 함수, 조건문, 반복문 내에서 자주 사용됩니다. 예를 들어 다음 자바 코드에서 `{ int result = a + b; return result; }`는 하나의 블록으로 간주됩니다.

```
public int sum(int a, int b) {
    int result = a + b;
    return result;
}
```

이 코드 블록 안에 선언된 `result` 변수는 블록 내부에서만 사용되며 블록이 끝나면 메모리에서 사라집니다. 즉, 이런 지역 변수(local variable)의 생명 주기를 관리하는 데 블록은 중요한 역할을 합니다. 따라서 달(Dahl)은 블록을 메모리에 어떤 방식으로 배치하고 회수할지 고민했던 것입니다.

앞서 설명한 방식으로 스토리지 할당자[9]가 설계되자 SIMULA는 더 이상 ALGOL 60 코드를 생성하는 전처리기로 만들 수 없게 되었습니다. 따라서 달이 해야 했던 일은 ALGOL 60을 수정하여 새로운 스토리지 할당자를 만들고, SIMULA의 기능들을 그 컴파일러 내부에 직접 구현하는 것이었습니다.

이런 결정은 SIMULA의 구조에 막대한 영향을 끼쳤습니다. 블록이 스택의 제약에서 벗어나 힙에 할당되면서 다양한 가능성이 열린 것입니다. 예를 들어 커스터머는 더 이상 수동적인 데이터 구조일 필요가 없으며, 모든 처리가 스테이션에서만 이루어져야 할 이유도 사

---

8 역주 메모리가 무분별하게 여러 조각으로 나뉘어 전체로 보면 충분한 공간이 있음에도 연속된 큰 메모리 공간을 할당할 수 없는 상태를 의미합니다.

9 역주 일종의 메모리 할당자입니다.

라졌습니다. 실제로 커스터머와 스테이션 간 상호 작용을 일종의 **준병렬 처리**(quasi-parallel processing)[10]로 볼 수 있게 되었습니다. 즉, 메모리 블록 관리를 힙을 통해 수행하면서 객체의 생명 주기를 훨씬 유연하게 관리할 수 있었고, 그 결과 능동적인 객체 개념과 객체 간 상호 작용이라는 객체지향 프로그래밍의 핵심 개념들이 자리 잡을 수 있었습니다.

역자노트 수동적인 데이터 구조와 능동적인 객체 구조의 차이

수동적인 데이터 구조는 외부에서 단순히 데이터를 저장하고 조작하기 위한 용도로 사용됩니다. 이런 구조는 행동(메서드) 없이 오직 값만 담고 있으며, 자기 스스로는 아무 일도 하지 않습니다. 반면에 능동적인 객체 구조는 자신의 상태와 함께 행동(메서드)까지 정의되어 있습니다. 이런 객체는 외부에서 호출되는 것이 아니라 스스로 특정 행동을 수행하거나 반응할 수 있는 구조입니다.

```
// 수동적인 데이터 구조의 예
class Customer {
    String name;
    int age;
}

// 능동적인 객체 구조의 예
class Customer {
    String name;
    int age;

    void checkIn() {
        System.out.println(name + " has checked in.");
    }
}
```

SIMULA 초기에는 커스터머 같은 개체가 단순히 대기열(queue)에 들어 있는 수동적인 데이터 구조에 불과했습니다. 이 커스터머는 오직 외부의 스테이션으로 조작되었습니다. 하지만 스택이 아닌 힙에 객체를 올리면서 객체의 생존 기간을 더 유연하게 조정할 수 있게 되었고, 이로 인해 행동을 내포한 능동적인 객체가 가능해진 것입니다.

10 역주 실제로 동시에 처리되는 것은 아니지만 겉보기에는 병렬적으로 처리되는 것처럼 보이도록 구현된 방식입니다.

이런 개념의 확장을 통해 달과 니가드는 또 다른 깨달음도 얻게 되었습니다. 그것은 스테이션과 커스터머는 결국 시뮬레이션 안에서 동시에 작동할 수 있는 다양한 종류의 구성 요소 중 하나일 뿐이라는 점입니다. 즉, 그들은 SIMULA가 단순한 몬테카를로 시뮬레이션 전용 언어를 넘어 범용 프로그래밍 언어로 발전할 수 있다는 가능성을 깨닫게 된 것입니다.

이제 잠시 멈추어 생각해 보겠습니다. 단순히 ALGOL 60의 스택을 다른 방식으로 바꾸었을 뿐인데 이렇게 새로운 통찰로 이어졌다는 사실은 정말 놀라운 일입니다. 아마도 달과 니가드는 눈앞에 갑자기 펼쳐진 가능성들에 큰 충격을 받았을 것입니다. 실제로 그들은 이 시기에 대해 "매우 힘든 작업과 좌절, 황홀감이 뒤섞여 반쯤 미쳐 있었던 것 같았다."라고 회고하기도 했습니다.

그렇게 SIMULA의 문법은 엄청나게 바뀌었습니다. 예를 들어 **커스터머**와 **스테이션**이라는 용어 대신 보다 일반화된 개념인 **액티비티**(activities)가 사용되었습니다.

```
SIMULA begin comment airport departure;
set q counter, q fee, q control, lobby (passenger);
    counter office (clerk);...
activity passenger; Boolean fee paid; begin
    fee paid := random (0, 1) < 0.5...
        wait (q counter) end; activity clerk;
begin
counter: extract passenger select
    first (q counter) do begin
    hold (normal (2, 0.3));
        if fee paid then
        begin include (passenger) into: (q control);
            incite5 (control office) end
        else
```

```
        begin include (passenger into: (q fee); incite
            (fee office) end;
    end
    if none wait (counter office);
    goto counter
end...
end of SIMULA;
```

여기에서 wait, hold, incite 등 명령어는 SIMULA의 프로세스 스케줄링 기능을 제어하는 구문입니다. SIMULA 프로그램 내 각 액티비티는 서로 독립적인 프로세스이며, 선점 없이 하나의 작업이 끝날 때까지 기다리는 방식의 작업 전환기(a non-preemptive task switcher)[11]로 관리되었습니다.

1964년 3월, 이 시점까지 SIMULA의 설계는 여전히 문서로만 존재하고 있었습니다. 당시에는 프로그래밍이란 화면에 코드를 입력하고 몇 분마다 단위 테스트를 돌리는 그런 일이 아니었습니다. 컴파일과 테스트에는 몇 시간, 길게는 며칠이 걸렸고 컴퓨터 사용 비용도 매우 비쌌습니다. 따라서 처음부터 큰 틀을 잡고 설계하는 방식인 Big Design Up Front[12]가 경제적인 측면에서 유일하게 현실적인 접근 방식이었습니다.

당시 소프트웨어 개발은 전적으로 달(Dahl)이 담당했으며, ALGOL과 관련된 부분에서는 스페리 랜드의 켄 존스(Ken Jones)와 조셉 스페로니(Joseph Speroni)의 도움을 받았습니다. 그리고 1964년 12월 드디어 SIMULA I의 첫 번째 프로토타입이 완성됩니다.

이후 2년 동안 달과 니가드는 유럽 전역의 UNIVAC 고객들을 대상으로 SIMULA I을 교육하기 위해 각지를 돌아다닙니다. 다른 컴퓨터 회사들도 이를 주목하기 시작했고, 자사 기종에 맞는 SIMULA 컴파일러를 개발할 계획을 세우기 시작했습니다.

11 역주 일종의 작업 스케줄러입니다.

12 역주 BDUF, 구현을 시작하기 전에 상세한 설계를 만드는 접근 방식입니다.

이 시점에서 SIMULA I은 여전히 시뮬레이션 전용 언어였지만, 점점 더 많은 프로그래머들이 사용하게 되면서 몇 가지 중요한 변경 작업이 필요해졌습니다. 그중 일부는 시뮬레이션 작성 기능을 강화하는 것이었지만, 대부분은 범용 프로그래밍 언어로 나아가도록 하는 변경이었습니다.

여기에서 특히 주목할 만한 점은 그들이 만들어 온 수많은 시뮬레이션을 통해 여러 프로세스가 공통된 속성과 동작을 가지면서도 서로 다른 특성을 지닌다는 사실을 깨달았다는 것입니다. 그리고 이를 바탕으로 클래스와 서브클래스라는 개념도 만들어지게 됩니다.

고정 크기 블록을 사용하는 방식은 많은 메모리 낭비를 초래했기 때문에 메모리 할당 방식도 다시 검토되었습니다. 고정 크기 블록은 많은 메모리 낭비를 초래했고, 시뮬레이션의 규모가 커질수록 메모리 문제를 더욱 심각하게 만들었습니다. 따라서 달과 니가드는 존 매카시(John McCarthy)가 리스프(Lisp)에서 처음 고안한 압축(compacting) 가비지 컬렉터[13]를 도입합니다.

1967년 5월, 달과 니가드는 IFIP 시뮬레이션 워킹 콘퍼런스에서 **클래스**와 **서브클래스** 선언에 관한 논문을 발표합니다. 이 논문은 SIMULA 67의 첫 공식 정의를 담고 있으며, 클래스와 서브클래스의 인스턴스를 지칭하는 데 처음으로 **객체**(object)라는 용어를 사용했습니다. 또 가상 프로시저(virtual procedure: 다형성 프로시저) 개념도 이 논문을 통해 도입되었습니다. 이 논문 발표는 좋은 반응을 얻었으며, 달과 니가드는 몇 주 후 또 다른 콘퍼런스에서 **타입**(type)과 **클래스**(class)의 동일성에 대한 내용도 발표합니다. 1968년 2월, 드디어 SIMULA 67의 명세가 최종 확정되었습니다.

SIMULA 67의 문법은 C++, 자바, C# 같은 언어들과 놀라울 정도로 유사합니다. 다음 예제를 보면 얼마나 비슷한지 쉽게 확인할 수 있을 것입니다.

---

13 역주 사용되지 않는 메모리 영역, 즉 가비지를 회수하고 회수된 메모리 공간을 효율적으로 재사용하기 위해 힙 메모리의 객체들을 압축하는 가비지 컬렉터입니다.

```
Begin
    Class Glyph;
        Virtual: Procedure print Is Procedure print;;
    Begin
    End;

    Glyph Class Char (c);
        Character c;
    Begin
        Procedure print;
            OutChar(c);
   End;

    Glyph Class Line (elements); Ref
        (Glyph) Array elements;
    Begin
        Procedure print;
        Begin
            Integer i;
            For i:= 1 Step 1 Until UpperBound (elements, 1) Do elements
                (i).print;
            OutImage;
        End;
    End;

    Ref (Glyph) rg;
```

```
    Ref (Glyph) Array rgs (1 : 4);

    ! Main program;
    rgs (1):- New Char ('A');
    rgs (2):- New Char ('b');
    rgs (3):- New Char ('b');
    rgs (4):- New Char ('a');
    rg:- New Line (rgs);
    rg.print;
End;
```

하지만 SIMULA 67은 여전히 시뮬레이션 언어였으며, hold나 activate 같은 키워드를 비롯하여 SIMULA I의 여러 흔적을 그대로 유지하고 있었습니다. 이런 요소들은 메모리 관리에 필요한 작업 전환기(task switcher)를 제어하기 위한 것이었지만, 결국 SIMULA가 범용 프로그래밍 언어로 자리 잡지 못하게 된 결정적인 요인이 되고 말았습니다.

당시 스페리 랜드는 UNIVAC 1107을 위한 이 새로운 언어를 원했으며, 자사 프로그래머인 론 커(Ron Kerr)와 시구르드 쿠보시(Sigurd Kubosch)에게 기존 ALGOL 60 컴파일러를 수정하는 작업을 맡겼습니다. 그 작업은 처음에는 순조롭게 진행되었지만, 1969년 9월 UNIVAC 1107을 포기하고 UNIVAC 1108[14]을 새로 출시하면서 작업이 중단되었습니다.

UNIVAC 1108은 훨씬 뛰어난 컴퓨터였습니다. 집적 회로, 와이어 랩 방식으로 연결된 백플레인, 더 빠른 코어 메모리, 메모리 보호 기능, 다중 프로세서 지원, 최대 256K의 메모리 확장, 훨씬 향상된 대용량 저장 장치 등을 갖추고 있었습니다. 그리고 무엇보다도 타임셰어링

---

14 이 컴퓨터는 제가 고등학교 시절에 사용했던 기계입니다. 일리노이 공과대학교(IIT)의 시카고 사우스 사이드 캠퍼스에 설치되어 있었고, 제 고등학교는 시카고 북부 외곽에 있었기 때문에 300-보드 모뎀을 통해 원격 접속했습니다. 우리는 텔레타이프와 천공 테이프를 이용하여 IITRAN 프로그램을 작성했으며 이는 정말 신나는 경험이었습니다.

운영체제를 탑재하고 있었습니다. 여러 면에서 1108은 구시대와 신시대의 과도기에 자리 잡은 컴퓨터였습니다.

SIMULA 67의 첫 상용 버전은 1971년 3월에 출시되어 상당한 성공을 거두었습니다. IBM 360, Control Data 3000 및 6000, PDP-10 같은 다양한 기종에 구현되었으며, 특히 유럽의 많은 대학교에서 컴퓨터 과학 교육을 위한 언어로 채택되어 사용하게 되었습니다.

SIMULA 67이 처음 출시된 지 불과 몇 년 후, 비야네 스트롭스트룹은 덴마크 오르후스 대학교와 에든버러에서 SIMULA 67을 사용했습니다. 그는 클래스 개념을 통해 프로그램을 깔끔하게 모듈화할 수 있다는 점에 깊은 인상을 받았습니다. 그러나 SIMULA 67 프로그램의 성능과 컴파일러의 품질에 크게 실망했고, 실제로 이런 문제들 때문에 자신의 주요 프로젝트 하나가 거의 실패할 뻔했다고 회고하기도 했습니다.

그래서 1979년, 비야네 스트롭스트룹은 C 언어에 'SIMULA와 유사한' 특성을 부여하는 전처리기를 작성하기로 결심합니다. 이 전처리기는 나중에 C++가 됩니다.

참고 문헌

- Berntsen, Drude, Knut Elgsaas, Håvard Hegna. 2010. "The Many Dimensions of Kristen Nygaard, Creator of Object-Oriented Programming and the Scandinavian School of System Development(객체지향 프로그래밍과 스칸디나비아 시스템 개발 학파의 창시자 Kristen Nygaard의 다양한 면모)". 국제정보처리연맹(IFIP). https://dl.ifip.org/db/conf/ifip9/hc2010/BerntsenEH10.pdf
- Dahl, O.-J., E. W. Dijkstra, C. A. R. Hoare. 1972. "Structured Programming(구조적 프로그래밍)". Academic Press.
- Holmevik, Jan Rune. 1994. "Compiling SIMULA: A Historical Study of Technological Genesis SIMULA(컴파일: 기술적 기원의 역사적 연구)". IEEE 컴퓨팅 역사 연보(IEEE Annals of the History of Computing), 제16권 제4호, p25-37.

- Lorenzo, Mark Jones. 2019. "The History of the Fortran Programming Language(포트란 프로그래밍 언어의 역사)". SE Books.
- Nygaard, Kristen. 2002. Kristen Nygaard 이력서. http://kristennygaard.org/PRIVATDOK_MAPPE/PR_CV_KN.html
- Nygaard, Kristen, Ole-Johan Dahl. 1981. "SIMULA Session IX: The Development of the SIMULA Languages SIMULA(세션 IX: SIMULA 언어의 발전)". ACM. https://www.cs.tufts.edu/~nr/cs257/archive/kristen-nygaard/hopl-simula.pdf
- O'Connor, J. J., E. F. Robertson. 2008. Kristin Nygaard 전기. 스코틀랜드 세인트 앤드루스 대학교 수학 및 통계학부. https://mathshistory.st-andrews.ac.uk/Biographies/Nygaard
- Owe, Olaf, Stein Krogdahl, Tom Lyche(편). 1998. "From Object-Orientation to Formal Methods: Essays in Memory of Ole-Johan Dahl(객체지향에서 형식 기법으로: Ole-Johan Dahl을 기리는 에세이집)". Springer.
- Stroustrup, Bjarne. 1994. "The Design and Evolution of C++(C++의 설계와 진화)". Addison-Wesley.
- 오슬로 대학교. 2013. Ole-Johan Dahl 전기. 오슬로 대학교 정보학과. 2013년 10월 10일 게시. https://www.mn.uio.no/ifi/english/about/ole-johan-dahl/biography
- 위키피디아. "Bob Bemer". https://en.wikipedia.org/wiki/Bob_Bemer
- 위키피디아. "English Electric DEUCE". https://en.wikipedia.org/wiki/English_Electric_DEUCE

- 위키피디아. "Monte Carlo method".
  https://en.wikipedia.org/wiki/Monte_Carlo_method
- 위키피디아. "Ole-Johan Dahl". https://en.wikipedia.org/wiki/Ole-Johan_Dahl
- 위키피디아. "Simula". https://en.wikipedia.org/wiki/Simula
- 위키피디아. "UNIVAC 1100/2200 series".
  https://en.wikipedia.org/wiki/UNIVAC_1100/2200_series

CHAPTER 8

존 케메니: 모두를 위한 첫 번째 언어, BASIC

BASIC(베이직)은 누구나 프로그래밍이라는 영역에 접근할 수 있어야 한다고 믿었던 프로그래머들의 여정을 담고 있습니다. 그들의 여정은 불가능해 보였던 꿈에 대한 도전이었으며, 마지막에 결국 자기 천재성에 스스로 눈과 귀를 닫아 버린 이들의 이야기이기도 합니다.

존 케메니라는 인물

존 폰 노이만(John von Neumann)과 마찬가지로 야노시 죄르지(John George) 케메니 역시 헝가리 부다페스트에서 유대인으로 태어났습니다. 그가 태어난 1926년 무렵은 이미 반유대주의와 파시즘의 기운이 거세던 시기입니다. 1938년 히틀러가 오스트리아를 침공했을 당시 야노시는 고작 11세였습니다. 그의 아버지 티보르(Tibor)는 곧 헝가리도 히틀러에게 침공당할 것이라고 판단합니다. 그래서 티보르는 수출입 사업으로 생긴 미국의 연줄을 이용해서 바로 가족을 이끌고 뉴욕으로 떠납니다. 야노시 가족은 정말 간발의 차이로 히틀러의 침공을 피해 헝가리에서 도망쳐 나옵니다. 하지만 그 과정에서 그들이 가진 모든 것을 헝가리에 두고 떠나야만 했습니다. 심지어 헝가리에 남았던 몇몇 친지와는 소식마저 끊깁니다.

존은 어릴 때부터 빼어난 재능을 보였습니다. 영어를 거의 모르는 상태로 13세에 뉴욕 고등학교 2학년으로 편입했지만, 불과 3년 만에 수석 졸업생(valedictorian)으로 졸업합니다. 이후 그는 미국 시민권을 취득하고 프린스턴 대학교에서 수학을 공부합니다. 그러다 1945년

19세에 로스앨러모스의 맨해튼 프로젝트에서 리처드 파인만 밑에서 일하며 존 폰 노이만의 프로젝트에 참여합니다.

당시 파인만은 케메니가 한밤중에 헌병들에게 불려 나가 심문을 받았으며 그의 아버지가 공산주의자인지 추궁받았다고 회고했습니다.[1]

케메니는 계산 센터에서 근무했는데, 앞선 장에서 언급된[2] IBM 천공 카드 계산기 17대를 관리하는 직원 20명 중 한 명이었습니다. 이들은 플루토늄 핵의 폭발과 관련된 편미분 방정식을 풀기 위해 주 6일 24시간 동안 기계를 가동해야 했습니다. 이처럼 당시에는 단 하나의 방정식을 푸는 데 무려 인력 20명과 기계 17대가 3주간 쉬지 않고 작업해야 했습니다.

이 기계들은 천공 카드 형태로 입력 데이터를 받아 단순 연산을 수행한 후 계산 결과를 다시 천공 카드에 출력했습니다. 당시 주어진 문제는 3차원 공간에서 점을 약 50개 추적해야 했던 것으로, 이 수학 문제를 풀기 위해 각각의 점을 하나의 천공 카드로 표현했습니다.

이 기계 17대는 플러그판(plugboard)으로 프로그래밍되었으며, 몇몇 필요한 설정을 마친 후에는 기계 간에 천공 카드를 옮겨 가며 400시간 이상을 돌려야 비로소 계산 결과를 얻을 수 있었습니다.

이미 3장에서 이야기했듯이 존 폰 노이만은 이런 계산 작업을 관장했으며, 종종 계산 센터를 방문하여 직원들과 의견을 나누었습니다. 당시 폰 노이만은 계산 작업에 너무 많은 시간과 인력이 소비되는 상황을 매우 답답해 했습니다. 그래서 그는 하버드 마크 I 팀, ENIAC(에니악) 팀과 함께 일했던 경험을 토대로 완전히 새롭게 발상하고, 1945년 6월에 'First Draft of a Report on the EDVAC(EDVAC에 대한 초안 보고서)'이라는 비공식 문서를 작성합니다. 이 보고서는 컴퓨팅 산업에 엄청난 영향을 미쳤습니다. 1946년 여전히 로스앨러모스에서 일하고 있던 케메니는 폰 노이만이 자신의 보고서 내용을 설명하는 강연을 들었습니다.[3] 폰 노이만이 해당 강연에서 제시한 비전은 다음과 같은 컴퓨터를 만드는 것입니다.

---

1 참고 문헌의 "Richard Feynman Lecture - Los Alamos from Below(리처드 파인만 강연 – 로스앨러모스에서의 경험)"를 참고합니다.

2 3장 참고

3 Kemeny, p5 참고

- 완전한 전자식 컴퓨터일 것
- 수를 이진법으로 표현할 것
- 대용량 내부 메모리를 갖출 것
- 프로그램을 데이터와 함께 메모리에 저장하여 실행할 것
- 범용적 성격을 지닐 것

찰스 배비지라면 아마도 이 강연을 듣고 고개를 끄덕였을지도 모릅니다. 이 강연을 들은 케메니 역시 엄청난 충격과 영감을 받습니다. 그 당시를 회상한 케메니는 폰 노이만의 비전을 마치 유토피아처럼 느꼈고, 있으리라고는 상상조차 하지 못했다고 했습니다.[4] 하지만 그 강연 이후로 불과 7년 만에 폰 노이만의 비전은 실제로 실현됩니다.

이후 케메니는 프린스턴 대학교로 돌아가 학업을 계속합니다. 그의 박사 학위 논문 제목은 "Type-Theory vs. Set-Theory(유형 이론 대 집합 이론)"며, 지도 교수는 앨론조 처치(Alonzo Church)입니다. 케메니는 박사 과정 중에 알베르트 아인슈타인의 조교로 일하기도 했습니다.

이후 1953년, 케메니는 랜드(RAND)에서 컨설팅 업무를 했고, 그 과정에서 폰 노이만의 JOHNNIAC 컴퓨터와 초창기 IBM 700 시리즈의 컴퓨터들을 접할 기회를 얻었습니다. 케메니는 그 시절에 대해 "컴퓨터 프로그래밍을 배우는 것은 정말 재미있었어요. 비록 그 시절 사용된 프로그래밍 언어는 사람이 아니라 기계를 위해 설계된 언어였지만요."라고 회상하기도 했습니다.[5]

'프로그래밍 언어는 사람을 중심으로 설계되어야 한다'는 케메니의 신념은 훗날 '모든 사람이 컴퓨터를 사용할 수 있도록 해야 한다'는 일생 과제로 이어집니다.

케메니는 이후 다양한 업적과 경력을 쌓으며 1984년 뉴욕 과학 아카데미상, 1986년 IEE 컴퓨터 메달, 1990년 루이스 로빈슨상을 비롯해서 명예박사 학위를 20개 받았습니다.

---

4 Kemeny, p5 참고
5 Kemeny, p7 참고

또 그에 대한 일화 중에는 가정 형편이 어려운 학생의 학비를 익명으로 대신 내주었다는 이야기도 있습니다.

토머스 커츠라는 인물

케메니를 배트맨에 비유한다면 톰 커츠(Tom Kurtz)는 로빈에 해당합니다. 커츠는 1928년 일리노이주 오크 파크에서 태어났습니다. 어릴 때부터 과학에 관심이 많았고, 일리노이주 게일즈버그(Galesburg)에 위치한 녹스(Knox) 칼리지에서 물리학과 수학을 공부했습니다.

커츠는 1950년 UCLA에서 여름 학기를 듣던 중 SWAC[6]라는 컴퓨터를 접합니다. SWAC는 진공관 2,300개와 37비트 단어 256개로 구성된 컴퓨터이며, 커츠가 처음 프로그래밍을 시작한 것도 이 컴퓨터입니다. SWAC를 접한 후부터 커츠는 컴퓨터라는 기계에 매료되었습니다.

이후 커츠는 프린스턴 대학교에서 수학 박사 학위를 취득하고, 다트머스 대학교로 초빙되어 케메니를 도와 교내 컴퓨팅 환경을 구축하는 역할을 맡습니다. 그렇게 이루어진 두 사람의 만남은 BASIC이라는 언어의 역사를 만들어 낸 핵심 축이 됩니다.

혁신적인 발상

제가 태어난 해인 1953년에 케메니는 뉴햄프셔주 어퍼 밸리(Upper Valley)에 위치한 다트머스 대학교에서 수학 학부를 재건해야 하는 임무를 맡습니다.

당시 수학 학부의 교수진은 매우 고령이어서 보다 젊은 시각으로 학부에 대한 전면적인 개편이 요구되고 있었습니다. 이를 위해 알베르트 아인슈타인과 존 폰 노이만이 다트머스 대학교에 케메니를 추천한 것입니다.

6 Standards Western Automatic Computer의 약어입니다.

당시 케메니는 학부를 개편하기 위해 다트머스 대학교에 컴퓨팅 분야를 도입하고자 했습니다. 마침 그 당시에 MIT가 IBM 704를 보유하고 있었기 때문에 케메니는 그 기기에 대한 사용 권한을 MIT에 요청합니다. 그리고 톰 커츠에게 메사추세츠 케임브리지[7]와 뉴햄프셔 해노버[8]를 오가며 천공 카드와 출력물들이 든 무거운 철 상자를 2주에 한 번씩 옮기도록 합니다.

그런데 여러분은 컴파일을 한 번 하는 데 2주씩이나 기다려야 한다면 상상이 되나요?

결국 몇 년 후 케메니는 2주에 한 번씩 MIT에 있는 컴퓨터를 사용하는 것은 너무 비효율적이라는 결론을 내립니다. 그래서 그는 학교 물품을 위한 예산 중에 3만 7,000달러를 전용해서 LGP-30[9]이라는 '데스크톱' 컴퓨터를 구입합니다.

이 컴퓨터는 31비트 4,096워드를 자기 드럼에 저장하며, 진공관 113개와 반도체 다이오드[10] 1,450개로 구성되어 있습니다. LGP-30은 단일 주소 체계를 사용하며 곱셈과 나눗셈을 지원합니다. CPU 클럭 속도는 120kHz, 메모리 액세스 시간은 2ms에서 17ms 사이입니다. 입출력 장치는 전신 타자기(텔레프린터)와 종이테이프 리더기 및 천공기고, 기계어나 모든 구분자가 아포스트로피로 되어 있는 매우 특이한 프로그래밍 언어인 ACT-III로 프로그래밍해야 합니다.[11]

비록 소수의 학생만 LGP-30을 사용할 수 있었지만 그들은 이 컴퓨터에 열광했습니다. 어떤 학생은 LGP-30을 이용해서 ALGOL과 유사한 컴파일러를 만들었고, 또 다른 학생은 1960년 뉴햄프셔주 대통령 예비 선거 결과를 예측해서 실제로 적중하기도 했습니다. 덕분에 학교는 언론의 주목을 받았고, 이는 매우 좋은 홍보 효과를 가져왔습니다.

그러나 LGP-30 컴퓨터는 한 번에 한 명만 사용해야 하고, 동시에 여러 사람이 사용할 수 없어 접근이 매우 제한적입니다. 결국 학생들은 MIT에 있는 IBM 704도 계속해서 병행해서

---

7 역주 보스턴 근처의 MIT가 위치한 도시입니다.

8 역주 다트머스 대학교가 위치한 도시입니다.

9 Librascope General Purpose 30으로, 이 컴퓨터는 ECP-18을 많이 떠올리게 합니다(9장 참고).

10 다이오드 논리 회로는 AND 및 OR 게이트를 만드는 데 전력을 많이 소모하는 까다로운 방법입니다.

11 https://en.wikipedia.org/wiki/File:ACT_III_program.agr.jpg 참고

사용했습니다. 그런 상황에서 커츠는 케임브리지와 해노버를 오가며 천공 카드를 나르던 중 존 매카시(John McCarthy)[12]를 만나 LGP-30을 효율적으로 활용하기가 어렵다고 토로합니다. 그렇게 커츠의 고민을 들은 매카시는 타임셰어링 방식을 한 번 도입해 보는 것이 어떻겠냐고 제안했습니다.

그래서 커츠는 학생을 다섯 명씩 한 그룹으로 나누어 LGP-30을 사용하게 하는 일종의 **물리적인** '타임셰어링' 실험을 해 보았습니다. 각 그룹은 15분 동안 원하는 만큼 컴파일과 테스트를 실행할 수 있으며, 그룹 내 각 학생은 약 1분씩 돌아가며 프로그램을 컴파일하고 실행 결과를 확인하도록 했습니다.

커츠는 반신반의했지만 실제로 이 전략은 효과가 있었습니다. 즉, 적절히 순서를 지키면 여러 명이 컴퓨터 한 대를 거의 동시에 사용할 수 있습니다. 이 실험을 통해 커츠는 적절한 단말기(terminal)와 소프트웨어를 갖추면 더 많은 학생이 동시에 컴퓨터를 사용할 수도 있겠다는 생각을 하게 됩니다. 그리고 궁극적으로 '모든 학생이 컴퓨터를 배울 수 있는 환경'을 꿈꿉니다.

불가능해 보이는 꿈

커츠는 케메니에게 이렇게 말했습니다. "이제 모든 학생이 컴퓨터를 배워야 하는 시기가 오고 있는 것 같다."[13] 케메니는 커츠 의견을 매우 긍정적으로 생각했습니다. 1963년 무렵 커츠와 토니 납(Tony Knapp)을 보내 피닉스에 있는 GE에 컴퓨터 기증을 요청합니다. 그러나 GE에서는 그들의 요청을 받아들이지 않았습니다. 커츠와 토니 납은 IBM, NCR, 버로우즈(Burroughs) 등에도 비슷한 요청을 했지만 결과는 마찬가지였습니다. 그렇게 더 많은 컴퓨터를 확보하려던 시도가 잘 이루어지지 않던 중 GE에서 비교적 저렴한 비용(30만 달러)에 컴퓨터

12 맞습니다. 바로 그 리스프(Lisp)를 개발한 존 맥카시입니다.
13 Kemeny and Kurtz, p3 참고

를 두 대 제공해 주겠다는 제안이 들어옵니다. GE에서 제안한 컴퓨터는 바로 DATANET-30과 DATANET-235입니다.

DN-30[14]은 단말기 128대와 통신을 담당하는 전면부 통신 프로세서로 18비트 워드 8K를 갖추고 있습니다. DN-235[15]는 실제로 프로그램을 실행하는 배치(batch)[16] 컴퓨터로 20비트 워드 8K의 처리 용량을 갖추고 있습니다. 여기에 자기 테이프 드라이브 두 대와 5~10MB 정도의 용량을 갖춘 것으로 추정되는 하드 디스크가 함께 제공됩니다.

1957년 소련의 스푸트니크 위성 발사 이후 미국 정부는 과학, 기술, 공학, 수학(STEM) 분야에 막대한 예산을 투입하고 있었습니다. 커츠는 그 기회를 활용하여 NSF(미국 국립과학재단)에 보조금을 신청했습니다. 그의 제안서에는 학부생 12명을 프로그래머로 활용하여 타임셰어링 시스템을 직접 개발하겠다는 계획도 담겨 있었습니다. NSF에는 전문 프로그래머가 아닌 학부생이 이런 시스템을 만든다는 것은 말도 안 된다는 회의적인 시각이 있었지만, 결국 케메니가 끈질기게 설득한 끝에 보조금을 승인했습니다.

커츠는 1963년 여름에 컴퓨터를 주문했고, 1964년 2월에 모든 장비가 도착했습니다. 불과 3개월 후인 1964년 5월 1일에 다트머스 타임셰어링 시스템(Dartmouth Time Sharing System)과 BASIC 컴파일러가 마침내 탄생하게 됩니다.

이 기적 같은 개발 속도는 사실 케메니와 학생들이 미리 3개월 넘게 종이에 코드를 써 두고 있었기 때문에 가능했습니다. 즉, 케메니는 이미 BASIC 컴파일러를 만들었고, 학부생들은 DN-30 및 DN-235용 통신 관리와 타임셰어링 소프트웨어를 모두 어셈블리어로 작성해 둔 상태였습니다. 당시 케메니는 GE 보스턴 지사에서 컴퓨터를 빌려 일부 컴파일러 코드를 디버깅하기도 했지만, 학부생 대부분은 컴퓨터가 도착하기 전 손으로 코드를 작성하고 그저 컴퓨터가 도착하기만 기다렸던 것입니다.

---

14 역주 DATANET-30

15 역주 DATANET-235

16 배치란 한 번에 하나의 작업만 실행하는 방식입니다. 여기에서 하나의 작업(job)이란 여러 프로그램으로 이루어진 일괄(batch) 처리 단위를 의미하며, 순차적으로 프로그램이 실행되는 과정에서 운영자에게 자기 테이프 장착 및 분리 등 지시가 함께 주어집니다.

다시 정리해 보면 케메니와 커츠, 열정 넘치는 학부생 팀은 프런트엔드 단말기 관리 시스템, 백엔드 타임셰어링 시스템과 컴파일러를 어셈블리 언어를 이용하여 직접 만들어 낸 것입니다. 그것도 단 1년도 안 되는 시간에 복잡하고 독특한 GE 컴퓨터 두 대를 이용해서 해냈습니다. 심지어 실제로 컴퓨터를 사용할 수 있었던 기간은 프로젝트의 마지막 3개월뿐이었는데도 말이죠. 즉, 그들은 전문가들조차 불가능하다고 했던 일을 해냈습니다. 규모도 훨씬 크고 경험도 많은 다른 팀들이 엄두조차 내지 못했던 그 일을 해낸 것입니다. 그것도 본업 외의 '여가 시간'을 이용해서 말이죠.

이것은 그야말로 믿기 힘든 **엄청난 기적**입니다.

개인적인 회상

저도 DATANET-30을 조금 다루어 본 적이 있습니다. 그 컴퓨터는 매우 컸고 엄청나게 시끄러웠습니다. 36인치짜리 플래터[18] 여러 장으로 구성된 디스크는 시동을 걸면 마치 제트 엔진 같은 소리를 내기도 합니다. 그런 DN-30은 직렬 통신 기능을 통해 터미널과 최대 128개까지 동시에 통신할 수 있습니다.
다만 제가 기억하기로는 각 시리얼 라인에서 들어오는 비트마다 인터럽트가 발생하도록 되어 있었고, 그 인터럽트에 의해 통신 포트를 처리하는 어셈블리 언어 코드가 실행되는 방식을 사용하고 있었습니다.
이는 GE가 그 구식의 거대 장비에 UART[19]를 128개 집어넣을 방법이 없어서 소프트웨어가 들어오는 비트를 모아 따로 문자로 조립해야 했기 때문인 것으로 보입니다.

BASIC

커츠는 프로그래밍 언어로 포트란을 사용하고 싶어 했지만, 케메니는 기존 언어들은 '모든 학생'이 컴퓨팅을 배워야 한다는 자신의 생각과 맞지 않는다고 주장했습니다. 그래서 케메니는 더 단순하고 많은 사람이 쉽게 접근할 수 있는 언어를 만들자고 결심합니다. 그는 아마

17 역주 컴퓨터 하드 드라이브 내부의 데이터를 저장하는 얇고 둥근 금속판입니다.

18 UART(범용 비동기 수신/송신기)는 직렬 비트 스트림을 병렬 바이트 스트림으로 변환하는 장치입니다. 1960년대 초에는 이런 장치 하나가 커다란 인쇄 회로 기판 하나를 가득 채웠고, 가격도 상당히 비쌌습니다. 하지만 1970년대가 되면서 이 장치는 단일 칩으로 몇 달러에 구매할 수 있었습니다.

도 먼저 BASIC이라는 **이름을 정해 두고** 거기에 맞추어 Beginners All-purpose Symbolic Instruction Code(초보자용 범용 기호 명령어 코드)라고 이름을 붙인 것으로 보입니다.

BASIC은 케메니의 아이디어에서 탄생한 작품입니다. 그는 그때까지 컴파일러를 직접 본 적도 없었고, 컴파일러 이론도 전혀 알지 못했습니다. 그럼에도 케메니는 컴퓨터를 구입하고 배송되기까지 몇 달 동안 BASIC 컴파일러를 직접 개발했습니다.

그것은 실제로 작동하는 컴파일러였습니다. 케메니가 만든 컴파일러는 DN-235에서 실행되었으며, BASIC 프로그램을 기계어로 컴파일해 주는 역할을 했습니다.

BASIC은 '모든 학생'을 위한 언어라는 점을 항상 염두에 두고 쉽고(easy), 범용적(general purpose)이며, 대화형(interactive)으로 빠르고(fast), 추상적인(abstract) 언어의 특징을 갖도록 설계되었습니다.

BASIC은 줄 번호를 사용했기 때문에 전신 타자기(teletype)로 코드를 쉽게 편집할 수 있습니다. 그리고 모든 명령문이 키워드로 시작하도록 설계되어 있어 문법이 단순하며, 그에 따라 컴파일러도 쉽게 만들 수 있습니다. 또 학생들이 직접 프로그램을 입력하고 몇 초 안에 실행 결과를 확인할 수 있어 BASIC은 역사상 최초로 폭넓은 대화형(wide-access interactive) 프로그래밍 언어가 되었습니다.

물론 1964년 당시에는 하드웨어의 한계로 여러 가지 타협이 필요했습니다. 당시 메모리는 매우 비쌌기 때문에 변수 이름은 한 글자와 하나의 숫자만 사용할 수 있었습니다. 또 함수명을 만들거나 파일 입출력을 할 수 있는 기능도 존재하지 않았습니다. 비록 `IF` 문은 있었지만 `ELSE`는 없었고, `DO`는 있었지만 `WHILE`은 없었습니다. 추후에 이런 기능들이 하나씩 추가되었지만 1964년 당시로서는 그 정도만으로도 혁신적이고 기적 같은 일이었습니다.

타임셰어링

더 큰 혁신은 단말기 수십 대를 동시에 지원할 수 있었다는 점입니다. 학생 20명, 30명, 심지어 40명이 한꺼번에 BASIC 프로그램을 입력하고, 몇 초 만에 실행 결과를 확인해 볼 수 있었습니다. 이것이야말로 진정한 타임셰어링 방식이고, 이는 결과적으로 컴퓨팅 세계의 판도를 바꾸는 전환점이 됩니다.

이후 **수많은 사람**이 단말기(terminals)에 관심을 가지게 되었고 사무실이나 강의실, 고등학교, 가정집에도 단말기를 들여놓고 싶어 했습니다.

그리고 학생들은 당연하게도 게임을 만들기 시작합니다. 게임을 만들지 않은 학생들은 그 게임을 즐기기 시작합니다. 미식축구 게임도 있었고, 틱택토 게임도 있었습니다. 결국 대학생들에게 자유롭게 코딩할 수 있는 환경이 주어지자 그들은 **게임**부터 만들기 시작합니다.

GE는 이런 상황에 큰 충격을 받습니다. 그들은 이런 정도 수준의 성과를 만들기 위해서는 최소한 수십 년에 걸친 투자가 필요하다고 생각하고 있었기 때문입니다. 하지만 다트머스의 타임셰어링 시스템과 BASIC 소프트웨어가 그들의 생각을 완전히 뒤엎었습니다. 결국 GE는 다트머스에서 소프트웨어 라이선스를 구입하고 그 대가로 수많은 하드웨어를 제공했으며, 이후 미국 전역은 물론 전 세계에 타임셰어링 서비스 센터를 열었습니다.

이후 정부와 기업, 과학계와 금융권 모두가 이 타임셰어링 단말기를 원했습니다.

개인적인 회상

1966년 과학 교사였던 제 아버지는 여름 학교 학생들을 데리고 식품 회사(International Minerals and Chemicals, IMC)를 견학했습니다. 이 회사는 최초의 MSG[20] 조미료 중 하나인 Accent를 만든 곳이기도 합니다. 그곳의 한 연구원은 컴퓨터 단말기 앞에서 작업하고 있었고, 저는 그 사람 곁으로 슬쩍 다가갔습니다. 그는 타임셰어링 시스템과 BASIC이 어떻게 작동하는지 보여 주었는데 그 모습에 완전히 매료되었습니다. 그날 집에 돌아온 저는 컴퓨터가 있는 척하며 놀기 시작했습니다. 명령어를 종이에 적고, 컴퓨터가 어떻게 반응할지 직접 써 보는 식이었습니다. 그리고 이 놀이를 친구들과 함께했습니다. 즉, 친구들이 명령어를 적으면 저는 컴퓨터인 척하며 결과를 종이에 적어 주는 식이었습니다.

---

19 MonoSodium Glutamate의 약어입니다.

이처럼 미니컴퓨터 시대가 오기 전인 1960년대 중반, 미국에는 BASIC 기반 타임셰어링 서비스를 제공하는 업체가 약 80곳이나 생겨났고, 그 무렵 BASIC을 배운 사람은 약 500만 명에 달했을 것으로 추정됩니다.

컴퓨터 키즈

이후 수많은 고등학교에 타임셰어링 단말기가 설치되었고, 점점 더 많은 아이가 컴퓨터에 빠져들었습니다. 이때가 바로 컴퓨터 키즈 시대의 시작입니다.

1960년대 후반, 제가 다니던 고등학교에도 시카고에 있는 일리노이 공과대학교(IIT)의 UNIVAC 1108과 연결된 타임셰어링 시스템이 도입되었습니다. 당시 우리가 사용했던 프로그래밍 언어는 BASIC보다 ALGOL에 더 가까운 IITRAN입니다.

저와 제 친구들은 학교에 있던 단 하나의 단말기인 ASR-33을 완전히 장악했습니다. 그 단말기의 전신 타자기에는 다이얼 잠금 장치가 있었지만, 웬만한 괴짜(geek)라면 누구나 알듯이 숫자판을 손가락으로 톡톡 두드려서 키를 입력하는 방법으로 잠금을 우회할 수 있었습니다.

다행히도 수학 선생님들은 우리가 적극적으로 단말기를 관리해 준다 생각하고 오히려 좋아했습니다. 선생님들은 분당 10자밖에 읽지 못하는 기계에 페이퍼 테이프를 수십 개 갈아 끼우고, 출력물을 하나하나 뜯어서 바구니에 담는 일을 하고 싶지 않았습니다. 하지만 **우리**는 달랐습니다! 우리는 사실상 그 단말기의 관리자였습니다. 우리는 페이퍼 테이프를 갈아 끼우는 일과 출력물을 정리하는 일을 다 끝낸 후 마음껏 단말기를 가지고 **놀 수 있었습니다**. 우리는 그 기회를 정말 잘 이용했습니다.

이런 우리 경험은 아마도 수천 사례 중 하나일 뿐입니다. 미국 전역의 고등학교마다 컴퓨터 키즈들이 타임셰어링 단말기를 장악하고, 쏟아지는 정보의 폭풍 속에서 지식을 흡수하고 있었기 때문입니다.

그 수많은 컴퓨터 키즈들이 사회에 진출하면서 전 산업이 변화하게 된 것은 어쩌면 너무도 당연한 일이지 않았을까 싶습니다.

해방

컴퓨터 혁명은 이제 막 시작되었을 뿐입니다. 미니컴퓨터가 널리 보급되기 시작했고, 사람들은 미니컴퓨터에서도 BASIC 같은 대화형 언어로 프로그램을 짜길 원했습니다. 그 결과 타임셰어링 서비스는 빠르게 쇠퇴하기 시작합니다.

커다란 기계실에 갇혀 전국 곳곳으로 단말기를 연결했던 거대한 컴퓨터들은 이제 소형 냉장고나 전자레인지 크기의 작은 컴퓨터들로 바뀌어 세상에 나오기 시작합니다. 그리고 머지않아 개인용 컴퓨터 시대가 열립니다.

여전히 일반인이 컴파일러를 이용해서 프로그래밍을 하는 것은 어려웠습니다. 반면에 인터프리터는 상대적으로 더 간단하게 프로그램을 만들 수 있었기에 BASIC 인터프리터가 들불처럼 퍼져 나가기 시작했습니다. 이 현상은 개인용 컴퓨터가 등장하면서 더욱 가속화됩니다. 결국 BASIC 인터프리터의 각종 변형 언어들이 세상을 휩쓸었고, 다트머스 대학교에서 만들어진 BASIC 컴파일러는 조용히 역사의 뒤편으로 사라집니다.

눈먼 선구자

BASIC이 미니컴퓨터와 이후 개인용 컴퓨터 세계로 급속히 확산되었을 때, 다트머스 팀은 처음에는 이를 별로 신경 쓰지 않았습니다. 그들은 단지 산업 표준을 따라가기 위해 자신들의 BASIC을 계속 개선해 나갔을 뿐입니다. 구조적 프로그래밍과 그래프 작성, 파일 조작, 이름을 붙일 수 있는 함수와 모듈 등 수많은 기능을 BASIC에 추가했습니다. 그 결과 1980년대 중반 다트머스 팀이 만든 BASIC은 라이벌인 파스칼(Pascal) 언어와 견줄 만큼 매우 강력한 프로그래밍 언어가 되어 있었습니다.

하지만 여전히 BASIC 특유의 키워드를 기반으로 한 구조가 유지되었고, C 언어처럼 모든 것을 함수로 처리하고, 입출력조차 함수 호출로 처리하는 방식은 끝내 받아들여지지 않았습니다.

그러다 1980년대에 이르러 다트머스 팀은 산업계 곳곳에 BASIC이 온갖 꼼수로 변형되고 누더기 같은 확장이 이루어지는 것을 보고 큰 충격을 받았습니다. 그래서 진정한 BASIC을 표방하는 'True BASIC'이라는 새로운 버전을 만들어 세상에 내놓았지만 시장 반응은 냉담했습니다. 이미 변형된 BASIC들이 너무나 광범위하게 자리 잡았던 것입니다.

개인적으로 저는 타임셰어링 혁명을 일으키고 컴퓨팅의 대중화를 이끈 케메니와 커츠가 결국 NIH[20]의 함정[21]에 빠졌다는 사실이 놀랍게 느껴졌습니다. 1984년에 케메니와 커츠가 쓴 글[22]을 보면 True BASIC을 포트란, 코볼, 파스칼과 비교하며 장점을 설명했지만, 당시 산업계를 급속도로 장악해 가던 C 언어는 거의 언급하지 않았습니다. 1980년대 중반에는 이미 C가 사실상 표준처럼 자리 잡아 갔고[23] C++와 스몰토크도 등장하기 시작했는데 말입니다.

공생?

1972년 케메니는 〈Man and the Computer(인간과 컴퓨터)〉라는 책을 출간합니다. 케메니는 책에서 컴퓨터를 인간과 공생하는 새로운 종(種)으로 보아야 한다고 주장합니다. 당시에는 이 말이 황당하게 들릴 수도 있었지만, 지금 주변을 둘러보면 어느 정도 수긍이 됩니다.

여러분은 지금 방 안에 컴퓨터가 몇 대나 있나요? 하루에 몇 번이나 컴퓨터를 사용하나요? 여러분 시계는 컴퓨터인가요? 휴대폰은 어떤가요? 여러분의 무선 이어폰도 컴퓨터로 볼 수 있을까요? 자동차 키는요? 여러분도 이미 알다시피 우리는 매 순간 상호 작용하는 컴퓨터들에 둘러싸여 있습니다. 그리고 이런 추세는 점점 가속화되고 있습니다.

---

20 Not Invented Here의 약어입니다.

21 역주 어떤 조직이나 개인이 자신들이 직접 개발하지 않은 기술이나 아이디어를 배척하고 무시하는 현상을 의미합니다.

22 Kemeny and Kurtz, p89.ff. 참고

23 애플만은 예외였습니다. 애플은 약 1년 정도 더 파스칼을 고집했습니다.

물론 생물학적 정의로 보았을 때 컴퓨터는 생명체가 아닙니다. 하지만 컴퓨터가 진화하고 인간과 긴밀하게 융합해 가는 모습은 분명 거부할 수 없는 현실이 되어 가고 있습니다. 어쩌면 이를 공생(symbiosis)[24]이라고 부르는 것이 결코 무리는 아닙니다.

케메니는 책 전체를 통틀어 모든 사람이 컴퓨터에 접근할 수 있게 하는 방법으로 줄곧 타임셰어링을 제시했습니다. 그는 가정마다 개인용 컴퓨터를 들이는 대신 전화선을 통해 대형 컴퓨터 센터와 연결되는 가정용 단말기의 세상을 꿈꾸었습니다. 사실 그는 50년 후 상상도 못 할 정도로 강력하고 손바닥보다 작은 컴퓨터가 수억 개, 수조 개 세상에 보급되고, 우리 삶 속에 매 순간 깊숙이 들어와 있을 것이라는 미래는 보지 못했습니다(다만 케메니가 그런 엄청난 미래를 예견하지 못했다고 누가 비난할 수 있을까요?).

케메니의 예견

이 밖에 케메니는 자신의 책에 몇 가지 흥미로운 예견을 남겼습니다.

인공지능

"1960년대는 인공지능이 일각에서 예상했던 것보다 훨씬 어렵다는 사실을 보여 주었다."

"비록 일부 성공적인 사례가 있기는 했지만 컴퓨터에 인간의 지능을 가르치는 데는 막대한 인력이 필요하고, 그렇게까지 컴퓨터가 인간의 지능을 모방하도록 해야 할 가치를 찾기 어려운 경우가 훨씬 더 많다. 결국 투입해야 하는 노력이 수지 타산에 맞지 않게 되는 순간 인간의 지능을 그대로 모방하겠다는 시도는 무산되기 마련이다."[25]

케메니가 1972년에 쓴 이 내용이 오늘날에도 적용된다는 점이 참 흥미롭습니다. 예를 들어 제가 이 문장을 편집하는 지금 이 순간에도 제 컴퓨터는 끊임없이 저의 철자와 문법을 검사하고 대안을 제시해 주고 있지만, 이런 기능이 인간의 지능을 완전히 모방해서 만든 것이라고는 볼 수 없습니다.

---

24 Symcybrosis?
25 Kemeny, p49 참고

또 한 가지 흥미로운 점은 케메니가 당시에는 훨씬 더 일반적이었던 관념, 즉 컴퓨터가 몇 년 또는 수십 년 안에 지능을 갖게 되리라는 믿음에 반대되는 입장을 취했다는 것입니다. 당시 대중 영화들을 떠올려 보면 인공지능이 곧 인간을 뛰어넘어 서리라 믿는 사회적 분위기를 느낄 수 있습니다. 예를 들어 큐브릭 필름의 <2001: 스페이스 오디세이>에 등장하는 HAL 9000이나 <포비든 프로젝트>의 콜로서스, <숏 서킷>의 조니 5 같은 인공지능 캐릭터를 보면 알 수 있습니다.

하지만 ChatGPT 같은 대형 언어 모델이 있는 오늘날에도 여전히 우리 사회는 ChatGPT를 **도구**로 보고 있으며, 인간처럼 지능을 가진 존재로 여기고 있지는 않습니다. 이를 반영하는 예로 2023년 공화당 대선 후보 1차 토론에서 크리스 크리스티(Chris Christie)가 비벡 라마스와미(Vivek Ramaswamy)에게 "마치 ChatGPT처럼 말한다."라고 비판한 장면이 있습니다.[26]

전화

"…… 버튼식 전화기로 상대방 이름과 대략적인 주소를 '입력'하면 전화 회사의 컴퓨터가 해당 번호를 찾아 자동으로 연결해 줄 것이다. 다만 이는 컴퓨터를 추가로 사용하는 일이므로 그에 대한 추가 요금이 부과될 것이다. ……"[27]

케메니가 오늘날 우리가 '전화기'라고 부르는 것을 본다면 얼마나 놀랄까요. 지금 우리는 전화를 걸 때 그저 이름을 입력하거나 심지어 그냥 그 이름을 말하기만 해도 됩니다. 휴대폰에는 모든 연락처가 저장되어 있고, 이제는 전화번호를 외우는 사람도 거의 없습니다. 물론 전화번호는 어전히 있지만 말이죠!

게다가 지금 시대의 사람들은 굳이 전화를 걸기보다 문자 메시지를 보내거나, 채팅을 하거나, X(옛 트위터)나 인스타그램에 게시물을 올리기 위해 전화기를 사용하고 있습니다.

---

26 역주 ChatGPT처럼 말한다는 것이 '칭찬'이 아니라 '비판'이라는 점을 강조하며, 여전히 AI를 그저 도구로만 보는 부정적 인식이 있다는 점을 언급하고 있습니다.

27 Kemeny, p55 참고

사생활과 빅 브라더

"정부나 대기업이 우리 사생활을 침해한다면 그것은 우리가 그렇게 하도록 놔두었기 때문이다. 그들은 컴퓨터 없이도 충분히 그런 일을 할 수 있다. 다만 컴퓨터 덕분에 수백만 명을 추적하는 일이 훨씬 쉬워졌을 뿐이다. 컴퓨터는 '빅 브라더'의 비용을 낮추었을 뿐이지 그 본질적인 부분에는 아무런 변화를 가져오지 않았다."[28]

2023년 현재……

…… 정부의 검열과 정보 수집이 소셜 미디어를 통해 이루어질 수 있다는 두려움 속에서

…… 우리가 국내외 뉴스를 얻기 위해 의존하는 많은 플랫폼이 자신들 의견만 진실이라 주장하고, 일부는 정부의 압력에 굴복해서 중요한 정보를 누락시키기도 하는 이 현실에서

…… SQL 같은 기술의 명백한 취약점을 아무도 보려고 하지 않았기 때문에 개인 정보 같은 데이터 유출이 날씨 예보만큼이나 흔하게 일어나는 이 상황 속에서

…… 이렇게 개인 정보가 지속적으로 수집되고 전송되는 위험이 존재하지만, 정작 우리 아이들을 허위 정보와 선전에서 보호하기가 점점 더 어려워지는 이 상황 속에서

저는 개인적으로 케메니의 말이 마음 깊이 와닿습니다. 사실 상황이 이렇게까지 된 것은 어찌 보면 프로그래머로서 우리 잘못일지도 모릅니다.

'무어의 법칙' 종말

"지난 25년 동안 컴퓨팅 속도가 100만 배 향상되었으니, 앞으로 25년 동안에도 비슷한 속도로 컴퓨팅 속도가 향상될 것이라는 말은 그럴듯하게 들린다. 하지만 그런 주장은 자연의 절대적인 한계 중 하나인 빛의 속도라는 장벽에 부딪히게 될 것이다."[29]

---

28 Kemeny, p55 참고
29 Kemeny, p63 참고

이 부분에 대한 케메니의 예견은 맞았습니다. 1970년대 초 1마이크로초 사이클 타임은 지금까지 100만 배가 아니라 수천 배 정도만 증가했을 뿐입니다. 그리고 클럭 속도가 지금보다 더 크게 향상될 가능성도 별로 없어 보입니다. 지난 20년 동안 우리는 대략 3GHz 수준의 CPU 클럭 속도에 머물러 있었고, 이를 획기적으로 바꿀 만한 기술도 현재로서는 보이지 않기 때문입니다.[30]

"나는 다음 세대 안에 세계에서 가장 큰 도서관의 내용을 담을 수 있는 컴퓨터 메모리를 보게 될 것이라 확신한다."[31]

지금 생각해 보면 1972년 당시 세계에서 가장 큰 도서관이었던 미국 의회도서관의 모든 책 내용을 지금 제 휴대폰에 저장하는 것이 가능할 듯합니다. 이처럼 케메니는 미래에 메모리의 용량과 속도가 크게 향상될 것이라고 정확히 예측했습니다. 하지만 우리가 지금 테라 바이트급 용량을 가진 메모리를 몇 달러 수준으로 사용할 수 있게 되리라고는 전혀 상상하지 못한 것 같습니다.

단말기/콘솔/화면

"컴퓨터 단말기라는 매우 중요한 분야는 비용 개선 측면에서 다른 분야에 비해 뒤처지고 있다. 컴퓨터 단말기의 임대 및 유지 비용으로 한 달에 100달러 정도가 드는데 이 단말기들은 아직까지 상당히 원시적인 수준에 머물러 있다. …… 나는 신뢰성이 높은 컴퓨터 단말기를 흑백 텔레비전 한 대 가격으로 제조할 수 없는 이유를 잘 모르겠다. 컴퓨터가 가정으로 보급되기 위해서는 이런 부분에 대한 개선이 반드시 필요하게 될 것이다."[32]

---

30 양자 컴퓨팅은 매우 제한된 특정 분야에서는 보다 효율적으로 작동할 수 있지만, 일반적으로는 그렇지 않습니다.

31 Kemeny, p64 참고

32 Kemeny, p66 참고

케메니의 이 예견은 불과 10년도 안 되어 현실이 되었습니다. Sinclair ZX-81이라는 컴퓨터는 키보드를 갖춘 작은 컴퓨터로 흑백 TV에 연결해서 사용할 수 있습니다. 이름에서 알 수 있듯이 ZX-81은 1981년에 출시된 컴퓨터입니다. 저도 이 작은 컴퓨터를 하나 가지고 있었습니다. 다만 재미는 있었지만 별로 신뢰할 만한 제품은 아니었던 것으로 기억합니다.

물론 케메니가 생각한 것은 집 안에 들어올 진짜 '컴퓨터'가 아닙니다. 그가 상상했던 것은 부엌 조리대에 놓여 전화선을 통해 데이터 센터에 접속하는 일종의 '단말기'였을 뿐입니다.

네트워크

"앞으로 10년 동안은 거대한 컴퓨터 네트워크의 발전이 이루어질 것으로 보인다. 사실 이미 오늘날에도 몇몇 소규모 네트워크가 있다. 현대 컴퓨터의 진정한 영향력은 미국 전역에 대규모 다중 프로세서 컴퓨터 센터가 구축되고, 그것이 기존 통신망과 효과적으로 연결될 때 비로소 대부분의 사람이 실감하게 될 것이다."[33]

개인적으로 저는 이 부분에서 케메니의 예측이 상당히 정확했다고 평가합니다. 1970년대 후반과 1980년대 초반에는 실제로 모뎀과 단말기(예를 들어 텍사스 인스트루먼트(Texas Instruments)에서 만든 Silent 700)를 이용하여 접속할 수 있는 소규모 '데이터 센터', 즉 게시판 시스템(BBS)이 활발히 사용되었습니다. 이후 1980년부터는 CompuServe 같은 전화 접속 기반 서비스가 등장하여 사람들에게 이메일 기능을 제공하게 되었고, 이는 톰 행크스와 맥 라이언 주연의 1998년 영화 <유브 갓 메일>의 인기에서 엿볼 수 있듯이 대중문화에까지 큰 영향을 미쳤습니다.

하지만 케메니는 지금 우리가 겪고 있는 이 영향력이 얼마나 거대한지 상상조차 하지 못했습니다. 휴대 전화, 손목시계, 냉장고, 온도 조절기, 보안 카메라, 자동차까지 우리는 전 세계를 이어 주는 초고속 무선 네트워크에 연결되어 있습니다.

---

33 Kemeny, p67 참고

교육

"…… 1990년쯤이면 모든 가정이 작은 대학교가 될 수 있을 것이다."[34]

COVID-19 팬데믹은 이 예측이 사실인지 아닌지를 분명히 시험한 사건입니다. 그 결과는 몇몇 논란과 우려의 여지가 있지만 한 가지는 분명합니다. 인터넷에 접속할 수 있고 공부하려는 의지만 있다면 누구든지 대학교 수준의 교육을 받을 수 있다는 사실입니다.

어렴풋이 본 미래

존 케메니는 프로그래머였습니다. 그는 1946년에 프로그램 내장식 컴퓨터라는 폰 노이만의 이상향을 꿈꾸면서 프로그래머가 되었습니다. 케메니는 BASIC 컴파일러를 만들고, 학부생들과 함께 거의 '돌칼과 곰 가죽'밖에 없는 상태에서 최초의 실용적인 타임셰어링 시스템을 구축함으로써 자신의 뛰어난 능력을 입증했습니다. 그의 목표는 컴퓨터의 민주화, 즉 대중에게 컴퓨팅을 제공하는 것이었습니다. 그는 모든 사람이 컴퓨터를 사용할 수 있고 또 사용해야 한다고 믿었습니다. 그 믿음을 실현시키기 위해 케메니는 다트머스 대학교에서 많은 학생이 컴퓨터에 접근할 수 있는 단말기를 무료로 제공했고, 모든 교육 기관이 마찬가지로 동일한 형태의 서비스를 제공해야 한다고 말했습니다. 심지어 그는 컴퓨터 무료 접근을 대학교 인증의 조건으로 제안하기도 했습니다.

비록 명확하지는 않더라도 케메니는 어렴풋이 미래를 내다보았습니다. 그리고 자신의 꿈을 이루기 위해 온 힘을 쏟아부었습니다.

존 케메니, 그는 진정한 프로그래머였습니다.

---

34 Kemeny, p84 참고

참고 문헌

- Dartmouth. "Birth of BASIC(BASIC의 탄생)". 2014년 8월 5일 유튜브에 게시됨(작성 시점에 이용 가능함).
- IEEE 컴퓨터학회. 발행일 미상. "Thomas E. Kurtz: Award Recipient(Thomas E. Kurtz: 수상자 소개)". https://www.computer.org/profiles/thomas-kurtz
- Kemeny, John G. 1972. "Man and the Computer(인간과 컴퓨터)". Charles Scribner's Sons.
- Kemeny, John G., Thomas E. Kurtz. 1985. "Back to BASIC". Addison-Wesley.
- Lorenzo, Mark Jones. 2017. "Endless Loop: The History of the BASIC Programming Language(무한 루프: BASIC 프로그래밍 언어의 역사)". SE Books.
- O'Connor, J. J., E. F. Robertson. 발행일 미상. "John Kemeny: Biography(존 케메니: 전기)". 스코틀랜드 세인트앤드루스 대학교 수학 및 통계학부. https://mathshistory.st-andrews.ac.uk/Biographies/Kemeny
- 더 쿼그마이어(The Quagmire). "Richard Feynman Lecture - 'Los Alamos from Below'(리처드 파인만 강연 - '로스앨러모스에서의 경험')". 1시간 18분 분량. 2016년 7월 12일 유튜브에 게시됨(작성 시점에 이용 가능함).
- Von Neumann, John. 1945. "First Draft of a Report on the EDVAC(EDVAC에 대한 보고서 초안)". 펜실베이니아 대학교 무어 전기공학부(Moore School of Electrical Engineering, the University of Pennsylvania).
- 위키피디아. "John G. Kemeny(존 G. 케메니)". https://en.wikipedia.org/wiki/John_G._Kemeny
- 위키피디아. "LGP-30". https://en.wikipedia.org/wiki/LGP-30
- 위키피디아. "Thomas E. Kurtz(토머스 E. 커츠)". https://en.wikipedia.org/wiki/Thomas_E._Kurtz

CHAPTER 9

주디스 앨런

이 이야기는 저에게 다소 각별합니다. 주디스 앨런(Judith Allen) 이야기는 제가 처음으로 직접 보고 만져 본 컴퓨터에 대한 이야기이자, 1950년대 후반 프로그래머가 된 젊은 페미니스트의 흥미롭지만 때로는 불편하게 느껴지기도 하는 이야기입니다.

주디스 앨런은 페미니즘을 이렇게 적었습니다.

> "우리는 그동안 우리 딸과 손녀들, 모든 여성을 위해 일했다. 우리는 립스틱을 바르고, 파워 수트와 하이힐을 신고, 뛰어난 기술과 경험, 통찰력과 직관력, 이윤보다 인간관계를 우선하는 마음가짐으로 나섰다. 우리는 동등한 임금과 존엄성을 요구했고, 관련 법률 제정을 촉구했다. 거리에서 시위를 벌였고 법정과 의회에서 증언했다."
>
> "우리는 '닥치고 메모나 하라'는 남성들의 요구에 맞섰고, 승진 기회를 놓치지 않기 위해 가족과 함께할 시간과 자유 시간을 희생했다. 임신이나 생리, 한부모 가정이거나 육아로 지쳤다는 이유로 특별한 배려도 바라지 않았다. 하지만 우리는 늘 평가 절하되었다. 항상 무시당하고 경시되고 배제되었다. 우리는 승진하기 위해 숱하게 싸워야 했고, 똑같은 위치의 남성보다 더 높은 학력과 더 뛰어난 자격을 갖추었음에도 더 열심히 일해야 했다. 그럼에도 아주 작은 임금 인상조차 받기 어려웠다. 우리는 오랜 세월 동안 꾸준히 싸워 왔으나, 결국 가장 큰 과제였던 '동등권 수정헌법(The Equal Rights Amendment)'은 통과시키지 못했다."

그녀가 말한 내용이 조금 지나치다고 생각할 수도 있습니다. 하지만 그녀의 삶을 들여다보면 생각이 조금 달라질 수도 있습니다.

ECP-18

다음 그림의 컴퓨터는 ECP-18이라는 이름으로 불린 컴퓨터입니다. ECP-18은 단일 주소(single-address) 구조를 가진 매우 단순한 컴퓨터로 15비트로 구성된 1,024워드의 드럼 메모리를 갖추고 있습니다. 전면 패널에는 불이 켜지는 버튼이 있으며, 마치 '스타트렉(Star Trek)'을 연상시키는 디자인이 적용되어 있습니다. 누산기(accumulator)용 버튼 15개, 주소 레지스터(address register)용 버튼 15개, 프로그램 카운터(program counter)용 버튼 15개가 있으며, 이 버튼들은 ASR 33 텔레타이프(teletype)가 놓인 책상 위의 콘솔에 배치되어 있습니다.

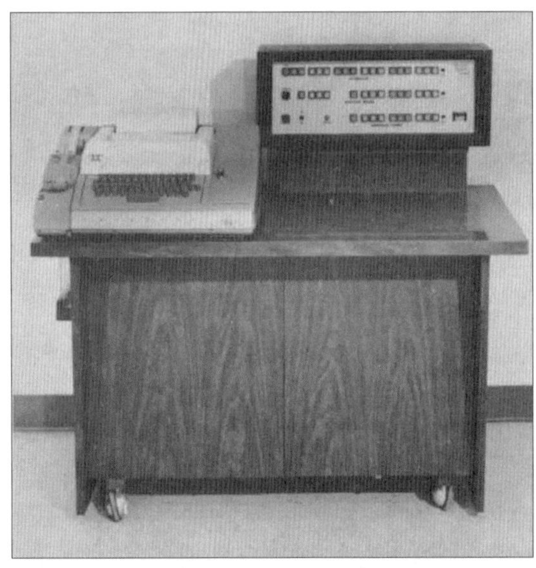

1967년, 고등학교 1학년이던 해 점심시간에 ECP-18 컴퓨터 한 대가 학교 급식실로 실려왔습니다. 당시 그 컴퓨터는 우리 고등학교에 컴퓨터를 팔려는 회사에서 시연을 위해 가져온 것입니다.

그 당시 저는 컴퓨터 너드(nerd)였기 때문에 ECP-18을 본 순간 완전히 마음이 사로잡혔습니다. 다음 수업으로 이동하기 위해 전원이 꺼져 있는 컴퓨터 앞을 떠나는 것이 너무 힘들 정도였습니다.

그래서 자습 시간에는 화장실에 간다는 핑계를 대고 다시 ECP-1을 보러 갔습니다. 때마침 ECP-18 엔지니어가 컴퓨터를 팔기 위해 시연을 하고 있었고, 저는 성가신 모기처럼 주변을 맴돌았습니다.

제가 이 컴퓨터를 통해 어떤 경험을 했는지는 다음 절에서 자세히 이야기하겠습니다. 그 당시 저는 엔지니어가 버튼을 누를 때마다 자세히 관찰했고, 그 과정을 거치면서 기계 구조와 간단한 프로그램 작성법을 유추해 냈습니다.

그리고 아무도 보지 않을 때 잠깐 10분 정도 제가 알아낸 방법대로 간단한 프로그램을 실제로 돌려 보기도 했습니다. 당시 그 경험은 제 인생과 미래의 진로에 엄청난 영향을 주었습니다. 비록 다시는 그 컴퓨터를 만져 볼 기회가 없었지만 말이죠.

일주일 후 ECP-18은 고등학교 밖으로 다시 실려 나가 영영 돌아오지 않았습니다. 그날은 저에게 매우 힘든 날이었습니다. 50년이 훌쩍 지난 지금에서야 저는 ECP-18에 대한 자세한 이야기를 알게 되었습니다.

주디스 슐츠

이제부터 소개할 이야기는 주디스가 2012년 봄 다섯 번째 유방암 치료를 받는 동안 쓴 회고록 내용을 재구성한 것입니다. 그녀가 회고록을 쓴 그 해에 세상을 떠났는지는 확실하지 않습니다. 회고록 후반부는 그녀 인생 이야기가 점차 허구적인 서사로 흘러가다가 돌연 중단되는 것으로 마무리되었기 때문입니다.

주디스 B. 슐츠(Judith B. Schultz)는 1940년에 오리건주 컬럼비아강 하구 근처에서 태어났습니다. 아버지인 트래비스(Travis)는 수선화 구근을 재배하는 농부였으며, 주디스는 어린 시절부터 농장 일을 도우며 자랐습니다. 하지만 어머니는 그녀의 미래를 다르게 그리고 있었습니다.

주디스는 머리가 총명했고, 글쓰기와 수학 모두에 재능이 있었습니다. 그래서 오리건 주립대학교에서 장학금을 받아 입학할 기회를 얻습니다.

하지만 그녀의 아버지는 이를 완강히 반대했습니다.

"너한테 그런 건 필요 없어. 대학교 가는 건 시간 낭비고 우리에게는 돈도 없어. 너는 이제 겨우 16세다. 그런 데 가면 순수함을 잃고, 쓸데없는 생각으로 머리가 가득 차서 돌아올 것이다. 아마도 무신론자나 공산주의자가 되어서 돌아오겠지. 좋은 아내와 좋은 엄마가 되는 데 반드시 대학교가 필요한 건 아니니 대학교에 가겠다는 거창한 생각 따위는 잊어버려라."[1]

그러나 그녀의 어머니는 "네 아버지는 내가 알아서 할 테니 걱정 마라."라고 하며 주디스를 도와주었습니다. 결국 어머니의 도움으로 1956년 가을 주디스는 대학교에 진학합니다.

대학교에 진학한 후 주디스는 처음에는 가정학을 전공하며, 수학과 작문 수업을 선택 과목으로 들었습니다.

당시 작문 수업 교수는 소설가였는데, 처음에는 주디스의 재능을 칭찬했지만 점차 다른 의도가 있는 것처럼 행동했습니다. 머지않아 주디스는 그의 집요한 추파를 뿌리치고 사무실에서 빠져나왔고, 그 뒤로 교수의 관심에서 멀어지게 됩니다.

반면 수학 교사였던 아르비드 론세스(Arvid Lonseth)는 매우 신사적인 인물이었고, 주디스의 수학적 재능을 높이 사 전공을 바꿀 것을 적극 권유했습니다. 결국 주디스는 17세에 수학으로 전공을 바꿉니다.

1957년 가을, 오리건 주립대학교 수학과에서 최초로 ALWAC III-E라는 컴퓨터를 도입합니다. 이 컴퓨터는 4K 드럼 메모리를 쓰는 32비트 컴퓨터로 내부 레지스터와 작업용 레지스터가 모두 드럼에 보관되는 방식이었습니다. 진공관 약 200개와 실리콘 다이오드 5,000여 개로 구성되어 있었고, 덧셈에 5마이크로초(ms), 곱셈과 나눗셈에 21마이크로초(ms)가 걸렸습니다. 입출력 장치는 TTY[2]와 종이테이프였고, 프로그래밍을 하기 위해서는 전면 패널의

1 회고록, 4장 순수함의 타락

2 역주 TeleTYpe의 약자입니다.

토글 스위치를 직접 조작해서 입력해야 했습니다. 즉, 당시로서는 프로그래밍하기 상당히 어려웠을 것으로 짐작되는 컴퓨터입니다.

주디스는 당시 ALWAC III-E 컴퓨터 프로그래밍 강의를 듣는 유일한 여학생이었습니다. 남학생들은 ALWAC III-E를 둘러싸고 그녀가 다가오지 못하게 했습니다. 주디스는 컴퓨터를 가까이에서 볼 수도, 만져 볼 수도 없었기에 그저 멀리서 바라보면서 프로그래밍을 배울 수밖에 없었습니다. 그럼에도 그녀는 A학점을 받았고, 한 번 더 이 과목을 들었습니다.

주디스는 두 번째 수강 때는 이미 답을 알고 있었기에 남학생들이 상황을 파악하기도 전에 '교묘히 자리를 비집고' 들어가 콘솔 앞에 서서 스위치를 조작하기도 했습니다.

그러면서 그녀는 프로그래밍에 진정한 재미를 느끼게 되었고, 그 매력에도 푹 빠졌습니다.

주디스는 18세가 되었을 때 같은 수학과 학생이었던 돈 에드워즈(Don Edwards)와 결혼하여 세 자녀를 연달아 낳았고, 22세이던 1962년에 학교로 돌아가 학위를 마쳤습니다.

당시 학교로 돌아가 들었던 과목 중에 컴퓨터 프로그래밍 수업도 있었는데, 이때 담당 교수인 앨런 풀머(Allen Fulmer)가 직접 발명한 컴퓨터를 접합니다.

그 컴퓨터가 바로 ECP-18[3]입니다.

---

3 풀머는 텍트로닉스(Tektronics)에서 기증한 트랜지스터를 사용하여 어머니 차고에서 ECP-18 컴퓨터를 제작했습니다.

주디스는 다시 컴퓨터 프로그래밍에 완전히 매료됩니다. 이진 기계어로 프로그래밍하는 작업에 푹 빠진 것이죠.

하지만 인생에는 늘 여러 현실적인 문제가 뒤따르기 마련입니다. 이후 주디스는 대학교를 졸업하고 교사가 되었지만, 자녀들을 위해 '전업주부'가 되어야 했습니다.[4] 그래서 그녀는 교직을 그만두고 집과 아이들을 돌보기 시작합니다. 그러나 불과 5개월도 지나지 않아 전업주부 생활이 자신의 길이 아님을 깨닫습니다. 때마침 그 무렵 한통의 전화가 걸려 옵니다.

그 전화의 발신자는 풀머 교수였습니다. 그는 ECP-18을 고등학교와 대학교에 보급할 계획인데, 이를 위해 어셈블러(assembler)[5]를 만들어 줄 사람이 필요하다며 주디스에게 전화를 건 것입니다. 당시 주디스가 뭐라고 답했을까요?

잠깐 이야기를 멈추고 생각해 보겠습니다. ECP-18이라는 이 컴퓨터는 고작 1,024워드의 드럼 메모리만 장착하고 있으며, 이진 코드를 전면 패널 버튼으로 직접 입력해야 합니다. 또 간접 주소 지정을 지원하지도 않았고, 입출력도 초당 10자를 처리할 수 있는 속도를 갖춘 ASR 33 텔레타이프가 전부입니다. 이런 환경에서 어셈블러를 짜는 일은 결코 간단하지 않았습니다.

그럼에도 주디스는 흔쾌히 풀머의 요청을 승낙합니다. 그 일은 집에서 할 수 있는 일이고, 필요할 때만 연구실에 가서 테스트하면 되는 일이기 때문입니다.

풀머 교수는 당장 주디스에게 월급을 줄 정도로 돈이 많지 않으므로 그 대신 회사 지분 40%를 주겠다고 합니다. 주디스의 남편은 이를 탐탁치 않아 했으나 "집안일만 제대로 된다면 상관없다. 다만 집이 지저분해지는 건 절대 볼 수 없다."라고 하며 마지못해 동의합니다.[6]

그리고 2개월 후 주디스는 어셈블러를 완성합니다. 당시 그녀가 만든 어셈블러는 2패스 방식[7]이었습니다. 이 방식은 에드 유어던(Ed Yourdon)이 PDP-8이라는 컴퓨터를 위해 만든

---

4 회고록, 6장 변신

5 역주 어셈블리 언어를 기계어로 번역해 주는 프로그램입니다.

6 회고록, 6장 변신

7 역주 어셈블러나 컴파일러가 소스 코드를 처리할 때 전체 코드를 두 번(2회) 읽어 처리하는 방식입니다.

PAL-III라는 어셈블러와 유사하지만, 적어도 PDP-8은 4K 코어 메모리에 간접 주소 지정과 자동 인덱스 레지스터라도 있어서 ECP-18 개발 환경보다는 훨씬 나았습니다.

게다가 주디스는 납땜하는 법을 배워 가며 풀머 교수가 어머니 차고에서 만든 ECP-18 시제품의 개선 작업에도 참여합니다.

그리고 1965년, 비록 의류비나 교통비 같은 소소한 지원밖에 없지만 그녀는 본격적으로 출장길에 오르기 시작합니다. 차고에서 만든 ECP-18 시제품을 시애틀에서 샌프란시스코까지 다양한 대학교와 고등학교에 선보이고, 뉴욕시에서 열린 무역 박람회에도 가져갑니다. 한번은 뉴욕에서 그녀가 직접 장비를 풀고 전원을 꽂았다는 이유로 노조[8] 사람들이 컴퓨터를 망가뜨리는 일도 있었습니다.

1966년까지 그녀와 풀머 교수는 ECP-18을 여덟 대 판매했고(대당 8,000달러), 이후 텍사스의 GAMCO 인더스트리에 회사를 매각했습니다. 이에 대해 주디스는 회고록에서 그녀가 가지고 있던 40% 지분이 "그만한 가치가 있었다."라고 간단히 언급했습니다.

이후 그녀는 미국 전역의 고등학교와 대학교 컴퓨터 교육에 관한 한 최고의 권위자 중 한 명이 되었으며, 여러 곳에서 강연 요청을 받는 위치까지 올라섭니다. 불과 2년 전만 해도 상상조차 못 했던 수준의 보수를 받고 일을 하게 되었습니다.

그렇게 주디스의 경력은 폭발적으로 성장하여 박사 학위까지 취득했고, 1970년대부터 1990년대까지 컴퓨터 교육 분야에서 중요한 목소리를 내는 인물이 되었습니다.

빛나는 경력

여기에서 '그 후로 그녀는 행복하게 잘 살았습니다'는 식으로 마무리하고 싶습니다. 어떤 면에서 보면 실제로 그녀는 눈부신 경력을 쌓았고 풍요로운 삶을 살았습니다.

---

8 역주 미국 전시산업노동조합입니다.

하지만 안타깝게도 주디스는 자신을 집요하게 괴롭히던 남성들을 계속 마주해야 했으며, 심지어 그중에는 폭력을 행사한 사람도 있었습니다. 게다가 그 사실을 다른 남성 동료들이 은폐하려고 했습니다. 설상가상으로 그녀는 암과의 싸움도 이겨 내야 했으며, 페미니즘 투쟁 또한 끝없이 이어졌습니다.

이 책에서는 주디스가 겪은 어둡고 불편한 사건들을 낱낱이 밝히지는 않겠습니다. 혹시라도 그런 내용에 대해 더 알고 싶다면 그녀의 회고록을 한번 참고해 보길 바랍니다. 그 회고록에는 무서울 정도로 생생한 이야기들이 가득 차 있습니다.

개인적으로 저는 그 작은 ECP-18 컴퓨터를 잠시라도 만져 볼 수 있었다는 사실에 깊이 감사하고 있습니다. 주디스 앨런이 온 정성을 다해 개발한 그 컴퓨터를 만져 본 경험이 제 인생과 미래 진로에 실로 엄청난 영향을 미쳤기 때문입니다.

저는 주디스 앨런을 직접 만난 적은 없지만, ECP-18을 통해 그녀에게서 아주 깊은 영감을 받았습니다.[9]

OREGON JOURNAL

Published In The Interests Of The Oregon Country And Its Peopl

Portland, Ore., Friday, Oct. 29, 1965

Schools To Get New 'Brain'

Educators Here Study Computers

About 125 educators from Oregon and Southern Washington Friday began a two-day meeting on educational uses of data processing systems and computers.

Meeting in the Cosmopolitan Motor Hotel, the high school and college teachers and administrators are discussing use of electronic equipment in business operations and record-keeping and also in classroom scheduling and student instruction.

AMONG the exhibits at the conference is a computer designed by Dr. Allen Fulmer, of Oregon College of Education. It is the first designed specifically for classroom use by students.

Dr. Fulmer said the machine will be used by students at South Salem, North Salem and McNary High Schools in Salem and Lake Oswego High School this school year. He said the computer will go into production by next fall.

STUDENTS using it in advanced senior mathematics classes easily have learned to program the computer and use it for their calculations, he said.

Dr. Fulmer has been working on the computer for about five years. His development work was supported by a grant from the National Science Foundation.

The machine is produced by Educational Computer Products of Salem.

DESK-SIZE computer designed for use by high school mathematics students is operated by Judy Edwards of Salem in demonstration at fall conference of Oregon Association for Educational Data Systems. Machine can be programmed either typewriter-type board, at right, or by p ing buttons on computer console, up center. It sells for about $13,900.

9 오리건 저널 기사 사진 제공: 앨런 풀머

참고 문헌

- Allen, Judy. 2012. "New Writing: A Memoir of a Life and a Career in the Sixties and Seventies(새로운 글: 1960~1970년대의 삶과 경력에 대한 회고록)". https://lookingthroughwater.wordpress.com/2012/05/25/foreword-a-memoir
- Edwards, Judith B. "Computer Instruction: Planning and Practice(컴퓨터 교육: 계획과 실습)". 미국 북서부 교육 연구소. https://files.eric.ed.gov/fulltext/ED041455.pdf
- ECP-18에 관한 몇 가지 부수 자료와 브로셔.
- 앨런 풀머(Allen Fulmer)와의 개인 서신.

CHAPTER 10

톰프슨, 리치, 커니핸

1968년부터 1976년 사이 유닉스(Unix)와 C의 등장은 아마도 컴퓨팅 산업의 역사에서 가장 중요한 사건이었을 것입니다. 서버 팜(server farms)[1]부터 온도 조절 장치까지 거의 모든 곳에서 유닉스 계열의 운영체제가 구동되고 있으며, 그 안의 소프트웨어는 대부분 C 계열의 프로그래밍 언어로 작성되었습니다.

C와 유닉스는 서로 영향을 주며 함께 발전했습니다. 유닉스가 C를 탄생시켰고, C는 다시 유닉스의 발전을 이끌었습니다. 이 둘의 만남은 필연적이었으며, 그 관계는 오늘날까지도 이어지고 있습니다. 마치 꼬리를 무는 뱀인 우로보로스(ouroboros)처럼 C와 유닉스는 서로 끊임없는 시너지를 뿜어냅니다.

이와 같은 C와 유닉스의 선순환에는 실제로 수많은 사람이 기여했지만, 이 장에서는 특히 가장 큰 영향을 끼친 세 사람인 켄 톰프슨(Ken Thompson), 데니스 리치(Dennis Ritchie), 브라이언 커니핸(Brian Kernighan)에 초점을 맞추어 이야기를 해 볼까 합니다.

1 역주 대규모 컴퓨팅 작업을 위해 서버 수천 개를 한곳에 모아 운영하는 시설입니다.

켄 톰프슨

케네스 레인 톰프슨(Kenneth Lane Thompson)은 1943년 초 뉴올리언스에서 태어났습니다. 해군 가정에서 자라며 한곳에서 1~2년 이상 머무른 적 없이 20세가 될 때까지 미국과 해외를 떠돌아 다녔습니다.

톰프슨은 어린 시절부터 수학과 각종 논리 문제에 관심이 많았으며, 가끔은 수학 문제를 이진법으로 풀기도 했습니다. 그는 전자 공학에도 관심이 많아 십대 시절부터 전자 공학과 관련된 공부를 하는 것이 취미일 정도였습니다.

톰프슨이 6학년일 때 그는 텍사스 학교에 있는 체스 동아리에 들어가 체스 책을 여러 권 읽었습니다. 그는 "6학년이 체스 책을 읽는 경우가 거의 없으니, 한 권만 읽어도 다른 아이들보다 훨씬 실력이 좋아졌다."라고 농담하기도 했습니다.[2] 비록 승부를 겨루는 것을 좋아하기는 했지만, 톰프슨은 상대가 지는 모습을 보는 것이 불편해서 결국 체스를 그만두게 되었다고 합니다.

그는 이후 캘리포니아주 출라 비스타(Chula Vista)에서 고등학교를 졸업했으며, 캘리포니아 UC 버클리(UC Berkeley)에서 전기 공학을 전공했습니다. 톰프슨이 버클리에서 처음 컴퓨터를 접했을 때 그는 "나는 정말 컴퓨터에 푹 빠져 있었고, 컴퓨터가 너무 좋았다."라고 말할 정도로 컴퓨터에 심취해 있었습니다.[3]

당시에는 컴퓨터 공학(CS)이라는 전공 자체가 없었기 때문에 그는 전기 공학(EE)으로 1965년에 학사 학위를 받고 이듬해 석사 학위를 받습니다.

톰프슨은 사실 대학교 졸업 같은 것에는 별 관심이 없었습니다. 심지어 본인이 학사 졸업을 했는지도 몰랐고, 대학원 지원조차 지도교수가 대신 해 줄 정도였습니다.

---

2 컴퓨터 역사박물관. "Oral History of Ken Thompson(켄 톰프슨 구술 역사)". 2023년 1월 20일 유튜브에 게시(작성 시점에 이용 가능).

3 빈티지 컴퓨터 연맹. "Ken Thompson Interviewed by Brian Kernighan at VCF East 2019(VCF 이스트 2019에서 브라이언 커니핸이 진행한 켄 톰프슨 인터뷰)". 2019년 5월 6일 유튜브에 게시(작성 시점에 이용 가능).

당시 그의 계획은 그저 학교에 계속 머무는 것이었습니다. 톰프슨은 당시 상황에 대해 이렇게 말했습니다. "나는 학교 연구실이 마치 내 집인 것처럼 온갖 컴퓨터에 손을 댔다. 자정에 거대한 컴퓨터[4]가 꺼지면 열쇠로 문을 열고 들어가 밤새 8시까지 혼자 컴퓨터를 사용했다. 그야말로 그때는 정말 행복했다. 특별한 야망도 목표도 없이 그저 컴퓨터로 하는 일에 파묻혀 지냈던 것 같다."[5]

톰프슨이 석사 학위를 받은 후 그의 지도 교수는 그를 벨 연구소(Bell Labs)에 취업시키려고 애를 썼습니다. 하지만 톰프슨은 딱히 '야망도 없고' 취업에도 흥미가 없었기 때문에 면접 약속을 여러 번 어겼습니다. 결국 채용 담당자가 직접 그의 집에 찾아갔고, 톰프슨은 그에게 진저 스냅(gingersnaps)과 맥주를 대접했습니다.

톰프슨 집에 찾아간 채용 담당자는 교통비 등 모든 비용을 부담하겠다고 하며 그를 벨 연구소로 초대합니다. 마침 고등학교 친구들을 만나러 동부 해안으로 갈 생각이 있던 톰프슨은 "일자리를 구할 생각은 전혀 없다."라고 못박은 후 그의 제의를 수락합니다.

---

4 IBM 7094. 300만 달러 규모의 트랜지스터 기반 컴퓨터로 2마이크로초 사이클 타임과 부동소수점 및 고정소수점 곱셈과 나눗셈 기능, 36비트 단어 32K 용량을 갖춘 컴퓨터였습니다. 이 컴퓨터는 최초로 노래를 부른 컴퓨터이며, 그 노래는 영화 <2001: 스페이스 오디세이>에서 HAL 9000 전원이 차단될 때 불렀던 'Daisy Bell'이었습니다. IBM 7094는 1960년대 NASA의 제미니(Gemini) 및 아폴로(Apollo) 프로그램과 더불어 각종 미사일 방어 시스템에서도 중요한 역할을 한 컴퓨터입니다.

5 컬럼비아 대학교의 IBM 7094. 참고용

그렇게 톰프슨은 벨 연구소에 방문해서 컴퓨터과학 연구동을 둘러보게 되었고, 복도 곳곳 사무실 문에 붙은 이름표에 익숙한 이름이 많다는 것을 깨달았습니다. 이를 두고 그는 "정말 충격적이었다."라고 그 당시를 회상하기도 했습니다. 하지만 이후 톰프슨은 곧바로 동부 해안 여러 곳에 흩어져 살고 있는 친구들을 만나러 길을 떠났습니다.

그렇게 톰프슨이 세 번째 친구를 만나고 있을 때쯤 그는 벨 연구소에서 보낸 입사 제안서를 받습니다. 풍문으로는 벨 연구소에서 그의 위치를 추적해서 입사 제안서를 보냈다는 이야기도 있습니다.[6]

결국 그는 벨 연구소의 입사 제안을 수락하여 1966년 멀틱스(Multics) 프로젝트를 시작하게 되었습니다.

참고로 톰프슨은 동료들이 비행기 조종 면허를 따도록 설득하기도 하고, 따로 모임을 조직할 정도로 비행기 애호가였습니다. 1999년 겨울에는 프레드 그램프(Fred Grampp)와 함께 러시아에서 MiG-29 전투기 조종을 배우기도 했습니다.

데니스 리치

데니스 맥앨리스터 리치(Dennis MacAlistair Ritchie)는 1941년 9월 9일 뉴욕 브롱크스빌(Bronxville)에서 태어났습니다. 아버지 앨리스테어 리치(Alistair Ritchie)는 벨 연구소에서 교환장치(switching system)를 연구하던 과학자였습니다.

비록 리치의 초등학교 담임 선생님은 "리치의 수학 실력이 들쭉날쭉하다."라고 평가하기도 했으나, 그는 1959년 뉴저지주 서밋 고등학교(Summit High School)를 졸업하고 하버드 대학교에 진학하여 1963년에 물리학 학사 학위를 받았습니다. 리치는 하버드 재학 중에 유니박 I(UNIVAC I) 프로그래밍 강좌를 듣고 컴퓨터에 대한 관심을 갖게 됩니다.

---

6 이 풍문은 2019년에 나온 이야기입니다. 2005년에 밝힌 이야기에서는 그가 여행을 마치고 집에 도착했을 때 입사 제안서가 와 있었다고 했습니다. 제 생각에는 2005년 내용이 사실일 가능성이 더 크지만 재미는 덜한 것 같습니다. 아무튼 서로 다른 버전으로 전해진 이 두 이야기는 톰프슨의 심리와 기억을 엿볼 수 있는 흥미로운 단서를 제공해 주는 것 같습니다.

학사를 졸업한 후 리치는 하버드 대학교에서 응용 수학 석사 과정에 들어갑니다. 그의 주된 연구 과제는 컴퓨터 이론 및 활용에 대한 연구였습니다.

그는 1967년, 하버드 박사 과정 중에 아버지를 따라 벨 연구소에 합류하여 멀틱스 프로젝트와 GE 635용 BCPL 컴파일러 개발에 참여했습니다. 당시 리치는 부모님 집의 다락방과 지하실을 오가며 생활했습니다.[7]

리치는 **거의** 박사 학위를 받을 수 있었습니다. 제가 여기에서 '거의'라고 말한 이유는 그의 지도교수가 그의 학위 논문을 승인했지만, 당시 졸업을 위한 조건인 논문 제본 제출을 끝내 하지 않았기 때문입니다. 그렇게 리치가 논문 제본을 제출하지 않은 이유에 대해서는 가족도 '제본 비용 때문이다' 혹은 '데니스가 귀찮아 했다' 등 다양한 추측을 내놓기도 했습니다. 리치의 형제인 존은 "리치가 이미 벨 연구소에서 탄탄한 자리를 잡았기 때문에 굳이 학위가 중요하지 않다고 생각했던 것 같다."라고 하기도 했습니다.

리치와 함께 학위 과정을 같이했던 앨버트 마이어(Albert Meyer)는 그에 대해 이렇게 회상했습니다. "그는 정말 똑똑하고 조용하며 수줍음 많은 사람이었다. …… 나는 그와 같이 일을 했으면 했다. …… 그러나 많은 이가 알고 있듯이 리치는 이미 다른 일을 하고 있었다. 당시 그는 밤새 **스페이스 워(Space War!)라는 게임을 하고 있었다.**"[8]

1968년 2월, 벨 연구소는 리치의 박사 학위에 대해 걱정하며 하버드에 다음과 같이 공문을 보냅니다.[9]

> "데니스 M. 리치가 1968년 2월에 수학 박사 학위를 받게 될 것임을 우리가 확인할 수 있도록 검증해 주시기 바란다. 대단히 감사하다."

---

7 그의 침실은 다락에 있었고, 사무실은 지하에 있었습니다.

8 "Discovering Dennis Ritchie's Lost Dissertation(데니스 리치의 잃어버린 학위 논문을 찾아서)"에서 저는 이 문장을 읽고 소름이 돋았습니다. 왜냐하면 저 역시……

9 "Dennis Ritchie Thesis And the Typewriting Devices in the 1960s(데니스 리치의 학위 논문과 1960년대 타자기 장치)"

이에 대해 하버드는 2주 후 다음 답변을 보냈습니다.

"1968년 2월 7일자 귀사의 문의와 관련하여 데니스 M. 리치는 1968년 2월 수학 박사 학위 수여 대상자가 아님을 알려 드립니다."

형제인 빌 리치는 데니스 리치가 학위 논문을 기억에서 지워 버리게 만든 어떤 충격적인 사건이 있었을 것이라고 추측하며 이렇게 말했습니다.

"…… 아마도 무슨 일이 있었던 것 같다. …… 데니스는 1968년 2월 이후로 세상을 떠날 때까지 박사 학위 논문이나 그와 관련된 어떤 이야기도 꺼내지 않았다. 심지어 튜링상 위원회나 일본상 위원회에서 그가 박사 학위를 보유하고 있다고 공식적으로 표시했는데도 데니스는 이를 굳이 부인하지 않았다. 이것은 단순히 50년 전에 있었던 해프닝이 아니라 박사 학위에 대해 평생 동안 일관되게 보여 준 그의 태도였다. 그리고 내가 아는 한 데니스의 이런 태도는 그가 그동안 살아왔던 모습과는 매우 달랐던 것 같다. 나는 데니스가 왜 그렇게까지 박사 학위에 대한 이야기를 숨기려고 했는지 잘 이해가 되지 않았다."

반면에 다른 형제인 존은 이렇게 말했습니다.[10]

"데니스는 여러모로 참 알 수 없는 사람이었다. 박사 학위를 그냥 그렇게 날렸다는 사실은 그의 알 수 없는 성격을 완벽하게 보여 주는 사례일 것이다. 실제로 어떤 이야기가 진실인지는 아무도 모른다. …… 다만 나는 빌이 추측하듯이 어떤 충격적인 사건이 있었기 때문이라고는 생각하지 않는다. 물론 어쩌면 빌의 말이 맞을지도 모른다. 아니면 정말 제본 비용 때문이었을 수도 있고, 자신의 논문을 심사위원 앞에서 발표해야 한다는 생각에 겁을 먹었던 것일 수도 있다. 아마도 우리는 결코 그가 왜 그랬는지 알 수 없을 것이다."

---

10 개인적인 서신입니다.

어쨌든 데니스 리치에게 박사 학위가 있고 없고는 전혀 중요한 문제가 아니었습니다. 그는 실제로 박사 학위 증서를 가지고 있지 않았지만, 이미 '박사'라고 불려온 이들의 반열에 올랐기 때문입니다.[11]

리치의 학위 논문은 거의 반세기 동안 행방이 묘연했습니다. 다만 그가 세상을 떠난 후 여동생 린(Lynn)의 노력으로 그의 논문 한 부가 발견되어 현재는 온라인에서 볼 수 있게 되었습니다.[12] 개인적으로 모든 수학 기호를 타자로 정성스럽게 입력한 흔적만 보아도 리치의 학위 논문은 한 번 읽어 볼 가치가 있다고 생각합니다. 형제들의 말에 따르면 리치는 벨 연구소를 설득하여 IBM 2741 셀렉트릭(Selectric) 타자 단말기와 WATS[13] 전용 회선을 자신의 가족 저택 지하에 있는 사무실에 설치하게 했다고 합니다. 이를 통해 그는 새벽 4시까지 작업을 이어 갈 수 있었으며, 실제로 그 타자 단말기를 사용하여 학위 논문도 작성한 것으로 보입니다. 당시에는 수학 기호를 다룰 수 있는 워드 프로세서가 없던 시기였기 때문에 그가 어떤 소프트웨어를 사용해서 학위 논문을 작성했는지 아무도 모릅니다. 어쩌면 그가 **직접 소프트웨어를 만들어서** 사용했는지도 모릅니다.

데니스 리치는 그 당시 본인에 대해 스스로 이렇게 평가했습니다.[14] "나는 학부 시절 물리학자가 될 만큼 똑똑하지 않다는 것을 알게 되었다. 그리고 컴퓨터가 무척 멋지다는 사실도 알게 되었다. 대학원 시절에는 알고리즘 이론 전문가가 될 만큼 똑똑하지 않다는 것과 내 스스로 함수형 언어보다 절차적 언어를 좋아한다는 점도 알게 되었다."

또 다른 시기에 그는 본인에 대해 이렇게 말하기도 했습니다. "학업을 마칠 즈음 …… 나는 더 이상 이론 연구를 계속하고 싶지 않았다. 그보다 나는 컴퓨터가 실제로 할 수 있는 일에 더 관심이 있었다. 특히 …… 천공 카드를 사용하는 것보다 대화형 컴퓨팅을 사용하는 것이 훨씬 더 즐거웠다."

---

11 제가 이것을 어떻게 알고 있을까요?

12 https://www.computerhistory.org/collections/catalog/102784979 참고

13 광역 전화 서비스(Wide Area Telephone Service)로, 정액제로 제공되는 장거리 전화 연결 서비스입니다.

14 "Dennis M. Ritchie(데니스 M. 리치)", 벨 연구소 전기

톰프슨은 리치에 대해 "매우 날카롭고, 수학적 역량이 나보다 훨씬 뛰어났다. 일단 아이디어를 잡으면 끝까지 몰고 가는 집중력이 있었다."라고 평가했습니다.

커니핸은 리치에 대해 "그는 사교 모임보다는 일에 몰입하는 것을 더 좋아했으며, 함께 일하기 매우 좋은 사람이었다. 그는 유머 감각이 뛰어났으며 …… 매우 사적인 의견이지만 그는 친절하고 따뜻하며 재치 있는 사람이었다."라고 평가했습니다.

리치는 내향적인 사람이었습니다. 그는 본인에 대해 글을 쓸 때도 장황하게 자랑하기보다 극도로 간결하게 표현했습니다. 가족은 리치의 내향적인 성향이 **일종의 장벽**을 만들어 친밀한 대화를 하기가 어려웠다고 회상하기도 했습니다.

이에 대해 리치의 형제인 존은 2000년대 초반의 한 일화를 전했습니다. 당시 리치의 세 형제자매는 내성적인 리치가 자신의 감정을 이야기할 수 있도록 유도해 보기로 했습니다. 존은 형제들과 포코노 산맥에 있는 집 현관에 함께 앉아 계획대로 대화를 시작했습니다.[15] 존은 각자 1에서 10까지 점수로 자신의 인생에 대한 느낌과 행복한 정도를 돌아가며 말해 보자고 했습니다. 린은 7점이라고 했고, 빌은 8점이라고 했습니다. 존도 비슷한 점수를 말했습니다. 그리고 차례가 데니스 리치에게 돌아갔습니다. 그는 오랫동안 말없이 앉아 있다가 고뇌에 찬 표정과 함께 이렇게 말했습니다.

"글쎄, 대략 4분 전까지만 해도 8점이었던 것 같은데…… 지금은 잘 모르겠네."

존은 이런 데니스 리치를 보며 노래를 만들었습니다. 그리고 2012년 연구소에서 열린 '데니스 감사의 날(Dennis Appreciation Day)' 행사에서 그 노래를 불렀습니다.

그는 자기 희생의 화신이었네
지하실에서 새벽까지 일했네
엄마는 도대체 내가 뭘 낳은 건지 궁금해하셨네
인터넷이란 걸 끝내 이해하지 못하셨네

---

15 존은 자신이 꺼낸 대화에 대해 '아마 누구도 상상할 수 없을 정도로 어리석고 정말 억지로 꾸며낸 대화'였다고 표현했습니다.

그의 형제자매로 태어난 건 우리의 행운이었네
그가 무슨 일을 했는지는 묻지 마시게
그의 글은 우아한 문체를 가지고 있었고
컴파일러와 관련 있었던 것 같다는 막연한 기억만 있네

[후렴]
데니스, 우리의 형제
그 누구와도 비교할 수 없는 색다른 존재
태양계에서 가장 독특한 별
우리의 오랜 친구 DMR[16]

데니스 리치는 2011년 10월 세상을 떠났습니다. 그의 형제인 빌은 그를 이렇게 추모했습니다.

> "리치는 놀라운 지성을 지녔고, 매우 창의적이었으며 타고난 비전가였다. 그는 다른 사람들의 말을 경청하고 흡수하는 탁월한 능력을 가졌고, 깊은 연민과 친절함을 품고 있었다. 그리고 그는 올바른 장소에서, 올바른 시기에, 올바른 사람들과 함께 모든 조건이 태어날 때부터 완벽히 갖추어진 듯한 인생을 살았다."

그리고 빌은 이에 덧붙여 리치가 특히 좋아했고 '그를 완벽하게 표현한다'고 볼 수 있는 방송 프로그램에 대해 말했습니다. 그 방송 프로그램은 MIT 학생 라디오에서 나온 〈Apple Gunkies〉와 〈Nocturnal Aviation〉이었습니다.[17]

---

16 [역주] 데니스 리치(Dennis MacAlistair Ritchie)의 이니셜입니다.
17 http://www.dpbsmith.com/applegunkies/?%7Cag 참고

브라이언 커니핸

브라이언 윌슨 커니핸(Brian Wilson Kernighan)은 1942년 캐나다 토론토에서 태어났습니다. 그의 아버지는 '농부들에게 필요한 여러 가지 독성 화학 물질'을 만드는 소규모 사업을 운영했습니다. 하지만 커니핸은 아버지의 일이 '매우 힘든 일'이라서 물려받을 생각이 없었습니다.

어린 시절 커니핸은 아마추어 무선 통신에 매료되었습니다. 그래서 고등학교 시절 동안 그는 '여러 종류의 히스키트(Heathkit)'[18]로 작은 모스 부호 아마추어 무선 장치를 직접 만들기도 했습니다.

커니핸은 히스키트 전자 기기를 조립하는 데 매우 능숙했습니다. 이후에는 오디오 시스템, 컬러 TV, 오실로스코프를 직접 제작하기도 했습니다.[19]

커니핸은 고교 수학 선생님의 추천으로 토론토 대학교의 공학 물리학(engineering physics) 과정에 진학했습니다. 그는 특유의 자기 비하적인 말투로 자신의 전공에 대해 "무엇을 전공해야 할지 잘 모르는 학생들을 위한 잡학 전공 같았다."라고 말하기도 했습니다.

커니핸이 처음 본 컴퓨터는 1963년의 IBM 7094였습니다. 당시 IBM 7094가 있던 큰 공조실에는 정장을 입은 사람으로 가득 차 있었고, 일반인(특히 학생들)은 그 근처에도 갈 수 없었습니다.

커니핸은 학교에서 포트란을 배워 보려 했으나 포트란 II 매뉴얼[20]을 읽고 문법만 어느 정도 이해할 수 있었고, 실제 프로그램 개발 과정은 알 수 없어 어려움을 겪었습니다.

1963년에는 임페리얼 오일(현 엑손)에서 인턴으로 일하면서 코볼 코드를 작성하려고 했지만 '끝없는 IF 문'을 다루기 힘들어 포기하기도 했습니다.[21]

---

18 역주 1950~1960년대 미국의 진공관 앰프 브랜드입니다.

19 아마 제가 만든 것과 비슷했을 것입니다.

20 저자는 다니엘 D. 맥크래큰(Daniel D. McCracken)입니다. 제 기억의 긴 복도를 따라 메아리치는 이름입니다.

21 저는 그를 우리 모임에 초대하고 싶었습니다. 1970년에 저 역시 규모가 큰 코볼 프로그램을 하나 개발했는데 끝내 제대로 동작하게 만들지 못했습니다. 그 일 때문에 거의 해고될 뻔했지만, 다행히도 어떤 선배가 나서서 상사에게 제가 코볼보다는 어셈블러에 더 적합하다고 설득해 주어 위기를 모면할 수 있었습니다.

1966년에는 MIT에서 여름 방학 인턴십을 하며 CTSS[22]를 활용하여 멀틱스(Multics)용 도구를 MAD(Michigan Algorithm Decoder) 언어[23]로 개발했습니다.

그는 이듬해 벨 연구소에서도 인턴십을 하게 되었고, 포트란을 위한 리스트 처리 라이브러리를 구현하기 위해 '정말 정교한' GE 635 어셈블리 코드를 작성했습니다. 이때 경험이 그를 프로그래밍에 완전히 매료시킨 계기가 되었다고 합니다.

그는 1969년 벨 연구소에 정식으로 채용되어 일을 시작했으며, 멀틱스나 유닉스와는 관련 없는 여러 프로젝트에서 일을 시작했습니다. 하지만 톰프슨과 리치의 사무실이 근처에 있었고, 리처드 해밍(Richard Hamming)[24] 또한 주변 사무실에 있었습니다. 해밍은 커니핸에게 글쓰기의 중요성과 **문체(style)**의 중요성을 깊이 인식시켜 준 인물이기도 합니다.

해밍은 이렇게 말하고는 했습니다. "우리는 아이들에게 각종 용어와 문법 규칙을 알려 주고 '이제 너는 훌륭한 프로그래머야'라고 말한다." 해밍은 글을 쓸 때도 특유의 문체가 있듯이 코드를 작성할 때도 단순히 어떤 용어나 문법만 아는 것이 아니라 본인 특유의 **스타일**을 갖추어야 한다고 생각했습니다.

그 영향으로 커니핸은 글쓰기 문체와 코드 작성 스타일에 큰 관심을 갖게 되었고, 이는 훗날 C 언어 문서와 여러 책을 집필하는 데 중요한 밑거름이 되었습니다.

멀틱스

"MIT에는 이미 매우 훌륭한 타임셰어링 시스템이 있었지만, 그들은 더 나은 시스템을 만들겠다고 결심했다. 그리고 그게 바로 치명적인 실수였다."

- 켄 톰프슨[25]

22 호환 타임셰어링 시스템(Compatible Time Sharing System)을 의미합니다.

23 MAD 프로그램에 컴파일 오류가 임계치 이상 발생하면 컴파일러는 앨프리드 E. 뉴먼(Alfred E. Neumann)의 ASCII 그림을 출력했습니다. 그 밑에는 "뭐? 내가 걱정이라도 해야 하나?"라는 문구가 붙어 있었습니다.

24 네, 바로 그 해밍입니다.

25 Vintage Computer Federation, 2019

멀티플렉스 정보 및 컴퓨팅 서비스(Multiplexed Information and Computing Service, Multics)는 GE와 벨 연구소, MIT가 함께 개발한 2세대 타임셰어링 시스템입니다. 멀틱스는 MIT의 CTSS(Compatible Time-Sharing System)의 차세대 시스템으로 만들어졌습니다.

존 배커스는 1954년 타임셰어링이라는 개념을 만들었습니다. 그는 "사용자들이 각자의 입력 장치를 가지고 있으면 대형 컴퓨터를 마치 소형 컴퓨터 여러 대처럼 사용할 수 있다."라고 말했습니다. 당시의 컴퓨터는 메모리와 진공관 프로세서가 지나치게 제한적이었기 때문에 그런 작업을 처리하기에 성능이 충분하지 않았습니다.

그러나 존 배커스의 아이디어는 계속해서 발전했고, 1959년 크리스토퍼 스트레이치(Christopher Strachey)는 그의 아이디어를 이용하여 "Time Sharing in Large Fast Computers(대형 고속 컴퓨터에서의 타임셰어링 기법)"라는 논문을 발표했습니다. 이 논문에서는 한 프로그래머가 자신의 단말기로 프로그램을 디버깅하는 동안 다른 프로그래머가 또 다른 단말기로 다른 프로그램을 실행할 수 있는 시스템을 제안했습니다. MIT의 존 매카시는 이 아이디어에 매료되어 제안서를 작성했고, 이는 MIT가 본격적으로 타임셰어링 시스템을 개발하도록 자극하는 계기가 되었습니다.[26]

1961년, 실험적 타임셰어링 시스템(experimental time-sharing system)이 가동되기 시작했습니다. 처음에는 IBM 709[27]를 사용했으나 이후 7090[28]으로 대체되었고, 이는 다시 7094로 대체되었습니다. 이 실험적인 시스템은 이후 CTSS로 발전했으며, 아마도 최초로 실제 운영된 타임셰어링 시스템이었을 것입니다. 그리고 CTSS는 1963년에 정식 서비스를 시작했습니다.

CTSS는 일종의 '프로토타입이 실제 서비스가 된 사례'입니다. 그러나 설계자들은 더 큰 꿈을 품고 있었습니다. 그들은 더 크고 웅장한 시스템인 멀틱스를 만들고자 했던 것입니다.

멀틱스의 초기 설계 작업은 1964년에 시작되었습니다. GE는 IBM 7094보다 더 크고 성능이 뛰어난 컴퓨터를 제작하기로 했습니다. 벨 연구소와 MIT는 소프트웨어를 공동으로 개

---

26 이는 훗날 다트머스의 커츠와 케메니에게도 영감을 주게 됩니다.

27 32K 36비트 워드의 코어 메모리를 가진 진공관 컴퓨터입니다. 초당 덧셈 4만 2,000회와 곱셈 5,000회를 수행할 수 있으며, 바로 이 기계에서 포트란이 개발되었습니다.

28 709의 트랜지스터화된 버전입니다.

발했으며, MIT가 대부분의 설계를 담당하고 벨 연구소는 주로 소프트웨어를 구현하는 일을 맡았습니다.

멀틱스의 설계는 그야말로 거대했습니다. 어쩌면 당시 기준으로는 과도하게 웅장했다고도 할 수 있습니다. 그 안에는 메모리 매핑, 동적 링크, 파일을 메모리에 매핑하거나 메모리를 파일에 매핑하는 기능 등이 포함되어 있었습니다. 또 시스템을 중단하지 않고도 새로운 하드웨어를 추가하거나 제거하는 동적 하드웨어 재구성 기능도 있었습니다.

켄 톰프슨의 말에 따르면 멀틱스는 정말 거대한 프로젝트였습니다. 그는 이렇게 말했습니다. "모든 타임셰어링 시스템을 대체할 시스템을 만들고자 했다. 하지만 그런 이유로 설계는 지나치게 범위가 커지게 되었고, 시스템은 경제적인 측면으로 봤을 때 터무니없이 비싸졌다." 커니핸은 이를 두 번째 시스템 효과(the second system effect)[29]의 전형적인 사례라고 언급했습니다.

멀틱스에 사용된 주요 언어는 PL/1입니다. 그러나 PL/1으로 컴파일러와 프로그램을 작성하는 일이 너무 어려웠기 때문에 마틴 리처즈(Martin Richards)는 데니스 리치의 도움을 받아 훨씬 더 단순한 언어인 BCPL(Basic Combined Programming Language)을 개발하게 되었습니다.

결국 1966년부터 1969년까지 3년에 걸친 작업 끝에 벨 연구소는 멀틱스 프로젝트에서 손을 떼기로 결정합니다. 이로 인해 톰프슨, 리치 등 많은 이의 할 일이 없어지게 되었지만, 1960년대 후반의 벨 연구소에서 그것이 반드시 나쁜 일만은 아니었습니다.

PDP-7과 우주 여행

"유닉스는 나 자신을 위해 만들었다. 다른 사람들을 위해 만든 운영체제가 아니라, 단지 게임을 만들고 내게 필요한 일들을 하기 위해 만든 것이다."[30]

- 켄 톰프슨

29 브룩스 주니어, 프레더릭 P. 1975. 'The Second-System Effect(두 번째 시스템 효과)'. "The Mythical Man-Month: Essays on Software Engineering(맨먼스 미신: 소프트웨어 공학 에세이)". Addison-Wesley.

30 Vintage Computer Federation, 2019

벨 연구소에서는 특정 프로젝트가 배정되는 경우가 많지 않았고, 직원들은 스스로 할 일을 찾아 프로젝트를 만들어야 했습니다. 그래서 멀틱스가 종료되었을 때 켄 톰프슨은 다른 일거리를 찾아야 했습니다.

여러분이라면 무엇을 하고 싶었을까요? 우주 여행 게임을 만들까요? 실제로 리치[31]와 톰프슨은 우주 여행 게임을 만드는 일을 했습니다.[32] 그들은 아직 거대한 멀틱스 컴퓨터들을 가지고 있었기 때문에 그 컴퓨터로 우주 여행 게임을 돌려 볼 수 있었습니다.

톰프슨과 리치는 그렇게 처음에는 멀틱스에서 돌아가는 우주 여행 게임을 만들었고, 이어서 GE의 운영체제인 GECOS용으로 게임을 다시 만들었습니다. 그러나 그 결과물은 별로 마음에 들지 않았습니다. 화면 표시가 매끄럽지 않고 자주 끊겼으며, 게임 한 판을 실행하는데 컴퓨터 사용료로 75달러[33]나 들었기 때문입니다.

하지만 당시 연구소에는 1965년에 나온 잘 쓰이지 않던 PDP-7 소형 컴퓨터[34]가 하나 있었습니다. 이 컴퓨터에는 DEC 340 벡터 그래픽 디스플레이가 장착되어 있었으며, 주로 회로 해석 시스템의 원격 작업 입력 단말기로 사용되었습니다. 엔지니어들은 라이트펜을 이용하여 디스플레이 위에 회로를 그린 후 이를 더 큰 컴퓨터로 전송해서 해석을 수행하고는 했습니나.[35]

그래서 톰프슨과 리치는 PDP-7 어셈블리어로 직접 부동소수점 연산 루틴, 글꼴과 문자 표시 서브루틴, 디버거까지 만들어 내며 PDP-7에서 우주 여행 게임이 실행되게 만들었습니다.

---

31 제 생각에는 실제로 게임 프로그램을 작성한 사람은 톰프슨이었고, 리치는 인프라와 서브루틴 유틸리티 등을 지원했던 것 같습니다.

32 저도 그랬습니다. 다만 제가 만든 것은 우주 여행보다는 우주 전쟁에 가까웠습니다. https://github.com/unclebob/spacewar를 참고합니다.

33 당시에는 CPU 사용 시간으로 과금했습니다.

34 DEC는 당시 이런 컴퓨터를 약 120대 가량 판매했으며, 1964년 기준 가격은 약 7만 2,000달러였습니다. 문제의 PDP-7은 시리얼 번호 34번이었습니다.

35 네, 1969년 무렵에도 포인터가 달린 그래픽 단말기가 있었습니다. 당시 사용된 포인터는 아마도 광감지 라이트펜(photosensitive light pen)이었을 것입니다.

리치는 그 게임에 대해 이렇게 설명합니다. "우주 여행 게임은 태양계 주요 천체들의 움직임을 시뮬레이션한 것이다. 플레이어는 우주선을 이곳저곳으로 조종하며 풍경을 감상하고, 여러 행성과 위성에 착륙을 시도할 수 있었다."

커니핸은 그 게임에 대해 이렇게 말합니다. "우주 여행 게임은 꽤나 중독성이 있어서 몇 시간 동안 플레이하고는 했다."

리치의 형제인 빌은 십대 시절 그 게임에 대한 경험을 이렇게 회상했습니다. "리치가 나에게 우주 여행 게임을 한 번 하게 해 주었던 기억이 있다. 지금도 기억에 남는 것은 우주가 너무 광대해서 가속을 정말 많이 해야 했다는 점이다. 하지만 한번 그렇게 가속을 하기 시작하면 다시는 감속하기가 어려웠었던 것 같다."

톰프슨은 3D 우주 전쟁 게임도 만들었습니다. DEC 340 디스플레이는 모니터에 후드(덮개)를 부착할 수 있었습니다.

톰프슨은 그 후드를 활용하여 사용자가 우주에서 서로를 공격할 때보다 현실감을 느낄 수 있도록 만들었습니다. 또 그는 연구소 곳곳에 있는 PDP-7 원격 장치 여러 대를 2000bps 모뎀으로 연결하여 2인용 우주 전투를 구현하기도 했습니다.

당시 빌은 그 게임에 대해 이렇게 회상했습니다. "당연하게도 **우주 전쟁**(space war) 게임이 **우주 여행**(space travel)보다 더 재미있었다. 리치는 가끔 제가 친구들을 연구소로 데려가서 밤에 구경도 하고 우주 전쟁 게임도 하게 해 주었다."

톰프슨과 리치는 PDP-7 개발을 GECOS를 이용해서 진행했습니다. GECOS에는 PDP-7용 크로스 어셈블러[36]가 있었습니다.[37] 그리고 아마도 톰프슨과 리치는 자신들의 소스 코드를 천공 카드에 새겼을 것입니다. 그다음 GE 시스템을 이용하여 그 천공 카드를 PDP-7 바이너리로 컴파일한 후 다른 종이테이프에 저장했을 것입니다. 이후 그들은 그 테이프를 PDP-7로 다시 가져와 장착해서 사용하지 않았을까 합니다.

PDP-7은 18비트 워드를 사용했고, 기본으로 4K 코어 메모리를 탑재하고 있었습니다. 톰프슨과 리치가 사용한 기계에는 추가로 4K 메모리와 대형 디스크[38]가 장착되어 있었습니다. 이 디스크는 크기가 매우 컸습니다. 디스크 외부 덮개의 높이는 약 6피트에 달했고, 플래터(platter)[39]는 비행기 프로펠러처럼 수직으로 회전했습니다. 관계자들이 혹시라도 디스크가 '튕겨 나갈' 경우를 대비하여 그 앞에 서지 말라고 말할 정도였습니다.

그 디스크는 당시 기준으로 보더라도 저장 용량이 상당히 큰 편이었습니다. 무려 18비트 워드 100만 개를 저장할 수 있었기 때문입니다.

PDP-7의 명령어 집합은 매우 단순했습니다.[40] 4비트가 명령어 코드(명령어 총 16개)에 할당되었고, 간접 주소 지정 비트가 하나 있었으며, 13비트는 메모리 주소를 참조하는 데 사용되었습니다. 따라서 전체 8K 메모리를 직접 주소 지정할 수 있었습니다.

```
== Op ==  I  ========address=========
[][][][] [] [][][][][][][][][][][][][]
```

그리고 레지스터(누산기)와 덧셈에서 발생하는 캐리를 보관하는 오버플로 비트(링크라고 불림)가 있었습니다.

---

36 역주 특정 하드웨어 아키텍처에 특화된 어셈블리어를 다른 아키텍처용 기계어로 번역해 주는 어셈블러입니다.

37 리치는 "The Development of the C Language(C 언어의 발전)"에서 이 크로스 어셈블러에 대해 GE-635용 GEMAP 어셈블러 매크로의 집합과 PDP-7용 천공 테이프를 출력기의 조합이라고 설명했습니다.

38 DEC RB09, RD10과 동일한 모델로 버로우즈(Burroughs) 하드웨어를 기반으로 한 장치입니다.

39 역주 데이터를 저장하는 둥근 원판입니다.

40 본질적으로는 18비트 버전의 PDP-8이라고 할 수 있습니다.

반면에 뺄셈 명령어는 없었습니다. 뺄셈을 하려면 감수(subtrahend)를 음수로 바꾼 후 피감수(minuend)에 더해야 합니다. PDP-7은 2의 보수 방식을 적용했기 때문에 누산기 값을 음수로 만드는 방법으로 CMA 명령어로 각 비트를 반전시키고 거기에 1을 더하는 방식을 사용했습니다.

PDP-7의 디스크 전송 속도는 그 당시 매우 빠른 수준이었습니다. 2마이크로초(μs)마다 워드 하나를 전송할 수 있었고, 워드를 메모리로 전송하기 위해 DMA[41] 하드웨어를 사용했습니다. PDP-7의 코어 메모리 사이클 시간은 1마이크로초였으며, 대부분의 명령어 실행에는 2마이크로초가 필요했습니다. 이 방식이 가능한 이유는 DMA가 **명령어 실행 사이클 사이에** 끼어들어 한 사이클을 가져갈 수 있었기 때문입니다.

하지만 간접 주소 지정 비트를 사용하여 포인터를 다루는 명령어들은 사이클이 세 번 필요했습니다. 간접 명령어가 실행되는 동안 DMA가 디스크에서 데이터를 읽거나 쓰려고 하면 너무 오래 대기하게 되어 결국 오버런 에러를 발생시켰습니다.

이 문제는 톰프슨에게 상당한 도전 과제였습니다. 그래서 그는 까다로운 장치에서도 제대로 동작할 수 있는 범용적인 디스크 스케줄링 알고리즘을 만들 수 있을까 하는 생각을 하게 됩니다. 그는 그것을 증명해 보이기 위해 작업을 시작했습니다.

유닉스

"…… 그리고 그 전까지는 전혀 알지 못했는데 어느 순간 내가 운영체제를 완성하는 데 쓸 수 있는 기간이 불과 3주밖에 남지 않았다는 사실을 깨달았다."

- 켄 톰프슨

41 DMA(Direct Memory Access)는 하드웨어가 CPU의 개입 없이 디스크에서 메모리로 직접 데이터를 밀어 넣는 방식입니다. 이 과정에서 CPU가 일일이 I/O 연산을 처리하지 않아도 되므로 속도가 훨씬 빠릅니다. 하지만 단점도 있습니다. DMA가 데이터를 옮기는 동안 메모리 접근 사이클을 '훔쳐(cycle stealing)' 사용했기 때문에 CPU와 디스크가 동시에 메모리에 접근하려고 경쟁하는 문제가 있었습니다. 그로 인해 CPU 실행 속도가 약간 지연되기도 했지만, 전체적으로 I/O 효율은 크게 개선되었습니다.

톰프슨은 멀틱스 프로젝트에서 많은 것을 배웠습니다. 멀틱스에는 트리 구조의 파일 시스템, 독립적인 프로세스 아키텍처, 단순 텍스트 파일, 독립적인 프로세스로 실행되는 명령 셸(shell)이 있었습니다. 톰프슨은 파일 시스템을 스케줄링과 처리량의 문제로 생각했기 때문에 가능한 한 짧은 시간 안에 최대한 많은 데이터를 디스크에 읽고 쓸 수 있도록 만들고자 했습니다. 물론 가장 큰 과제는 물리적 디스크에 저장된 데이터의 구조를 파일과 디렉터리로 변환하고, 그 변환 과정을 최대한 효율적으로 다루는 것이었습니다.

디스크는 자성 물질로 코팅된 회전하는 플래터(원판)입니다. 읽기/쓰기 헤드는 디스크 표면을 따라 안쪽과 바깥쪽으로 움직입니다. 데이터를 쓸 때는 헤드가 원형 트랙 위에 자화된 점들의 흐름을 기록하게 됩니다. 이런 트랙은 원형 트랙을 일정한 크기의 호(arc)로 나눈 섹터라는 영역으로 구분됩니다. 읽기/쓰기 헤드가 안쪽과 바깥쪽으로 '탐색(seek)'을 하면 원판 위에 동심원 모양의 트랙들이 형성됩니다. 디스크에는 접시처럼 쌓인 플래터가 여러 장 있고, 각 플래터에는 고유한 읽기/쓰기 헤드가 있습니다.

따라서 디스크에서 어떤 데이터를 읽으려면 네 가지를 알아야 합니다. 어떤 헤드를 선택할지, 어느 트랙으로 이동할지, 어떤 섹터를 읽을지, 그 섹터 안의 정확한 위치가 어디인지 말이죠.

톰프슨은 저 끔찍한 기계적 과정을 파일이라는 추상적 개념으로 바꾸고자 했습니다. 파일은 단순히 18비트 단어들의 선형 배열일 뿐이었습니다(참고로 PDP-7은 바이트를 사용하지 않았습니다). 따라서 파일 하나는 섹터 여러 개로 이루어질 수 있었고, 그 섹터들은 여러 트랙과 여러 플래터에 흩어져 있을 수 있었습니다. 톰프슨은 그것들을 어떻게든 서로 연결해야 했고, 또 어떻게든 인덱스를 만들어서 찾아낼 수 있어야 했습니다.

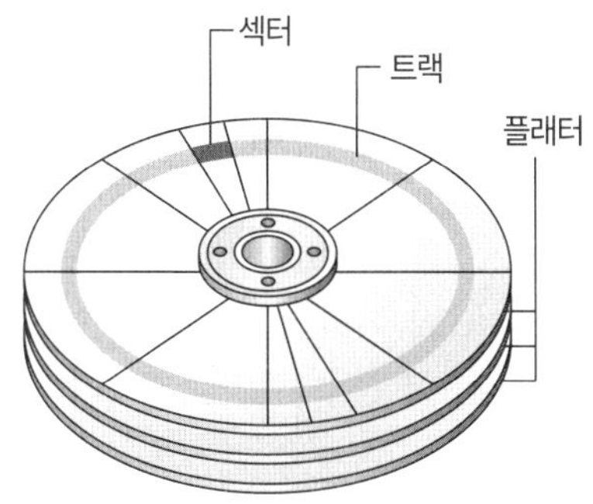

그렇게 해서 지금까지도 이어져 내려오는 유닉스의 아이노드(inode) 구조[42]가 탄생하게 됩니다.

당시 그가 만든 아이노드 구조의 개념은 생각보다 단순했습니다. 디스크의 각 섹터(블록)에는 상대적인 정수(블록 포인터)[43]가 할당되었고, 이를 통해 헤드, 트랙, 섹터의 매개변수를 계산할 수 있었습니다. 특정한 수의 블록은 아이노드를 위해 따로 확보되어 있었고, 각 아이노드에는 고유한 번호가 부여되었습니다.

아이노드에는 몇몇 메타데이터[44]가 들어 있었고, 그 후에는 파일 데이터를 담고 있는 블록들을 가리키는 포인터 목록이 n개[45] 있습니다. 파일이 블록을 n개 이상 필요로 하면 아이노드의 마지막 요소는 추가 블록 포인터들을 담고 있는 또 다른 블록을 가리키도록 되어 있습니다. 디렉터리는 이름과 해당 아이노드 번호 목록을 담고 있는 파일입니다.

그것이 다였습니다. 아주 간단하죠? 그것은 전부 PDP-7 어셈블리 언어로 작성되었습니다.

그렇게 기능들을 구현하고 나서 톰프슨은 이를 시험할 프로그램들이 필요했습니다. 그의 목표는 경쟁하는 프로그램을 여러 개 만들어 디스크에 접근하게 하고, 자신의 '스케줄링' 알고리즘에 부하를 주는 것이었습니다. 물론 이를 위해서는 약간의 태스크 스위칭(task switching)[46]이 필요했습니다.

이 상황은 바로 이 장 맨 앞에 나온 인용문으로 이어집니다. 톰프슨은 바로 그 시점에서 자신이 운영체제를 완성하기까지 불과 3주밖에 남지 않았다는 사실을 깨닫습니다. 왜 3주였을까요? 당시 그의 아내와 갓난 아들이 캘리포니아에 있는 처가로 3주 동안 휴가를 떠나 있었기 때문입니다. 그에게 필요한 것은 텍스트 에디터, 어셈블러, 셸/커널 이렇게 세 가지 프로그램이었습니다. 그리고 그는 각각의 프로그램을 만드는 데 일주일씩 기간을 할당했습니다.

---

42 역주 리눅스/유닉스 파일 시스템에서 파일 및 디렉터리의 메타데이터를 저장하는 데이터 구조입니다.

43 저도 다 해 보고 겪어 본 것입니다.

44 파일의 권한과 소유권을 설명한 메타데이터입니다.

45 아마도 PDP-7에서는 11이었을 것입니다.

46 CPU가 여러 작업(프로세스나 스레드)을 번갈아 가며 실행하는 과정입니다.

그렇게 3주 후 유닉스가 탄생합니다. 멀틱스 프로젝트의 파생물이자 디스크 스케줄링 문제와 3주간의 휴가가 낳은 결과물이었습니다.

그 당시 유닉스는 바이트(byte)를 기반으로 한 운영체제가 아니었습니다. PDP-7의 18비트 워드 길이가 모든 것을 제한했기 때문입니다. 그래서 파일은 18비트 워드의 연속적인 형태로 만들어지게 되었습니다. 하지만 곧 상황은 달라졌습니다.

PDP-7은 당시 기준으로 그리 빠른 컴퓨터는 아니었고 메모리도 매우 제한적이었습니다. 운영체제가 4K를 차지하고 나면 사용자에게는 나머지 4K만 남았습니다. 반면에 멀틱스와 GECOS 시스템은 속도가 열 배나 빠르고 훨씬 더 큰 용량을 지니고 있었습니다. 그런데도 PDP-7 위에서 실행된 이 단순하고 작은 유닉스 운영체제는 단지 ASR 33 텔레타이프 하나를 터미널로 두고도 왜인지 훨씬 더 편리했고, 무엇보다도 더 재미있게 사용할 수 있었습니다.

톰프슨은 scribble-text라 불리는 프로그램도 만들었으며, 이를 통해 DEC 340 디스플레이를 두 번째 단말기로 활용할 수 있게 만들었습니다. 덕분에 PDP-7은 동시에 사용자 두 명을 처리할 수 있었습니다.

톰프슨은 유닉스를 개발하던 시기를 회상하며 "나는 당시 정말 대단한 사람들을 만나기 시작했다."라고 말했습니다. 그중에는 브라이언 커니핸, 데니스 리치, 더그 매킬로이(Doug McIlroy), 로버트 모리스(Robert Morris)가 포함되어 있습니다.

'유닉스(Unix)'라는 이름은 커니핸과 피터 노이만의 협업에서 처음 비롯된 것으로 알려져 있지만, 유닉스라는 이름이 처음 나온 그때 상황에 대해서 커니핸과 피터 노이만은 서로 다르게 기억하고 있습니다.

커니핸은 Multics를 Uni-와 multi-의 말장난으로 줄여서 Unics라고 한 것으로 기억했고, 노이만은 UNiplexed Information and Computing Service라는 두문자로 유닉스라는 이름을 지었던 것으로 기억하고 있었습니다. 이후 Unics라는 이름은 벨 연구소의 변호사들이 eunuchs(거세자)와 발음이 너무 비슷하다고 생각하여 Unix라는 이름으로 바꾸었다는 소문이 전해지고 있습니다. PDP-7 시스템은 재미있고 생산적이기는 했지만 여전히 제약이 많았습니다. 그래서 소수의 유닉스 사용자 그룹은 벨 연구소에 더 크고 성능 좋은 기계를 도입해 달라고 요청하기 시작했습니다.

그 당시 벨 연구소는 (완곡하게 표현하자면) **돈이 넘쳐 났습니다.**[47] 당시 연구소의 철학은 연구원들이 자기 연봉만큼 장비를 쓸 수 있어야 한다는 것이었습니다. 그래서 연구원 네다섯 명만 모여도 상당히 큰 장비를 구입할 수 있었습니다. 다만 그러기 위해서는 **상사의 승인**이 필요했습니다.

처음에 그들은 운영체제 연구를 위해 PDP-10을 구입해 달라고 요청합니다. PDP-10은 36비트 워드를 가진 거대한 컴퓨터로, 가격도 50만 달러에 달했습니다. 그래서 처음에는 단호하게 거절당합니다. 멀틱스가 워낙 크게 실패하면서 수많은 자원을 낭비했기 때문에 그 누구도 다시 그런 일이 벌어지기를 원하지 않았던 것입니다.

그래서 그 무리들은 머리를 맞대고 계략을 짜냈습니다. 조 오산나(Joe Ossanna)의 도움을 받아 아주 기발한 제안서를 만들어 냈습니다.[48]

당시 벨 연구소 특허 부서에는 골칫거리가 많이 있었습니다. 특히 타자기로 특허 신청서를 작성하는 일은 엄청난 노동 집약적인 작업이었습니다. 특허 신청서를 작성하려면 줄 번호까지 포함하여 '정확히' 형식을 맞추어야 했기 때문입니다. 그런데 특허 신청서의 형식 요건과 줄 번호 요구 사항까지 맞추어 줄 수 있는 워드프로세서가 있다면 얼마나 좋을까요?

당시 실제로 특허 부서는 그런 기능을 제공하겠다고 약속한 업체의 제품을 진지하게 검토하고 있었습니다. 그 제품은 아직까지 원하는 기능을 제공하고 있지 않았지만, 해당 업체가 시간이 지나면 가능해질 것이라 말하고 있는 상태였습니다.

그래서 점점 수가 늘어나던 유닉스 사용자 그룹은 오산나의 주도로 특허 부서가 특허 신청서를 올바른 형식으로 편집, 저장, 출력할 수 있는 소프트웨어를 만들겠다는 제안서를 내놓았습니다.

이는 완벽한 제안이었습니다. 톰프슨은 그 제안에 대해 이렇게 말했습니다. "우리의 두 번째 제안은 돈을 쓰는 것이 아니라 아끼는 것이었고, 운영체제 연구도 절대 아니었다! 게다가 다른 부서를 위한 것이었으니 이른바 모두가 이기는 일석삼조의 승리였다."

---

47 사실 그 당시 돈을 쓸어 담고 있던 곳은 AT&T입니다. 당시 AT&T는 사실상 독점 기업이었고, 정부의 견제를 피하기 위해 그 막대한 수익 일부를 벨 연구소에 투자했던 것입니다.

48 켄 톰프슨의 말에 따르면 그것은 일종의 '거짓말'이었습니다.

PDP-11

"명분은 텍스트 처리였지만, 진짜 이유는 놀기 위해서였죠."

- 켄 톰프슨

그렇게 벨 연구소는 1970년에 PDP-11(/20)[49]을 구입합니다. PDP-11(/20)의 CPU는 그 해 여름에 도착했고, 나머지 주변 장치는 그 후 몇 달에 걸쳐 차례대로 도착했습니다.

켄 톰프슨과 데니스 리치, 브라이언 커니핸을 비롯한 초창기 유닉스 팀은 PDP-7에서 크로스 어셈블러[50]와 종이테이프를 사용하여 유닉스를 PDP-11에서도 실행할 수 있게 만들었습니다.

하지만 PDP-11은 디스크가 도착할 때까지 가동되지 못하고 있었습니다. 그렇게 무려 3개월을 기다리는 동안 유닉스 팀은 할 일 없이 6×8 체스판의 closed knight's tour[51]를 하나하나 계산하고 있었습니다.

PDP-11은 메모리가 바이트 단위를 기반으로 구성되어 있으며, 내부 아키텍처는 16비트 구조입니다. 즉, 바이트가 두 개 모여 하나의 워드를 이루고, 각 워드는 하위 바이트를 먼저 저장하는 리틀 엔디안(little-endian) 방식[52]으로 저장됩니다.

PDP-11에는 내부에 16비트 레지스터가 여덟 개 있습니다. R0부터 R5까지는 범용으로 사용할 수 있고, R6는 스택 포인터[53], R7은 프로그램 카운터(현재 실행 중인 명령어의 주소)입니다.

또 PDP-11은 명령어가 많고 복잡하며, 명령어 한 개가 저수준 연산 여러 개를 처리할 수 있는 명령어 집합(instruction set)[54]을 가지고 있습니다. 덕분에 레지스터를 값으로도, 포인터로

---

49 /20이라는 접미사는 나중에 붙인 것입니다. 이 컴퓨터는 워낙 새로운 모델이어서 PDP 시리즈를 만든 DEC조차 아직 다른 모델 번호를 제대로 고민하지 않았던 시기였습니다.

50 B 언어로 만들어진 어셈블러로, 자세한 내용은 다음 섹션에서 다루겠습니다.

51 역주 체스의 나이트 말이 체스판 위에서 모든 칸을 한 번씩만 방문하고, 마지막 위치가 처음 출발한 칸과 연결되도록 하는 경로입니다.

52 역주 컴퓨터 시스템에서 데이터를 메모리에 저장하는 방식 중 하나로, 하위 바이트(Least Significant Byte, LSB)를 낮은 메모리 주소에 먼저 저장하는 방식입니다.

53 주로 관례적으로 스택 포인터로 사용되었지만, 일부 명령어는 다른 용도로 사용하기도 했습니다.

54 PDP-11은 복잡한 명령어 집합 컴퓨터(Complex Instruction Set Computer, CISC)입니다.

도, 포인터의 포인터로도 사용할 수 있었으며 어떤 명령어는 레지스터를 1 또는 2만큼 미리 감소(pre-decrement)시키거나 실행 후 증가(post-increment)시키도록 만들 수도 있었습니다.[55] 나중에 이것은 C 언어의 `i++`와 `--i` 표현식을 구현하는 데 아주 유용하게 쓰입니다.

그렇게 3개월을 기다린 끝에 디스크가 도착하자 유닉스는 매우 빠르게 가동되었습니다. PDP-11에는 24K **바이트**의 코어 메모리와 0.5MB 용량의 디스크, 특허 심사관 열 명이 특허 신청서를 입력할 수 있을 만큼 많은 터미널 포트가 갖추어져 있었습니다.

조 오산나가 원시적인 텍스트 처리 및 조판 도구인 **nroff**[56]를 만들었고, 이후에 **troff**[57]까지 개발하면서 본격적인 작업이 시작되었습니다. 그리고 특허 부서는 유닉스 팀이 만든 시스템을 아주 만족해 했습니다.

그 후 연구원들은 즐겁게 밤새도록 다양한 실험을 이어 갔습니다. 하지만 매우 조심해야 했습니다. 파일 시스템은 여전히 불안정했기 때문에 혹시라도 시스템이 다운되면 특허 관련 데이터들이 전부 사라져 버릴 수 있었기 때문입니다.

특허 부서는 이 시스템에 너무 만족했기 때문에 유닉스 팀이 보다 마음껏 연구할 수 있도록 또 다른 PDP-11을 구입해 주었습니다. 커니핸은 당시 연구소의 예산에 대해 "그것은 아껴야 하는 돈이 아니라 일종의 소진해야 하는 할당액 같았다. 마치 모두의 이익을 위해 열심히 써야 되는 돈 같았다."라고 말하기도 했습니다.[58]

그리고 어느 날 톰프슨은 1964년에 더그 매킬로이가 쓴 논문에서 또 다른 아이디어를 얻었습니다. 매킬로이의 논문에는 프로그램들이 마치 정원의 호스처럼 서로 연결될 수 있어야 한다는 내용이 있었습니다.

그렇게 아이디어를 얻은 톰프슨은 불과 몇 시간 만에 유닉스 파이프(Unix pipes)를 구현합니다. 그는 본인이 구현한 파이프 기능에 대해 그저 '사소한(trivial)' 변경이었다고 표현했습니

---

55 이는 다음 워드를 가리키도록 포인터를 증가시키는 데 유용했습니다.

56 역주 유닉스 운영체제에서 사용되는 텍스트 편집 프로그램입니다.

57 개인적으로 이 도구들에 대해서는 할 말이 많습니다. 이 도구들은 초창기 유닉스 역사에서 매우 중요한 역할을 했지만 책의 범위를 넘는 이야기이기 때문에 여기에서는 자세히 다루지 않겠습니다.

58 Kernighan and Thompson, VCF East 2019

다. 이후 톰프슨은 단 하룻밤 사이에 리치와 함께 기존 모든 유닉스 애플리케이션을 수정하여 불필요하게 장황했던 콘솔 메시지를 전부 제거하기도 했습니다. **stderr**[59]를 만들어 모든 오류 메시지가 stderr을 통해 출력되도록 만들었습니다.

결국 기존 유닉스 애플리케이션들은 전부 파이프로 연결되어 일종의 **필터**(filters)처럼 동작할 수 있게 되었습니다. 이처럼 파이프와 필터가 만들어지자 향후 유닉스 팀에 미친 영향은 그야말로 **충격적**(mind blowing)이었습니다. 톰프슨은 마치 수없는 아이디어가 폭발적으로 쏟아져 나오는 '광란(frenzy)의 현장' 같았다고 당시를 회상하기도 했습니다.

C 언어

"유닉스 커널을 C로 세 번이나 다시 작성해 보았지만 모두 실패했다. 그리고 나는 그것이 내 잘못이 아니라 언어의 탓이라고 생각했다."

- 켄 톰프슨

C 언어에 대한 이야기는 TMG라는 언어에서 시작됩니다. TMG는 **TransMoGrifier**(변형기)의 약자로 더그 매킬로이의 친구였던 로버트 맥클루어(Robert McClure)가 만든 언어입니다. TMG는 파서(parsers)를 생성하기 위한 오늘날의 yacc[60]와 비슷한 언어입니다.

TMG를 만든 맥클루어는 연구소를 떠나면서 TMG 소스 코드를 몽땅 가져가 버렸습니다. 그래서 당시 연구소에 남아 있던 매킬로이는 종이와 연필만 사용하여 TMG를 TMG로 다시 작성해야 했습니다. 이 종이 버전의 TMG를 직접 손으로 실행해 가며 PDP-7 어셈블러 코드를 생성했습니다. 그렇게 매킬로이는 짧은 시간 안에 TMG를 다시 PDP-7 유닉스 운영체제에서 실행시키는 데 성공합니다.

---

59 역주 표준 오류(Standard Error)의 약어로 컴퓨터 프로그램에서 오류나 예외 상황 발생 시 출력되는 데이터 스트림을 의미합니다.

60 역주 Yet Another Compiler Compiler의 약어로, 유닉스 시스템의 표준 파서 생성기입니다.

당시 톰프슨은 컴퓨터라면 반드시 포트란 언어를 쓸 수 있어야 한다고 생각했습니다. 그는 TMG를 이용하여 포트란을 작성했습니다. 그러나 그렇게 해서 만든 컴파일러는 용량이 너무 커서 PDP-7 유닉스의 사용자 할당 용량인 4K를 초과했습니다. 톰프슨은 일부 기능들을 하나씩 제거하고 다시 컴파일하는 작업을 반복하면서 결국 4K 용량에 맞는 컴파일러를 만들어 냅니다.

결과적으로 톰프슨이 만든 언어는 포트란과 그다지 비슷하지 않았습니다. 오히려 멀틱스 언어인 BCPL과 더 유사했습니다. 그래서 톰프슨은 그렇게 자신이 만든 새 언어를 B라고 이름 붙였습니다.[61]

톰프슨은 B에 더 많은 기능을 추가하고 싶었지만, 이때마다 4K 용량 제한을 초과하고는 했습니다. 다행히도 B는 인터프리터 언어였습니다. 즉, B는 인터프리터가 해석할 수 있는 P 코드라는 중간 코드를 생성했습니다. 이 때문에 언어 자체의 실행 속도는 느렸지만, 컴파일 과정은 훨씬 간단했습니다. 또 실행 파일을 메모리에 억지로 집어넣지 않고 파일에 저장해 둔 채 **가상적인 방식**[62]으로 실행할 수 있다는 장점도 있었습니다.

가상 실행 방식은 비록 느리지만 컴파일러를 다시 4K로 줄이는 데 유용했습니다. 즉, 새로운 기능이 추가되어 컴파일러가 너무 커지게 되면 톰프슨은 새 컴파일러를 가상 실행 방식으로 실행한 후 더 작은 코드를 생성하도록 수정해서 그 컴파일러가 다시 4K 용량에 맞도록 만들었던 것입니다.

이것은 마치 수많은 돌멩이가 담긴 깡통을 흔들어 작은 돌멩이를 걸러 내고, 이를 다시 적절한 용량으로 깡통에 채우는 것과 비슷한 일이었습니다.

---

61 다른 설에 따르면, 그는 아내 보니(Bonnie)의 이름을 따서 그가 만든 언어에 이름 붙이는 것을 좋아했다고 합니다. 톰프슨은 멀틱스를 위해 만든 언어에도 Bon이라는 이름을 붙인 적이 있었습니다.

62 역주 프로그램 전체를 메모리에 올려서 실행하는 일반적인 방식과 달리 전체 프로그램을 파일에 저장해 두고 인터프리터가 필요할 때마다 읽어서 실행하는 방식입니다.

이 과정을 거쳐 톰프슨이 추가한 기능 중 하나는 스티븐 존슨(Stephen Johnson)이 제시한 기발한 아이디어인 '세미콜론'을 활용한 for 루프[63]입니다. 바로 여기에서 C 언어의 for 루프가 탄생합니다.

그가 추가한 또 다른 기능은 우리가 C 언어에서 익숙하게 사용하고 있는 ++와 += 스타일의 연산자[64]입니다.

B 언어의 문법은 C와 매우 흡사합니다. 사실 톰프슨이 어떻게 포트란에서 B를 도출했는지는 상상하기 어려울 정도입니다. 이에 대해 리치는 다음과 같이 회고했습니다.

> "내 기억에 포트란으로 해결해 보려던 의지는 약 일주일 정도밖에 지속되지 않았다. 그 대신 톰프슨은 새로운 언어인 B와 그를 위한 컴파일러를 만들었다. B는 BCPL 언어의 영향을 크게 받았으며, 여기에 더해 보다 간결한 문법을 원했던 톰프슨의 의지와 컴파일러를 아주 작은 용량에 맞추어야 한다는 제약 조건이 B 언어의 문법에 영향을 주었던 것 같다."
>
> – "The UNIX System: The Evolution of the UNIX Time-sharing System (유닉스 시스템: 유닉스 타임셰어링 시스템의 진화)", AT&T 벨 연구소 기술 저널, 제63권 8호: p1577-1593.

여기 톰프슨이 1972년에 작성한 B 언어의 샘플 코드가 있습니다. C, C++, 자바, C# 프로그래머라면 아주 익숙하게 느껴질 것입니다.

```
   /* The following program will calculate the constant e-2 to about 4000
decimal digits, and print it 50 characters to the line in groups of 5 characters.
The method is simple output conversion of the expansion
   1/21 + 1/31 + ... = .111...
   where the bases of the digits are 2, 3, 4, ... */
```

63 for(init; test; inc) 형식은 당시 가장 아름다운 추상화 사례 중 하나였습니다. 정수와 한계 값을 사용한 그 이전까지의 for 루프는 정말 끔찍하고 질릴 정도였습니다.

64 하지만 B 언어와 초기 C 언어에서는 현재의 +=가 아니라 =+ 형태로 사용되었습니다.

```
main() {
    extrn putchar, n, v;
    auto i, c, col, a;

    i = col = 0;
    while(i<n)
        v[i++] = 1;

    while(col<2*n) {
        a = n+1;
        c = i = 0;
        while(i<n) {
            C =+ v[i]*10;
            v[i++] = c%a;
            c =/ a--;
        }
        putchar(c+'0');
        if(!(++col%5))
            putchar(col%50?' ':'*n');
    }
    putchar ('*n*n');
}
v[2000];
n 2000;
```

B 언어는 PDP-7에서 인기를 끌었지만, 속도가 느리고 메모리 제약이 심했습니다. 그래서 리치는 머리 힐(Murray Hill) 컴퓨터 센터의 GE-635[65]에 B를 이식하는 시도를 하기도 했습니다.

PDP-11이 도입되고 유닉스가 가동되자 리치는 B 언어를 PDP-11에 이식하기로 결정합니다. 그러나 PDP-11의 아키텍처가 문제였습니다.

당시 B 언어에는 명시적인 타입(type)이 없었습니다. 모든 것이 암묵적 타입의 워드(word)였고, PDP-7에서는 그 워드가 18비트 정수였습니다. 그러나 PDP-11은 바이트 기반의 컴퓨터였으며, 바이트는 제대로 된 연산을 수행하거나 포인터를 담기에 너무 작았습니다. 리치는 B 언어에 타입을 추가하기로 했습니다. 그가 처음 추가한 타입은 `char`와 `int`였으며, PDP-11용 기계어 코드를 생성하도록 B 컴파일러도 다시 작성했습니다. 그는 이 언어를 NB(New B)라고 불렀습니다.

이후 리치는 배열과 포인터 처리를 통합하고, `int`와 `char` 타입 체계를 확장하여 포인터를 가리키는 포인터까지 만듭니다. 그래서 `char **p;`는 `char`를 가리키는 포인터를 다시 가리키는 포인터를 선언하는 것이 되었고, `char c = **p;`처럼 이중 역참조를 통해 값을 가져올 수 있었습니다. 또 그는 `#include`와 `#define`을 제공하는 초기 버전의 선처리기도 추가했습니다.

그 당시는 1972년으로, 리치는 그 시점에서 자신들이 만든 언어가 새로운 이름을 가질 때가 되었다고 생각합니다. 그래서 그는 새 언어에 C라는 이름을 붙였습니다.

곧이어 1973년 톰프슨과 리치는 어셈블리어로 유닉스 커널을 관리하는 것이 비현실적이라고 판단하여 유닉스를 C로 이식하기로 결정합니다. 그러나 이는 결코 간단한 일이 아니었습니다.

톰프슨은 유닉스를 C로 이식하는 작업을 **세 번** 시도했지만 모두 실패했습니다. 그는 실패의 원인이 언어 자체에 있다 주장했고, 이를 '보강'하기 위해 리치는 C에 다양한 조정과 기능을

65 또는 조금 더 큰 GE-645

추가하는 작업을 했습니다. 그리고 리치가 C에 struct[66]를 추가한 이후 비로소 톰프슨이 유닉스를 성공적으로 이식할 수 있었습니다. 이에 대해 톰프슨은 이렇게 말했습니다. "struct가 있기 이전에는 너무 복잡해서 도저히 코드 전체를 정리하고 관리할 수가 없었다."[67]

> **역자노트 C의 struct 사용 예시**
>
> 예를 들어 어떤 사람(Person)의 이름, 나이, 키 같은 정보를 저장한다고 할 때 다음과 같이 struct를 사용할 수 있습니다.
>
> ```
> struct Person {
>     char name[50];
>     int age;
>     float height;
> };
> struct Person p1;
> strcpy(p1.name, "Robin");
> p1.age = 2;
> p1.height = 85.5;
> ```
>
> 즉, 여러 타입의 데이터를 논리적으로 하나의 단위로 묶어서 다룰 수 있게 해 주는 도구가 바로 struct였습니다.

K와 R

1970년대가 저물 무렵, 저는 다양한 전화기 시험 장비를 생산하던 테라다인(Teradyne Inc.)이라는 회사의 테라다인 센트럴(Teradyne Central) 부서에서 일하고 있었습니다. 저는 어느 날 몇몇 동료와 함께 벨 텔레폰(Bell Telephone) 엔지니어들과 회의를 하기 위해 머레이 힐(Murray Hill)[68]로 비행기를 타고 갔습니다.

---

66 역주 C 언어에서 여러 변수를 하나로 묶어 주는 사용자 정의 자료형으로 구조체(structure)를 의미합니다.

67 그런데 그렇게 복잡한 코드를 어떻게 어셈블리어로 정리할 수 있었는지는 놀라울 따름입니다.

68 역주 미국 뉴욕 맨해튼의 동쪽에 위치한 지역입니다.

당시 벨 텔레폰 엔지니어들과 어느 정도 회의를 하던 중 저는 엔지니어 중 한 명에게 요즘 어떤 언어를 사용하고 있냐고 물어보았습니다. 그러자 그 엔지니어는 약간 놀라면서 못마땅하다는 기색을 보이며 이렇게 말했습니다. "C입니다."

저는 그때까지 'C'라는 언어를 들어 본 적이 없었습니다. 그래서 집으로 돌아가 조사를 시작했습니다. 당시 반 해노 서점에는 컴퓨터 관련 코너가 있었는데, Kroch's & Brentano's라는 서점의 그 코너에서 저는 다음 그림과 같은 책을 발견했습니다.[69]

표지에 크게 새겨진 파란색 C라는 글자는 〈The Hitchhiker's Guide to the Galaxy(은하수를 여행하는 히치하이커를 위한 안내서)〉 표지에 적혀 있던 '당황하지 말 것(Don't Panic)'이라는 '커다랗고 친절한 글씨'를 떠올리게 했습니다.

책은 보기 좋은 글꼴로 적혀 있었고, 소문자를 사용한 캐주얼한 스타일의 코드, 무엇보다 중요한 0장(Chapter 0)[70]이 있었습니다. 그래서 "이 책이야말로 내 취향이구나."라는 것을 분명하게 깨달았고, 곧장 책을 사서 집에 가져가 읽기 시작했습니다.

---

69 네, 바로 제가 처음으로 산 책입니다. 책에는 수많은 얼룩과 자국, 세월의 흔적이 그대로 남아 있지요. 지금 이 책은 지퍼백에 넣어 소중히 보관하고 있습니다.

70 그런데 이 0장은 어리석게도 2판에서 빠져 버렸습니다!

그 당시 저는 어셈블리 언어에 완전히 편향되어 있었습니다. 고급 언어는 겁쟁이들이나 쓰는 것이라고 생각했죠. 뭔가 제대로 된 일을 해내고 싶은 진짜 프로그래머라면 어셈블러를 써야 한다고 굳게 믿고 있었습니다.

하지만 K와 R[71]을 읽으면서 저는 한 가지 사실을 깨달았습니다. 사실상 C는 어셈블러였던 것입니다. 다만 보통의 어셈블러보다 더 나은 문법을 가지고 있었을 뿐입니다. 그리고 여타 어셈블러와 마찬가지로 제게 필요한 모든 것을 다 갖추고 있었습니다. 포인터, 시프트, AND, OR, 증가, 감소 연산까지 제가 어셈블러에서 매일 같이 쓰던 모든 연산이 C에서도 핵심적인 요소로 존재했던 것입니다.

그렇게 저는 C에 완전히 빠져들었습니다. 컴파일 언어에 대한 제 관점은 완전히 바뀌었습니다. 저는 그 책의 모든 페이지를 탐독했고, 특히 49쪽에 나온 연산자 우선순위 표를 꼼꼼히 들여다보았습니다. 그리고 뒷마당 모닥불[72] 옆에 앉아 173쪽에 나온 메모리 할당자(storage allocator) 코드를 몇 시간 동안 분석했습니다.

이후 회사로 돌아가서는 마치 전도사처럼 열정적으로 C를 전파하기 시작했습니다. 비록 처음에는 쉽지 않았지만, 결국 저는 Whitesmiths(피터 플라우거가 설립한 회사)에서 8080 마이크로프로세서를 위한 어셈블러를 생성할 수 있는 C 컴파일러를 구입할 수 있었습니다.

그 이후 저는 C로 수많은 유틸리티 함수를 작성했으며 심지어 운영체제[73]도 만들었습니다. 예제 애플리케이션도 작성했고, 고객을 위한 여러 특수 목적 프로젝트도 모두 8080 플랫폼 위에 C로 작성했습니다. 그야말로 천국에서 살고 있는 느낌이었습니다.

그리고 1년쯤 지나고 나서, 결국 제가 있던 테라다인 센트럴(Teradyne Central) 전체가 소프트웨어 개발 언어를 C로 전환하게 되었습니다.

그렇게 K와 R이 쓴 그 책은 제 인생을 바꾸었고, 다른 수많은 소프트웨어 프로그래머의 삶도 바꾸었습니다.

---

71 역주 커니핸과 리치가 쓴 책을 의미합니다.

72 제 책에서는 아직도 옅은 연기 냄새가 납니다.

73 BOSS는 Basic Operating System and Scheduler(기본 운영체제 및 스케줄러)의 약어입니다. 다만 어떤 동료는 이를 농담 삼아 "Bob's Only Successful Software(밥의 유일하게 성공한 소프트웨어)"라고 부르기도 했습니다.

팔을 비트는 ...

커니핸은 B 언어를 위한 튜토리얼을 작성했기 때문에 비교적 손쉽게 B 코드를 C 언어로 변환할 수 있었습니다. 그 후 그가 작성한 C 언어 튜토리얼이 점차 인기를 얻게 되자, 커니핸은 이제 책으로 만들어 볼 만하겠다고 생각합니다.

커니핸은 리치에게 같이 책을 내자고 설득했습니다. 리치는 처음에는 커니핸 제안이 별로 내키지 않았지만, 그의 끈질긴 설득('팔을 비트는') 끝에 마침내 그의 제안을 수락합니다. 그렇게 커니핸은 C 언어 튜토리얼의 초고를 집필하게 되었고, 리치는 유닉스 시스템 호출과 관련된 챕터와 C 언어 참조 매뉴얼 부록을 작성했습니다.

커니핸은 리치의 작업에 대해 "정확하고, 우아하며, 간결하다."라고 말했습니다. 여기에 더해 빌 플라우거(Bill Plauger)는 리치의 정밀함은 "등골이 오싹할 정도였다."라고 말하기도 했습니다.

그렇게 두 저자는 함께 초고를 다듬어 나갔고, 그들의 책은 1978년 프렌티스 홀(Prentice Hall)에서 벨 연구소 저작권하에 출판되었습니다.

책 서문에 커니핸과 리치는 이렇게 썼습니다.

> "[유닉스] 운영체제, C 컴파일러, 본질적으로 모든 유닉스 응용 프로그램(이 책을 집필하는 데 사용된 모든 소프트웨어를 포함하여)이 C로 작성되어 있다. …… 대부분의 예제는 단순한 코드 조각이 아닌 완전히 작동한 실제 프로그램이다. 모든 예제는 기계가 읽을 수 있는 형태로 직접 테스트되었다."

오늘날 저는 소프트웨어와 관련된 책을 쓸 때 IDE에서 코드를 실행한 후 그대로 워드 프로세서에 다시 붙여 넣고 있습니다. 하지만 커니핸과 리치는 워드 프로세서나 IDE가 없던 그 시절에 이미 책에 실린 코드가 실제로 동작하는 코드임을 보장한 것입니다.

1978년 당시 누가 알았을까요? K와 R이 역사상 가장 많이 팔리고, 가장 널리 사용되고, 가장 가치 있고, 가장 소중히 여겨지며, 또 가장 명예로운 컴퓨터 책 중 하나가 될 것임을 말이죠.

소프트웨어 도구

저는 K와 R에 푹 빠져 있었기 때문에 어느 날 Kroch's 서점에서 책장을 둘러보다가 커니핸 이름이 적힌 또 다른 책을 발견했을 때 아무 망설임 없이 바로 책을 샀습니다. 그 책 제목은 <Software Tools(소프트웨어 도구)>입니다.

이 책은 저에게 또 하나의 전환점이 되었습니다. 당시 포트란 IV가 매우 인기 있는 언어라는 사실을 잘 알고 있던 커니핸은 ratfor(Rational FORTRAN을 뜻함)라는 C와 유사한 언어를 만들어 포트란 IV로 변환하는 전처리기를 작성했습니다. 그러고 나서 그는 빌 플라우거[74]와 함께 제 눈앞에서 바로 그 ratfor를 이용하여 유닉스 응용 프로그램 모음(Suite)을 작성하기도 했습니다.

그 당시 저는 유닉스에 익숙하지 않았습니다. 물론 K와 R을 통해 이름 정도는 알고 있었지만, 정확히 어떤 개념을 가지고 어떻게 동작하는지는 알지 못했습니다. 그러나 <Software Tools> 책에서는 그 점을 분명히 짚어 주었습니다. 그 책에 따르면 유닉스적인 사고방식이란 소프트웨어를 단순하고 쉽고 활용하기 좋게 만드는 것입니다.

언젠가 한 번은 개인적으로 DECUS[75] 테이프에서 커니핸과 리치의 소프트웨어 사본을 발견하여 테라다인에서 사용하던 VAX-750으로 실행해 본 적이 있습니다. 그 경험은 다시 한번 제 인생을 바꾸어 놓았습니다. 당시 경험한 유닉스 도구는 VMS(DEC의 운영체제)를 이미 압도적으로 뛰어넘고 있었습니다.

저는 그 후로 유닉스 외에 다른 OS는 돌아보지도 않았습니다. PC를 써야 하는 경우에는 반드시 유닉스 도구와 셸을 먼저 설치해서 사용했습니다. 그리고 언젠가 애플이 매킨토시에 유닉스를 설치하기로 했을 때는 정말 기뻐했습니다. 물론 그 이후로도 수많은 리눅스 기반의 시스템들을 사용해 왔습니다.

그야말로 "유닉스 만세!"를 외치며 살았던 것입니다.

---

74 Phillip James(P. J. [Bill]) Plauger(1944~)

75 Digital Equipment Corporation User Society의 약어입니다.

결론

제가 이 장에서 기술한 유닉스와 C의 탄생 비화는 1969년부터 1973년까지 대략 4년 남짓한 기간을 다루고 있습니다. 물론 유닉스와 C는 그 이후에도 계속 이어졌고, 더욱 흥미롭고 인상적인 역사를 써 갔습니다. 바로 그 몇 년 동안 일어난 일들이 세상의 모든 것을 바꾸어 놓았습니다.

그 누구도 톰프슨과 리치에게 유닉스와 C를 만들라고 시키지 않았습니다. 그들을 움직이게 만든 것은 열정과 호기심, 함께 성장한 개발자 커뮤니티입니다. 그들은 자유분방하게 스스로 탐험을 이어 가는 사람들이었고, 풍족한 자금과 느긋한 분위기가 깔린 환경 속에서 일했습니다. 무엇보다도 그들은 뛰어난 인재들이었습니다.

결국 그들은 이 세상을 바꾸어 놓았습니다.

참고 문헌

- Anasu, Laya. 2013. "Dennis Ritchie '63, The Man Behind Your Technology(데니스 리치 63, 기술 뒤에 숨은 남자)". The Harvard Crimson. https://www.thecrimson.com/article/2013/5/27/the_dennis_ritchie_1963
- Bell Labs. n.d. "Dennis M. Ritchie". 벨 연구소 약력. https://www.nokia.com/bell-labs/about/dennis-m-ritchie/bigbio1st.html
- Brock, David C. 2020. "Discovering Dennis Ritchie's Lost Dissertation(데니스 리치의 잃어버린 학위 논문을 찾아서)". 컴퓨터 역사박물관 2020년 6월 19일. https://computerhistory.org/blog/discovering-dennis-ritchies-lost-dissertation
- 컴퓨터 역사박물관. "Oral History of Ken Thompson(켄 톰프슨의 구술 역사)". 1:42:55. 2023년 1월 20일에 유튜브에 게시됨(작성 시점 이용 가능).

- Computerphile. "Recreating Dennis Ritchie's PhD Thesis - Computerphile(데니스 리치 박사 학위 논문 재현 - Computerphile)". 18:32. 2021. 2021년 5월 28일에 유튜브에 게시됨(작성 시점 이용 가능).
- "Dennis Ritchie Thesis And the Typewriting Devices in the 1960s(데니스 리치의 학위 논문과 1960년대 타자기 장치)". 데니스 리치의 가족이 관리하는 웹 사이트. https://dmrthesis.net
- Kernighan, Brian. 2020. "UNIX: A History and a Memoir(유닉스: 역사와 회고록)". 전자책, Direct Publishing.
- Kernighan, Brian W., Dennis M. Ritchie. 1988. "The C Programming Language, 2nd(C 프로그래밍 언어 제2판)". Pearson Software Series.
- Kernighan, Brian W., P. J. Plauger. 1976. "Software Tools(소프트웨어 도구)". Addison-Wesley.
- 리눅스 정보 프로젝트. 2005. "PDP-7 Definition". 2007년 9월 27일 업데이트. https://www.linfo.org/pdp-7.html
- Losh, Warner. 2019년. "The PDP-7 Where Unix Began(PDP-7 유닉스가 시작된 곳)". Warner's Random Hacking 블로그. https://bsdimp.blogspot.com/2019/07/the-pdp-7-where-unix-began.html
- 국립 투자자 명예의 전당 - NIHF. "Pushing the Limits of Technology: The Ken Thompson and Dennis Ritchie Story(기술의 한계를 뛰어넘다: 켄 톰프슨과 데니스 리치의 이야기)". 3:10. 2019년 2월 18일 유튜브 게시(작성 시점 기준 이용 가능).
- 노키아 벨 연구소. "The Lasting Legacy of Dennis Ritchie: The Impact of Software on Society(데니스 리치의 지속적인 유산: 소프트웨어가 사회에 미치는 영향)". 3:29:02. 2018년 10월 3일 유튜브 게시(작성 시점 기준 이용 가능).
- Poole, Gary Andrew. 1991. "Who Is the Real Dennis Ritchie?(데니스 리치는 누구인가)". Unix World. 1991년 1월.

https://dmrthesis.net/wp-content/uploads/2021/08/BLR-Article-UNIXWorld-Jan1991-A.pdf

- 리치 맥길 가족 채널. "DMR Early Influences(DMR 초기 영향)". 11:57. 2020년 6월 21일 유튜브 게시(작성 시점 기준 이용 가능).
- Ritchie, Dennis M. 1979. "The Evolution of the Unix Time-sharing System(유닉스 타임셰어링 시스템의 진화)". 벨 연구소.
- Ritchie, Dennis M. 2003. "The Development of the C Language(C 언어의 발전)". 벨 연구소/루센트 테크놀로지스.
  https://www.bell-labs.com/usr/dmr/www/chist.html
- SHIELD. "The Greatest Programmers of All Time: Dennis Ritchie | Father of C Programming Language | Unix(역대 최고의 프로그래머: 데니스 리치 | C 프로그래밍 언어의 아버지 | 유닉스)". 5:21. 2021년 3월 31일 유튜브 게시(작성 시점 기준 이용 가능).
- Supnik, Bob. 2006(개정). "Architectural Evolution in DEC's 18b Computers(DEC 18b 컴퓨터의 아키텍처 진화)". 2006년 10월 8일 개정.
  https://www.soemtron.org/downloads/decinfo/architecture18b08102006.pdf
- Thompson, K. 1972. "Users' Reference to B". 벨 연구소 기술 보고서.
  https://www.nokia.com/bell-labs/about/dennis-m-ritchie/kbman.pdf
- Thompson, Ken. n.d. "How I Spent My Winter Vacation(내가 겨울 휴가를 어떻게 보냈는지)".
  http://genius.cat-v.org/ken-thompson/mig
- 빈티지 컴퓨터 연합. "Ken Thompson Interviewed by Brian Kernighan at VCF East 2019(2019 VCF East 2019에서 켄 톰프슨과의 인터뷰)". 1:03:50. 2019년 5월 6일 유튜브 게시(작성 시점 기준 이용 가능).
- 위키피디아. "B(프로그래밍 언어)".
  https://en.wikipedia.org/wiki/B_(programming_language)

- 위키피디아. "Compatible Time Sharing System(대형 고속 컴퓨터에서의 타임셰어링 기법)". https://en.wikipedia.org/wiki/Compatible_Time-Sharing_System
- 위키피디아. "inode pointer structure(아이노드 포인터 구조)". https://en.wikipedia.org/wiki/Inode_pointer_structure
- 위키피디아. "Ken Thompson(켄 톰프슨)". https://en.wikipedia.org/wiki/Ken_Thompson
- 브라이언 커니핸, 빌 리치, 존 리치와의 개인 서신.

3부

급격한 전환점

우리, 프로그래머들

3부
급격한 전환점

3부에서는 1970년대부터 시작해서 2020년대까지 프로그래밍 산업이 얼마나 폭발적으로 성장했는지 살펴보겠습니다.

이는 곧 제 **경력**에 대한 이야기이기도 합니다. 3부에서 다룰 사건들은 제 개인적인 시각에서 서술되므로 다소 자서전적인 성격을 띠게 될 것입니다. 그러나 초점은 어디까지나 프로그래밍 산업에 맞추고 있기 때문에 제 사적인 정보는 최대한 생략했습니다.

3부에서 다룰 이야기는 1964년 12세에 컴퓨터에 매료되었던 한 청년(저 자신)의 이야기에서 시작합니다. 그 청년은 1970년대 초반에 프로그래머로서 첫 직장을 얻었고, 이후 50년이 넘는 세월 동안 프로그래머로서, 나아가 컨설턴트와 강사로서 일했습니다.

여기에서 중요하게 보아야 할 점은 이 이야기가 같은 시기에 청소년기에서 성숙기로 성장해 간 소프트웨어 산업에 대한 이야기라는 것입니다. 즉, 저와 소프트웨어 산업은 비슷한 길을 걸어왔습니다.

이 글을 읽으면서 기술 발전 속도가 얼마나 빠르게 가속화되는지 주의 깊게 살펴보기 바랍니다. 첫 이야기는 소프트웨어 개발이 아직 매우 원시적이던 시점에서 시작합니다. 그리고 이야기는 IDE, VM, 그래픽 프로세서, 객체지향 프로그래밍, 디자인 패턴, 설계 원칙, 함수형 프로그래밍 등 수많은 발전이 이루어진 시대까지 이어집니다.

CHAPTER 11

1960년대

1960년대를 뭐라고 설명해야 할까요? 그 시대는 이른바 반(反) 문화의 시대입니다. "Turn on, tune in, drop out."이라는 문구[1]가 상징하듯이 베트남 전쟁, 쿠바 미사일 위기, JFK, RFK, MLK[2]의 암살 사건, 지미 헨드릭스와 닐 영, 대학가 시위, 켄트 주립대학교 사건, 섹스와 마약, 록 음악, 끊임없이 제기된 핵 전멸의 위협 등으로 점철되어 있던 시대입니다.

하지만 그와 동시에 1960년대는 인류가 처음으로 우주로 나아간 시대이기도 합니다.

저는 1964년 12세에 프로그래머가 되었습니다. 당시 어머니께서 Digi-Comp I이라는 기계를 생일 선물로 사 주셨는데, 저는 지금도 그 기계를 간직하고 있습니다. 참고로 Digi-Comp I을 만든 곳은 E.S.R. Inc.라는 회사입니다.

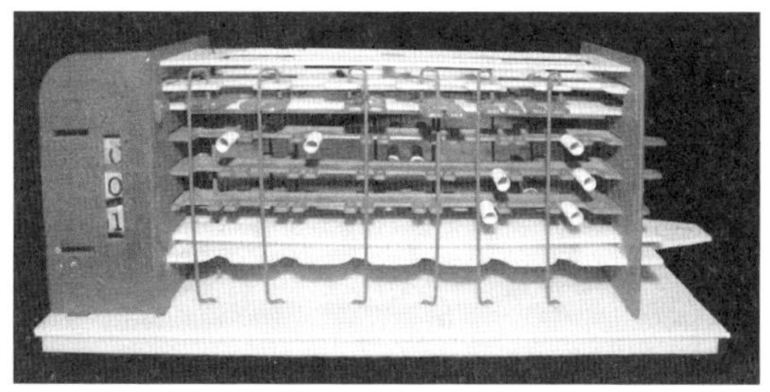

1 역주 심리학자이자 반문화 운동가였던 티모시 리어리(Timothy Leary)의 유명한 문구로 사회 규범과 기대에서 벗어나 자유롭게 자신의 길을 찾아 나서라는 뜻입니다.

2 역주 존 F 케네디, 로버트 F 케네디, 마틴 루터 킹 주니어를 지칭합니다.

저는 이 작은 기계에 완전히 빠졌습니다. 이 기계는 빨간색 플립플롭(flip-flop)[3] 세 개가 왼쪽에 있는 1과 0 표시를 조정합니다. 그리고 금속 막대 여섯 개는 AND 게이트 역할을 하면서 프로그래머가 플립플롭에 꽂는 흰색 튜브의 위치를 '감지'합니다. 막대 위쪽에 달린 스프링(또는 고무줄)은 막대가 항상 원래 위치로 돌아오도록 팽팽하게 당겨져 있습니다. 그래서 흰색 튜브가 막대를 막고 있지 않으면 사용자가 오른쪽 레버를 움직여 기계를 작동시킬 때마다 그 막대가 아래쪽 홈으로 들어가는 식이었습니다. 그러면 기계 뒤쪽에 있는 메커니즘이 작동하면서 플립플롭 상태를 바꾸어 놓았습니다.

결국 이 기계는 AND 게이트 여섯 개로 상태 전이를 제어하는 일종의 3비트짜리 유한 상태 기계[4]였던 것입니다.

저는 이 기계와 함께 수많은 시간을 보냈습니다. 설명서에 나와 있던 모든 실험을 직접 해보았습니다. 예를 들어 0부터 7까지 이진수로 센 후 0으로 돌아가는 프로그램, 7에서 0까지 거꾸로 센 후 다시 7로 돌아가는 프로그램도 있었습니다. 또 2비트를 더해 합과 캐리 비트를 만들어 내는 실험도 했는데, 그때는 AND 게이트 두 개를 결합하여 OR 게이트를 만들어야 했습니다. 아울러 돌을 일곱 개 놓고 님(Nim)[5] 게임을 하는 프로그램도 만들었습니다.

저는 이런 다양한 실험을 끊임없이 했습니다. 하지만 12세일 뿐인 저로서는 이 기계를 제가 원하는 대로 동작시키기가 쉽지 않았습니다.

당시 제 머릿속에는 **Mr. Patterson's Computerized Gate**라는 프로그램도 있었습니다. 어떤 현자에게 조언을 받기 위해 사람들이 대기실에 있고, 한 사람이 나가야 다음 사람이 들어갈 수 있는 문(gate)을 시뮬레이션하는 간단한 프로그램입니다.

저는 Digi-Comp로 이 프로그램도 만들고 싶었습니다. 하지만 원하는 동작을 만들기 위해 플립플롭에 흰색 튜브를 어떻게 꽂아야 할지 전혀 몰랐습니다.

---

3 역주 전자 회로에서 1비트 정보를 저장하고 유지하는 기본적인 메모리 소자로 순차 논리 회로의 기본 구성 요소입니다.

4 역주 유한 개의 상태(status)를 가지며, 조건에 따라 정해진 규칙대로 상태를 바꾸는 장치나 프로그램을 의미합니다.

5 역주 일정한 개수의 숫자, 돌 더미, 성냥개비 등을 두 사람이 몇 개씩 번갈아 가져가 마지막으로 가져가는 사람이 지는 류의 게임입니다.

당시 Digi-Comp 설명서 마지막에는 1달러를 동봉해 보내면 **고급 프로그래밍 매뉴얼**(advanced programming manual)을 보내 준다는 문구가 있었습니다. 그래서 저는 1달러를 우편으로 보냈고, 무려 6주(당시에는 아마존 같은 배송 서비스가 없었으니 흔한 일입니다)를 기다린 끝에 그 매뉴얼을 받아 볼 수 있었습니다.

저는 지금도 그 매뉴얼을 지퍼백에 넣어 잘 보관하고 있습니다. 12세짜리 아이를 대상으로 한 부울 대수(불 대수) 설명으로 이보다 명료할 수 있을까 싶을 정도로 훌륭한 책입니다. 진리표, 벤 다이어그램, 부울 변수, 결합 법칙과 분배 법칙, 논리 AND와 OR, 드모르간의 정리까지 24쪽에 걸쳐 탄탄하게 담겨 있습니다.

그 매뉴얼에는 원하는 비트 변화의 순서를 적고 그것을 부울 방정식으로 표현한 후 부울 대수를 이용하여 가장 간단한 형태로 식을 만들라고 적혀 있습니다.

이 과정을 거치면 각 플립플롭의 '설정(set)'과 '리셋(reset)' 동작을 위한 식을 AND 문 여섯 개 이하로 단순화시킬 수 있습니다. 그 매뉴얼에는 그 식을 플립플롭 위의 흰색 튜브로 어떻게 표현할 수 있는지에 대한 내용이 있었습니다.

그래서 저는 매뉴얼을 따라 **Mr. Patterson's Computerized Gate**의 비트 전이 과정을 적어 내려갔습니다. 그것을 부울 방정식으로 바꾸고, 부울 대수를 통해 방정식을 가장 간단한 형태로 줄여 AND 문 여섯 개를 만들었습니다. 마지막으로 매뉴얼의 인코딩 지침에 따라 플립플롭에 흰색 튜브를 꽂은 후 기계를 작동시켰습니다.

그러자 프로그램이 제대로 동작했습니다. 비로소 저는 프로그래머가 된 것입니다! 모든 프로그래머가 공감하는 그 '무한한 힘을 손에 넣은 듯한 전율'이 저를 새로운 인생의 길로 이끌었습니다. 저는 그렇게 프로그래머가 되었고, 앞으로도 언제나 프로그래머일 것이라는 확신이 들었습니다.

어느 날 길 건너편에 살던 이웃인 홀(Hall) 아저씨가 상자 하나를 들고 왔습니다. 그 상자 안에는 낡은 릴레이가 24개 가득 들어 있었습니다. 그는 당시 텔레타이프(TeleType)라는 회사에서 일하고 있었는데 아버지 부탁을 받고 이 오래된 부품들을 구해 온 것입니다.

릴레이는 아주 단순한 장치입니다. 철사로 된 코일에 전류를 흘리면 전자석이 되고, 그 자력에 끌린 아마추어(armature)라는 철편이 움직여 전기 접점을 붙이거나 떼어 내어 회로를 연결하거나 끊는 방식입니다. 릴레이는 접점을 여러 개 가질 수 있으며, 이를 통해 동시에 여러 회로를 켜거나 끌 수도 있습니다.

13세 때 저는 이 릴레이들을 손에 들고 아마추어를 이리저리 움직여 보며 접점이 어떻게 움직이는지 살펴보았습니다. 코일도 직접 볼 수 있었고, 그것이 무엇을 의미하는지도 알 수 있었습니다. 그래서 낡은 변압기(48V)를 꺼내 코일에 전류를 흘려 보았고, 접점이 실제로 움직이는 모습을 확인해 보았습니다.

그 후 저는 릴레이를 여러 개 연결하여 님 게임을 할 수 있는 회로를 만들기 위해 노력했습니다. 또 릴레이로 Digi-Comp I을 흉내 낼 수 있는 시스템을 설계하기도 했습니다. 하지만 아직 전자 공학 지식이 부족했던 탓에 이런 릴레이 조립품을 제대로 작동시키는 데는 실패했습니다. 저는 〈Popular Electronics〉라는 잡지를 구독하기 시작했고 모든 호를 빠짐없이 읽었습니다.

저는 트랜지스터, 저항기, 커패시터, 다이오드, 옴의 법칙, 키르히호프의 법칙 등 여러 가지를 배웠습니다. 고등학교 친구인 팀 콘래드(Tim Conrad)[6]와 다양한 기계를 만들었는데 어떤 것은 릴레이로, 어떤 것은 트랜지스터로, 또 어떤 것은 새롭게 시장에 등장하기 시작한 집적 회로(IC)로 제작했습니다.

6 이 글을 쓰는 지금, 저는 병원 대기실에서 막 태어난 제 열 번째 손자를 만나기 위해 기다리고 있습니다. 그의 이름도 콘래드입니다.

결국 1967년부터 1968년까지 수개월 동안 엄청난 노력을 기울인 끝에 트랜지스터, 헥스 인버터 IC, 듀얼 JK 플립플롭 IC, 수없이 많은 저항기와 커패시터, 다이오드를 사용하여 18비트 이진 계산기를 조립해 냈습니다. 그 계산기는 덧셈, 뺄셈, 곱셈, 나눗셈까지 수행할 수 있었으며, 그 해 일리노이주 과학박람회에서 1등을 차지했습니다.

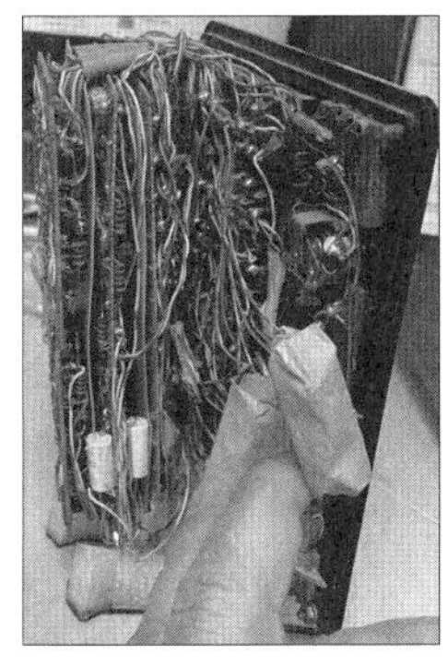

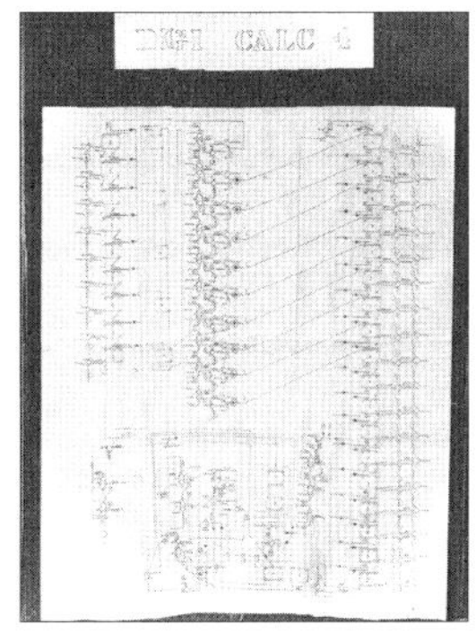

ECP-18

그 전 해인 제가 고등학교 1학년이었을 때 학교에서는 교육용 컴퓨터를 2주 동안 시범 운영 차원으로 들여 왔습니다. 다만 그 컴퓨터는 학생들을 위한 것은 아니었고, 수학 교사들이 컴퓨터 과목에 활용할 수 있는지를 평가하기 위해 들인 것이었죠.

그 컴퓨터 이름은 ECP-18[7]입니다. 9장에서 이미 언급했듯이 ECP-18은 주디 앨런의 회사에서 제작했고, 그들은 미국 전역의 학교에 ECP-18을 보급하고자 했습니다. ECP-18은 1,024워드의 메모리를 자기 드럼에 저장하는 15비트 컴퓨터로, 외관은 마치 스타트렉 엔터프라이즈호의 조종석 콘솔과 비슷하게 생겼습니다. 저는 그 컴퓨터를 보자마자 완전히 반해 버렸습니다.

7 9장을 참고합니다.

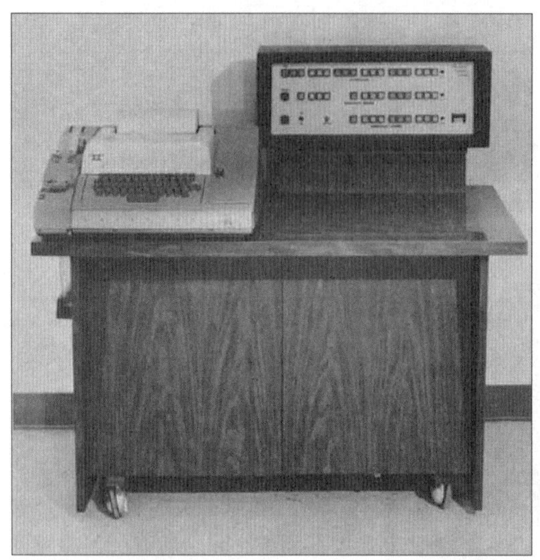

당시 ECP-18은 학교 구내식당에 설치되었는데, 그곳은 마침 제가 자습 시간을 보내던 곳입니다. 엔지니어가 전원을 연결하고 점검을 시작했을 때, 저는 그림자처럼 그를 따라다녔습니다. 저는 그 엔지니어가 하는 작은 동작 하나하나를 전부 지켜보았고, 중얼거리는 말까지 놓치지 않았습니다.[8] 그리고 그 엔지니어가 컴퓨터를 시험하기 위해 토글 스위치로 프로그램을 입력하는 모습도 끝까지 바라보았습니다.

Digi-Comp I을 사용해 본 경험 덕분에 저는 이미 팔진법을 알고 있었습니다. 그래서 그가 작은 버튼들을 눌러 비트를 토글할 때 불이 켜지는 것을 보며 각 정보가 세 자리씩 묶여 있다는 사실을 눈치챘습니다. 그는 "1 5 1 7 2"를 입력하더니 작은 목소리로 "누산기(accumulator)를 172번지에 저장하라."라고 중얼거렸습니다.

그는 이어서 "1 2 1 7 0"을 입력하고는 작은 소리로 "누산기에 170번지를 더하라."라고 말했습니다.

8 지난 몇 년 동안 저는 그 기술자가 혹시 주디 앨런은 아니었을까 하는 생각을 종종 하고는 했습니다. 하지만 안타깝게도 제 기억 속 목소리는 분명히 남자 목소리였습니다.

그 순간 그 컴퓨터의 구조가 제 머릿속에 그려졌습니다. 메모리 주소가 무엇인지, 각 메모리 셀이 15비트를 저장한다는 것과 모든 메모리 연산에 사용되는 누산기가 있다는 것을 알게 되었습니다. 또 명령어가 15비트 단위로 메모리에 저장되며, 명령어가 연산 코드와 주소로 나뉜다는 것도 명확히 알 수 있었습니다.

그 엔지니어를 30분 동안 지켜보고 그의 말을 들은 것만으로도 전자식 컴퓨터의 세계가 제 눈앞에 활짝 열린 것만 같았습니다. 그리고 저는 갑자기 컴퓨터가 무엇인지 확실히 알게 되었습니다.

다음 날에도 그 컴퓨터는 구내식당에 전원이 켜진 채로 그대로 있었고 근처에는 아무도 없었습니다. 그래서 저는 냅다 달려가 작은 프로그램을 입력했습니다. 그때 제가 만든 프로그램은 단순히 a + 2b를 계산하는 아주 간단한 프로그램이었습니다. 제가 입력했던 코드는 대략 이런 모습입니다.

```
0000 10004
0001 12005
0002 12005
0003 12006
0004 00000
0005 00010
0006 00003
```

당시 ECP-18 메모리 0번지에는 4번지 내용을 누산기(AC)에 불러오는 명령어가 있었습니다. 그 이유는 정확히 몰랐지만, 당시 저는 AC를 초기화하는 명령어가 아닐까 생각했습니다. 그다음 제가 입력한 명령어 세 개는 5번지 내용을 두 번 더하고 6번지 내용을 더하는 것이었습니다.

이것이 바로 제가 만든 프로그램입니다(혹시 오류가 보이나요?). 저는 0번지를 시작으로 프로그램을 실행했고, 그 결과 누산기(AC)에 0023이 나타났습니다. 즉, 프로그램이 제대로 동작한 것입니다. 야호! 당시 저는 마치 신이 된 것 같은 기분이었습니다.

하지만 안타깝게도 그 이후로 다시는 그 컴퓨터를 만질 수 없었습니다. 수학 선생님들이 컴퓨터를 교무실로 옮겨 놓았고, 오직 선생님들만 그 주변에 접근할 수 있었습니다. 저는 며칠 동안 멀리서 선생님들이 컴퓨터를 다루는 모습을 지켜볼 수밖에 없었고, 버튼 하나 눌러볼 기회조차 허락되지 않았습니다.

그리고 2주 후 그 컴퓨터는 다른 곳으로 옮겨졌고 다시는 볼 수 없었습니다. 그날은 정말로 슬픈 하루였죠.

그러면 제가 만들었던 그 작은 프로그램의 결함은 무엇이었을까요?

제가 만든 프로그램은 0003번지가 마지막 실행 가능한 명령어였습니다. 당시 저는 어쩐 일인지 컴퓨터가 프로그램이 끝났다는 것을 스스로 알아차리고 그냥 알아서 멈출 것이라고 생각했습니다. 그러나 사실은 00000이라는 중지(halt) 명령어가 따로 있었습니다. 이 명령어는 나중에 수학 교무실 책상 위에 놓여 있던 ECP-18 매뉴얼을 보고 비로소 알았습니다.

역자노트 **저자의 코드 부연 설명**

```
0000 10004   AC에 4번지의 내용을 로드합니다(저자는 당시에 AC 초기화 정도로 생각).
0001 12005   5번지의 값을 AC에 더합니다.
0002 12005   5번지의 값을 한 번 더 더합니다(즉, b를 두 번 더함).
0003 12006   6번지의 값을 더합니다.
0004 00000   여기부터 데이터를 입력해야 했지만 중지(halt) 명령어를 사용합니다.
0005 00010   데이터
0006 00003   데이터
```

아버지의 도움

ECP-18이 떠나가고 저는 잠시 낙담했지만, 친구 팀이 저희 집에서 차로 30분 정도 거리에 있는 디지털 이큅먼트 코퍼레이션(DEC) 영업소를 찾아냈습니다. 그러자 아버지[9]는 매주 토요일 저희를 그 영업소에 데려다 주셨고, 저와 팀은 그곳에 전시된 PDP-8 기계를 마음껏 다루어 볼 수 있었습니다. 영업소 직원들은 그게 좋은 홍보라고 여겼는지 저희가 기계를 살펴보는 것을 흔쾌히 허락해 주었습니다. 무엇보다 아버지는 이런 일을 성사시키는 데 특별한 재능이 있었습니다.

아버지는 코볼, 포트란, PL/1 같은 프로그래밍 언어 매뉴얼, 부울 대수, 오퍼레이션 리서치 등 각종 자료들을 구해 와서 제게 주셨죠. 그래서 저는 집에 컴퓨터가 없어서 실제로 코드를 실행해 볼 기회는 많지 않았지만, 덕분에 프로그래밍 언어와 개념을 이론적으로 익힐 수 있었습니다.

그렇게 16세가 될 때쯤 저는 진정한 프로그래머가 될 준비가 되어 있었습니다.

---

9 루돌프(Ludolph Martin)

CHAPTER 12

1970년대

1970년대가 막 시작되기 전인 1960년대 마지막은 여러 가지 굵직한 사건으로 막을 내립니다. 닉슨(Nixon)이 미국 대통령으로 취임했으며 보먼(Borman), 러벨(Lovell), 앤더스(Anders)가 크리스마스 이브에 **아폴로 8호**를 타고 달 궤도를 돌며 창세기를 낭독했습니다. 비틀즈는 **Abbey Road** 앨범 발표를 앞두고 밴드가 해체될 위기에 있었으며, **아폴로 11호**를 탄 암스트롱(Armstrong), 올드린(Aldrin), 콜린스(Collins)는 인류 최초로 달에 발을 디디게 되었습니다.

1970년대가 들어선 후에는 디스코가 탄생했고, 야피(yuppie)라는 신조어가 생겨났으며, 미국 역사상 처음으로 대통령이 사임하게 되었습니다. 아랍 산유국들에게는 석유 금수 조치가 내려졌고, '위대한 세대(The Greatest Generation)'라고 불렸던 부모들의 자녀들에게는 경기 '침체(malaise)'의 분위기가 확산되기 시작했습니다.

1969년

저는 1969년에 생애 첫 프로그래머로 일을 시작했습니다. 그때 저는 서툴고 어수룩한 16세 소년이었고, '고용된다'는 것이 무엇인지 전혀 몰랐습니다. 제 아버지 루돌프 마틴(Ludolph Martin)은 그 당시 A.S.C. 타뷸레이팅 회사(A.S.C. Tabulating Corp)에 직접 방문해서 여름 방학 동안 저를 고용해 달라고 관리자들에게 부탁했습니다.

제 아버지는 그런 분이셨습니다. 키가 크고 체격이 좋으셨고, 하고 싶은 말을 직접적으로 하는 성격이었습니다. 또 원하는 것이 있으면 서슴없이 말하셨고, '아니요'라는 대답에는 물러서지 않는 분이었습니다. 아버지는 중학교에서 과학을 가르쳤는데 아마도 그 영향으로 제가 과학에 좀 더 관심을 갖게 되었던 것 같습니다. 아버지께서 돌아가시고 난 후 제자들에게서 스승의 은혜에 대한 편지를 많이 받기도 했습니다.

그렇게 저는 A.S.C. 타뷸레이팅 회사에 임시 파트타임으로 고용되었습니다. 다시 말해 그 회사는 저를 오래 두고 싶어 하지 않았다는 의미입니다. 아무래도 아버지의 부탁을 거절하지 못해 차선책으로 '임시 근로' 형태를 택했던 것 같습니다.

A.S.C. 타뷸레이팅 회사는 일리노이주 레이크 블러프(Lake Bluff)에 위치해 있었고, 시카고에서 북쪽으로 약 30마일 정도 떨어져 있었습니다. 저희 집에서는 몇 마일밖에 떨어져 있지 않았기 때문에 자전거를 타고 출근할 수 있었습니다.

처음 일주일 정도 그들은 창고 방 같은 곳에 제 자리를 배치하고, IBM 매뉴얼을 업데이트하라고 지시했습니다. 당시 IBM은 기술 매뉴얼을 매달 보충 페이지 형태로 보내 주었는데, 저는 3공 바인더에 꽂혀 있는 매뉴얼을 꺼내 필요한 페이지를 교체하는 일을 했습니다. 이때 처음으로 "이 페이지는 의도적으로 비워 두었습니다(This page intentionally left blank)."라는 안내문을 보았습니다.

매뉴얼은 양이 정말 많았고 업데이트 횟수도 잦았습니다. 모든 매뉴얼과 보충 자료가 그 창고 같은 방에 보관되어 있었는데, 제가 거기서 일하는 동안에 그 누구도 매뉴얼을 열람하거나 가져간 사람은 없습니다. 제 생각에는 일부러 저를 바쁘게 만들어서 다른 일에 방해되지 않도록 했던 것 같습니다.

그때 아마도 아버지께서 저에게 프로그래밍을 보여 주라고 회사 사람들에게 요청했던 것 같습니다. 사실 저는 이미 코볼, 포트란, PL/1 매뉴얼을 읽었고, 주말마다 친구 팀 콘래드(Tim Conrad)와 함께 DEC 영업소를 찾아가 PDP-8 어셈블리어로 간단한 프로그램을 짜 보기도 했었습니다. 어쨌든 그래서인지 제 상사였던 바나(Banna)가 <EASYCODER>라는 책을 주면서 아주 간단한 프로그램을 만들어 보라고 했습니다.

EASYCODER는 허니웰(Honeywell) H200 시리즈 컴퓨터용 어셈블리 언어입니다. H200 시리즈 컴퓨터는 IBM 1401 머신과 바이너리 호환성을 지니면서도 속도가 더 빠르고 명령어 집합도 훨씬 풍부합니다.

오늘날 기준으로 보면 그 명령어 집합은 기묘했습니다. 메모리는 바이트 단위로 접근할 수 있었지만, 그 바이트는 우리가 익히 알고 있는 바이트와는 전혀 달랐습니다. 사실 그 책에서는 그것을 바이트라고 부르지도 않았습니다. 그 대신 '캐릭터(character)'라는 이름으로 부르고 있었습니다.

각 캐릭터는 6비트 길이였으며, 여기에 워드마크 비트와 아이템마크 비트가 추가로 붙어 있는 형태였습니다. 워드(Word)는 워드마크로 끝나는 일련의 캐릭터들을 의미했고, 아이템(Item)은 아이템마크로 끝나는 일련의 캐릭터들을 의미했습니다.

아울러 레코드(Record)는 워드마크와 아이템마크가 모두 동시에 붙어 있는 일련의 캐릭터들을 의미했습니다.

산술 명령어는 일반적으로 워드 단위로 동작했습니다. 그래서 열 자리 숫자 두 개가 각각 워드마크로 끝난다면 그 둘을 더할 수 있었습니다. 아이템은 이리저리 옮길 수 있었고, 레코드는 입력하거나 출력할 수 있었습니다. 제가 기억하기로는 대략 그랬습니다.

어쨌든 바나가 저에게 작성하라고 요청한 프로그램은 회사 고객인 일리노이주 장학금위원회(ISSC)를 위한 것이었습니다. 그들은 모든 학생 기록이 담긴 자기 테이프를 가지고 있었고, 제 임무는 각 학생 기록을 읽어 학생에게 ID 번호를 부여한 후 갱신된 학생 기록을 새로운 테이프에 기록하는 것이었습니다. 그 ID 번호는 캐릭터 여섯 개로 이루어진 정수였으며, 레코드가 하나씩 처리될 때마다 1씩 증가하도록 되어 있었습니다.

바나가 저에게 캐비닛을 보여 주었는데, 그 안에는 펀치 카드 더미가 쌓여 있었습니다. 그 펀치 카드 더미는 꽤나 높았고, 마치 이발소 기둥처럼 줄무늬가 보였습니다. 줄무늬는 약 150장씩 묶인 카드 뭉치였는데, 각 묶음은 빨간색이나 파란색이었고 빨강, 파랑, 빨강, 파랑 하는 식으로 번갈아 쌓여 있었습니다.

바나는 저에게 카드 더미 맨 위에 있는 묶음을 꺼내라고 했습니다. 그리고 그 출력물을 저에게 건네주었습니다. 그것은 자기 테이프를 읽고 쓰고 출력하며, 카드를 읽고 펀칭하는 기능을 가진 작은 I/O 서브루틴 라이브러리였습니다. 바나는 그 카드 뭉치를 제 프로그램 끝에 붙여서 해당 서브루틴들을 호출할 수 있도록 하라고 했습니다.

저는 이미 DEC 영업소에서 종이테이프를 가지고 비슷한 일을 해 본 적이 있었기 때문에 그가 무슨 말을 하는지 잘 이해할 수 있었습니다. 그래서 바나가 건네준 출력물과 EASYCODER 매뉴얼을 살펴본 후 그가 준 코딩 폼에 제 프로그램을 작성하기 시작했습니다.

저는 지금도 그 오래된 코딩 폼 뭉치를 가지고 있으며, 다음 그림처럼 생겼습니다.

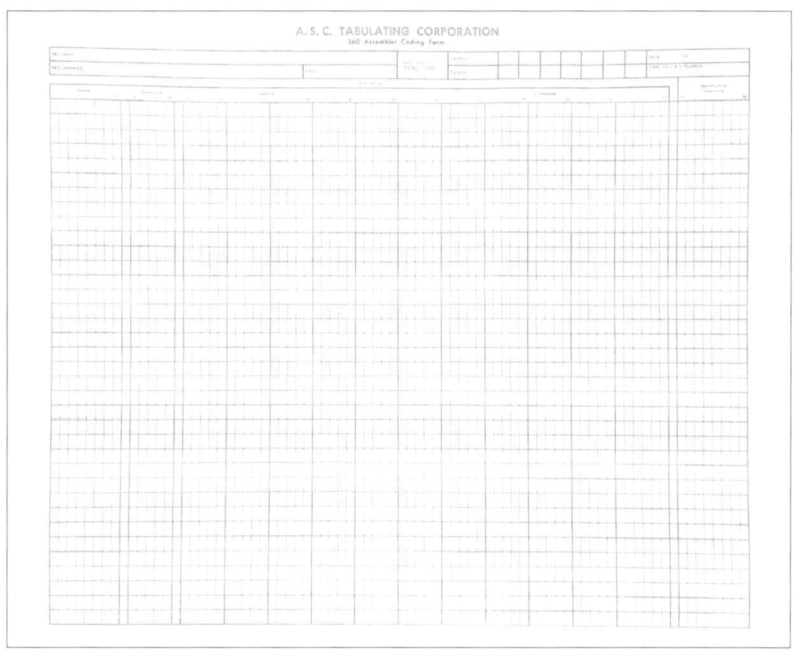
A. S. C. TABULATING CORPORATION
360 Assembler Coding Form

프로그램은 꽤 작아서 코딩 폼 한 장에 다 들어갔던 것 같습니다. 그렇게 코드를 작성하고 꼼꼼히 확인한 후 바나에게 제출했습니다. 다음 날 바나는 저를 불러 앉히더니 잘못된 코드나 실수를 확인해 주었습니다. 예를 들어 아이템마크를 써야 할 곳에 워드마크를 사용한 것 등이었습니다. 바나는 코딩 폼에 직접 수정 표시를 한 후 그것을 키펀치실에 가져가 기사들에게 펀칭하도록 맡기라고 했습니다.

다음 날 20장 남짓한 작은 펀치 카드 묶음이 준비되었습니다. 바나는 코딩 폼과 대조하여 카드 뭉치를 확인하는 방법과 오류가 있을 경우 키펀치 기계를 사용하여 수정하는 방법을 알려 주었습니다.

그렇게 카드 뭉치가 준비되자 바나는 저를 데리고 컴퓨터실로 올라갔습니다. 문은 잠겨 있었지만 바나가 출입 코드를 알고 있어서 같이 들어갈 수 있었습니다.

그 방에는 대형 컴퓨터가 세 대 있었는데, IBM 360 두 대와 H200 한 대였습니다. 방 안의 소음은 귀청이 터질 정도는 아니었지만, 냉각 팬 소리가 상당히 컸습니다. 다만 그보다 더 시끄러운 것은 라인 프린터와 카드 리더기 및 펀치 기계들이었습니다.

바나는 한 오퍼레이터에게 손을 흔들었고, 두 사람은 저를 데리고 H200 앞으로 갔습니다. 바나는 제 카드 뭉치를 오퍼레이터에게 건네주며 지켜보라고 했습니다. 그러자 오퍼레이터는 어셈블러 테이프를 H200에 장착하고, 제 카드 뭉치를 카드 리더기에 넣은 후 H200 전면 패널에 주소를 토글 스위치로 입력하고는 실행(Run) 버튼을 눌렀습니다.

자기 테이프가 돌아가기 시작했고, 이어서 카드 리더기가 달그락거리며 제 카드를 읽어 들였습니다. 어셈블러가 제 소스 코드를 처리하는 동안 기계의 불빛이 잠시 깜빡였고, 곧 카드가 두세 장 정도 새로 펀치되었습니다. 그 카드에는 실행 가능한 바이너리 코드가 담겨 있었습니다.

바나는 선반에서 ISSC 학생 정보가 담긴 테이프를 꺼내 오퍼레이터에게 건넸습니다. 오퍼레이터는 그 테이프를 대형 테이프 드라이브 중 하나에 장착했습니다.

그다음 바나는 선반에서 '스크래치(scratch)'라고 적힌 테이프 하나를 꺼냈습니다. 그리고 테이프 뒷부분에 쓰기 링(write ring)이 꽂혀 있어야만 기록할 수 있다는 것을 확인하는 방법을 보여 주었습니다.

그 후 바나는 그 스크래치 테이프를 오퍼레이터에게 건네주었고, 오퍼레이터는 그것을 다른 테이프 드라이브에 장착했습니다.

그다음 오퍼레이터는 펀치기 호퍼에 있던 작은 바이너리 카드 뭉치를 꺼내 리더기에 넣고, 콘솔에 다른 주소를 토글 스위치로 입력한 후 실행 버튼을 눌렀습니다.

카드들이 읽히자마자 테이프 두 개가 동시에 돌아가기 시작했습니다. 전체 과정은 몇 분 만에 끝났고, 두 테이프가 되감기 된 후 테이프 드라이브가 열렸습니다.

오퍼레이터는 스크래치 테이프에 빈 라벨을 붙이고, 뒷면에서 쓰기 링을 빼낸 후 그 테이프를 바나에게 건넸습니다. 그러면 바나는 검은 매직 마커로 라벨에 테이프의 식별 정보를 적었습니다.

바나는 새 라벨이 붙은 테이프를 다시 오퍼레이터에게 건네며 출력해 달라고 요청했습니다. 그러자 오퍼레이터는 그 테이프를 다시 드라이브에 장착하고, 전면 패널에 또 다른 주소를 토글 스위치로 입력한 후 실행 버튼을 눌렀습니다. 그러자 테이프가 돌아가기 시작했고, 라인 프린터가 덜컥거리며 출력하기 시작했습니다.

출력이 끝나자 오퍼레이터는 드라이브에서 테이프를 꺼내 바나에게 건네주었습니다. 그리고 프린터에서 출력된 목록을 뜯어내어 **저에게** 건네주며 미소와 함께 윙크를 했습니다. 그러고 나서 바나와 저는 다시 아래층 프로그래밍실로 돌아갔습니다.

저와 바나는 약 50쪽에 달하는 그 출력물을 함께 살펴보았습니다. 그것은 테이프에 들어 있던 모든 레코드를 단순히 문자로 출력한 결과물이었습니다. 우리는 각 학생 레코드에 새 ID 필드가 제대로 삽입되었는지, 그 ID 번호들이 올바르게 매겨졌는지 꼼꼼히 확인했습니다.

검토를 마친 후 제가 "프로그램이 제대로 동작했네요!"라고 말하자, 바나는 "그래, 잘됐네. 그런데 이제 밥(Bob)[1] 자네를 내보내야겠구먼."이라고 대답했습니다.

그것이 프로그래머로서 처음 겪은 직장 생활의 마지막이었습니다.

1970년대

제가 18세가 되었을 때 저는 다시 A.S.C.로 돌아가 몇 달 동안 2교대 오프라인 프린터 오퍼레이터로 광고 우편물을 인쇄하는 일을 했습니다. 그러다가 '프로그래머 애널리스트'로 채용되었고, 코볼 프로그램을 한두 개 작성하다가 곧바로 대형 미니컴퓨터 프로젝트에 참여하게 되었습니다.

당시 H200 컴퓨터는 사라지고 그 자리를 GE DATANET-30이 대체하고 있었습니다. 이 컴퓨터는 마치 거대한 괴물 같았습니다. DATANET-30은 매우 원시적인 테이프 드라이브 두

1 역주 이 책의 저자 로버트 마틴은 흔히 밥 마틴(Bob Martin) 또는 엉클 밥(Uncle Bob)이라고 불렸습니다.

개와 직경 36인치에 두께가 0.5인치인 플래터 여러 장으로 된 거대한 디스크 드라이브를 갖추고 있었습니다. 전원을 켜면 디스크 드라이브가 바닥을 흔들며 돌아갔고, 마치 제트 엔진이 시동을 거는 듯한 소리를 냈습니다.

당시 이 컴퓨터는 로컬 705 팀스터 노조(Local 705 Teamsters Union)의 실시간 원격 입력 회계 시스템을 운영하고 있었습니다. 이 시스템은 시카고에 있는 노조 본부와 연결된 모뎀 회선을 열댓 개 관리했으며, 그곳의 사무원들이 조합원, 고용주, 담당자들에 관한 데이터를 입력했습니다. 어쩌면 그 시스템 어딘가에는 케메니 교수의 제자들이 작성한 코드가 돌아가고 있었을지도 모릅니다.

하지만 A.S.C. 경영진은 이 크고 낡은 컴퓨터의 비용과 신뢰성에 만족하지 못하고 있었습니다. 그들은 미니컴퓨터를 새로 구입하여 회계 시스템 전체를 처음부터 다시 작성하기로 했습니다. 물론 어셈블리어로 말입니다.

그 당시 미니컴퓨터는 가장 뜨거운 신기술이었습니다. 너도나도 미니컴퓨터 시장에 뛰어들고 있었습니다. DEC가 확실한 선두 주자였지만, 도전자는 차고 넘쳤습니다. 그중 하나가 바로 베리언(Varian)이라는 회사였습니다.

그래서 A.S.C.가 로컬 705 시스템을 다시 만들기 위해 선택한 미니컴퓨터는 베리언(Varian) 620/F였습니다. 저는 다음처럼 L 버전의 사진을 찾았는데 이는 F 버전과 거의 동일한 모습입니다.

이 컴퓨터는 64K 워드(16비트)의 코어 메모리를 갖추고 있었고, 사이클 타임은 1마이크로초였습니다. 비록 성능은 좋았지만, 카드 리더기는 형편없었고 카드 펀치기는 그보다 더 별로였습니다. 여기에 ASR-33 TTY, 테이프 드라이브 두 대, IBM 2314와 호환되는 디스크 드라이브가 있었으며, 모뎀에 연결할 수 있는 RS-232 포트도 여러 개 함께 제공되었습니다.

이 시스템을 개발한 프로그래머는 저와 고등학교 친구 둘(팀 콘래드와 리처드 로이드), 23세 정도 되는 시스템 분석가 한 명과 30대 여성 두 분입니다. 저희는 훌륭한 팀이었고, 정말 즐겁게 일했습니다! 하지만 동시에 어리석을 정도로 너무 오랜 시간을 일하기도 했습니다. 밤새워서 일하다가 다음 날까지 일하는 경우도 있었고, 주당 60시간, 70시간, 심지어 80시간씩 일하기도 했습니다.

A.S.C.는 공군 출신의 한 장교가 운영했는데, 그는 회사를 마치 군 부대처럼 이끌었습니다. 일정을 도저히 지킬 수 없을 것 같을 때도 무슨 수를 써서라도 반드시 맞추어야 했습니다.

저희는 여전히 코딩 폼에 코드를 작성했지만, 그 무렵에는 친구들과 함께 IBM 026 키펀치 사용법을 독학했기 때문에 직접 카드를 펀칭할 수 있었습니다. 시스템의 소스 코드는 자기 테이프에 보관되었고, 카드에 입력한 편집 지시문을 읽어 실행하면서 입력 소스 테이프를 출력 소스 테이프로 복사하는 라인 에디터를 사용했습니다. 어셈블러는 620에서 실행되어 바이너리 자기 테이프를 생성했고, 이를 빠르게 컴퓨터에 장착해서 실행할 수 있었습니다.

저희는 시스템의 모든 부분을 직접 만들었습니다. 컴퓨터에서 실행되는 코드 중 저희가 작성하지 않은 코드는 단 한 줄도 없었습니다. 운영체제, 회계 시스템, 모뎀 관리 시스템, 디스크 관리 시스템, 오버레이 로더까지 모두 저희 손으로 만들었습니다. 64K 메모리 안에서 실행되는 모든 비트가 저희가 쓴 코드였습니다. 당시 저와 제 친구들은 18세였지만 전체 프로젝트를 완전히 좌지우지하고 있었습니다. 그렇게 저희는 불가능해 보이는 일을 해냈고, 마치 신이 된 것 같은 느낌을 받았습니다.

그렇게 1년간 작업 끝에 시스템을 성공적으로 납품했지만, 우리 중 상당수는 불만을 품고 회사를 그만두었습니다. 스스로 신과 같은 업적을 세웠다고 생각했지만 그에 걸맞은 보상을 받지 못했다고 느꼈기 때문입니다.

저는 새로운 프로그래밍 일을 찾는 동안 약 6개월 동안 잔디깎이 기계를 수리하며 지냈습니다. 이전 직장에서 추천서를 받아 올 수 없는 19세짜리를 고용하고 싶어 하는 곳은 아무 데도 없었습니다(팁: 새 직장이 정해지기 전에 절대 그만두지 마세요!).

당시 저는 약혼을 한 상태였습니다. 어머니께서는 저를 따로 부르시더니 최대한 부드러운 표현으로 저에게 '한심한 바보' 같다고 말씀하시기도 했습니다(물론 이는 어머니가 한 말이 아니라 제가 그렇게 해석한 말입니다). 하지만 저도 그 말에 동의할 수밖에 없었습니다. 결국 자존심을 내려놓고 A.S.C.에 다시 찾아가 제발 일을 다시 하게 해 달라고 부탁했습니다.

A.S.C.는 저를 다시 받아 주었지만 급여는 크게 삭감되었습니다. 저는 그곳에서 1년을 더 보내며 사람들과의 관계를 회복했고 결혼도 했습니다. 그 이후에는 아주 어린 아내와 함께 일리노이주 워키건(Waukegan)의 작은 아파트에 자리 잡은 후 새 직장을 찾기 시작했습니다. 제 친구 팀 콘래드는 몇 달 전에 시카고의 테라다인 어플라이드 시스템스(Teradyne Applied Systems, TAS)라는 회사에 취직했는데, 그의 추천 덕분에 저도 그 회사의 일자리를 제안받게 되었습니다. 저는 좋은 관계를 유지하며 A.S.C.를 떠났고, 그곳에서 추천서도 받을 수 있었습니다. 그리고 1973년 초에 TAS에 합류했습니다.

1973년

TAS는 컴퓨터로 제어되는 레이저 절삭 시스템을 제작했습니다. 이 시스템에는 무려 50kW짜리 수냉식 CO_2 적외선 레이저가 장착되어 있었고, 이는 컴퓨터가 제어하는 갈바노미터(galvanometers)[2]에 의해 움직이는 X-Y 거울로 조정되었습니다. 이 레이저는 세라믹 회로 모듈 위의 실크스크린 방식으로 인쇄된 저항기에 선을 태워 넣었습니다. 그렇게 레이저가 저항기를 정밀하게 깎아 내는 동안 저희 측정 시스템은 그 저항 값을 지속적으로 모니터링했습니다. 덕분에 저희는 저항 값을 무려 0.01퍼센트 오차 범위까지 조정할 수 있었습니

2 역주 매우 약한 전류나 전압, 전기량을 검출하거나 측정하는 기구로서 다른 말로 검류계라고도 합니다.

다. 20세짜리에게 이보다 더 재미있는 일이 어디 있을까요! 저는 당시 기술에 정말 놀랐습니다!

1973년 12월 저는 21세가 되었습니다. 그 시기는 소형화와 정밀화의 시대였습니다. TAS의 레이저 절삭 시스템은 고출력 레이저로 작은 회로와 전자 부품을 아주 정밀하게 다듬었습니다. 저희가 절삭 작업을 했던 제품 중에는 최초의 디지털 시계인 모토로라 펄사(Motorola Pulsar)의 크리스탈 부품도 포함되어 있습니다.

당시 테라다인 회사는 자체적으로 M365라는 미니컴퓨터를 제작했습니다. 이 기계는 PDP-8을 기반으로 하지만, 12비트 워드 대신 18비트 워드를 사용합니다. 저희는 테라다인에서 제작한 **비디오 단말기**를 이용하여 어셈블리어로 코드를 작성했습니다. 이제 더 이상 펀치 카드를 쓸 필요가 없게 되었습니다!

레이저 절삭 시스템은 보스턴에 있는 모회사 테라다인이 작성한 마스터 운영 프로그램(MOP)을 사용하고 있었습니다. 저희는 그 MOP의 소스 코드를 받아 수정하고, 거기에 저희 애플리케이션을 추가했습니다. 그것은 거대한 단일(monolithic) 프로그램입니다. 당시에는 원래 그런 방식으로 프로그램을 만들고는 했습니다. 소스 코드는 다른 곳에 공유되기도 하고 분기(fork)되서 사용되기도 했지만, 공통으로 쓰는 바이너리조차 없었습니다. 프레임워크라는 개념도 존재하지 않았으며, 소스 코드 관리 시스템은 아예 생각조차 하지 못했습니다.

우리의 소스 코드는 단방향으로만 동작하는 자기 테이프 카트리지에 저장되었습니다. 그 카트리지 안에 있는 테이프는 길게 이어진 루프 형태였습니다. 테이프를 되감는다는 개념은 없었고, 단지 계속 앞으로만 돌리다 보면 언젠가 다시 시작 지점에 도달하는 방식이었습니다.

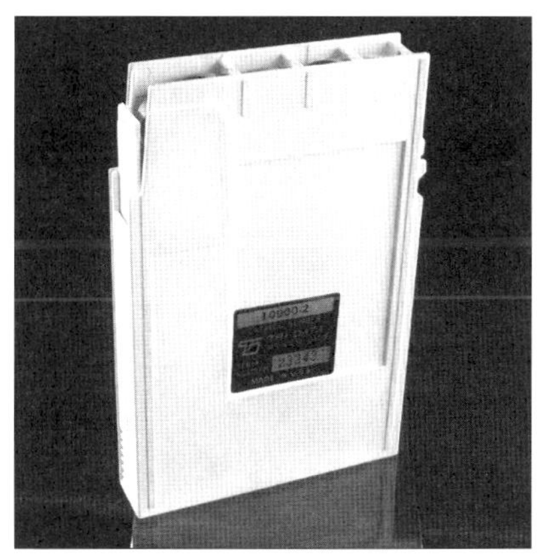

다만 그 테이프는 속도가 느려서 길이 100피트의 로드 지점까지 감는 데만 최소 2~3분이 걸리고는 했습니다. 그래서 카트리지는 10피트, 25피트, 50피트, 100피트짜리로 구분되어 만들어졌고, 저희는 상황에 맞게 신중하게 길이를 선택해야 했습니다. 너무 짧으면 데이터가 다 들어가지 않았고, 너무 길면 로드 지점에 도달할 때까지 한참을 기다려야 했습니다.

또 비디오 단말기에서 코드를 편집하는 것은 오늘날처럼 마우스를 쓰는 IDE에서 하는 편집과도 전혀 달랐습니다. 그렇다고 커서 이동 키를 사용하는 vi 같은 편집 방식도 아니었습니다. 그 대신 편집기는 620/F에서 사용하던 펀치 카드 기반 편집기와 여러모로 비슷한 일종의 라인 에디터였습니다. 즉, 화면에서 코드를 스크롤하며 볼 수는 있지만, 코드를 수정하려면 키보드로 편집 명령어를 직접 입력해야 합니다. 예를 들어 23번 줄부터 25번 줄까지 삭제하려면 '23,25D'라고 입력해야 합니다.

그 당시 M365의 코어 메모리는 약 8K 정도였습니다. 편집기는 테이프에 있는 소스 코드를 한 번에 메모리로 모두 불러올 수 없었습니다. 따라서 소스 파일을 편집하려면 한쪽 드라이브에는 소스 테이프를, 다른 쪽 드라이브에는 스크래치 테이프를 넣어야 했습니다. 소스 테이프에서 한 '페이지'[3]를 읽어 화면에서 편집한 후 그 페이지를 스크래치 테이프에 기록하고 다시 소스 테이프에서 다음 페이지를 읽어 들이는 식이었습니다.

---

3 여기에서 말하는 페이지(page)는 인쇄된 종이 한 장을 의미하지 않습니다. 단순히 코드가 여러 줄 들어 있는 하나의 데이터 블록을 뜻했습니다. 저희는 편집 중 메모리가 부족해지는 일을 피하기 위해 페이지 크기를 되도록 작게 유지하고는 했습니다.

여기에서 기억해야 할 점은 그 테이프들이 오직 한 방향으로만 움직였다는 것입니다. 그래서 한 페이지를 기록하고 나면 방금 수정한 코드를 다시 되돌아가 확인하는 것은 사실상 불가능했습니다.

저희는 코드를 커다란 목록으로 출력해 두었습니다. 그 출력물에 빨간 펜으로 수정할 부분을 표시한 후 그 목록을 한 페이지씩 넘기며 차례대로 편집을 진행했습니다.

매우 원시적인 방식처럼 보이겠지만 저희는 실제로 그렇게 일했습니다. 자기 테이프는 사실상 고속의 종이테이프보다 그나마 조금 나은 수준에 불과했습니다. 실제로 그 편집기는 DEC의 PDP-8용 종이테이프 편집기에서 파생된 것이었고, 여전히 종이테이프를 사용하고 있는 것처럼 동작했습니다.

컴파일 과정도 마찬가지로 매우 원시적이었습니다. 컴파일을 하기 위해서는 우선 소스 테이프를 드라이브에 넣고 어셈블러를 로드해야 했습니다. 당시 우리가 쓰던 어셈블러는 PDP-8의 PAL-D2[4] 어셈블러에서 파생된 것이고, 소스 코드를 세 번에 걸쳐 처리해야 했습니다. 첫 번째 처리 과정에서는 단순한 심볼 테이블을 처리하고, 두 번째 과정에서는 바이너리 코드를 생성하여 스크래치 테이프에 기록합니다. 세 번째 과정에서는 출력 목록(listing)을 생성하는 방식입니다. 따라서 프로그램이 조금만 커져도 전체 과정이 45분 이상 걸리고는 했습니다.

게다가 테이프도 그다지 신뢰할 만한 저장 매체가 아니었습니다. 거의 매일 한 번 정도 테이프 드라이브가 테이프를 제대로 읽지 못하는 일이 발생했습니다. 드라이브는 뒤로 되감아 다시 읽는 기능이 없었기 때문에 이런 일이 컴파일 도중에 발생하면 컴파일러는 그대로 중단되고 말았습니다. 그러면 비디오 단말기에서 '딩' 하는 종소리가 울리고, 이어서 프린터가 딱딱거리며 오류 메시지를 출력하기 시작했습니다.

저희는 M365 편집용 장비 여러 대와 컴파일을 실행할 수 있는 더 큰 컴퓨터를 갖춘 오픈랩에서 일했습니다. 그래서 '딩' 소리와 프린터의 '딱딱'거리는 소리가 들리면 모두가 한숨을

4 1960년대 후반에 에드 유어던(Ed Yourdon)이 만들었습니다.

내쉬었고, 누군가는 그 기계로 가서 테이프가 로드 지점으로 되돌아오기를 기다린 후 다시 컴파일을 시작해야 했습니다. 이런 일은 꽤나 자주 발생했으며 무척 답답한 일이었습니다.

비디오 단말기는 정전기에도 꽤 민감했습니다. 겨울철에는 단말기 근처를 지나가다 실수로 살짝 건드리면 '찌릿' 하는 충격과 함께 '딩' 소리와 '딱딱'거리는 소리가 들려왔고, 그 순간 누군가 컴파일을 망쳐 버렸다는 것을 알 수 있었습니다. 저희는 비디오 단말기 근처를 지나가기 전에 반드시 몸을 접는 습관을 들여야 했습니다.

하지만 TAS에서의 생활은 A.S.C.보다 훨씬 더 즐거웠습니다. 물론 여전히 장시간 일하기는 했지만, A.S.C.에서처럼 미친 듯이 몰아붙이지는 않았습니다. TAS에서는 또 하나 특별한 변화가 있었습니다. 제가 소프트웨어 설계라는 개념을 조금씩 이해하기 시작했던 것입니다.

팀 콘래드와 저는 이 개념들에 대해 끝없이 토론하고는 했습니다. 레이저 절삭과는 거의 관련이 없거나 전혀 상관없는 온갖 흥미로운 프로그램들을 작성하기도 했습니다. TAS에서는 자주 **여유 시간**이 있었습니다. 생각할 시간, 계획할 시간, 탐구할 시간 등 마음껏 즐길 시간이 있었습니다.

팀과 저는 정렬 알고리즘, 탐색 알고리즘, 인덱싱 방식, 큐잉 방식 등을 함께 고안했습니다. 당시에는 커누스(Knuth)의 〈Fundamental Algorithms(기본적인 알고리즘)〉(1968)가 있다는 사실조차 몰랐습니다. 하지만 저희는 여러 흥미로운 프로젝트를 만들면서 그 알고리즘 중 상당수를 스스로 만들고는 했습니다. 정말 열정으로 가득했던 시절이었습니다.

저는 테라다인의 비디오 단말기가 아주 원시적이지만 일종의 커서 제어 기능을 가지고 있다는 것을 발견했습니다. 게다가 이 단말기는 컴퓨터의 I/O 버스에 직접 연결되어 있었기 때문에 속도도 엄청나게 빨랐습니다. 그래서 저는 당시 테라다인에서 그 누구도 해 보지 않았던 일을 시작했습니다. 바로 화면 레이아웃과 폼을 설계하고, 그 화면과 폼을 실시간으로 갱신하는 코드를 작성하는 일입니다. 비록 완전한 GUI[5]는 아니었지만, 그 무궁무진한 가능성이 제 머릿속을 가득 메우기 시작했습니다.

5 역주 Graphical User Interface의 약어입니다.

그렇게 TAS에서 일하던 시절, 저는 생애 처음으로 휴대용 계산기를 보게 되었죠. 그 계산기는 바로 HP-35입니다. 저는 그 기기를 보고 정말 큰 충격을 받았습니다. 작고, 빠르며, 제곱근과 삼각 함수까지 계산할 수 있었고, LED 화면까지 갖추고 있었습니다. 불과 일주일 전만 해도 사무실의 엔지니어들은 허리에 줄자를 차고 다녔는데, 그다음 주가 되자 모두가 HP-35를 들고 있었습니다. 변화의 바람이 불고 있었고, 그 변화는 믿을 수 없을 만큼 빠르게 다가오고 있었습니다.

돌이켜 보면 저는 TAS에 계속 남아 있어야 했었습니다. 그곳은 가능성이 넘쳐 나는 환경이었거든요. 하지만 저는 당시 21세에 불과했고, 그리 현명하지도 못했습니다. 출퇴근 거리가 멀고 번거로웠고, 저는 변화를 갈망했습니다. 그래서 결국 고향인 일리노이주 워키건에 있는 아웃보드 마린 코퍼레이션(Outboard Marine Corporation, OMC)에 새로운 일자리를 잡았습니다.

1974년

제가 OMC를 선택한 이유는 집과 가까웠기 때문입니다. 자전거를 타고 출퇴근할 수 있을 만큼 가까웠습니다. 일이 기술적으로 어렵지 않았다는 말은 하지 않겠습니다. 분명히 도전적인 부분도 많이 있었습니다. 하지만 저는 OMC의 사내 문화와 잘 맞지 않았습니다. 첫날, 상사가 앞으로는 반드시 넥타이를 매라고 지시했을 때 그 사실을 깨달았죠.

당시 OMC는 론 보이(Lawn Boy)라는 잔디깎이 기계와 존슨(Johnson)이라는 외부 장착식 보트 모터 같은 제품을 만들고 있었습니다. OMC는 엔진을 제작하기 위해 그들은 거대한 알루미늄 다이 캐스팅[6] 시설을 가지고 있었는데, 그 시설을 둘러보는 것만으로도 꽤 인상적이었습니다. 다이 캐스팅 기계들은 크고 위압적인 장비들이었으며, 각각의 장비마다 한 사람씩 붙어서 조작했습니다. 금형이 닫히면 액체 알루미늄이 주입되고, 금형이 다시 열리면 작업자가 뜨거운 알루미늄 주물을 금형에서 떼어 내 큰 금속 바구니에 담는 방식이었습니다.

천장에는 레일 시스템이 설치되어 있었고, 그 위를 거대한 용해 알루미늄 합금 통을 실은 운반차가 오가며 용해로와 각 다이 캐스팅 기계를 오가면서 알루미늄 저장소를 채워 주었습니다. 그 광경은 정말 압도적이었습니다.

OMC에서 제 임무는 IBM System/7을 프로그래밍하여 모든 다이 캐스팅 기계들의 진행 상황을 모니터링하는 것입니다. 각 기계가 생산한 부품 수를 세고, 금형의 사이클 시간을 기록하며, 불량품을 보고하도록 했습니다. 이를 위해 거대한 로컬 네트워크가 구축되어 있었으며, 다이 캐스팅 기계들과 작업 현장의 여러 보고 스테이션들이 제어실의 System/7과 연결되어 있었습니다. 제어실에서는 창을 통해 공장 전체를 한눈에 내려다볼 수 있었습니다.

당시 IBM은 미니컴퓨터 시장에 늦게 진입한 상태였습니다. 그래서 그들은 메인 프레임[7]에 승부를 걸었습니다. 아마도 그들은 미니컴퓨터가 일시적인 유행에 불과할 것이라고 생각한 듯합니다. 하지만 그 판단은 틀렸습니다. 결국 IBM은 DEC를 비롯한 다른 미니컴퓨터 회사들이 산업 현장의 제어 응용 분야를 장악하고 있다는 사실을 깨달았고, 그 시장에 다시 뛰어들기 위해 내놓은 컴퓨터가 바로 System/7입니다.

---

6 역주 aluminum die casting, 알루미늄 합금을 금형에 고압으로 주입하여 복잡하고 정밀한 형상의 제품을 대량으로 생산하는 주조 방법입니다.

7 역주 트랜잭션을 수십억 건 최고 수준의 보안과 안정성으로 처리하도록 설계된 대규모 고성능 컴퓨터 시스템입니다.

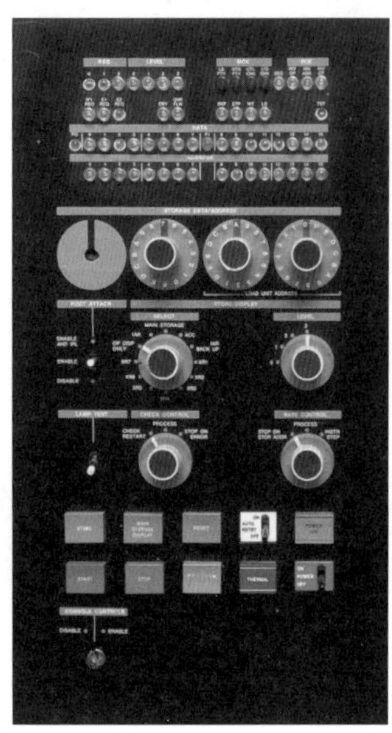

그림의 제어판만 보아도 저는 이것이 IBM 장비라는 것을 단번에 알 수 있었습니다. System/7은 16비트 아키텍처를 가지고 있었으며, 메모리는 코어 메모리가 아니라 솔리드 스테이트 방식이었습니다. 제가 기억하기로는 저희 장비는 8K 메모리를 갖추고 있었습니다. 레지스터는 여덟 개였고, 매우 단순한 레지스터 기반 명령어 집합(RISC)[8]을 사용했습니다. 사이클 타임은 대략 1마이크로초 수준이었고, 내부에는 작은 디스크 드라이브도 있었던 것으로 기억합니다.

System/7은 당시 기준으로도 물리적으로 매우 큰 장치입니다. PDP-8이나 M365는 책상 밑에 들어갈 정도이지만, System/7은 식당 냉동고만 한 크기입니다.

OMC는 저를 비롯한 여러 명을 시카고의 마리나 타워 옆에 있던 IBM 본사 건물로 보냈습니다. 저는 그곳에서 5일 동안 System/7 어셈블리를 배웠습니다. 그 교육은 다소 우스꽝스럽

8 축소 명령 집합 컴퓨터(Reduced Instruction Set Computer)입니다. 이는 점점 더 복잡해지던 컴퓨터 명령어 체계의 흐름을 거스르는 것이었습니다. 기본 발상은 간단했습니다. 명령어를 단순하게 만들면 필요한 하드웨어도 줄어들고, 더 저렴하면서도 빠른 컴퓨터를 만들 수 있었습니다.

게 느껴졌습니다. 명령어 집합이 너무 단순해서 배우는 데 별로 시간이 걸리지 않았기 때문입니다. 저에게 5일이라는 교육 기간은 터무니없이 길게 느껴졌습니다.

어쨌든 저희는 수료증을 받아들고 돌아왔고, 정식으로 System/7 프로그래머가 되었습니다.

그렇게 1년 동안 비디오 단말기에서 코드를 편집했던 저는 다시 펀치 카드의 세계로 내던져졌습니다. System/7에는 자체 컴파일러가 없었기 때문입니다. System/7의 컴파일은 공장에서 약 0.5마일 떨어진 IT 건물에 있던 대형 IBM 370 메인 프레임에서 실행되었습니다. 그래서 저는 다시 코딩 폼에 코드를 작성하고 펀치 기계로 카드를 뚫는 생활로 돌아가야 했습니다.

소스 코드는 370 메인 프레임의 디스크 파일에 보관되었습니다. 저희는 A.S.C. 시절에 사용했던 것과 똑같은 라인 편집 방식으로 그 파일들을 수정했습니다. 그렇게 소스 코드 편집 지시문을 카드에 펀칭하여 370 메인 프레임 담당자에게 제출했고, 이어서 컴파일 작업도 같은 방식으로 제출했습니다.

제가 직접 본 적은 없지만, 370 메인 프레임은 거대한 컴퓨터였습니다. 그것은 배치 처리 방식으로 운영되는 컴퓨터였고, 한 번에 단 하나의 작업만 처리할 수 있었습니다.[9] 저희가 전송한 편집 및 컴파일 작업은 디스크에 있는 배치 대기열에서 몇 시간이고 기다려야 했습니다. 그러다 370 메인 프레임이 저희 작업을 처리하면 생성된 바이너리가 전용 네트워크 연결을 통해 System/7로 전송되었고, 그곳에 있는 내부 디스크에 저장했습니다. 이 출력물은 제어실에 있는 원격 프린터로 전송되었습니다.

그래서 저희 프로그래머들은 공장과 컴퓨터 시설을 오가며 일했습니다. IT 건물에서 카드를 펀칭하여 작업을 제출한 후 다시 공장으로 돌아와 컴파일 결과가 도착하기를 기다렸습니다. 370 메인 프레임이 얼마나 바쁜지에 따라 컴파일이 한 시간 만에 끝날 수도 있었고, 하루가 걸릴 수도 있었습니다. 정확히 얼마나 걸릴지는 도무지 알 수 없었습니다.

---

9 물론 가끔은 두 가지 작업을 동시에 처리하기도 했지만, 오늘날 우리가 생각하는 방식과는 전혀 달랐습니다.

바이너리 파일이 도착하여 System/7의 내부 디스크에 안전하게 저장되면 저희는 그것을 실행하고 테스트할 수 있었습니다. System/7의 전면 패널은 디버거 역할을 했습니다. 단계별 실행 기능이 있었으며 레지스터 내용을 불빛으로 확인할 수 있었습니다. 저희는 그렇게 디버깅을 하고 목록에 수정 사항을 표시한 후 다시 IT 건물로 돌아가 처음부터 동일한 과정을 반복했습니다.

사실 저는 그 모든 것이 싫었습니다. 넥타이도 싫었고, 관료주의도 싫었으며, 무엇보다 비효율적인 시스템이 정말 싫었습니다.

특히 저는 그 회사의 사내 문화가 싫었습니다. 모든 것이 너무 싫어서 정시에 출근할 수도 없었고, 작업 일정도 진지하게 받아들일 수 없었습니다. 결국 저는 해고당했습니다. 솔직히 말해 그럴 만했습니다.

하지만 그 운명의 날이 오기 전, OMC에 다니는 동안 저에게는 두 가지 좋은 일이 있었습니다. 1975년 6월, 제 첫 아이인 딸이 태어났습니다. 1976년 초, 저는 훗날 제 운명이 될 컨설턴트이자 저자, 강사로서 삶을 어렴풋이 예감하게 되었습니다.

당시 OMC의 몇몇 프로그래머는 IT 업계의 저널을 구독하고 있었습니다. 그 전까지 저는 그런 잡지들이 있다는 사실조차 몰랐죠. 그런데 IT 건물의 구내식당에 그 잡지들이 놓여 있는 것을 보고 읽기 시작했습니다.

대부분의 글은 지루했지만, 그중 글 한 편은 제게 엄청난 충격을 주었습니다. 그것은 **구조적 프로그래밍**(structured programming)에 관한 글이었습니다. 저는 그 글을 탐독하여 **완전히 이해했습니다**. 마치 제 눈에서 비늘이 떨어진 듯한 깨달음이 찾아왔습니다. 바로 GOTO는 해롭다는 사실을 말입니다.

저는 그 생각을 놓을 수가 없었습니다. 비록 System/7 어셈블리어로 코드를 작성하고 있었지만, 그 개념은 그대로 적용될 수 있었습니다. 서브루틴은 좋은 것이지만, 모듈 사이를 마구 뛰어다니는 점프는 나쁜 것입니다. 저는 이 개념에 완전히 매료되어 직접 글을 쓰기 시작했습니다.

당시 저는 그 글을 누구를 위해 썼던 것일까요? 사실 아무도 아니었습니다. 그냥 저 자신을 위해 쓴 것입니다. 왜 그랬는지는 모르겠습니다. 그저 썼습니다. 몇 주 뒤에야 깨달았는데 제가 당시 썼던 내용은 구조적 프로그래밍에 관한 하루짜리 교육 과정이 될 수 있었습니다. 그래서 그 글을 IT 건물에 있던 교육 담당자의 책상 위에 올려 두었습니다.

프로젝트에 전념해야 한다고 생각했던 제 상사는 몹시 못마땅해 했지만, 그 교육 담당자는 저를 OMC 전용기에 태워 세인트루이스에 있는 프로그래밍 팀에 제가 썼던 내용을 강의할 수 있도록 주선해 주었습니다.

그것은 제 인생에서 처음으로 출장 비행을 한 경험이었고, 처음으로 프로그래머 그룹을 교육한 경험이었으며, 처음으로 작은 비행기를 탄 경험이기도 했습니다. 저는 세상을 다 가진 듯한 기분이었습니다!

그 출장 교육은 꽤 성공적이었습니다. 제가 교육했던 프로그래머들은 매우 고마워했습니다. 하지만 여전히 제 상사는 다시는 그런 일을 하지 말라고 했습니다.

앞서 말했듯이, 그곳의 사내 문화는 저와 잘 맞지 않았습니다.

저는 이미 몇 달 전부터 제 일자리가 위태롭다는 것을 알고 있었습니다. 상사가 저를 바라보는 눈빛이나 대화할 때 말투만 보아도 알 수 있었죠. 그래서 저는 새로운 일자리를 찾아보기 시작했습니다.

저는 친구 팀에게 전화를 걸어 TAS에 다시 일할 기회가 있는지 물어보았습니다. 그는 당시 채용이 중단된 상태[10]라고 말했지만, 모회사의 새로운 부서가 저희 집과 훨씬 더 가까운 일리노이주 노스브룩에 막 생겼다고 알려 주었습니다.

저는 그 새로운 부서, 즉 테라다인 센트럴(Teradyne Central)에 전화를 걸었고 면접 기회를 얻었습니다. 면접은 잘 진행되었습니다. 그곳에는 사람이 몇 명 없었고, 완전히 스타트업 같은 분위기였습니다. 팀원 모두가 엔지니어였고, 제가 익숙한 장비들을 사용하고 있었으며, 프로그래머가 절실히 필요한 상황이었습니다.

그래서 그들은 저를 채용하고 싶어 했고, 저는 그 자리에서 바로 그 제안을 받아들였어야 했습니다. 하지만 23세 청년에게서 지혜란 흔한 것이 아닙니다. 저는 최소한 한 번은 직장에

10 여러분 중에는 1973년 석유 파동과 1970년대 인플레이션, 경기 침체를 기억하는 사람도 있을 것입니다.

서 끝까지 잘해 보아야겠다고 마음먹었고, OMC에서 다시 자리를 잡자고 결심했습니다. 어리석었습니다. 정말, 정말 어리석은 결정이었습니다.

그렇게 저는 끝까지 버텨 보았지만, 결국 1976년 가을에 해고되고 말았습니다.

1976년

그렇게 해서 저는 다시 일자리를 잃었습니다. 추천서도 없었고(또다시!), 당시 아내는 둘째 아이를 임신한 지 7개월째였습니다.

그래서 저는 테라다인 센트럴(TC)에 전화를 걸어 몇 달 동안 다시 생각해 본 끝에 결정을 바꾸었다고 말했습니다. 그들은 저를 면접에 초대했고 분위기는 좋게 진행되었습니다. 하지만 그들이 왜 OMC를 떠났느냐고 물었을 때 상황은 달라졌습니다. 더 이상 숨길 필요가 없었기에 저는 사실대로 털어놓았습니다.

그들의 표정은 순식간에 12층쯤 아래로 떨어진 듯 굳어졌습니다. 전혀 예상하지 못한 대답인 것 같았습니다. 그래서 저는 큰 기대 없이 자리를 떠날 수밖에 없었습니다.

일주일 후 그들이 다시 전화를 걸어 왔습니다. 제 OMC 상사와 이야기를 나누었다고 했습니다. 아마도 저는 그분께 맥주 한 잔은 꼭 사 드려야 할 것 같습니다. 당시 그는 사실을 그대로 말해 주었습니다. 제가 그 회사 문화와 잘 맞지 않았다는 것, 제가 똑똑하고 창의적이기는 하지만 그곳에서 일하는 것을 몹시 싫어했고 결국 어쩔 수 없이 내보낼 수밖에 없었다는 것, 아마도 스타트업 같은 환경에서 훨씬 더 동기를 얻을 수 있으리라는 것이었습니다.

다행히도[11] 채용 담당자들은 그의 말을 그대로 믿고 저를 채용했습니다.

그렇게 새로 얻게 된 직장은 제가 제대로 일을 했던 첫 번째 직장이 되었습니다. 네, 그랬습니다! 그곳은 마치 TAS를 다시 경험하는 듯했습니다. 규모는 작았지만 활기가 넘쳤고 창의적이었습니다. 비록 일정은 빡빡했고 마감은 불가능해 보였지만, 그와 동시에 창의적인 일을

---

11 "신은 바보와 술꾼, 그리고 미국을 특별히 보살피신다." - 오토 폰 비스마르크

할 시간이 있었습니다. 무언가를 창조할 시간, 독서할 시간, 즐길 시간이 있었습니다. 젊은 소프트웨어 개발자가 성장하기에 이보다 더 좋은 환경은 상상할 수 없을 정도입니다.

당시 저희가 판매했던 제품은 전화 시스템의 품질을 측정하기 위한 분산 처리 시스템입니다. 우리는 그것을 4-TEL이라고 불렀습니다. 당시 전화 회사들은 일종의 서비스 구역으로 나뉘어 있었고, 사람들이 611번으로 전화를 걸면 해당 서비스 구역의 본부로 연결되었습니다. 그리고 본부에서는 어떤 문제가 있을 때 수리 기사를 파견하여 전화 시스템의 장애를 해결하고는 했습니다.

각 서비스 구역은 전화 회선을 약 10만 개 담당했으며, 이는 중앙 교환국 여러 개로 나뉘어 관리되었습니다. 각 교환국은 회선을 최대 1만 개 처리할 수 있었고, 개별 가입자와 연결되는 스위칭 장비를 보유하고 있었습니다. 구리선은 중앙 교환국에서 시작하여 여러 지역을 가로질러 각 가정과 사업장에 연결되었습니다.

저희 시스템은 서비스 센터에 M365 미니컴퓨터를 두었는데, 이를 서비스 지역 컴퓨터(Service Area Computer, SAC)라고 불렀습니다. SAC는 모뎀 회선을 통해 각 중앙 교환국에 설치된 M365 컴퓨터들과 연결되어 있었으며, 이 컴퓨터는 중앙 교환국 회선 시험기(Central Office Line Tester, COLT)라고 불렀습니다. COLT는 저희가 제작한 정교한 다이얼링 측정 시스템과 연결되어 있었는데, 이를 통해 실제로 벨을 울리지 않고 전화를 걸어 해당 회선의 전자적 교류(AC) 및 직류(DC) 특성을 검사할 수 있었습니다. 이렇게 함으로써 회선의 길이, 반대편 전화기의 상태, 회선 구간에 있을 수 있는 결함까지 측정할 수 있었습니다.

SAC에는 터미널이 최대 21대 연결될 수 있었고, 검사원들이 그 터미널을 사용했습니다. 검사원은 서비스 구역 내 어떤 회선이든 몇 초 안에 시험할 수 있었으며, 그 회선의 상태에 대한 종합 보고서와 함께 어떤 유형의 수리 기술자가 적합한지에 대한 권장 사항까지 시스템을 통해 받아 볼 수 있었습니다.

매일 밤 SAC는 각 COLT에 중앙 교환국 내 모든 회선을 시험하도록 지시했습니다. COLT는 그 회선들의 상태에 대한 보고서를 다시 보내왔고, SAC는 고장 난 회선들을 정리한 후 이른 아침에 회선 상태에 대한 종합적인 보고서를 출력했습니다. 회사는 이런 시스템 덕분에 고객이 문제를 알아차리기 전에 기술자들을 파견하여 수리를 진행할 수 있었습니다.

이 시스템을 제대로 프로그래밍하기 위해 저는 하드웨어 엔지니어, 현장 서비스 엔지니어, 설치 엔지니어, 다른 소프트웨어 엔지니어들과 함께 어울려야 했습니다. TC에서는 이들 사이에 별다른 구분이 없었습니다. 우리는 모두 그냥 '엔지니어'였을 뿐입니다. 하드웨어 엔지니어도 소프트웨어를 작성했고, 소프트웨어 엔지니어도 하드웨어를 만들었습니다. 우리 모두가 현장 서비스와 설치 작업도 함께 수행했습니다.

고객이 문제를 신고하면 연구실에 커다란 종이 울렸습니다. 그러면 우리 중 누구든 전화를 받아 직접 고객과 이야기하거나, 현장에서 일하고 있는 현장 서비스 엔지니어와 통화하며 문제를 처리했습니다.

한마디로 제가 있던 곳은 일종의 스타트업이었습니다. 팀의 한 사람 한 사람이 특정한 일의 구분이 없이 거의 모든 일을 해야 했습니다.

저는 그곳에 있으면서 복잡한 시스템을 진단하고 해결하는 방법을 배웠습니다. 1900년대에 지어진 중앙 교환국 바닥을 기어 다니기도 했고, 도시와 시골을 가리지 않고 이곳저곳으로 비행기를 타고 날아가 설치 작업을 하기도 했습니다.

하지만 제가 한 일의 대부분은 코드를 작성하는 것이었습니다. 그것도 아주 많은 M365 어셈블리 코드였습니다. TAS에서 팀과 함께 일할 때와 비슷한 방식이었지만, 이번에는 코드 양이 **훨씬 더 많았습니다**. SAC용 M365는 128K 워드(18비트)의 코어 메모리를 가지고 있었고, COLT는 8K 코어 메모리를 가지고 있었습니다.

SAC에는 터미널 21개와 COLT를 10~20여 대 동시에 제어하기 위해 일종의 멀티프로세싱 태스크 스위처(multiprocessing task switcher)가 필요했습니다. 당시 보스턴에 있는 본사에서 MPS[12]라는 단순하면서 규모가 작은 시스템을 가지고 있었는데, 우리는 그들이 예상했던 것보다 훨씬 더 많이 그 시스템을 활용했습니다.

MPS는 비선점형 폴링 기반 태스크 스위처(a non-preemptive polling task switcher)였습니다. 당시 M365에는 원시적인 인터럽트 시스템이 있었지만, 저희는 그것을 사용하지 않았습니

12 아마도 그것은 멀티프로세싱 시스템(multiprocessing system)의 약어였을 것이라고 짐작합니다.

다. 그 대신 저희는 이벤트 확인 서브루틴(Event-Check Subroutines, ECS)을 호출하며 이벤트를 기다리는 방식의 프로세스로 소프트웨어를 구성했습니다. 따라서 프로세스는 ECS가 true를 반환하기 전까지는 차단된(blocked) 상태로 머물렀습니다. 예를 들어 시스템에 프로세스가 50개 실행 중이라면, 그중 49개는 차단되어 있고 단 하나만 실행되는 방식입니다. 실행 중이던 프로세스가 이벤트를 기다리기로 하면 그 프로세스의 ECS가 대기 목록에 추가되었고, 시스템은 그 목록의 ECS들을 우선순위 순서대로 폴링[13]하다가 true를 반환하는 ECS가 나타나면 해당 프로세스가 실행되는 구조였습니다.

터미널에서 입력되는 모든 키보드 입력, 모뎀을 통해 송수신되는 모든 문자, 화면에 출력되는 모든 문자가 이른바 ECS가 감시하는 이벤트였습니다. 즉, 시스템 전반에서 수많은 프로세스가 실행되고 있었던 것입니다. 터미널마다 하나, 모뎀마다 하나, 이벤트마다 하나, 그 외에도 여러 프로세스가 동시에 실행되고 있었습니다. M365가 고작 1MHz로 동작했음에도 그 시스템은 마치 비단처럼 매끄럽게 돌아갔습니다. 지연도 없었고, 끊김도 없었으며, 문자가 유실되는 일도 없었습니다. 대부분의 경우 정말 감탄을 금치 못할 정도였습니다.

당시 저는 마치 천국에 있는 듯한 기분이었습니다. 이 시스템은 수많은 구성 요소가 움직이는 정말 복잡한 시스템이었습니다. 저는 그 모든 구성 요소 뒤에서 동작하는 소프트웨어를 완벽히 익혀야 했을 뿐만 아니라, 그것들을 이해하기 위해 전자 이론도 깊이 배워야 했습니다.

저희 모두 개인 사무실이나 공동 사무실을 가지고 있었지만, 대부분의 시간은 오픈 랩에서 보냈습니다. 그 랩에서는 사람들이 소프트웨어를 작성하고, 디버깅을 하고, 보드에 부품을 납땜하고, 오실로스코프로 전자 회로를 측정하고, 브레드 보드[14]를 이용하여 프로토타입 회로를 구성하는 등 수많은 엔지니어링 활동을 하고 있었습니다. 제가 해야 할 일의 상당 부분도 하드웨어와 연관되어 있었기 때문에 저는 하드웨어 엔지니어링 과정과 그에 따른 여러

---

13 역주 한 장치나 프로그램이 다른 장치나 프로그램 상태를 주기적으로 검사하여 일정한 조건을 만족할 때 데이터를 송수신하는 방식을 의미합니다. 마치 서버에 "새로운 데이터가 있나요?"라고 주기적으로 묻는 것과 같습니다.

14 역주 납땜이 필요 없는 테스트용 기판입니다.

학문적 분야도 배워야 했습니다. 그 배움은 훗날 소프트웨어 기술로 이어져 제 업무에 큰 영향을 주었습니다.

소스 코드 관리

저희 중에서 소프트웨어 엔지니어였던 사람은 네다섯 명 정도였습니다. 우리는 SAC와 COLT의 소스 코드를 함께 관리했으며, 한 사람이 특정 부분만 맡지는 않았습니다.

즉, 팀원 모두가 모든 것을 알고 모든 일을 할 수 있어야 했습니다.

SAC 마스터 소스 테이프와 COLT 마스터 소스 테이프가 각각 하나씩 있었고, 이 테이프들은 이름 붙은 모듈 수십 개로 나뉘어 있었습니다. 즉, 오늘날과 비교해 보면 그 모듈들을 일종의 소스 파일이라고 생각할 수 있습니다.

소스 테이프가 꽂혀 있는 랙(rack) 옆에는 SAC와 COLT의 마스터 리스트가 놓인 탁자가 있었습니다. 이 리스트들은 3공 바인더에 정리되어 있었고, 각 모듈별로 탭이 달려 구분되어 있었습니다.

랙과 탁자 옆에는 코르크 보드가 하나 있었습니다. 그 보드는 세로로 나뉘어 한쪽은 SAC용, 다른 한쪽은 COLT용 칸으로 구분되어 있었고, 각 칸에는 해당 모듈들의 이름이 적혀 있었습니다. 또 코르크 보드에는 색깔 있는 압정들이 꽂혀 있었는데 저의 색은 파란색이었고, 켄(Ken)은 흰색, CK[15]는 빨간색, 러스(Russ)[16]는 노란색이었습니다.

모듈을 수정하고 싶을 때는 먼저 코르크 보드에 있는 그 모듈 이름 옆에 자신의 색깔 압정을 꽂았습니다. 그런 다음 3공 바인더를 열어 해당 모듈의 리스트를 꺼냈습니다. 빨간 펜으로

15 제 친구이자 동료였던 그는 시카고 사람들은 자기 이름을 제대로 발음할 수 없다고 하면서 우리에게 그냥 자신을 CK라 부르라고 했습니다. 그는 종종 제가 제 이름을 발음하는 방식을 두고 웃고는 했는데, 그것은 중서부식의 굳센 'O' 발음(마치 의사가 입을 벌리고 "아아아-"라고 하라고 할 때의 소리처럼)이었기 때문입니다. 그는 나중에 자신의 이름을 크리스 아이어(Kris Iyer)로 바꾸었습니다.

16 러스는 CEO였지만 회사 초창기 시절에는 코드도 많이 작성했습니다.

필요한 부분을 표시한 후 마스터 소스 테이프를 가져와 작업용 복사본을 만들었습니다. 그 복사본에서 자신의 모듈만 편집했는데, 이는 TAS에서 했던 방식과 같았습니다. 이후 컴파일하고 테스트를 진행했으며, 변경 사항이 제대로 동작한다고 확신이 들면 다시 마스터 소스 테이프를 가져와 새로운 마스터 소스 테이프에 복사하면서 자신이 수정한 모듈만 교체했습니다. 그러고 나서 예전 마스터는 폐기하고 새 마스터를 랙에 꽂았으며, 리스트도 새 버전으로 교체한 후 코르크 보드에서 압정을 제거했습니다.

하지만 여러분은 저희가 정말 이런 절차를 따랐을 것이라고 생각하나요? 물론 앞서 말한 과정은 일종의 공식적인 절차이기는 했습니다. 가끔은 실제로 그렇게 따르기도 했습니다. 하지만 우리는 서로를 잘 알고 있었고, 누가 무엇을 작업하고 있는지도 다 알고 있었습니다. 게다가 대부분 같은 연구실 안에서 함께 일했기 때문에 실제로는 그냥 큰소리로 "이 모듈 내가 하고 있어!"라고 외치고는 했습니다. 이상하게도 그런 방식이 대부분 잘 돌아갔습니다.

1978년

M365는 코어 메모리를 사용하는 큰 컴퓨터고 크기는 전자레인지 두 대 정도입니다. M365는 전력 소모도 많았으며 테이프 드라이브를 갖추고 있었지만, 중앙 교환국 같은 거친 산업 환경에 적합하도록 설계된 장비는 아니었습니다. 따라서 이 컴퓨터를 더 많이 납품할수록 현장 서비스의 부담은 커져만 갔습니다. 저희는 더 나은 해결책이 필요했습니다.

당시 싱글 칩 마이크로컴퓨터(single-chip microcomputers)는 막 새롭게 등장한 기술이었습니다. 인텔은 1971년에 4비트 4004를, 1972년에 8비트 8008을, 1974년에는 훨씬 더 개선된 8비트 8080을, 1976년에는 더 발전된 8085를 내놓았습니다. 저희가 선택한 것은 바로 그 8085였습니다.

저희 계획은 M365 기반의 COLT를 완전히 8085 기반 COLT로 교체하는 것이었습니다. 하드웨어 팀은 프로세서 보드, 솔리드 스테이트 RAM 보드, ROM 보드를 제작했습니다. 한편 CK와 저는 M365 COLT 코드를 8085 어셈블리어로 변환하는 작업에 전념했습니다.

어셈블러는 M365에서 실행되었기 때문에 저희는 일반적인 M365 프로그래밍에서 사용하던 것과 동일한 편집 및 컴파일 절차를 그대로 활용할 수 있었습니다. 게다가 특별히 임시 제작한 회로 보드가 하나 있었는데, 이를 통해 M365에서 생성된 8085 바이너리를 8085 프로토타입의 RAM으로 전송할 수 있었습니다.

18비트 워드 기반의 단일 누산기 컴퓨터용 어셈블리 프로그램을 바이트 단위 주소 지정과 레지스터를 여러 개 가진 8비트 컴퓨터용 어셈블리 언어로 변환하는 일은 꽤 흥미로운 도전이었습니다. 하지만 저희는 그 작업을 상당히 빠르게 해냈습니다. 당시 전체 프로젝트가 6개월 안에 완료되었던 것으로 기억하고 있습니다. 심지어 저희는 전체 시스템을 읽기 전용 메모리(ROM)에서 구동하는 것까지 성공했습니다.

결국 저희는 32K ROM과 32K RAM을 원래 M365 COLT의 5분의 1 크기에 불과한 작은 컴퓨터 안에 집어넣는 데 성공한 것입니다. 테이프 드라이브도 없었고, 전력 소모도 적었으며, 잘 밀폐된 방탄용 랙과 장착과 탈착이 가능한 산업용 인클로저로 옮긴 것이었습니다. 정말 모든 것이 완벽했습니다.

하지만 한 가지 문제가 있었습니다. 프로그램이 모놀리식 구조[17]였다는 점입니다. 그래서 어떤 모듈에 아주 작은 변경만 가해도 프로그램 전체의 주소가 바뀌었고, 결국 32K ROM 전체를 다시 굽고 재배포해야 했습니다. 게다가 ROM 칩이 각각 1K였기 때문에 무려 칩을 32개 다시 구워야 했습니다. 이는 현장 서비스 담당자들에게는 악몽과도 같았고, 부품 비용 측면에서도 엄청난 부담이었습니다.

이에 대해 제 상사였던 켄이 해결책을 제시했습니다. 그것은 바로 벡터(vector)였습니다. ROM에 있는 모든 서브루틴을 가리키는 벡터 테이블을 RAM에 만드는 것입니다. 모든 서브루틴 호출은 반드시 이 RAM 벡터를 거치도록 하고, 시스템이 시작될 때 그 서브루틴 주소들을 RAM에 로드하는 작은 부트 프로세스도 작성하기로 했습니다. 이는 처음에는 아주 간단한 작업처럼 보였습니다.

17 역주 소프트웨어 애플리케이션을 하나의 큰 코드 베이스(일종의 큰 덩어리)로 만든 것을 의미합니다. 이는 초기 소프트웨어 개발을 빠르게 진행할 수 있고 코드 관리가 용이하다는 장점이 있지만, 규모가 커질수록 수정이 복잡해지고 확장성이 떨어진다는 단점이 있습니다.

하지만 그 작업을 구현하는 데는 꼬박 3개월이 걸렸습니다. 우리가 처음 생각했던 것보다 훨씬 더 복잡했습니다. 저는 모든 서브루틴을 분리해 내고, 각각의 크기를 재며, 그것들을 1K ROM 칩 안에 맞게 배치할 수 있는 정렬 방식을 고안해야 했습니다. 그리고 모든 서브루틴이 올바르게 호출되도록 보장해야 했습니다.

아이러니하게도 당시 우리가 구현했던 것은 훗날 객체(object)에 대한 개념을 예고하는 것이었습니다. 이제 각 ROM 칩은 자체적인 vtable[18]을 가지게 되었고, 모든 호출은 그 테이블을 거쳐 간접적으로 이루어졌습니다. 덕분에 우리는 다른 칩들과 독립적으로 각각의 칩을 수정하고, 컴파일하며, 배포할 수 있었습니다.

1979년

1979년에 들어서 프로그래머도 훨씬 더 많아졌고 설치된 시스템의 규모도 더 커졌으며, 고객들은 점차 더 많은 기능을 요구하기 시작했습니다. 그러나 문제는 M365 그 자체와 정신이 마비될 정도로 비효율적인 편집 및 컴파일 과정이었습니다. 이제는 더 크고 더 나은 컴퓨터가 필요할 때였습니다. 바로 PDP-11을 도입할 때가 되었죠.

당시 우리 팀은 PDP-11/60 컴퓨터를 도입했습니다. 여기에는 RK07 분리형 디스크 드라이브 두 대, 프린터, 백업 및 소프트웨어 배포용 테이프 드라이브 두 대, RS-232 포트 16개가 함께 제공되었습니다. RK07은 용량이 25MB인 분리형 디스크였지만, 실제로는 디스크를 분리하는 일은 없었습니다. 우리는 단순히 총 50MB를 기본 저장 장치로 사용했습니다.

요즘 기준으로는 50MB가 그리 큰 용량이 아니라고 느껴지겠지만, 당시로서는 거의 무한에 가까운 저장 공간이었습니다. 제가 그 시스템을 주문하던 날을 아직도 기억합니다. 저는 테라다인 센트럴 복도를 돌아다니며 미친 마녀처럼 깔깔 웃으며 이렇게 외쳤습니다. "무려 오십 메가바이트다! 무아하하하하하!"

---

18 역주 벡터 테이블입니다.

우리는 VT100 터미널도 함께 주문했습니다. 저는 시설 관리 직원에게 부탁하여 작은 방 하나를 꾸며 워크스테이션을 여섯 개 만들고, 벽에는 우주 사진들로 멋지게 장식했습니다. 그곳에 VT100들을 설치했습니다. 당시 우리 CEO는 이렇게 말했습니다. "프로그래머들은 개인 책상 위에 VT100을 **두면 안 됩니다**." 하지만 **그 규칙**이 얼마나 오래 지켜졌을지는 여러분도 쉽게 짐작할 수 있을 것입니다.

매뉴얼은 컴퓨터가 도착하기 전에 먼저 도착했습니다. 저는 그것들을 집으로 가져가 주말 동안 완전히 파고들 듯 읽었습니다. 그 과정에서 RSX-11M 운영체제, 에디터, 어셈블러, DCL 명령어 언어를 익혔습니다. 그리고 컴퓨터가 실제로 도착했을 무렵, 저는 이미 준비가 되어 있었습니다.

우리는 그 컴퓨터를 위해 전용 컴퓨터실을 마련했고, 저는 출입문에 반드시 번호식 잠금 장치를 달도록 했습니다. 그 컴퓨터는 제 것이었고, 제 허락 없이는 아무도 그 방에 들어올 수 없었습니다. 네, 저는 그런 사람입니다. 게다가 실제로 그런 일을 맡고 싶어 하는 사람은 저 말고는 아무도 없었습니다.

PDP-11을 가동할 수 있도록 만드는 일은 꽤나 큰 수고가 필요했었습니다. 당시 PDP-11과 함께 제공된 것은 DECwriter 터미널이었는데, 저희는 그것을 컴퓨터실에 그대로 두고 메인 콘솔로 사용했습니다. 또 RSX-11M 운영체제가 담긴 테이프도 함께 왔습니다.

저는 테이프의 운영체제를 컴퓨터에 로드해서 최소한의 시스템을 가동시켜 보았습니다. 그러나 RSX-11M은 디스크나 RS-232 포트를 인식하지 못했고, 오직 테이프만 인식할 수 있었습니다. 운영체제를 RK07 디스크와 RS-232 포트에 맞게 설정하려면 재컴파일해야 했고, 몇몇 핵심 소스 파일들을 수정해야 했습니다.

저는 이 작업을 금요일에 시작했습니다. 마지막 컴파일이 끝나고 모든 것이 제대로 작동하기 시작한 것은 토요일 아침이었습니다. 정말 기나긴 작업이었지만, 결국 워크스테이션 룸의 모든 VT100이 정상적으로 작동했고 제 사무실 책상 위의 터미널도 훌륭하게 돌아가기 시작했습니다.

보스턴에 있던 테라다인 본사에도 PDP-11이 몇 대 있었는데, 그들은 우리에게 M365용 크로스 어셈블러를 보내 주었습니다. 우리는 M365와 연결된 특별한 RS-232 회선을 설치하여 PDP-11에서 바이너리를 내려받을 수 있도록 했습니다. 본사에서 보내 준 어셈블러를 이용하여 M365 개발을 점차 PDP-11로 옮기게 되었습니다.

당시 저는 보스턴 시스템스 오피스(BSO)에서 나온 8085 어셈블러도 발견했고, 그것을 사용하여 8085 COLT용 코드를 컴파일하기도 했습니다. 그래서 8085 개발 역시 자연스럽게 PDP-11로 옮겨 갔습니다.

저는 DECUS 사용자 그룹에서 자기 테이프 하나를 받았습니다. 그 안에는 온갖 유용한 프로그램들이 들어 있었는데, 그중 하나가 KED라는 화면 기반 편집기였습니다. KED를 사용하면 페이지나 성가신 명령어 입력을 신경 쓸 필요 없이 VT100 화면에서 직접 소스 파일을 편집할 수 있었습니다. 당시 KED는 현재 우리가 익히 알고 있는 vi와 약간 비슷한 느낌이었습니다.

PDP-11은 매우 견고한 컴퓨터입니다. 메모리는 256KB고, 명령 실행 시간은 1마이크로초에 불과합니다. 고정소수점 연산과 부동소수점 연산도 매우 빨랐습니다. 워크스테이션 여섯 대를 동시에 무리 없이 지원했습니다(제 사무실 터미널까지 합치면 일곱 대였지만, 당시 저는 대부분 워크스테이션 룸에서 일했습니다).

하지만 BSO의 8085 컴파일러는 메모리를 지나치게 많이 사용했습니다. 동시에 두 개 이상 실행할 수 없었고, 그렇게 되면 다른 터미널이 모두 심각하게 느려졌습니다. 그래서 저는 작은 스크립트를 작성하여 컴파일 요청을 큐에 넣고 하나씩 순차적으로 실행되도록 만들었습니다. 덕분에 컴파일을 시작하기 위해 3~5분을 기다려야 하는 답답함은 있었지만, 그래도 모든 것을 M365에서 컴파일하던 시절에 비하면 **훨씬** 나았습니다.

아울러 저는 PDP-11용 이메일 프로그램도 하나 발견했습니다. 비록 외부 네트워크 연결이 없었기 때문에 사내에서만 사용할 수 있었지만, 그 이메일 프로그램을 통해 모든 프로그래머들과 PDP-11 계정을 가진 사람들이 이메일로 소통할 수 있었습니다. 이것은 저를 포함한 모든 이에게 완전히 새로운 경험이었습니다.

참고 문헌

- Knuth, Donald. 1968. “The Art of Computer Programming, Vol. 1: Fundamental Algorithms(컴퓨터 프로그래밍의 예술, 제1권: 기본 알고리즘)”. Addison-Wesley.

CHAPTER 13

1980년대

베이비붐 세대는 이제 서른을 훌쩍 넘기고 권력의 정점에 다가가고 있습니다. 야피족(yuppies)도 성숙해졌습니다. '아메리카의 아침(Morning in America)'이라는 말처럼 사회 전반적으로 전망이 밝아 보입니다. 아무것도 잘못될 일이 없는 듯합니다. 무어의 법칙은 여전히 강력히 작동하고, 인터넷은 계속 성장합니다. 그리고 1980년대가 끝날 무렵에는 CERN에서 월드 와이드 웹이 태어났고, 베를린 장벽이 무너졌고, 냉전이 종식되었으며, 오랫동안 인류를 짓눌러 온 핵전쟁의 위협은 희미한 악몽처럼 사라졌습니다.

1980년

1980년 테라다인 센트럴(Teradyne Central)은 4-TEL 시스템을 제너럴 텔레폰(General Telephone)과 유나이티드 텔레폰(United Telephone)에 성공적으로 판매하고 있었습니다. 이 회사들과 맺은 계약은 수백만 달러 규모에 달하는 대형 거래였고, 덕분에 회사는 성장하고 확장할 수 있었습니다. 그러나 미국 최대 규모의 전화망을 가진 벨(Bell)과의 계약은 전혀 따내지 못하고 있었습니다.

당시 벨 텔레폰(Bell Telephone)은 자체 라인 테스트 시스템을 가지고 있었는데, 그들은 이를 MLT(Mechanized Line Tester)라고 불렀습니다. 저희는 회사의 COLTS나 SAC 시스템을 벨 텔레콤의 서비스 지역에 판매하고 싶어 벨과 여러 차례 엔지니어링 미팅을 진행했습니다.

그런데 왜 벨 텔레콤이 굳이 우리 회사와 만났을까요? 사실 그 당시 벨 텔레콤은 대규모 반독점 소송 중이었으며, 자신들이 지나치게 독점적이지 않다는 인상을 줄 필요가 있었던 시기였습니다.

어쨌든 그런 이유로 저는 상사와 함께 뉴저지로 가서 벨 텔레콤의 MLT 엔지니어들과 이야기를 나누었습니다. 비록 그 미팅에서 큰 진전은 없었지만, 기억나는 장면이 하나 있습니다. 당시 저는 엔지니어들에게 "MLT 시스템은 어떤 언어로 프로그래밍하시나요?"라고 물었고, 벨 텔레콤의 한 엔지니어가 몹시 거만한 표정으로 "당연히 C죠."라고 말했던 순간입니다.

사실 저는 그때까지 C 언어라는 것을 들어 본 적이 없습니다. 그래서 그 엔지니어의 말을 듣자마자 호기심이 강하게 일었고, 회의가 끝나자 곧바로 근처 Kroch's & Brentano's 서점에 들러 커니핸과 리치가 쓴 〈The C Programming Language(C 프로그래밍 언어)〉(일명 K와 R) 책을 구해 읽기 시작했습니다. 그리고 며칠 지나지 않아 저는 C 언어에 완전히 빠져들었습니다. 이어서 PDP-11용 C 컴파일러를 반드시 **구해야 한다는** 생각이 들었습니다.

때마침 저는 P. J. 플라우거(P. J. Plauger)가 창업한 와이트스미스(Whitesmith's)라는 회사에서 판매하는 C 컴파일러를 발견합니다. 이 컴파일러는 PDP-11뿐만 아니라 8085용으로도 컴파일할 수 있었습니다. 저는 그 컴파일러를 PDP-11에 설치하여 실행시켰고, 재미 삼아 C 프로그램을 작성하기 시작했습니다. 대부분 프로그램들은 PDP-11에서는 아무 문제없이 잘 돌아갔지만, 8085에서 실행되도록 만드는 일은 조금 더 까다로운 일이었습니다.

당시 제가 사용한 C 라이브러리는 **helloworld.c** 같은 단순한 프로그램을 실행할 때조차도 컴퓨터에 I/O 장치가 기본적으로 있다고 가정했습니다. 그래서 저는 8085용 I/O 서브시스템을 직접 작성해야 했습니다. 아주 기초적인 수준이었지만 다행히 잘 동작했고, 덕분에 8085 시스템에서도 C 프로그램을 실행할 수 있었습니다.

저는 커니핸과 플라우거가 쓴 〈Software Tools(소프트웨어 도구)〉라는 책도 구해 읽었습니다. 이 책은 포트란을 **ratfor**라는 C와 유사한 언어로 변환하는 방법을 알려 주고 ls, cat, cp, tr, grep, roff 같은 유닉스 표준 도구들을 ratfor로 구현하는 방법도 소개하고 있습니다.

저는 책을 읽다가 회사의 DECUS 테이프 중에서 Software Tools 디렉터리를 본 기억이 났습니다. 그래서 그것을 찾아내 전체 소프트웨어 도구 모음을 실행해 보았습니다. 드디어 PDP-11에서도 유닉스와 비슷한 명령들을 사용할 수 있게 된 것입니다. 저는 곧바로 roff[1]에 푹 빠져들었고, 그 후 몇 년 동안 모든 문서를 이 훌륭한 마크업 언어로 작성했습니다.

저는 M365에 있던 MPS 시스템을 무척 좋아했기 때문에 8085에도 이와 비슷한 것이 필요하다고 생각했습니다. 그래서 C 언어로 MPS와 유사한 시스템을 만들어 8085에서 동작하도록 만들었습니다. 제가 만든 그 시스템에 '기본 운영체제 및 스케줄러(Basic Operating System and Scheduler, BOSS[2])'라는 이름을 붙였습니다. 이는 이후 여러 중요한 프로젝트의 기반이 되기도 했습니다.

그렇게 저는 어느새 C 언어의 전도사가 되어 회사 어디를 가든 C 언어를 적극적으로 알리고 다니기 시작했습니다. 그러나 당시 회사는 어셈블리어 중심의 개발 문화였기 때문에 사람들 반응은 대부분 "C는 너무 느려서 못 쓰겠다."라는 것이었습니다. 저는 실제로 동작하는 프로젝트들을 통해 이 고정 관념을 깨야겠다고 결심했고, 다행히도 그 기회는 금세 찾아왔습니다.

또 1980년에 처음으로 소프트웨어 잡지를 정기 구독하기도 했습니다. 그 잡지는 바로 〈Dr. Dobb's Journal of Computer Calisthenics & Orthodontia〉였습니다. 저는 그 잡지의 모든 호를 빠짐없이 정독했고, 1980년 5월호에서 론 케인(Ron Cain)의 Small-C 컴파일러 소스 코드가 전부 실려 있는 것을 보고는 정말 깜짝 놀랐습니다.

시스템 관리자

이후 PDP-11의 실질적인 시스템 관리자 역할을 맡게 되었습니다. 즉, PDP-11과 관련해서 무언가 문제가 생기면 사람들이 가장 먼저 찾는 사람이 바로 저였습니다. 매일 변경 작업

1 역주 유닉스 계열 운영체제에서 사용되는 문서 서식 지정 언어 및 시스템입니다.

2 사내에서는 "Bob's Only Successful Software(밥의 유일하게 성공한 소프트웨어)"라는 이름으로 불렀습니다.

에 대한 시스템 백업이 이루어지고, 매주 전체 백업을 확인하는 것도 제 책임이었습니다. 한 달에 한 번씩 디스크 조각 모음을 했고, 그 시스템에서 필요한 소프트웨어와 도구들이 제대로 구동되도록 관리하는 것 또한 제 몫이었습니다.

저는 모뎀 회선을 여러 개 연결하여 언제든 전화를 걸어 시스템을 확인할 수 있도록 했습니다. 집에는 VT100 터미널과 음향 결합 모뎀을 두어 주말에도 시스템을 유지 보수할 수 있게 했습니다. 고객사 현장에 며칠 이상 출장 가야 할 때는 VT100과 모뎀을 항공 화물로 보내 호텔 방에 설치해서 사용하기도 했습니다.

그렇게 **어떤 방법을 써서든** 항상 시스템과의 연결 상태를 유지해야만 했습니다.

pCCU

1980년 당시 전화 회사들은 디지털 혁명을 겪고 있었습니다. 그 배경에는 구리 가격이 있습니다. 구리 가격은 계속 올라가고 있었고, 전화 회사들은 땅속에 묻거나 전신주에 걸어 둔 **엄청난 양**의 구리선을 회수하고 싶어 했습니다.

그래서 전화 회사들은 중앙 교환국(central office)에 있던 오래된 릴레이식 스위치를 **디지털** 스위치로 교체하기 시작했습니다. 디지털 스위치는 전화 통화를 디지털로 전환한 후 동축 케이블에 다중화 방식[3]으로 전화 통화 내역을 전송했습니다. 동축 케이블은 수십 마일 떨어진 지역까지 하나의 회선으로 연결할 수 있었고, 그곳의 수신 장치가 신호를 다시 역다중화하여 **훨씬 짧은** 구리선만 가지고도 각 가정과 사업장에 전화를 연결할 수 있었습니다.

이런 상황은 저희 SAC/COLT 아키텍처에 큰 걸림돌이 되었습니다. 전화 걸기(다이얼)는 여전히 스위치가 있는 중앙 교환국에서 할 수 있었지만, 회선 측정은 구리선이 연결된 수신 장치 쪽에서 해야 했습니다. 그래서 저희는 새로운 방안을 떠올렸습니다. 중앙 교환국에서 스위치와 통신하는 COLT 제어 장치(COLT Control Unit, CCU)와 각 수신 장치에 설치되어 실제

---

3 역주 하나의 케이블에 여러 신호나 데이터 흐름을 동시에 전송할 수 있도록 하는 기술입니다. 즉, 여러 사용자가 동일한 회선이나 채널을 효율적으로 사용할 수 있게 해 주는 방법입니다.

측정을 담당하는 COLT 측정 장치(COLT Measurement Unit, CMU)를 두는 것이었습니다. 그리고 CCU는 모뎀을 통해 CMU들과 통신하도록 설계했습니다.

이는 4-TEL 시스템에서 대대적인 아키텍처 변화였고, 저희가 고객사들에게 반드시 구현하겠다고 약속한 부분이기도 했습니다. 그러나 고객사들이 당초 계획했던 일정을 지키지 않고 있었기 때문에 저희 회사 입장에서도 당장 많은 자원을 투입해야 한다는 압박을 느끼지는 않았습니다.

그러던 중 한 소규모 고객사가 디지털 스위치를 설치하더니 CCU/CMU를 가능한 한 빨리 제공해 달라고 요청해 왔습니다.

저는 상사가 이 소식을 전해 주자 당황했습니다. 저는 CCU/CMU가 완성되려면 **적어도** 1년은 걸린다고 말했습니다. 그러나 상사는 두 눈썹을 치켜올리는 특유의 표정을 지으며 이렇게 말했습니다. "아, 하지만 이번 건은 특별한 경우야."[4]

여기에서 상사가 말한 특별한 경우라는 것은 그 고객사가 수신 장치를 단 두 개만 가지고 있고, 전화번호의 한 자릿수만 보면 어느 수신 장치를 사용할지 쉽게 구분할 수 있다는 점입니다. 게다가 그 수신 장치들은 기존 장치들보다 좋은 스위칭 장비를 갖춘 위성 중앙 교환국(satellite CO)이었습니다. 즉, 다이얼링도 중앙 교환국이 아니라 수신 장치 쪽에서 처리할 수 있다는 것입니다. 따라서 저희가 해야 했던 일은 SAC에서 명령을 받는 장치를 중앙 교환국에 하나 두고, 전화번호를 확인해서 해당 위성 중앙 교환국의 COLT로 명령을 전달하기만 하면 되는 것이었습니다. 즉, 아주 간단한 일이었습니다.

저희는 이 새로운 장치를 pCCU라고 불렀습니다. 저는 이를 C 언어와 BOSS를 이용하여 전부 만들었고, 불과 며칠 안 되어 실제로 동작하도록 만들었습니다. 그리고 그 장치를 고객사에 납품했고 다행히 모든 일이 순조롭게 해결되었습니다.

그렇게 1980년의 들뜬 시기 동안 저는 소프트웨어 책을 많이 읽기 시작했습니다. 근처 Kroch's & Brentano's 서점의 컴퓨터 코너는 점점 커지고 있었고, 저는 일주일에 두

4 역주 개인적으로 이 부분에서 PTSD가 오려고 하네요.

세 번씩 들러 그곳을 살펴보았습니다. 저는 그곳에서 〈Queuing Theory(대기 행렬 이론)〉, 〈Fundamental Algorithms(기본 알고리즘)〉, 〈Structured Analysis and System Specification(구조적 분석과 시스템 명세)〉 같은 책을 비롯해서 수많은 책을 읽었습니다. 그리고 이 책들은 제 생각을 완전히 뒤흔들어 놓았습니다.

1981년

DLU/DRU

텍사스에 있던 한 고객사는 지리적으로 매우 넓은 서비스 지역을 보유하고 있었습니다. 텍사스라니 더 말할 필요도 없지요. 그 고객사는 서비스 지역이 너무 넓어서 수리 센터를 베이타운(Baytown)과 샌 안젤로(San Angelo) 이렇게 두 도시에 두어야 했습니다. 당시 그 고객사의 SAC는 샌 안젤로에 있었기에 그들은 베이타운에서도 SAC 단말기를 사용할 수 있는 방법이 필요했습니다.

SAC 단말기는 특별하게 제작된 단말기로 독자적인 초고속 직렬 연결 방식을 사용했습니다. 따라서 당시에는 SAC 단말기를 일반적인 모뎀에 직접 연결할 방법이 없었습니다. 저희가 내놓은 해결책은 9600bps 모뎀 회선으로 연결되는 새로운 장치를 두 개 만드는 것입니다. 즉, 디스플레이 로컬 유닛(Display Local Unit, DLU)은 샌 안젤로의 SAC에 연결하고, 디스플레이 원격 유닛(Display Remote Unit, DRU)은 베이타운의 랙에 설치하여 고속 직렬 포트에 SAC 단말기를 연결하도록 했습니다. 당시 DLU와 DRU는 모두 인텔 8085를 기반으로 제작되었습니다.

그리고 SAC 안에 가상 단말기도 만들어야 했는데 그 작업을 제가 맡았습니다. 저는 이미 오래된 M365 SAC 코드를 손바닥 보듯 잘 알고 있었기 때문에 그 작업에 적격이었습니다. 또 저는 DLU 소프트웨어도 직접 설계하고 C와 BOSS를 이용해서 구현하기도 했습니다.

DLU의 설계는 전형적인 소비자-생산자(consumer-producer) 방식[5]의 데이터 처리 시스템입니다. 즉, SAC에서 수신한 데이터를 패킷으로 묶어 DRU로 보내는 프로세스를 두고, 또 다른 프로세스는 큐에서 그 패킷을 꺼내 9600bps 모뎀 회선으로 전송하는 방식입니다. 이 밖에도 자잘한 작업을 처리하는 몇 가지 다른 프로세스가 함께 실행되도록 했습니다.

DRU는 제 후임이었던 마이크 케어우(Mike Carew)가 설계하고 구현했습니다. 마이크는 매우 뛰어나면서도 고집이 세고, 말 그대로 황소처럼 완고한 친구였습니다. 저희는 함께 던전 앤 드래곤(Dungeons & Dragons)을 즐기고는 했는데 그는 언제나 크고 건장한 전사 캐릭터를 맡았습니다.[6] 그가 선택한 DRU 설계 방식은 모뎀에서 단말기로 이어지는 전체 문자 흐름을 하나의 프로세스로 작성한 후 각 단말기마다 그 프로세스를 복제하는 것입니다.

즉, 저는 작은 프로세스를 여러 개 병렬로 실행시킨 후 큐를 통해 데이터를 주고받도록 설계한 반면, 그는 하나의 거대한 프로세스를 만들어 단말기마다 그것을 복제하는 방식을 택했습니다. 저희 둘은 이 두 가지 접근법을 두고 끝없이 토론하고는 했습니다. 한 번은 다른 개발자들과 학생들에게 DLU와 DRU의 내부 설계를 교육하는 자리에서조차 논쟁을 하기도 했습니다. 하지만 저는 그와의 논쟁이 꽤나 즐거웠습니다.

비록 마이크와 설계 철학의 차이가 있었지만, 우리가 구현한 시스템은 매우 잘 동작했습니다. 고객도 만족했고 회사 역시 만족했습니다.

그렇게 지난 4년 동안의 프로젝트들은 저에게 큰 깨달음을 주었습니다. 저는 소프트웨어 설계 원칙이 무엇인지 점차 이해하기 시작했습니다. 또 인텔 8085 ROM 칩의 벡터링 초기화(initial vectoring)[7] 작업은 저에게 독립적인 개발과 독립적인 배포 가능성(independent developability and deployability)이라는 개념을 알려 주기도 했습니다. 그리고 이어진 pCCU와 DLU/DRU 프로젝트는 프로세스들이 서로 협력하는 다양한 방식에 대해 고민하게 만들었습

---

5 역주 데이터를 생성하는 주체(생산자)와 이를 소비하여 처리하는 주체(소비자)를 분리하는 설계 패턴입니다.

6 그가 맡았던 캐릭터 이름은 스틸가(Stilgar)였습니다.

7 역주 마이크로프로세서(예 8085)가 시스템이 리셋되거나 전원이 켜졌을 때 자동으로 정해진 특정 메모리 주소로 이동하여 프로그램 실행을 시작하도록 하는 과정을 의미합니다.

니다. 아울러 C 언어는 이런 아이디어들을 매끄럽게 연결해 주는 중요한 윤활유 역할을 했습니다.

그렇게 끊임없이 이어진 고민들은 머지않아 저를 수년간 몰두하게 만들 거대한 프로젝트에 적용되기도 했습니다.

이후 회사는 계속 성장했고, 더 이상 노스브룩에 있던 작은 사무실로는 감당할 수 없을 정도가 되었습니다. 그래서 회사는 건축가를 고용하여 자체 사옥을 짓기 시작했습니다. 그동안 우리 팀은 몇 마일 떨어진 휠링(Wheeling)의 울프 로드(Wolf Road)라는 도시에 있는 임시 시설로 이전했고, 그곳에서 1년 동안 일을 했습니다.

팀은 이사를 계기로 PDP-11/60을 처분하고 VAX 750을 새로 구입했습니다. VAX는 훨씬 더 빠르고 강력한 컴퓨터입니다. 램은 무려 1MB였고, 사이클 타임은 320ns에 불과했습니다. 정말 괴물 같은 성능입니다.

우리는 VAX를 컴퓨터실에 설치하고 모든 연결을 마쳤습니다.

VMS를 운영하는 것은 RSX 11-M을 사용할 때보다 훨씬 좋았습니다. 기존 모든 컴파일러와 도구들은 여전히 PDP-11 모드에서 잘 동작했습니다. BSO 어셈블러 때문에 겪었던 어려움들도 넉넉한 메모리와 더 빠른 기계 덕분에 사라졌습니다. 그렇게 삶은 한결 좋아졌습니다!

애플 II

한편 회사의 CFO(최고재무책임자) 사무실 책상에는 새로운 컴퓨터가 놓여 있었습니다. 그것은 바로 애플(Apple) II였으며, CFO는 그 컴퓨터를 이용하여 최초의 스프레드시트 애플리케이션인 VisiCalc를 실행했습니다.

저는 업무 환경에서 개인용 컴퓨터가 사용되는 것을 그때 처음 보았습니다. 누군가 책상 위에 컴퓨터가 놓여 있는 것을 본 것도 처음입니다. 저는 머지않아 내 책상 위에도 컴퓨터가 놓이리라는 생각이 들었지만 확신은 못하고 있었습니다.

그 후 2년이 지나면서 사무실에는 점점 더 많은 애플 II가 도입되기 시작했습니다. 하지만 그 컴퓨터들은 언제나 비즈니스 부서 사람들의 책상 위에만 놓였습니다.

그들은 회계 담당자, 영업 관리자, 마케팅 관리자였으며, 이들 모두 스프레드시트를 다룰 필요가 있었기에 개인 컴퓨터를 갖게 되었습니다. 저는 정말 그들이 부러웠습니다.

새로운 제품

빠르게 성장하고 있던 우리 회사에는 이제 새로운 제품이 필요해졌습니다. CEO는 우리 몇 명을 불러 모아 앞으로 어떤 신제품을 만들어 판매할 수 있을지 고민해 보라고 지시했습니다. 당시 이 세상은 컴퓨터와 전화 혁명의 한가운데 서 있었고, 기회는 무궁무진해 보였습니다. 제 상사 켄 파인더(Ken Finder), 동료 제리 피츠패트릭(Jerry Fitzpatrick), 제가 새로운 방향을 모색하는 팀으로 선정되었습니다.

먼저 우리는 여러 기술에 대해 깊이 이해해야 했습니다. 그래서 본격적으로 실험할 시간을 만들었습니다. 팀은 약 반년 동안 음성 기술을 프로토타이핑하기도 하고, 씨게이트(Seagate)에서 나온 새로운 ST-506 5MB 5.25인치 디스크 드라이브를 가지고 이것저것 실험도 했습니다.

한때 우리는 음소(phoneme)[8] 생성기를 활용하는 방안을 고민하기도 했습니다. 제리는 브레드보드(breadboard)[9]로 간단한 음소 생성기와 전화 인터페이스를 만들었고, 저는 인텔 8085용 C 프로그램을 급히 만들었습니다. 그 프로그램은 키보드로 입력된 문장을 단어 단위로 나눈 후 각 단어에 해당하는 음소를 찾아내어 생성기로 전송했습니다. 또 전화 걸기 기능도 수행할 수 있었습니다.

인텔 8085는 직렬 포트를 통해 VAX에서 음소 라이브러리를 가져와 RAM 안의 이진 트리에 적재했습니다. 저는 이때 처음으로 재귀적인 이진 트리 탐색기를 작성했는데, 그 과정이 무척 짜릿하게 느껴졌습니다.

---

8 역주 어떤 언어에서 단어의 뜻을 구별하는 최소의 소리 단위입니다.

9 역주 납땜 없이 전자 부품을 꽂아 임시 회로를 구성하고 테스트하는 데 사용되는 기판입니다.

그렇게 시스템이 준비되자 우리는 사무실 사람들에게 전화를 걸어 "미국의 첫 번째 대통령은 누구입니까?" 같은 질문을 했습니다. 음소로 합성된 목소리는 상당히 로봇처럼 들렸지만, 충분히 이해 가능한 수준이었습니다. 그러나 결국 우리는 회사의 새로운 제품으로 전혀 다른 기술을 선택했습니다.

한편 저는 당시 VAX 750의 시스템 관리자로 일하고 있었는데, 회사의 확장으로 사용량이 빠르게 늘어나 그 성능을 초과하기 시작했습니다. 그래서 새로 지을 사옥에 VAX 780을 설치할 계획을 세우기도 했습니다.

그렇게 이사를 준비하면서 켄, 제리, 저는 신제품에 대한 비전을 구체화했습니다. 그리고 1981년 가을 우리는 새로운 제품을 제안합니다. 그것은 바로 Electronic Receptionist(E.R.)라고 하는 세계 최초의 디지털 음성 사서함 및 통화 관리 시스템입니다.

1982년

요즘 전화를 걸면 "의료 상담은 1번, 신규 예약은 2번, 불만 접수는 3번을 누르세요……." 같은 귀찮은 안내 문구들을 줄줄 읽어 주는 경우가 많음을 잘 알 것입니다. 하지만 그런 식으로 시스템이 만들어진 것은 사실 제 책임은 아닙니다. 제가 원했던 E.R.은 그런 방식이 아닙니다. 제가 원했던 것은 옛날의 전통적인 전화 교환원처럼 전화를 연결해 주는 역할을 하는 것입니다.

즉, E.R.이 설치된 회사에 전화를 걸면 시스템이 전화기 버튼을 이용해서 통화하고 싶은 사람의 이름[10]을 입력하도록 요청하는 것입니다.[11] 그리고 E.R.이 해당 인물과 통화를 연결해 주죠. 다시 말해 사람들이 미리 연락받을 수 있는 전화번호를 E.R.에 등록해 두고, E.R.은 그 전화번호를 이용해서 전화를 돌려 주는 방식입니다. 또 상대방이 전화를 받지 않으면 E.R.이 메시지를 대신 받아 두었다가 나중에 전달하는 기능도 있었습니다.

---

10 존 케메니(John Kemeny)의 예언을 기억하나요?

11 …… 마치 케메니가 예견했던 것과 매우 비슷한 방식입니다.

그 당시에는 휴대 전화가 등장하기 훨씬 전이었기에 전화를 받는 사람이 본인 자리에서 벗어나 있으면 직접 전화를 연결하는 것이 불가능했습니다. 그러나 E.R.이 있으면 전화를 건 사람이 다시 연락받을 수 있는 전화번호를 시스템에 남기기만 하면 되었습니다. 번호를 여러 개 남겨 두면 E.R.이 그 모든 번호에 대해 전화 연결을 순차적으로 시도해 주었습니다.

저희는 이런 아이디어를 특허로 출원했고, 미국에서 최초의 음성 사서함(voicemail) 특허를 확보했습니다.

그렇게 특허를 출원하자 이제 해야 할 일이 산더미처럼 쌓였습니다. 모든 하드웨어를 설계하고 디버깅하며 생산 준비를 마쳐야 했습니다. 소프트웨어도 설계하고 구현해야 했습니다. 개발 환경도 마련해야 했습니다.

우리 회사 최고의 엔지니어 중 한 명인 어니(Ernie)가 인텔 16비트 80286 칩을 기반으로 한 새로운 컴퓨터 보드를 설계하고 제작했습니다. 그것은 8085와 비교하면 괴물 같은 성능을 가진 보드입니다. 우리는 그 컴퓨터 보드에 'Deep Thought'[12]라는 이름을 붙였고, 그 보드는 E.R.의 주요 컴퓨터가 되었습니다.

우리는 그 'Deep Thought'에 256KB RAM과 10MB 용량의 씨게이트 ST-412 5.25인치 디스크 드라이브도 장착했습니다.

그 당시에는 소형 운영체제가 그리 많지 않았습니다. 디지털 리서치(Digital Research)의 CP/M이 몇 년 전부터 있었지만, 저희에게는 좀 더 강력한 기능이 필요했습니다. 마침 그들의 MP/M-86 변형 버전이 막 나온 참이었는데, 저희가 시험해 보니 꽤 잘 동작하는 것 같았습니다.

저희는 VAX 780용 어셈블러와 C 컴파일러를 구했고, 시중에서 구할 수 있는 보드들을 활용하여 개발 환경을 갖추었습니다. 본격적으로 E.R.을 위한 프로토타입 코드를 작성하기 시작했습니다.

---

12 당시 우리 모두는 <The Hitchhiker's Guide to the Galaxy(은하수를 여행하는 히치하이커를 위한 안내서)>의 팬이었습니다.

음성과 전화 하드웨어는 인텔 80186에 의해 구동되었으며, 이 칩은 Deep Thought와 메모리를 공유했습니다. 80186은 제리 피츠패트릭(Jerry Fitzpatrick)이 설계한 여러 음성 전화 보드와 전용 연결을 가지고 있었습니다. 우리는 그 보드들을 'Deep Voice'라고 불렀습니다. 오디오 기술로는 1비트 CVSD[13] 방식을 사용했으며, 이를 통해 1MB당 약 5분 분량의 음성을 저장할 수 있었습니다.

디버깅을 위해 저는 Forth[14]와 유사한 작은 인터프리터를 만들어 Deep Voice에서 실행되도록 했습니다. 이를 이용하여 보드가 특정 소리나 음성 파일을 재생하게 하거나 터치 톤 신호 및 기타 이벤트에 반응하도록 테스트할 수 있었습니다. 이 Forth 시스템은 실제 제품에는 사용되지 않았지만, 문제가 생겼을 때 언제든지 디버깅에 활용할 수 있도록 항상 탑재해 두었습니다.

그렇게 또 1년이 지났고 사무실도 한 번 더 옮겨야 했지만, 결국 전체 시스템은 전자레인지 정도 크기의 섀시(chassis)에 담길 수 있었습니다. 거기에는 초기 로딩을 위한 5.25인치 플로피 디스크 드라이브 두 대와 콘솔 연결을 위한 RS-232 포트가 장착되어 있었습니다.

제록스 스타

한편 회사에서는 기술 문서 작성자들을 위해 새로운 워드 프로세싱 스테이션을 구입하기 시작했습니다. 그것은 바로 제록스 스타(Xerox Star)로 정말 놀라운 기계입니다. 흑백 비트맵 그래픽 디스플레이를 갖추고 있어 8.5×11인치 크기의 한 페이지를 다양한 폰트로 렌더링할 수 있습니다. 커서는 '캣(cat)'이라는 트랙패드로 조작하고 파일은 8.5인치 플로피 디스크에 저장됩니다. 화면에는 오늘날 우리가 익숙하게 보는 것과 비슷한 '폴더' 형태로 표시되었습니다.

13 연속 가변 기울기 델타 변조(Continuously Variable Slope Delta modulation, CVSD)의 약어입니다. 당시로서는 음성을 디지털로 부호화하는 매우 효율적인 방식이었습니다.

14 역주 스택 기반의 절차적 프로그래밍 언어입니다.

저는 이 컴퓨터에 깊은 감명을 받았고, 그 배경에 있는 개념들을 연구하기 시작했습니다. 그 과정에서 윈도우, 아이콘, 마우스 장치 등 여러 가지 새로운 것을 배웠습니다.

1983년

마침 우리가 E.R.의 본격적인 세부 작업에 착수하려던 무렵, 애플이 128K 메모리를 장착한 매킨토시(Macintosh)를 발표했습니다. 저는 근처 컴퓨터 상점(당시에는 아직 애플 스토어가 없었습니다)에 가서 매킨토시가 실제 구동되는 모습을 보았습니다. 한 시간 가량 직접 앉아 맥 페인트(MacPaint)와 맥 라이트(MacWrite)를 실행해 보고 깊은 감명을 받았습니다. 얼마 지나지 않아 연구실에도 매킨토시를 한 대 들였고, 그 해가 끝나기 전에 저도 돈[15]을 주고 한 대 구입했습니다.

한편 저희는 E.R. 소프트웨어의 핵심 부분에 대한 개발에 착수했습니다.

그 당시는 정말 즐거운 시간이었습니다. 모든 것을 밑바닥부터 직접 만들었고 음성 처리 소프트웨어, 음성 사서함 소프트웨어, 파일 관리 소프트웨어 등을 모두 직접 개발했습니다.

이것은 제가 처음으로 본격적인 구조적 분석(structured analysis)과 구조적 설계(structured design)를 적용했던 프로젝트이기도 합니다. 우리는 이런 기법들을 시스템 개발에 적용해 보았고, 꽤나 잘 작동한다는 것을 알았습니다. 반면에 전통적인 폭포수(waterfall) 프로세스는 **적용하지 않았습니다.** 오히려 우리가 사용한 방식은 특별한 제약 없이 칸반(Kanban)을 이용하는 것입니다. 우리는 어느 정도 합리적인 개발 순서를 유지하면서 필요한 기능들을 하나하나 동작하게 만들었습니다.

저는 그 과정에서 정규 표현식(regular expressions), 유닉스 철학, 설계 원칙 등 수많은 개념을 배웠습니다. 그렇게 배운 것들을 곧바로 실제 개발에 적용할 수 있었습니다. 정말 전율이 이는 듯한 경험이었던 것 같습니다.

---

15 3,600달러였습니다. 이런!

우리 사무실에는 실제로 동작하는 E.R.이 있었고, 거의 매일 사용했습니다. 성능도 아주 훌륭했습니다. 몇몇 장소에 E.R. 시스템을 시범적으로 설치해 보았고, 여러 회사에 열심히 마케팅을 시도해 보기도 했습니다. 다만 관심을 보이는 곳은 많았지만 실제로 구입한 곳은 없었습니다. 우리가 만든 제품은 너무 새로웠고, 더 이상 개발과 마케팅을 지속할 시간과 자원은 바닥나 버린 상태였습니다.

결국 회사는 **프로젝트와 특허 출원**을 모두 취소했습니다. 1년쯤 후 그 특허는 VMX가 가지게 되었죠. 그리고 지금은 곳곳에 E.R.과 비슷한 기계들이 설치되어 사람들을 귀찮게 하고 있습니다. 어쩌면 제 마음의 평화를 위해서라도 그것들이 실제로는 E.R.이 아니라는 사실이 다행일지도 모르겠습니다. 그러니 지금 우리를 귀찮게 하는 음성 시스템에 대해서 저를 탓하지는 말아 주세요.

인사이드 매킨토시

저는 집에 따로 매킨토시용 Aztec-C 컴파일러를 구입하면서 〈Inside Macintosh(인사이드 매킨토시)〉라는 책도 함께 얻었습니다. 그리고 그 책을 통해 처음으로 대규모 프레임워크와 GUI 내용을 접했습니다. 하지만 책의 두께와 방대한 내용에 압도되었습니다. 그래도 저는 그 책 내용을 섭렵하여 집에 있던 작은 매킨토시로 제법 능숙하게 C 프로그램을 작성할 수 있었습니다.

BBS

1983년 당시에는 개인용 컴퓨터가 곳곳에 등장하기 시작했습니다. 동시에 전자 게시판 서비스(Bulletin Board Service, BBS)도 널리 퍼지고 있었습니다. 전자 게시판 서비스라고 해서 특별한 것은 아니고 그냥 자동 응답 모뎀에 연결되어 있는 작은 컴퓨터라고 보면 됩니다. 즉, 사람들이 모뎀을 통해 같은 공간에 접속할 수 있도록 하여 서로 의견을 나누고, 각종 소프트웨어를 내려받을 수 있게 한 것입니다.

다만 다운로드 기능을 위해서는 XMODEM이라는 프로토콜이 필요합니다. XMODEM은 단순히 확인(ack)/부정(nak) 방식에 간단한 체크섬(checksum)을 붙인 아주 단순한 프로토콜이지만 꽤 쓸 만하게 동작합니다. 문제는 매킨토시의 터미널 에뮬레이터는 XMODEM을 지원하지 않는다는 것입니다. 그래서 저는 직접 C 컴파일러로 XMODEM 플러그인을 작성하여 이진 파일을 업로드하고 내려받을 수 있도록 만들었습니다.

당시 제가 처음으로 업로드한 프로그램 중 하나는 Wator[16]입니다. Wator는 상어와 물고기의 포식자-피식자 관계를 그래픽으로 시뮬레이션해 주는 프로그램으로, 저는 Wator를 바이너리 형태로 업로드함과 동시에 소스 코드와 여러 가지 문서도 같이 업로드했습니다. 그것은 매킨토시에서 GUI 프로그램을 만드는 방법을 알려 주는 일종의 튜토리얼이기도 합니다. 그래서 많은 사람이 제 소스와 문서를 내려받았고, 그로 인해 제 이름도 점차 사람들 사이에 알려졌습니다.

테라다인에서의 C

그 무렵 테라다인(Teradyne)의 프로그래머들은 C를 자신들의 표준 언어로 삼기로 결정합니다. 한때 강하게 자리 잡고 있던 어셈블리어 중심의 개발 문화는 이미 사라진 지 오래입니다. 그래서 우리 팀은 C 전문가를 초빙하여 전 직원에게 일주일 동안 집중 강의를 진행하기도 했습니다.

1984~1986년: VRS

비록 E.R. 개발은 중단되었지만 우리 팀은 여전히 새로운 음성 기술을 보유하고 있었고, 이를 판매할 수 있는 기존 시장(전화 회사들)이 있었습니다. 그래서 저희는 새로운 아이디어를 떠올렸습니다. 그것은 바로 음성 응답 시스템(Voice Response System, VRS)[17]입니다.

---

16 Wa-Tor(Water Torus). A. K. 듀드니(Dewdney). Computer Recreations. "Scientific American(사이언티픽 아메리칸)". 1984년 12월호.

17 이 이름은 엔지니어 사이에서 진행된 공모를 통해 선정되었습니다. 후보작 가운데는 Teradyne Interactive Test System이라는 이름도 있었고, Sam Carp라는 이름도 있었는데 이는 '자본가의 탐욕이 프롤레타리아를 억압하는 또 다른 표현'이라는 농담 섞인 의도로 붙인 것입니다.

다람쥐가 전화선을 갉아 놓으면 4-TEL 시스템이 매일 밤 모든 회선을 검사하는 과정에서 전화선 이상을 감지하게 됩니다. 그리고 다음 날 아침에 수리 기술자[18]가 현장에 파견됩니다. 현장에 도착한 수리 기술자는 서비스 센터의 테스트 엔지니어에게 전화를 걸어 회선을 테스트해 달라고 요청합니다. 그런 테스트를 통해 회선이 끊어졌다는 것을 확인하고, 회선의 정전 용량(capacitance)을 측정하여 단선 지점이 어디쯤인지 추정할 수 있습니다. 그 추정치는 약 1,000피트(약 300미터) 이내의 오차 범위로 꽤 정확했습니다.

그렇게 단선 지점을 유추한 후 수리 기술자들은 해당 지점까지 차를 몰고 가 전봇대에 올라갑니다. 그리고 다시 테스트 엔지니어에게 전화를 걸어 '고장 위치(fault location)' 확인 절차를 요청합니다. 이 확인 절차 역시 4-TEL 시스템이 제공하는 기능입니다. 테스트 엔지니어가 4-TEL의 단선 위치 확인 절차를 실행하면 4-TEL 시스템은 테스트 엔지니어에게 "회선을 개방하라.", "회선을 단락시켜라.", "접지하라." 같은 지시를 전달해 줍니다. 테스트 엔지니어는 4-TEL의 지시를 그대로 전봇대 위에 있는 수리 기술자에게 전달하고, 수리 기술자는 그 지시대로 작업을 수행합니다. 이런 과정을 거쳐 4-TEL은 고장 지점까지 거리를 피트 단위로 매우 정확하게 알려 줄 수 있습니다.

말할 필요도 없이 이것은 수리 기술자들에게 매우 큰 도움이 되었습니다. 수천 피트에 달하는 회선을 따라 걸으며 다람쥐가 갉아먹은 지점을 직접 찾는 대신 고장 위치를 10~20피트 이내로 좁힐 수 있었기 때문입니다. 반면에 테스트 엔지니어에게 이 일은 그리 재미있는 일은 아니었습니다. 그들은 전화기를 들고 수리 기술자와 통화하며 단지 4-TEL의 다음 버튼을 누르고 지시 사항을 그대로 전달하는 역할만 했기 때문입니다.

VRS 시스템이 도입되면서 수리 기술자는 터치톤 명령과 음성 출력을 이용하여 4-TEL 시스템을 직접 사용할 수 있게 되었습니다. 즉, 이제는 테스트 엔지니어가 필요 없어진 것입니다. 게다가 저희가 개발한 음성 사서함 기술은 수리 기술자들을 위한 작업 지시를 대기열에 넣는 데 활용되기도 했습니다. 작업 지시를 하는 디스패처(dispatcher)는 미리 하루 치 작업을

18 당시 전화 회사들의 용어 체계에 따르면, 기술자들은 이른바 '장인(craftsmen)'이라고 불렸습니다.

음성 메시지로 등록할 수 있었고, 수리 기술자 역시 비슷한 방식으로 음성 메시지를 사용하여 작업 결과를 회신할 수 있었습니다.

즉, 그 훌륭했던 E.R. 소프트웨어가 이렇게 VRS 같은 다른 제품에도 그대로 재활용된 것입니다. 그리고 이는 회사에 큰 부가 가치를 만들어 주었습니다.

코어 워

한편 다시 집에서는 Wator의 성공을 발판 삼아 더 크고 발전된 프로그램을 전자 게시판에 업로드했습니다. 그것은 바로 A. K. 듀드니(Dewdney)의 **코어 워**(Core War)[19]라는 게임을 구현한 것입니다. 제가 구현한 게임 프로그램에는 전투 장면을 그래픽으로 표현하는 기능과 게임 프로그램을 위한 어셈블러, 당시 기준으로는 꽤나 멋진 시각적 효과와 음향 효과가 포함되어 있습니다. 저는 프로그램의 바이너리 파일과 소스 코드를 비롯하여 방대한 양의 문서를 컴퓨서브(CompuServe)라는 전자 게시판에 업로드했습니다. 그리고 다시 많은 사람이 프로그램을 내려받았고, 제 이름은 더욱더 널리 알려지기 시작했습니다.

1986년

제품 개발이 잠시 주춤하던 시기, 저는 아델 골드버그(Adele Goldberg)와 데이비드 롭슨(David Robson)의 〈Smalltalk-80〉을 읽기 시작했습니다. 저는 이 언어에 완전히 매료되었습니다.

19 그는 1984년 5월호 <Scientific American(사이언티픽 아메리칸)>의 Computer Recreations 칼럼에 이에 대한 내용을 발표했습니다.

마침 애플이 매킨토시용 스몰토크(Smalltalk)[20] 버전을 가지고 있다는 것을 알았고, 어렵게 구해 제 매킨토시에 설치해서 실행시켰습니다. 저는 스몰토크로 몇 가지 작은 프로그램들을 작성했고, 제 머릿속에서는 새로운 아이디어의 톱니바퀴가 돌기 시작했습니다.

수리 작업 배정 시스템(CDS)

VRS 고객들은 시스템을 매우 만족스럽게 사용했습니다. 그래서 저희 회사에 VRS 시스템을 자신들의 트러블 티켓 시스템(trouble-ticket systems)과 연동해 달라는 요청을 했습니다. 그들의 트러블 티켓 시스템은 1970년대에 만들어졌으며, 코볼로 작성된 오래되고 방대한 메인프레임 기반 데이터베이스들이었습니다.

그 당시에는 전화 회선 장애가 4-TEL의 회선 점검에서 발견되든 고객 신고로 접수되든 간에 전화 회사의 서비스 센터에는 전화 회선 장애에 대한 트러블 티켓(trouble ticket)이 생성되었습니다. 초기에는 이 티켓들이 작은 컨베이어 벨트나 공기 압축 튜브(pneumatic tube)를 통해 테스터와 수리 기술자에게 전달되었습니다. 하지만 1970~1980년대에 들어서는 이 모든 과정이 디지털화되어 IBM 3270의 그린 스크린 단말기에 티켓이 표시되는 방식으로 바뀌었습니다.

수리 기술자가 수리를 마치면 디스패처(작업 지시자)에게 전화를 걸어 수리 결과를 보고한 후 다음 트러블 티켓을 요청합니다. 그러면 디스패처는 자신의 그린 스크린에 떠 있는 다음 티켓 내용을 수리 기술자에게 읽어 줍니다. 저희 회사의 고객이었던 전화 회사들은 이 모든 과정을 없애고 싶어 했습니다. 즉, 저희의 음성 기술을 활용하여 VRS가 직접 수리 기술자에게 트러블 티켓을 읽어 주기 원했습니다.

이런 배경하에 CDS(Craft Dispatch System)가 탄생합니다.

당시 트러블 티켓에는 예측 가능한 값들을 담는 고정 필드가 여러 개 있었습니다. 예를 들어 고객의 이름, 주소, 전화번호 등입니다.

---

20 스몰토크 시스템의 개발 팀에는 켄트 벡(Kent Beck)도 참여했습니다.

하지만 트러블 티켓에는 수리 기술자가 요구하는 어느 정도 자유로운 형식(quasi-free-form)의 정보도 상당 부분 들어가야 했습니다.

이런 형식의 정보에는 표준 약어들과 슬래시(/)로 구분된 인자들이 포함되어 있습니다. 예를 들어 자유 형식 필드에 /IF clicks loud라고 적혀 있다면 이는 회선에 큰 잡음(click) 간섭이 있다는 뜻입니다.

당시 이와 비슷한 종류의 약어가 수백 가지나 있었습니다. 이런 약어는 수리 접수 직원이 고객과 통화하면서 입력했고, 이후 디스패처가 수리 접수 직원이 입력한 약어를 해석하여 수리 기술자에게 읽어 주는 형식이었습니다. 저희 고객은 CDS가 이 약어 정보를 직접 해석하여 수리 기술자에게 전달해 주기 원했습니다.

그러나 이 자유 형식 필드에는 문법 검증 같은 것이 전혀 없었습니다. 따라서 철자가 틀리거나 비표준 형식으로 입력될 수도 있었죠. 이는 입력한 사람이 누구인지, 또 그날 어떤 기분이었는지에 따라 달라지고는 했습니다. 하지만 디스패처들은 수리 접수 직원이 무슨 의도로 썼는지 눈치챌 만큼 충분히 숙련된 사람들이었습니다. 즉, 저희 시스템 역시 최소한 디스패처 수준으로 트러블 티켓을 해석할 수 있어야 했습니다.

필드 라벨 데이터(FLD)

저는 트러블 티켓에 담긴 모든 복잡한 정보를 하나의 데이터 패킷으로 표현할 방법이 필요했습니다. 또 그 패킷을 음성으로 변환하기 위해 질의와 해석도 가능해야 했습니다. 하지만 데이터가 너무 복잡했습니다. 심지어 자유 형식 필드 안에 또 다른 필드가 들어가는 경우도 있었습니다. 말 그대로 악몽 같은 상황이었습니다.

하지만 고객사 현장으로 가는 비행기 안에서 문득 이런 생각이 떠올랐습니다. '어쩌면 그 모든 복잡한 정보를 하나의 긴 문자열로 인코딩한 후 VRS가 그것을 디코딩하고 해석할 수 있도록 하면 되지 않을까?' 그렇게 해서 필드 라벨 데이터(Field-Labeled Data, FLD)라는 개념이 탄생합니다.

당시 제가 만든 FLD라는 데이터 표현 방식은 비록 난해하고 이해하기 쉽지 않았지만, 개념적으로 XML과 비슷합니다. 복잡한 계층적 데이터를 메모리 안에서 트리 구조로 유지할 수 있었고, 이를 문자열 형태로 변환하여 디스크에 저장하거나 소켓을 통해 전송할 수도 있었습니다.

유한 상태 기계(finite state machines)

트러블 티켓을 배정하고 종료하는 과정 역시 표준화되어 있지 않았습니다. 전화 회사마다, 서비스 지역마다, 각 단계마다 서로 다른 방식이었습니다. 따라서 우리는 각각의 서비스 센터가 자신들의 다양한 프로세스를 손쉽게 설정할 수 있도록 하는 방안을 고안해야 했습니다.

좀 더 정확히 말하자면, 우리는 그 설정을 코드가 아닌 다른 방식으로 지정할 수 있게 하는 체계를 마련해야 했습니다. **우리는** 여전히 고객사별로 시스템을 구성해 주었지만, 모든 고객사를 위해 새로운 코드를 작성하고 싶지는 않았습니다.

그래서 우리는 이벤트에 의해 구동되는 단순한 단계별 절차를 구성해야 했습니다. 저는 그 문제를 해결하기 위해 각각의 절차를 상태 전이(state transition) 테이블에 텍스트로 기록하는 아이디어를 떠올렸습니다. 텍스트 파일의 각 줄은 상태 기계(state machine)의 전이(transition)를 의미했습니다. 그리고 각 전이는 다음과 같이 필드 네 개로 구성되었습니다.

현재 상태(Current-State), 이벤트(Event), 다음 상태(Next-State), 동작(Action)

이 전이를 읽는 방식은 이렇습니다. "현재 상태(Current-State)에 있을 때 특정 이벤트(Event)가 발생하면, 다음 상태(Next-State)로 이동하고 지정된 동작(Action)을 수행한다."

여기에서 상태(state)는 단순히 명칭을 붙였을 뿐이며 특별한 의미는 가지지 않습니다. 이벤트(event)는 시스템이 감지할 수 있는 것들이었는데, 예를 들어 Digit-Pressed(숫자 키 입력됨), Phone-Connected(전화 연결됨), Phone-Disconnected(전화 끊김), Message-Spoken(메시지 음성 출력됨) 등입니다. 동작(action)은 MP/M-86 셸에 전달되어 마치 키보드에서 입력한 것처럼 실행되는 명령들입니다. 이 명령들은 음성 메시지를 출력하거나, 전화를 걸거나, 음성 사서함을 녹음하는 등 일을 수행할 수 있습니다.

여기에 더불어 동작 명령들끼리도 서로 통신할 수 있어야 했습니다. 그래서 우리는 디스크 기반의 데이터 저장소를 고안했고, 그것을 3DBB[21]라고 불렀습니다. 하나의 동작 명령은 전체 작업의 키 값 정보를 3DBB에 저장할 수 있었고, 다음 동작 명령은 3DBB에서 그 데이터를 가져와 작업을 이어 갈 수 있었습니다(이것이 마치 마이크로서비스(microservices)와 비슷하게 들린다면 역시 하늘 아래 새로운 것은 없는 법이지요).

그렇게 FLD를 3DBB에 저장하자, 우리 동작 명령들이 훨씬 풍부하고 유연하게 동작할 수 있는 방법들이 생겼습니다. 즉, 우리가 처리할 수 있는 작업의 복잡성 수준이 순식간에 한 차원 더 높아졌습니다. FLD, 3DBB, 유한 상태 기계 구조의 조합은 트러블 티켓을 해석하는 문제를 해결하는 데 큰 전환점이 되었습니다.

객체지향(OO)

한편 저는 집에서 해 볼 새로운 프로젝트가 필요했습니다. 저는 스몰토크를 탐구하면서 객체지향 프로그래밍(OOP)에 본격적으로 관심을 가지게 되었고, 객체지향이야말로 미래라고 확신했습니다.

그와 동시에 저는 비야네 스트롭스트룹(Bjarne Stroustrup)의 〈The C++ Programming Language(C++ 프로그래밍 언어)〉를 열정적으로 읽었습니다. VAX에서 사용할 C++ 컴파일러를 간절히 원했지만, 당시 1만 2,000달러 이하로는 구할 수 없었고 상사를 설득하여 그 정도의 돈을 쓰게 만들 수도 없었습니다.

또 맥에서 돌아가는 스몰토크 시스템은 속도가 너무 느려서 본격적인 프로젝트 작업에는 쓸 수 없었습니다. 그래서 저는 C 언어로 직접 객체지향 프레임워크를 만들기로 결심합니다.[22]

---

21 드리즐 드래즐 드루즐 드론(Drizzle Drazzle Druzzle Drone). 1950~1960년대 미국 만화 Mr. Wizard the Lizard에서 마법사가 주문을 외울 때 쓰던 대사로 당시 개발자 사이에서 익살스럽게 차용되었던 표현입니다.

22 비야네 스트롭스트룹(Bjarne Stroustrup)과 브래드 콕스(Brad Cox) 두 사람의 영향을 모두 받은 셈입니다.

이 작업에서 객체지향 프레임워크 개발을 꽤 많이 진전시켰지만, 여러 가지 개인 사정으로 우선순위가 바뀌면서 결국 그 일은 계속 이어 가지 못했습니다.

1987~1988년: 영국

1980년대 후반 테라다인은 유럽에서 4-TEL 판매에 점차 성과를 내고 있었습니다. 결국 이는 영국에 소프트웨어 개발 팀을 설립하는 계기가 되었습니다. 1987년 말 저는 그 팀을 이끌기 위해 회사에서 영국 브래크널(Bracknell)로 이주해 달라는 요청을 받았습니다. 아내와 저는 이 기회를 우리 가족에게 주어진 일생일대의 기회로 여겨 기꺼이 수락했습니다.

1988년 1분기 동안 저는 CDS 팀을 새로운 팀장에게 인계하고, 남아 있던 시스템 관리자 업무도 다른 이들에게 넘겼습니다. 그렇게 준비를 마친 후 4월쯤 영국으로 출발할 수 있었습니다.

브래크널에서 보낸 시간은 정말 훌륭했습니다. 아내와 아이들, 저는 새로운 문화와 새로운 환경을 접하며 성장했습니다.

브래크널에서는 이전에 했던 것과 달리 코딩에 대한 책임이 훨씬 줄어들었고 매니징을 주로 했습니다.

하지만 코딩에서 완전히 벗어나고 싶지 않았던 저는 새로운 습관을 만들었습니다. 아침 6시에 자전거를 타고 출근하여 8시까지는 코딩 작업을 하고, 이후에는 회의 참석과 팀 리더십 역할 등 일반적인 관리 업무를 오후 4시까지 이어 갔습니다.

이 무렵, 브래크널의 VAX 750과 일리노이 본사의 대형 VAX 780 사이에는 DECnet 연결이 구축되고 있었습니다. 또 그 VAX 780은 보스턴의 컴퓨터들과도 DECnet으로 연결되었습니다. 덕분에 대서양을 가로질러 파일을 전송할 수 있었는데, 당시 파일 전송 속도는 9.6kbps였습니다. 또 이메일도 사내 메일처럼 주고받을 수 있었습니다.

당시 영국에서 진행되었던 프로젝트 중 하나는 M365를 대체하기 위해 μVAX를 개발하고 배치하는 작업이었습니다. 그리고 이와 비슷한 작업이 미국에서도 진행되고 있었습니다. 사실 1983년부터 M365 소프트웨어를 PDP-11처럼 디스크 기반 시스템으로 변환하려는 프로젝트가 진행되고 있었지만, 그리 잘 풀리지는 않았죠. μVAX는 DEC에서 나온 신제품이었고, 영국 고객들은 그 위에서 4-TEL이 실행되기 간절히 바라고 있었습니다. 저는 이 일에서 코딩은 전혀 하지 않았고, 대부분 회의에 참석하여 고개를 끄덕이는 역할만 했습니다.

집에서는 여전히 매킨토시에 C 언어로 개인 프로젝트를 하고 있었고, 그것들을 컴퓨서브(CompuServe) 같은 여러 전자 게시판 서비스에 업로드하고는 했습니다. 그중에서 제가 특히 아꼈던 프로그램은 매킨토시용 게임인 **파라오**(Pharaoh)입니다.

전체적으로 보자면, 이 시기의 제 경력은 소프트웨어 기술보다는 관리 업무에 더 초점이 맞추어 있었습니다. 하지만 미국으로 돌아간 후에는 상황이 완전히 달라졌습니다.

참고 문헌

- Goldberg, Adele, David Robson. 1983. "Smalltalk-80: The Language and its Implementation(스몰토크-80: 언어와 그 구현.)". Addison-Wesley.
- Kernighan, Brian W., P. J. Plauger. 1976. "Software Tools(소프트웨어 도구)". Addison-Wesley.
- Kernighan, Brian W., Dennis M. Ritchie. 1978. "The C Programming Language C(프로그래밍 언어)". Prentice Hall.
- Rose, Caroline, Bradley Hacker, 애플 컴퓨터. 1985. "Apple Inside Macintosh(애플 인사이드 매킨토시)". Addison-Wesley.
- Stroustrup, Bjarne. 1985. "The C++ Programming Language(C++ 프로그래밍 언어)". Addison-Wesley.

CHAPTER 14

1990년대

1990년대는 낙관적인 전망과 빠른 성장이 이어지던 시대였으며, 사람들은 좋은 시절을 보내고 있었습니다. 하지만 곳곳에서 균열이 드러나기 시작합니다. 이라크의 쿠웨이트 침공은 이른바 '충격과 공포' 작전으로 불리는 미국의 사막 폭풍 작전으로 격퇴되었습니다. 당시 CNN은 바그다드에서 전쟁을 생중계하기도 했습니다. 한편 콩고, 체첸, 유고슬라비아, 코소보 등지에서도 전쟁이 벌어졌고 전 세계 곳곳에 전운이 감돌았습니다.

게다가 테러 사건도 점점 많아졌습니다. 가장 먼저 월드 트레이드 센터 폭탄 테러가 있었고, 이어서 오클라호마시티 폭탄 테러, 미국 대사관 폭탄 테러, 영국 맨체스터와 아르헨티나에서 발생한 여러 폭탄 테러가 있었습니다.

세상은 전반적으로 호황을 누리고 있었고, 닷컴 버블로 절정에 달했습니다. 하지만 1990년 막바지에는 전 세계에 알 수 없는 불안감이 커져 가고 있었고, 곧 매우 험악한 국면으로 접어들기 직전이었습니다.

1989~1992년: 클리어 커뮤니케이션스

영국에서 돌아와 보니 회사에 많은 변화가 있었습니다. 특히 예전 동료이자 가까운 친구였던 사람들이 클리어 커뮤니케이션스(Clear Communications)라는 스타트업으로 많이 옮겨 갔더군요. 뒤이어 저도 곧 그곳으로 회사를 옮겼습니다.

클리어 커뮤니케이션스에서 저희는 선 마이크로시스템스(Sun Microsystems)의 스파크스테이션(SPARCstation)[1]과 19인치 컬러 모니터를 사용했습니다. 운영체제로는 유닉스(Unix)를 사용했고, 프로그래밍 언어로는 C를 사용했습니다. 저희가 개발한 제품인 클리어뷰(Clearview)는 T1[2] 통신망 모니터링 시스템입니다. 프로젝트의 초기 계획은 화면에 큰 지도를 띄우고 그 위에 T1 회선들을 표시했습니다. T1 회선은 상태에 따라 녹색, 노란색, 빨간색으로 표시되었고, 특정 회선을 클릭하면 오류 이력이 작은 막대 그래프나 선 그래프 형태로 나타나도록 설계했습니다.

첫해에는 프로젝트에 **진짜 GUI**를 사용하면서 마치 천국에 있는 듯한 느낌을 받았습니다.

스타트업 대부분은 모두가 바라는 그런 폭발적인 성장을 하지 못하는 경우가 많습니다. 하지만 그렇다고 해서 금세 망하는 일도 드뭅니다. 대부분은 그저 질질 끌며 버틸 뿐입니다. 클리어 커뮤니케이션스도 그랬습니다. 여러 차례 자금을 추가로 조달하면서 스톡옵션은 점점 희석되었고, 그다지 만족스럽지 않은 상황이 이어졌습니다.

그러나 기술적인 측면에서 클리어 커뮤니케이션스를 다니던 첫 몇 년간은 정말 황홀했습니다. 당시 다른 회사에 다니던 친구가 자기네 컴퓨터에 전화 접속 링크를 열어 주었는데, 그들의 컴퓨터는 **인터넷**에 연결되어 있었습니다! 그래서 저희는 하루에 두 번씩 그곳에 접속하여 이메일을 보내기도 하고 UUCP[3]로 유즈넷(USENET: 당시에는 네트뉴스(Netnews)라 불림)에 접속하기도 했습니다. 드디어 **온라인 세상이 온 것**이죠!

1년쯤 지나자 선 마이크로시스템스에서 C++ 컴파일러를 내놓았습니다. 저희는 이미 많은 코드를 C로 작성했는데, 다행히도 이 C++ 컴파일러는 기존 코드들을 문제없이 컴파일할 수 있었습니다. 그래서 저희는 시스템의 기존 C 코드와 함께 C++ 코드도 작성하기 시작했습니다.

---

1 역주 유닉스 기반 워크스테이션 시리즈로 1990년대 C, C++ 같은 언어로 대규모 소프트웨어를 개발하던 프로그래머들이 즐겨 사용하던 대표적인 개발용 머신입니다.

2 역주 북미 지역(미국, 캐나다)에서 주로 사용되던 디지털 전송 회선입니다.

3 역주 Unix-to-Unix Copy Protocol의 약어로, 인터넷이 대중화되기 전 유닉스 시스템들을 전화망으로 이어 주던 기술입니다.

당시 저희 팀에는 프로그래머가 여섯 명 정도 있었으며, 제가 직접 그들에게 C++를 가르치기 위한 교육 과정을 준비하기도 했습니다.

유즈넷

이제 그렇게 인터넷에 접속할 수 있게 되면서부터 저는 네트뉴스를 읽기 시작했습니다. 'comp.object'와 'comp.lang.c++' 뉴스그룹에도 가입했습니다. 당시 저는 스트롭스트룹의 〈The Annotated C++ Reference Manual(해설 C++ 참조 매뉴얼)〉 책과 더불어 많은 C++ 책을 읽으면서 프로그래밍 실력이 빠르게 향상되었습니다. 그래서 저는 제 실력을 기반으로 여러 뉴스그룹에 글을 올리기 시작했습니다. 대부분은 다른 사람들이 올린 질문에 대한 답변이거나 프로그래밍과 관련한 토론에 대한 것들이었습니다. 제가 참여한 뉴스그룹은 초창기 소셜 네트워크였으며 정말 흥미로운 경험이었습니다.

이 뉴스그룹에서 활동하던 중 저는 〈The C++ Report〉라는 잡지에 실린 글들이 자주 언급되는 것을 보았습니다. 그래서 저는 그 잡지를 월간 구독하기 시작했고, 매 호를 빠짐없이 탐독했습니다. 그 잡지에는 짐 코플리엔(Jim Coplien), 그래디 부치(Grady Booch), 스탠 립맨(Stan Lippman), 더그 슈미트(Doug Schmidt), 스콧 마이어스(Scott Meyers), 앤드류 코에니그(Andrew Koenig) 같은 사람의 글이 실렸습니다. 대부분의 글과 편집 수준은 매우 높았고 내용 또한 알찼습니다. 그렇게 저는 그 사람들이 쓴 글에서 정말 많은 것을 배웠습니다.

엉클 밥

우리 사무실의 프로그래머 중 한 명인 빌리(Billy)는 팀원 모두에게 별명을 붙이는 것이 취미였습니다. 그가 지어 준 제 별명은 '엉클 밥(Uncle Bob)'입니다. 빌리는 질문이 생길 때마다 연구실 건너편에서 "엉클 밥! 이건 어떻게 해야 하나요?" 하고 큰소리로 불렀습니다. 그는 이 호칭을 끊임없이 사용했는데 저는 사실 별로 마음에 들지 않았습니다.

한편 그 당시 저는 객체지향 설계에 관한 책들을 닥치는 대로 읽고 있었습니다. 그중 가장 훌륭했던 책은 그래디 부치가 쓴 〈Object Oriented Design with Applications(객체지향 설계와 응용)〉입니다. 그래디 부치의 책은 저에게 하나의 큰 전환점이 되었습니다. 그 책에서는 클래스, 관계, 메시지를 표현하기 위해 아주 인상적인 다이어그램 표기법을 사용하고 있었습니다. 그 표기법은 대략 다음 그림과 같은 모습입니다.

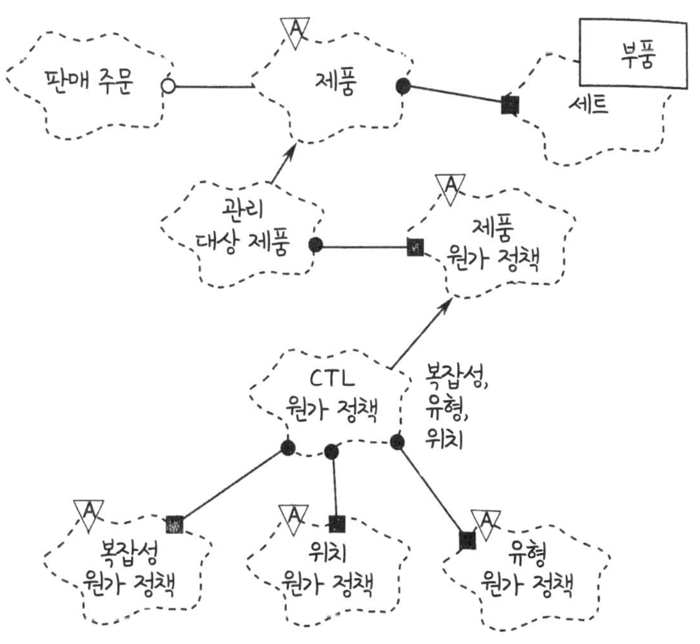

이 다이어그램은 소프트웨어를 표현하는 데 대단히 혁신적인 아이디어입니다! 저는 다이어그램을 보자마자 즉시 그 다이어그램이 얼마나 유용할지 알 수 있었습니다. 게다가 저는 구름 모양이 정말 마음에 들었습니다. 그래서 화이트보드로 사람들에게 소프트웨어를 설명할 때 그와 유사한 다이어그램을 그리고는 했고, 클리어 커뮤니케이션스에서 개발했던 수많은 소프트웨어를 설계할 때도 이런 형태의 다이어그램들을 활용했습니다.

제 친구인 짐 뉴커크(Jim Newkirk)와 함께 공급 업체와 벤더들을 만나기 위한 출장을 몇 차례 다녀왔습니다. 그중 한 번은 Objective-C(오브젝티브-C)를 사용하고 있는 소프트웨어 엔지니어들과 이야기할 기회가 있었습니다. 당시 저는 Objective-C에 대해 들어본 적이 있었기 때문에 그들과 함께 코드를 살펴보았습니다. Objective-C도 흥미로운 언어였지만, 개인적으로는 C++를 더 선호했습니다.

때로는 실리콘밸리로 출장을 가기도 했습니다. 저와 짐은 그 출장 기회를 이용하여 실리콘밸리에 있는 컴퓨터 전문 서점들을 돌아다녔죠. 그러고는 책을 수백 달러어치 사서 집으로 보내기도 했습니다.

1992년: <The C++ Report>에 글 게재

저는 여전히 클리어 커뮤니케이션스에서 일하고 있었지만, 제 관심사는 점점 달라지고 있었습니다. 회사는 사업적으로 어려움을 겪고 있었지만, 제 경력은 오히려 상승 곡선을 그리고 있었습니다. 저는 계속 뉴스그룹에서 활동하며 점점 더 많은 이의 주목을 받았습니다.

당시 저는 〈The C++ Report〉에 글을 투고하기 시작했는데, 놀랍게도 항상 게재 승인을 받았습니다. 덕분에 편집장이었던 스탠 립맨(Stan Lippman)과도 꽤 친분을 쌓을 수 있었습니다.

클리어 커뮤니케이션스에서 업무는 기술적인 측면에서 매우 흥미로웠지만, 결국 회사는 더 이상 성장하지 못했습니다. 또 긴 근무 시간과 끊임없는 스트레스는 결국 저에게 부담으로 다가왔습니다.

마침내 저는 변화가 필요하다고 생각했고, 바로 그때 제 인생을 바꿀 전화 한 통을 받았습니다.

1993년: 래셔널

그 전화는 헤드헌터에게서 걸려 온 전화였으며, 캘리포니아 산타클라라에 있는 회사에서 프로그래머를 찾는다는 내용이었습니다. 저는 캘리포니아로 이사할 생각이 전혀 없었기 때문에 처음에는 대수롭지 않게 여겼습니다. 그런데 그 회사에서 진행하고 있는 프로젝트가 **소프트웨어 다이어그램을 그리는** CASE(Computer-Aided Software Engineering) 툴을 개발하는 프로젝트라는 말을 듣고 관심이 생겼습니다.

그 당시에는 소프트웨어 다이어그램을 그리는 툴이 그리 많지 않았습니다. 그 툴을 만드는 래셔널(Rational Inc.)이라는 회사는 산타클라라에 본사가 있었으며, 바로 그래디 부치(Grady Booch)가 근무하고 있는 회사였습니다.

저는 **더욱** 래셔널에 관심을 가졌습니다. 당시 저는 헤드헌터에게 여러 가지 정보를 얻기 위해 질문했지만, 그는 자신이 의뢰받은 회사 이름을 절대 알려 주지 않았습니다. 하지만 저는 다른 정보만으로도 그 회사가 어디인지 충분히 짐작할 수 있었죠. 그렇게 헤드헌터와 전화를 끊고 나서 이 기회를 반드시 잡아야겠다고 마음먹었습니다.

면접을 준비하기 시작했고, 예상대로 그 회사는 래셔널이었습니다. 그리고 제가 담당하게 될 프로젝트는 그래디 부치의 책에 나오는 그 아름다운 구름 다이어그램을 그리는 도구인 로즈(Rose)였습니다. 그 면접은 제 인생에서 훌륭하게 치룬 면접 중 하나로 기억합니다. 저는 저와 회사가 서로 잘 맞는다고 확신했습니다. 결국 래셔널에서는 저를 채용하기로 했습니다. 하지만 문제는 캘리포니아로 이사해야 한다는 점이었습니다. 저는 캘리포니아로 이사해야 한다고 아내를 설득해야 했습니다.

다행히도 아내는 이사를 고려해도 좋다 했고, 래셔널은 우리가 캘리포니아 산타클라라에 집을 알아볼 수 있도록 비용을 지원해 주었습니다. 그러나 이틀 동안 집을 찾아본 끝에 실리콘밸리 인근에서는 도저히 집을 살 수 없다는 확신이 들었습니다. 이전에 살던 지역보다도 집값이 세 배 정도 더 비쌌기 때문입니다.

그래서 결국 회사의 입사 제안에 대해 'No'라고 대답해야 했습니다. 저희는 이사하지 않기로 했습니다.

절망적이었죠. 뭔가 다른 방법이 있어야 했습니다. 그러자 아내가 "그들과 컨설턴트로 일하는 건 어때요?"라고 물어보았습니다. 당시 제 나이는 마흔이었고, 20년 넘게 직원으로만 일해 왔기에 독립한다는 생각은 무척 두려웠습니다. 하지만 저는 그 제안을 래셔널에 했고, 다행히도 그들은 흔쾌히 받아들였습니다.

저는 산타클라라에서 3개월 동안 래셔널의 로즈 개발 팀과 함께 일했습니다. 이후에는 집으로 돌아와 6개월 동안 원격으로 근무했습니다. 정말 멋진 경험이었습니다.

저희는 C++와 **객체지향 데이터베이스**를 활용해서 작업했습니다. 다이어그램은 스파크스테이션 화면에 그려졌고, 객체 형태로 저장되었습니다. 당시로서는 정말 흥분되는 최첨단 기술이었습니다.

그 기간 동안 저는 그래디 부치를 두세 번 정도 만났습니다. 그는 덴버 인근에 살며 일을 하고 있었고, 때때로 산타클라라로 비행기를 타고 오고는 했습니다. 그와 만난 자리에서 저는 그에게 책을 쓰고 싶다고 제안했습니다.

당시 저는 C++를 중심으로 부치의 다이어그램을 활용한 객체지향 설계에 관한 책을 쓰고 싶었습니다. 부치는 출판 과정에서 저를 도와주겠다고 흔쾌히 말해 주었고, 프렌티스 홀(Prentice Hall)의 출판 담당자인 앨런 앱트(Alan Apt)를 저에게 소개해 주었습니다.

저는 샘플로 몇몇 장을 집필했고, 앨런은 그 샘플을 리뷰어들에게 보냈습니다. 그리고 리뷰 결과를 받아 보았을 때, 그중 한 명이 제임스 오 코플리엔(James O. Coplien)이라는 사실에 깜짝 놀라기도 했습니다. 저는 이미 1992년에 그가 쓴 〈Advanced C++ Programming Styles and Idioms(고급 C++ 프로그래밍 스타일과 기법)〉를 읽었고, 그를 제 영웅 중 한 명으로 여겨 왔거든요.

하지만 안타깝게도 그의 리뷰는 별로 호의적이지 않았습니다. 지금까지도 기억에 남는 표현은 바로 '**1990년대식 순서도**(flowcharts for the nineties)!'라는 말이었습니다. 아, 뼈 아팠습니다.

하지만 저는 글쓰기를 멈추지 않았고 계속 제 글을 개선해 나갔습니다. 마침내 책 출판 계약을 따낼 수 있었습니다.

한편 저는 계속해서 유즈넷에 글을 올렸습니다. 그러던 어느 날, 아무도 더 이상 저를 '엉클 밥(Uncle Bob)'이라고 부르지 않는다는 사실을 깨달았고, 묘하게도 그 별명이 그리웠습니다. 그래서 유즈넷에 글을 올릴 때 사용하는 이메일 서명에 그 이름을 넣었습니다. 그렇게 해서 이름이 점점 퍼지기 시작했죠. 당시 저는 정말 많은 글을 올렸습니다.

1994년: ETS

9개월이 지나자 래셔널과 계약이 끝났습니다. 로즈의 첫 번째 버전이 출시되었고, 이제 다음 단계로 나아가야 할 때가 되었습니다.

갑자기 공포가 엄습했습니다. 앞으로 클라이언트는 어디서 구해야 할까? 저는 테라다인에도 연락해서 몇 가지 자잘한 일을 받기도 했지만, 장기적으로 생활비를 감당할 만한 일은 아니었습니다.

그러던 중 전화를 한 통 받았는데, 이번에도 래셔널이었지만 로즈 팀은 아니었습니다. 그 대신 계약 프로그래밍 부서에서 연락을 주었습니다. 그들은 자사 역량으로는 감당할 수 없는 고객이 하나 있는데, 저에게 그 일을 소개해 주어도 괜찮겠냐고 물었습니다.

그 고객은 뉴저지 프린스턴에 있는 교육시험서비스(Educational Testing Service, ETS)입니다. 저는 그곳으로 가서 C++와 객체지향 설계에 관한 컨설팅을 시작했습니다. 2주에 한 번 정도 2~3일씩 출장을 가고는 했습니다. 아주 훌륭한 일이었고, 프린스턴도 정말 멋진 도시였습니다!

당시 ETS는 미국 건축시자격위원회(National Council of Architectural Registration Boards, NCARB)와 계약을 맺고 있었습니다. 그들이 ETS에 의뢰한 것은 건축사 자격 인증을 위한 자동화 시험을 만드는 일입니다. 구상은 이랬습니다. 건축사가 GUI를 사용하여 건축 도면을 그리면 그 도면이 저장되어 채점 시스템으로 전달되고, 그 시스템이 도면을 해석하여 건축 원리에 맞는지 평가하여 점수를 매기는 방식입니다. 건축사들이 그려야 할 도면의 종류는 모두 18가지입니다. 여기에는 평면도, 지붕도, 부지 경계선, 구조 설계 등이 포함됩니다. GUI 프로그램과 채점 프로그램은 모두 IBM PC에서 실행되도록 해야 했습니다.

채점 프로그램은 일종의 퍼지 논리 추론 네트워크(fuzzy-logic inference network)[4]를 사용하여 건축사들의 설계에서 다양한 특징을 측정하고, 이를 종합하여 최종 합격 판정을 내리는 방식으로 설계되었습니다.

---

4 역주 명확한 참·거짓이 아니라 부분적으로 참일 수 있는 불확실한 값(0~1 사이 값)을 이용하여 결론을 도출하는 시스템입니다.

각 GUI 프로그램마다 대응되는 채점 프로그램이 하나씩 있었고, 이 짝을 **비네트**(vignette)라고 불렀습니다.

ETS는 이 프로젝트를 위해 파트타임 프로그래머 네 명을 고용했지만, 그 프로그래머들은 C++나 객체지향 설계에 대한 경험이 전혀 없었습니다. 그래서 제가 그들이 어려워하는 부분을 코칭하기 위해 합류한 것입니다. 그렇게 전체 비네트를 18개 완성할 수 있는 기간은 3년 남짓이었습니다.

하지만 몇 달이 지나자 저는 이 팀으로는 목표를 달성할 수 없다는 확신이 생겼습니다. 당시 그 프로그래머들은 다른 프로젝트 일도 하고 있었거든요. 저는 이 프로젝트가 제대로 진행되려면 모든 프로그래머가 이 프로젝트에만 전념해야 한다고 생각했습니다. 그래서 제 친구인 짐을 설득해서 프린스턴에서 다른 해결책을 찾아보기로 합니다. 저와 짐은 회사에 직접 팀을 꾸려 이 프로젝트를 완수하겠다고 제안합니다.

비록 약간의 협상 과정이 필요했지만, 한 달 후 저희는 ETS에서 장기 개발 계약을 따낼 수 있었습니다.

계획은 이랬습니다. 짐과 제가 몇 달 동안 가장 복잡한 비네트인 **비네트 그란데**(Vignette Grande)를 먼저 개발합니다. 비네트 그란데는 평면도를 다루는 비네트고, 저희 목표는 이 비네트 그란데를 만들면서 나머지 비네트를 빠르게 개발할 수 있도록 해 주는 재사용 가능한 프레임워크를 만드는 것이죠. 그다음 더 큰 팀을 만들어 나머지 비네트 17개를 빠르게 개발할 예정이었습니다.

재사용 가능한 프레임워크라니……. 아, 저희가 얼마나 순진했던지요. 객체지향에 관한 책과 글들은 모두 재사용성에 대해 말하고 있었습니다. 저희는 우리가 뛰어난 객체지향 설계자라 믿었고, 탁월한 재사용 프레임워크를 만들어 낼 수 있다고 생각했습니다.

수개월 후 저희는 비네트 그란데를 완성했고, 우리가 보기에 재사용 가능한 프레임워크도 만들어 냈습니다. 우리가 아는 최고의 인재들에게 연락하여 계약직으로 함께 일하도록 영입했습니다.

우리는 모두 각자의 집에서 작업했습니다.

하지만 문제는 바로 나타났습니다. 저희가 만든 재사용 가능한 프레임워크가 실제로는 전혀 재사용할 수 없다는 사실을 깨달은 것입니다. 다른 비네트들은 비네트 그란데를 작성할 때 내린 여러 가지 설계 결정들과 맞지 않았습니다. 몇 주가 지나자, 이 문제를 해결하지 못하면 나머지 비네트 17개를 제때 완성할 수 없다는 것이 분명해졌습니다.

그래서 저희는 ETS에 변경된 계획을 다시 알렸습니다. 저희 팀은 우선 비네트 세 개의 개발에 집중함과 동시에 그 세 비네트에 모두 적용할 수 있는 프레임워크를 다시 만드는 데 주력하기로 했습니다. 비록 그 과정에 수개월이 더 걸렸지만 결국 성과를 거둘 수 있었습니다. 비네트 세 개는 모두 새 프레임워크를 사용하게 되었고, 비네트 그란데만 예전의 프레임워크를 사용하는 형태로 남았습니다.

그 후 저희는 프로그래머 몇 명을 더 영입했고, 마치 소시지를 찍어 내듯 비네트를 만들어 내기 시작했습니다. 프레임워크가 실제로 재사용 가능해졌기 때문에 새로운 비네트 하나를 만드는 데 걸리는 시간이 훨씬 줄어들었습니다. 결국 1997년에 모든 비네트 18개를 제때 납품했고 그 소프트웨어는 거의 20년 동안 사용되었습니다.

우리는 결국 재사용 가능한 프레임워크를 만들려면 실제로 그것을 두 개 이상 애플리케이션에 적용해 보아야 한다는 사실을 깨달았습니다. 그 전에는 이런 사실을 누가 알았을까요?

한편 저는 계속 책을 집필했고, 다소 늦기는 했지만 1995년에 출판할 수 있을 정도로 만들어 제때 출판사에 넘길 수 있었습니다.

<The C++ Report> 월간 칼럼

그 무렵 저는 〈The C++ Report〉에 글을 두 편 발표한 상태였습니다. 스탠 립맨이 제게 편지를 보내 월간 칼럼을 써 보지 않겠느냐고 물었습니다. 그래디 부치가 더 이상 객체지향 설계 칼럼을 쓰지 않기로 했기 때문에 그 자리를 제가 이어받을 생각이 있냐는 것이었습니다. 저는 당연히 동의했습니다.

패턴

저는 1994년에 열린 C++ 콘퍼런스에 참석했습니다. 그 자리에는 짐 코플리엔도 있었는데, 그의 셔츠에는 '패턴에 대해 물어보세요(ask me about patterns)'라고 적힌 메모가 핀으로 꽂혀 있었습니다. 저는 그에게 여러 가지 질문을 했고, 그는 제 이메일 주소를 받아 갔습니다. 몇 주 후, 그는 현재 여러 명이 함께 책을 집필 중이며 온라인 리뷰어를 찾고 있다는 내용의 이메일을 보냈습니다. 그들이 집필하고 있던 책 제목은 〈Design Patterns(디자인 패턴)〉이었으며, 저자는 에릭 감마(Erich Gamma), 리처드 헬름(Richard Helm), 존 블리시디스(John Vlissides), 랄프 존슨(Ralph Johnson) 이렇게 네 명이었습니다. 짐 코플리엔이 보내 준 이메일에는 이 책에 대한 토론이 이루어지고 있는 링크가 있었습니다.

그 토론 링크에서 저자 네 명을 GOF(Gang of Four)라고 불렀습니다. 그 GOF 중 한 명이 가끔 FTP 주소를 올리고는 했는데 그곳에는 그들이 현재 작업 중인 장에 대한 PostScript 파일[5]이 있었습니다. 그렇게 FTP 주소가 공유되면 이어서 수많은 댓글과 수정 제안, 추가 예시들과 함께 토론이 이어졌습니다. 그 과정에 참여하는 것은 정말로 짜릿하고 재미있는 경험이었죠.

물론 이 모든 것은 웹 이전 시대의 일입니다. 팀 버너스리(Tim Berners-Lee)가 최초의 웹 서버를 만든 지 채 4년도 되지 않았고, 마크 앤드리슨(Marc Andreessen)이 모자이크(Mosaic)[6]를 발표한 지도 겨우 1년밖에 지나지 않았을 때입니다. 당시 저희 중에는 그런 웹과 관련된 일들이 진행되고 있다는 사실을 아는 사람이 거의 없었습니다. 그래서 이메일, FTP, 네트뉴스가 인터넷 소통의 주요 수단이었습니다.

그 토론 링크에 올라온 내용 중에 새로운 학회에 대한 논문 모집 공고가 있었습니다. 그 학회의 이름은 PLoP(Pattern Language of Programming)로 일리노이 대학교 캠퍼스 인근의 몬티첼로(Monticello)라는 도시에서 열릴 예정이었습니다. PLoP학회는 그래디 부치와 켄트 벡이

5 역주 어도비(Adobe)가 만든 파일 타입이며, PDF가 등장하기 전에 전자 문서를 주고받을 때 널리 쓰였습니다.

6 역주 1993년 미국 일리노이 대학교 NCSA 연구소의 대학생이었던 마크 앤드리슨과 에릭 비나(Eric Bina)가 공동 개발한 웹 브라우저입니다.

주도하여 결성한 힐사이드 그룹(The Hillside Group)에서 주최했으며 짐 코플리엔, 워드 커닝햄(Ward Cunningham) 등 여러 인사가 함께하고 있었습니다.

PLoP학회는 디자인 패턴에 대한 토론과 확산을 목적으로 한 행사였기 때문에 저는 꼭 참석하고 싶었습니다. 그래서 각기 다른 주제로 논문을 세 편 제출했는데 그중 적어도 한 편 이상[7]이 채택되었던 것으로 기억합니다. 그리고 학회 논문집에 실린 논문 제목은 "Discovering Patterns in Existing Applications(기존 애플리케이션에서 패턴 발견하기)"였습니다.

그 논문은 저희가 NCARB(미국 건축사자격위원회) 소프트웨어에서 실제로 사용하고 있었던 여러 가지 GOF 패턴을 정리한 것입니다. 또 제가 새롭게 패턴으로 제안해야 한다고 생각한 몇 가지 개념도 함께 다루었습니다. 그 논문 마지막에는 다음 해에 출간될 예정이던 제가 집필 중인 책에 대한 간단한 힌트도 같이 적어 놓았습니다.

1995~1996년: 첫 번째 책, 콘퍼런스, 강의, 그리고 오브젝트 멘토사

제 첫 번째 책에서는 몇 가지 설계 원칙을 다루었습니다. 특히 개방-폐쇄 원칙(open-closed principle)과 리스코프 치환 원칙(liskov substitution principle)을 구체적으로 언급했는데, 이 두 원칙은 베르트랑 메이어(Bertrand Meyer)와 짐 코플리엔의 책에서 접한 것입니다. 또 의존성 역전(dependency inversion) 개념도 언급했지만, 그때는 아직 이를 하나의 '원칙'으로 따로 명명하지는 않았습니다. 그 밖에 컴포넌트의 결합도, 응집도, 안정성에 대해 이야기했고 추상화와 불안정성의 지표도 다루었지만, 이것 역시 구체적으로 '원칙'으로 규정하지는 않았습니다. 이런 아이디어들은 당시 제게 아직 너무 먼 미래의 아이디어였습니다.

저는 밤늦게까지 글쓰기에 몰두하며 책을 마무리했고, 마침내 첫 번째 책을 출판했습니다. 그 일은 저에게 매우 큰 사건이었습니다. 동시에 제 이름이 훨씬 널리 알려지는 계기가 되

7 세 편 모두가 채택되었는지는 기억나지 않습니다. 아마 그러지는 않았던 것 같습니다. 학회 논문집에는 단 한 편만 실렸습니다.

었습니다. 저는 콘퍼런스에서 강연을 시작했고, 책이 널리 퍼질수록 강연에는 더 많은 사람이 참석했습니다. 그렇게 강연을 많이 할수록 제 이름은 더 알려졌고, 마침내 콘퍼런스에서 주요 연사로 저를 초청하기 시작했습니다.

저는 여전히 뉴스그룹에서 활발히 활동하고 있었고, 제 서명에 컨설팅과 교육을 제공할 수 있다는 내용을 추가했습니다. 그러자 연락이 오기 시작했습니다. 저는 C++에 관한 5일짜리 과정을 만들어 미국 전역의 여러 회사에서 강의를 시작했습니다. 또 **객체지향 설계**에 관한 또 다른 5일짜리 과정을 만들어 미국 곳곳의 회사에서 강의했습니다. 심지어 테라다인에서도 저를 불러 강의해 달라고 했는데, 그중에는 영국 브래크널(Bracknell)에서 강의도 있었습니다.

원칙

1995년 5월, 저는 comp.object 뉴스그룹에 올라온 한 포스팅[8]을 읽었습니다. 그 포스팅 제목은 "The Ten Commandments of OO Programming(객체지향 프로그래밍의 십계명)"이었죠. 그 글에서 제시된 내용은 나쁘지 않았지만, NCARB 프로젝트에서 제 경험을 바탕으로 보았을 때 다소 순진하다고 생각했습니다. 그래서 저는 직접 11계명을 답글로 올렸고, 그 안에 여러 설계 원칙을 정리하여 제시했습니다. 바로 이 답변이 훗날 SOLID 원칙과 컴포넌트 원칙의 진정한 출발점이 된 계기였습니다. 비록 그 당시에는 아직 이름이 붙여지지 않았지만 말입니다.

이후 1년간 저는 설계 원칙들을 다듬어 이름을 붙였으며, 다음과 같이 최종적으로 아홉 가지 설계 원칙으로 정리하여 강의에 사용하기 시작했습니다.

- OCP, 개방-폐쇄 원칙(Open-Closed Principle)
- LSP, 리스코프 치환 원칙(Liskov Substitution Principle)

8 https://groups.google.com/g/comp.object/c/WICPDcXAMG8 참고

- DIP, 의존성 역전 원칙(Dependency Inversion Principle)
- REP, 릴리스-재사용 등가 원칙(Release-reuse Equivalence Principle)
- CCP, 공통 폐쇄 원칙(Common Closure Principle)
- CRP, 공통 재사용 원칙(Common Reuse Principle)
- ADP, 추상 의존 원칙(Abstract Dependencies Principle)
- SDP, 안정된 의존 관계 원칙(Stable Dependencies Principle)
- SAP, 안정된 추상화 원칙(Stable Abstractions Principle)

당시에는 강의와 집필, 콘퍼런스 참석에 많은 시간을 썼습니다. 그동안 짐 뉴커크가 NCARB 프로젝트를 맡아 진행했고, 저는 미국 전역을 다니며 강의와 컨설팅을 진행했습니다. 제 클라이언트 목록은 점점 더 화려해졌습니다. 제록스(Xerox), 제너럴 모터스(General Motors), 노텔(Nortel), 스탠퍼드 선형 가속기 센터(SLAC), 로렌스 버클리 연구소(Lawrence Berkeley Labs) 등 다양한 곳에서 강의와 컨설팅을 맡았습니다.

이후 저와 짐은 오브젝트 멘토(Object Mentor Inc.)라는 회사를 설립합니다. 짐은 NCARB 프로젝트를 전담하는 동시에 일부 컨설팅 업무도 맡았습니다. 일이 계속 밀려 들어오자, 저희는 경험 많은 C++ 강사인 밥 코스(Bob Koss)를 채용하여 교육을 담당하도록 했습니다.

1997~1999년: <The C++ Report>, UML, 그리고 닷컴

저희는 1997년에 NCARB 프로젝트를 제때 완료했습니다. 프로젝트는 성공적으로 배포되었고, 이후에도 수년 동안 지속적으로 유지 보수를 담당했습니다.

1997년 말, 〈The C++ Report〉의 편집장이던 더그 슈미트(Doug Schmidt)에게서 전화가 걸려 왔습니다. 그는 곧 편집장 자리에서 물러날 예정이라며 저에게 그 역할을 맡고 싶냐고 물었습니다. 저는 당연히 하겠다고 했죠.

이때는 닷컴 붐의 시대였습니다. 웹은 전 세계 비즈니스 업계로 폭발적으로 퍼져 나갔습니다. 도메인 이름이 수억 달러에 팔리기도 하고, 제품도 직원도 없는 회사가 수십억 달러의 가치를 인정받기도 했습니다. 인터넷과 조금만 관련 있으면 곧바로 귀한 대접을 받던 때였습니다. 그야말로 미친 시기였습니다.

이에 대한 래셔널 대응은 그래디 부치, 이바르 야콥슨(Ivar Jacobson), 짐 럼바우(Jim Rumbaugh)를 한데 모아 **Software Best Practices**라는 이름으로 마케팅하는 것이었습니다. 이 세 사람은 '세 명의 아미고스(The Three Amigos)'라고 불렸으며, 통합 모델링 언어(Unified Modeling Language, UML)와 래셔널 통합 프로세스(Rational Unified Process, RUP)를 개발하기 시작했습니다.

저는 제 책에서 부치의 초창기 구름 표기법을 많이 사용했기 때문에 UML 쪽 작업에 참여했습니다. 그러나 프로세스 쪽에는 관여하지 않았습니다. 당시 저는 소프트웨어 개발 프로세스에는 **별다른 관심**을 두고 있지 않았거든요.

두 번째 책: <Design Principles>

1995년 5월 comp.object에 올린 글 이후, 제 설계 원칙에 대한 생각은 상당히 굳어(solidified)졌습니다.[9] 저는 클래스 원칙과 컴포넌트 원칙을 최종적으로 구분했습니다. 여기에 인터페이스 분리 원칙(Interface Segregation Principle, ISP)을 추가했습니다.

이후 저는 첫 번째 책이 다소 부족하고 지나치게 좁은 주제에만 집중되어 있었다는 것을 알게 되었습니다. 그래서 보다 완벽하고 일반적인 객체지향 소프트웨어 설계에 관한 내용을 담을 수 있는 두 번째 책을 써야겠다고 생각합니다. 그렇게 출판사에 두 번째 책을 제안하고, 곧바로 계약했습니다. 다만 두 번째 책의 집필 일정은 저에게 상당히 도전적인 일정이었습니다.

전반적으로 저는 무척 바빴습니다. 업계의 거의 모든 분야에 관여하고 있었고, 오브젝트멘토 역시 매우 좋은 수익과 함께 잘 성장하고 있었습니다. 제 삶은 좋았고, 점점 더 좋아졌습니다.

9 하하, 그때는 아직 SOLID라는 이름이 붙여지지 않았던 때였습니다.

1999~2000년: 익스트림 프로그래밍

제가 하고 있던 컨설팅은 모두 기술적인 것이었습니다. 저는 주로 사람들에게 C++와 객체지향 설계를 어떻게 적용해야 하는지 조언했습니다. 제 컨설팅은 대부분 좋은 반응을 얻었지만, 몇몇 고객은 저에게 소프트웨어 개발 프로세스까지 도와 달라고 요청하기 시작했습니다. 어휴!

그래서 저는 C.O.D.E.라는 이름의 소프트웨어 개발 프로세스를 만들었습니다. C.O.D.E.가 무슨 약어인지는 묻지 마세요. 개인적으로 생각했을 때 C.O.D.E.는 정말 형편없습니다. 다만 C.O.D.E.를 만들 당시 제가 세운 목표는 프로그래머들의 창의성과 독창성을 억누르는 지루한 관료주의를 타파하고자 극도로 단순한 프로세스를 만들자는 것이었습니다.

아무튼 그 형편없는 소프트웨어 개발 프로세스를 만들던 중 저는 혹시 더 나은 아이디어를 가진 사람이 있지 않을까 해서 인터넷을 이리저리 뒤지기 시작했습니다. 당시 웹에는 검색엔진이 많지 않았기 때문에 말 그대로 '**뒤진다**(stumble)'는 표현이 딱 어울렸던 것 같습니다. 어떻게 찾았는지 정확히 기억나지 않지만, 뉴스그룹 게시물을 통해 결국 c2.com이라는 웹 사이트를 찾았습니다. c2.com은 워드 커닝햄이 펄(Perl)로 만든 최초의 온라인 위키였는데, 그곳에서는 켄트 벡의 익스트림 프로그래밍(eXtreme Programming, XP)에 관한 매우 활발한 토론이 벌어지고 있었습니다.

와우! 내가 찾던 **바로** 그 내용이었죠! 켄트 벡의 익스트림 프로그래밍은 정말 완벽했습니다. 물론 '테스트를 먼저 작성한다'는 그 터무니없는 부분만 빼고 말이죠. 그 외 나머지 부분은 제 고객들에게 딱 설명해 주고 싶은 내용들이었습니다. 저는 정말 흥분했습니다.

하지만 제가 그 개발 프로세스를 가지고 뭔가 해 보기 전에, 1999년 2월 뮌헨에서 열린 OOP 콘퍼런스에 하루에 걸친 강의가 잡혀 있었습니다. 그곳에서 강의를 마치고 강의실 밖으로 나왔는데 눈앞에 바로 그 켄트 벡이 있었습니다. 그 역시 자신이 강의하던 강의실에서 막 나온 참이었습니다. 저는 이전에 PLoP 콘퍼런스에서 그를 만난 적이 있었기 때문에 바로 알아보았고, 그에게 익스트림 프로그래밍에 대해 이야기해 달라고 부탁했습니다.

우리는 함께 점심을 먹었고, 그는 XP를 적용한 자신의 프로젝트 경험담을 들려 주었습니다. 저는 무척 흥분되었지만, 여전히 '테스트를 먼저 작성한다'는 부분만은 받아들이기 어려웠습니다. 당시 저는 〈The C++ Report〉의 편집장이었기 때문에 그에게 XP에 관한 글을 한 편 써 달라고 부탁했습니다. 그는 흔쾌히 동의했고, 우리는 각자의 강의실로 돌아갔습니다.

켄트는 제가 요청한 글을 작성해 보내 주었고, 그 글은 〈The C++ Report〉에 실렸습니다. 켄트 벡의 글에 대한 반응은 매우 좋았고, 저는 고객들에게 그 글을 참고하라라고 자신 있게 말할 수 있었습니다. 이후 저는 제 형편없는 C.O.D.E. 프로세스를 폐기해 버렸고, 다시는 떠올리지 않았습니다.

이후 저는 XP 교육과 컨설팅이 좋은 비즈니스가 될 수 있겠다고 생각했습니다. 그래서 비즈니스 파트너인 짐 뉴커크와 로웰 린드스트롬(Lowell Lindstrom)과 상의했고, 그들은 모두 제 의견에 동의했습니다. 그래서 저는 켄트에게 편지를 보내 우리 계획을 알렸습니다. 그가 이 일에 참여하고 싶은지, 함께 모여 기획 회의를 할 수 있는지 물어보았습니다.

켄트는 저를 오리건주 메드퍼드(Medford) 근처에 있는 그의 집으로 초대했습니다. 저와 그는 이틀 동안 XP를 중심으로 한 비즈니스 모델을 구상했습니다. 우리는 5일짜리 교육 과정에 대한 기본적인 내용을 구상했고, 그 밖의 여러 가지 쟁점도 함께 논의했습니다.

이후 켄트와 저는 크레이터 레이크(Crater Lake)로 드라이브를 갔습니다. 크레이터 레이크는 제가 예전부터 꼭 가 보고 싶었던 곳입니다.

우리는 페어 프로그래밍도 함께해 보았는데, 그 과정에서 켄트 벡은 제가 터무니없다고 생각했던 테스트 우선(test-first) 방식을 직접 보여 주었습니다. 그는 작은 테스트 케이스를 먼저 작성하고 단 두 시간 만에 간단한 자바 애플릿 하나를 완성해 냈습니다.

저는 이전까지 그런 방식은 한 번도 본 적이 없습니다. 당시 저는 프로그래머로 30년을 일해 왔지만, 이렇게 완전히 새로운 코딩 방법을 접하게 될 줄은 전혀 몰랐습니다. 정말 충격이었습니다. 특히 두 시간 동안 작업하면서 단 한 번도 디버깅을 하지 않았다는 사실이 정말 인상 깊었습니다. 저는 확신했습니다. 그가 사용한 기술은 우리도 반드시 **익혀야 할** 기술이라는 것을 말이죠.

이후 집으로 돌아온 후 저는 켄트, 짐과 함께 교육 과정을 다시 설계했습니다. 그 교육 과정은 단순한 강의가 아니라 하나의 **빅 이벤트**가 될 예정이었습니다. 당시가 **닷컴 시대**였다는 점을 감안해 보세요. 닷컴 시대는 소프트웨어와 관련된 모든 것에 돈이 쏟아져 들어오던 시기였습니다. 그래서 우리는 그 강의를 큰 행사로 만들 생각이었습니다.

우리는 매우 넓은 공간을 임대했고, 새로운 강사 여러 명을 채용했습니다. 닷컴 버블이 줄 수 있는 모든 기회를 최대한 활용하기로 했습니다.

저희는 그 행사를 XP 이머전(XP Immersion)이라고 불렀습니다. 매일 오전 9시부터 오후 9시까지 이어지는 5일짜리 교육 과정이었습니다. 처음 8시간은 강의와 실습으로 구성되었고, 그 후에는 케이터링 저녁 식사가 제공되었습니다. 저녁 식사 후에는 특별 연사가 강연을 했는데, 마틴 파울러(Martin Fowler), 워드 커닝햄, 여러 유명한 소프트웨어 업계 인사들을 초청했습니다. 저희는 이런 행사를 3개월마다 개최했으며 동시에 C++, 자바, 객체지향 설계에 대한 교육과 컨설팅도 계속 이어 갔습니다.

XP 이머전 행사는 엄청난 성공을 거두었습니다. 매번 수강생 60명 정도가 참가하여 성대하게 치루었는데, 수많은 찬사와 훌륭한 평가가 이어졌습니다. 그야말로 세상을 다 얻은 듯한 기분이었습니다.

이후 우리는 기업들이 XP로 소프트웨어 개발 프로세스를 **전환**할 수 있도록 도와 달라는 전화를 받기 시작했습니다. 우리는 그렇게 교육과 컨설팅을 중심으로 매우 수익성 높은 비즈니스 모델을 만들었습니다. 그 비즈니스를 통해 몇 달 동안 기업에 직접 들어가 직원들에게 바로 그 놀라운 기법인 XP 실천 방법을 가르치기 시작했습니다.

참고 문헌

- Grady Booch. 1990. "Object Oriented Design with Applications(객체지향 설계와 응용)". Benjamin-Cummings Publishing C.

- James O. Coplien. 1991. “Advanced C++ Programming Styles and Idioms(고급 C++ 프로그래밍 스타일과 관용구)”. Addison-Wesley.
- Margaret A. Ellis, Bjarne Stroustrup. 1990. “The Annotated C++ Reference Manual(C++ 참조 매뉴얼)”. Addison-Wesley.
- Erich Gamma, Richard Helm, Ralph Johnson, John Vlissides. 1994. “Design Patterns: Elements of Reusable Object-Oriented Software(디자인 패턴: 재사용 가능한 객체지향 소프트웨어의 요소)”. Addison-Wesley.
- Robert Cecil Martin. 1995. “Designing Object Oriented C++ Applications Using the Booch Method(부치 방법을 활용한 객체지향 C++ 애플리케이션 설계)”. Prentice Hall.

CHAPTER 15

밀레니엄

왕의 모든 말과 왕의 모든 신하도(All the king's horses and all the king's men)…….[1]

새 천 년이 시작되었던 2000년대는 희망찬 출발을 보였지만, 전체적으로 보면 불확실성과 침체의 시기이기도 했습니다. 9·11 테러와 테러와의 전쟁, 알카에다, ISIS, 헤즈볼라. 두 차례에 걸친 이라크 전쟁과 아프가니스탄 전쟁, 런던 지하철 폭탄 테러와 마드리드 열차 폭탄 테러가 있었습니다. 사회적 불만과 불안은 커져 갔고, 기후 변화에 대한 우려도 한층 커졌습니다. 정치적 지형이 재편되었으며, 2008년 글로벌 금융 위기로 경제는 좀처럼 회복되지 못하고 있었습니다.

2000년: XP 리더십

XP 이머전(XP Immersion)은 매우 활발하게 진행되고 있었습니다. 행사는 3개월에 한 번씩 개최되었으며 그중 연 2회는 다른 주에서, 나머지는 시카고 근처에 있는 우리 사무실에서

1 역주 영국 전래동요 험프티 덤프티(Humpty Dumpty)의 한 구절로 한번 부서진 달걀은 왕의 모든 능력을 써도 다시 붙일 수 없다는 의미입니다.

열렸습니다. 그와 동시에 컨설팅과 교육 사업도 호황이었습니다. 그야말로 좋은 시절이었습니다.

그러던 2000년 가을, 켄트 벡이 오리건주 메드퍼드에 있는 자택 근처에서 **XP 리더십 회의**를 열겠다고 연락했습니다. 켄트 벡은 저를 비롯하여 마틴 파울러, 워드 커닝햄 등 여러 XP 주요 인사를 초대했습니다. 그 모임 목적은 XP 미래를 논의하는 것이었습니다.

우리는 이런 종류의 모임에서 흔히 하는 일을 했습니다. 함께 하이킹도 하고 보트도 타며, 회의실에서는 아이디어를 내고 토론하며 시간을 보냈습니다.

회의 도중 XP를 홍보하기 위한 비영리 단체를 만들자는 제안도 나왔습니다. 하지만 당시 회의에 참석했던 몇몇 사람은 힐사이드 그룹(The Hillside Group)[2]에서 겪은 별로 좋지 않은 경험 때문에 반대 의견을 내놓았습니다. 저는 그 반대 의견에 대해 꽤 단호하게 이의를 제기했습니다.

그렇게 회의가 끝나고 각자 방으로 돌아가는데, 마틴 파울러가 다가와 제 의견에 동의한다고 했습니다. 다음 주에 시카고에 있을 때 한번 만나자고 제안했습니다.

그렇게 우리는 시카고의 한 커피숍에서 다시 만나 그간 몇 년간 '가벼운(lightweight)' 개발 프로세스라고 불렀던 여러 방법론, 즉 XP, 스크럼(Scrum), DSDM[3], FDD[4] 등과 관련된 사람들을 한자리에 모으자는 뜻을 모았습니다. 우리는 각 개발 방법론의 핵심 이념을 공유하고, 이들 각각의 공통분모를 도출할 수 있다면 유의미한 모임이 될 것이라고 보았습니다. 서로 다른 부분이 물론 있었지만, 공통된 부분이 훨씬 더 많다고 생각했기 때문입니다.

그래서 2001년 2월에 카리브해 앵귈라(Anguilla)섬에서 열릴 '가벼운 개발 프로세스 회담(The Lightweight Process Summit)'을 제안하는 이메일을 작성하여 여러 인사에게 발송했습니다.

---

2 역주 소프트웨어 개발의 일반적인 문제를 분석하고 문서화하는 데 도움을 주는 비영리 교육 단체입니다. 1993년 8월 콜로라도의 산악연수회에서 시작했으며 켄트 벡, 그래디 부치 등 저명한 소프트웨어 엔지니어들이 참여했습니다.

3 역주 Dynamic Systems Development Method의 약어로, 동적 시스템 개발 방법론입니다.

4 역주 Feature Driven Development의 약어로, 기능 주도 개발 방법론입니다.

그러자 몇 시간 만에 앨리스테어 코버른(Alistair Cockburn)이 전화 연락을 해 왔습니다. 본인도 비슷한 이메일을 보내려고 했는데, 우리가 보낸 초대자 명단이 더 마음에 든다고 했습니다. 장소만 솔트레이크시티(Salt Lake City)로 바꾸어 준다면 본인이 회의 준비를 전담하겠다고 제안했습니다. 우리는 그의 제안에 흔쾌히 동의하고는 회의 장소를 바꾸기로 결정합니다.

2001년: 애자일과 닷컴 붕괴

그렇게 소프트웨어 전문가 17명이 2001년 2월, 스노버드 리조트(Snowbird Resort)에 모여서 애자일 선언문(Agile Manifesto)을 작성했습니다. 우리는 이 선언문이 업계에 그렇게 큰 파장을 일으킬 줄은 전혀 예상하지 못했습니다.

곧이어 시카고 근교의 오브젝트 멘토 사무실에서 애자일 얼라이언스(Agile Alliance)의 첫 모임이 열렸습니다. 그렇게 새로운 조직이 결성되어 본격적인 활동을 시작했습니다.

애자일은 단숨에 '새로운 대세(Next Big Thing)'가 됩니다. 우리는 문자 그대로 호랑이 꼬리를 잡은[5] 느낌이었습니다.

하지만 동시에 좋지 않은 징후도 보이기 시작합니다. 2001년 봄 우리는 이미 닷컴 버블이 흔들리고 있음을 체감했습니다. **모든** 교육 과정 수강생 수가 조금씩 줄기 시작했고, 컨설팅 수요도 감소하고 있었습니다. 그래도 사업은 여전히 괜찮았기에 다소 조심스러워도 낙관적이었습니다. 그러나 아무리 조심을 해도 이후에 벌어질 일들을 막기에는 역부족이었습니다.

마지막 XP 이머전 행사는 2001년 9월 10일 월요일에 시작되었습니다. 미국 전역에서 수강생 약 30명이 비행기를 타고 왔습니다. 첫날 수업은 순조로웠고 모두 낙관적인 분위기였습니다.

그러나 다음 날 화요일에 모든 것이 달라졌습니다. 보잉 767기 두 대가 월드 트레이드 센터로 돌진했고, 또 한 대는 펜타곤에 충돌했습니다. 미국은 공격을 받았고, 곧장 전쟁이 벌어

5 역주 We had a tiger by the tail, 통제하기 어려운 강력한 힘이나 상황을 손에 쥐게 된 상태를 의미합니다.

질 것 같았습니다. 하지만 수업은 계속 진행되었습니다. 수강생들은 여전히 강의에 집중하며 학습을 이어 갔습니다. 항공편은 대부분 취소되었지만, 출장이나 여행 중이던 사람들의 귀가를 위한 특별 노선이 제한적으로 남아 있었습니다.

몇몇 수강생과 강사(켄트 벡도 포함)들이 그 특별 노선을 타고 돌아갔고, 나머지 사람들은 렌터카를 이용하여 각자 집으로 귀가했습니다.

그로부터 몇 주 후, 닷컴 버블이 걷잡을 수 없이 붕괴하기 시작했습니다. 거의 2년 가까운 기간 동안 꾸준히 있어 왔던 강의와 컨설팅에 대한 수요가 사라져 버렸습니다. 우리는 직원 수와 임금을 급격히 줄일 수밖에 없었습니다. 이 세상 어디에서도 소프트웨어 개발 프로젝트가 진행되지 않고 있는 것처럼 보였습니다.

하지만 이 시기에 한 가지 실버 라이닝(silver lining)[6]이 있었다면(정말 그렇게 부를 수 있을지는 모르겠지만), 시간적인 여유가 생겨 두 번째 책을 쓰는 데 매진할 수 있었다는 점입니다. 사실 제 두 번째 책은 이미 집필이 많이 지연되어 있던 상태였습니다. 처음에는 객체지향 설계에 대한 간략한 내용만 쓰려고 했는데, 점차 설계 원칙과 패턴, 응용 방법 등을 모두 망라하면서 분량이 커졌습니다. 심지어 수백 쪽을 써 내려가도 끝이 보이지 않았습니다.

결국 2002년 중반, 약 800쪽 정도로 작성했던 원고를 500쪽으로 대폭 줄여서 최종 원고를 제출할 수 있었습니다. 그렇게 해서 2003년에 〈Agile Software Development: Principles, Patterns, and Practices(애자일 소프트웨어 개발: 원칙, 패턴, 그리고 실천)〉가 출간되었습니다.

2002~2008년: 광야를 헤매다

그 후 몇 년간 제 커리어는 거의 사막과도 같았습니다. 오브젝트 멘토는 더 이상 성장하지 않았고, 간신히 유지되는 수준이었습니다. 사업 기회가 전혀 없던 것은 아니지만, 잠깐 기대

6 역주 어려운 상황 속에서 발견할 수 있는 긍정적인 측면을 의미합니다. 마치 먹구름 가장자리로 햇빛이 새어 나와 은빛 테두리를 만드는 것처럼, 절망적인 상황에서도 희망적인 가능성을 발견할 수 있다는 뜻을 가진 관용구입니다.

감이 생겼다가 다시 없어지는 상황이 반복되었습니다. 엄격하게 긴축하여 회사를 꾸려 나갔음에도 2001년 이전과 같은 호황은 다시 찾아오지 않았습니다.

그렇게 여러 가지를 시도해 보았지만, 어느 것 하나 뾰족한 성공을 거두지 못했습니다. 2007년쯤 되어 제한된 규모의 교육과 컨설팅만으로는 더 이상 성공하기 어렵다고 판단하게 되었습니다.

닷컴 버블과 뒤이은 붕괴가 소프트웨어 판 전체를 쥐고 흔들면서 IT 업계는 전반적으로 위축된 느낌이었습니다. 새로운 소프트웨어 기술이나 혁신적 아이디어도 거의 보이지 않았습니다. 어디에선가 정체가 생겨 더 이상 앞으로 나아가지 못하는 듯했습니다. 아이폰과 아이패드 같은 엄청난 하드웨어 혁신이 나오기는 했지만, 소프트웨어 영역에서는 획기적 변화가 생기지 않았습니다. 결국 소프트웨어 업계 전반이 침체되었고, 제 회사 또한 예전처럼 재기할 돌파구를 찾지 못했습니다.

클린 코드

이런 사막 같은 시기에 한 줄기 희망 같은 일이 찾아옵니다. 사실 저는 한동안 누군가가 '좋은 코딩'과 관련된 책을 내야 하지 않을까 하고 생각해 왔습니다. 프로그래머들에게 좋은 코드와 나쁜 코드를 가르친다는 것은 대단한 뻔뻔함이 필요한 일이라 생각했으며, 제 스스로 그런 책을 쓰기에는 자격 미달이라 여겼습니다. 하지만 곰곰이 생각해 보니, 저는 거의 40년 가까운 시간 동안 프로그래밍을 해 온 사람입니다. 내가 그런 책을 쓰지 않는다면 누가 쓸까 하는 생각이 들었습니다. 또 부족하더라도 **내가 가진 경험과 여러 가지 기법**을 최소한 공유할 수는 있겠다는 생각이 들었습니다. 그렇게 해서 저는 〈Clean Code(클린 코드)〉 집필을 시작했습니다.

그러던 와중 2008년 글로벌 금융 위기가 닥치면서 회사의 마지막 숨통마저 끊어지게 됩니다. 이제 더 이상 버틸 방법이 없었습니다. 회사는 결국 문을 닫았습니다.

2009년: SICP와 크로마키

회사를 정리하는 일은 결코 유쾌하지 않았습니다. 하지만 결론적으로 저는 다시 독립 컨설턴트가 되어 세계 각지를 돌며 고객사와 일하게 되었습니다.

그래도 가족이 생활하는 데 지장은 없었고, 회사를 지키려다 생긴 (꽤나 큰) 빚도 천천히 갚아 나갈 수 있었습니다. 게다가 〈Clean Code〉의 판매량도 꽤 좋았습니다.

그러던 중 또 한 번 귀중한 기회가 찾아옵니다. 당시에는 뉴스그룹 대신 트위터가 소통의 장으로 떠오르는 시기였습니다.

어떤 사람이 트윗으로 〈Structure and Interpretation of Computer Programs(SICP: 컴퓨터 프로그램의 구조와 해석)〉 책을 읽어 보라고 추천했습니다. 그 당시 중고로 책을 사 놓고 책상에 올려 둔 채 오랫동안 잊고 있었습니다.

그렇게 트윗을 보고 언젠가부터 그 책을 펼쳐 읽어 보기 시작했습니다. 저는 그 책에 완전히 매료되었습니다! 책을 읽으며 엄청난 영감을 느꼈고, 페이지를 넘길 때마다 흥분이 가시지를 않았습니다. 그야말로 책에 흠뻑 빠져들었습니다.

그 책에서는 스킴(Scheme)이라는 리스프(Lisp) 계열 언어를 사용했습니다. 그동안 저는 주로 C, C++, 자바, C#으로만 프로그래밍을 해 왔고, 리스프는 그저 학문적인 프로그래밍 언어라고 여겨 왔습니다. 그런데 그것이 얼마나 큰 오해였는지 깨달았습니다. 저는 그 책을 도저히 내려놓을 수 없었습니다.

그 책의 217쪽에는 "이제 여기서 잠시 멈추세요."라고 적혀 있습니다. 그리고 "지금부터 모든 것이 바뀔 것이며 계산 모델이 완전히 뒤집힐 것"이라고 예고하더니 **대입문**(assignment)을 언급합니다.

저는 충격에 빠졌습니다. 이미 200쪽 넘게 수학 프로그램과 테이블 처리, 비트맵 처리, 암호화 알고리즘 등 온갖 예제가 있었는데 그 어디에도 대입문이 단 한 번도 등장하지 않았던 것이죠. 저는 도저히 믿기지 않아 책의 첫 장으로 돌아가 다시 확인했습니다.

어떻게 본질적으로 계산 과정에서 반드시 필요한 무언가가 프로그램에서 빠질 수가 있었을까요? 어떻게 변수 상태를 한 번도 바꾸지 않고 그렇게 정교한 시스템을 작성할 수 있었을까요? 저는 더 알아야만 했습니다. 저도 꼭 이런 종류의 코드를 한번 작성해 보고 싶었습니다.

또 다른 트윗에서는 클로저(Clojure)라는 언어를 '자바 기반의 리스프'라고 말했습니다. 그래서 클로저에 대해 조사해 보니 클로저는 리치 히키(Rich Hickey)가 만든 언어였습니다. 예전에 comp.object나 comp.lang.c++ 같은 뉴스그룹 토론에서 그를 만난 적이 있었는데, 그 당시에 그를 높이 평가했던 것이 생각났습니다.

그래서 저는 클로저를 배우고, 〈SICP〉 책에서 찾은 내용을 공부하기로 결심했습니다.

이는 제가 **함수형 프로그래밍**이라는 흥미진진한 세계로 들어간 계기가 되었습니다.

동영상

한편 네트워크 속도가 갈수록 빨라지면서 인터넷을 통한 영상 제공이 가능해졌습니다. 또 아마존 웹 서비스(AWS) 덕분에 별도의 서버나 네트워크 장비 없이도 동영상을 호스팅할 수 있었습니다.

저는 계속해서 콘퍼런스 강연을 하고 있었고 기조 연설자로 많은 초청을 받았지만, 점차 '직접 강연 영상을 찍어 인터넷에 유료로 올리면 어떨까?' 하는 생각을 하게 되었습니다. 사람들이 돈을 내고 시청할지도 모르니까요.

당시에는 유튜브가 막 태동하던 시기라 유튜브를 유료 결제 플랫폼으로 활용하기에는 부족했습니다. 그래서 결국 동영상 판매에 필요한 것들을 스스로 개발해야 했습니다.

먼저 저는 집에서 쓸 만한 디지털 비디오 카메라를 구입하여 사무실에서 강연을 촬영해 보았습니다.

하지만 결과물은 별로 좋지 않았습니다. 영상 내용은 지루했고, 관객 없이 하는 독백이라 생동감도 전혀 느껴지지 않았습니다.

그렇게 만든 영상을 가족과 지인에게 보여 주었더니 다들 똑같이 지루하다고 했습니다.

그런 다음 여동생 홀리(Holly)에게 보여 주었는데 "크로마키(chroma-key)를 한번 사용해 보면 어때?"라고 하더군요.

당시 저는 크로마키가 무엇인지 몰라서 인터넷을 검색해 보았습니다.

이 무렵 아마존은 엄청난 성장을 하고 있었습니다. 아마존은 처음에 책만 판매했습니다. 그러다 가끔씩 몇몇 제품을 웹 사이트에 올려놓고는 했습니다. 하지만 이후 2009년쯤 되자, 갑자기 아마존에서 모든 것을 살 수 있게 되었습니다. 그렇게 저는 아마존에서 그린 스크린과 조명을 찾아 주문해서 바로 배송받을 수 있었습니다.

이후 저는 아마존에서 구입한 장비를 설치하고 다시 촬영을 해 보았습니다. 이번에는 편집을 통해 저를 마치 달 표면에 있는 것처럼 합성해 보았습니다. 이를 위해 동영상 편집 소프트웨어도 새로 배워야 했습니다. 하지만 며칠 정도 편집 방법을 배웠더니 진짜 달 위에 있는 것처럼 꽤 그럴싸하게 영상을 만들 수 있었습니다.

그래도 여전히 혼자 말하는 영상이었기 때문에 전반적으로 지루하게 느껴졌습니다.

그래서 저는 대본을 미리 작성하고, 강의를 한 번에 전부 촬영하는 대신 개별 장면들을 따로 촬영하는 것이 좋겠다고 생각했습니다. 각 장면을 서로 다른 시각에서, 또는 다른 장소에서 촬영할 수도 있겠다고 생각했습니다. 그리고 각 장면마다 입고 있는 복장과 말하는 방식을 바꾸면 좀 더 영상을 흥미롭게 만들 수도 있겠다 싶었습니다.

그렇게 파일럿으로 15분짜리 영상을 만들어 보았습니다. 편집 과정을 포함해서 1분 영상을 만드는 데 약 한 시간이 필요했습니다. 즉, 15분 영상을 완성하는 데 15시간이 걸린 셈입니다!

그러나 그렇게 만든 15분 분량의 영상은 보는 이들에게 훨씬 재미있고 유익했습니다. 지루하지 않았고, 정보를 전달하는 데 효과적이었습니다. 마치 마법을 부린 것 같았죠.

cleancoders.com

당시 제 아들인 마이카(Micah)는 자신만의 소프트웨어 회사를 운영하고 있었습니다. 저는 아들에게 "내가 한 시간 분량의 영상을 여러 편 만들 테니, 이걸 유료로 판매할 웹 사이트와 호스팅 시스템을 구축해 볼 의향이 있느냐?"라고 제안했습니다. 즉, 서로 절반씩 투자하는 형태의 비즈니스를 제안했습니다. 마이카는 제 제안에 흔쾌히 동의했고, Clean Coders Inc.가 탄생했습니다.

2010~2023년: 동영상, 장인 정신, 그리고 프로페셔널리즘

저는 여전히 세계 곳곳을 돌아다니며 강연과 교육, 컨설팅 활동을 병행했습니다. 하지만 집에 있을 때는 영상을 만들었습니다. 한 시간 분량의 영상을 만드는 데 작업이 약 60시간 필요했기 때문에 한 달에 한 편 정도밖에 만들 수 없었습니다.

그렇게 강의 에피소드들이 하나씩 공개되었습니다. 마이카가 웹 사이트를 구축해서 운영하기 시작했고, 저희는 cleancoders.com에서 영상을 온라인으로 제공했습니다.

제 트위터의 팔로워가 상당히 많았기 때문에 그 웹 사이트 주소를 트윗으로 알렸습니다. 그러자 놀랍게도 사람들이 영상을 구매하기 시작했습니다.

동영상으로 얼마나 많은 정보를 전달할 수 있는지 정말 놀랐습니다. 강연 외에도 코딩 기법을 직접 시연하고, 시청자와 일종의 '가상 페어 프로그래밍'을 하는 느낌을 줄 수 있었습니다. 이는 저에게도 굉장히 신나는 일이었습니다. 글로 20~30쪽을 써야 할 내용을 한 시간 안에 훨씬 더 생생하게 보여 줄 수 있었습니다.

시청자들도 같은 생각을 가지고 있었던 것 같았습니다. 동영상이 계속 잘 팔렸기 때문이죠.

2011년 말 무렵에는 매출이 10만 달러에 달했고, 저희는 이 사업 모델의 성공 가능성이 높다는 것을 확신했습니다.

그래서 저는 딸 안젤라(Angela Brooks)까지 고용하여 촬영과 편집 작업을 맡겼고, 다시 한 번 새로운 형태의 전성기를 맞이하게 되었습니다.

애자일의 탈선

한편 애자일 운동(Agile movement)은 본래의 궤도에서 벗어나는 듯했습니다. 애초에는 프로그래머들이 주도했지만, 점차 프로젝트 매니저들이 주도하는 형태로 흐름이 바뀌면서 프로그래머들이 배제되기 시작했습니다.

저는 이런 상황이 매우 안타까웠습니다. 지난 10년간 애자일 운동이 프로그래머의 수준을 높여 줄 것이라 기대했기 때문입니다. 프로그래머들을 보다 더 높은 기준과 원칙, 윤리를 갖춘 진정한 전문가 집단으로 이끌어 줄 원동력이 될 줄 알았지만 그렇지 못했습니다.

그래서 저는 새로운 매체인 동영상이 오히려 소프트웨어 장인 정신을 고취하고, 프로그래머의 수준을 한 단계 끌어올리는 데 더 좋은 수단이 될 것이라고 보았습니다.

그리하여 앞으로 제가 갈 길이 분명해졌습니다.

그 후 10년간, 사랑하는 딸 안젤라와 총명한 아들 마이카의 도움을 받아 저는 동영상을 79편 제작했습니다.

각 편마다 한 시간 분량으로, 총 79시간에 달했습니다. 제가 알고 있는 소프트웨어 관련 지식을 전부 쏟아부었습니다.

매년 '이제 12편만 더 만들면 끝'이라고 말했지만, 실제로는 계속 조금씩 늘어나 결국 10년에 걸친 대작업이 된 것입니다.

그 외의 책들

그 10년 동안 저는 책을 몇 권 더 집필했습니다.

- **〈The Clean Coder〉**: 〈Clean Code〉에서 다루지 않았던 비기술적인 요소, 즉 전문적인 태도와 행동 양식을 다룬 첫 번째 책입니다.
- **〈Clean Craftsmanship〉**: 소프트웨어 프로페셔널의 기술·비기술적 원칙, 기준, 윤리를 심층적으로 다룬 책입니다.
- **〈Clean Architecture〉**: 대규모 소프트웨어 구조와 설계 원칙, 문제, 해결책을 집중 조명한 매우 기술적인 책입니다.
- **〈Clean Agile〉**: 애자일 운동의 기원을 다시 살펴보고, 그 뿌리로 돌아가자는 메시지를 담은 책입니다.
- **〈Functional Design〉**: 함수형 프로그래밍 환경에서 시스템 설계 원리, 패턴, 응용 방법을 다룬 고급 기술서입니다.

코로나19 팬데믹

팬데믹 시기에는 현장을 직접 방문해서 교육하거나 컨설팅하기가 어려웠습니다. 물론 지금도 때때로 고객사를 방문하기는 하지만, 이제는 예전만큼 방문 교육이 주요한 업무 비중을 차지하고 있지는 않습니다. 대부분의 교육은 줌(Zoom) 같은 화상 회의로 진행하게 되었고, 지금도 현장 방문 횟수를 최소화하려고 노력합니다.

2023년: 정체

아마도 눈치챘겠지만, 제 인생 기록의 마지막 10년은 비교적 간단하게 언급되었습니다. 이는 아마도 누구나 살면서 겪는 삶의 곡선과 관련이 있을 것 같습니다.

대부분 경력 초반에는 거의 '인풋 모드(input mode)'로 살게 됩니다. 배울 것이 너무 많기 때문에 새로운 아이디어를 내놓기보다는 기존 지식과 아이디어를 습득하는 데 주력하게 되죠. 이후 경험이 쌓이면 계속 배우면서도, 점차 자신만의 아이디어를 제시하기 시작합니다. 이 시점은 30~50대 사이에 최고조에 달하며, 배움과 아이디어 배출 간 상호 작용이 강력한 시너지를 만들어 내게 됩니다.

그러나 시간이 흐르면서 서서히 아이디어를 배출하는 양이 배움의 양을 앞지르게 되어 시너지와 피드백이 줄어드는 시기가 도래합니다. 그리고 은퇴 시점이 가까워지면 주로 본인이 여태껏 쌓아 온 아이디어를 내놓고, 새로운 아이디어를 흡수하는 비중은 낮아집니다.

물론 이는 모든 사람에게 공통으로 적용되는 것은 아니지만, 충분히 흔히 볼 수 있는 패턴이기도 합니다. 저에게도 이 패턴이 적용되면서 최근 10년 사이의 이야기가 다소 간결해진 것일지도 모르겠습니다.

또는 저뿐만 아니라, 소프트웨어 업계 전체가 같은 길을 걷고 있는 것일 수도 있습니다. 프로그래밍 자체가 예전 같은 혁신을 활발히 내놓지 않고 있는 것 같기 때문입니다.

이 말이 다소 의아하게 들릴 수도 있을 것입니다. 지난 10년 사이에 Go, 스위프트(Swift), 다트(Dart), 엘름(Elm), 코틀린(Kotlin) 등 새로운 언어가 많이 등장했으니까요. 하지만 제가 보기에는 예전에 있던 아이디어를 여기저기에서 가져와 재포장한 언어가 대부분이며, 과거에 C나 시뮬라(SIMULA), 혹은 자바가 등장했을 때처럼 강렬한 혁신으로 보기는 어렵다고 생각됩니다.

다른 측면에서 보면, 어셈블리어가 나옴으로써 바이너리 방식의 코딩에서 벗어났을 때 프로그래밍 생산성은 50배(혹은 그 이상)[7] 향상되었습니다. C 같은 언어가 등장했을 때는 그보다 조금 더 낮은 3~5배 정도 향상되었고, C++나 자바 같은 객체지향 언어가 나왔을 때는 생산성 향상 정도가 1.3배 정도로 낮아졌습니다. 루비나 클로저 같은 언어에서는 1.1배 정도의 향상에 그친 것 같습니다.

정확한 수치가 다를 수 있어도 매번 새 언어가 등장할 때마다 얻는 생산성 이점은 계속 줄어들어 거의 0에 가까워지는 추세로 여겨집니다. 마치 어떤 한계치(asyptote)에 다다른 것처럼 보입니다.

하드웨어 측면에서도 마찬가지입니다. 무어의 법칙은 2000년 무렵부터 사실상 멈추었습니다. 클럭 주파수는 더 이상 급격히 올라가지 않고, 메모리 용량도 매년 두 배씩 늘어나지 않고 있습니다. 반도체가 원자적 한계에 가까워지면서 칩 밀도 증가 폭도 둔화되었습니다.

결국 하드웨어와 소프트웨어 양쪽 모두 일정한 정체 상태(plateau)에 도달했다고 볼 수도 있습니다.

그리고 아마 이것이 다음 4부 '미래' 편으로 넘어가는 전환점이 되지 않을까 싶습니다.

참고 문헌

- Martin, Robert C. 2003. "Agile Software Development, Principles, Patterns, and Practices(애자일 소프트웨어 개발: 원칙, 패턴, 그리고 응용)". Pearson.

7 4장 컴파일러: 1951~1952년 참고

- Martin, Robert C. 2019. "Clean Agile: Back to Basics(클린 애자일: 기초로 돌아가기)". Pearson.
- Martin, Robert C. 2017. "Clean Architecture: A Craftsman's Guide to Software Structure and Design(클린 아키텍처: 소프트웨어 구조와 설계를 위한 장인의 안내서)". Pearson.
- Martin, Robert C. 2008. "Clean Code: A Handbook of Agile Software Craftsmanship(클린 코드: 애자일 소프트웨어 장인 정신 핸드북)". Pearson.
- Martin, Robert C. 2021. "Clean Craftsmanship: Disciplines, Standards, and Ethics(클린 크래프트맨십: 규율, 표준, 그리고 윤리)". Addison-Wesley.
- Martin, Robert C. 2023. "Functional Design: Principles, Patterns, and Practices(함수형 설계: 원칙, 패턴, 그리고 실천)". Addison-Wesley.
- Martin, Robert C. 2011. "The Clean Coder: A Code of Conduct for Professional Programmers(클린 코더: 프로그래머를 위한 행동 강령)". Pearson.
- Sussman, Gerald Jay, Hal Abelson, Julie Sussman. 1984. "Structure and Interpretation of Computer Programs(컴퓨터 프로그램의 구조와 해석)". MIT Press.

4부

미래

우리, 프로그래머들

4부
미래

미래를 예측하는 것은 어렵습니다.

CHAPTER 16

프로그래밍 언어

우리가 현재 사용하고 있는 프로그래밍 언어가 얼마나 많을까요? 직접 한번 나열해 봅시다.

C, C++, 자바, C#, 자바스크립트, 루비, 파이썬, 오브젝트 C, 스위프트, 코틀린, 다트(Dart), 러스트, 엘름(Elm), Go, PHP, 엘릭서(Elixir), 얼랭(Erlang), 스칼라, F#, 클로저(Clojure), VB, 포트란, 루아(Lua), 지그(Zig) 등 외에도 아마 몇십 개는 더 있을 것입니다.

왜 이렇게 많은 프로그래밍 언어가 있을까요? 정말로 그렇게 다양할 필요가 있어서일까요?

예를 들어 자바와 C#은 사실상 거의 동일합니다. 물론 약간의 차이는 있지만, 조금 거리를 두고 객관적으로 바라보면 상당히 유사한 언어입니다. 정도의 차이는 있지만 루비와 파이썬도 그렇고, C와 고도 그렇고, 코틀린과 스위프트도 그렇습니다.

물론 여기에는 상업적인 이해관계가 작용했기 때문일 수도 있습니다. 역사적인 배경도 한몫 했을 것입니다. 아마도 우리가 쓰는 언어를 매번 그렇게 싫어하면서 '모든 것을 지배할 **단 하나**의 언어', 마치 어둠 속에서 우리를 하나로 묶어 줄 '성배 같은 언어'를 끊임없이 찾아 헤매기 때문일 수도 있습니다.

제가 볼 때는 우리 업계가 마치 '완벽한 언어'를 찾으려는 쳇바퀴 위에서 사실상 제자리걸음을 하고 있는 것처럼 보입니다.

예전에는 새로운 언어가 나올 때마다 뚜렷이 다른 점이나 혁신적인 요소가 있었습니다. 예를 들어 C, Forth, Prolog 같은 언어들을 생각해 보죠. 이 언어들은 정말 독특한 **아이디어**로 무장되어 있습니다. 하지만 시간이 지날수록 새로운 언어들이 선보이는 차이점은 점점 줄어들었고, 이제는 거의 없는 것처럼 보입니다. 정말로 코틀린이 스위프트와 그렇게까지 다른가요? 고가 지그와 아주 큰 차이점이 있나요? 이 언어 중 정말 획기적인 '새로운' 아이디어를 내세우고 있는 것이 있기는 한가요?

네, 물론 언뜻 보기에는 몇몇 차이점이나 새로운 아이디어의 흔적을 찾을 수 있습니다. 하지만 대부분은 기존에 있던 개념들을 재배열한 것에 불과합니다. 마치 성경의 전도서에 나온 **"헛되고 헛되며 모든 것이 헛되도다. 이미 있던 것이 다시 있을 뿐, 태양 아래 새로운 것이 없도다."**처럼 되고 있는 것 같습니다.

이렇게 말하면 왠지 실망스럽지만, 사실 다른 각도에서 보면 이것은 자연스러운 일이기도 합니다. 다른 산업 분야에서도 과거에 이와 비슷한 일이 반복되어 왔습니다.

예를 들어 화학 산업을 생각해 봅시다. 지금의 화학자들은 표준화된 방식으로 화학식을 표현합니다. 여러 가지 표준 표기법이 있고, 모든 화학자가 $2O_2 + CH_4 \rightarrow 2H_2O + CO_2$ 같은 식을 이해할 수 있습니다. 하지만 연금술 시대에는 이런 표준 표기법이 없었고, 각 연금술사는 제각기 자신이 보기에 옳다고 생각하는 방법으로 아주 은밀하고도 난해한 기호를 써 가며 기록했습니다.

영어도 마찬가지입니다. 초창기 영어 필사본 시절에는 표준 철자가 없었습니다. 작가들은 그때그때 자기 마음대로 철자를 적었습니다. 그래서 14세기 초서(Chaucer)[1]가 남긴 문장을 보면 "Whan that Aprille, with his shorures sote……"처럼 오늘날과는 전혀 다른 철자를 쓰기도 합니다.

전자 공학도 그렇습니다. 초기에는 캐퍼시터, 저항, 배터리, 심지어 전선조차도 모두 통일되지 않은 기호로 그렸습니다. 그러다 차츰 업계가 표준 기호를 정착시켰습니다.

결국 모든 새로운 학문이나 산업 분야는 아이디어, 표기, 표현이 폭발적으로 쏟아지는 혼돈기를 필연적으로 겪고 나서 점차 표준화된 언어와 개념 체계가 확립됩니다. 그러면 바벨탑 상태에서 벗어나 해당 분야의 실무자와 인접 분야 사이에 소통이 훨씬 원활해지게 됩니다. 그리고 그때 **진정한** 혁신이 다시 시작됩니다.

---

1 역주 제프리 초서(Geoffrey Chaucer)로 영문학의 아버지라고 부르는 인물입니다.

저는 소프트웨어 산업 역시 그와 같은 과정을 거치고 있다고 생각합니다. 조만간[2] 어느 시점이 되면 우리 모두가 '이제 그만!'을 외치고, 소수 언어만 남기기로 합의하리라고 봅니다. 그리고 정말로 단 하나의 언어만 남을 수도 있습니다. 개인적인 예상으로 그 언어는 아마 리스프(Lisp) 계열의 언어가 될 가능성이 높다고 봅니다.

단 하나의 프로그래밍 언어만 있다고 상상해 봅시다. 고용주는 Calypso-lang 같은 특정 언어를 다룰 줄 아는 프로그래머를 찾아 헤맬 필요가 없어집니다. 책, 기사, 연구 논문 어디에든 코드를 실어 놓으면 모든 프로그래머가 이해할 수 있을 것입니다. 프레임워크나 라이브러리의 수도 크게 줄어들고 각종 플랫폼으로 포팅 작업도 훨씬 단순해질 것입니다.

이처럼 단 하나의 프로그래밍 언어만 있다면 소프트웨어 업계, 프로그래머, 연구자, 심지어 사용자 모두에게 엄청난 이익이 될 것입니다.

그렇게 언젠가는 결국 우리가 이 **언어의 쳇바퀴에서 내려올 것**이라고 생각합니다.

타입

컴파일러가 컴파일 시 데이터 타입(types)을 검사하면 좋을까요? 아니면 런타임에서 검사하면 좋을까요?

이 문제를 두고 우리는 수십 년째 줄다리기를 해 왔지만 아직까지 명쾌한 해답을 내놓고 있지 못합니다.

타입이라는 개념이 프로그래밍 세계에 처음 등장한 것은 아마 포트란 시절이었을 것입니다. 포트란은 변수 이름이 I부터 N으로 시작하면 정수형, 나머지는 부동소수점형으로 간주합니다. 즉, 포트란에서 표현식은 정수 또는 부동소수점 중 하나였으며, 다른 타입끼리 섞이면 컴파일러가 오류를 냈습니다.

---

2 물론 가까운 미래가 언제인지에 대한 정의는 사람마다 다르겠지만요.

C는 언뜻 보기에는 타입이 있지만 사실상 타입이 없는 언어입니다. 변수 타입을 선언하더라도 컴파일러는 그 선언을 메모리 레이아웃, 메모리 할당, 산술 연산을 위해서만 사용했습니다. 즉, C에서는 타입에 관한 제약을 **엄격히 강제하지는 않았습니다.** 그래서 정수를 받아야 할 함수에 부동소수점을 넘겨도 컴파일러는 오류 없이 코드를 생성했습니다. 그 대신 그런 식으로 만들어진 프로그램은 실행 중에 비정상적인 동작을 일으키기 쉬우며, 개발 환경에서는 멀쩡히 돌아가다가 실제 서비스 환경에서 문제를 일으키는 경우가 많았습니다.

파스칼(Pascal)과 C++는 정적으로 타입을 검사합니다. 즉, 컴파일러가 모든 타입을 철저히 점검하며 타입을 어기는 것을 용납하지 않습니다. 이런 엄격함 덕분에 비정상적인 동작을[3] 크게 줄일 수 있었습니다.

스몰토크(Smalltalk), 리스프, 로고(Logo)는 동적으로 타입을 검사합니다. 즉, 변수의 타입을 미리 선언하지 않고, 컴파일 시에도 타입에 따른 제약을 두지 않습니다. 그 대신 프로그램 런타임 시 타입 체크가 이루어지고, 타입이 맞지 않는 상황이 발생하면 미리 정의된 예외를 발생시켜 프로그램을 종료합니다. 이를 통해 정의되지 않은 비정상적인 동작을 방지할 수 있지만, 그 대신 프로그램이 실행 중에 **갑작스럽게 멈출 수 있다**는 단점이 있습니다.

자바와 C#은 정적 타입 언어, 루비와 파이썬은 동적 타입 언어입니다. 고, 러스트, 스위프트, 코틀린은 정적 타입, 클로저는 동적 타입입니다. 이렇게 프로그래밍 언어의 타입 체크 방식은 계속 왔다 갔다 했습니다. 어떤 시기에는 정적 타입이, 어떤 시기에는 동적 타입이 유행했습니다.

왜 이렇게 어떤 타입 체크 방식이 좋은지 결론이 나지 않을까요? 이유는 간단합니다. 정적 타입 언어는 어려운 언어고, 동적 타입 언어는 쉬운 언어이기 때문입니다. 정적 타입 언어는 마치 퍼즐 조각 같아서 모든 조각이 제자리를 찾아야만 돌아갑니다. 반면에 동적 타입 언어는 레고나 팅커토이(옛날 조립 완구)처럼 아무 조각이나 쉽게 끼워 맞출 수는 있지만, 그만큼 잘못 끼울 위험도 있습니다.

---

3 비록 완전히 없앨 수는 없지만 말이죠.

여기에서 제가 생각하고 있는 해법은 두 가지 방식을 절충하는 것입니다. 즉, 타입 검사는 형식적으로 엄격하게 해야 하지만, 그 시점을 런타임으로 미루는 방법입니다. 그리고 언제 어디에 타입 검사를 적용할지는 프로그래머가 선택할 수 있어야 합니다. 예를 들어 TDD 방식에 따라 전체적인 단위 테스트를 작성할 때 타입 체크를 적용하는 전략을 들 수 있습니다. 또 언어에 따라서는 몇몇 훌륭한 라이브러리[4]를 이용하여 동적으로 타입을 검사하는 방식을 적용할 수도 있어야 합니다.

이런 타입 체크 방식을 적용하면 잘못된 조각을 끼우려고 할 때 확실히 걸러 줄 수 있으면서도 동적 언어 특유의 '레고' 같은 유연함을 잃지 않을 수 있으리라 생각합니다.

리스프

왜 저는 최종적으로 리스프 계열의 언어가 남는다고 생각할까요?

첫째, 리스프의 문법은 극도로 단순합니다. 카드 한 장에 그 문법을 전부 적을 수 있을 정도로 단순합니다. 사실상 리스프의 문법은 (x y z...) 정도가 전부라고 할 수 있습니다.

반면에 지금 유행하고 있는 언어들은 하나같이 문법이 너무 방대합니다. 따라서 여러 가지 문법적인 트릭과 기교를 같이 배워야 합니다. 이로 인해 언어를 배우는 시간이 오래 걸리고 실수를 할 여지도 많아집니다.

게다가 문법이 복잡하면 언어에 새로운 기능을 추가하기도 어렵습니다. 결국 추가적인 문법과 구문이 억지로 늘어나게 되고 점점 더 무겁고 다루기 까다로운 언어가 됩니다.

예컨대 자바가 1990년대 말 이후로 어떻게 변해 왔는지 생각해 봅시다. 제네릭의 복잡한 문법이라든지, 람다가 추가되면서 생긴 어색함 같은 것을 떠올릴 수 있습니다. 이처럼 언어의 기능이 방대해지면 어느 순간 본래 프로그래밍 목적이 가려지는 문제가 생기기도 합니다.

---

4 Clojure/spec 같은 라이브러리입니다.

둘째, 리스프는 문법이 단순하기 때문에 그만큼 표현력이 아주 풍부합니다. 즉, 언어의 제약이나 복잡함 때문에 내가 정작 언어로 표현하고 싶은 것을 표현하지 못하는 문제가 생기지 않습니다. 이것은 실제로 써 보기 전에는 실감을 못 하겠지만 아주 간단한 예를 들면 다음과 같습니다.

```
(take 25 (squares-of (integers)))
```

역자노트 **코드 설명**

(take 25 (squares-of (integers)))는 리스프 계열 언어에서 스트림을 다루는 예제 코드입니다. integers는 1부터 시작하는 무한 정수 스트림을 만들고, squares-of는 그 스트림의 각 원소를 제곱으로 변환합니다. take 25는 그렇게 생성된 제곱수 스트림에서 앞의 25개만 뽑아냅니다. 즉, 이 코드는 1^2부터 25^2까지 제곱수 리스트를 생성하는 것입니다.

셋째, 리스프는 프로그래밍 언어가 아니라 데이터를 표현하는 언어입니다. 여기에 데이터가 프로그램처럼 해석될 수 있도록 하는 런타임이 결합되어 있는 것입니다(다시 말해 이것은 일종의 폰 노이만 아키텍처라고 할 수 있습니다). 모든 리스프 프로그램은 데이터 구조 형태로 존재합니다. 즉, 프로그램을 마치 데이터처럼 다룰 수 있으며, 프로그램 실행 중에 실시간으로 다른 프로그램을 만들어 실행할 수도 있습니다. 또 프로그램이 스스로를 수정하게 할 수도 있습니다.

이와 같은 기능은 우리가 인덱스 레지스터나 간접 주소 지정을 사용할 여유가 없었던 초기 컴퓨터 시대에도 있던 기능입니다. 즉, 어셈블러로 프로그래밍하는 동안에도 우리는 이런 기능을 사용해 왔습니다. 다만 하드웨어에 너무 근접한 방식이라 위험 부담이 높아 자주 사용하지 않았을 뿐입니다. 언제부터인가 C나 파스칼을 주요 프로그래밍 언어로 사용한 이후로 이런 기능들은 아예 사라졌습니다.

하지만 리스프에서는 프로그램이 프로그램 자체를 고치거나 생성하는 작업을 훨씬 고차원적인 추상화 수준에서 처리할 수 있습니다. 이는 리스프 매크로를 사용하는 사람들이라면 누구나 알고 있는 강력한 기능이며 안전성도 상당히 높습니다.

마지막으로 리스프는 아직 죽지 않은 언어입니다. 여러 번 사라질 위기가 있었지만 번번이 살아남았고, 지금도 계속 되살아나고 있습니다.

CHAPTER 17

AI

미래학자들은 우리 모두가 AI 혁명의 벼랑 끝에 서 있다고 말합니다. 그들은 변화와 혼란을 예견하며, 일자리와 자유의 상실, 궁극적으로는 인류의 파멸에 대한 심각한 경고를 내놓고 있습니다. 마치 어렸을 때부터 <터미네이터>를 너무 많이 보고 자란 사람들 같죠.

하지만 스카이넷이 갑자기 의식을 갖고 모든 인류에게 핵을 쏟아붓는 일은 일어나지 않을 것입니다. 현재 기술은 '의식을 가진' 기계를 만들어 낼 수준과는 아직 거리가 멉니다.

물론 AI, 대규모 언어 모델(LLM), 딥러닝, 빅데이터 등 기술이 흥미롭고 의미 있는 결과를 만들어 내고 있다는 점은 확실합니다. 이 기술들이 가져올 영향은 분명히 클 것입니다. 그렇다고 해서 이 기술들이 초자연적인 무언가이거나, 인간의 지능이나 창의력에 조금이라도 근접하게 될 것이라고 생각하지는 않습니다.

인간의 뇌

현재까지 우리가 알고 있는 바로는 인간의 뇌 인지 활동은 뉴런이 약 160억 개 상호 작용하는 것으로 이루어집니다. 각각의 뉴런은 다른 뉴런 수천 개와 연결되어 있으며, 자체적으로 복잡한 화학적 처리를 수행하고 있습니다. 또 뉴런은 생명 활동을 유지하는 데 필요한 일종의 정보 처리 장치 역할을 하기도 합니다.

각각의 뉴런은 마치 아날로그 컴퓨터처럼 동작합니다. 입력 신호를 수천 개 받아들이고 이를 단일 출력 신호로 변환합니다. 이때 뉴런이 사용하는 신호는 펄스(pulses)의 빈도(frequency)를 이용하기 때문에 디지털이 아닌 아날로그적인 특성을 띱니다.

예를 들어 우리가 손가락을 천천히 들고 싶다면 뇌는 그에 맞추어 낮은 빈도의 펄스들을 해당 근육에 보내고, 더 빠르게 들고 싶다면 높은 빈도의 펄스를 보냅니다. 감각 신경도 마찬가지로 피부에 가벼운 압력이 가해지면 낮은 빈도의 펄스가 뇌로 보내지고, 압력이 커지면 높은 빈도의 펄스를 뇌로 보냅니다.

뉴런이 입력을 출력으로 변환하는 과정은 복잡하며 동적으로 이루어집니다. 학자들은 이 변환 과정 중에서 우리 기억과 지각 능력, 운동 능력 등이 형성된다고 보기도 합니다.

결국 인간의 뇌는 미세 아날로그 컴퓨터 160억 개가 거대하게 연결되어 '나'라는 존재를 형성하고 있다 할 수 있습니다.

이렇게 거대하고 복잡한 인간의 뇌와 현재의 마이크로 칩을 직접 비교하기는 매우 어렵지만, 여기에서 한번 시도해 보겠습니다.

현재 가장 최신의 마이크로 칩은 1,000억 개가 넘는 트랜지스터를 가지고 있습니다. 하지만 그중 대부분은 동적 캐싱, 그래픽 처리, USB 제어, 비디오 코덱, 단기 메모리 저장(RAM) 등 부수적인 업무를 처리하는 데 쓰이며, 실제 CPU에 사용되는 트랜지스터는 그다지 많지 않습니다.

그래도 CPU 본연의 작업에 트랜지스터가 200억 개 쓰인다고 가정해 보겠습니다. 사실 이마저도 관대한 추정입니다. 예컨대 1979년에 나온 모토로라 68000 칩은 CPU에 쓰인 트랜지스터가 고작 6만 8,000개 정도였습니다.

각각의 트랜지스터는 입력 두 개와 출력 한 개를 가진 아주 단순한 on/off 스위치입니다. 트랜지스터 64개가 한 번에 통신할 수 있는 버스(bus)를 통해 각각의 트랜지스터가 서로 초당 40억 번 정도 통신할 수 있다고 가정해 보겠습니다. 그렇게 대략 계산하면 초당 2,560억 비트의 정보를 처리할 수 있습니다. 이 정도면 꽤 괜찮아 보입니다.

하지만 이는 매우 단순하게 계산한 것뿐입니다.

그렇다면 뉴런 하나가 처리할 수 있는 비트는 몇 개일까요? 사실 뉴런과 트랜지스터를 단순 비교하기는 어렵습니다. 뉴런은 디지털 비트가 아니라 다양한 주파수 범위를 다루는 아날로그적인 신호를 처리하기 때문입니다. 하지만 대략 그 아날로그적인 신호를 200단계 정도(약 8비트에 해당)로 나눌 수 있다고 가정해 봅시다.

뉴런이 신호의 변화에 반응하는 데 약 10밀리초가 걸리고, 초당 100번 정도 새로운 신호를 생성한다고 가정해 보겠습니다.

그러면 뉴런 하나가 받는 정보량은 연결된 뉴런이 5,000개라고 할 때 5,000×8비트×100 = 초당 400만 비트가 됩니다. 그리고 인간의 뇌에는 이런 뉴런이 160억 개 있으므로 초당 128경 비트[1]의 정보를 처리할 수 있습니다. 이는 대략 애플 M3 칩이 처리할 수 있는 양보다 100만 배쯤 많습니다.

물론 이런 계산은 대단히 부정확한 계산입니다. 실제로는 M3 칩의 중앙 프로세싱에 트랜지스터 200억 개가 전부 쓰이지 않기도 하고, 각 뉴런 내부의 화학적/기계적 변환 과정도 전혀 고려하지 않았기 때문입니다. 다만 제 개인적인 생각으로는 앞서 계산한 추정치보다 인간의 뇌가 최소 두세 자릿수는 더 높은 처리 능력을 지니고 있으리라 봅니다.

어쨌든 인간의 뇌가 처리할 수 있는 정보량이 마이크로 칩보다 약 100만 배 정도 더 많다고 합시다. 그러면 M3 칩 100만 개를 100Gb 네트워크로 묶어서 인간의 뇌를 흉내낼 수 있을까요? 그럴 수 없습니다. 네트워크 자체가 초당 100기가비트밖에 처리하지 못해 일종의 병목 현상을 일으키기 때문입니다. 즉, 정보 처리 장치에서는 단순히 클럭 속도만 중요한 것이 아니라 얼마나 많은 양의 정보를 보다 넓은 범위로 보낼 수 있는가도 중요합니다.

이제 이만하면 충분히 요점은 전달된 듯합니다. 현재 기술은 인간 뇌가 가지고 있는 정보 처리 능력에 전혀 미치지 못합니다. 따라서 스카이넷이 갑자기 자의식을 갖게 될 일도 없으며, AI가 전 세계의 기아 문제를 단번에 해결해 주거나 LLM이 모든 일자리를 대체하는 상황도 일어나지 않을 것입니다. 물론 그렇다고 해서 AI가 전혀 쓸모없다는 것은 아닙니다.

---

1 역주 160억×400만 = 64경(64quadrillion)이지만 저자는 이 값의 두 배를 계산한 듯합니다.

신경망

AI의 핵심 아이디어 중 하나는 신경망(Neural Nets)입니다. 이는 생물학적 뉴런이 서로 연결되고 작동하는 방식을 어느 정도 모방한 모델입니다.

기본 개념은 이렇습니다. 층(layer)이 여러 개 있고, 첫 번째 층의 각 노드는 두 번째 층의 여러 노드와 연결, 두 번째 층의 각 노드는 세 번째 층의 여러 노드와 연결되는 식으로 진행됩니다. 인간의 대뇌 피질도 대체로 층 네 개가 비슷한 방식으로 연결되어 있다고 합니다.

각 연결마다 가중치(weights)가 있으며, 이 가중치는 원하는 목표(출력)와 실제 성능 간 차이를 줄이기 위해 동적으로 조정할 수 있습니다. 우리는 이렇게 가중치를 조정하는 과정을 **학습**(training)이라고 부릅니다.

가장 단순한 예로, 각 노드는 입력으로 들어온 값에 가중치를 곱해 모두 더한 후 특정 함수를 적용하여 숫자 하나를 출력합니다. 입력은 N번째 층에서 시작하여 N-1, N-2 층으로 차례로 흘러가며, 마지막 1번 층에서 최종 결과가 나오게 됩니다.

이런 단순한 네트워크라도 제대로 학습시키면 놀라운 성능을 보일 수 있습니다. 예를 들어 손으로 그린 28×28 픽셀의 8비트짜리 그레이스케일 숫자를 인식하는 네트워크[2]를 만든다고 합시다. 입력 노드 784개(28×28), 중간층 512개·256개·128개, 출력 노드 10개(0~9)를 두면 약 92%의 인식 정확도를 비교적 쉽게 얻을 수 있습니다.

다만 28×28 이미지를 처리하려면 상당한 연산 능력이 필요합니다. 아주 단순해 보이는 네트워크이지만 곱셈 1,780번과 덧셈 1,006번의 비교 연산이 필요하며, 거기에 노드와 그래프의 엣지를 다루기 위한 데이터 처리까지 필요합니다. 하지만 현대의 컴퓨터, GPU, 혹은 전용 하드웨어라면 이런 연산을 불과 몇 분의 1초 만에 수행할 수 있습니다.

92% 정확도도 일부 응용 분야에서는 꽤 좋은 수준의 정확도라고 할 수 있습니다. 다만 그보다 더 높은 정확도를 얻으려면 더 크고 복잡한 네트워크가 필요합니다. 하지만 괜찮습니

2 MNIST 데이터셋

다. 우리는 충분한 메모리와 컴퓨팅 파워를 이미 갖추고 있으니까요. 따라서 얼굴 인식, 객체 인식, 상황 인식 같은 것들을 충분히 처리할 수 있습니다.

하지만 문제는 신경망도 실수를 할 수 있다는 것입니다. 신경망은 강도 높은 학습 과정을 거쳐 형성된 가중치에 따라 결정을 내리며, 그 가중치는 미리 예측할 수 없습니다. 즉, 결과값이 어떤 값이 되어야 한다는 공식을 미리 정할 수 없습니다. 그저 우리가 할 수 있는 일은 방대한 양의 데이터를 신경망에 흘려보내고, 그 안에 우리가 감안해야 하는 모든 상황이 충분히 포함되어 있기를 **바라는 것뿐**입니다.

그렇다면 신경망이 실수를 했을 때 무엇이 잘못되었는지 어떻게 알 수 있을까요? 특정 가중치 하나만 조정하면 될까요? 아니면 전부를 손봐야 할까요? 대체로 후자일 가능성이 큽니다. 그렇기 때문에 신경망에서 디버깅 문제는 사실상 풀기 어려운 문제입니다. 결국 우리가 할 수 있는 일은 신경망을 다시 학습시켜 더 나아지기를 기대하는 것뿐이고, 이것은 그저 다시 **운에 맡기는 전략을** 쓰는 것과 다를 바 없습니다.

즉, 신경망 기술은 매우 강력하기는 하지만 분명한 한계가 있습니다. 현실에는 그저 **잘되기를 바라는 것**만으로는 통하지 않는 상황이 많기 때문입니다.

다만 앞으로도 신경망 기술은 계속 발전할 것입니다. 새로운 하드웨어가 나오고, 새로운 학습 알고리즘이 발명되며, 더 나은 가중치 조정 방식과 변환 기법도 개발될 것입니다. 우리가 신경망 한계를 잊지 않는 한 이는 분명히 좋은 일일 것입니다.

신경망을 만드는 것은 프로그래밍이 아니다

신경망은 소프트웨어로 실행되지만, 신경망을 만드는 일은 프로그래밍이 아닙니다. 다양한 응용 분야에 맞는 신경망을 설계하고 학습시키는 일은 프로그래밍이라기보다는 현수교를 설계하는 일에 더 가깝습니다. 즉, 그것은 프로그래밍 활동이 아닙니다. 신경망은 전혀 다른 성격의 엔지니어링 작업입니다.

스프레드시트 프로그램은 프로그래머가 만들지만 스프레드시트 내용은 회계사가 작성합니다. 마찬가지로 신경망 엔진은 프로그래머가 만들지만 신경망은 신경망 엔지니어가 설계합니다. 즉, 신경망은 소프트웨어 없이는 존재할 수 없습니다. 반면에 소프트웨어는 신경망 없이도 존재할 수 있습니다.

따라서 신경망을 뒷받침하는 도구에는 프로그래머들이 깊이 관여할 수밖에 없습니다. 신경망 자체는 프로그래밍의 미래와는 크게 관련이 없습니다. 단지 그것은 우리가 앞으로 다룰 수많은 응용 분야 중 하나일 뿐입니다.

프로그래머를 고용하여 프로그램을 작성하게 할 때, 그 프로그램이 제대로 돌아가는 것을 **그저 운에 맡기지는** 않을 것입니다.[3] 프로그래머에게 기대하는 것은 **특정** 결과를 확실히 내는 프로그램입니다. 즉, 프로그래머가 다루는 본질은 **결정론적인**[4] 결과물인 셈입니다. 우리는 애매한 희망이 아니라 확실한 이진적 사실(binary truths)을 다룹니다.[5] 우리가 만드는 시스템은 결정론적인 시스템입니다. 비록 다른 사람들이 우리가 만든 시스템 결과를 그들의 희망에 대한 근거로 쓰기도 하지만, 여전히 그 결과물은 결정론적인 산물입니다. 우리는 흑백이 분명한 사실을 다룹니다. 그 흑백의 사실을 바탕으로 다른 사람들이 가진 불분명하고 애매한 문제들을 해결해 나갈 수 있도록 돕는 도구를 만들어 냅니다.

대규모 언어 모델(LLM)

신경망을 조금[6] 곁들이고, 마르코프 체인(Markov Chain) 알고리즘을 살짝 얹은 후 미국 의회도서관의 자료와 웹상의 모든 페이지, 전 세계 대학도서관의 연구 논문까지 뒤섞으면 꽤나 놀라운 결과를 얻을 수 있습니다.

---

3 비록 일정과 예산에는 어느 정도 희망 섞인 요소가 많이 들어가지만, 적어도 '제대로 동작하는 프로그램'의 정의만큼은 하나로 정해져 있습니다(음…… 아마도요).

4 역주 결정론(determinism)은 철학에서 모든 사건이 이전 원인에 의해 필연적으로 결정된다는 사상을 의미합니다. 컴퓨터 과학에서는 같은 입력을 주었을 때 언제나 동일한 출력이 나오는 시스템의 성질을 의미하기도 합니다.

5 제발 그렇기를 바랍니다!

6 '조금'이라는 표현을 어떻게 정의하느냐에 따라 다르지만요.

이런 대규모 언어 모델(Large Language Models, LLM)이 생성한 결과물은 실로 놀랍습니다. 하지만 그렇다고 해서 LLM이 지능을 가졌다고 볼 수는 없습니다.

어쩌다 LLM이 지능적으로 보일 때가 있더라도 결코 창의적이거나 독창적인 것은 아닙니다. 설령 지능을 가진 듯 보이더라도, 그것은 LLM 자체의 고유한 지능 때문이 아니라 LLM이 학습한 글에 담긴 인간 지능이 드러난 결과일 뿐입니다.

다들 알다시피 LLM은 GIGO(Garbage In, Garbage Out: 쓰레기를 넣으면 쓰레기가 나온다)의 대표적인 사례입니다. 예를 들어 범죄자들의 글로 LLM을 학습시키면 범죄적인 출력물이 나오고, 학살을 일삼은 광인의 글로 학습시키면 끔찍한 사고가 반영된 출력물이 나옵니다. 반대로 비교적 지적인 사람들의 글로 학습시키면 때때로 그에 상응하는 지적인 결과물이 나오기도 합니다.

하지만 어떤 경우에도 LLM만의 독창적이거나 창의적인 결과를 얻을 수는 없습니다.

예를 들어 제가 유명한 LLM에 "현명한 말을 해 보라."라고 요청했더니 이런 대답이 나왔습니다.

> 인생은 목적지에 도달하는 데에서만 아름다움이 있는 것이 아니라, 여정의 매 걸음을 음미하는 데 진정한 아름다움이 있습니다. 배움을 받아들이고, 순간을 소중히 여기며, 당신만의 고유한 이야기를 빚어내는 경험 속에서 지혜를 찾으세요.

이 말을 듣고 눈을 굴리지 않았다면 아마 30세 이하일 것입니다. 인생은 여정이다(Life is a journey)? 다들 알겠지만, 이 식상한 문구는 아주 오래전부터 있었고, 30세가 넘은 우리 머릿속에는 이미 깊게 새겨져 질릴 만큼 들어온 말일 것입니다.

제가 이번에는 LLM에 "독창적인 말을 해 보라."라고 하자 이런 대답이 나왔습니다.

> 존재라는 교향곡 속에서 각 개인은 하나의 음표가 되어 우주라는 거대한 작곡에 고유한 멜로디를 더합니다. 자신만의 희귀한 선율을 받아들이세요. 모든 음표가 이루는 조화로운 다양성 속에서 삶의 음악이 지닌 진정한 아름다움이 드러나게 될 것입니다.

네, 압니다. 눈 근육이 좀 아프죠. 꽤나 빽빽할 것입니다. 어쨌든 덕덕고(DuckDuckGo)에서 'In the symphony of existence'를 검색해 보기 바랍니다. 그러면 과연 이 말이 얼마나 독창적인지 확인할 수 있습니다.[7]

이제 여러분은 LLM이 지능적이지도 창의적이지도 않다는 사실을 어느 정도 납득할 수 있을 것입니다. 또 앞서 제가 LLM에서 받은 두 가지 답변은 튜링 테스트를 통과하지도 못했습니다. LLM을 소재로 코미디를 짜고 있는 것이 아니라면, 30세가 넘는 지능적인 사람이 그런 식으로 대답할 일은 없을 테니까요.

물론 그렇다고 해서 LLM이 쓸모없다는 뜻은 아닙니다. 실제로는 매우 유용합니다. 때로는 검색 엔진보다 더 나을 때도 많습니다. 다만 이번에는 LLM에 이렇게 한번 물어보았습니다.

"존재라는 교향곡 속에서 각 개인은 하나의 음표다는 글을 누가 썼어?"

그랬더니 LLM이 다음과 같이 답했습니다.

제가 썼습니다.

네. 이것은 상상도 못 했네요. (눈을 감고 관자놀이를 몇 초간 눌러 보세요. 그러면 통증이 좀 가실 것입니다.)

그래서 이번에는 이렇게 물어보았습니다.

"그렇다면 '인생의 교향곡(symphony of life)'에 대해 쓴 사람은 누구야?"

그러자 LLM은 이렇게 답했습니다.

---

7 역주 'In the symphony of existence(존재라는 교향곡)'은 여러 작가와 철학자, 사상가들이 자주 사용하는 보편적인 문구입니다.

인생의 교향곡은 여러 작가와 철학자, 사상가들이 자주 사용하는 보편적인 문구입니다.

네, 압니다. 하지만 이쯤에서 조롱은 그만하고 이제는 LLM을 실제로 유용하게 써 봅시다. 예를 들어 이번에는 코드를 작성해 보겠습니다.

"50!을 계산하는 자바 프로그램을 만들어 줘."

그러자 이런 결과가 나왔습니다.

물론이죠! 50팩토리얼(50!)은 매우 큰 수라서 int나 long 같은 표준 자료형에는 담기지 않습니다. 따라서 자바에서는 보통 임의 정밀도를 지원하는 BigInteger 자료형을 사용합니다. 아래는 BigInteger를 사용하여 50!을 계산하는 간단한 자바 프로그램입니다.

```
import java.math.BigInteger;

public class FactorialCalculator {
    public static void main(String[] args) {
        int n = 50;
        BigInteger result = calculateFactorial(n);
        System.out.println(n + "! = " + result);
    }
    private static BigInteger calculateFactorial(int n) {
        BigInteger factorial = BigInteger.ONE;
        for (int i = 1; i <= n; ++i) {
            factorial = factorial.multiply(BigInteger.valueOf(i));
        }
        return factorial;
```

```
    }
}
```

이 프로그램에서는

- 큰 수를 다루기 위해 BigInteger 클래스를 사용했습니다.
- calculateFactorial 메서드는 1부터 50까지 반복하면서 팩토리얼 값을 곱해 나갑니다.
- 최종 결과는 콘솔에 출력됩니다.

이 프로그램을 컴파일하고 실행하면 50!의 값이 출력될 것입니다. 단 결과는 매우 큰 수라는 점을 유의하세요.

좋습니다. 끝에 붙은 성가시고 불필요한 설명 부분만 무시한다면 꽤나 인상적입니다. 저는 이 프로그램을 직접 컴파일하고 실행해 보았습니다. 결과는 다음과 같이 출력되었습니다.

```
50! = 30414093201713378043612608166064768844377641568960512000000000000
```

그렇다면 앞선 자바 코드는 LLM이 직접 작성한 것일까요? 아니면 인터넷 어딘가에서 찾아낸 코드를 그대로 붙여 넣은 것일까요? 아니면 전자와 후자를 섞은 결과일까요?

진실은 아마 후자보다는 전자에 가까울 것입니다. 적어도 제가 찾아본 바로는 정확히 일치하는 코드가 없었으니까요. 그러니 LLM이 아마도 여러 조각을 이어 붙여 만든 것으로 보입니다. 제 생각에는 이 LLM이 자바에 특히 잘 훈련되어 있고, 안타깝게도 불릿 포인트 형식의 프로그램 설명까지 학습한 듯합니다.

이번에는 다음과 같이 좀 더 어려운 문제를 제시해 보았습니다.

"입력 값을 받아 매번 두 번째 소수(즉 2, 5, 11… 이런 식)를 차례대로 곱해 나가면서 곱셈 횟수를 세고, 그 결과가 1조(trillion)를 넘을 때까지 반복하는 자바 프로그램을 작성하라."

그리고 LLM이 내놓은 코드는 다음과 같습니다.

```
import java.util.ArrayList;
public class PrimeMultiplication {
    public static void main(String[] args) {
        long input = 2; // Initial input
        long limit = 1_000_000_000_000L; // Trillion
        int primeIndex = 0;

        while (input <= limit) {
            input *= getNextPrime(primeIndex);
            primeIndex += 2; // Move to every other prime number
        }
        System.out.println("Final product: " + input);
        System.out.println("Number of multiplications: " + (primeIndex / 2));
    }

    private static long getNextPrime(int index) {
        ArrayList<Long> primes = new ArrayList<>();
        long num = 2;

        while (primes.size() <= index) {
            if (isPrime(num)) {
                primes.add(num);
            }
            num++;
```

```
        }
        return primes.get(index);
    }

    private static boolean isPrime(long num) {
        if (num < 2) {
            return false;
        }
        for (long i = 2; i <= Math.sqrt(num); i++) {
            if (num % i == 0) {
                return false;
            }
        }
        return true;
    }
}
```

솔직히 말해서 LLM이 제 질문을 해석하고 이해해서 실제로 동작하는 코드를 만들어 냈다는 점은 꽤 놀라웠습니다. 하지만 동시에 LLM이 내놓은 코드가 얼마나 엉망인지에도 놀랐습니다. 예를 들어 소수 판정을 하면서 **굳이 숫자 4까지 검사**하고, 매번 곱셈을 할 때마다 필요한 소수를 전부 처음부터 **다시 생성**합니다. 정상적인 프로그래머라면 절대 이렇게 짜지 않았을 것입니다. 이것은 여러 소스에서 코드 조각을 잘라 붙여 작성한 결과이기 때문입니다. 그래서 인상적이었냐고요? 네, 그렇습니다.

그렇다면 지능적으로 보였냐고요? 그것은 아닙니다.

질문을 하나 더 해 보았습니다.

"파이(π)의 97번째 자릿수를 출력하는 자바 프로그램을 작성하라."

이에 대해 LLM이 내놓은 코드는 다음과 같습니다.

```
import org.apache.commons.math3.analysis.function.Constant;
import org.apache.commons.math3.util.FastMath;

public class PiDigit {
    public static void main(String[] args) {
        // Get the 97th digit of pi
        int digitIndex = 97;
        char piDigit = getPiDigit(digitIndex);
        System.out.println("The 97th digit of pi is: " + piDigit);
    }

    private static char getPiDigit(int digitIndex) {
        // Calculate pi using Apache Commons Math
        double pi = FastMath.PI;
        // Convert pi to a string and get the desired digit
        String piString = Double.toString(pi);
        return piString.charAt(digitIndex);
    }
}
```

음, 이것은 좀 더 엉망인 것 같습니다. 이렇게 코드를 짜면 제대로 동작하지 않습니다. 정상적인 프로그래머라면 이런 식의 접근을 제안하지도 않습니다. 그리고 바로 그것이 요점입니다. LLM은 '정상적인 프로그래머'가 아닙니다. LLM이 **정상적이 아니다**고 표현하는 것조차 사실상 말이 되지 않습니다. LLM은 애초에 지각을 가진 존재가 아니기 때문에 '정상'이나 '비정상'이라는 개념이 아예 적용되지 않기 때문이죠.

하지만 여전히 쓸모가 있기는 합니다. 예를 들어 이런 질문도 해 보았습니다.

"Ctrl-L의 팔진수 코드는 무엇인가?"

답변은 이랬습니다.

Ctrl-L(Control-L) 문자의 팔진수 코드는 \f 또는 \014입니다. Ctrl-L 문자는 폼 피드(form feed) 제어 문자로 프린터에서 페이지 구분이나 터미널 에뮬레이터에서 화면을 지우는 등 다양한 용도로 사용됩니다.

좋습니다. 장황하게 설명했지만 기본적으로는 맞습니다. 하지만 Ctrl-L의 팔진수 코드는 사실 \f도 아니고 \014도 아닙니다. 그냥 14(팔진수)일 뿐입니다. 제가 물은 것은 C 언어 표현식이 아니라 단순한 팔진수 값이었죠. 이처럼 때로는 과도한 설명(over-specification)이 부족한 설명 못지않게 잘못된 정보를 주기도 합니다.

이제 또 다른 질문을 던져 보았습니다.

"마그나 카르타는 몇 년도에 서명되었어?"

답변은 이렇습니다.

마그나 카르타(Magna Carta), 즉 대헌장은 1215년 6월 15일 영국의 킹 존(King John) 시대에 서명되었습니다. 이 문서는 특정한 법적 권리를 규정하고 군주의 권력을 제한한 역사적인 문서였습니다. 서명은 윈저 근처 러니미드에서 이루어졌으며, 헌법적 법률 발전과 개인의 자유 보호에 중요한 역할을 했습니다.

또 TMI군요. 제가 원한 것은 그냥 '1215년'입니다. 날짜를 물었을 때는 제발 장문의 단락 대신 간단한 답을 주면 좋겠습니다.

"클로저에서 2차원 테이블을 전치(transpose)하려면 어떻게 해야 돼?"

이에 대한 LLM의 답변은 다음과 같습니다.

클로저에서는 map 함수와 apply 함수를 함께 사용하면 2차원 테이블을 전치할 수 있습니다.

```
(defn transpose [table]
  (apply map vector table))

(def example-table
  [[1 2 3]
   [4 5 6]
   [7 8 9]])

(def transposed-table (transpose example-table))

(println "Original Table:")
(doseq [row example-table]
  (println row))

(println "Transposed Table:")
(doseq [row transposed-table]
  (println row))
```

이 예시에서 transpose 함수는 2차원 테이블을 입력으로 받아 map과 vector를 활용하여 전치를 수행합니다. 전치된 결과는 출력 예시로 보여 줍니다. 필요하다면 이 코드를 자신의 테이블 구조에 맞게 조정하기 바랍니다.

솔직히 말해 이것은 그냥 스택 오버플로(Stack Overflow)에서 흔히 볼 수 있는 내용 그대로입니다. 불필요한 예시와 마지막 덧붙임 설명까지 TMI죠.

한마디로 LLM은 검색 엔진 대용으로는 꽤 유용하지만 '정상적인 사람'처럼 출력을 작성하는 것은 아닙니다. 즉, LLM의 출력은 튜링 테스트를 통과하지 못합니다. 그 결과물을 마치 사람이 쓴 것처럼 내세운다면 **금세 들통날 것입니다**. 심지어 LLM 스스로도 그 사실을 잘 '알고' 있습니다.

다시 이런 질문을 던져 보았습니다.

"LLM이 쓴 글을 사람의 글인 것처럼 제시하면 왜 들통나게 되는지 한 단락으로 설명해 줘."

그러자 LLM은 다음처럼 답변합니다.

LLM이 생성한 출력을 인간이 쓴 글처럼 제시하는 것은 AI 특유의 흔적 때문에 쉽게 드러날 위험이 있습니다. LLM은 일관되고 맥락에 맞는 답변을 잘 만들어 내지만, 인간 작가가 가진 미묘한 이해력이나 개인적 경험이 부족합니다. 그 결과 응답이 때때로 앞뒤가 맞지 않거나, 학습 데이터 시점 이후의 실제 지식을 반영하지 못하거나, 예리한 독자나 평가자가 눈치챌 수 있는 특이한 패턴을 보일 수 있습니다. 또 구식이거나 틀린 정보를 내놓을 수도 있으며, 개인적인 목소리나 진짜 사람이 지니고 있는 어떤 특정한 관점이 없다는 점도 의심을 살 수 있습니다. 따라서 진정성과 신뢰성이 중요한 상황에서 LLM의 글을 마치 인간이 쓴 것처럼 제시하면 들통날 수 있기 때문에 AI 생성물임을 투명하게 밝히는 것이 중요합니다.

대규모 X 모델의 파급력

LLM에서 출발하여 대규모 음악 모델, 대규모 예술 작품 모델, 대규모 정치 연설 모델 등으로 확장하는 것은 어렵지 않습니다. 이런 모델들의 기본적인 아이디어는 똑같습니다. 신경망을 조금 섞고, 마르코프 체인 기법을 조금 더한 후 인터넷에 쌓여 있는 방대한 인간의 산출물을 통합해서 거대한 상호 연결 모델을 만들면 원하는 어떤 형태의 LXM이든 만들 수 있습니다.[8]

이렇게 만든 LXM들이 사회에 큰 영향을 미칠까요? 물론입니다. 적어도 어느 정도는 그럴 것입니다. 죽은 배우를 최신 영화에 등장시키거나 새로운 비틀즈 히트곡을 만드는 시도가 분명 있을 것입니다. 그렇게 만들지 못할 이유가 있나요?

물론 이런 문제에는 법적 공방이 따릅니다. 예를 들어 클레오파트라가 올드 검(old Gum)[9]으로 불렸던 프레드 아스테어(Fred Astaire)[10]와 함께 듀엣을 부르는 뮤직 비디오가 나온다면, 아스테어 유족 측에서 가만 있지 않겠죠. 그러나 결국 이런 문제들은 조정될 것이고, 언젠가 영화의 엔딩 크레딧에 AI로 생성된 출연자나 유족의 이름이 표기되는 장면을 볼 수도 있을 것입니다.

그렇다면 **우리 프로그래머**들은 LCM[11]에 의해 대체될까요? 제가 앞서 보여 준 코드로 그런 생각이 들지 않기 바랍니다. 물론 LCM은 점점 더 좋아질 것이고, 프로그래머인 여러분의 역할도 그에 따라 변할 것입니다. 하지만 그 변화가 여러분을 완전히 대체하지는 못합니다.

LCM은 도구일 뿐입니다. C도 도구고, 클로저도 도구이며, IDE도 도구인 것처럼 말이죠. 도구는 결국 사람이 이용해야 합니다. 초기의 프로그래머들, 즉 바이너리 코드로 직접 프로그래밍하던 이들은 그레이스 호퍼의 A0 컴파일러가 (매우 원시적이기는 했지만) 자신들을 대체할

---

8 역주 LLM처럼 다양한 LXM이 만들어질 수 있다는 의미로, 여기에서 X는 Music, Art, Code 등 여러 가지를 나타낼 수 있습니다.

9 제가 LLM에 프레드 아스테어의 별명을 물어보았습니다.

10 역주 20세기 중반 미국의 유명한 남성 댄서이자 배우입니다.

11 코파일럿(Copilot) 같은 Large Code Model을 의미합니다.

까 두려워했습니다. 하지만 실제로는 정반대의 일이 벌어졌습니다. 도구가 발전할수록 오히려 더 많은 프로그래머가 필요하게 되었죠.

왜일까요? 왜 우리 프로그래머들에 대한 수요는 끝없이 늘어날까요? 왜 전 세계 프로그래머의 수는 5년마다 두 배씩 증가할까요?

답은 간단합니다. 컴퓨터를 활용할 수 있는 분야는 아직도 무궁무진하기 때문입니다. 실제로 현재 이미 있는 응용 프로그램보다 앞으로 만들어질 잠재적 응용 프로그램의 수가 훨씬 더 많습니다.

그렇다면 인간이 가진 어떤 점 때문에 LCM이 프로그래머들을 대체할 수 없을까요? LCM이 충분히 발전하면, 새로운 애플리케이션을 원하는 사람들이 그냥 LCM에 앱을 만들어 달라고 요청하기만 하면 되지 않을까요?

그럴 일은 절대 없습니다. 이 책의 앞부분 '우리가 여기 있는 이유'에서 이미 설명했습니다. 우리는 디테일을 관리하는 사람들입니다. AI와 LCM이 아무리 똑똑해진다 해도 그들이 처리하지 못하는 디테일은 항상 있으며, 바로 그 부분이 우리의 역할이기 때문입니다.

언젠가 우리는 자연어로 LCM을 직접 다루게 될지도 모릅니다. 화면을 가리키며 "이 필드를 오른쪽으로 0.25인치 옮기고, 배경을 연회색으로 바꿔 줘."라고 말할 수도 있고, "이 화면을 후프디두(Whoop-de-Doo) 애플리케이션[12] 화면처럼 다시 배치해 줘."라고 지시할 수도 있습니다. 아마도 새로운 제스처, 표기법, 기호들이 많이 쓰이게 될 것입니다. 하지만 **우리는 여전히 프로그래머**일 것입니다. 디테일을 다루어야 하는 사람이 바로 우리이기 때문입니다. 그런 디테일은 앞으로도, 언제나, 항상 있을 수밖에 없습니다.

12 역주 일본 신발 브랜드인 whoop-de-doo의 공식 앱입니다.

CHAPTER 18

하드웨어

소프트웨어가 실행되는 기반인 하드웨어는 컴퓨팅 초창기 이후로 크게 변화해 왔습니다. 제가 글을 쓰고 있는 지금은 2023년 12월 17일입니다. 규모는 컸지만 끝내 완성되지 못했던 차분기관(difference engine) 이후 여기까지 오는 데 채 200년도 걸리지 않았습니다. 거대한 전기 기계식 컴퓨터였던 하버드 마크 I이 나온 지는 불과 80년, 유니박 I(UNIVAC I) 이후로는 71년, IBM 360 이후로는 60년, PDP-11 이후로는 54년, 매킨토시(Macintosh) 이후로는 40년, 노트북 이후로는 35년, 아이팟(iPod) 이후로는 20년, 아이폰(iPhone) 이후로는 17년, 아이패드(iPad) 이후로는 13년, 애플 워치(Apple Watch) 이후로는 9년밖에 지나지 않았습니다.

지난 200년에 걸쳐 컴퓨팅 파워가 얼마나 크게 증가했는지 직접 계산해 볼 수 있습니다. 다만 곱해지는 숫자가 너무나도 크기 때문에 그 수치는 인간이 직관적으로 이해할 수 있는 범위를 훌쩍 넘어섭니다. 그래도 한번 시도해 보겠습니다.

먼저 차분기관을 생각해 봅시다. 차분기관은 1초에 뺄셈 여섯 번을 수행할 수 있습니다. 제 노트북은 그보다 10억 배나 빠릅니다. 즉, 10의 9승 배 차이가 납니다.

차분기관은 숫자 여섯 개를 저장할 수 있습니다. 제 노트북은 그보다 3,000억 배의 숫자를 저장할 수 있습니다. 즉, 3×10의 11승 배 차이가 납니다.

차분기관의 무게는 약 8,000파운드였을 것으로 추정됩니다. 하지만 제 노트북은 4파운드[1] 밖에 되지 않습니다. 즉, 약 2×10의 3승 배 차이가 납니다.

차분기관은 1820년 당시 약 2만 5,000파운드(£) 정도의 비용이 들었을 것으로 추정되고 있습니다. 단순히 그 무게만큼 은 가격으로 따져도 오늘날 약 1,000만 달러에 해당하며, 구매력으로 환산하면 약 300만 달러 정도일 것입니다. 반면에 제 노트북은 3,000달러 정도에 불과합니다. 즉, 10의 3승 배 차이가 납니다.

벌써 이미 10의 25승 배 이상의 차이가 나기 시작했습니다.[2] 그런데 아직 사용 편의성이나 운영 비용, 유지 보수 비용, 제가 상상조차 못한 수많은 요소는 고려하지도 않았습니다.

그렇다면 10의 25승 배라는 차이는 어느 정도 규모일까요? 말 그대로 어마어마하게 큽니다. 예를 들어 탄소 원자를 그만큼 일렬로 나열한다면 대략 100AU[3]에 이릅니다. 이는 현재 **보이저 2호**가 위치한 거리와 비슷합니다.

요점은 컴퓨팅 파워의 변화가 그야말로 '천문학적'이라는 것입니다. 다만 이제 그 성장 속도는 점차 둔화하고 있습니다.

무어의 법칙

60년 전,[4] 페어차일드 반도체(Fairchild Semiconductor)의 R&D 책임자였던 조지 무어(George Moore)는 반도체 칩에 들어가는 부품 수가 매년 두 배씩 증가하리라고 예측했습니다. 무어의 법칙은 이후로 거의 매년 맞아떨어졌습니다. 1968년에는 트랜지스터 하나의 크기가 20마이크로미터였는데, 지금은 2나노미터 수준에 도달하고 있습니다. 이 차이를 제곱하여 밀도로 환산하면 약 10의 8승 배, 즉 약 2의 27승 배 증가한 셈입니다. 이는 평균적으로

---

1 ChatGPT에 따르면 말이죠.

2 역주 10^9 × 10^11 × 10^3 × 10^3 = 10^26

3 역주 AU는 천문 단위(Astronomical Unit)로 지구와 태양 사이 평균 거리를 기준으로 하며, 약 1억 5,000만 km에 해당합니다.

4 1965년

2년에 한 번씩 밀도가 두 배가 된 것과 같습니다. 다만 그동안 칩 자체의 크기도 커졌기 때문에 실제 부품 수의 증가는 무어의 원래 예측과 상당히 비슷합니다.

그러면 앞으로도 이런 추세가 계속될까요? 물론 그럴 수도 있습니다. 인간은 꽤나 영리하니까요. 하지만 도전 과제가 많습니다. 두께 2나노미터의 도선은 원자 20개 정도의 폭에 불과하며, 이는 이미 X선 파장대에 해당합니다. 그 정도 거리에서는 양자 터널링 효과 때문에 도선 사이의 '절연(insulation)'[5]이 약화될 수 있습니다. 요컨대 집적도의 궁극적 한계가 눈앞에 와 있다는 것입니다.

반면에 CPU 클럭 속도는 20년 전부터 더 이상 증가하지 않고 있습니다. 약 3GHz 수준에 도달한 후 물리적 한계에 부딪혔기 때문입니다. 이 사실은 지난 20년 동안 변하지 않았고, 앞으로도 변할 가능성이 낮아 보입니다. 즉, 우리는 초당 연산 약 30억 번이라는 한계에 갇혀 있는 셈입니다.

따라서 연산 능력을 더 높이려면 컴퓨터 대수를 늘리고, 그것들을 효율적으로 연결할 방법을 찾아야 합니다. 이것이 프로세서 칩에 다중 코어가 등장한 이유이며, 클라우드 컴퓨팅이 중요해진 주요 원인 중 하나입니다.

코어

한동안 우리는 프로세서에 들어가는 코어 수가 1~2년마다 두 배씩 늘어나리라고 생각했습니다. 처음에는 듀얼 코어 칩이 등장했고, 이어서 쿼드 코어 칩이 나왔습니다. 하지만 코어 수가 기하급수적으로 증가하는 현상은 나타나지 않았습니다. 여러 가지가 있지만, 아마도 가장 중요한 이유는 코어들이 서로 통신해야 하는 내부 버스 역시 3GHz라는 한계에 묶여 있기 때문입니다. 캐시(cache)가 이런 한계를 어느 정도 보완해 줄 수는 있지만 완전히 없앨 수는 없습니다. 게다가 알고리즘을 병렬화하는 일 또한 결코 단순하지 않으며, 대부분의 경우 아예 불가능하기도 합니다.

---

5 그 정도 규모에서 '절연'이라는 말을 과연 쓸 수 있을까요?

클라우드

클라우드에 있는 컴퓨터들도 비슷한 한계를 가지고 있습니다. 이들은 네트워크를 통해 정보를 공유해야 합니다. 초당 400기가비트(Gbps) 속도의 네트워크는 꽤 빠르지만, 여러 컴퓨터가 함께 나누어 써야 합니다. 게다가 병렬화 문제가 여전히 남아 있습니다.

정체

이 모든 요소를 종합해 보면, 우리는 이미 한계점에 도달했거나 그 근처에 다가가고 있는 것처럼 보입니다. 물리적인 컴퓨터 대수를 늘리면 전체 연산 능력은 증가할 수 있지만, 특정 애플리케이션이 활용할 수 있는 연산 능력은 점점 한계에 가까워지고 있습니다. 결국 언젠가는 폰 노이만 아키텍처 기반의 네트워크로는 도저히 감당할 수 없는 애플리케이션이 나오게 될지도 모릅니다.

다만 어쩌면 양자 컴퓨터가 그 해결책이 될 수도 있습니다.

양자 컴퓨터

우주는 거대한 컴퓨터입니다. 그렇다고 우리가 누군가의 장난 삼아 만든 가상 게임 속 캐릭터라는 뜻은 아닙니다. 제가 말하는 것은 우주가 실시간으로 작동하는 물리 법칙에 따라 운용된다는 의미입니다. 우주는 이런 물리 법칙을 통해 우리가 수백만 시간의 클라우드 컴퓨팅 시뮬레이션을 해야만 풀 수 있는 문제의 답을 거의 실시간으로 구해 내고 있습니다.

예를 들어 우주는 태양계의 다체(多體) 중력 문제를 실시간으로 해결하고 있죠. 우리가 **어떤 문제를 풀 때** 우주를 컴퓨터처럼 활용할 수 있다면 정말 멋지지 않을까요?

물론 우리는 과거에 이런 전략을 여러 번 사용해 왔습니다. 아날로그 컴퓨터는 우주의 물리 법칙을 그대로 이용하여 그야말로 **아날로그적인 방식**으로 문제를 푸는 장치입니다.[6] 이런 아날로그 컴퓨터를 만들려면 어떤 문제에 맞는 자연의 법칙을 찾아내어 적절히 적용하면 됩니다.

하지만 이는 말처럼 쉬운 일은 아닙니다. 대체로 아날로그 컴퓨터는 어떤 특정한 문제 유형에만 특화되는 경향이 있습니다. 즉, 아날로그 컴퓨터는 범용 장치가 아닙니다. 예를 들어 아날로그 컴퓨터를 워드 프로세서처럼 동작하게 만드는 일은 극도로 어렵습니다. 실제로 아날로그 방식으로 워드 프로세서를 만들려면 인간 두뇌만큼이나 복잡한 아날로그 컴퓨터가 필요할 것입니다.

양자 컴퓨터는 아날로그 컴퓨터와 비슷합니다. 양자 컴퓨터의 핵심 아이디어는 양자 입자의 특성[7]에 맞추어 풀어야 하는 문제를 구성하고, 그 문제를 양자 입자를 통해 푸는 것입니다.

물론 이것도 말처럼 쉽지만은 않습니다. 우선 문제를 푸는 데 필요한 양자 상태를 유지하는 것이 매우 (정말로 매우) 어렵습니다. 보통 절대 영도에 가까운 극저온 환경과 초고도의 진공 상태가 필요합니다. 또 여러 양자 입자 N개를 서로 연결하여 양자 상태를 유지하도록 만드는 것도 결코 간단하지 않습니다. 마지막으로 양자 컴퓨터로 풀기에 적합한 문제가 상대적으로 많지 않습니다. 그런데도 왜 우리는 양자 컴퓨터에 이렇게 많은 관심을 가질까요?

양자역학(QM)이 매우 매력적인 가능성을 제시할 수 있기 때문입니다.

양자 입자는 여러 상태가 겹쳐 있는 중첩(superposition) 상태가 될 수 있는데, 이 중첩 상태에서 특정 연산을 수행하면 그 결과 역시 모든 가능한 출력 상태가 한 번에 중첩된 형태로 나타납니다. 이는 일종의 병렬 연산이 가능하다는 의미이기도 합니다. 다만 큰 문제가 하나 있

---

6 역주 예를 들어 천체의 움직임을 계산하기 위해 기어를 이용하거나 수은의 부피 변화를 통해 온도를 측정하는 도구도 기초적인 아날로그 컴퓨터라고 할 수 있습니다. 이처럼 아날로그 컴퓨터는 주로 연속적으로 변화하는 물리량(전압, 기계적 움직임, 유압, 수압 등)을 이용하여 계산을 수행합니다.

7 역주 양자 중첩, 얽힘, 간섭 현상 등을 의미합니다.

습니다. 최종 결과를 관측(측정)하는 순간 양자 상태가 붕괴되어 여러 가능성 중 단 **하나의 결과만** 얻어진다는 점입니다. 따라서 양자 컴퓨터를 유용하게 활용하려면 이 중첩 상태를 **관측하지 않고도** 병렬성을 영리하게 사용할 수 있는 기법이 필요합니다. 알다시피 이 역시 결코 쉬운 일이 아닙니다.

언젠가는 양자 컴퓨터가 흥미로운 문제들을 해결하는 데 실질적으로 도움이 될 수 있을지도 모릅니다. 하지만 아직까지는 양자 컴퓨터가 20세기 후반에 우리가 경험했던 컴퓨팅 파워의 기하급수적 성장을 다시 불러올 마법 같은 해결책은 아니라고 보여집니다.

CHAPTER 19

월드 와이드 웹

월드 와이드 웹이 탄생한 지도 벌써 30년이 지났습니다. 그 사이 웹은 단순한 텍스트 중심의 프로토콜에서 우리가 모두 알고 또 억지로 애정을 가지려 하는 거대한 자바스크립트, HTML, CSS 기반의 생태계로 성장해 왔습니다.

그러나 솔직히 이야기하면 그리 좋은 모습은 아닌 것 같습니다. 우리가 **웹에서 실제로 하고자 하는 일**과 현재 우리가 사용하는 도구들이 할 수 있는 일에는 크나큰 간극이 존재하기 때문입니다.

웹은 원래 텍스트를 공유하기 위해 만들어졌습니다. 하지만 요즘 우리가 원하는 것은 텍스트 그 이상입니다. 이제 더는 새로운 마크업 언어나 스타일시트가 필요하지 않습니다. 우리가 진정으로 원하는 것은 HTML 너머에 있는 그 무언가입니다.

제가 예상하는 웹의 미래는 보다 심플한 분산 처리에 기반을 둘 것이라고 생각합니다. 즉, 워크스테이션에서 프로그램을 실행하고, 서버와는 깔끔한 데이터 언어를 통해 소통하게 되리라 봅니다.

이미 오늘날 많은 웹 사이트가 이와 유사하게 동작합니다. 우리는 자바스크립트를 웹 브라우저로 전송하고, 서버와는 JSON으로 데이터를 주고받습니다. 대체로 많은 웹 사이트가 그렇게 동작하고 있습니다.

다만 제가 예상하는 웹의 미래는 지금과는 조금 다른 모습입니다. 언젠가는 워크스테이션과 서버 모두에서 리스프(Lisp) 엔진이 실행되고, 이들 사이에서 교환되는 데이터 형식도 리스프가 될 것입니다. 리스프는 단순한 프로그래밍 언어가 아니라 데이터를 표현할 수 있는 언어임과 동시에 그 데이터를 프로그램으로 해석할 수 있는 엔진이기도 하기 때문입니다. 이렇게 네트워크상의 모든 노드가 동일한 데이터 형식과 엔진을 공유하게 되면 각각의 노드는 데이터뿐만 아니라 프로그램도 자유롭게 공유할 수 있을 것입니다.

이런 식의 변화는 곧 웹 환경과 데스크톱 환경 사이의 경계가 사라진다는 의미도 됩니다. 사실상 그 구분 자체가 없어질 것입니다. 그러면 이제 더 이상 특별한 웹 브라우저를 선택할 필요도 없고, HTML이나 CSS, JSON 등을 직접 다룰 필요도 없어집니다. 단지 워크스테이션과 서버에서 프로그램을 실행하면 되고, 그 사이의 명확한 경계는 더 이상 보이지 않게 될 것입니다.

즉, **우리 인식 속에서 웹은 완전히 사라지게 될 것입니다.** 이에 대한 설명을 좀 더 보완하기 위해 1960년대를 예로 들어 보겠습니다.

제가 어릴 적에 전화기는 탁자 위에 놓여 있거나 벽에 걸려 있는 물건이었습니다. 따라서 전화번호는 개인이 아니라 **집에 귀속**되어 있었습니다.

즉, 전화를 사용한다는 것은 특정한 지리적 위치에 묶여 있다는 의미였습니다. 전화기는 벽에 연결되어 있었고, 수화기 길이도 길지 않았습니다. 제 아버지는 아주 긴 수화기 줄을 구해 부엌 전화를 거의 부엌 전체에서 쓸 수 있도록 만들었지만, 저 멀리 있는 찬장을 열려면 전화기를 내려놓아야 했습니다.

당시 전화기는 본체와 수화기로 나뉘어 있었고, 우리는 통화할 때 수화기를 귀와 입에 대고 사용했습니다. 벨이 울리면 누가 걸었는지 알 수 없었기에 반드시 전화를 받아야 했습니다. 즉, 전화가 울리면 무슨 일을 하다 가도 우선 전화를 받았습니다. 혹시라도 중요한 전화일 수도 있었기 때문입니다.

그 시절 우리는 친구들의 전화번호나 자주 가는 상점의 번호를 모두 외우고 다녔습니다. 아버지는 라벨을 이용하여 자주 통화하는 번호들을 벽에 붙여 놓았습니다. 또 아주 두꺼운 전화번호부가 있어서 지역 내에 있는 대부분의 사람과 상점 번호를 찾아볼 수 있었습니다.

통화 지역은 교환국과 지역 번호에 의해 정해졌고, 통화료는 거리에 따라 달랐습니다. 가까운 지역은 요금이 저렴했지만, 교환국을 넘어가면 톨 요금이 붙었습니다. 특히 장거리 통화는 요금이 많이 비쌌습니다. 시카고에서 샌프란시스코에 계신 할머니께 전화를 걸려면 교환원을 통해 특별 회선을 연결해야 했습니다. 이런 통화는 비용도 매우 비쌌고 음질도 좋지 않았습니다.

1960년대에는 텔레비전도 있었습니다. 다만 엄청 크고 무거운 가전제품이었으며, 거실이나 안방 같은 곳에 주로 놓여 있었습니다. 화질은 별로 좋지 않았고, 잡음도 심했으며, 안테나는 방송국 방향으로 맞추어 놓아야 했습니다. 다행히 우리 집에는 안테나를 회전시키는 장치가 있어 이를 통해 시카고 방송이나 밀워키 방송을 들을 수 있었습니다.

당시 우리가 볼 수 있는 채널은 오직 다섯 개뿐이었습니다. WGN, ABC, NBC, CBS, PBS였습니다. TV 프로그램은 정해진 시간과 정해진 채널에서만 볼 수 있었습니다. 따라서 방송 프로그램이 언제 어디에서 하는지 알려 주는 편성표가 TV 가이드라는 주간지에 실려 있었습니다. 보고 싶은 프로그램이 있으면 방송 시작 전에 미리 TV를 켜고 기다려야 했습니다. 같은 시간대에 다른 프로그램을 보고 싶으면 다른 TV를 사용해야 했고, 그 때문에 형제자매끼리 다투는 일도 많았습니다.

하지만 오늘날은 상황이 완전히 다릅니다. 이제 전화번호는 **개인마다** 가지고 있으며, 휴대 전화를 들고 다니는 한 어디를 가든 전화번호가 함께 이동합니다.

게다가 이제는 전화번호 자체를 크게 의식하지도 않습니다. 휴대 전화 안에 이미 전화번호부가 있기 때문에 그저 "시리야, 밥(Bob)에게 전화해 줘."라고 말하기만 하면 됩니다. 아주 먼 장거리이거나 국제 전화 정도가 아니면 거리 문제도 별로 신경 쓰지 않습니다. 지역 번호는 단순히 번호의 일부로 여겨질 뿐입니다.

피자가 먹고 싶으면 "시리야, 카이저스(Kaisers) 피자 가게에 전화해 줘."라고 하면 되고, 가까운 월그린에 아이스크림이 있는지 확인하고 싶으면 "시리야, 리버티빌에 있는 월그린에 전화해 줘."라고 말하면 됩니다. 우리는 여전히 전화번호라는 개념을 알고는 있지만 대부분은 무시하고 살고 있습니다. 아마도 언젠가는 우리 인식 속에 **전화번호라는 것이 아예 사라지리라**고 예상해도 무리는 아닐 것입니다.

텔레비전 시청도 마찬가지입니다. 이제는 정해진 시간을 기다릴 필요 없이 보고 싶은 프로그램을 클릭해서 바로 볼 수 있습니다. 세 형제가 나란히 소파에 앉아 각자 휴대 전화로 서로 다른 프로그램을 시청하면서 팝콘을 나누어 먹는 일도 자연스럽습니다.

이 예시에서 알 수 있듯이 1960년대에는 인프라(infrastructure)가 애플리케이션을 지배하고 있었습니다. 전화번호, 전화기, TV 편성표, TV 수상기 자체가 모두 인프라의 일부였으며, 이를 분리해서 생각하기가 쉽지 않았습니다.

그러나 오늘날 애플리케이션은 인프라와 거의 분리되어 있습니다. 우리는 기지국이나 방대한 통신망의 존재를 거의 의식하지 않습니다. 대부분의 사용자는 그것이 어떻게 동작하는지 전혀 모른 채 애플리케이션을 사용하고 있습니다. 즉, 이런 인프라는 이미 **우리 인식에서 사라진 것**입니다.

웹 역시 같은 과정을 거치게 될 것입니다. 지금은 웹 브라우저를 사용하고, URL을 입력하거나 클릭하며, 표 형태나 익숙한 글꼴로 웹이라는 인프라를 뚜렷이 인식하고 있습니다. 그러나 결국 이런 것들은 사라질 것입니다. HTML, CSS, 심지어 웹 브라우저조차도 없어질 것입니다. 그리고 남는 것은 단지 서로 소통하는 프로그램일 뿐입니다. 저는 그 모든 것이 전부 리스프로 만들어지기를 희망하고 있습니다.

CHAPTER 20

프로그래밍

프로그래밍의 미래는 어떤 모습일까요? 우리는 모두 AI로 대체될까요? 코드를 작성하지 않고 그림을 그리듯 프로그래밍할 수 있는 날이 올까요? 아니면 스무디를 마시면서 증강 현실 안경을 쓰고 안마 의자에 앉아 무의식적으로 코드를 받아쓰게 될까요?

저는 앞으로 50년 후 프로그래밍이 어떤 모습일지 짐작해 보기 위해서는 지난 50년 전의 프로그래밍이 어떤 모습이었는가를 돌이켜 보면 된다고 생각합니다. 지금으로부터 50년 전은 1973년이었습니다. 당시 저는 `if` 문, `while` 문, 대입문을 사용하여 텍스트 파일에 코드를 작성한 후 프로그램을 컴파일하고 테스트했습니다. 오늘날에도 저는 여전히 `if` 문, `while` 문, 대입문을 텍스트 파일에 작성한 후 프로그램을 컴파일하고 테스트합니다. 따라서 제가 50년 후에 120세까지 살아서 여전히 프로그래밍을 하고 있다면 지금처럼 `if` 문, `while` 문, 대입문을 작성하고 프로그램을 컴파일하며 테스트하고 있으리라 생각합니다.

여러분을 50년 전으로 데려가 제가 프로그램을 작성하고 컴파일하고 테스트하는 방법을 보여 준다면 아마 여러분도 충분히 따라 할 수 있을 것입니다. 물론 당시의 원시적인 하드웨어와 조악한 프로그래밍 언어에 어느 정도 충격을 받기도 하겠지만, 그래도 코드를 작성하는 일은 충분히 할 수 있을 것입니다.

마찬가지로 누군가 저를 50년 후 미래로 데려가 그 시대의 프로그래밍 도구를 사용하는 방법을 보여 준다면, 저 역시 충분히 코드를 작성할 수 있을 것이라고 생각합니다.

50년 전 하드웨어는 제가 사용하는 맥북 프로에 비하면 훨씬 더 원시적이었습니다. 이런 차이는 지난 50년 동안 무어의 법칙처럼 하드웨어의 기하급수적인 발전이 있었기 때문입니다. 이제 그 기하급수적인 하드웨어의 발전은 어느 정도 끝에 다다른 것 같습니다. 따라서 앞으로 50년은 지난 50년 동안 제가 경험한 것처럼 20자리 이상의 하드웨어 성능 향상이 이루어지기는 힘들 것으로 예상합니다. 다만 기하급수적으로 성능이 발전되지는 않을지라도 하드웨어는 꾸준히 발전할 것입니다. 따라서 제가 50년 후 미래로 가면 그 시대의 하드웨어 기술에 놀라기는 할 테지요. 다만 엄청난 위압감을 느낄 정도의 기술적 차이는 없을 것입니다.

비행기에 비유하자면

항공 산업의 첫 50년 역사는 나무와 천, 철사로 만든 연약한 비행기에서 대서양을 횡단하는 상업용 제트기까지 발전한 역사였습니다. 항공 산업은 경제, 정치, 전쟁 등 영향으로 폭발적인 성장의 시기를 지나왔습니다.

그다음 항공 산업의 50년 역사는 점진적인 발전의 시기였습니다. 오늘날 현재 대륙과 해양을 횡단하는 상업용 비행기는 항공 산업 초창기의 상업용 비행기와 매우 흡사해 보입니다. 물론 그 점진적 발전의 시기에도 수많은 개선이 있었던 것은 사실입니다. 하지만 1950년대 초반의 드 해빌랜드 코멧(de Havilland Comet)[1]과 보잉 777의 차이는 디테일에서 오는 차이지, 어떤 형태나 범주 자체가 달라진 것은 아닙니다. 반면에 라이트 형제의 비행기(Wright Flyer)와 코멧은 그 형태와 범주 자체가 완전히 달랐습니다.

1 역주 세계 최초의 상업용 제트 여객기입니다.

제 생각에는 현재의 컴퓨터 하드웨어는 드 해빌랜드 코멧 단계에 와 있는 것 같습니다. 즉, 이미 그 형태와 범주가 확립된 것입니다. 이제 앞으로 50년 동안 하드웨어는 현재의 형태와 범주 안에서 코멧과 보잉 777 정도의 차이만큼 개선되겠지만, 지금과 완전히 다른 형태나 범주로 탈바꿈되기는 어려울 것입니다.

원칙

지난 50년간 소프트웨어 역사에서 소프트웨어 원칙에 대한 눈에 띄는 발전은 거의 없었습니다. 구조적(structured), 함수형(functional), 객체지향(object oriented)이라는 세 가지 주요 패러다임은 1970년대 이미 모두 등장했습니다. 1970년대는 소프트웨어 역사가 시작한 지 30년이 되던 시기였고, 그 후 지금까지 다시 50년을 지나왔습니다. 물론 1970년대 이후 SOLID 원칙처럼 소프트웨어 원칙과 관련하여 주목할 만한 변화는 있었으나 그 근간이 되는 토대는 이미 1970년대에 모두 확립된 상태였습니다.

저는 앞으로 50년간 현재의 소프트웨어 원칙에서 극적인 변화가 일어나리라고 기대하지 않습니다. 단지 명칭이 조금 바뀌거나 몇몇 개념이 여기저기 섞일 수는 있습니다. 지금의 SOLID가 NEMATODE[2] 같은 이름으로 재분류될 수도 있습니다. 하지만 어쨌든 앞으로 50년 동안 그 어떤 소프트웨어 원칙이 등장하더라도 그 뿌리는 1970년대에 이미 마련된 기반에서 나온 것입니다.

즉, 1940년부터 1970년까지 소프트웨어의 초기 30년 역사는 라이트 형제의 비행기와 메서슈미트 Bf 109 전투기[3] 사이 기간에 비유할 수 있습니다. 즉, 어느 정도 소프트웨어 원칙에 대한 개념은 있었지만, 제대로 정리되고 명명되지는 않았던 시기였다고 할 수 있습니다.

---

2 역주 회충을 뜻하며, 작가가 아무 이름이나 붙인 것입니다.

3 역주 Messerschmitt Bf 109, 제2차 세계 대전에서 활약한 나치 독일의 주력 전투기입니다.

방법론

소프트웨어 역사의 지난 50년은 각종 방법론이 등장한 시기였습니다. HIPO[4], 폭포수(waterfall), 스파이럴(spiral), 스크럼(Scrum), FDD[5], XP[6], 애자일(Agile) 등이 지난 반세기에 걸쳐 생겨났습니다. 현재 그 수많은 경쟁에서 애자일이 거의 확실한 승자가 되었습니다. 저는 앞으로 50년 동안 소프트웨어 개발 방법론에서도 비록 여러 가지 개선은 있겠지만 1970년 이전 같은 혁명적인 변화는 일어나지 않을 것이라고 생각합니다.

프로그래밍 기술

지난 25년 동안 프로그래밍 기술 측면에서는 TDD(Test-Driven Development), T&&C||R(Test and Commit or Revert), 페어/몹 프로그래밍, CI/CD(지속적 통합·지속적 배포) 같은 기법들이 생겨났습니다. 이런 프로그래밍 기법은 그동안 소프트웨어와 관련된 모든 측면에서 발전이 있었기 때문에 생겨날 수 있었습니다. 사실상 1973년에는 TDD나 CI/CD 같은 것은 상상조차 하기 어려웠습니다. 페어/몹 프로그래밍은 1973년 당시에도 있었지만, 특별한 프로그래밍 기술이나 기법으로 보지는 않았습니다.

저는 이런 프로그래밍 기법에서도 앞으로 50년은 기존에 있던 기법을 확장하고 다듬어 나가는 시기가 되리라 예상합니다. 이미 현재도 프로그래밍 기술과 관련해서 좋은 책이 여러 권 나오고 있습니다. 그중 하나가 바로 켄트 벡(Kent Beck)의 〈Tidy First?〉[7]입니다. 앞으로 이런 종류의 출판물이 계속 늘어나면서 프로그래밍 기법은 점점 더 다듬어질 것입니다.

---

4 IBM의 오래된 소프트웨어 개발 기법으로 계층적 입력, 처리, 출력(Hierarchical Input, Process Output)이라는 뜻을 가집니다.

5 역주 기능 주도 개발(Feature Driven Development)입니다.

6 역주 익스트림 프로그래밍(eXtreme Programming)입니다.

7 역주 https://www.amazon.com/Tidy-First-Personal-Exercise-Empirical/dp/1098151240 참고

윤리

제가 가장 기대하고 바라는 것은 앞으로 50년 동안 우리 프로그래밍 직군에 진정한 의미의 전문 윤리와 기준, 기법이 자리 잡는 것입니다. 저는 이미 이전에 쓴 책에서 이런 주제를 많이 다루었고, 앞으로도 계속해서 이와 관련된 문제를 강조할 것입니다.

현재 소프트웨어 분야와 관련된 책이나 문서에서 직업 윤리에 대한 언급은 거의 찾아보기 어렵습니다. 그러나 저는 프로그래머의 직업 윤리에 대한 인식이 반드시 변해야 한다고 생각합니다. 이제 너무나 많은 것이 프로그래머의 윤리적 사고와 행동에 달려 있기 때문입니다.

오늘날 우리 문명은 일상 대부분을 소프트웨어에 의존하고 있습니다. 전 세계 소프트웨어와 시스템이 갑자기 멈추어 버린다면, 그 후 몇 주 동안 발생하게 될 사망자 수는 인류 역사상 그 어떤 시기보다도 압도적으로 많을 것입니다.

하지만 안타깝게도 악성 소프트웨어나 시스템 결함 등에 따른 심각한 사건 사고가 발생해야 비로소 이런 프로그래머 윤리에 대한 변화가 생길 가능성이 큽니다. 우리는 이미 악성 소프트웨어나 시스템 결함으로 일어난 사건 사고를 많이 목격했습니다. 그리고 그 심각성은 날이 갈수록 커질 것입니다. 그러다 결국 어떤 임계점을 넘어서면 프로그래머의 직업 윤리와 기준, 규율 등은 우리 의지로든 혹은 외부의 강제력을 통해서든 변하게 될 것입니다. 저는 우리 프로그래머들이 스스로 직업 윤리와 규율을 만들기를 바라지만, 그렇게 되지 못할까 봐 한편으로 두려운 마음도 듭니다.

참고 문헌

- Beck, Kent. 2023. "Tidy First?: A Personal Exercise in Empirical Software Design(Tidy First?: 개인적인 경험에 따른 실증적 소프트웨어 설계 연습)". O'Reilly Media.

집필 후기

저는 2005년 무렵 노르웨이에서 톰 길브(Tom Gilb)를 만났습니다. 그는 키가 크고 인상에 위엄이 서려 있으며, 예리한 두뇌와 재치, 세련된 신사의 품위까지 갖춘 인물입니다. 저는 그와 그의 사랑스러운 아내와 함께 아름다운 피오르드를 내려다볼 수 있는 오두막에서 정성스러운 점심 식사를 대접받았습니다. 거기에서 우리는 많은 대화를 나누었습니다.

톰은 이 책 집필 작업 초창기부터 함께했으며, 이 책에 소개된 수많은 사람과 직접 만나거나 같이 일을 했었습니다. 따라서 이 책의 맺음말을 맡기기에 톰보다 더 적합한 사람은 없을 듯합니다.

책에 대한 소감

안녕하세요. 톰 길브입니다. 저는 이 책의 원고를 꼼꼼히 읽었고, 개발자답게 오탈자와 여러 버그를 찾아 엉클 밥(Uncle Bob)에게 이메일로 보냈습니다. 그 역시 개발자답게 이 모든 과정을 즐겼고, 제가 찾은 '버그'들을 고쳐 나갔습니다.

이 책은 컴퓨팅 역사에 큰 기여를 할 것입니다. 제가 이렇게 말할 수 있는 이유는 엉클 밥과 거의 같은 시대를 함께 살아왔기 때문입니다. 저는 1958년 오슬로의 IBM 펀치 카드 서비스 부서에서 첫 직장을 얻었습니다. 당시에는 플러그보드의 플러그 자체가 일종의 프로그램이었고, 전쟁 전후로 만들어진 기계식 IBM 컴퓨터들은 오늘날 컴퓨터의 전신이었습니다. 이 책은 그런 역사를 분명히 보여 줍니다.

저 역시 엉클 밥처럼 경력의 상당 부분을 컨설팅과 강의, 컴퓨터 콘퍼런스에 참석하면서 보냈습니다. 그래서 이 책에 나오는 여러 인물을 직접 만나 함께 식사할 기회가 있었습니다. 이 책은 제 프로그래밍 동료들에 관한 이야기이며, 그 서술이 얼마나 충실한지는 증언할 수 있습니다. 실제로 이 책은 놀랄 만큼 잘 썼고 치밀하게 조사했습니다. 그리고 실제로 있었던 일들을 토대로 썼습니다.

개인적인 이야기

노인은 누군가 들어 주는 사람이 있으면 자신의 이야기를 하는 것을 무척 좋아합니다(참고로 저도 2024년에 83세가 되었습니다).

그래서 개인적으로 부모님이나 조부모님께 그들의 이야기를 많이 여쭈어 보지 못한 것이 후회되기도 합니다.

저를 포함하여 엉클 밥과 이 책에 나오는 인물들은 프로그래밍 분야의 '원로'들입니다. 그러니 저도 그냥 '톰 할아버지'라고 불러 주면 고맙겠습니다.

아마도 우리는 여러분이 프로그래머로서 겪을 여러 가지 난관을 피할 수 있도록 조언을 줄 수 있을 것입니다. 다만 여러분이 저희의 조언을 듣지 않고 스스로 난관을 헤쳐 가며 배우고 싶다면 굳이 말리고 싶지는 않습니다.

제가 이 글을 남기는 이유는 언젠가 우리 원로들의 지혜가 여러분에게 닿기를 바라는 마음에서입니다. 어쩌면 몇십 년 후 여러분이 더 성숙하고 나서야 저희들 이야기가 와닿을지도 모르겠습니다.

저는 그레이스 호퍼(Grace Hopper)가 강연에서 1나노초(nanosecond)와 1마이크로초(microsecond) 동안 빛이 이동하는 거리를 설명해 주던 장면을 잊을 수가 없습니다. 그녀는 30센치 정도 되는 뜨개실을 핸드백에서 꺼내 1나노초 동안 빛이 이동하는 거리를 설명해 주었습니다. 그리고 나서 300미터나 되는 전선 롤을 보여 주며 1마이크로초 동안 빛이 이동할 수 있는 거리를 설명했습니다. 당시 그녀는 강연을 시작하기 전 객석 뒤편에 앉아 뜨개질을 하며 자신의 차례를 기다리고는 했습니다.

그 후 저는 매년 런던 사우스뱅크(South Bank) 대학교에서 열리는 그레이스 호퍼의 강연을 대신 맡아 달라는 요청을 받았습니다. 당시 호퍼는 여러 해 동안 강연에서 '앞으로 미래에는 어떤 일이 펼쳐질지' 그녀 생각을 들려 주었습니다. 하지만 건강이 나빠지고 지금의 저와 엉클 밥처럼 장거리 여행을 소화하기 어렵게 되자 저에게 강연을 대신해 달라고 요청했습니다. 당시에는 줌 같은 것도 없어서 호퍼가 직접 강연할 수 있는 방법이 없었습니다. 저는 호퍼가 한 요청을 수락했지만, 그녀처럼 '미래 이야기'를 해 주기는 어렵다고 판단했습니다. 그 대신에 **제 강연**에서는 100년 후에도 유효할 **불멸의 원칙**[1] 내용을 강연하기로 합니다(제가 생각하기에 이것이 더 안전한 선택이었던 듯 싶습니다). 제가 발표했던 것은 이를테면 다음 원칙이었습니다.

> 보이지 않는 목표 원칙(the invisible target principle)
> 모든 시스템의 중요한 속성이나 목표는 명확히 명시되어야 한다. 구체적으로 명시되지 않은 시스템의 속성이나 목표는 우연이 아닌 한 맞출 수가 없다.

다만 저는 그 강연에서 '미래 이야기'를 기대하고 온 청중의 기대에 부응할 수 없을 것 같아 마음이 편치 않았습니다. 그래서 호퍼에게 강연문을 팩스로 보내 강연 내용 검토를 부탁했습니다. 다행히 그녀는 그 강연 내용에 만족했고, 제가 설명하고자 하는 원칙들도 잘 이해하고 있었습니다. 단지 당시 그녀는 제 강연문보다는 쑤시고 아픈 팔다리뼈에 더 마음을 두고

---

1 톰 길브. 1988. "소프트웨어 공학의 관리 원칙". Addison-Wesley.
http://www.researchgate.net/publication/380874956_Ch_15_Deeper_perspectives_on_Evolutionary_Delivery_later_2001_known_as_Agile_in_Gilb_Principles_of_Software_Engineering_Management
보이지 않는 목표 원칙: 모든 핵심 시스템 속성은 명확히 명시되어야 한다. 보이지 않는 목표는(우연이 아닌 한) 맞출 수가 없다.

있는 것 같았지만요. 아마도 그녀는 곧 자신에게 닥칠 미래를 '예견'하고 있었던 것일지도 모르겠습니다. 어쩌면 그 시기가 저와 엉클 밥에게도 찾아온 것처럼 느껴집니다.[2]

저는 에츠허르가 다익스트라(Edsger Dijkstra)를 네덜란드 누넨(Nuenen)에 있는 그의 집 문간에서 만난 적이 있습니다. 언젠가 다익스트라의 전기를 통해 그가 일기장에 저를 '거만한 컨설턴트'라고 적어 두었다는 사실을 알게 되었습니다. 과연 그 **거만함**이 몇 '다익스트라(거만함을 측정하는 단위, 이 책 앞부분 참고)'쯤 되었는지 궁금하네요. 이 책 앞부분에서 다익스트라와 존네펠트(Zonnefeld)는 이중 프로그래밍 규칙을 적용하여 제가 학회에서 알던 옛 친구이자 고객이던 덴마크의 피터 나오어(Peter Naur)[3]보다 먼저 ALGOL 60 컴파일러를 완성했다고 이야기했는데, 기억하고 있나요?

저는 INCOSE(국제시스템 공학협의회) 간행물에서 여러 가지 이유로 **서로 독립적이면서도 구별되는 프로그램 두 개**를 작성하는 방식[4]이 좋은 아이디어일 수 있다고 제안한 적이 있습니다.[5] 그리고 그 제안에 대해 INCOSE 다음 호에서 영국의 두 학자는 이런 평가를 내놓았습니다. "우리는 톰의 이중 독립 프로그래밍 방식에 대한 아이디어가 믿음직스럽지 않다." 대신 "다익스트라의 구조적 프로그래밍(예를 들어 'Go To 금지'를 이야기한 것 같습니다)에 대한 아이디어가 더 믿음직스럽다."라고 말했습니다. 여기에서 '믿는다(believe)'는 표현에 주목해 보면 이는 **과학적 논증**이 아니라 마치 **종교적 선택** 같습니다.

그래서 저는 출장 차 네덜란드에 갔을 때 직접 다익스트라의 집을 방문했습니다. 그의 집 문간에서 이렇게 물었습니다. "현재 가장 강력한 소프트웨어 패러다임은 무엇이라고 생각하십니까? 제 이중 독립 프로그래밍 방식(distinct software)일까요, 아니면 선생님의 구조적 프로

---

2 그 시기가 어떨지 예측은 하지만 아직 경험은 해 보지 않았네요. ;-) - 엉클 밥

3 피터 나오어는 저에게 코펜하겐 대학교의 새 컴퓨터를 선정하도록 플랜귀지(Planguage) 모델링 기법을 써 달라고 부탁한 적이 있습니다.

4 역주 같은 명세(specification)를 가지고 서로 협의하지 않은 두 개발자가 각각 코드를 작성한 후 결과를 비교하여 일치하지 않는 부분을 찾아내면 그것이 잠재적 버그임을 알 수 있는 방식입니다.

5 톰 길브. 1974. "Parallel Programming(병렬 프로그래밍)". 데이터메이션(Datamation) 20(10): 160–161. 이후 다수의 논문과 저서, 원자력 소프트웨어에 끼친 후속 영향에 대한 메모도 https://www.researchgate.net/publication/234783638_Evolutionary_development 참고

그래밍일까요?" 그는 잠시 생각하더니 이렇게 말했습니다. "들어오시죠. 그 주제를 논의하려면 먼저 여러 개념을 좀 더 명확히 정의해야 할 것 같습니다." 좋았습니다. 저는 '명확히 정의된 것'을 좋아하는 프로그래머였으니까요.

그렇게 안으로 들어가 이야기를 시작했는데, 다익스트라는 뜻밖에도 자신과 존네벨트가 ALGOL 컴파일러를 서로 독립적으로 각자 구현했으며, 그 후 두 사람이 서로의 노트를 비교하여 버그를 찾아냈다고 자랑스럽게 이야기했습니다. 그들은 그 방식을 이용하여 이 책에서 언급된 대로 피터 나오어의 덴마크 팀보다 먼저 ALGOL 60 컴파일러를 최초로 완성했습니다.

와우!

또 다른 이야기가 있습니다. 피터 G. 노이만[6]을 기억하나요? 그의 아버지는 나치가 쿠데타를 시도하고 히틀러가 투옥되기 직전 뮌헨에서 **히틀러 일행**의 바로 옆자리에서 식사했다고 합니다.[7] 참고로 이는 피터가 쓴 보고서에 나오는 이야기입니다. 그에 따르면 그 당시 피터의 아버지는 미술상이었는데, 영리하게도 히틀러 일행의 이야기를 엿듣고 곧장 '도시를 빠져나갔다'고 합니다.

여담이지만, 이 피터 아버지의 이야기는 제 아버지의 일화를 떠올리게 합니다. 저희 아버지는 특허를 100건이나 보유하셨던 분이었는데 트리키 딕 닉슨(Tricky Dick Nixon)[8]과 같이 일했던 변호사를 쓴 적이 있습니다. 아버지는 그 변호사가 다른 사람과 "딕을 대통령으로 내세웁시다. 우리가 조종할 수 있으니까요."라고 말하는 것을 우연히 들었다고 합니다. 실화입니다만, 잠시 삼천포로 빠졌네요.

아무튼 제가 노르웨이에 있을 때 학회에서 피터를 만나 이야기를 나눈 적이 있습니다. 당시 그는 자기 집 다락방에 공개되지 않은 자기 아버지의 원고가 있다고 말했습니다. 그 원고

---

6 역주 미국의 수학자이자 컴퓨터 과학자로 벨 연구소(Bell Labs)에서 근무하며 유닉스(Unix) 명칭을 제안한 인물 중 한 사람입니다. 폰 노이만과는 다른 인물입니다.

7 아돌프 히틀러는 1923년 11월 8일에 일어난 맥주홀 폭동(Beer Hall Putsch)에 가담한 혐의로 형을 선고받았습니다.

8 역주 'Tricky Dick'은 미국 37대 대통령 리처드 닉슨(Richard Nixon)을 폄하하는 별명입니다.

에는 1920년대 무렵 미술상으로 일하던 그의 아버지가 유명 화가들과 함께한 이야기들이 담겨 있다고 합니다. 심지어 그중에는 제가 가장 좋아하는 에드바르 뭉크(Edvard Munch)[9] 이야기도 있다고 했습니다. 저는 그 이야기를 듣고 곧장 뭉크미술관에 연락해서 역사 기록을 위해 **반드시 그 원고를 보존해야 한다**고 전했습니다. 하지만 담당자가 일을 제대로 하지 않은 것 같습니다. 제가 마지막으로 들은 바로는 그 원고가 아직도 피터의 다락방에 그대로 있었다고 했거든요.

그래서 저는 이 책과 관련해서 의견을 물어볼 겸 피터에게 이메일을 보냈습니다. 그는 현재 90대 초반의 나이로 SRI International[10]의 명예 연구원입니다. 저는 그에게 아버지의 원고가 아직 잘 있는지, 그 원고의 사본이나 원본을 보내 줄 수 있는지 물어보았습니다. 원본을 보내 줄 수 있다면 제가 직접 복사해서 뭉크미술관에 손수 전달하겠다고 했습니다. 과연 이 역사적인 일이 어떻게 될지 지켜보기 바랍니다.[11]

이 책을 계기로 제가 피터와 연락을 주고받으면서 또 하나 알게 된 이야기가 있습니다. 피터가 2010년에 **〈뉴욕 타임스〉**와 인터뷰[12]를 했는데, 당시 그 인터뷰 제목은 "컴퓨터를 살리기 위해 컴퓨터를 죽이다(Killing the Computer to Save It)"였습니다. 그 인터뷰 기사의 첫머리는 이러했습니다.

> "많은 사람이 알베르트 아인슈타인의 격언인 '가능한 한 단순하게 만들되, 그보다 더 단순하게 만들지는 말라'를 인용한다. 그러나 그 개념을 아인슈타인과 함께 식사하며 직접 논의해 본 사람은 피터 외에 그리 많지는 않다."

---

9 역주 노르웨이의 화가로 대표작으로 <절규(The Scream)>가 있습니다.

10 역주 제2차 세계 대전 이후 미국 서부 해안 지역의 경제 발전을 촉진하려고 1946년에 설립한 비영리 연구소입니다.

11 현재 그 원고는 뉴욕 현대미술관(MoMA)에 소장되어 있습니다.

12 https://www.nytimes.com/2012/10/30/science/rethinking-the-computer-at-80.html?pagewanted=all&_r=0 참고(결제를 유도하는 화면을 넘기면 무료로 볼 수 있습니다)
참고로 이 기사에서 피터 노이만 박사는 1923년, 아버지가 뮌헨의 한 레스토랑에서 식사하다가 히틀러와 그 일당이 바로 옆자리에 앉게 된 일을 말해 주었습니다. 그리고 아버지는 얼마 지나지 않아 미국으로 떠나기로 결심했다고 합니다(실로 영리한 사람이자 진정한 얼리 어댑터가 아닐까요).

그렇게 피터는 두 시간 정도 되는 아인슈타인과 가진 만남에서 그의 '단순함에 대한 관점'을 엿볼 수 있었습니다. 이와 관련해서 인터뷰 기사에는 다음 문구들도 있습니다(참고로 인터뷰 기사에서도 언급되었듯이 피터 노이만은 음악을 무척 좋아했고, 아인슈타인도 바이올린을 켜며 휴식을 취할 정도로 음악에 조예가 깊었습니다).

> "아인슈타인과 대화를 나누었던 당시 피터 노이만은 대학생이었으며, 그는 그 일을 계기로 복잡성의 장단점을 평생 동안 연구하게 되었다. 아인슈타인은 피터와 나눈 대화에서 단순함과 복잡성을 어떻게 생각하고 있는지 힌트를 주었다."
>
> "'요하네스 브람스(Johannes Brahms)[13]를 어떻게 생각하십니까?' 피터가 아인슈타인에게 물었다."
>
> "'나는 브람스를 제대로 이해하지는 못하지만, 그는 그저 복잡한 것을 만들려고 밤새 등잔불을 태운 사람이라고 생각하네.'라고 아인슈타인이 대답했다."

개인적으로 저는 소프트웨어의 단순함과 복잡성 같은 주제에 관심이 많습니다. 하지만 이 책은 제 책이 아니므로, 여기에서는 '소프트웨어의 복잡성 이론'을 어떻게 생각하는지 제 **간단하고 짧은** 견해만 전하겠습니다.

제가 생각하기에 시스템이 복잡하고 이해하기 어렵다고 생각하는 사람들은 단지 그들이 이른바 테크노스코프(technoscope)[14]라는 올바른 도구를 갖추지 못했기 때문입니다. 아마 여러분은 제가 방금 말한 내용만으로도 소프트웨어 복잡성을 이해하고 풀어낼 수 있는 여러 가지 방법을 유추해 낼 수 있을 것입니다.

---

13 역주 고전주의 음악과 독일 음악을 대표하는 거장으로 대표작에는 대학 축전 서곡, 헝가리 무곡 등이 있습니다.

14 https://www.gilb.com/offers/YYAMFQBH 참고
역주 주석의 URL은 제대로 동작하지 않습니다. 참고로 테크노스코프는 톰 길브가 만든 신조어로 자세한 내용은 https://www.youtube.com/watch?v=920rCFYW3ZQ를 참고합니다.

음, 이렇게 복잡성을 이야기하다 보니 문득 앞선 아인슈타인의 '단순함'에 관한 인용문이 다시 떠오르네요. 참고로 제가 쓴 책 〈PoSEM〉[15] 17쪽에 '아인슈타인의 과도한 단순화 원칙(Over-simplification Principle)'이라는 내용으로 그 문장을 인용했습니다.

그리고 몇 년 후, 텍사스에서 열린 요구 사항 공학(Requirements Engineering)학회에서 어떤 젊은이가 그 인용문의 정확한 출처를 알고 있냐고 물은 적이 있었습니다. 저는 그냥 이렇게 대답했습니다. "음…… 그건 다들 아는 이야기잖아요. 아인슈타인이 그렇게 말했다고." (피터 G. 노이만이나 〈뉴욕 타임스〉도 2010년까지는 그렇게 믿고 있었을 것입니다. 둘 다 출처에 엄격하기는 하지만요.)

그러자 그 젊은이는 〈God Does Not Play Dice(신은 주사위 놀이를 하지 않는다)〉라는 아인슈타인이 쓴 책에 어쩌면 정확한 출처가 나와 있을지도 모른다고 말했습니다. 그래서 저는 그 젊은이를 데리고 곧장 한 시간 정도 차를 몰고 서점으로 가서 그 책을 산 후 밤새도록 읽었습니다(당시에는 전자책이란 것이 없었습니다). 하지만…… 저는 그 책에서 아인슈타인의 인용문 출처를 찾을 수가 없었습니다.

그러자 그 적극적인 젊은이가(소프트웨어학회에서 우리가 했던 일들을 다시 생각해 보니 놀랍네요) 이렇게 말했습니다. "제 교수님 중 한 분이 프린스턴 대학교에서 예전에 아인슈타인과 자주 산책을 하셨다고 했어요(마치 영화 〈오펜하이머〉의 한 장면처럼요). **그분**이라면 그 인용문의 출처를 아실지도 모르겠네요." 그러더니 그는 바로 교수님께 전화를 걸었고, 절반은 맞는 답을 들었습니다. 즉, 그 인용문은 아인슈타인의 **논문에는 없지만**, 그의 말년 무렵 진행된 5월 17일자 〈**뉴스위크**(Newsweek)〉 인터뷰에는 실렸다는 것입니다.

하지만 결국 우리는 그 인터뷰가 실려 있다는 〈**뉴스위크**〉 잡지를 찾지 못했습니다. 그 대신 아인슈타인이 세상을 떠나기 직전에 작성한 〈**라이프(Life)**〉 잡지의 기사[16] 하나를 발견했습니다. 참고로 저는 아인슈타인을 알(Al)[17]이라고 하는 것이 어색합니다. 1983년에 런던

---

15 아인슈타인의 과도한 단순화 원칙: "가능한 한 단순하게 하되, 그 이하로 단순화하지 말라."
https://www.researchgate.net/publication/225070548 참고

16 https://books.google.no/books?id=dIYEAAAAMBAJ&pg=PA62&source=gbs_toc_r&redir_esc=y&hl=no#v=onepage&q&f=false 참고

17 역주 알베르트 아인슈타인(Albert Einstein)

발레 공연에 모셨던 W. 에드워즈 데밍[18]을 부를 때도 윌(Will)이나 빌(Bill), 에드(Ed)가 아니라 늘 데밍 박사님이라고 부를 정도로 저는 저명한 분들의 이름을 줄여 부를 만큼 격 없는 성격은 아닌 것 같습니다. 추가로 이것도 여담이지만, 저는 1983년 애자일과 관련된 PDSA 사이클[19]에 대해 데밍 박사님과 개인적으로 뜻깊은 대화를 나눈 적이 있습니다. 자세한 이야기는 여기에서 다루지 않겠습니다.[20]

어쨌든 우리가 〈라이프〉 잡지에서 찾은 기사에서도 아인슈타인의 인용문 출처는 찾을 수 없었습니다. 하지만 아인슈타인이 단순화에 많은 관심을 가졌다는 점은 분명합니다. 다만 그 인용문의 문장이 정확한 것은 아니었지만요(이제 더 길고 복잡한 이야기를 들을 준비가 되었나요?).

그 후 몇 년이 지나 2010년 저는 마빈 민스키(Marvin Minsky)(네 맞습니다, MIT 인공지능 연구소의 바로 그 민스키입니다)의 저서 〈**The Society of Mind**(마음의 사회)〉(1986)를 다시 읽은 적이 있습니다. 그 안에서 여전히 출처가 불분명한 아인슈타인의 '단순화'에 대한 그 인용문을 발견했습니다.

그래서 저는 민스키를 찾아보았습니다. 당시 저는 그가 아직 생존해 있다는 사실에 깜짝 놀랐습니다. 결국 민스키는 2016년에 세상을 떠났지만요. 민스키가 세상을 떠날 당시 그의 부고 기사 제목은 "인공지능의 아버지 마빈 민스키, 향년 88세로 타계"였습니다.

아무튼 저는 민스키가 아직 살아 있다는 것을 알고 그에게 이메일을 보냈습니다. 이메일로 당신이 책에 쓴 아인슈타인의 인용문 출처를 정확하게 알려 줄 수 있는지 물었습니다. 다음은 제가 민스키에게 보냈던 이메일 내용입니다.

---

18 역주 미국의 통계학자이자 경영학자로 품질 경영 분야의 대가입니다.

19 역주 Plan(계획), Do(실행), Check(평가), Act(개선) 프로세스를 의미합니다.

20 톰 길브. "Deeper Perspectives on Delivery(소프트웨어 배포에 대한 깊은 통찰)". Principles of Software Engineering Management 수록.
https://www.researchgate.net/publication/380874956_Ch_15_Deeper_perspectives_on_Evolutionary_Delivery_later_2001_known_as_Agile_in_Gilb_Principles_of_Software_Engineering_Management 참고

"2010년 6월 6일 일요일 오후 5시 13분, Tom Gilb tomsgilb@gmail.com

민스키 교수님,

저는 최근 교수님께서 쓰신 <The Society of Mind(마음의 사회)>를 다시 읽기 시작했습니다. 그리고 저는 교수님께서 인용하신 아인슈타인의 문장이 아마도 정확하지 않거나 출처를 검증하기 어려울 것이라고 생각합니다. 사실 저도 집필을 하며 같은 실수를 했습니다.

칼라프리스(Calaprice)의 <The Quotable Einstein>이라는 책을 한번 참고해 보시기 바랍니다. 그 책에는 아인슈타인 인용문 출처에 그녀가 나름대로 내린 결론이 들어 있습니다."

이에 민스키 교수는 다음처럼 답장을 보냈습니다.

"그 참고 문헌이 정확히 뭔가요? 그녀의 결론이 무엇인지 알려 주실 수 있나요?

제 책이 출간되었을 때, 예루살렘의 아인슈타인 아카이브에서도 그 인용문의 출처를 물어왔습니다. 아마도 그들 역시 그 문장의 출처를 어디에서도 찾을 수 없었기 때문일 것입니다.

그래서 저는 어디에서 들었는지 기억나지 않지만, 1950년부터 1954년까지 프린스턴에 있을 때 아인슈타인을 알고 있었고, 아마도 그에게서 정확하지는 않지만 비슷한 표현을 직접 들었을지도 모른다고 답했습니다. 물론 제가 실수했을 수도 있습니다. 그의 강한 외국 억양 때문에 정확히 이해하기 어려웠거든요. 어쩌면 그가 '좀 더 단순하게, 하지만 너무 단순하지는 않게'라고 말했을지도 모릅니다."

저도 이렇게 민스키처럼 멋있게 말할 수 있으면 좋으련만 그런 기회는 아직 없는 것 같네요.

아무튼 이 이메일은 앨리스 칼라프리스(Alice Calaprice)도 보았습니다. 그녀는 아인슈타인의 프린스턴 기록 전체에 접근할 수 있는 권한이 있었습니다. 그녀는 민스키가 매우 겸손한 사람임이 분명하다고 말했습니다. 본인이 직접 아인슈타인에게서 들었다고 자처할 수도 있었지만, 그는 능숙하게 한발 물러섰다는 것이죠. 그리고 그것은 저에게 행운이었습니다! 계속 이야기를 이어 가죠(이 긴 이야기는 아직 끝나지 않았습니다!).

저는 항상 무언가 심오한 문장을 한번 만들어 보고 싶었습니다.

"가능한 한 단순해야 한다. 하지만 그보다 더 단순해서는 안 된다."

뭔가 소프트웨어 공학의 원칙처럼 들리지 않습니까? 어쩌면 이 책 전체의 요지도 바로 이 문장이 아닐까요?

흠, 다익스트라만큼 아니 어쩌면 그보다 더 거만했던 저는 이렇게 선언하기로 합니다. 이 문장은 '내가 만든 말이다'라고요. 그 누구도 아니라고 말하지는 못할 것입니다. 아인슈타인이 한 말이라는 증거는 없거든요. 하지만 저 문장은 1988년 저작권이 등록된 제 책 17쪽에 분명히 나와 있습니다! 이보다 더 확실한 출처가 있을까요?

사실 저는 이런 농담 같은 이야기들을 **제 다른 책**에 이미 많이 적어 놓았습니다.

제가 14년 후에 그랬듯이 물론 민스키가 ChatGPT 4o를 사용할 수 있었다면 바로 진실을 알았을지도 모릅니다. 제가 ChatGPT로 찾아본 바는 이렇습니다.

> "알베르트 아인슈타인의 '가능한 한 단순하게 만들되, 그보다 더 단순하게 만들지는 말라'는 문장은 직접적인 인용이 아니라 의역에 가깝습니다. 가장 최근 확인된 출처는 1933년 아인슈타인이 옥스퍼드에서 행한 강연으로 그는 그 자리에서 이렇게 말했습니다. "좋은 이론이란 현실의 사실을 충분히 설명하면서도 불필요한 복잡함을 없애 가능한 한 단순하게 만든 것이다." 이 의역은 과학 이론에서 단순성에 관한 아인슈타인의 철학적 관점을 잘 나타내고 있습니다. 즉, 복잡성을 줄이되 과도하게 단순화하지 말아야 한다는 점을 강조합니다. 이 아인슈타인의 문장은 세월이 흐르며 여러 번 사용되고 다양한 각색을 거쳐 더 간결하고 기억하기 쉬운 표현으로 발전했습니다."

사실 우리는 이 내용을 AI의 도움 없이 이미 수년 전에 알아냈습니다. 물론 인터넷 검색으로 말이지만요.[21]

---

21 아인슈타인의 1933년 옥스퍼드 강연 텍스트로, https://www.jstor.org/stable/184387?origin=JSTOR-pdf를 참고합니다.

이 책에 밝히는 소회

이 책은 내용과 완성도, 다루는 범위까지 모두 놀라울 정도로 뛰어납니다. 그러나 엉클 밥은 이것이 아직 빙산의 일각에 불과하다는 사실을 분명히 알고 있습니다.

그는 우리에게 과거의 프로그래밍과 하드웨어 등 엄청난 비용을 수반하는 시스템 개발 환경을 알리고자 했습니다. 그리고 그는 그 일을 정말 훌륭하게 해냈습니다.

아울러 저처럼 그 시대 인물들을 어느 정도 알고, 엉클 밥과 거의 같은 길을 걸어온 사람이더라도 이 책으로 오래된 친구들과 동료들을 배울 수 있었습니다.

지금 다시 생각해 보니 우리는 부모님도 잘 모르는 경우가 많습니다. 문득 저희 아버지, 어머니께 죄송한 마음이 드네요.

저자 관점에서 본 후기

엉클 밥은 과거 프로그래밍의 역사를 매우 현실적으로 세밀하게 담아냈습니다. 그리고 지금 시대의 사람들이 '그 시절이 실제로는 어땠는가'를 느낄 수 있도록 해 주었습니다.

앞선 '단순성' 이야기(네, 또 다른 일화가 나오겠군요)를 다시 하자면, 1958년 IBM에서 제가 맡았던 첫 업무는(엉클 밥이 처음 맡았던 일과 비슷했습니다) 창문이 하나도 없는 방에 들어가 며칠 동안 부품 재고용 플러그를 세는 일이었습니다.

그 플러그들은 초창기 컴퓨터의 명령어를 작성할 때 쓰던 도구입니다. 저는 플러그의 길이나 색깔이 달라도 무게가 비슷하다는 점을 알아냈고, 각 색상과 길이별로 샘플을 재서 평균적인 무게를 계산했습니다. 그리고 플러그 전부를 한꺼번에 저울에 달아 무게를 재고, 앞서 계산한 평균 무게를 이용해서 전체 플러그가 몇 개인지 알아냈습니다. 이런 계산들은 파싯(Facit) 기계식 계산기[22]를 사용합니다.

22 역주 1930년대부터 1970년대 초까지 전 세계적으로 사용된 스웨덴의 Facit(파싯) 회사에서 만든 계산기입니다.

그렇게 저는 머리를 써서 한 시간 만에 작업을 끝냈다며 으스댔습니다. 뭐, 그때는 젊고 순진하고 그 방에서 얼른 나가고 싶었던 때였으니까요.

그 후로 저는 어떤 일이든 작업 과정을 **다시 설계하면** 전체 작업을 열 배 이상 더 단순하게 만들 수 있다는 사실을 깨달았습니다. 참고로 엔지니어들은 이런 방식을 **비용을 고려한 설계**(design to cost)라고 부릅니다.[23]

미래 동향 논의

엉클 밥은 미래 통찰을 훌륭하게 제시합니다. 어쩌면 어메이징 그레이스(Grace Hopper)만큼이나요. 저는 감히 예언자처럼 미래를 단언할 수는 없지만, 이 책은 경험과 지식을 겸비한 사람이 남긴 의견을 담고 있어 읽을 만한 가치가 충분하다고 봅니다.

하지만 엉클 밥이 직접 언급했듯이 미래를 예측하기란 매우 어려운 일입니다. 이는 '고전적인 프로그래밍 문제'이자 이 책의 여러 사례에서 다룬 **마감일을 지키는 문제**와 관련이 깊습니다.

저는 이에 대한 몇 가지 중요한 교훈을 알고 있는데, 여기에 간단히 요약해 보겠습니다(물론 더 자세히 알고 싶다면 제가 쓴 무료 저서 〈Cost Engineering〉을 읽어 보아도 좋습니다).

- **비용 추정의 조건**(conditions for cost estimates): 설계 비용을 이해하지 못하면 전체 비용을 이해할 수 없습니다. 아울러 달성해야 할 가치와 지켜야 할 한계를 모두 고려하지 않으면 설계 자체를 제대로 이해할 수 없습니다.

23 Cost Engineering: How to Get 10X Better Control over Resources and Value for Money(비용 엔지니어링: 자원과 돈의 가치에 대해 열 배 더 나은 통제력을 얻는 방법, https://tinyurl.com/CostEngFree)에는 많은 사람이 잊어버린 밀스(Mills)의 IBM 클린룸 개발 방법론 같은 강력한 소프트웨어 아이디어들이 담겨 있습니다.

- **비용에 맞춘 설계**(design to cost): 부실한 요구 사항과 미흡한 설계에서 나온 '비용 추정'보다 '비용에 맞춘 설계'를 활용하여 스스로 비용을 결정하는 편이 훨씬 더 낫습니다. 잘못된 입력으로는 합리적인 비용 범위를 예측할 수 없기 때문입니다.
- **비용의 점진적 조정**(incremental adjustment to costs): 예산과 일정을 통제하는 최선의 방법은 IBM 연방 시스템 사업부의 할런 밀스(Harlan Mills)가 고안한 진정한 애자일 소프트웨어 프로세스인 클린룸(cleanroom) 방법론을 적용하는 것입니다.[24] 이 방법론은 놀라울 정도로 훌륭했습니다! 그들은 최첨단 우주 및 군사용 소프트웨어를 빡빡한 마감일과 최저가 계약으로 개발했지만, 항상 '예정된 기간과 예산 내에서' 완성했습니다. 또 이 방식은 학습과 설계가 함께 발전하는 반복 개발 과정을 제공하기도 합니다. 시스템 설계를 담당하는 아키텍트가 직접 개발 과정에 참여하기 때문입니다.

저는 이것이야말로 '애자일이 지향해야 할 진정한 모습'이라고 생각합니다. 그렇다면 왜 이런 내용이 이 책에는 포함되지 않았을까요?

여기에서 짧은 이야기 하나를 보태겠습니다. 할란 밀스(Harlan Mills: 천재적인 소프트웨어 엔지니어로 평가받던 인물)는 1976년에 나온 제 책 <**Software Metrics**(**소프트웨어 매트릭스**)>를 읽고 편지를 보냈습니다. 그 편지에는 이런 내용이 적혀 있습니다.

"왜 모두가 소프트웨어 매트릭스를 실천하지 않죠?"

그 후 그를 초청하여 오슬로에서 강연을 하게 되었을 때, 저는 그에게 어떻게 해서 클린룸(애자일 같은) 개발 방식을 고안하게 되었는지 물었습니다. 그리고 함께 어떤 강연을 듣고 있을 때 저는 메모지에 이렇게 써서 그에게 건넸습니다.

---

24 리처드 C. 링거, 할런 D. 밀스, 베르나드 I. 비트. 1979. "Structured Programming: Theory and Practice(구조적 프로그래밍의 이론과 응용)". Addison-Wesley. '할런 D. 밀스 컬렉션'은 실무에서 탁월한 실적을 보인 소프트웨어 공학 실무 규칙을 담은 단행본이다. 밀스의 라이브러리: https://trace.tennessee.edu/utk_harlan/9 참고

"회피 기동을 하는 전투기를 맞히려고 스스로 궤도를 조정하는 지능형 로켓 같은 것을 떠올리신 거죠?"

그는 메모지에 짧게 이렇게 답을 남겼습니다(저는 지금도 그 종이 조각 사진을 가지고 있습니다).

"네, 어느 정도 맞추셨습니다."

그러면서 그는 미소를 지었습니다.

우리는 **여전히** 이런 질문을 던지고 있습니다. "왜 아직도 모두가 소프트웨어 개발에서 매트릭스와 엔지니어링을 하지 않을까?"[25] 로마도 하루아침에 완성되지 않았다는 말이 있듯이 말이죠.

저는 제가 존경하는 스노우버드(애자일 선언문 회의) 참석자 중 한 사람과 <IEEE Software>에서 소프트웨어 측정 지표의 타당성(metric viability)을 주제로 공개 토론을 벌인 적이 있습니다.[26]

그때 저는 마치 세멜바이스 박사(Dr. Semmelweis)가 된 것 같은 느낌이었습니다. 손을 씻으라고 설득해야 했지만 다른 의사들은 좀처럼 믿지 않던 그 사람 말입니다.

---

25 역주 매트릭스는 소프트웨어 개발에서 흔히 '좋다', '빠르다', '효율적이다' 같은 모호한 표현 대신 수치로 정의된 목표와 결과를 사용하자는 개념입니다. 엔지니어링은 논리적 근거와 데이터, 반복적 검증을 기반으로 한 설계 프로세스를 지칭합니다. 즉, 감각이나 경험이 아닌 근거와 실험을 바탕으로 한 개발 방식을 의미합니다.

26 톰 길브, 앨리스테어 코버른(Alistair Cockburn). 2008. "Point/Counterpoint(찬반 논평)". IEEE Software 25(2): 64–67. https://ieeexplore.ieee.org/document/4455634 참고
이 코너는 소프트웨어 품질 요구 사항 특집호의 일부입니다. 첫 번째 글 "Metrics Say Quality Better than Words(품질은 말이 아니라 수치로 증명된다)"는 톰 길브가, 두 번째 글 "Subjective Quality Counts in Software Development(소프트웨어 개발에서 주관적 품질도 중요하다)"는 알리스터 코크번이 집필했습니다. 길브(TG)의 저서 <Software Metrics(소프트웨어 매트릭스)>(Winthrop Publishing, 1976)는 론 래디스(Ron Radice)와 IBM CMM을 거쳐 CMMI 레벨 4의 탄생에 영감을 주었습니다. https://www.dropbox.com/scl/fi/1zff9owastior8ybcu1rq/IEEE-Point-Counterpoint-Cockburn-2008.pdf?rlkey=4hkgrsvmin2s58l747p1d60py&dl=0 참고

실천을 위한 제언, 혹은 맺음말

컴퓨터 과학, 소프트웨어 공학, 경영학, 기술의 역사를 공부하는 학생이라면 꼭 읽어야 할 가치가 있는 책입니다. 저는 이 책이 소프트웨어 산업에 종사하는 다른 이들에게도 영감을 주고, 각자가 걸어온 길과 경험을 기록함으로써 우리가 공유할 수 있는 통찰을 더욱 풍부하게 만들어 주기를 바랍니다.

우리 모두 저마다 각자의 이야기가 있습니다. 그 이야기 가운데는 놀라울 만큼 값진 것들이 있습니다.

참고 문헌

- Gilb, Tom. 1976. "Software Metrics(소프트웨어 매트릭스)". Winthrop Publishers.
- Minsky, Marvin. 1986. "The Society of Mind(마음의 사회)". Simon & Schuster.
- Shiang, David A. 2008. "God Does Not Play Dice(신은 주사위를 던지지 않는다)". Open Sesame Productions.

용어집

2001: 스페이스 오디세이

1968년에 제작한 SF 대작으로 아서 C. 클라크(Arthur C. Clarke)가 집필하고 스탠리 큐브릭(Stanley Kubrick)이 감독했다. 유인 우주선의 인공지능 컴퓨터가 오작동하여 승무원 전원을 살해하고, 유일한 생존자가 그 컴퓨터의 전원을 차단하게 된다. 이때 배경 음악으로 'Daisy Bell'이 나왔다. 이 작품은 이후 수십 년간 SF 영화의 기준을 세운 작품으로 평가되었다.

ACM, 미국 컴퓨터학회

1947년에 설립된 세계 최대 규모의 컴퓨팅학회. 하버드에서 하워드 아이켄(Howard Aiken)이 주최한 대형 전자식 계산기 심포지엄에서 파생되었다고 전해진다.

ARRA(1과 2, 1952)

네덜란드 수학 센터(현 CWI)에서 다익스트라(Edsger Dijkstra)가 참여했던 ARRA 컴퓨터. ARRA 1은 전기 기계식으로 실패했고, ARRA 2는 진공관을 사용해서 성공했다. 첫 실패를 감추기 위해 두 기종 모두 같은 이름을 썼다. 이진 방식의 기계로 작업 레지스터 두 개, 드럼 메모리 1,024워드(각 30비트)를 갖추었고 초당 약 40개 명령을 실행했다.

ARMAC(1956)

FERTA를 개선한 기종. 소규모 코어 메모리를 드럼 트랙 버퍼로 사용하여 초당 명령을 1,000개 실행할 수 있었다. 진공관을 약 1,200개 사용했고 소비 전력은 10kW 수준이었다.

ASR 33 텔레타이프(Teletype)

자동 송수신(Model 33 ASR, Automatic Send/Receive) 텔레타이프는 1960년대 후반부터 1970년대까지 주요 컴퓨터 단말기로 널리 사용되었다. 초당 10자 속도로 동작했으며, 바이트 단위의 직렬 비트 스트림으로 구동되었다. 키보드, 프린터, 종이테이프 리더, 종이테이프 펀치를 갖추고 있었다. 전원을 켜면 지속적으로 굉음을 냈으며, 인쇄나 천공 시에는 마치 착암기처럼 시끄러웠다. 종이테이프 리더와 펀치는 8채널 구조였으며, 테이프는 노란색이고 약간 기름기가 있었는데 이는 펀치 윤활을 위해서였던 것으로 보인다.

자동 계산 엔진(Automatic Computing Engine, ACE: 1950)

앨런 튜링(Alan Turing)이 1945년에 설계한 컴퓨터로, 완성형은 제작되지 못했지만 여러 축소형 및 파생형 기계(예 DEUCE)가 만들어졌다. 시제품인 파일럿 ACE는 1950년 영국 국립 물리 연구소(NPL)에서 제작되었으며, 진공관 약 1,000개와 32비트 32워드를 저장하는 수은 지연선(mercury delay line) 12개를 사용했다.

BCPL(1967)

기초 결합 프로그래밍 언어(Basic Combined Programming Language)로, 마틴 리처즈(Martin Richards)와 켄 톰프슨(Ken Thompson)이 케임브리지 프로그래밍 언어(CPL)를 기반으로 개발했다. IBM 7094용으로 작성되었으며, 세계 최초의 "Hello, World" 프로그램이 이 언어로 쓰였다. C 언어의 직계 조상 중 하나다.

블레츨리 파크(Bletchley Park)

제2차 세계 대전 당시 영국 정부 암호 학교(Government Code and Cypher School)가 위치했던 교외 저택 겸 단지. 앨런 튜링을 비롯한 수많은 수학자와 암호학자가 이곳에서 독일의 에니그마(Enigma) 암호를 해독했다. 이곳에서는 암호 해독을 위해 전기 기계식 암호 해독기인 봄브(Bombe)와 콜로서스(Colossus) 진공관 컴퓨터가 사용되었다.

콜로서스: 더 포빈 프로젝트(Colossus: The Forbin Project)

1970년 개봉한 SF 영화. 미국과 소련의 초대형 슈퍼컴퓨터가 서로 연결되어 인류를 지배하는 이야기를 다룬다. 인공지능 통제와 자율성 문제를 다룬 초기 SF 고전으로 꼽힌다.

코어 메모리(core memory)

1950년대 초부터 보급되기 시작하여 1960년대에는 거의 모든 컴퓨터에서 표준 메모리로 사용되었다. 페라이트(ferrite: 산화철과 세라믹 혼합물)로 만든 작은 고리 형태의 코어를 격자형 전선에 꿰어 구성했다. 전류를 한 방향으로 흘리면 코어가 한쪽 방향으로 자화되고, 반대 방향 전류를 흘리면 자화가 반전되며 다른 전선에 미세한 전류가 유도되어 데이터를 판독할 수 있었다. 비트 단위로 마이크로초(μs) 단위의 읽기·쓰기가 가능하여 당시로서는 매우 빠른 메모리였고, 용량 확장에도 사실상 제한이 없었다. 이 기술 덕분에 메가바이트 단위의 RAM이 실현되었다. 1950~1960년대 동안 코어 메모리는 고가였는데, 이는 미세한 코어를 일일이 손으로 전선에 꿰는 수작업이 필요했기 때문이다. 이후 제조 공정이 자동화되면서 비용은 비트당 1달러에서 1센트 수준으로 급격히 하락했다.

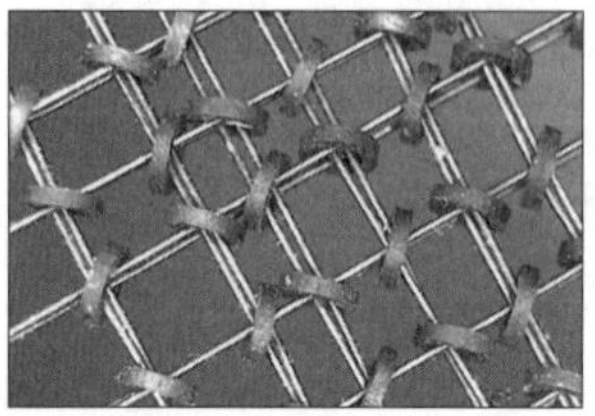

코어 워즈(Core Wars)

D. G. 존스와 A. K. 듀드니가 만든 컴퓨터 게임으로, 1984년 3월호 사이언티픽 아메리칸(Scientific American)을 통해 널리 알려졌다. 이 게임은 매우 단순한 컴퓨터를 시뮬레이션 하며, 두 프로그램이 번갈아 한 번에 명령을 한 개 실행한다. 목표는 상대 프로그램이 충돌(crash)하거나 멈추게 만드는 것이다. 로버트 C. 마틴(저자)은 1985년에 매킨토시용 C 버전의 코어 워즈를 직접 작성하기도 했다(참고: https://corewar.co.uk/cwmartin.htm).

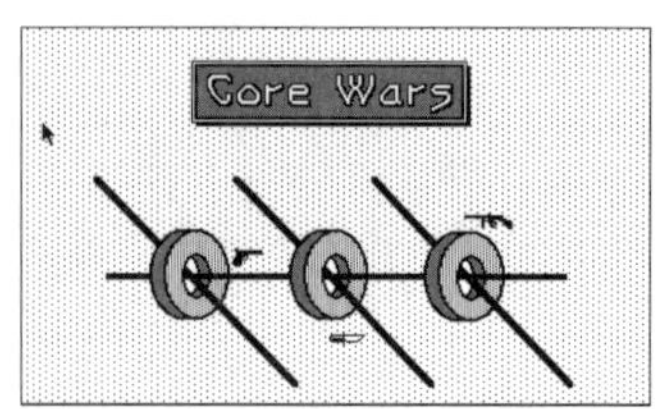

CP/M(Control Program/Monitor)

1974년 디지털 리서치(Digital Research Inc.)에서 발표한 운영체제로, 인텔 8080 마이크로프로세서를 위한 최초의 상용 단일 사용자용 플로피 디스크 기반 운영체제 중 하나였다. 명령어 기반의 매우 단순한 인터페이스를 갖추고 있었으며, 사용자는 이를 통해 파일 복사, 디렉터리 목록 보기, 프로그램 실행 등 작업을 수행할 수 있었다.

CVSD(Continuously Variable Slope Delta modulation)

1970년에 제안된 음성 인코딩 방식으로, 직렬 비트 스트림 형태로 음성을 부호화하기 위해 만들어졌다. 당시 약 3kHz 대역폭의 음성을 부호화하기 위해 초당 16~24kb의 비트 전송률이 필요했다. 각 비트는 파형의 증가(1) 또는 감소(0)를 나타냈으며, 동일한 극성의 비트가 연속될수록 증가와 감소 폭이 커졌다. 따라서 파형의 기울기(slope)가 연속적으로 변화할 수 있었다는 의미에서 '연속 가변 델타 변조'라고 불린다.

DECnet

디지털 이큅먼트 코퍼레이션(DEC)이 1975년에 발표한 네트워크 프로토콜 및 소프트웨어 모음으로, PDP-11 컴퓨터들을 네트워크로 연결하기 위해 설계되었다. 이후 1970~1980년대를 거치며 PDP-11과 VAX 시스템의 확산과 함께 발전을 거듭했으나, 결국 인터넷에서 사용되는 TCP/IP 프로토콜로 대체되었다.

DECwriter

1970년 디지털 이큅먼트 코퍼레이션(DEC)이 출시한 키보드·프린터 일체형 단말기로, 당시 미니컴퓨터와 마이크로컴퓨터의 콘솔로 널리 사용되었다. 도트 매트릭스 방식으로 초당 30자를 인쇄할 수 있었으며, 스프로킷 방식의 연속 용지를 사용했고 폭은 보통 80자 정도였다. 인쇄 시 특유의 소리를 내는 것으로 유명했다.

DEUCE(1955)

Digital Electronic Universal Computing Engine의 약어다. 영국 일렉트릭(English Electric)이 튜링의 ACE 설계를 축소하여 제작한 컴퓨터로, 진공관을 약 1,450개 사용했다. 메모리는 384워드(각 32비트)의 윌리엄스 관(Williams tube)과 8K 워드의 드럼 메모리를 갖추었으며, 메모리 접근 시간은 각각 약 32μs와 15ms였다. 입출력은 주로 천공 카드를 사용했고, 총 33대가 판매되었다.

디스크 메모리(disk memory)

자기 코팅된 얇은 원판들을 여러 장 쌓아 구성한 저장 장치로, 원판(플래터)을 회전시키고 읽기/쓰기 헤드가 표면을 반경 방향으로 이동하며 데이터를 읽고 쓴다. 데이터는 디스크 표면의 동심 트랙(concentric track)에 자기적으로 기록된다.

닷컴 붐(dotcom boom)

1990년대 후반, 인터넷이 상업적으로 본격 확산되던 시기에 수많은 스타트업과 벤처 기업이 등장하면서 투자가 폭발적으로 늘어난 현상을 의미한다. 당시에는 인터넷 관련 아이디어라면 무엇이든 수억 달러의 가치가 있다고 여겼으나, 2000년 중반부터 거품이 꺼지기 시작했고 2001년 9·11 테러 이후 시장은 급격히 붕괴했다. 그날 이후 세상은 달라졌다.

드럼 메모리(drum memory)

디스크가 등장하기 이전의 자기 메모리 형태로, 금속 원통 표면에 자성 코팅을 한 장치였다. 원통(드럼)은 회전하며, 그 위를 따라 이동할 수 있는 헤드가 데이터를 읽고 썼다. 데이터는 드럼을 따라 원형 트랙(circular track) 여러 개에 기록되었고, 헤드는 축 방향과 반경 방향으로 위치를 조절할 수 있었다. 헤드 수가 많을수록 접근 속도가 빨랐으며, 여러 헤드를 통해 병렬 입출력도 가능했다. 그러나 드럼은 크고 무거워서 더 작고 효율적인 디스크 메모리가 등장하면서 결국 대체되었다.

EDSAC(Electronic Delay Storage Automatic Calculator)

EDSAC은 존 폰 노이만의 EDVAC 초안에서 영감을 받아 1949년 모리스 윌크스가 케임브리지 대학교 수학 연구소에서 제작한 컴퓨터다. 세계에서 두 번째로 저장 프로그램 방식을 구현한 컴퓨터로 알려져 있으며, 다익스트라가 케임브리지에서 윌크스의 강의를 들을 당시 이 기계를 보고 깊은 영감을 받았다. EDSAC은 수은 지연선(mercury delay line)에 17비트 워드 512개를 저장했으며, 사이클 타임은 1.5ms고, 곱셈에는 4사이클이 필요했다.

ETS(Educational Testing Service)

1947년에 설립되어 뉴저지 프린스턴에 본사를 둔 세계 최대의 민간 교육 평가 기관이다. SAT, GRE 등 다양한 시험을 주관한다. 저자(로버트 C. 마틴)는 1990년대 초 ETS에서 C++ 및 객체지향 설계(OOD) 컨설턴트로 근무했으며, 이후 짐 뉴커크(Jim Newkirk)와 함께 NCARB 시스템용 소프트웨어 모듈 일체를 개발했다.

EDVAC(Electronic Discrete Variable Automatic Computer)

1944년 펜실베이니아 대학교 무어 전기 공학부(Moore School of Electrical Engineering)에서 존 모클리와 프레스퍼 에커트가 제안한 컴퓨터로, 초기 예산은 10만 달러였다. 1949년 탄도 연구소(Ballistic Research Laboratory)에 납품되었으며, 44비트 워드 1,024개를 수은 지연선에 저장했다. 평균 덧셈 시간은 864μs, 곱셈 시간은 2.9ms였다. 진공관을 약 5,937개 사용했고 무게는 약 9톤이었다. 이 기계에 대해 폰 노이만이 작성한 초안 보고서가 널리 퍼지면서 프로그램 저장식 컴퓨터의 개념이 '폰 노이만 아키텍처(von Neumann architecture)'로 불리게 되었다.

이메일 미러(email mirror)

1990년대에 사용되던 이메일 기반의 그룹 통신 방식으로, 특정 이메일 주소로 메시지를 보내면 해당 주소에 등록된 모든 사용자에게 자동으로 재전송되었다. 오늘날의 이메일 메일링 리스트(mail list) 또는 그룹 메일의 원형이라고 할 수 있다.

익스트림 프로그래밍(eXtreme Programming, XP)

1990년대 중반 켄트 벡(Kent Beck)이 고안하고, 그의 책 〈eXtreme Programming eXplained〉[1]를 통해 대중화된 애자일 프로세스다. XP는 여러 애자일 방법 중 가장 명확히 정의된 프로세스로, 실천 항목(practice) 약 12개로 구성되어 있으며, 이는 비즈니스, 팀, 기술 이렇게 세 영역으로 나뉜다.

1 역주 Addison-Wesley, 1999

페란티 머큐리(Ferranti Mercury, 1957)

1957년에 개발된 초기 상용 컴퓨터 중 하나로, 부동소수점 연산 기능을 갖추고 있었다. 1,024워드(각 40비트)의 코어 메모리를 탑재했으며, 드럼(각각 4,096워드) 네 개를 보조 메모리로 사용했다. 코어 메모리의 사이클 타임은 10μs였고, 부동소수점 덧셈은 180μs, 곱셈은 360μs가 걸렸다. 진공관 2,000개와 같은 수의 게르마늄 다이오드를 사용했으며, 전체 무게는 약 2,500파운드(약 1.1톤)에 달했다.

FERTA(1955)

ARRA 2의 개선형으로, 1955년에 제작된 컴퓨터다. 드럼 메모리는 4,096워드(각 34비트)로 확장되었고, 실행 속도는 초당 약 100명령으로 두 배 향상되었다.

플로피 디스크(floppy disk)

1960년대 후반 IBM이 System/370의 부팅용 디스크로 처음 개발한 저장 매체다. 이후 미니컴퓨터와 특히 1980년대 마이크로컴퓨터에서 널리 사용되었다. 초기 모델은 얇은 마일러(Mylar) 필름에 자기 산화물을 입힌 8인치 크기였으며, 회전을 가능하게 하는 플라스틱 외피 안에 들어 있었다. 이후 크기가 점차 줄어 5.25인치, 3.5인치 디스크로 발전했다.

금지된 행성(Forbidden Planet, 1956)

1956년에 개봉한 SF 영화로, 저자(로버트 C. 마틴)가 '가장 좋아하는 영화'라고 밝힌 작품이다. 영화에는 '로비 더 로봇(Robby the Robot)'이라는 유명한 캐릭터가 등장하며, 영국 집사 같은 말투와 성격으로 묘사된다. 이 영화는 이후 수많은 SF 영화에 영향을 미친 고전으로 평가된다.

FTP(File Transfer Protocol)

1971년 아베이 부샨(Abhay Bhushan)이 개발한 파일 전송 프로토콜로 인터넷을 통해 파일을 주고받는 표준 방식으로 사용되었다. 저자 역시 〈Design Patterns〉 책을 리뷰할 때 PostScript 파일을 내려받기 위해 FTP를 사용했다고 언급했다.

GE DATANET-235

1964년에 발표된 제너럴 일렉트릭(GE)의 대형 컴퓨터로 20비트 워드를 사용하고 8K 워드를 직접 주소 지정할 수 있었다. 코어 메모리의 사이클 타임은 5μs였으며, 덧셈은 12μs, 곱셈·나눗셈은 약 85μs가 걸렸다. 이 기계는 DATANET-30의 백엔드 데이터 처리용으로 자주 사용되었으며, 주로 어셈블리 언어로 프로그래밍되었다. 또 BASIC 언어로 동작하던 다트머스 타임셰어링 시스템(dartmouth time sharing system)의 백엔드 역할도 수행했다.

GE DATANET-30

1961년에 출시된 초기 통신용 컴퓨터 중 하나로 방 하나를 가득 채울 정도의 크기를 가졌으며, 내부 하드웨어는 최대 2,400bps 속도의 비동기 직렬 통신 포트를 128개까지 지원했다. 직렬 데이터는 소프트웨어가 비트 단위로 처리해야 했기 때문에 기계 성능의 상당 부분이 이 작업에 사용되었다. 다행히 당시 대부분의 데이터 통신 속도는 300bps(초당 약 30자) 수준이라 여유가 있었다. 메모리는 4K, 8K, 16K 워드(각 18비트)로 구성되었으며, 사이클 타임은 약 7μs였다. 주로 어셈블리 언어로 프로그래밍되었으며, 다트머스 타임셰어링 시스템에서 BASIC을 실행하는 프런트엔드로 사용되었다.

GE DATANET-635

1963년에 발표된 36비트 워드 기반의 대형 컴퓨터로, 256K 워드를 주소 지정할 수 있었다. 인덱스 레지스터 여덟 개와 72비트 누산기(accumulator)를 탑재했으며, 코어 메모리의 사이클 타임은 2μs였다. 정수 및 부동소수점 연산을 지원했고 코볼, 포트란, 어셈블리 언어를 실행할 수 있었다.

GIER(1961)

지리 측량 연구소 전자 계산기(Geodætisk Instituts Elektroniske Regnemaskine)의 약어이며, 덴마크에서 개발된 초기 트랜지스터식 컴퓨터 중 하나다. 코어 메모리는 약 5K 워드(각 42비트)였고, 드럼 메모리는 60K 워드를 저장했다. ALGOL 언어를 실행할 수 있었으며 덧셈 시간은 49μs, 무게는 약 1,000파운드(약 450kg)였다.

허니웰 H200(Honeywell H200)

1963년에 발표된 허니웰의 대형 컴퓨터로, 당시 IBM 1401의 주요 경쟁 기종이었다. IBM 1401과 이진(binary) 호환성을 유지하면서도 두 배 이상 빠른 속도를 자랑했으며, 확장된 명령어 집합을 제공했다. 6비트 문자 기반 구조에 10진 산술 방식을 사용했고 코볼, 포트란, RPG를 실행할 수 있었다. 최대 512K 문자를 주소 지정할 수 있었으며, 사이클 타임은 약 1μs였다. 이 기계는 당시 중대형 비즈니스용 컴퓨터 시장에서 큰 인기를 끌었다.

IBM 026 키펀치(IBM 026 Keypunch)

1949년에 발표된 책상 크기의 천공 카드 입력 장치로 20년 넘게 표준적인 키보드 기반 카드 펀치기로 사용되었다. 키보드에는 대문자 알파벳, 숫자, 일부 구두점 문자가 포함되어 있었다. 카드는 입력 호퍼(input hopper)[2]에서 자동으로 공급되어 키보드 조작에 따라 천공된 후 출력 호퍼(output hopper)에 자동으로 쌓였다. 당시 대부분의 데이터 입력과 프로그램 코딩은 이런 키펀치를 통해 수행되었다.

IBM 2314 디스크 메모리

IBM System/360용으로 설계된 디스크 팩으로 1965년부터 1978년까지 사용되었다. 많은 다른 컴퓨터 제조사도 이에 호환되는 디스크 드라이브를 제작했다. 디스크 팩은 11장의 플래터(platter)로 구성되어 기록 면(recording surface)을 20개 제공했으며, 무게는 약 10파운드(약 4.5kg)였다. 일반적으로 분당 2,400회 회전하며, 저장 용량은 약 40MB 수준이었다. 당시로서는 대용량 저장 장치에 속했으며, 대형 시스템의 데이터 저장 표준으로 널리 사용되었다.

IBM 701

1952년에 발표된 IBM의 초기 전자식 컴퓨터로 약 4,000개의 진공관을 사용했다. 메모리는 최대 4K워드(각 36비트)의 윌리엄스 관(Williams Tube) 메모리를 탑재했으며, 사이클 타임은 약 12µs였다. 곱셈 및 나눗셈 연산에는 약 456µs가 소요되었다. 약 20대가 제작되었으며, 한 대의 무게는 약 2만 5,000파운드(약 11톤)에 달했고, 임대료는 월 약 1만 4,000달러였다. IBM 701은 IBM이 과학 기술 계산용으로 제작한 최초의 상용 컴퓨터로 이후 System/700 시리즈의 출발점이 되었다.

---

2 역주 호퍼는 V자형 용기를 의미한다.

IBM 704

1954년에 발표된 진공관 기반 대형 컴퓨터로 방 하나를 가득 채울 정도의 규모였다. 4K 워드(각 36비트)의 코어 메모리를 갖추었으며, 인덱스 레지스터 세 개, 누산기(accumulator), 곱셈/몫 레지스터를 포함했다. 고정소수점과 부동소수점 연산을 모두 수행할 수 있었으며, 부동소수점 덧셈 속도는 83μs였다. 이 컴퓨터를 위해 포트란과 리스프(Lisp)가 개발되었다. 진공관을 수천 개 사용했기 때문에 평균 고장 간격(MTBF)이 8시간 정도로 짧았으며, 이는 대형 포트란 프로그램을 컴파일하는 데 많은 어려움을 초래했다. 총 123대가 제작되었다.

IBM 709

1958년에 출시된 IBM 704의 개선형으로 여전히 진공관을 사용했다. 메모리는 36비트 워드 32K개를 저장할 수 있는 코어 메모리였으며, 덧셈 속도는 24μs, 고정소수점 곱셈 속도는 200μs였다. 하지만 1년 후 트랜지스터 기반의 IBM 7090이 등장하면서 짧은 기간 동안만 생산되었다.

IBM 7090/7094

1959년에 처음 설치된 트랜지스터 기반의 IBM 709 계열 컴퓨터로 여전히 방을 가득 채우는 대형 시스템이었다. 709와 마찬가지로 36비트 워드 32K개를 저장하는 코어 메모리를 사용했으며, 코어 사이클 타임은 약 2μs였다. 처리 속도는 709보다 약 6배 빠르고, 7094는 그보다 다시 두 배 정도 빨랐다. 1960년대 초반의 대표적인 메인 프레임 컴퓨터로, 영화 〈히든 피겨스(Hidden Figures)〉에 등장한 컴퓨터이기도 하다. 수천 대가 생산되었으며, 한 대당 약 200만 달러에 판매되었다.

IBM 셀렉트릭 타자기(IBM Selectric Typewriter)

1961년에 발표된 전기식 타자기로 수십 년간 비즈니스 환경의 표준 타자기로 자리 잡았다. 또 IBM System/360 및 System/370 콘솔의 주요 입력 장치로도 사용되었다. 출력 헤드는 문자 88개가 새겨진 반구형의 금속 볼(ball) 형태였으며, 종이를 이동시키는 대신 이 볼 헤드가 좌우로 움직이며 인쇄를 수행했다. 당시로서는 혁신적인 기계식 설계로 평가받았다.

집적 회로(Integrated Circuit)

1940년대 후반에 발명되었으나 상업적으로 실용화된 것은 1960년대 후반이었다. 집적 회로(IC)는 실리콘 칩 한 장 위에 수많은 트랜지스터와 기타 전자 부품을 포토리소그래피(photolithography) 공정[3]으로 증착하여 만든 장치다. 초기에는 불과 몇 제곱 밀리미터 공간에 트랜지스터를 수십 개 정도 집적할 수 있었으나, 이후 수십 년 동안 무어의 법칙(Moore's Law)에 따라 트랜지스터 밀도는 기하급수적으로 증가했다. 오늘날에는 제곱 밀리미터당 트랜지스터가 수억 개 집적된다. 이런 밀도 향상 덕분에 트랜지스터당 가격과 전력 소비가 급격히 감소했고, 컴퓨터는 1960년대 중반부터 집적 회로를 본격적으로 사용하기 시작했다. 현재의 노트북, 데스크톱, 스마트폰 등 거의 모든 디지털 기기는 집적 회로 없이는 존재할 수 없다. 우리의 현대 디지털 환경은 이 기술에 근본적으로 의존하고 있다.

인텔 8080/8085

인텔이 1974년에 발표한 마이크로프로세서로서 8080은 곧 산업 전반의 표준 마이크로컴퓨터 프로세서가 되었다. 트랜지스터 약 6,000개로 구성된 단일 집적 회로였으며, 8비트 프로세서에 16비트(64KB)의 주소 공간을 갖추었다. 2MHz 클럭 속도로 동작했으며, 당시 주로 코어 메모리가 아닌 반도체 메모리와 함께 사용되었다. 뒤이어 출시된 8085는 클럭 속도가 두 배로 향상되었고, 명령어가 추가되었으며, 내장 직렬 입출력(Serial I/O) 기능과 추가 인터럽트를 지원했다. 8080과 8085는 수백만 개 이상 판매되며 1970년대 마이크로컴퓨터 혁명을 이끌었다.

인텔 8086/80186/80286

1978년에 발표된 인텔 8086은 최초의 16비트 마이크로프로세서 중 하나로, 트랜지스터를 약 2만 9,000개 내장했다. 세그먼트 방식(bank switching)의 주소 공간 구조를 사용하여 최대 1MB 메모리에 접근할 수 있었으며, 클럭 속도는 5~10MHz였다. 이 칩은 최초의 IBM PC에 사용된 프로세서이며, PC 산업의 표준을 사실

3 역주 빛을 이용하여 반도체 웨이퍼에 미세한 회로 패턴을 그리는 공정이다.

상 정립했다. 1982년에 발표된 80186은 트랜지스터를 약 5만 5,000개 탑재하고 6~25MHz로 동작했다. 입출력 제어용으로 설계되어 DMA 컨트롤러, 클럭 생성기, 인터럽트 라인 등 다양한 I/O 관련 기능이 칩에 통합되었다. 같은 해 출시된 80286은 트랜지스터를 약 12만 개 사용했으며, 메모리 관리 하드웨어(MMU)를 내장하여 메모리를 최대 16MB 다룰 수 있었다. 멀티 프로세싱 환경에 적합했으며, 4~25MHz 범위의 클럭 속도로 작동했다. 이 프로세서는 이후 IBM PC/AT에 사용되며, 1980년대 중반 개인용 컴퓨터 성능 향상을 주도했다.

조니악(JOHNNIAC)

JOHN von Neumann Numerical Integrator and Automatic Calculator의 약어로, 랜드(RAND) 연구소에서 제작한 초기 컴퓨터 중 하나였다. 1,024워드(각 40비트)의 메모리를 셀렉트론(Selectron) 관에 저장했는데, 이는 윌리엄스 관(Williams tube)과 유사한 전기 정적 저장 장치였다. 단일 주소 구조(single-address)와 하나의 누산기(accumulator)를 사용했으며, 인덱스 레지스터는 없었다. 전체 무게는 약 5,000파운드(약 2.3톤)에 달했다. 존 폰 노이만의 아키텍처를 기반으로 설계된 대표적인 초기 전자식 컴퓨터였다.

쥬라기 공원(Jurassic Park)

마이클 크라이튼(Michael Crichton)의 소설을 스티븐 스필버그가 1993년에 영화로 제작한 작품이다. 과학자들이 고대 호박(amber)에 갇힌 모기에서 추출한 DNA로 공룡을 복제하지만, 결국 공룡들이 탈출하여 사람들을 습격한다. 극 중 두 아이가 악덕 프로그래머 데니스 네드리(Dennis Nedry)가 만든 '유닉스 시스템'을 해킹하여 사태를 수습하는 장면이 유명하다. 과학 기술과 윤리에 대한 경고를 담은 대표적인 SF 영화다.

LGP-30(1956)

Librascope General Purpose의 약어로, 1956년에 판매된 상용 범용 컴퓨터다. 자기 드럼에 4,096워드(각 31비트)를 저장했으며, 진공관 113개와 고체 다이오드[4]로 구성되었다. 단일 주소 구조(single-address)를 1,450개 사용했고, 곱셈과 나눗셈 명령을 내장하고 있었다. 클럭 속도는 120kHz, 메모리 접근 시간은 2~17ms였으며, 판매 가격은 4만 7,000달러였다. 당시로서는 비교적 저렴하고 소형화된 컴퓨터로 대학 및 연구 기관에서 널리 사용되었다.

---

4 다이오드 논리는 AND 및 OR 게이트를 구현하는 매우 단순한 방식이지만, 전력 소모가 크고 동작이 까다로운 방법이다.

로스트 인 스페이스(Lost in Space)

1965년에 방영된 SF TV 시리즈이며, 스위스 패밀리 로빈슨을 느슨하게 각색한 작품이다. 한 가족이 우주에서 길을 잃고 지구로 돌아가려는 여정을 그린다. 극 중 로봇은 <금지된 행성>의 '로비 더 로봇'을 설계한 동일한 엔지니어들이 만든 것으로 "Danger, Will Robinson!"과 "It does not compute!"라는 대사를 외치며 파형 팔을 흔드는 모습으로 상징적인 존재가 되었다.

M365

테라다인(Teradyne Inc.)이 1960년대 후반에 제작한 18비트 단일 주소(single-address) 구조의 프로세서로, PDP-8을 연상시키는 설계였다. 1960년대 후반은 여러 기업이 상용 시스템을 구입하기보다 자체 컴퓨터를 설계하던 시기로, 테러다인도 예외가 아니었다. 페이지 크기는 4K였고 전체 메모리 공간은 약 0.5MB였으나, 실제로는 그만큼 사용되지 않았다. 매뉴얼은 파란색 표지의 소형 책자 형태로, 셔츠 주머니에 들어갈 정도로 작았다고 한다.

맨체스터 베이비(Manchester Baby)

1948년 맨체스터 대학교에서 제작된 초기 진공관 컴퓨터로, 윌리엄스 관(Williams tube) 메모리를 시험하기 위한 실험용 장치였다. 32비트 구조에 32워드의 메모리를 갖춘 매우 단순한 시스템이었지만, 세계 최초로 저장 프로그램(stored-program)을 실행한 전자식 컴퓨터로 평가된다. 이 설계는 이후 맨체스터 마크 I(Manchester Mark I), 세계 최초의 상용 컴퓨터인 페런티 마크 I(Ferrantl Mark I)으로 발전했다.

수은 지연선 메모리(Mercury Delay Line Memory)

1940년대 후반부터 1950년대 초반까지 사용된 초기 메모리 방식으로, 액체 수은이 채워진 긴 튜브 속에서 음파 형태로 데이터를 저장했다. 튜브 한쪽 끝에는 스피커, 다른 쪽에는 마이크가 있었으며, 비트를 스피커로 입력하면 수은 속을 따라 음파로 전파되어 마이크에서 감지된 후 다시 전기 신호로 변환되어 순환되었다. 수은의 음속과 음향 임피던스는 온도에 따라 달라지므로, 튜브는 약 104°F(40°C)로 유지되어야 했다. 이때 음속은 약 1,450m/s였으며, 길이 1미터에 무게 800파운드짜리 튜브 하나가 약 500비트를 저장하고 접근 시간은 1밀리초 미만이었다. 이 기술은 EDSAC 등 초기 컴퓨터에서 사용되었다.

몬테카를로 분석(Monte Carlo Analysis)

몬테카를로 기법의 핵심 개념은 확률적 실험을 반복하여 복잡한 문제를 근사적으로 해결하는 것이다. 공동 개발자 중 한 명인 스타니슬라프 울람(Stanislaw Ulam)[5]은 이 아이디어를 카드 놀이(솔리테어)에 비유했다. 즉, 수학적으로 승률을 계산하기보다는 실제로 플레이를 100번 하고 승리 횟수를 세어 확률을 구하는 방식이다. 울람은 1946년 로스앨러모스 연구소에서 핵무기를 연구 중이었으며, 존 폰 노이만과 함께 이 기법을 핵분열탄 내 중성자 확산 연구에 활용했다. 당시 연구는 극비였기 때문에 그들은 이 기법에 은밀한 코드명인 '몬테카를로(Monte Carlo)'를 붙였다.

MP/M-86

디지털 리서치(Digital Research Inc.)가 1981년에 발표한 운영체제로, 인텔 8086 마이크로컴퓨터를 위한 다중 사용자 디스크 운영체제였다. 터미널 여러 개와 사용자를 동시에 처리할 수 있었으며 파일 복사, 디렉터리 목록 조회, 프로그램 실행 등을 위한 간단한 명령줄 인터페이스를 제공했다. 당시로서는 매우 진보된 멀티태스킹 및 멀티유저 환경을 지원한 시스템이었다.

National Council of Architects Registration Boards(NCARB)

1919년에 설립된 미국의 건축사 자격 인증 기관으로 미국 내 건축사 시험 및 면허를 관리한다. 이들의 자격은 여러 국가에서도 상호 인정된다. 저자(로버트 C. 마틴)는 1990년대 중·후반에 ETS(Educational Testing Service)와 함께 짐 뉴커크(Jim Newkirk) 등과 팀을 이루어 NCARB 평가 시스템용 소프트웨어를 개발했다.

객체지향 데이터베이스(object-oriented database)

1989년 발표된 Object-Oriented Database System Manifesto에서 제안된 개념으로 객체를 디스크에 직접 저장하는 방식을 다룬다. 이 아이디어를 기반으로 1990년대에 여러 객체지향 데이터베이스 시스템이 등장했다. 핵심 개념은 가상 메모리(virtual memory)와 유사하게 객체가 디스크에 있더라도 프로그램은 마치 RAM에 있는 것처럼 접근할 수 있게 하는 것이었다. 이런 기능을 구현하기 위해 다양한 혁신적 기법이 고안되었으나, 2000년대에 들어 관계형 DB와 ORM 기술이 주류가 되면서 점차 사라졌다.

PAL-III 어셈블러(PAL-III assembler)

디지털 이큅먼트 코퍼레이션(DEC)에서 근무하던 젊은 시절의 에드 유어돈(Ed Yourdon)이 작성한 PDP-8용 천공 테이프 어셈블러였다. 이 프로그램은 PDP 시리즈 소프트웨어 개발의 초창기 도구 중 하나였다.

---

5 존 폰 노이만(John von Neumann)의 오랜 친구 중 한 명이다.

PDP-7

디지털 이큅먼트 코퍼레이션(DEC)이 1965년에 출시한 트랜지스터 기반 미니컴퓨터로 단일 주소(single-address) 명령어 집합을 사용했다. 코어 메모리는 약 2μs의 사이클 타임을 가지며, 4~64K 워드(각 18비트)를 저장할 수 있었다. 내부 클럭 속도는 약 0.5MHz였으며, 디스크 드라이브를 장착할 수도 있었다. 이 기종은 이후 DEC의 상징적인 컴퓨터인 PDP-8과 PDP-11로 이어지는 기술적 기반을 제공했다.

PDP-8

디지털 이큅먼트 코퍼레이션(DEC)이 1965년에 발표한 PDP-8은 1960년대 후반부터 1970년대 초반까지 미니컴퓨터 시장의 대표 모델이 되었다. 다양한 파생 모델이 존재했으며, 초기 모델인 '스트레이트 8(Straight-8)'은 트랜지스터 기반 구조였다. 기본 사양은 12비트 워드 4K(4,096워드)의 코어 메모리를 탑재했으며, 메모리 사이클 타임은 약 2μs, 내부 클럭 속도는 약 0.5MHz였다. 주로 어셈블리 언어로 프로그래밍되었지만, 포트란 변형 버전과 FOCAL이라 불린 BASIC 유사 인터프리터도 제공되었다. 운영체제는 여러 종류가 있었으나, 가장 널리 사용된 것은 OS/8이었다. 기본 구성에는 ASR-33 텔레타이프 단말기가 포함되었고 DECtape, 고속 종이테이프 리더/펀치, 초기형 디스크 드라이브, 최대 32K 메모리 확장, 하드웨어 곱셈/나눗셈 기능 등의 옵션을 지원했다. 최소 사양 시스템의 가격은 약 1만 8,000달러였으며, 전체 판매량은 5만 대 이상으로 역사상 가장 성공적인 미니컴퓨터 중 하나로 평가받는다.

PDP-11

디지털 이큅먼트 코퍼레이션(DEC)이 1970년에 처음 출시한 PDP-11은 역사상 가장 성공적인 미니컴퓨터로 약 60만 대가 판매되었다. PDP-11은 16비트 바이트 주소 구조(byte-addressed architecture)를 가진 집적 회로 기반 시스템이었다. 초기에는 코어 메모리를 사용했으나, 이후 세대에서는 반도체(솔리드 스테이트) 메모리로 전환되었다. 기본적으로 64KB 메모리를 직접 주소 지정할 수 있었으며, 이후 모델에서는 메모리 뱅크(bank switching)를 통해 훨씬 더 많은 용량을 다룰 수 있었다. 첫 모델인 PDP-11/20의 가격은 약 1만 1,800달러였으며, 최상위 모델인 PDP-11/70은 4MB의 반도체 메모리, 메모리 보호(memory protect), 부동소수점 연산, 매우 빠른 입출력 기능(IO)을 지원했다. 이 시스템들은 주로 디스크 메모리를 메인 저장 장치로, 테이프 메모리를 백업용으로 사용했으며 1970~1980년대 전 세계 과학 연구, 공장 제어, 유닉스(Unix) 초기 개발 환경에서 핵심 역할을 담당했다.

파라오(Pharaoh)

저자(로버트 C. 마틴)가 1970년대 테라다인(Teradyne) 근무 시절에 즐겼던 게임으로, 당시 ALCOM이라는 언어로 작성된 버전이 있었다. 그는 이를 수정하여 많은 시간을 이 게임에 쏟았다고 회상한다. 이후 1987년에 저자는 Macintosh 128을 위해 같은 게임을 C 언어로 새로 작성했고, 완성 후 컴퓨서브(CompuServe) 등에 업로드했다. 그 게임은 일부 사용자 사이에서 공유되었으며, 평가는 엇갈렸다(대부분은 싫어했지만, 일부 사람들은 좋아했다). 현재도 이 게임은 다음 웹 사이트에서 내려받을 수 있다(https://www.macintoshrepository.org/5230-pharaoh). 또 2018년 2월 20일 Tanara Kuranov(Gamer Mouse)가 유튜브에 게시한 "Gamer Mouse - Pharaoh Review - Macintosh"라는 재미있는 리뷰 영상이 있으며, 저술 시점 기준으로도 여전히 시청 가능하다.

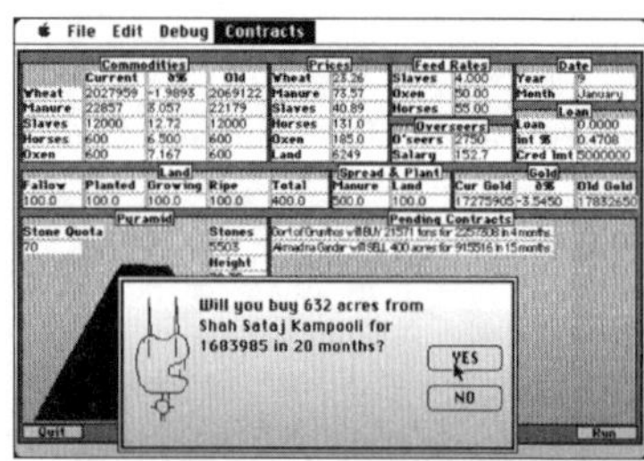

플러그보드(plugboard)

초기의 많은 컴퓨터와 계산기는 프로그램을 코드로 작성하는 대신 전선(패치 코드)을 패널의 구멍에 꽂아 회로를 구성함으로써 '프로그래밍'했다. 이는 구식 전화 교환(switchboard)과 비슷한 방식이었다. 복잡한 기계일수록 이런 연결선이 수천 개에 이를 수 있었으며, 플러그보드를 교체하거나 재배선하는 것이 곧 프로그램을 변경하는 행위였다.

포스트스크립트(PostScript)

1984년 어도비(Adobe)가 개발한 페이지 기술 언어(page description language)로, Forth 언어를 기반으로 한다. 1980년대 후반부터 1990년대에 걸쳐 컴퓨터가 레이저 프린터로 인쇄 명령을 전송하는 표준 방식으로 널리 사용되었다. 컴퓨터는 인쇄 작업을 포스트스크립트 프로그램으로 변환하여 프린터에 전송하면, 프린터는 그 프로그램을 실행하여 페이지를 출력했다.

이후 PDF(Portable Document Format)가 등장하면서 포스트스크립트를 대체하게 되었다.

RAM(Random-Access Memory)

RAM은 각 워드(또는 바이트)에 직접 접근이 가능한 메모리 형태를 의미한다. 윌리엄스 관, 코어 메모리, 반도체 메모리(solid-state memory) 등이 이에 해당한다. 반면에 지연선 메모리(delay line), 디스크(disk), 드럼 메모리(drum) 등은 데이터가 읽기 헤드 아래로 도달할 때까지 기다려야 하므로 RAM이 아니다. 오늘날 모든 컴퓨터의 내부 메모리는 RAM 형태로 구성되어 있다.

Rational Unified Process(RUP)

닷컴 붐 시기인 1990년대 후반 Rational Software의 지원 아래 일명 '세 친구(The Three Amigos)'라고 불리는 그래디 부치(Grady Booch), 이바르 야콥슨(Ivar Jacobson), 짐 럼바우(Jim Rumbaugh)가 함께 개발한 소프트웨어 개발 프로세스다. 1996년에 래셔널이 공식적으로 마케팅을 시작했으며, 객체지향 분석·설계(OOAD) 기반의 풍부한 프로세스 모델을 제공했다. 그러나 시간이 지나며 애자일(Agile) 운동, 특히 스크럼(Scrum)과 익스트림 프로그래밍(XP)이 부상하면서 RUP는 점차 자리를 내주었다.

RK07 디스크(RK07 disk)

디지털 이큅먼트 코퍼레이션(DEC)이 1976년에 출시한 디스크 드라이브로, PDP-11 시리즈의 대표 주변 장치였다. 14인치 듀얼 플래터 구조의 분리형 디스크 팩(removable disk pack)을 사용했으며, 각 팩은 데이터를 약 27MB 저장할 수 있었다. 플래터는 분당 2,400회 회전, 평균 접근 시간은 약 42ms(이 중 36ms는 탐색 시간)였다. 데이터 트랙 표면 세 개에는 인치당 384트랙이 배치되어 있었다. 드라이브 자체의 무게는 300파운드(약 136kg)가 넘었으며, 크기는 주방용 식기세척기 정도였다.

ROM(Read-Only Memory)

ROM은 기본적으로 내용을 변경할 수 없는 메모리로, 일반적인 RAM과 달리 데이터가 영구적으로 저장된다. 역사적으로 여러 형태가 존재했으며, 오늘날에는 대부분 집적 회로(IC) 형태로 제작된다. ROM 내부의 회로 연결은 제조 시 물리적으로 소각(burned)되거나 프로그래밍 방식으로 변경되어 데이터를 저장한다. 이런 형태는 PROM(Programmable Read-Only Memory)이라고 불린다. 또 일부 PROM은 고강도 자외선(UV)을 쬐어 데이터를 지울 수 있으며, 이런 메모리는 EPROM(Erasable Programmable ROM)으로 알려져 있다.

ROSE(Rational Object-oriented Software Engineering: 로즈)

1990년, 그래디 부치(Grady Booch)는 〈Object-Oriented Design with Applications〉[6] 책에서 객체지향 설계를 표현하기 위한 표기법을 제시했다. 이 표기법은 큰 인기를 얻었고, 부치가 근무하던 내셔널 소프트웨어는 이를 기반으로 한 CASE(Computer-Aided Software Engineering) 도구를 개발하기로 했다. 그 결과 탄

6 Benjamin-Cummings, 2000

생한 제품이 바로 로즈였다. 로즈는 스파크스테이션 환경에서 객체지향 설계를 시각적으로 작성·관리할 수 있도록 한 도구로, 이후 UML(Unified Modeling Language) 시대의 기반이 되었다. 저자(로버트 C. 마틴)는 1990년대 초 약 1년 동안 로즈 개발 팀의 계약 엔지니어로 참여했다.

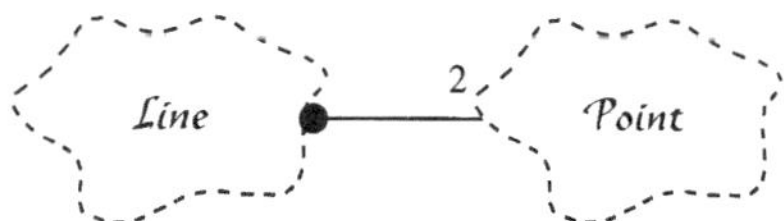

RS-232

1960년에 제정된 직렬 통신(serial communication)을 위한 전기적 표준 규격이다. 주로 컴퓨터와 데이터 단말기(data terminal) 간 송수신, 혹은 컴퓨터에서 프린터로 데이터를 전송할 때 사용되었다. RS-232는 단순히 전기적 신호 수준만 정의한 것이 아니라, 바이트 또는 문자 단위의 직렬 전송 형식과 결합되어 통신 프로토콜의 사실상 표준 역할을 했다. 오늘날의 USB나 네트워크 통신 규격이 등장하기 전까지 RS-232는 수십 년간 가장 널리 사용된 컴퓨터 간 연결 방식 중 하나였다.

RSX-11M

1974년 디지털 이큅먼트 코퍼레이션(DEC)이 발표한 PDP-11용 디스크 운영체제로 당시 매우 인기가 높았던 멀티유저 시스템이었다. 여러 사용자 터미널과 프로세스를 동시에 관리할 수 있었으며, MCR(Monitor Console Routine)이라고 불리는 비교적 단순한 명령줄 인터페이스를 사용했다. RSX-11M은 이후 VMS(Virtual Memory System) 같은 DEC 운영체제의 발전 기반이 되었다.

쇼트 서킷(Short Circuit)

1986년에 개봉한 SF 코미디 영화로 앨리 시디(Aly Sheedy), 스티브 구텐버그(Steve Guttenberg), 피셔 스티븐스(Fisher Stevens)가 주연을 맡았다. 군사용 로봇이 낙뢰로 회로가 꼬이면서 자아를 가지게 되는 이야기다. 이후 로봇이 도덕적으로 각성한다는 설정으로 전개되며, AI와 인간성에 대한 유머러스한 접근을 보여 주는 고전적인 1980년대식 SF 영화다.

스파크스테이션(SPARCstation)

1989년 선 마이크로시스템스(Sun Microsystems)가 출시한 워크스테이션급 컴퓨터로 얇은 본체 형태 때문에 흔히 '피자 박스(pizza box)'라고 불렸다. 키보드, 마우스, 그리고 일반적으로 19인치 컬러 CRT 모니터가 함께 제공되었으며, 운영체제는 유닉스(Unix)였다. 초기 모델의 클럭 속도는 20MHz였고, 이후 200MHz까지 향상되었다. RAM은 일반적으로 20~128MB 이상이었으며, CPU는 RISC(Reduced Instruction Set

Computer) 아키텍처 기반의 SPARC 프로세서를 사용했다. 스파크스테이션은 1990년대 소프트웨어 개발자, 연구 기관, 대학 연구실에서 가장 널리 쓰인 대표적인 유닉스 워크스테이션이었다.

ST506/ST412

슈가트(Shugart: 후에 시게이(Seagate Technology))가 각각 1980년과 1981년에 발표한 초기 소형 하드 디스크 드라이브다. 두 모델 모두 5.25인치 플래터를 내장하고 있었으며 분당 3,600회전(RPM)으로 회전했다. 탐색 시간은 약 50~100ms, 전송 속도는 초당 60~100KB 수준이었다. ST506의 저장 용량은 5MB, ST412는 10MB였으며 가격은 약 1,000달러 초반 대, 무게는 약 12파운드(약 5.5kg) 정도였다. 이 드라이브들은 당시 마이크로컴퓨터용 보조 저장 장치로 널리 사용되었으며, 특히 ST506 인터페이스는 이후 수년간 하드 디스크 표준으로 자리 잡아 PC 산업 발전에 큰 영향을 미쳤다.

SWAC(1950)

Standards Western Automatic Computer의 약어로, 미국 국립표준국(National Bureau of Standards)에서 제작한 초기 전자식 컴퓨터다. 진공관을 약 2,300개 사용했으며, 윌리엄스 관(Williams tube) 메모리에 37비트 워드 256개를 저장했다. 덧셈 시간은 64μs, 곱셈 시간은 384μs였다. SWAC는 미국 서부에서 제작된 최초의 고속 컴퓨터 중 하나이며, 과학 계산과 수치 해석 연구에 활용되었다.

T1 네트워크

1962년 벨 시스템(Bell System)이 도입한 장거리 디지털 직렬 통신 방식이다. 하나의 T1 회선은 1.544Mbit/s의 속도로 데이터를 전송했으며, 64kbit/s의 디지털 음성 채널 24개를 다중화(multiplexing)하여 하나의 회선으로 보낼 수 있었다. 1980~1990년대에는 기업들이 인터넷 전용 회선으로 T1을 임대하여 사용했는데, 월 임대료가 수천 달러에 달했지만 대용량 데이터 전송이 가능해서 대기업들이 주로 이용했다. 2000년대 들어 비용이 1,000달러 미만으로 떨어졌고 곧 DSL, 케이블, 광통신 등 더 빠른 대안들이 등장하며 자리를 내주었다.

박막 메모리(thin film memory)

코어 메모리와 유사하지만, 자성 재료를 얇은 유리판 위에 점(dot) 형태로 진공 증착하여 제작한 메모리다. 구동선과 감지선은 인쇄 회로(printed circuit) 기술로 겹겹이 배치되었다. 박막 메모리는 속도와 안정성이 우수했지만, 제조 비용이 매우 높아 일부 고성능 컴퓨터에만 사용되었다.

트랜지스터(transistor)

벨 연구소(Bell Labs)에서 1940년대 후반에 발명된 고체 전자 소자(solid-state device)로, 진공관처럼 전류의 흐름을 제어할 수 있지만 훨씬 작고 전력 소모가 적다. 입력 신호의 작은 변화로 출력의 큰 변화를 만들어 낼 수 있어 증폭기(amplifier)나 스위치(switch)로 활용된다.

트랜지스터의 등장으로 1950년대 말 컴퓨터 산업은 급격히 발전했고, 1960년대의 미니컴퓨터 혁명을 가능하게 했다. 대부분 실리콘(silicon)이나 게르마늄(germanium) 반도체로 만들어진다.

UART(Universal Asynchronous Receiver/Transmitter)

UART는 범용 비동기 수신기/송신기로, 병렬 데이터를 직렬 데이터 스트림으로 변환하거나 그 반대로 변환하는 전자 장치다. 주로 RS-232 같은 직렬 통신 표준과 함께 사용되며, 컴퓨터 내부의 바이트 단위 데이터(문자 등)를 직렬 비트 스트림으로 변환하여 송신하고, 반대로 수신된 직렬 데이터를 다시 개별 문자 형태로 복원한다. 이 장치는 수십 년간 시리얼 포트(serial port) 통신의 핵심 구성 요소로 사용되었다.

UML(Unified Modeling Language)

1990년대 중반 내셔널 소프트웨어의 지원 아래 일명 '세 친구'라 불리는 그래디 부치, 이바르 야콥슨, 짐 럼바우가 공동 개발한 소프트웨어 설계 표기 언어다. 닷컴 붐 시대에 표준화된 설계 도구로 널리 퍼졌으며, 이전 부치 표기법의 '구름(cloud)' 기호 대신 사각형 기반의 시각적 다이어그램을 도입했다. UML은 클래스 다이어그램, 시퀀스 다이어그램, 상태 다이어그램 등 다양한 관점에서 소프트웨어 구조와 동작을 표현할 수 있게 했으며, 오늘날에도 설계 문서화나 시스템 아키텍처 표현에 종종 사용된다.

UNIVAC 1103

1953년에 발표된 대형 컴퓨터로, 시모어 크레이(Seymour Cray)가 일부 설계에 참여했다. 무게는 약 19톤이었으며, 윌리엄스 관 메모리에 36비트 워드 1,024개를 저장했다. 또 드럼 메모리 16K 워드를 탑재했고, 두 메모리 모두 직접 주소 지정이 가능했다. 1의 보수(one's complement) 산술 방식을 사용하는 이진 컴퓨터였으며, 어셈블리 언어로 프로그래밍되었고 여러 종류의 부동소수점 인터프리터가 제공되었다.

UNIVAC 1107

1962년에 출시된 트랜지스터 기반 대형 컴퓨터로 내부에 레지스터를 128개 갖추었으며, 이 레지스터는 박막 메모리로 구현되어 코어 메모리(4μs 사이클)보다 여섯 배 빠르게 동작했다. 코어 메모리는 36비트 워드 65K개, 드럼 메모리는 300K 워드를 저장했다. 포트란 IV와 어셈블리 언어로 프로그래밍 되었으며, 무게는 약 3톤 미만으로 총 36대가 판매되었다.

UNIVAC 1108

1964년에 발표된 트랜지스터 기반 대형 컴퓨터로, 내부 레지스터에 집적 회로(IC)를 처음으로 사용했다. 레지스터는 프로그램의 동적 재배치(dynamic relocation)를 지원했으며, 메모리 보호(memory protection) 기능을 통해 안정적인 멀티 프로세싱 환경을 구현했다. 코어 메모리의 사이클 타임은 1.2μs, 캐비닛 크기 뱅크(각각 64K 워드×36비트) 최대 네 개로 구성될 수 있었다. 총 296대가 생산되었다.

유즈넷/넷뉴스(Usenet/Netnews)

1979년 톰 트러스콧(Tom Truscott)과 짐 엘리스(Jim Ellis)가 개발한 텍스트 기반 소셜 네트워크 시스템이다. 유즈넷은 NNTP(Network News Transport Protocol)를 통해 인터넷상에서 게시글을 전송하고, 전화 모뎀(dial-up) 기반의 컴퓨터에는 UUCP(Unix-to-Unix Copy Protocol)를 이용하여 동기화했다. 유즈넷은 오늘날의 온라인 포럼, 뉴스그룹, Reddit 등의 원형으로 평가된다.

UUCP(Unix to Unix Copy)

UUCP는 유닉스 기반(및 기타) 시스템 간에 전화 회선을 이용하여 파일을 전송할 수 있도록 한 프로그램과 프로토콜의 모음이다. 1980년대 후반부터 1990년대에 걸쳐 UUCP는 다이얼업(dial-in) 위성 컴퓨터들이 이메일과 유즈넷에 접속하는 핵심 수단이었다. 이 방식에서는 위성 컴퓨터가 일정 주기로 인터넷에 연결된 호스트 컴퓨터로 전화를 걸어 UUCP를 이용하여 대기 중인 이메일과 뉴스 게시물을 업로드하고, 동시에 새로 수신된 뉴스와 이메일을 내려받았다. 이런 시스템들은 체인 구조(daisy chain)로 연결되어 각 노드가 다음 노드로 데이터를 전달하며, 마지막에는 인터넷 백본(backbone)에 직접 연결된 컴퓨터까지 도달했다. 많은 UUCP 연결은 공식적 계약이 아닌 개인 간 신뢰와 친분을 기반으로 하여 비공식적으로 설정되었다. UUCP는 현대의 이메일 전송(SMTP)과 뉴스 전송(NNTP) 기술의 초기 기반이 되었다.

진공관(vacuum tube)

1904년 존 앰브로즈 플레밍(John Ambrose Fleming)이 발명한 전자 소자로, 전류의 흐름을 제어할 수 있어 증폭기(amplifier)나 스위치(switch)로 사용될 수 있다. 튜브 내부에는 가열된 필라멘트가 있어야 전류가 흐를 수 있는데, 이 때문에 장치가 취약하고 고장이 잦으며 전력 소모가 많았다. 이런 한계로 인해 진공관 기반 컴퓨터는 유지 보수가 어렵고 신뢰성이 낮았다. 진공관 수천 개를 사용하는 초기 컴퓨터의 경우 평균 고장 간격(MTBF)이 몇 시간 단위에 불과했다. 그럼에도 진공관은 전자식 컴퓨터의 시초를 가능하게 한 핵심 기술이었다.

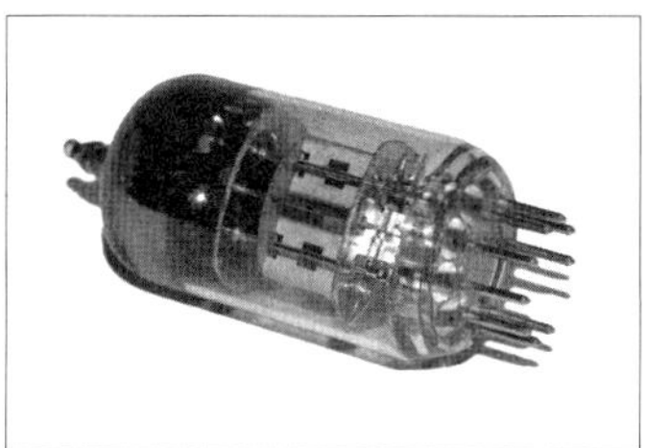

VAX 750/780/μ

디지털 이큅먼트 코퍼레이션(DEC)은 1977년에 VAX-11/780을 출시했다. 이 컴퓨터는 집적 회로 기반의 32비트 프로세서를 갖춘 대형 시스템으로, 사이클 타임은 200ns, 초당 약 50만 명령어(MIPS 0.5)를 실행할 수 있었다. 명령어 집합은 매우 풍부하며, 하드웨어 수준의 메모리 매핑(memory mapping) 기능을 통해 가상 메모리 페이징(paging)과 스와핑(swapping)을 지원했다. 다중 사용자(multiuser) 및 다중 프로세스(multiprocessing) 환경을 고려해서 설계되었으며, IBM System/360 시리즈와 직접 경쟁했다. 운영체제는 VMS(Virtual Memory System)로 가상 메모리 관리, 복잡한 입출력 제어, 다양한 주변 장치 지원 기능을 갖춘 고급 디스크 운영체제였다. 1980년에 등장한 VAX-11/750은 780보다 작고 느린 버전으로, 속도는 약 절반 수준이었다. 1984년에 출시된 마이크로VAX(μVAX)는 750보다 다시 절반 정도 느렸지만 크기가 작아 책상 아래에 둘 수 있을 정도였으며(주변 장치 제외), RAM을 최대 16MB 장착할 수 있었다. 이후 μVAX는 중소형 연구소, 대학교, 기업 환경에서 널리 활용되었다.

VT100

1978년 DEC가 발표한 VT100은 80×24 문자 표시가 가능한 단색 CRT 터미널로서 1970~1980년대 미니컴퓨터와 마이크로컴퓨터의 표준 입력 장치로 자리 잡았다. 무게는 약 20파운드(약 9kg), 가격은 1,000달러 미만이었으며 수백만 대가 판매되었다. VT100은 단순한 터미널을 넘어 제어 시퀀스(escape sequences)를 표준화하여 이후 ANSI 터미널 제어 규격(ANSI escape codes)의 기반이 되었다. 오늘날에도 여러 터미널 에뮬레이터에서 VT100 호환 모드가 사용되고 있다.

워 게임(War Games)

1983년에 개봉한 SF 영화로, 매튜 브로데릭(Matthew Broderick)과 앨리 시디(Aly Sheedy)가 주연을 맡았다. 이야기는 한 소년이 정부의 슈퍼컴퓨터 WOPR(War Operation Plan Response: 워퍼)에 해킹으로 침입하면서 시작된다. 소년은 단순히 게임을 하려다 실수로 미국과 소련 간의 핵전쟁 시뮬레이션을 실제로 발동시키게 된다. 두 주인공은 사태를 막기 위해 WOPR의 개발자를 찾아가 설득을 시도하며, 그의 비밀번호가 죽은 아들의 이름 조슈아(Joshua)였다는 사실이 밝혀진다. 결국 WOPR는 틱택토(tic-tac-toe: 삼목 게임)를 통해 '이길 수 없는 게임이 존재한다'는 사실을 깨닫고 핵전쟁 시뮬레이션을 중단한다. 유머러스하고 다소 과장된 설정에도 이 영화는 사이버 보안과 인공지능의 윤리적 문제를 대중에게 처음으로 제기한 상징적인 작품으로 평가된다.

웨이터(Wator)

A. K. 듀드니(A. K. Dewdney)가 1984년 12월호 사이언티픽 아메리칸(Scientific American)에 소개하며 널리 알려진 컴퓨터 게임이다. 이 게임은 2차원 토러스(toroidal) 형태의 바다에서 상어(포식자)와 물고기(피식자)가 상호 작용하며 번식하고 사라지는 과정을 단순하게 시뮬레이션하는 포식자-피식자 생태 모델이다. 저자(로버트 C. 마틴)는 1984년경 매킨토시(Macintosh)용으로 이 게임을 C 언어로 다시 작성하여 게시판(BBS) 혹은 컴퓨서브에 업로드했다고 회상한다. 이후 여러 차례 다른 버전을 개발했으며, 최신 버전은 그의 책 〈Functional Design〉의 한 장에 포함되어 있다. 소스 코드는 깃 허브에서 확인할 수 있다(https://github.com/unclebob/wator). 또 초기 Mac 128용 원본 버전은 다음 주소에서 내려받을 수 있다(https://www.macintoshrepository.org/3976-wator)

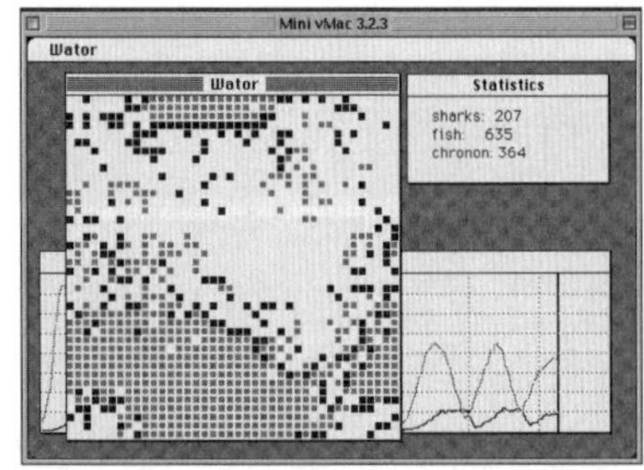

휠윈드(Whirlwind)

1951년 MIT(매사추세츠 공과대학교)에서 개발된 컴퓨터로, 세계 최초의 실시간(real-time) 컴퓨터 중 하나였다. 원래는 비행 시뮬레이터 제어용으로 설계되었으며, 병렬 구조(parallel architecture)를 채택했다. 이 기계는 역사적으로 매우 중요한데, 바로 코어 메모리(core memory)가 처음으로 발명되고 적용된 시스템이었기 때문이다. 진공관 총 5,000개와 1K 워드(각 16비트)의 코어 메모리를 탑재했으며, 무게는 10톤이고 소비 전력은 100킬로와트(kW)에 달했다. 휠윈드는 이후 미 공군의 SAGE(Semi-Automatic Ground Environment) 방공 시스템 개발에 큰 영향을 미쳤다.

윌리엄스 관 메모리(Williams tube (CRT) memory)

1950~1960년대의 흑백 TV와 유사한 음극선관(Cathode Ray Tube, CRT)을 이용한 초기 전자식 메모리 기술이다. CRT의 뒤쪽에는 전자총(electron gun)이, 앞쪽에는 형광체(phosphor) 화면이 있으며, 전자 빔이 화면을 가로지르며 주사(raster)할 때 빔의 세기와 위치를 조절해서 이미지를 표시한다. 윌리엄스 관 메모리는 이 원리를 이용하여 빔이 지나간 자리에 남은 전하(charge)를 감지함으로써 데이터를 기억했다. 특정 화면 위치로 전자 빔을 즉시 이동시킬 수 있었기 때문에 이는 사실상 랜덤 액세스 메모리(RAM)로 작동했으며, 수은 지연선 메모리(mercury delay line)보다 훨씬 빠른 접근 속도를 가졌다. 하지만 저장 용량은 약 2,000비트에 불과했고, 튜브 수명이 짧아 시간이 지나면 성능이 저하되었다. 일부 윌리엄스 관은 화면에 메모리 내용을 시각적으로 표시할 수 있었기에 앨런 튜링(Alan Turing)은 실제로 자신의 프로그램 결과를 화면을 통해 직접 읽었다고 한다. 윌리엄스 관 메모리는 1940년대 후반에서 1950년대 초반까지 대표적인 메모리 기술이었으며 IBM 701, UNIVAC 1103, EDSAC 등의 초기 컴퓨터에서 널리 사용되었다.

X1(1959)

ARMAC의 후속 기종으로 1959년에 개발된 완전 트랜지스터식 컴퓨터였다. 최대 32K 워드(각 27비트)의 메모리를 탑재했으며, 주소 공간의 처음 8K 워드는 읽기 전용 메모리(ROM)로 구성되어 부트 프로그램(boot programs)과 기초 어셈블러(primitive assembler)가 저장되어 있었다. 또 인덱스 레지스터(index register)를 갖추었으며, 메모리 사이클 타임은 32μs, 덧셈 시간은 64μs였다. 이를 통해 명령어를 초당 약 1만 개 실행할 수 있었다. X1은 당시 트랜지스터 기술을 실용 수준으로 끌어올린 유럽 초기의 대표적인 전자식 컴퓨터 중 하나로 평가된다.

등장 인물 소개

빌헬름 아커만(Wilhelm Ackermann, 1896~1962)

괴팅겐에서 박사 학위를 받은 독일의 수학자이자 논리학자. 그는 다비트 힐베르트(David Hilbert)의 〈Principles of Mathematical Logic(수리 논리의 원리)〉 집필을 도왔다. 컴퓨터 과학자 사이에서는 아커만 함수(Ackermann function)로 가장 잘 알려져 있으며, 이 함수는 종종 연산 속도를 측정하는 벤치마크로 사용된다. 전쟁 중에도 독일에 남아 결국 고등학교 교사로 일했다.

하워드 에이컨(Howard Hathaway Aiken, 1900~1973)

위스콘신 대학교 매디슨 캠퍼스에서 교육을 받고, 하버드 대학교에서 박사 학위를 받은 미국의 물리학자다. 그는 하버드 마크 I 자동 순차 제어 계산기(Harvard Mark I Automatic Sequence Controlled Calculator)의 개념 설계자였다. 해군 예비군 대령이었던 그는 해군으로부터 자금을, IBM으로부터 제작 지원을 받아 거대한 계산기를 완성했다. 그는 이 기계를 마치 자신이 선장인 해군 함선처럼 지휘했다. 이 마크 I은 그레이스 호퍼(Grace Hopper)가 프로그래밍을 배운 바로 그 기계였다.

조지 비델 에어리 경(Sir George Biddell Airy, 1801~1892)

영국의 수학자이자 천문학자. 1826년부터 1828년까지 루카스 수학 석좌(Lucasian Chair of Mathematics)를 지냈으며, 이후 일곱 번째 왕립천문관(Astronomer Royal)으로 재직했다. 그는 배비지(Charles Babbage)의 주요한 반대자 중 한 사람이었다.

진 암달(Gene Amdahl, 1922~2015)

스웨덴계 미국인으로 이론 물리학자이자 컴퓨터 과학자, 기업가였다. 대학원생 시절 위스콘신 대학교 매디슨 캠퍼스에서 WISC 컴퓨터 개발에 참여했다. 이후 IBM에 입사하여 IBM 704와 709 개발에 참여하고, System/360의 수석 아키텍트로 활동했다. IBM과 경쟁하기 위해 암달 코퍼레이션(Amdahl Corporation)을 창립했으며, 1979년에는 매출 10억 달러 이상으로 성장시켰다. 이후에도 여러 성공적인 회사를 설립했다. 병렬 처리의 효율 한계를 설명하는 개념인 '암달의 법칙(Amdahl's Law)'을 제창한 것으로 유명하다.

켄트 벡(Kent Beck, 1961~)

익스트림 프로그래밍(eXtreme Programming, XP)의 창시자이자 〈eXtreme Programming eXplained(익스트림 프로그래밍 해설)〉[1]의 저자다. 그는 또한 테스트 주도 개발(Test-Driven Development, TDD)과 Test & Commit || Revert(TCR) 같은 개발 방법론을 고안했다. 다수의 저서와 강연을 통해 소프트웨어 산업에 큰 영향을 미쳤으며, 힐사이드 그룹(The Hillside Group)의 창립 멤버 중 한 명으로 1990년대 디자인 패턴 운동을 적극적으로 지원했다.

알렉산더 그레이엄 벨(Alexander Graham Bell, 1847~1922)

영국에서 태어나 보스턴으로 이주한 발명가로 세계 최초의 실용적인 전화기를 발명했다(물론 〈스타트렉〉의 체코프 소위가 아니라고 믿는다면). 그는 이를 상용화하여 벨 전화 회사(Bell Telephone)를 설립했다.

로버트 윌리엄 베머(Robert William Bemer, 1920~2004)

미국의 공기 역학자이자 컴퓨터 과학자다. 더글러스 항공에서 일한 후 IBM에 합류하여 COMTRAN 언어를 개발했으며, 이는 나중에 코볼에 통합되었다. 존 배커스(John Backus)와 함께 포트란을, 그레이스 호퍼와 함께 코볼 개발을 위해 일했다. ASCII 코드의 아버지로 불리며, IBM 재직 중 타임셰어링(time-sharing) 개념을 제안했다가 해고될 뻔했다. 랜드 연구소 재직 시절, 크리스텐 니가드(Kristen Nygaard)의 설득으로 시뮬라(SIMULA)의 배포 권리를 얻는 대신 UNIVAC 1107을 제공하기도 했다.

에드먼드 캘리스 버클리(Edmund Callis Berkely, 1909~1988)

미국의 컴퓨터 과학자로 ACM(미국 컴퓨터학회) 공동 창립자이며, 세계 최초의 컴퓨터 잡지인 〈Computers and Automation〉의 창간자다. 아울러〈Giant Brains, or Machines That Think〉[2]의 저자이자 Geniac과 Brainiac 같은 컴퓨터 완구의 발명자였다. Prudential Insurance에서 보험계리사로 근무하며 초기 UNIVAC 컴퓨터 조달에 중요한 역할을 했다. 또 그레이스 호퍼와 친분이 깊었으며, 그녀의 알코올 중독을 극복하도록 돕기 위해 '중재 편지(intervention letter)'를 쓴 인물이기도 하다.

---

1 첫 번째 에디션, Addison-Wesley, 2000

2 John Wiley and Sons, 1949

게릿 안너 블라우(Gerrit Anne Blaauw, 1924~2018)

네덜란드의 컴퓨터 과학자이자 독실한 기독교인으로 다익스트라(Dijkstra), 에이컨(Aiken), 암달(Amdahl) 과도 협력했다. 그는 네덜란드 수학 센터(Dutch Mathematical Center)에서 다익스트라와 함께 ARRA 및 FERTA 컴퓨터 개발을 도왔으며, 이후 IBM System/360의 핵심 설계자로 활약했다. 특히 8비트 바이트(byte) 체계를 제안하여 이를 채택하게 만든 인물로도 유명하다.

리처드 밀턴 블로흐(Richard Milton Bloch, 1921~2000)

미국의 컴퓨터 프로그래머로 그레이스 호퍼와 함께 하버드 마크 I(Harvard Mark I) 개발에 참여했다. 이후 레이시온(Raytheon)의 컴퓨터 부문 매니저, 허니웰(Honeywell)의 기술 운영 부사장, 오어바흐(Auerbach Corp.)의 기업 개발 부사장, GE의 첨단 시스템 부문 부사장, Artificial Intelligence Corporation 및 Meiko Scientific Corporation의 회장 겸 CEO를 역임했다.

코라도 뵘(Corrado Böhm, 1923~2017)

이탈리아의 수학자이자 컴퓨터 과학자. 주세페 야코피니(Giuseppe Jacopini)와 함께 "Flow Diagrams, Turing Machines, and Languages with Only Two Formation Rules"[3]라는 논문을 공동 저술했다. 이 논문은 다익스트라가 구조적 프로그래밍(structured programming)의 원칙을 정립하는 데 결정적인 영향을 주었다.

그래이디 부치(Grady Booch, 1955~)

〈Object-Oriented Design with Applications〉[4]의 저자로, 객체지향 설계의 대표적인 이론가 중 한 사람이다. 그는 이바르 야콥슨(Ivar Jacobson), 짐 럼바우(Jim Rumbaugh)와 함께 '세 친구'로 불리며, 통합 모델링 언어(UML)와 래셔널 통합 프로세스(RUP)를 공동 개발했다. 이후 래셔널의 수석 과학자를 지냈으며, ACM 펠로(1995), IBM 펠로(2003), IEEE 펠로(2010)로 선정되었다.

조지 불(George Boole, 1815~1864)

독학으로 수학을 공부한 영국의 수학자이자 철학자, 논리학자. 불 대수(Boolean algebra)의 창시자로, 현대 디지털 논리 회로와 컴퓨터 과학의 기초를 마련한 인물이다.

---

3 Communications of the ACM 9, No. 5 , May 1966

4 Benjamin Cummings, 1990

안젤라 브룩스(Angela Brooks, 1975~)

저자의 장녀이자 지난 15년 동안 충실한 조력자로 함께한 인물이다.

프레데릭 필립스 브룩스 주니어(Frederick Phillips Brooks Jr., 1931~2022)

미국의 물리학자이자 수학자. 하워드 에이컨(Howard Aiken)의 지도 아래 하버드 대학교에서 박사 학위를 받았다. 1956년 IBM에 입사하여 System/360 및 OS/360 소프트웨어 개발 매니저로 활동하며, 컴퓨터 아키텍처(computer architecture)라는 용어를 처음 사용했다. 또 <The Mythical Man-Month>[5]의 저자로, '늦은 프로젝트에 인력을 더하면 더 늦어진다'는 의미의 브룩스의 법칙(Brooks's Law)을 제시했다. 그는 또한 간단하고 작은 시스템을 복잡하고 비대한 차세대 시스템으로 교체하려다 실패하는 현상을 '세컨드 시스템 효과(second system effect)'라고 명명했다.

조지 고든 바이런 경(Lord George Gordon Byron, 1788~1824)

에이다 러브레이스(Ada King, Countess of Lovelace)의 아버지로 영국의 대표적인 낭만주의 시인이자 풍자가다. <Don Juan(돈 후안)>과 <Hebrew Melodies(히브리 선율)>로 유명하다. 그는 문학적으로는 위대한 인물이었지만, 개인적으로는 부도덕하고 방탕한 삶을 살았다고 전해진다. 아내와 연인들, 심지어 은행가와 채권자들까지 속였다고 한다. 다만 메리 셸리(Mary Shelley)와 교류하며 <Frankenstein(프랑켄슈타인)> 집필에 영감을 준 것으로 알려져 있다.

로버트 V. D. 캠벨(Robert V. D. Campbell, 1916~?)

제2차 세계 대전 당시 미 해군의 중령으로 복무했으며, 하버드 마크 I(Harvard Mark I)의 첫 번째 프로그래머로 발탁되었다. 그레이스 호퍼와 함께 일했고, 이후 레이시온(Raytheon)에 근무했으며, 버로우즈(Burroughs) 연구 소장으로 재직했다. 1966년부터 1984년까지는 MITRE에서 미 공군의 장기 전략 계획 업무를 담당했다. 사망 시점에 대한 기록은 확인되지 않고 있다.

게오르크 칸토어(Georg Cantor, 1845~1918)

러시아 태생의 수학자로, 집합론(set theory)의 창시자이자 초한수(transfinite numbers) 개념의 발명자다. 당시에는 '사이비 과학자이자 청년들을 타락시키는 자'라는 비난을 받았으나, 다비트 힐베르트가 끝까지 그를 옹호했다. 결국 그는 왕립학회(Royal Society)로부터 수학 분야의 최고 영예인 실베스터 메달(Sylvester Medal)을 수상했다.

---

5 Addison-Wesley, 1975, 1995

앨론조 처치(Alonzo Church, 1903~1995)

미국의 수학자이자 컴퓨터 과학자다. 람다 계산법(lambda calculus)으로 가장 잘 알려져 있다. 그는 이 개념을 통해 힐베르트의 세 번째 과제, 즉 '수학이 결정 가능한지 증명하라'는 문제에 대해 그것이 불가능함을 보였다. 이 업적은 앨런 튜링(Alan Turing)보다 몇 주 먼저 발표되었다. 이후 튜링의 박사 지도교수가 되었고, 함께 처치-튜링 논제(Church-Turing thesis)를 제안하여 람다 계산법과 튜링 기계가 수학적으로 동등하며 계산 가능한 함수는 모두 이들로 표현할 수 있음을 증명했다.

제임스 오 코플리엔(James O. Coplien, 1955~)

〈Advanced C++ Programming Styles and Idioms〉[6]를 비롯하여 여러 저서를 집필한 프로그래머이자 연구자다. 그는 1990년대 초 힐사이드 그룹(The Hillside Group)의 창립 멤버로 참여하여 소프트웨어 디자인 패턴 커뮤니티의 발전에 크게 기여했다.

워드 커닝햄(Ward Cunningham, 1949~)

'소프트웨어 컨설턴트의 아버지'로 불리며 켄트 벡(Kent Beck)의 멘토이자 애자일(Agile), 익스트림 프로그래밍(XP), 페어 프로그래밍, 테스트 주도 개발(TDD)의 초창기 옹호자였다. 그는 위키(wiki)를 발명하고, 세계 최초의 온라인 위키 사이트 c2.com을 만들었다. 수많은 혁신적인 아이디어를 자유롭게 공유한 인물로 이후 다른 사람들이 그의 아이디어를 발전시켜 널리 퍼뜨렸다.

찰스 다윈(Charles Darwin, 1809~1882)

영국의 과학자이자 자연주의자다. 1859년에 자연 선택에 의한 진화론(theory of evolution by natural selection)을 제시하고, 같은 해 〈On the Origin of Species(종의 기원)〉를 출간했다. 이 책은 당시 세계관을 뒤흔들었으며, 오늘날에도 여전히 일부 집단에서는 논쟁의 중심에 있다.

찰스 R. 데카를로(Charles R. DeCarlo, 1921~2004)

이탈리아계 미국인 수학자이자 공학자. 제2차 세계 대전 중 해군에서 복무했으며, 전후에는 IBM의 임원으로 재직하며 포트란 팀에 참여했다. 이후 세라 로런스 칼리지(Sara Lawrence College)의 총장이 되어 많은 존경을 받았다.

---

6 Addison-Wesley, 1992

오거스터스 드 모르간(Augustus De Morgan, 1806~1871)

영국의 수학자이자 논리학자다. 수학적 귀납법(mathematical induction)이라는 용어를 처음 사용했으며, 드 모르간의 법칙(De Morgan's laws)을 정립했다. 또 확률론 분야에도 중요한 기여를 남겼다.

찰스 디킨스(Charles Dickens, 1812~1870)

영국의 소설가로 〈Oliver Twist(올리버 트위스트)〉, 〈Nicholas Nickleby(니콜라스 니클비)〉, 〈David Copperfield(데이비드 코퍼필드)〉, 〈A Tale of Two Cities(두 도시 이야기)〉, 〈Great Expectations(위대한 유산)〉 등의 작품으로 유명하다. 그러나 그의 가장 상징적인 인물은 〈A Christmas Carol(크리스마스 캐럴)〉의 주인공이자 악역인 에베니저 스크루지(Ebenezer Scrooge)일 것이다.

폴 아드리앵 모리스 디랙(Paul Adrien Maurice Dirac, 1902~1984)

영국의 이론 물리학자이자 노벨 물리학상 수상자(당시 최연소 수상자)다. 케임브리지 대학교의 루카스 수학 석좌(Lucasian Professor of Mathematics)를 지냈으며, 아인슈타인(Einstein)의 추천으로 1931년 프린스턴 고등 연구소(IAS)에 초청되었다. 그는 반물질(antimatter)의 존재를 예측하고, 페르미온(fermion)을 설명하는 방정식을 제시했다. 그의 방정식($\iota\gamma \cdot \delta\psi = m\psi$)은 웨스트민스터 사원의 묘비에 새겨져 있으며, '세계에서 가장 아름다운 방정식'으로 불린다. 그는 양자역학(quantum mechanics) 발전에 지대한 영향을 끼쳤으며, 양자 전자기학(Quantum ElectroDynamics, QED)이라는 용어를 처음 사용했다. 영향력 면에서 뉴턴(Newton)과 아인슈타인에 필적하는 물리학자라 평가받는다. 1970년 이후 플로리다 주립대학교(Florida State University)에서 교수로 재직했다.

존 애덤 프레스퍼 에커트 주니어(John Adam Presper Eckert Jr., 1919~1995)

미국의 전기 공학자로, 존 모클리(John Mauchly)와 함께 ENIAC과 UNIVAC I을 공동 설계했다. 두 사람은 EMCC(Eckert-Mauchly Computer Corporation)를 설립했으며, 이후 회사는 레밍턴 랜드(Remington Rand)에 인수되었다. 이 회사는 다시 스페리(Sperry Corp.)와 버로우즈에 합병되어 유니시스(Unisys)가 되었다. 그는 1989년에 은퇴했지만 사망할 때까지 유니시스의 자문으로 일했다. 평생 동안 그는 폰 노이만 아키텍처(von Neumann architecture)라 불리는 개념이 사실은 에커트 아키텍처(Eckert architecture)라 불려야 한다고 주장했다.

알베르트 아인슈타인(Albert Einstein, 1879~1955)

독일 출신의 이론 물리학자로, 노벨 물리학상 수상자다. 상대성 이론(theory of relativity)과 $E=mc^2$ (정확히는 $E^2 = (mc^2)^2 + (pc)^2$) 공식으로 유명하다. 1905년 '기적의 해(miracle year)'에 논문 다섯 편을 발표했는데 그중 하나는 특수 상대성 이론, 다른 하나는 원자의 존재 증명, 또 다른 하나는 광자(photons)와 에너지의 양자화(quantization of energy)를 입증했다. 1930년 미국을 방문했다가 1933년 나치의 유대인 박해를 피해 귀국

하지 않고 프린스턴 대학교 교수로 정착했다. 평화주의자였던 그는 아이러니하게도 루스벨트 대통령에게 원자 폭탄 개발을 촉구하는 서한에 서명한 인물이기도 하다.

유클리드(Euclid, 기원전 약 300년경)

고대 그리스의 수학자로, 기하학의 아버지로 불린다. 그의 책 <The Elements(원론)>는 공리 다섯 개를 논리적으로 적용하여 정리(theorem)를 도출하는 방식으로 기하학의 기초 체계를 세웠다. 이 책은 2,000년 넘게 서양 수학의 교과서 역할을 했다.

마이클 패러데이(Michael Faraday, 1791~1867)

독학으로 과학을 익힌 영국의 물리학자이자 화학자다. 전기와 자기, 화학 반응 분야를 연구하며 전자기 유도 현상(electromagnetic induction)을 발견하고, 원시적 형태의 전동기(electric motor)를 발명했다. 전해지는 일화에 따르면 그는 당시 영국 총리에게 자신의 전동기를 시연했을 때, 총리가 "이게 무슨 쓸모가 있습니까?"라고 묻자, "모르겠습니다. 하지만 언젠가는 이걸로 세금을 걷게 될 겁니다."라고 답했다고 한다.

리처드 파인먼(Richard Feynman, 1918~1988)

미국의 이론 물리학자로, 양자역학 발전에 지대한 공헌을 했다. 그의 명강의와 저서로도 유명하다. 로스앨러모스 국립 연구소에서 맨해튼 프로젝트에 참여하여 한스 베테(Hans Bethe)가 이끄는 부서의 그룹 리더로 활동했으며, 함께 베테-파인먼 공식(Bethe-Feynman formula)을 만들어 핵분열 산출량(fission yield) 계산에 사용했다. 또 IBM 천공 카드 시스템을 이용한 계산 체계를 구축하는 데 기여했고, 이후 1986년 챌린저호 폭발 사고(Challenger disaster)의 원인을 규명하는 데도 큰 역할을 했다.

켄 파인더(Ken Finder, 약 1950년생)

저자가 테라다인(Teradyne)에 입사한 1976년에 그를 채용한 인물로 약 10년 동안 상사이자 멘토로 함께했다. 그는 저자에게 수학, 공학, 인간적인 품격(common decency)을 가르쳐 주었다. 또 8085 COLT 시스템의 ROM 칩을 구성하는 벡터 방식(vector scheme)을 고안했고, E.R. 제품군의 개발을 관리했다.

제리 피츠패트릭(Jerry Fitzpatrick, 약 1960년생)

저자의 친구이자 테라다인의 동료 엔지니어다. 그는 E.R. 시스템의 Deep Voice 카드를 설계했으며, <Timeless Laws of Software Development>[7]의 저자다. 현재는 소프트웨어 컨설턴트로 활동하고 있다.

---

7 Software Renovation Corp., 2017

마틴 파울러(Martin Fowler, 1963~)

저자의 친구이자 협력자이며, 뛰어난 컴퓨터 과학자이자 저술가다. 그는 익스트림 프로그래밍(XP)과 애자일(Agile) 운동의 핵심 인물 중 하나로, <Refactoring(리팩터링)>[8]을 포함한 수많은 영향력 있는 저서를 집필 및 공저했다. 저자는 특히 그의 저서 <Analysis Patterns>[9]를 가장 좋아한다고 언급했다.

앨런 풀머(Allen Fulmer, 1930~)

미국의 교육자다. 오리건 주립대학교(Oregon State University)에서 물리학 학사와 전기 공학 석사(MSEE)를 취득했다. ECP-18과 SPEDTAC이라는 교육용 컴퓨터를 발명했으며, 오리건 주립대학교 교수로 재직하면서 주디스 앨런(Judith Allen)에게 프로그래밍을 가르치고, ECP-18 프로젝트의 파트너로 참여하도록 제안했다.

쿠르트 프리드리히 괴델(Kurt Friedrich Gödel, 1906~1978)

독일의 수학자이자 논리학자다. 그는 힐베르트가 제시한 수학의 완전성과 일관성 개념을 무너뜨린 인물로, 불완전성 정리(incompleteness theorem)로 가장 잘 알려져 있다. 1932년 빈(Vienna)으로 이주했으나, 유대인 동조자라는 의심을 받았다. 1938년 오스트리아가 독일에 합병되면서 그는 독일군 복무 판정을 받자, 아내와 함께 러시아-일본-태평양-북미를 거쳐 프린스턴(Princeton)으로 망명했다. 그곳에서 알베르트 아인슈타인과 절친한 친구가 되었으며, 둘은 종종 함께 산책을 즐겼다고 전해진다.

크리스티안 골드바흐(Christian Goldbach, 1690~1764)

프로이센의 수학자이자 정수론자이면서 법률가다. 오일러(Euler), 라이프니츠(Leibniz), 베르누이(Bernoulli) 등과 서신을 주고받으며 수학 발전에 기여했다. 오늘날 그는 "2보다 큰 모든 짝수는 두 소수의 합으로 표현될 수 있다."라는 미 증명 정리, 즉 골드바흐의 추측(Goldbach's conjecture)으로 가장 널리 알려져 있다.

리처드 골드버그(Richard Goldberg, 1924~2008)

미국의 수학자로, 존 배커스와 함께 IBM에서 포트란 개발에 참여했다.

---

8 Addison-Wesley, 1999

9 Addison-Wesley, 1997

허먼 하인 골드스타인(Herman Heine Goldstine, 1913~2004)

미국의 컴퓨터 과학자다. 존 모클리와 함께 ENIAC 개발을 제안하고, 프린스턴에서 실제로 제작을 주도했다. 1944년 기차역 플랫폼에서 우연히 폰 노이만을 만나 ENIAC 프로젝트에 대해 이야기하게 되었고, 이를 계기로 두 사람은 EDVAC과 IAS 컴퓨터 개발에 협력했다. 그는 1950년대 후반 IBM에 합류했으며, 1969년 IBM 펠로우(Fellow)로 선정되었다.

레슬리 리처드 그로브스 주니어(Leslie Richard Groves Jr., 1896~1970)

미 육군의 명예 중장으로 펜타곤 건설과 맨해튼 프로젝트를 총괄한 인물이다. 그러나 아이젠하워(Eisenhower) 대통령과 불화로, '거칠고 무례하며 오만하고 규칙을 무시한다'는 평을 받으며 군에서 물러났다. 이후 레밍턴 랜드(Remington Rand)의 부사장으로 근무하며 EMCC(Eckert-Mauchly Computer Corporation) 인수 및 UNIVAC 관련 업무를 담당했다.

로이스 미첼 헤잇(Lois B. Mitchell Haibt, 1934~)

배서 칼리지(Vassar College) 졸업 후 여름 인턴으로 벨 연구소(Bell Labs)에서 경력을 시작했다. 이후 IBM에 입사하여 IBM 704 프로그래밍을 배웠고, 존 배커스와 함께 포트란 개발 팀에서 일했다. 결혼 후 가정을 꾸리면서 IBM 최초의 재택 근무자(part-time, work-at-home employee)로 일했으며, 이후에도 IBM 계약직 및 컨설턴트로 활동했다. 현재 시카고에 거주하고 있다.

리처드 웨슬리 해밍(Richard Wesley Hamming, 1915~1998)

미국의 수학자이자 튜링상 수상자다. 벨 연구소(Bell Labs)에서 데니스 리치(Dennis Ritchie), 켄 톰프슨(Ken Thompson), 브라이언 커니핸(Brian Kernighan)과 함께 근무했다. 맨해튼 프로젝트 당시 로스앨러모스에서 IBM 천공 카드 계산기의 프로그래밍을 도왔다. 이후 벨 연구소에서 디지털 데이터 스트림의 자기 오류 수정 부호(self-correcting error codes)인 해밍 코드(hamming codes)를 발명했다.

베르너 칼 하이젠베르크(Werner Karl Heisenberg, 1901~1976)

노벨상을 수상한 독일의 이론 물리학자이자 양자역학의 개척자다. 괴팅겐(Göttingen) 대학교에서 힐베르트, 폰 노이만 함께 연구했다. 그가 제시한 '불확정성 원리(uncertainty principle)'로 가장 유명하다. 제2차 세계 대전 중에는 나치 독일의 핵무기 개발 프로그램의 핵심 과학자로 활동했으나, 한때 '화이트 유대인(White Jew)'이라 불리며 정치적 의심을 받기도 했다. 1939년, 그는 히틀러에게 원자 폭탄 제조가 이론적으로 가능하지만 완성까지 수년이 걸릴 것이라 보고했고, 결국 독일은 그 계획을 적극적으로 추진하지 않았다.

할런 로웰 헤릭(Harlan Lowell Herrick, 1923?~1997)

미국의 수학자로, 약 30년 동안 IBM에서 근무했다. 그는 존 배커스와 함께 최초의 포트란 컴파일러 개발에 참여한 핵심 인물 중 한 명이었다.

존 허셜(John Herschel, 1792~1871)

영국의 다방면에 걸친 학자이자 배비지(Charles Babbage)의 절친한 친구다. 왕립 천문학회(Royal Astronomical Society) 회장을 지냈으며, 이중성(double stars) 수천 개와 성운(nebulae)을 관측 기록했다. 그는 과학이 관찰에 기반을 둔 납적 탐구(inductive and observational science)라는 개념을 강조했다. 또 사진술(photography) 발전에 크게 기여했으며, 토성(Saturn)과 천왕성(Uranus)의 여러 위성에 이름을 붙였다. 천문학에서 처음으로 율리우스력 날짜(Julian dates)를 사용한 인물이기도 하다.

리치 히키(Rich Hickey, 1971~)

프로그래밍 언어 클로저(Clojure)의 창시자다. 그는 다수의 콘퍼런스에서 활발히 활동하며 큰 영향력을 끼친 연사로도 알려져 있다. 저자는 그가 발표한 강연 중 "Hammock Driven Development"[10]를 가장 좋아한다고 언급했다. 두 사람은 처음에 comp.lang.c++ 뉴스그룹에서 온라인으로 만났다. 이후 히키는 코그니텍트(Cognitect)의 CTO를 맡았고, 2020년 이 회사가 누뱅크(Nubank)에 인수된 후에는 Distinguished Engineer로 활동했다. 현재는 은퇴했지만, 저자는 "그로부터 아직 끝이 아니다."라고 표현할 정도로 그의 지속적인 영향력을 확신하고 있다.

빈센트 포스터 호퍼(Vincent Foster Hopper, 1906~1976)

그레이스 호퍼의 남편으로 뉴욕 대학교(NYU)의 영어학 교수였다. 제2차 세계 대전 중에는 미 육군 항공대(Army Air Forces)에 복무했고, 이후 배런스(Barron's)의 컨설턴트로 일하며 학술 저서를 여러 권 집필했다.

로버트 A. 휴즈(Robert A. Hughes, 1925?~2007)

미국의 수학자로, 로렌스 리버모어 국립 연구소(Lawrence Livermore National Laboratory)에서 UNIVAC I과 IBM 701을 이용한 물리학 문제 계산 시스템 구축을 지원했다. 또 존 배커스와 함께 포트란 개발 팀에서 협력했다.

---

10 ClojureTV. "Hammock Driven Development - Rich Hickey". 2012년 12월 16일 유튜브에 게재됨(작성 시점 시청 가능).

알렉산더 폰 훔볼트(Alexander von Humboldt, 1769~1859)

독일의 박식가이자 과학의 옹호자다. 〈Cosmos: A Sketch of a Physical Description of the Universe(코스모스: 우주의 물리적 기술의 개요)〉(독일어 제목: Kosmos - Entwurf einer physischen Weltbeschreibung)의 저자로, 과학과 문화를 통합적으로 이해하려 했다. 그의 연구는 훗날 생태학(ecology), 환경 운동(environmentalism), 기후 변화 연구(climate change studies)로 이어지는 기초를 마련했다.

크리스 아이어(Kris Iyer, 1951~)

저자의 오랜 친구이자 테라다인(Teradyne) 동료로, 이후 클리어 커뮤니케이션스(Clear Communications)에서 상사로 함께 일했다. 1977년에 테라다인에 입사하여 저자와 함께 SAC 및 COLT 시스템 개발에 몇 년간 밀접하게 협력했다. 두 사람은 함께 M365 COLT를 8085 프로세서 기반으로 변환(translate)하는 작업을 수행했다.

주세페 야코피니(Giuseppe Jacopini, 1936~2001)

코라도 뵘과 함께 "Flow Diagrams, Turing Machines, and Languages with Only Two Formation Rules" 논문의 공저자다. 이 논문은 다익스트라가 구조적 프로그래밍(structured programming)의 원칙을 정립하는 데 결정적인 기여를 했다.

이바르 야콥슨(Ivar Jacobson, 1939~)

〈Object-Oriented Software Engineering(객체지향 소프트웨어 엔지니어링)〉[11]의 대표 저자다. 그래디 부치, 짐 럼바우와 함께 '세 친구'로 불리며, 통합 모델링 언어(UML)와 래셔널 통합 프로세스(RUP)를 공동 개발했다. 또 에릭슨(Ericsson)에서 전화 통신 시스템 개발에도 참여했다.

스티븐 C. 존슨(Stephen C. Johnson, 1944~)

미국의 컴퓨터 과학자로 벨 연구소(Bell Labs)에서 20년 이상 근무했다. 그는 yacc(Yet Another Compiler Compiler), lint, spell의 개발자로 잘 알려져 있으며, 이는 도널드 커누스(Donald Knuth)의 LR 파싱(LR parsing) 연구에 기반을 두고 있다. 어린 시절 아버지가 그를 미국 국립 표준국(National Bureau of Standards)의 대형 컴퓨터(SWAC로 추정됨)로 데려간 경험이 계기가 되어 컴퓨터에 매료되었다. 이후 여러 스타트업에서 근무하며 MATLAB의 프런트엔드(front-end) 개발에도 중요한 역할을 했다.

---

11 "Object-Oriented Software Engineering: A Use Case Driven Approach(객체지향 소프트웨어 엔지니어링: 사례를 통한 접근)". Addison-Wesley. 1992.

앨런 커티스 케이(Alan Curtis Kay, 1940~)

미국의 컴퓨터 과학자이자 재즈 기타리스트, 무대 디자이너다. 제록스 PARC(Xerox PARC)에서 근무하며 스몰토크(Smalltalk) 언어를 창시하고, 객체지향 프로그래밍(object-oriented programming)이라는 용어를 만든 인물이다. 한 다이나북(Dynabook) 개념(오늘날의 아이패드 개념)을 고안했으며, Windows-Icon-Mouse-Pointer(WIMP) 사용자 인터페이스의 발전에도 핵심적인 역할을 했다.

러브레이스 백작 윌리엄 킹(William King, Earl of Lovelace, 1805~1893)

에이다 러브레이스(Ada King Lovelace)의 남편으로, 그녀가 배비지(Charles Babbage)와 함께 활동하도록 격려한 인물이다. 그러나 에이다의 심각한 도박 중독(gambling addiction)으로 점점 좌절감을 느꼈으며, 그녀가 임종 직전 불륜을 고백하자 결국 그녀를 떠난 것으로 전해진다.

펠릭스 크리스티안 클라인(Felix Christian Klein, 1849~1925)

독일의 수학자로, 비유클리드 기하학(non-Euclidean geometry)과 군론(group theory) 분야의 업적으로 유명하다. 클라인 병(Klein Bottle) 이른바 뫼비우스 띠(Möbius strip)의 3차원 확장 형태를 고안한 인물이다. 또 괴팅겐 대학교(Göttingen University)에 수학 연구소를 설립하고, 다비트 힐베르트를 영입하여 그가 연구소를 이끌도록 했다.

앤서니 W. 내프(Anthony W. Knapp, 1941~)

미국의 수학자이자 다수의 수학 이론 저서를 집필한 학자다. 다트머스(Dartmouth) 대학교에서 케메니(John Kemeny) 밑에서 근무하던 시절, 토마스 쿠르츠(Tomas Kurz)와 함께 GE에 컴퓨터 시스템 기증을 요청하기 위해 직접 방문했다. 그 시스템은 후에 BASIC 언어와 다트머스 타임셰어링 시스템(DTSS) 개발의 기반이 되었다. 1965년 프린스턴 대학교에서 수학 박사 학위를 취득한 후 코넬(Cornell)과 뉴욕 주립대학교 스토니브룩(SUNY Stony Brook)의 교수로 재직했다. 그의 연구 중 하나인 타원 곡선(elliptic curves)은 비트코인(Bitcoin)과 노스트르(Nostr) 같은 현대 암호 기술의 수학적 기초를 이룬다.

도널드 커누스(Donald Knuth, 1938~)

미국의 컴퓨터 과학자이자 세계적인 저술가로, 프로그래머라면 반드시 읽어야 할 명저 〈The Art of Computer Programming(컴퓨터 프로그래밍의 예술)〉[12]의 저자다. 그는 알고리즘 분석, 조합론, 타이포그래피 시스템 TeX 개발 등 컴퓨터 과학 전반에 걸쳐 지대한 영향을 끼쳤다.

---

12 Addison-Wesley, 1968

밥 코스(Bob Koss, 1956~)

1990년대 중반 C++ 및 객체지향 설계(object-oriented design) 분야의 숙련된 강사로 오브젝트 멘토(Object Mentor Inc.)의 세 번째 직원이었다. 저자와는 시카고 오헤어 공항(O'Hare Airport)에서 처음 만나 맥주 한 잔을 나누며 입사 면접을 치렀다. 이후 여러 프로젝트를 함께하며 어려운 시절과 좋은 시절을 모두 겪었고, 저자의 초기 저서 여러 권에도 기여했다.

제이 할콤브 래닝 주니어(J. Halcombe Laning Jr., 1920~2012)

미국의 컴퓨터 과학자다. MIT의 휠 윈드(Whirlwind) 컴퓨터를 위해 지얼러(Zierler)와 함께 '조지(George)'라 불린 대수 컴파일러(algebraic compiler)를 공동 개발했다. 이 언어는 존 배커스가 포트란을 만드는 데 영감을 주었다. 이후 그는 아폴로(Apollo) 프로그램의 우주 유도 시스템(space guidance systems) 개발에 참여했으며, 달 착륙선 유도 컴퓨터(Lunar Module Guidance Computer)의 Executive 및 Waitlist 운영체제를 설계했다. 그의 설계 덕분에 아폴로 11호(Apollo 11)는 1201과 1202 오류 상황에서도 착륙에 성공할 수 있었다. 이후 그는 MIT 기기 연구소(Instrumentation Laboratory)의 부소장으로 근무했다.

에마누엘 라스커(Emanuel Lasker, 1868~1941)

세계적으로 유명한 독일의 체스 선수이자 수학자다. 괴팅겐 대학교에서 힐베르트의 지도를 받아 수학 박사 학위를 받았다. 그는 27년 동안 세계 체스 챔피언 자리를 지켰다. 유대인인 그는 1933년 히틀러 집권 이후 아내와 함께 독일을 떠나 소련(USSR)으로 이주했으며, 1937년에는 다시 미국으로 망명했다.

어거스타 마리아 레이(Augusta Maria Leigh, 1783~1851)

바이런 경(Lord Byron)의 이복누이이자 가끔 연인이기도 했던 인물로 알려져 있다. 그녀의 딸 엘리자베스(Elizabeth)가 그 관계의 결과로 태어났다는 정황적 증거가 남아 있다.

로웰 린드스트롬(Lowell Lindstrom, 1963~)

저자의 친구이자 테라다인 및 오브젝트 멘토의 동료다. 1999년부터 2007년까지 오브젝트 멘토의 비즈니스 매니저로 근무했다.

스탠 리프먼(Stan Lippman, 1950~2022)

저자가 <The C++ Report>를 읽기 시작했을 당시의 편집자다. 비야네 스트롭스트룹과 C++ 초기 개발 단계부터 긴밀히 협력했다. <The C++ Primer>[13](1980년대 후반 초판, 현재 6판까지 발행)를 비롯한 다수의 저서를 집필했으며, 이후 디즈니(Disney), 픽사(Pixar), NASA 등에서 근무했다.

찰스 라일(Charles Lyell, 1797~1875)

스코틀랜드의 지질학자로 <Principles of Geology(지질학의 원리)>의 저자다. 그는 점진설(gradualism: 지구의 변화는 급격한 사건이 아니라 지속적이고 느린 물리적 과정에 의해 일어난다는 이론)의 대표적 옹호자였다.

루돌프 마틴(Ludolph Martin, 1923~1973)

저자의 아버지다. 미국의 한 철강 회사 경영진의 아들로 태어났으며, 제2차 세계 대전 중 태평양 전선에서 해군 의무병(Navy corpsman)으로 복무했다. 괌(Guam)과 과달카날(Guadalcanal) 전투에 참전하면서 살아 돌아오면 인생을 타인을 위해 봉사하는 데 바치겠다고 신에게 맹세했다고 한다. 그의 상속 자산은 철강 회사 주식이었고, 이는 상당한 배당금을 제공하여 상류 중산층 생활을 유지할 수 있었다. 그는 그 후 중학교 과학 교사로 봉직했으나, 1960년대 철강 회사가 파산하면서 교사 월급으로 생계를 유지해야 했다. 이로 인해 알코올 중독에 시달렸지만, 이후 익명의 알코올중독자 모임(AA)에 가입하여 성공적으로 회복했다. 그는 50세에 세상을 떠났으며, 남은 재산은 거의 없었다. 그러나 그의 인생은 '부에서 빈곤으로, 그리고 고난을 이겨 낸 용기'의 이야기였다. 저자는 "거울 속에서 매일 아버지의 모습을 본다."라고 회상한다.

미카 마틴(Micah Martin, 1976~)

저자의 차남으로 8th Light Inc., cleancoders.com, Clean Coders Studio의 공동 창립자다. 1990년대 후반 저자가 운영하던 오브젝트 멘토에서 견습 프로그래머(apprentice programmer)로 채용되었으며, 이후 시니어 프로그래머이자 탁월한 강사로 성장했다.

존 윌리엄 모클리(John William Mauchly, 1907~1980)

미국의 물리학자로 J. 프레스퍼 에커트(J. Presper Eckert)와 함께 ENIAC과 UNIVAC I을 공동 설계했다. 그는 ACM(미국 컴퓨터학회)의 창립 멤버이자 초대 회장을 역임했으며, Mauchly Associates를 설립하여 산업계에 주경로법(Critical Path Method, CPM)을 도입했다.

---

13 Addison-Wesley, 1989

존 매카시(John McCarthy, 1927~2011)

리투아니아계 아일랜드계 혈통의 미국 수학자이자 컴퓨터 과학자, 튜링상 수상자다. 그는 신동(child prodigy)으로, 캘리포니아 공과대학교(Caltech)에서 2년을 월반했지만 체육 수업을 빠져 퇴학당했다. 이후 군 복무를 마치고 복학하여 수학 학사 학위를 받았다. 존 폰 노이만의 강연을 듣고 깊은 영감을 받았으며, 그 경험이 인생의 전환점이 되었다. 그는 리스프(Lisp) 언어의 창시자이지만, 정작 자신은 이를 의도치 않게(inadvertently) 만들어 냈다고 말하고는 했다.

로버트 M. 맥클루어(Robert M. McClure, 생몰 연대 미상)

벨 연구소 소속의 연구원으로, 초기 컴파일러 중 하나인 TransMoGrifier(TMG)의 발명자였다. TMG는 후에 yacc와 유사한 컴파일러 생성기의 전신으로 평가받는다. B 언어가 TMG를 기반으로 구축되었으며, 이 언어는 시간이 지나 C 언어로 발전했다.

맬컴 더글러스 매킬로이(Malcom Douglas McIlroy, 1932~)

미국의 수학자이자 엔지니어, 프로그래머로, 벨 연구소에서 데니스 리치, 켄 톰프슨, 브라이언 커니핸과 함께 근무했다. 그는 PDP-7에서 초기 유닉스(Unix)를 사용한 선구자 중 한 명이며, 파이프(pipe) 개념을 고안했고 이 아이디어는 톰프슨이 유닉스에 구현했다. 또 이후 SNOBOL, PL/1, C++ 등 언어 설계에도 참여했다.

존 C. 맥퍼슨(John C. McPherson, 1911~1999)

미국의 전기 공학자로, 제2차 세계 대전 중 애버딘 탄도 연구소(Ballistics Research Lab)에서 천공 카드 기반 계산 시스템(punched card computing facility) 구축을 도왔다. 이후 IBM의 공학 이사(director of engineering) 및 부사장(VP)으로 근무하며 SSEC(Semi-automatic Sequence Controlled Calculator) 기획에 참여했고, 존 배커스와 함께 포트란 프로젝트에도 관여했다.

루이지 프레데리코 메나브레아(Luigi Frederico Menabrea, 1809~1896)

이탈리아의 정치가이자 군 장성이며 수학자다. 젊은 시절 토리노(Turin)에서 열린 배비지의 해석기관(analytical engine) 강연에 참석했고, 조반니 플라나(Giovanni Plana)의 요청으로 그 강연 내용을 정리해서 논문으로 남겼다. 이 논문이 바로 에이다 러브레이스(Ada Lovelace)가 영어로 번역하고, 자신만의 유명한 해설 노트(Notes)를 덧붙인 문서의 원본이 되었다.

앨버트 로널드 다 실바 메이어(Albert Ronald da Silva Meyer, 1941~)

데니스 리치와 함께 하버드 대학교에서 박사 과정을 밟았던 컴퓨터 과학자다. 현재 MIT의 히타치 아메리카(Hitachi America) 명예 교수로 재직 중이다.

베르트랑 메이어(Bertrand Dr. Meyer, 1950~)

에펠(Eiffel) 프로그래밍 언어와 Design by Contract(계약에 의한 설계) 개념의 창시자다. <Object-Oriented Software Construction>[14]의 저자이자, 개방-폐쇄 원칙(open-closed principle)을 처음 제안한 인물이다 그의 저작은 객체지향 프로그래밍(OOP) 초기 발전에 지대한 영향을 끼쳤다. 프랑스 출신 학자로, 유럽 여러 대학교에서 교수직을 역임했다.

애니 이사벨라 '애너벨라' 밀뱅크(Ann Isabella 'Annabella' Milbanke, 1792~1860)

바이런 경(Lord Byron)의 아내(비록 짧은 결혼 생활이었지만)다. 교육 개혁가이자 자선가였으며, 동시에 딸 에이다 러브레이스에게는 좋지 않은 어머니로 알려져 있다. 수학적 재능이 뛰어나 남편으로부터 '평행 사변형의 공주(princess of parallelograms)'라는 별명을 받았다.

헤르만 민코프스키(Hermann Minkowski, 1864~1909)

독일의 수학자이자 교수로 알베르트 아인슈타인의 스승 중 한 명이었다. 힐베르트는 그를 '가장 신뢰할 수 있는 친구'라고 불렀다. 그는 일반 상대성 이론(general relativity) 발전에 중요한 기여를 했으며, 4차원 시공간(four-dimensional space-time) 개념을 도입한 인물이다.

고든 무어(Gordon Moore, 1929~2023)

인텔(Intel Corporation)의 공동 창립자이자 명예 회장이다. 1965년 그는 '무어의 법칙(Moore's law)'을 제시하며, 집적 회로(IC)의 밀도는 향후 10년간 매년 두 배씩 증가할 것이라고 예측했다. 이 법칙은 이후 수십 년 동안 반도체 산업 발전의 나침반 역할을 했다.

로버트 H. 모리스 시니어(Robert H. Morris Sr., 1932~2011)

미국의 암호학자이자 컴퓨터 과학자로 벨 연구소에서 더그 매킬로이와 함께 근무했다. 그는 PDP-7에서 유닉스를 사용한 초기 사용자 중 한 명으로, 유닉스용 암호화 유틸리티(crypt)의 원 개발자였다. 또 TMG 컴파일러를 이용하여 멀틱스(Multics) 프로젝트용 PL/1 초기 버전(ELT)을 만들었다.

피터 나우어(Peter Naur, 1928~2016)

덴마크의 천문학자이자 컴퓨터 과학자로 2005년 튜링상 수상자다. 그는 ALGOL 60 개발에 참여했으며, 존 배커스의 표기법을 개선하여 ALGOL위원회가 채택하도록 했다. 이 표기법은 처음에는 배커스 표준형

---

14 Prentice Hall, 1988

(Backus Normal Form)으로 불렸으나, 도널드 커누스가 이를 배커스-나우어 표기(Backus-Naur Form, BNF)로 개명했다.

클라리 단 폰 노이만(Klára Dán von Neumann, 1911~1963)

헝가리 출신의 미국 수학자이자 존 폰 노이만(John von Neumann)의 아내다. 최초의 진정한 컴퓨터 프로그래머 중 한 명으로 평가받는다. 로스앨러모스(Los Alamos) 연구소에서 근무하며 MANIAC I을 사용하여 핵 계산(nuclear calculations)을 수행했다. 또 ENIAC의 업그레이드 버전을 이용하여 핵 및 기상 모델링을 위한 몬테카를로 시뮬레이션(Monte Carlo simulations)을 실행했다.

피터 가브리엘 노이만(Peter Gabriel Neumann, 1932~)

미국의 수학자이자 컴퓨터 과학자다. 벨 연구소에서 근무하며 유닉스 명칭을 제안한 인물 중 한 사람이다. Unix는 원래 UNiplexed Information and Computing Service의 약어에서 유래했다.

제임스 '짐' 뉴커크(James 'Jim' Newkirk, 약 1962년생)

저자의 오랜 친구이자 1990년대의 비즈니스 파트너다. 그는 NCARB 프로젝트의 핵심 주도자였으며, 저자와 함께 오브젝트 멘토를 공동 창립했다. 그 이전에는 테라다인과 클리어 커뮤니케이션스(Clear Communications)에서도 함께 일했다.

에미 뇌터(Amalie Emmy Noether, 1882~1935)

유대계 독일 수학자로, 아인슈타인을 비롯한 동시대 학자들이 '수학사에서 가장 위대한 여성'이라고 평가했다. 그녀의 대표 업적인 뇌터 정리(Noether's theorem)는 자연계의 모든 대칭성(symmetry)이 보존 법칙(conservation law)과 일대일로 대응함을 증명했다. 괴팅겐 대학교 수학과의 핵심 인물로 힐베르트, 클라인(Felix Klein)과 함께 일했으며, 나치 정권이 들어선 1933년에 브린모어 대학교(Bryn Mawr College, Pennsylvania)로 이주했다.

로이 너트(Roy Nutt, 1930~1990)

존 배커스와 함께 포트란 개발에 참여한 프로그래머다. 이후 컴퓨터 사이언스 코퍼레이션(Computer Sciences Corporation, CSC)의 공동 창립자가 되었다.

줄리어스 로버트 오펜하이머(Julius Robert Oppenheimer, 1904~1967)

미국의 이론 물리학자로, '원자 폭탄의 아버지(Father of the Atomic Bomb)'로 알려져 있다. 제2차 세계 대전 중 로스앨러모스(Los Alamos)에서 맨해튼 프로젝트(Manhattan Project)의 과학 책임자로 활동했으며, 1947

년에는 프린스턴 고등 연구소(IAS)의 소장이 되었다. 그러나 냉전 시기 공산주의 연루 의혹으로 보안 인가(security clearance)를 박탈당했다.

조지프 프랭크 오산나 주니어(Joseph Frank Ossanna Jr., 1928~1977)

미국의 전기 공학자이자 컴퓨터 과학자다. 유닉스 시스템을 위해 PDP-11 컴퓨터 구매를 정당화하는 워드 프로세싱 체계를 고안했다. 또 nroff와 troff 텍스트 포매터를 개발했으며, 유닉스 초기 전도사(Unix evangelist)로 활동했다.

볼프강 에른스트 파울리(Wolfgang Ernst Pauli, 1900~1958)

오스트리아의 이론 물리학자이자 노벨상 수상자, 양자역학 초기의 핵심 기여자 중 한 사람이다. 그는 파울리 배타 원리(Pauli exclusion principle)를 제안했으며, 장비가 그의 존재만으로 고장 난다고 전해지는 '파울리 효과(Pauli Effect)'로도 유명하다. 또 중성 미자(neutrino)의 존재를 처음 제안했지만 명명하지는 않았다. 그는 카를 융(Carl Jung)의 환자이자 후일 협력자였으며, 1940년 프린스턴 고등 연구소(IAS)에 합류했다.

로버트 필(Sir Robert Peel, 1788~1850)

영국의 정치가로 두 차례(1834~1835년, 1841~1846년) 영국 총리(Prime Minister)를 지냈으며, 재무 장관(Chancellor of the Exchequer)과 내무 장관(Home Secretary)도 역임했다. 런던 경찰청(Metropolitan Police Service)을 창설하여 현대 경찰 제도의 아버지(father of modern policing)로 불린다. 그는 찰스 배비지에 대해 "배비지 씨와 그의 계산 기계를 어떻게 하면 없앨 수 있을까?"(1842)라고 불평한 일화로도 유명하다.

찰스 A. 필립스(Charles A. Phillips, 1906~1985)

미국 공군 대령이자 국방부(DoD) 데이터 시스템 연구 책임자다. 데이터 시스템 언어 회의(Conference On DAta SYstems Languages, CODASYL)의 초대 의장을 맡아 코볼 언어 개발을 주도했다. 또 컴퓨터 카드에 흔히 인쇄된 문구 '접거나 찌르거나 훼손하지 마시오(Do not fold, spindle, or mutilate!)'를 처음 만들어 낸 인물로 알려져 있다.

조반니 플라나(Giovani Plana, 1781~1864)

이탈리아의 천문학자이자 수학자다. 토리노 대학교(University of Turin) 천문학과 학과장을 지냈다. 그는 배비지를 토리노로 초청하여 해석기관(analytical engine)에 관한 강연을 열었으며 이를 출판하겠다고 약속했으나, 결국 그 임무를 제자 루이지 메나브레아(Luigi Menabrea)에게 맡겼다.

필립 제임스 '빌' 플라우거(Philip James 'Bill' Plauger, 1944~)

미국의 물리학자이자 컴퓨터 프로그래머, 기업가, 공상 과학(SF) 작가다. Whitesmith's Ltd.의 설립자로, 이곳에서 페어 프로그래밍(pair programming) 개념을 사실상 처음 실천한 것으로 전해진다. 또 브라이언 커니핸과 함께 저술한 <Elements of Programming Style>[15]의 공동 저자다.

마틴 리처즈(Martin Richards, 1940~)

영국의 컴퓨터 과학자로, 케임브리지 대학교(Cambridge University)에서 연구 활동을 했다. 그는 켄 톰프슨과 협력하여 BCPL 언어를 개발했다. BCPL은 이후 B 언어, C 언어로 발전하는 데 핵심적인 역할을 했다.

피터 마크 로제(Peter Mark Roget, 1779~1869)

영국의 의사이자 신학자이며, <로제 유의어 사전(Roget's Thesaurus)>의 편찬자다. 이 책은 현대 영어 어휘 분류의 기초를 세운 대표적인 어휘집으로 오늘날까지도 전 세계적으로 사용되고 있다.

제임스 럼바우(James Rumbaugh, 1947~)

<Object-Oriented Modeling and Design>[16]의 대표 저자이며, 이 책에서 객체 모델링 기법(Object Modeling Technique, OMT)과 1990년대에 널리 사용된 표기법을 소개했다. 그는 그래디 부치, 이바르 야콥슨과 함께 협력하여 통합 모델링 언어(UML)와 래셔널 통합 프로세스(RUP)를 공동 개발했다. 이 세 사람은 소프트웨어 공학계에서 '세 친구'로 불린다.

버트런드 아서 윌리엄 러셀(제3대 러셀 백작, Bertrand Arthur William Russell, 1872~1970)

영국의 수학자이자 철학자다. 러셀의 역설(Russell's paradox)로 유명하며, 이는 순수 논리를 통해 수학 전체를 몇 개의 공리와 정리로 환원하려던 시도에 심각한 도전을 제기했다. 그는 앨프리드 노스 화이트헤드(Alfred North Whitehead)와 함께 <Principia Mathematica(프린키피아 마테마티카)>를 저술하여 형식 논리(type theory)를 활용한 수학적 체계를 제시했다. 노벨 문학상 수상자이기도 하며, 평생 평화주의자(pacifist)로 활동했다. 다만 나치의 부상기에 처음에는 유화 정책(appeasement)을 지지했으나, 1943년경에는 전쟁이 차선의 악(the lesser of two evils)일 수도 있음을 인정하게 되었다.

---

15 McGraw Hill, 1974

16 Prentice Hall, 1991

데이비드 세이어(David Sayre, 1924~2012)

혁신적인 결정 학자(crystallographer)이자 회절 영상(diffractive imaging) 분야의 선구자다. 존 배커스와 함께 포트란 개발에 참여했으며, 배커스는 그를 '부책임자(second-in-command)'로 불렀다. IBM에서 34년간 근무하며 가상 메모리 운영체제(virtual memory OS)와 X선 회절(X-ray diffraction), 현미경 기술(microscopy) 개발의 선구자였다(저자는 '대단한 인물이었다'고 평했다).

더그 슈미트(Doug Schmidt, 약 1953년생)

〈The C++ Report〉의 편집장을 맡았다가 그 직을 저자에게 넘긴 인물이다. 디자인 패턴(Design Patterns) 커뮤니티의 핵심 멤버이자 다수의 소프트웨어 콘퍼런스 연사로 활동했다. ACE 프레임워크의 초기 저자로 이후 밴더빌트 대학교(Vanderbilt University) 교수로서 뛰어난 학문적 경력을 이어 갔다(공식 웹 사이트: https://www.dre.vanderbilt.edu/~schmidt/).

에르빈 루돌프 요제프 알렉산더 슈뢰딩거(Erwin Rudolf Josef Alexander Schrödinger, 1887~1961)

오스트리아의 물리학자로 초기 양자역학의 발전에 결정적인 기여를 하여 노벨 물리학상을 수상했다. 대중문화에서는 '슈뢰딩거의 고양이(Schrödinger's cat)' 역설로 널리 알려져 있다. 1933년 반유대주의(antisemitism)에 대한 반감으로 독일을 떠났으나, 개인적 사생활 문제로 유럽 내에서 안정적인 자리를 얻기 어려웠다. 이후 오스트리아로 옮겼지만, 나치즘 비판 철회를 강요받자 이를 잠시 수용했다가 아인슈타인의 도전을 받자 다시 철회를 철회(재철회)했다. 결국 부부는 이탈리아로 피신했다.

로버트 렉스 시버 주니어(Robert Rex Seeber Jr., 1910~1969)

미국의 발명가로 하워드 에이컨과 함께 하버드 마크 I(Harvard Mark I) 개발에 참여했다. 이후 IBM에서 컴퓨터 아키텍트(computer architect)로 일하면서 SSEC(Semi-automatic Sequence Controlled Calculator)를 발명했다. 또 존 배커스를 IBM에 채용한 인물이기도 하며, 배커스는 그를 '정말 멋진 사람'이라고 평했다.

메리 울스턴크래프트 셸리(Mary Wollstonecraft Shelley, 1797~1851)

〈Frankenstein(프랑켄슈타인)〉의 저자이자, 바이런 경(Lord Byron)의 친구다. 그녀의 작품은 근대 과학 소설(SF)의 시초로 평가받으며 인간과 기술, 창조의 윤리적 문제를 탐구했다.

피터 B. 셰리던(Peter B. Sheridan, ?~1992)

IBM의 연구 과학자로 존 배커스와 함께 포트란 개발에 참여했다.

엘리자베스 홀버튼 스나이더(일명 베티 스나이더 홀버튼, Elizabeth Holberton Snyder, 1917~2001)

미국의 컴퓨터 과학자이자 최초의 ENIAC 프로그래머 중 한 명이다. EMCC(Eckert-Mauchly Computer Corporation)에 근무하며 UNIVAC I 개발에 기여했다. SORT/MERGE 컴파일러를 발명했고, 이후 미 해군의 응용 수학 연구소(Applied Math Lab)에서 고급 프로그래밍 감독(supervisor of advanced programming)으로 일했다. 코볼 언어 정의 작업에 참여했으며, 나중에는 미국 국립표준국(National Bureau of Standards)에서 포트란 77(F77) 및 포트란 90(F90) 명세 개발에도 참여했다.

메리 서머빌(Mary Somerville, 1780~1872)

스코틀랜드의 과학자이자 작가, 박식가(polymath)다. 애너벨라 바이런(Annabella Byron)의 친구이자, 그녀의 딸 에이다 러브레이스(Ada Lovelace)의 비공식 가정 교사였다. 에이다에게 배비지를 소개한 인물이기도 하다. 그녀는 빛과 자기의 관계, 행성의 운동, 천왕성(Uranus) 궤도 이상(perturbation)을 기반으로 해왕성(Neptune)의 존재를 예측하는 데 기여했다. 또 왕립학회(Proceedings of the Royal Society)에 논문을 게재한 최초의 여성 과학자 중 한 명이었으며, 마이클 패러데이(Michael Faraday)와 함께 실험을 진행하기도 했다.

크리스토퍼 S. 스트레이치(Christopher S. Strachey, 1916~1975)

영국의 컴퓨터 과학자로 제2차 세계 대전 중 STC(Standard Telephones and Cables)에서 미분 해석기(differential analyzer)를 이용한 연구를 수행했다. 이후 컴퓨터에 관심을 갖고 파일럿 ACE(Pilot ACE)를 위해 체커(Checkers) 게임을 프로그래밍했으나, 하드웨어 제약으로 실행에 실패했다. 1951년 앨런 튜링의 도움으로 맨체스터 마크 I(Manchester Mark I)에서 이를 성공적으로 구동시켰고, 이어 페란티 마크 I(Ferranti Mark I)을 이용해서 〈God Save the King〉, 〈Baa Baa Black Sheep〉 등의 곡을 연주하도록 만들었다. 1959년에는 타임셰어링(time-sharing) 개념에 대한 기념비적인 논문을 발표했다.

비야네 스트롭스트룹(Bjarne Stroustrup, 1950~)

덴마크의 수학자이자 컴퓨터 과학자로 C++ 언어의 창시자다. SIMULA 67 언어에서 영감을 받아 오르후스 대학교(Aarhus University)와 케임브리지 대학교(Cambridge University)에서 연구를 이어 갔다. 그의 작업은 객체지향 프로그래밍과 시스템 프로그래밍을 결합한 현대 C++ 패러다임의 기초를 마련했다.

레오 실라르드(Leo Szilard, 1898~1964)

헝가리 출신의 물리학자이자 발명가다. 1933년에 핵 연쇄 반응(nuclear fission chain reaction) 개념을 고안하고 특허를 취득했으며, 이후 엔리코 페르미(Enrico Fermi)와 함께 제어된 핵분열(controlled fission) 연구를 수행했다. 그는 아인슈타인과 함께 루스벨트(Roosevelt) 대통령에게 원자 폭탄 개발을 촉구하는 서한을 작성한 인물이다. 실라르드는 핵무기의 존재 자체가 독일과 일본의 항복을 이끌 것이라고 믿었다.

에드워드 텔러(Edward Teller, 1908~2003)

헝가리계 유대인 출신의 미국 핵물리학자로 하이젠베르크 지도 아래 라이프치히 대학교(Leipzig)에서 박사 학위를 받았다. '수소 폭탄의 아버지(father of the hydrogen bomb)'로 불리며, 1933년 나치 집권과 함께 독일을 떠나 영국과 코펜하겐을 거쳐 미국으로 이주했다. 이후 오펜하이머(J. Robert Oppenheimer)의 요청으로 로스앨러모스(Los Alamos)에서 맨해튼 프로젝트(Manhattan project)에 참여했다. 그는 평화와 국방 모두를 위해 핵 에너지의 활용을 적극 옹호했으며, 화석 연료 연소로 인한 기후 변화 위험을 가장 먼저 경고한 과학자 중 한 명이었다. 1979년 스리마일 섬(Three Mile Island) 사고 후 배우 제인 폰다(Jane Fonda)가 반핵 운동을 벌이자 그는 "그 때문에 심장마비가 왔다."라고 농담할 만큼 유쾌한 성격으로도 알려졌다.

스타니슬라프 마르친 울람(Stanislaw Marcin Ulam, 1909~1984)

폴란드계 유대인 수학자이자 핵물리학자, 컴퓨터 과학자다. 존 폰 노이만과 함께 몬테카를로 분석(Monte Carlo analysis)을 공동 고안했다. 맨해튼 프로젝트에 참여했으며, 텔러-울람 수소 폭탄(Teller-Ulam hydrogen bomb)의 공동 설계자이기도 하다. 1939년 나치의 폴란드 침공 11일 전에 17세 동생 아담(Adam)과 함께 미국행 배에 올랐으며, 그의 가족 대부분은 홀로코스트(Holocaust)에서 희생되었다.

오스월드 베블런(Oswald Veblen, 1880~1960)

미국의 수학자이자 프린스턴 대학교(Princeton University) 교수다. 고등 연구소(Institute for Advanced Study, IAS) 설립을 주도하고, 유럽의 최고 과학자들을 IAS로 영입하기 위한 자금 조달에 큰 역할을 했다. 그 덕분에 아인슈타인 등 많은 학자가 나치의 위협을 피해 프린스턴으로 이주할 수 있었다. 그는 또한 ENIAC 건설 제안을 지지한 인물 중 한 명이었다.

토머스 존 왓슨 시니어(Thomas John Watson Sr., 1875~1956)

미국의 사업가로 1914년 Computing-Tabulating-Recording Company(CTR)의 부문장으로 취임한 후 1924년 회사 이름을 IBM(International Business Machines)으로 바꾸었다. 그는 여러 논란과 모험적인 사업 행보로 유명했으며, '악당이자 위대한 비즈니스맨(scoundrel and supreme businessman)'이라는 평가를 동시에 받는다. 그의 경영 철학은 이후 IBM의 기업 문화 형성에 깊은 영향을 미쳤다.

헤르만 클라우스 휴고 바일(Hermann Klaus Hugo Weyl, 1885~1955)

독일의 수학자이자 이론 물리학자다. 힐베르트의 지도로 괴팅겐 대학교에서 박사 학위를 받았다. 아인슈타인, 슈뢰딩거(Erwin Schrödinger)와 함께 취리히(Zurich)에서 연구했으며, 1930년에는 힐베르트의 후임으로 괴팅겐에서 교수직을 맡았다. 그러나 1933년 나치 집권 이후 프린스턴으로 이주했다. 그는 수학과 입자 물리학 양쪽 모두에 걸쳐 깊은 영향을 남겼다.

찰스 휘트스톤 경(Sir Charles Wheatstone, 1802~1875)

영국의 과학자이자 발명가다. 전기의 속도를 최초로 측정한 인물로 전신(telegraphy), 광학(optics), 전기 이론(electrical theory) 등 다양한 분야에 걸쳐 중요한 업적을 남겼다. 휘트스톤 브리지(Wheatstone Bridge)로도 널리 알려져 있으며, 전기 회로 이론의 기초를 세운 선구자 중 한 사람이다.

앨프리드 노스 화이트헤드(Alfred North Whitehead, 1861~1947)

영국의 수학자이자 철학자다. 버트런드 러셀(Bertrand Russell)과 함께 〈Principia Mathematica〉를 공동 저술했다. 이후에는 형이상학에 관심을 돌려 '현실은 물질적 존재가 아니라 상호 의존적인 사건들의 연속으로 구성된다'는 철학적 개념을 옹호했다.

외젠 파울 비그너(Eugene Paul Wigner, 1902~1995)

헝가리계 미국인으로 노벨상을 수상한 이론 물리학자이자 수학자다. 괴팅겐 대학교에서 힐베르트의 조교로 일했으며, 헤르만 바일(Hermann Weyl)과 함께 군론(group theory)을 물리학에 도입했다. 그는 아인슈타인이 루스벨트(Roosevelt)에게 원자 폭탄 개발을 촉구한 편지를 작성하게 된 회의에 참석했고, 이후 맨해튼 프로젝트에 참여했다. 1930년 존 폰 노이만과 함께 프린스턴 대학교(Princeton University) 교수로 부임했다.

니클라우스 에밀 비르트(Niklaus Emil Wirth, 1934~2024)

스위스의 전자 공학자이자 컴퓨터 과학자다. 파스칼(Pascal) 프로그래밍 언어의 창시자이며, 〈Algorithms + Data Structures = Programs〉[17]의 저자이기도 하다(저자는 이 책을 개인적으로 가장 좋아한다고 언급했다). 1968년 그는 다익스트라의 GOTO 관련 논문을 편집하여 CACM[18]에 "Goto Statement Considered Harmful"이라는 제목의 독자 투고 형식(letter to the editor)으로 게재했다.

아드리안 반 빈가르덴(Adriaan van Wijngaarden, 1916~1987)

네덜란드의 기계 공학자이자 수학자로, 수학 센터(Mathematical Centre)를 이끌며 초기 컴퓨터들(ARRA, FERTA, ARMAC, X1)의 개발을 감독했다. 케임브리지 EDSAC 강좌(Cambridge EDSAC course)에서 다익스트라를 만나 그를 채용했다. 또 ALGOL 언어 정의(Definition of ALGOL) 작업에 참여했으나, 다익스트라와 존네벨트(Zonneveld)가 작성한 컴파일러 자체에는 관여하지 않았다.

---

17 Prentice Hall, 1976

18 Communications of the ACM, vol. 11, no. 3, March 1968

에드워드 내시 유어던(Edward Nash Yourdon, 1944~2016)

미국의 수학자이자 컴퓨터 과학자, 소프트웨어 방법론 연구자이며 컴퓨터 과학 명예의 전당(Computer Science Hall of Fame)에 헌정된 인물이다. 그는 컨설팅 회사 유어던(Yourdon Inc.)을 설립하여 1970~1980년대에 구조적 프로그래밍(structured programming), 소프트웨어 설계(design), 시스템 분석(analysis techniques) 방법론을 널리 보급했다.

닐 지얼러(Neil Zierler, 생몰년 미상)

미국의 컴퓨터 과학자로 J. 할콤브 레이닝(J. Halcombe Laning)과 함께 MIT의 휠윈드(Whirlwind) 컴퓨터용 대수 컴파일러(알제브라 컴파일러, 이름: George)를 공동 개발했다. 이 언어는 존 배커스가 포트란을 창안하는 데 영감을 주었다. 그는 또한 MIT에서 리스프(Lisp) 개발에도 참여했으며, 현재는 프린스턴 통신 연구 센터(Center for Communications Research, Princeton)에서 응용 수학(applied mathematics) 연구를 수행하고 있다.

야콥 안톤 '야프' 존네벨트(Jacob Anton 'Jaap' Zonneveld, 1924~2016)

네덜란드의 수학자이자 물리학자다. 네덜란드 수학 센터(Mathematical Centre)의 과학 보조로 근무하며 다익스트라와 함께 세계 최초로 성공한 ALGOL 60 컴파일러를 개발했다. 이후 필립스(Philips)의 네덜란드 연구소(NatLab)에서 소프트웨어 연구 그룹을 이끌며 연구 책임자로 활동했다.